**COLEÇÃO ARGONAUTAS**

**MARILYN STRATHERN
O EFEITO ETNOGRÁFICO**
E OUTROS ENSAIOS

**tradução** Iracema Dulley,
Jamille Pinheiro e Luísa Valentini

7 Nota da edição
11 Introdução

CAPÍTULO 1
23 **Sem natureza, sem cultura: o caso Hagen**

CAPÍTULO 2
81 **A cultura numa bolsa de malha: a fabricação de uma subdisciplina na antropologia**

CAPÍTULO 3
117 **Sujeito ou objeto? As mulheres e a circulação de bens de valor nas terras altas da Nova Guiné**

CAPÍTULO 4
143 **Os limites da autoantropologia**

CAPÍTULO 5
171 **Artefatos da história: os eventos e a interpretação de imagens**

CAPÍTULO 6
191 **O conceito de sociedade está teoricamente obsoleto?**

CAPÍTULO 7
201 **Partes e todos: refigurando relações**

CAPÍTULO 8
225 **A Relação: acerca da complexidade e da escala**

CAPÍTULO 9
259 **Cortando a rede**

CAPÍTULO 10
287 **As novas modernidades**

CAPÍTULO 11
311 **O efeito etnográfico**

CAPÍTULO 12
377 **O que busca a propriedade intelectual?**

CAPÍTULO 13
411 **Ambientes internos: um comentário etnográfico sobre a questão da escala**

CAPÍTULO 14
441 **Dando apenas uma força à natureza? A cessão temporária de útero: um debate sobre tecnologia e sociedade**

CAPÍTULO 15
463 **A pessoa como um todo e seus artefatos**

489 Bibliografia geral
525 Sobre a autora
537 Índice onomástico

# NOTA DA EDIÇÃO

Esta é uma coletânea inédita de quinze dos artigos mais influentes da antropóloga britânica Marilyn Strathern, publicados originalmente em revistas acadêmicas ou como capítulos de livros. Em outubro de 2009, após a conferência de abertura dada por Strathern no 33º Encontro Anual da Anpocs, em Caxambu (MG), nos encontramos e lhe propus esta publicação. Vários dos textos da lista que apresentei na ocasião já constavam da bibliografia de cursos de pós-graduação em antropologia social daqui, uma vez que, como mostra a introdução que ela escreveu especialmente para este volume, havia um círculo de leitores brasileiros familiarizados com sua obra em inglês, ampliado com a publicação de *O gênero da dádiva* em 2006, pela editora da Unicamp. Outros artigos, desconhecidos no Brasil, foram sugeridos pela própria autora.

Strathern escreveu um número impressionante de livros e artigos sobre temas bastante diversos – as categorias etnográficas de doméstico e selvagem, gênero, parentesco, economias da dádiva *versus* economia da mercadoria, noção de pessoa, evento histórico, cultura material, técnicas de fertilização, direitos de propriedade intelectual, sem falar na constante reflexão sobre a própria antropologia – tendo todos eles em comum a vocação de desestabilizar conceitos naturalizados, sejam eles conceitos ontológicos "ocidentais" (como "natureza" e "cultura"), ou conceitos da disciplina antropológica (como "indivíduo" e "sociedade", "sujeito" e "objeto"). A reflexividade – um dos legados da crítica pós-moderna que a autora reconhece – é parte constitutiva de sua obra, na medida em que ela toma, a si mesma e à sociedade da qual faz parte (inglesa, britânica, ocidental), como objeto de estudo lado a lado com os habitantes do monte Hagen na Papua-Nova Guiné, seu principal campo de pesquisa.

É no modo como ela pratica a comparação – que em nada se parece ao método comparativo exercido tradicionalmente pela antropologia –, aproximando ou, em seus termos, fazendo "conexões parciais", entre objetos de estudo, metodologias e modos de pensar aparentemente incomensuráveis que reside a originalidade de sua obra e sua contribuição crítica. Numa linguagem radicalmente nova, autoconsciente e por isso mesmo de absorção lenta, Marilyn adota a descrição – em detrimento da explicação e da representação – como forma de compreender um outro pensamento e uma outra vida possível. A escrita como recriação imaginativa da experiência no campo guarda em si uma relação "complexa" entre dois campos (o etnográfico e o teórico, mas também o melanésio e o euro-americano) que se tocam mas não se sobrepõem um ao outro. O "efeito etnográfico" se dá no momento da escrita, em que observação e análise estão em relação e num mesmo plano.

Além dos textos já clássicos e de considerável circulação (em inglês) na academia brasileira, esta edição contém outros que ficaram inacessíveis até mesmo para o público britânico, em especial aqueles publicados em livros há muito tempo esgotados, como é o caso dos capítulos 3 e 5. Nesta edição, foi preciso, em alguns momentos, adaptar o texto, excluindo referências a capítulos do livro original – como no capítulo 11, que junta o primeiro capítulo e a conclusão de uma coletânea de 1999 –, ou, como nos capítulos 9 e 10, pensados em conjunto, suprimindo no segundo passagens que retomavam um caso já descrito no primeiro.

Organizado em ordem cronológica, o livro oferece um arco do pensamento de Marilyn Strathern, dos anos 1980 a 2004. A pesquisa bibliográfica atualizou as referências a manuscritos no original para as edições efetivamente publicadas. Finalmente, todas as referências foram reunidas na bibliografia geral ao final do volume. Com o aval da autora, eliminamos os agradecimentos, não raro extensos, que constavam nos originais de cada artigo, por estarem mais ligados às circunstâncias da primeira publicação.

O trabalho de tradução foi desafiador. Junto com as três tradutoras, duas delas também antropólogas, criamos um grupo de estudos, discutimos a nomenclatura adotada pela autora, nos reunimos para comentar versões preliminares das traduções e, por fim, revisamos as versões finais do conjunto. Graças a isso foi possível encontrar soluções para a riqueza expressiva da autora e dar acesso à polissemia de termos como "*appropriate*" e "*relation*" ou, ao contrário, manter a diferenciação original de conceitos, como "*ownership*" [posse] e "*property*" [propriedade]. Restou, entretanto, a perene dificuldade de traduzir para o português o par seminal *nature/nurture*, que denota, nos campos da antropologia, da biologia e da psicologia, uma série de debates sobre a interação entre natureza e cultura, inato e adquirido, genética e ambiente. Se "*nature*" nos permite uma tradução mais imediata para *natureza*, seu complementar "*nurture*" em inglês significa tanto nutrição (cujo correspondente direto é "*nutrition*"), como os cuidados envolvidos na criação de uma criança. A acepção de "nutrição" em português associa-se, entretanto, apenas ao processo biológico de absorção de nutrientes, sem o sentido social de criação. Optamos, portanto, por divergir da tradução adotada em *O gênero da dádiva* e traduzir "*nurture*" por educação, criação ou nutrição conforme o contexto, mantendo entre colchetes o conceito original [*nurture*].

Agradecemos à professora Marilyn Strathern pela paciência e dedicação para prover textos, bibliografia e imagens, esclarecer dúvidas e acompanhar as diferentes etapas desta edição, além da generosa introdução ao volume, que revela sua afetuosa relação com a antropologia no Brasil. Agradeço ainda a Justin Shaffner pela ajuda com as imagens e o mapa.

F. F.

# POVOS DA PAPUA-NOVA GUINÉ

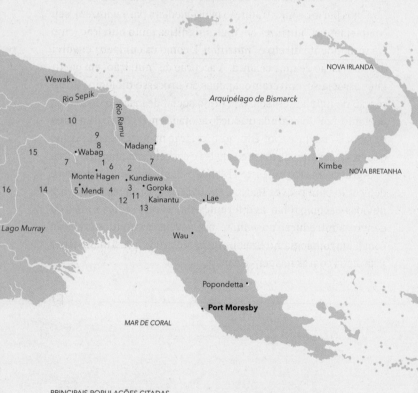

PRINCIPAIS POPULAÇÕES CITADAS

1 Melpa
2 Chimbu
3 Siane
4 Wiru
5 Mendi
6 Kuma
7 Enga
8 Mareng
9 Karam
10 Iatmul
11 Gimi
12 Daribi
13 Baruya
14 Kaluli
15 Duna
16 Yongkom

# INTRODUÇÃO

É um prazer ter sido convidada a escrever esta introdução. Não é difícil imaginar a apresentação de uma coletânea de ensaios de outra pessoa – ou uma espécie de prefácio cujo propósito é introduzir o trabalho de um colega, seja ele bastante recente ou de um passado remoto. Já apresentar um conjunto de ensaios de minha autoria – cujo contexto sem dúvida é o passado, mas que, em alguns aspectos, ainda é bastante recente – é um tanto desafiador. O que torna esta escrita um prazer muito real, no entanto, é saber que ela se destina a um leitor brasileiro.

Tomo como certa a sofisticação desse leitor. Meu limitado conhecimento do que caracteriza a academia brasileira reitera um comentário informal, feito por um renomado antropólogo – ele próprio brasileiro –, acerca de até que ponto ao menos parte de seu vigor, típico do Novo Mundo, vem da fusão de fontes do Velho Mundo – sejam elas do continente europeu, norte-americanas (hoje certamente podemos chamar a América do Norte de Velho Mundo) ou da antropologia britânica. Espero que este volume traga uma pequena contribuição a essa mistura, apesar de os textos aqui reunidos serem provenientes de um período específico e das mãos de uma antropóloga social anglófona que vem de uma escola muito específica (nos dias em que ainda havia escolas desse tipo). A antropologia social britânica da década de 1960, época em que eu era estudante de graduação na Universidade de Cambridge,[1] veio a conso-

---

1. Isso se deu de 1960 a 1963. Concluí meu doutorado na Universidade de Cambridge em 1967.

lidar o êxito de um paradigma de organização social e estrutura que predominou no Reino Unido antes e depois da Segunda Guerra Mundial. Não tenho de justificar a influência desse paradigma sobre mim. Meu único mérito, porém, foi o fato de ter me dedicado à pesquisa etnográfica na Melanésia. Caí sob o fascínio de alguns impressionantes papuásios[2] e melanesistas notáveis. Essa região do mundo e esses encontros constituíram o trampolim para me aproximar de tudo o que sei a respeito da Amazônia e, posteriormente, de alguns igualmente notáveis amazonistas brasileiros. Nesta coletânea, a primeira referência direta a esse assunto aparece no capítulo 11 ("O efeito etnográfico"), resultado imediato da visita de Eduardo Viveiros de Castro entre 1997 e 1998 a Cambridge, onde, para um público encantado, ele falou sobre o perspectivismo.

## Primeiras imersões

Ao tratar do trabalho de campo, a parte inicial do capítulo 11 se refere à questão da imersão. Nela apresento um ponto de vista teórico sobre aprendermos (por assim dizer) além do que já sabemos e, portanto, sobre a imprevisibilidade das informações a serem adquiridas de um material que acreditamos (equivocadamente) ter compreendido. Quero neste momento chamar a atenção apenas para a práxis. Parece-me que a formação com vistas à imersão – preparar alguém para estar em um lugar, que também poderia ser um texto, assim como um campo de estudos ou um local onde conduzir trabalho de campo – é uma formação que permite de fato saltar de um contexto para outro, aplicando as mesmas noções em lugares diferentes. Uma vez imersos, estaríamos aptos a imergir novamente.[3] Até certo ponto, isso também pode acontecer com posições teóricas. A introdução que ora se apresenta é uma tentativa de transmitir alguns dos contextos mutáveis dos capítulos que se seguem. É claro, porém, que os contextos – os interesses conceituais, aquilo a que se atribui valor, a vida universitária, as

---

2. Seus nomes são pouco citados nos capítulos deste livro, mas tenho inúmeras e cada vez mais razões para ser grata a eles.

3. Não pretendo sugerir que só vale a pena ter esse truque na manga: a etnografia multissituada, por exemplo, se vê apta a convocar habilidades muito diferentes para transitar por mundos interligados.

condições de pesquisa, os movimentos políticos, a opinião pública, e assim por diante – também dão seus próprios saltos. Assim, no período entre a graduação e o ano de 1980 (data do primeiro capítulo deste volume), mesmo tendo permanecido ancorada na antropologia social britânica, eu já estava completamente imersa nos frutos de um movimento inovador que então ocorria na disciplina.

O que se iniciou na década de 60 na forma do Women's Liberation Movement [Movimento de Libertação das Mulheres] no Reino Unido (e nos Estados Unidos) teve sua contrapartida acadêmica em uma série de pesquisas feministas que ganharam força nos anos 70, alcançando rápida repercussão em outros países. Na antropologia, os estudos feministas se aliaram simultaneamente, de diferentes formas, à crescente redescoberta do pensamento marxista. Em todo caso, o movimento conquistou boa parte da comunidade antropológica da Grã-Bretanha (cheguei a escrever um livro nunca publicado, que tinha tudo para ser popular, sobre "homens e mulheres"). Para os interessados em relações de poder, na autoria das narrativas, em quais "sociedades" ou "culturas" estavam sendo investigadas, perspectivas inimagináveis se revelaram. Os estudos subalternos ainda não tinham decolado: no caso específico da antropologia, muitos escritos eram publicados apenas por serem associados ao que então se chamava de "preconceito de gênero". Os três primeiros capítulos deste livro provêm desse momento. Conceitos como natureza e cultura (capítulo 1), pressupostos universalizantes sobre as mulheres (capítulo 2) e sujeito *versus* objeto (capítulo 3) desmoronaram.

O convite de Mariza Corrêa para falar ao Pagu, Núcleo de Estudos de Gênero,[4] que motivou minha primeira visita ao Brasil, em 1998, veio de interesses semelhantes. Foi Mariza que, posteriormente, tornou possível a tradução de *O gênero da dádiva* para o português, pela qual estou em dívida com ela. Foi uma gentileza dupla, já que aquele primeiro encontro que tivemos registrou também uma das sessões de perguntas e respostas mais difíceis e

---

4. No Departamento de Antropologia da Universidade Estadual de Campinas (Unicamp). Na mesma visita memorável, visitei o Museu Nacional da Universidade Federal do Rio de Janeiro, além de ter encontrado bons colegas cujo nome não menciono aqui.

mais bem informadas que já vivenciei.[5] No que diz respeito à teoria, fiquei com a impressão de que praticamente não restou pedra sobre pedra. A dedicação com que Mariza acompanhou a realização da tarefa (não existe outra palavra para designá-la) da tradução do livro foi de um companheirismo extraordinário.[6]

Assim como os conceitos, algumas das velhas certezas também ruíram. E não apenas as que sustentavam paradigmas específicos na antropologia, mas – e altero aqui a escala de importância – até mesmo para mim em um nível pessoal. Minha mãe já era feminista antes de a segunda onda do feminismo decolar, tendo ministrado aulas em organizações não universitárias como a Workers' Educational Association (WEA) no sul e nos subúrbios de Londres, tratando de tópicos como as mulheres e a arte, as mulheres na literatura, e assim por diante. Seria natural que as questões das mulheres constituíssem para mim uma área interessante de estudo: não à toa, minha primeira monografia sobre os Hagen, da Papua-Nova Guiné, foi intitulada *Women in Between*. Ela foi escrita bem antes de "gênero" passar a ser um conceito predominante.[7] Talvez tivesse resvalado facilmente para a nova cena feminista – como acreditei por certo tempo que poderia acontecer – se não fosse por outra melanesista, Annette Weiner, cuja monografia sobre os Trobriand faz críticas severas à minha, alegar que meu trabalho tinha assumido uma voz masculina. A princípio, fiquei arrasada; com o passar do tempo, aprendi com a situação. Por um tempo, o fato de ter ficado abalada me deixou emudecida perante tudo o que dizia respeito à Melanésia, e passei a voltar minha atenção aos britânicos. (No capítulo 4, faço menção ao povoado inglês de Elmdon; no capítulo 7, refiro-me ao parentesco inglês em termos mais gerais.) O que aprendi me levou a prestar mais atenção a discussões específicas sobre o problema da adoção de uma linguagem tendenciosa na nova antropologia feminista; apesar de as

---

5.  Particularmente em um seminário que discutiu a contribuição do livro dez anos depois de sua publicação original. Ele foi, verdade seja dita, seguido por um momento de troca bastante diferente, mas igualmente profundo (desta vez, uma entrevista), quando cheguei ao Rio de Janeiro. [Ver revista *Mana*, v. 5, n. 3, N.E.]

6.  Aproveito a oportunidade para agradecer publicamente ao tradutor de *O gênero da dádiva*, André Villalobos.

7.  Um termo usado pela primeira vez, que eu tenha conhecimento, por Ann Oakley em 1972.

bases do meu trabalho terem em parte se desenvolvido sobre interesses que precedem essa fase (ver o capítulo 1), fica evidente que o capítulo 2 foi uma tentativa de me recompor. Nessa época, os estudos de gênero estavam voltados para questões da noção de pessoa, conforme deixa claro o capítulo 3.

Mesmo que a Melanésia e os estudos feministas tenham me marcado tanto, senti que seria importante tomar um rumo que me proporcionasse um novo contexto e um novo convite à imersão. Isso veio do advento da reprodução assistida – as "novas tecnologias reprodutivas", como eram chamadas, aqui representadas no capítulo 14. Entre outras coisas, o assunto fez com que o feminismo ganhasse um alcance internacional evidente: lembro-me de ter me deparado, por exemplo, com uma descrição da fertilização *in vitro* no Brasil.[8] As consequências disso para a vida das mulheres foram muito debatidas, e parte da prática conceitual adquirida nas discussões sobre o pensamento em torno do gênero e das ideias de pessoa pode ter sido pertinente. "Dando apenas uma força à natureza? A cessão temporária de útero: um debate sobre tecnologia e sociedade", originalmente apresentado a estagiários da área de ciências naturais no European Molecular Biology Laboratory (EMBL), em Heidelberg, demonstra uma das primeiras e mais duradouras lições a serem aprendidas com os estudos feministas: a de que os conceitos baseados no gênero (neste caso, a maternidade) não podem ser dados como certos. O capítulo se destina principalmente a mostrar a um público não antropológico o que uma compreensão ou interpretação de uma perspectiva antropológica poderia render. Se é que havia iniciativas similares ao programa de formação em ciência e sociedade oferecido em Heidelberg na época, o sentido de "social" sempre se mostrava fugidio. Eis um exemplo de onde se podia "ver" ou de como se "via" isso.

## Escrevendo as sociedades

Com uma espécie de eco de *Women in Between*, sobre as relações de gênero, mas escrito antes de o próprio termo ("gênero") se estabelecer, o capítulo 4 aponta para um contexto de mudança da es-

---

8. Ana Regina Gomes dos Reis (1987), para o Fórum Internacional dos Estudos de Mulheres.

crita antropológica que ainda não tinha uma designação própria que o descrevesse. Ele saiu um ano depois da publicação da conferência Frazer, época em que era possível se referir a esse contexto pelo termo "pós-modernismo" com muito mais segurança (embora eu tenha, quando proferi a conferência, usado o termo – empregado fora da antropologia e por alguns antropólogos – de forma hesitante e um tanto experimental). De todo modo, a autoconsciência sobre a autoria e a percepção da escrita etnográfica como um gênero, além da demanda de reflexividade que a acompanha, ampliava então uma discussão sobre a representação, o que para mim, pelo menos, encontrava algumas ressonâncias no interesse feminista pelo problema da "linguagem tendenciosa", mesmo que fossem conduzidas de outra maneira. Essa discussão certamente levou a outro patamar uma preocupação permanente com a linguagem da descrição.

No entanto, a noção de representação também havia sido criticada por outras correntes antropológicas das décadas de 1970 e 1980, e eu tinha sido irremediavelmente influenciada pela crítica semiótica de Roy Wagner, aplicada por ele tanto a seu material melanésio como à condição humana de acordo com seu ponto de vista. Estávamos na era da antropologia interpretativa e simbólica, no Reino Unido e nos Estados Unidos. A influência de Wagner fica clara nos capítulos 1 e 2, assim como no capítulo 5, que trata de uma série de ideias de Wagner sobre a questão das imagens. "Artefatos da história" também representa um interesse antigo, embora expresso de forma intermitente, pela arte e pelos artefatos, do qual há ecos nos capítulos 13 e 15. Nestes analiso os efeitos performativos do que as pessoas "fazem" ou trazem à existência e (um pouco menos diretamente) o que há no modernismo – assim como na imaginação sobre o impacto dos primeiros europeus na Papua-Nova Guiné – que os antropólogos acreditam que caracteriza sua própria mentalidade. Os capítulos 9 e 10, escritos para serem lidos em conjunto, dão prosseguimento a esse tema, pois abordam de modo oblíquo o tipo específico de criatividade que os euro-americanos tendem a atribuir a si mesmos. De certa forma, todos esses capítulos podem ser considerados uma elaboração de *A invenção da cultura*, de Wagner.

Esse interesse se formalizou, podemos dizer, com a investigação da teorização de outro tipo de autoria: os direitos de propriedade intelectual (DPI).[9] O tema havia entrado na antropologia no final dos anos 80, início dos 90, a partir de descrições da forma como os protocolos internacionais dos DPI estavam sendo aplicados e assumidos pelos países em desenvolvimento, como eram então chamados. O capítulo 9, "Cortando a rede", se baseia em exemplos do processo de registro de patentes no contexto de um comentário sobre questões relacionadas à teoria do ator-rede, desenvolvido no capítulo 12.[10] Por meio do encontro com John Law e da leitura de seu trabalho – assim como do de sua colega Annemarie Mol –, também tomei conhecimento dos textos de Michel Callon e Bruno Latour. Fiquei entusiasmada com a crítica proposta por eles acerca das "coisas e pessoas" nativas do pensamento euro-americano, cujas relações possíveis com alguns dos problemas relacionados à questão da agência, explorados em *O gênero da dádiva*, são fascinantes. Em retrospecto, pergunto-me se de certa forma deveria ter empreendido uma busca semelhante para falar da propriedade "imaterial" (DPI) em um campo (teoria do ator-rede) que costumava ser equivocadamente associado ao trato das materialidades.

Esses temas – gêneros de autoria, semiótica da performance, agência humana e não humana – também estavam sujeitos à conceitualização da sociedade. "Os antropólogos sociais", como muitos antropólogos britânicos ainda se denominam, tendem a voltar de vez em quando à discussão do conceito de "sociedade", embora o vocabulário com o qual trabalham possa se apoiar mais em noções como a socialidade ou o relacional. Os capítulos 6 e 7 esclarecem esse ponto. Deve-se dizer aqui que o debate de 1990 foi literalmente isto: tomei um lado em um debate, o que é bastante diferente de expressar uma opinião em meus próprios termos. A crítica que apresento no capítulo 7, "Partes e todos", é provavelmente

---

9. Projeto colaborativo desenvolvido por Eric Hirsch e por mim. O envolvimento com os DPI manifestou um interesse tardio pela antropologia jurídica, uma área que me fascina desde que estudei a "resolução de controvérsias" (uma expressão há muito superada) em Hagen, na Papua-Nova Guiné.

10. Uma versão mais longa desse capítulo foi publicada em *Property, Substance and Effect*, de 1999. Ela inclui um posfácio que chama a atenção para a forma como o fluxo do argumento desse capítulo, antevendo um evento em particular, foi "cortado" pelo resultado do que posteriormente se desenrolou. Em vez de "corrigir" o texto retrospectivamente, deixei-o como estava, tendo como propósito mostrar as limitações do argumento.

Introdução **17**

mais fiel à minha posição, que continua a se modificar. Uma das minhas expectativas em relação a esse capítulo era de pelo menos deixar de lado (mesmo que algum tempo depois do evento!) os tipos de certezas antropológicas que outrora haviam se baseado em classificações mais amplas, como a predileção pelas linhagens e não pelos sistemas cognáticos de parentesco. Os sistemas "cognáticos" da Melanésia pareciam mais com seus homólogos dos sistemas de linhagem do que com os sistemas cognáticos (conforme meu exemplo) dos ingleses. Compreender as noções inglesas de sociedade foi algo fundamental para esse exercício.

## Escala e proporção

No entanto, o capítulo 7 aponta para outro caminho em cuja direção meus interesses estavam se voltando na época, embora eu hoje veja que eles também devem ter sido motivados pela reteorização da autoria, ou seja – se é que posso descrevê-la nesses termos –, a significância da significância. A questão é como as descrições antropológicas e etnográficas são ponderadas. Um autor acha que tem controle sobre como pondera essas descrições, mas isso não passa da manipulação da linguagem por meio da qual se produz a escrita, e dos contextos em que alguns tipos de materiais são privilegiados em detrimento de outros. Deixo isso claro aqui por ser um ponto que, acredito eu, não fica evidente nos textos. Na realidade, os leitores brasileiros podem ficar intrigados ao saber que no Reino Unido (não tanto na Europa continental) não é adequado supor que toda etnografia merece igual interesse e tem um mesmo "porte" analítico ou teórico, por assim dizer. No Reino Unido, há uma constante oscilação entre o apreço e o desgosto pelo utilitarismo, em todas as suas manifestações, e cada geração de acadêmicos tem de justificar sua existência[11] em termos da "re-

---

11. E, nas universidades do Reino Unido, a utilização de dinheiro público. Os capítulos deste livro foram escritos ao longo de um período que abarcou desde um apoio inquestionável e vigoroso às instituições acadêmicas até um questionamento intenso de seu propósito, passando por exigências de "justificativas" dos gastos (o senão era que apenas determinados fins valiam como justificativa). Durante a época em que fui chefe de departamento, primeiro em Manchester (1985-93) e depois em Cambridge (1993-98), e até me aposentar, em 2008, as iniciativas nacionais de realização de auditorias da performance acadêmica

levância" de sua pesquisa para o que de diferentes maneiras – popular, política – é conhecido como um mundo real, contemporâneo ou prático. Naquele momento, porém, as sociedades antes chamadas de sociedades de pequena escala também não pareciam mais adequadas como objeto de estudo dos antropólogos (refiro-me, em um sentido político, ao que se optou por chamar de "pequena escala"). Os antropólogos sabiam havia anos que, conceitualmente falando, eram os únicos responsáveis pelo fato de que a natureza aparentemente autossuficiente dessas "sociedades" tivesse se tornado uma ficção ou heurística, adquirindo contornos de representação ilusória fora da disciplina. No entanto, uma ênfase renovada na ideia de que todas as coisas faziam parte umas das outras, assim como nas interconexões e nos fluxos globais (a globalização teve destaque máximo na ordem do dia da reunião decenal da Association of Social Anthropologists em 1993), também surtiu efeito sobre os assuntos então considerados dignos de estudo.

O deslocamento constante de pressupostos faz parte da ciência normal. Até aí, nenhuma surpresa. No entanto, tomei consciência (será que tendo em vista o fim do século passado?) de como poderíamos ver – isto é, de como poderíamos conseguir ver ou continuar a ver – o "porte" dos materiais etnográficos. Parecia-me que o que era válido para a Melanésia também era válido para um século de pesquisas etnográficas: como tratá-la em seus próprios termos, além de, posterior e mais urgentemente (embora talvez de modo demasiado condescendente), como sustentar sua contribuição contínua para uma antropologia que muda rápido e constantemente. Isso fica bastante evidente no capítulo 8,[12] e reaparece nos capítulos 11 e 13. Entre outras coisas, introduzir deliberadamente a linguagem da chamada teoria da complexidade implicou abordar mais uma vez a problemática da dissociação entre a significância do complexo, socialmente falando, e a significância das longas redes de ampla escala do reconhecimento da influência dos euro-americanos por si mesmos em toda parte. Daí as comparações entre contextos mela-

---

afetaram a minha pesquisa e a de outras pessoas de diversas formas. (O último capítulo faz uma breve referência aos processos de auditoria.)

12. Como o capítulo consiste em uma conferência realizada na Universidade de Cambridge, ele apresenta muitas referências ao trabalho desenvolvido no Departamento de Antropologia Social ou por ex-alunos que passaram por lá.

nésios/euro-americanos que aparecem com frequência nos capítulos 7 a 10. Ao mesmo tempo, também considero esclarecedor como a teoria da complexidade aborda a questão da imprevisibilidade, ponto que exploro na abertura do capítulo 13.[13]

Talvez uma das razões de o discurso do perspectivismo, tal como foi tratado na antropologia brasileira, ter me impactado tanto tenha sido o caráter intrépido que o acompanhou. Sem a necessidade (muitas vezes espúria) de fazer esforço para resistir a sua "relevância" ou deslocá-la, trata-se de um trabalho que se mostrou evidentemente relevante para os fundamentos epistemológicos da antropologia acadêmica – e da pesquisa acadêmica, de modo mais amplo – e suas categorias de pensamento. Admiro imensamente essa coragem. Eu mesma, preocupada com a linguagem da descrição, sempre tive uma propensão a me guiar por parâmetros vernaculares ou nativos, isto é, a compreender essas categorias de um ponto de vista anglófono nativo. Dessa maneira, tentei, pelo menos em parte, manter essas categorias inglesas de pensamento e existência "etnograficamente" verdadeiras.[14] Torcer a linguagem de vez em quando, buscando um afastamento dos conceitos que recebemos, também preserva, ao mesmo tempo, os conceitos em sua forma original (linguisticamente não torcida). Os leitores brasileiros viriam a conhecer isso sob o nome de "equivocação controlada".[15]

Muitas das questões e preocupações abordadas aqui são introduzidas no capítulo 15, fruto de um convite para apresentar reflexões pessoais sobre a disciplina e, pelo que entendi, algo a respeito de "mim mesma". A fim de situar essa entidade, tentei deslocar-me, aproximar-me de mim mesma de maneira indireta. Assim, a maior parte do capítulo se origina em algo que eu já tinha feito (um "'eu' autêntico", na medida em que era alguém cujo ato da es-

---

13. O capítulo 13 foi pensado em conjunto com o capítulo 12. Em alguns momentos, um se sobrepõe ao outro.

14. Sejam elas atribuídas aos ingleses, britânicos ou euro-americanos. Para a seleção de textos apresentados neste livro, uma especificidade maior não se mostrou relevante; podemos pensar que existe uma cosmologia "euro-americana" que pode ser imaginada como um campo linguístico-cultural e que informa grande parte das principais correntes da antropologia, incluindo a minha.

15. Não me parece necessário dizer que o conceito vem de "Perspectival anthropology and the method of controlled equivocation", de Viveiros de Castro (2004).

crita estava sendo flagrado com outros objetivos, não alguém que escrevia tendo a si próprio em mente de maneira direta). Esse algo era uma palestra no British Museum (que coincidiu com a abertura de uma nova galeria cujos temas, curiosamente, ressoavam nos apresentados na *Annual Review* daquele ano, uma conjuntura feliz que nos faz lembrar o importante papel sempre desempenhado pelo acaso), que havia sido baseada em diversos materiais relacionados a meus grandes interesses (mas provenientes do trabalho de outras pessoas: o "eu" fez parte da composição da palestra). A imagem de uma pessoa no texto teve origem no trabalho de um ex-aluno. Essa breve referência deve dar conta de muitos agradecimentos: não mencionei a influência de vários estudantes maravilhosos nesta introdução. No entanto, quando retornei ao Brasil para uma segunda visita, em 2009, eles já vinham havia muito exercendo um papel em minha antropologia.

*Tradução Jamille Pinheiro*

Jovem Ndika com adornos de pele de marsupial selvagem e folhagem silvestre, com plantações de bananas e café ao fundo. Hagen, 1967.

# 1. SEM NATUREZA, SEM CULTURA: O CASO HAGEN

## I. Introdução

Ao descrevermos alguns dos símbolos encontrados nos adornos e encantamentos dos Hagen, habitantes das terras altas da Papua-Nova Guiné, afirmamos que esse povo estabelece uma associação entre dois pares de contrastes: as coisas selvagens e as coisas domésticas; masculino e feminino (A. & M. Strathern 1971).[1] Outros etnógrafos das terras altas chegaram a conclusões semelhantes. Contudo, um deles, Langness, também questionou especificamente o estatuto analítico de construtos desse tipo. Ele escreve o seguinte:

> Parece óbvio que a distinção entre o doméstico e o selvagem [...] seja amplamente difundida nas terras altas da Nova Guiné (Bulmer 1967; Newman 1964; A. & M. Strathern 1971). Talvez ela seja uma dicotomia universal (Lévi-Strauss 1969). Porém, a despeito de ser universal, será que ela possui a importância simbólica que ora lhe atribuímos? Será que é tão simbólica para "eles" quanto para "nós"? [...] Mesmo que soubéssemos que a dicotomia selvagem-doméstico ou *natureza-cultura* é universal, e que ela sempre tivesse tido alguma importância simbólica, o que dizer de outros símbolos que não parecem estar diretamente associados a ela? [Langness 1976: 103; ênfase minha]

---

1. Publicado originalmente em *Nature, Culture and Gender*, ver MacCormack & Strathern 1980. [N. E.]

Barth discute as ideias baktaman (centro da Nova Guiné) com um ceticismo bastante parecido. Referindo-se às "dicotomizações Doméstico : Selvagem :: *Cultura* : *Natureza* atribuídas ao simbolismo suíno e marsupial em regiões das terras altas" (cf. Strathern 1968), o autor observa que praticamente não há indícios de que essas sejam dicotomias básicas na constituição da cognição baktaman. "A 'Cultura' não fornece um conjunto distintivo de objetos para manipular a 'Natureza'" (1975: 194-95; ênfase minha).

Isso apresenta uma espécie de problema no que diz respeito à cognição. Nenhum dos autores está feliz com os termos "natureza-cultura", mas, ao menos em nosso caso, estes são conceitos críticos que jamais empregamos. Qual será, pois, a fonte de sua equação? Por que extrapolar de selvagem-doméstico para natureza-cultura?

Os autores oferecem algumas pistas. Os comentários de Langness surgem no contexto das discussões sobre as relações masculino-feminino nas terras altas,[2] e ele observa o relato de Lindenbaum sobre os Fore (1976) em particular. Esses habitantes do leste das terras altas estabelecem uma conexão explícita entre gestão de recursos e controle social:

> A oposição [fore] entre o doméstico e o selvagem [...] tem a ver com o controle e a segurança que resultam da regulamentação e da gestão, contrastando com o perigo que reside no incontrolável, no imprevisível e no não regulamentado. Os grupos fore do sul dependem de

---

2. No mesmo volume, Meggitt faz uma extrapolação semelhante, com algumas reservas. Ele sugere que as oposições resultantes das histórias de Mae Enga, entre demônios da floresta e seres humanos nos povoamentos, "talvez sejam expressão de uma visão mais geral de uma dicotomia entre natureza e cultura" (1976: 68). Acrescenta, porém, que não quer levar a sugestão longe demais. Buchbinder e Rappaport comentam uma oposição maring explícita entre o selvagem e o cultivado, entre a fartura e a periculosidade da natureza e a ordem cultural, apesar de notarem que nem "cultivado", nem "doméstico" dão conta do significado do oposto de "selvagem". A fecundidade é um aspecto do selvagem, e eles descrevem uma planta ornamental colocada em torno de um forno ritual "para o bem das mulheres, dos porcos domésticos e das roças" como uma forma de atrelar "fins socioculturais a processos naturais" (1976: 30). A mesma planta é colocada sobre sepulturas, associando o fecundo e o mortal a elementos vinculados ao feminino, em oposição ao masculino. "A associação entre a vagina e a sepultura não é exclusividade dos Maring, e a identificação dos homens com a cultura e a espiritualidade e das mulheres com a natureza e a fertilidade [...] é difundida", escrevem eles (1976: 32).

um acesso regular aos recursos da floresta tanto quanto de um acesso regular a mulheres. [...] A sexualidade feminina é o "selvagem" perigoso que os homens precisam controlar. [1976: 56][3]

Em parte, a observação de Barth de que os Baktaman não reconhecem uma dicotomia natureza-cultura deve-se parcialmente à ausência de distinções claras entre áreas povoadas e floresta, com as pessoas e os porcos circulando livremente entre esses domínios, assim como à prontidão dos viajantes baktaman para enfrentar novos ambientes sem depender de bagagem, ferramentas ou armas. Todos os lugares, espécies e processos são de um único tipo: a natureza não é "manipulada". Ambos os autores supõem certos significados aqui: Langness ao empregar os conceitos de natureza e cultura; Barth ao recusá-los. A cadeia de associações que propõem inclui elementos como a fronteira entre as áreas povoadas e a floresta, noções de controle e manipulação e cultura como o trabalho do homem sobre o ambiente natural ou a biologia humana.

Na medida em que tais noções de natureza e cultura pertencem a uma tradição intelectual específica em nossa própria cultura, surgem algumas questões interessantes quando essa dicotomia é atribuída aos sistemas de pensamento de outros povos. No sentido aparentemente pretendido por esses autores, não existe demarcação entre "natureza" e "cultura" no pensamento hagen. Convém, pois, examinar em pormenor a distinção que os próprios Hagen estabelecem entre o doméstico e o selvagem.

O exercício é elucidativo por uma razão: entre todos os significados que "natureza" e "cultura" têm no mundo ocidental, certas seleções sistemáticas são feitas quando as mesmas ideias são atri-

---

3. Lindenbaum não chega a resumir essas atitudes como uma questão de natureza e cultura, embora argumente que, "em certo sentido, os ciclos menstruais femininos indicam uma regularidade fisiológica, assim como o amadurecimento anual dos frutos do pandano, o que é um dado ecológico. Para uma sociedade que pode se beneficiar de um aumento numérico, observar essa regularidade faz parte da adaptação. [...] No entanto, a ordem nesse caso constitui uma ameaça, já que essa estrutura é fornecida pelas mulheres, e não pelos homens – um fenômeno que os Fore e outros grupos da Nova Guiné tentam neutralizar por meio de rituais masculinos de imitação da menstruação [...] caracteristicamente realizados durante a iniciação. [...] Os homens tomaram para si a tarefa de orquestrar o equilíbrio entre variáveis ambientais, biológicas e sociais que oscilam continuamente" (1976: 56-57).

Sem natureza, sem cultura **25**

buídas a outros povos. Existem ao menos dois intuitos por trás das seleções presentes no tratamento das etnografias da Nova Guiné. O primeiro deriva de interesses ecológicos, para os quais os contrastes que outros povos estabelecem entre o selvagem e o doméstico ressoam uma relação analítica entre ecologia e sociedade. O segundo caracteriza a área do feminismo que se ocupa da relação entre a biologia e o antrópico, uma preocupação que ressoa o modo como as ideias de masculino e feminino são articuladas, na nossa própria cultura, com as ideias de natureza e cultura.

Esses dois pontos de vista se afetam e se apoiam mútua e substancialmente. De fato, eu resolveria o problema colocado por Langness e Barth sugerindo que uma dicotomia selvagem-doméstico não ocidental desencadeia uma interpretação em termos de "natureza-cultura" *na presença dos* temas explícitos do controle do ambiente ou do simbolismo masculino-feminino. É possível até mesmo argumentar que uma distinção masculino-feminino presente em sistemas de pensamento ocidental exerce um papel crucial como operador simbólico em certas transformações entre os termos "natureza-cultura". O fato de apresentarmos as categorias selvagem-doméstico hagen em associação direta com seus próprios símbolos de gênero explica, penso eu, a extrapolação plausível – mas fundamentalmente absurda, nesse contexto – à qual nos referíamos em relação a natureza-cultura.

## II. A ideia de natureza-cultura

O que queremos dizer com natureza e cultura?

Langness remete a dicotomia natureza-cultura a Lévi-Strauss. Não há dúvida de que a tendência a incorporar tais termos em análises simbólicas deriva de sua disseminação no estruturalismo, e os argumentos de Edwin Ardener e Sherry Ortner, dos quais MacCormack & Strathern (1980) também se ocupam em parte, reconhecem Lévi-Strauss como fonte de inspiração básica.

MacCormack propõe uma crítica a esses conceitos a partir do estruturalismo, assim como fazem Gillison e Harris de diferentes perspectivas. Já minha posição não aborda a questão das estruturas subjacentes e da utilidade desses termos para a compreensão do funcionamento da mente humana. Prefiro concentrar-me nos estilos de interpretação *que atribuem a outros povos* a ideia de natureza-cultura como (uma) entidade mais ou menos explícita em suas representações mentais. Seja qual for o estatuto desses conceitos no discurso "racionalista", eles também foram apropriados de modo claramente "empiricista" (cf. Leach 1976).

Natureza e cultura tendem a adquirir certos significados como categorias de análise quando os pesquisadores que trabalham principalmente em uma tradição empiricista se dedicam à exegese de sistemas cognitivos. Primeiramente se atribui a elas o estatuto de componentes superficiais do sistema estudado – isto é, são explícita ou implicitamente interpretadas como princípios substantivos que conferem sentido a categorias indígenas em seus próprios termos (metonimicamente), como no caso de "consanguinidade", "poluição" ou "iniciando". Em segundo lugar, natureza e cultura são compreendidas em um sentido essencialista, ou seja, pode-se pensar que povos que aparentemente se utilizam de noções dessa ordem enfrentam os mesmos problemas de controle e definição que dão conteúdo a esses termos para nós.

Roy Wagner discutiu amplamente esse solipsismo: embora admitamos, afirma ele, que outras culturas compreendem conjuntos de artefatos e imagens que diferem dos nossos do ponto de vista do estilo, tendemos a sobrepô-los na mesma realidade: a natureza tal como a percebemos (1975: 142). O que se deve extrair disso é bastante simples: não há nada que se assemelhe a natureza ou cultura. Ambos são conceitos extremamente relativizados cujo significado último deve ser derivado de seu lugar no interior de uma metafísica específica. Não é possível atribuir um significado único à natureza ou à cultura no pensamento ocidental: não existe uma dicotomia consistente, apenas uma matriz de contrastes (cf. Hastrup 1978: 63).[4] A questão, portanto, diz respeito a quão ampla deve ser a parcela do *conjunto total* de significados que devemos ser capazes de identificar em outras culturas para que se afirme com convicção que elas possuem tais noções.

Talvez haja uma tendência a ignorar esse problema porque as próprias ciências sociais comumente empregam certos componentes da matriz natureza-cultura, inclusive os que tratam dos

---

4. Algumas das mudanças históricas envolvidas são discutidas em M. & J. H. Bloch 1980 e Jordanova 1980.

sistemas ecológicos e seus ambientes, a sociedade e o "indivíduo", e toda a visão de cultura como produção descrita por Sahlins (1976). Burridge (1973) aponta para a tradição característica do pensamento europeu que há muito lida com a oposição entre as coisas como elas são e as coisas como elas podem ser; a separação entre sujeito e objeto e a construção de formas ideais ou alternativas de sociedade fazem parte de uma dialética entre participação e objetividade. A combinação das capacidades de participar da "alteridade" e de tratar essa "alteridade" como objeto (de estudo) criou a antropologia. Esse processo depende de uma convicção central de que o homem "produz" cultura e, na medida em que isso é verdadeiro, é externo a sua própria "natureza".

De fato, Goody (1977: 64) observa que natureza e cultura penetraram as análises culturais tão profundamente que consideramos a oposição entre elas inevitável ("natural"). Sem rodeios, ele questiona se tais pares correspondentes de conceitos seriam sempre encontrados em outras culturas, podendo ser comparáveis, do ponto de vista lógico, a outras classificações convencionais, como direita-esquerda e masculino-feminino. A inclusão de um contraste natureza/cultura nesses moldes em que não há equivalentes explícitos combina as classificações do ator e do observador de forma inadmissível. Goody caracteriza a própria dicotomia como uma parcela "extremamente abstrata e um tanto oitocentista" do intelectualismo ocidental. Se assim for, resta esclarecer sua atualidade hoje. Nas palavras de Sahlins, "todas as nossas ciências sociais integram a ideia corrente de que a sociedade é produzida por uma ação empreendedora" (1976: 52).

Jordanova e os Bloch demonstram alguns dos modos como os pensadores da tradição ocidental empregaram ideias desse tipo no passado. Minha abordagem será essencialmente a-histórica e baseia-se em meu próprio entendimento de nosso interesse por esses mesmos termos hoje. Permitam-me esboçar seus principais componentes no estilo empiricista de interpretação que abordarei começando por salientar que natureza e cultura não podem ser reduzidas a uma dicotomia única mesmo em nosso próprio pensamento.

Ao pensar na cultura como algo comum às espécies, podemos referir-nos a ela como uma manifestação da "natureza humana": ao pensarmos nela como algo que particulariza o gênero humano em relação ao resto do mundo, nós a concebemos como um ingrediente que acrescenta refinamento a uma "natureza animal" dada que compartilhamos com outras espécies. Como coloca Benoist: "Será que a cultura imita a natureza, esta se radica nela ou emana dela diretamente? Ou será, pelo contrário, que a cultura se contrapõe à natureza, é absolutamente independente dela desde o princípio e está constantemente envolvida no processo de transformá-la, mudá-la? A matriz dessa oposição entre cultura e natureza é a própria matriz da metafísica ocidental" (1978: 59). A cultura é *nómos* e *tékhne*, isto é, compreende a sociedade e a cultura no sentido marcado. A natureza diz respeito tanto à natureza humana como ao ambiente não social. Atribuímos uma série de avaliações a essas imagens do mundo "real", de modo que uma seja ativa e outra, passiva; uma sujeito e outra objeto; uma criação e outra recurso; uma estimule e a outra limite.

Esses valores não mantêm uma relação fixa, mas podem aderir a qualquer das categorias. A localização do agente ativo se transforma (cf. Wagner 1975: 67; Schneider 1968: 107 ss.). Em dado momento, a cultura pode ser uma força criativa e ativa que produz forma e estrutura a partir de uma natureza passiva, dada. Em outro, pode ser o produto final amansado e refinado de um processo que depende da energia proveniente de recursos externos a ela. A cultura é tanto o sujeito criativo como o objeto acabado; a natureza é tanto recurso como limitação, passível de alterações e operando segundo suas próprias leis. É como um prisma que gera diferentes padrões ao ser girado – por meio dele, natureza e cultura podem por vezes ser vistas como o elemento circunscrito ou circunscritivo.

Para que se possa obter rendimento analítico a partir desses termos, é preciso manter o prisma parado momentaneamente, pois, dependendo de nosso ponto de vista filosófico, podemos empregar várias partes dessa matriz como base para certos conceitos – e, ao fazê-lo, reduzir combinações complexas na forma de uma série de oposições. Uma das formas de provar para nós mesmos que construímos uma dicotomia real entre natureza e cultura é projetando aspectos dela nas sociedades que estudamos. Essa projeção pode ser estimulada pela descoberta de um simbolismo indígena que parece estabelecer dicotomias paralelas entre masculino e feminino ou doméstico e selvagem. Eis a importância de uma homologia substantivista: quando a oposição masculino *versus* feminino carrega conotações, digamos, de empreendimento coletivo *versus* empreendimento individual, ou quando o doméstico se refere a uma aldeia em uma clareira e o selvagem, à vegetação em torno dela, nós presumimos a presença de uma polarização clara e objetivada entre cultura e natureza com muita facilidade.

Em outras palavras, eu diria que percebo uma intenção ideológica – presente desde o início, de acordo com os Bloch (1980: 39) – no desejo de produzir uma dicotomia (natureza *versus* cultura) a partir de um conjunto de combinações (todos os significados que natureza e cultura têm em nossa cultura, rica em ambiguidades semânticas). Trata-se da mesma lógica que cria a "oposição" a partir da "diferença" (Wilden 1972). Ao selecionarmos certos conceitos concebidos em uma relação dicotômica ou opositiva (natureza *versus* cultura) em nosso próprio repertório de noções sobrepostas, estamos, na melhor das hipóteses, fazendo suposições prévias sobre a lógica do sistema que estudamos, e, na pior das hipóteses, usando nossos símbolos como se fossem signos – como se, através deles, pudéssemos ler as mensagens das outras pessoas, e não apenas respostas provenientes de nosso próprio repertório.

Já me referi a certos modos de interpretação que ilustram essa tendência. O modelo essencialmente ecológico do tipo discutido por Sahlins em termos de "razão prática" aborda a cultura como algo que modifica o ambiente ou se adapta a ele; esse modelo contrapõe, assim, a criatividade da cultura aos dados da natureza. "O naturalismo compreende a cultura como o modo humano de adaptação. A cultura, segundo essa perspectiva, é uma ordem instrumental" (Sahlins 1976: 101). É possível perceber uma homologia entre a matéria da natureza e da cultura no pensamento indígena e a análise feita pelo observador do lugar que essa sociedade ocupa em seu ambiente. A realidade que conferimos a nossa própria interação com a natureza é assim atribuída aos sistemas daqueles que estudamos – mesmo a ponto de uma distinção nativa entre aldeia e áreas arbustivas ser traduzida como uma reprodução de nossa compreensão evolutiva da sociedade humana como um recurso para modificar a tecnologia. Essas ideias se ocupam particularmente da "natureza" pensada como "ambiente". Um segundo modelo é por vezes empregado por quem se interessa pelas relações entre os sexos como a história de uma luta por poder: percebe-se na associação entre artefatos culturais e criatividade masculina um processo que teria privado a mulher de identidade social ao relegá-la a um estado natural.[5] A questão da "natureza humana", com seus problemas de consciência, identidade e dualismo mente-corpo, é central aqui.

Outro conjunto de pressupostos ocupa um lugar comum em ambas as formulações. Esses pressupostos postulam uma ligação entre natureza = ambiente, recursos, limitações, e natureza humana = capacidades e necessidades universais. O "indivíduo" (biológico), pensado em oposição à "sociedade", pode, assim, vir a ocupar uma posição análoga à da natureza, pensada em oposição à cultura. Quando a ciência social define o problema da transformação de um indivíduo (natural) em uma pessoa que assume determinado papel, ela sustenta uma noção de que a natureza humana é uma matéria puramente biológica a ser moldada pela sociedade. A equação "feminista"[6] da cultura como feita pelo homem pode inverter os valores por vezes implícitos nessa posição. (Em argumentos feministas do tipo "expressivo" (Glennon 1979), a criação é masculina, artificial, colonial, enquanto as mulheres permanecem um recurso "humano" não contaminado.)

Cada modelo estabelece, pois, uma oposição dinâmica. Enquanto um deles considera que a sociedade primitiva se debate com as mesmas preocupações com o controle sobre o ambiente que ocupam o Ocidente industrial, o outro demonstra o modo pérfido como o controle dos homens sobre as mulheres se imbrica com uma no-

---

5. Por exemplo, Reiter (1975: 19) assina o prefácio de uma coleção de ensaios sobre as mulheres: "Esses ensaios submetem nossas ideias de dominação masculina a uma análise específica e nos motivam a entender que ela é tudo menos natural. Tais padrões, como um artefato da cultura, sofreram mudanças passíveis de análise e estão sujeitos a transformações em prol das quais podemos trabalhar ativamente". A biologia (ciência/fato/o inato) é importante para sustentar um tipo de argumento feminista. Ao mostrarmos que não existe nenhuma/qualquer base biológica para nossos próprios símbolos culturais de masculino e feminino, podemos "provar" que os símbolos são "falsos" (isto é, construtos que não representam adequadamente a natureza). A partir de uma abordagem diferente, no entanto, na medida em que se pode dizer que a humanidade transcende a natureza, as justificativas naturais para a discriminação cultural deixam de ser válidas (Firestone 1972).

6. Não existe, é claro, uma posição "feminista" única; uso o termo aqui como uma maneira sucinta de fazer referência a determinados tipos de argumentos (ver a discussão de Glennon 1979). É igualmente "feminista" a ideia de que as ditas relações pessoais e individuais não podem ser diferenciadas das políticas - assim como a de que a separação entre as esferas de ação "política" e "pessoal" é atributo de uma ideologia predominantemente masculina.

ção de controle da cultura sobre a natureza, de razão sobre a emoção, e assim por diante. Eles têm em comum a ideia de uma *relação entre* natureza e cultura que não é estática, mas que sempre envolve uma espécie de tensão. A noção de natureza e cultura é mais do que as metades de um todo (uma dicotomia). Ela também pode ser imaginada como um contínuo – as coisas podem ser "mais ou menos naturais"; o cultural (a civilização) tem graus "inferiores" e "superiores". Podemos pensar em um processo. A natureza pode se tornar cultura – quando um ambiente selvagem é domesticado, uma criança é socializada e o indivíduo, como entidade natural, aprende a seguir regras. E podemos pensar em hierarquia. Isso pode assumir a forma de uma avaliação – como na afirmação de que a cultura é considerada superior à natureza em toda parte – ou pode ser uma questão de lógica – de modo que a natureza, categoria de ordem superior, inclua a cultura, assim como o geral inclui o particular.

Desse modo, esses construtos ocidentais de natureza-cultura giram em torno da noção de que um domínio é passível de ser controlado ou colonizado pelo outro. Essa incorporação implica que o selvagem se transforma no doméstico e o doméstico contém em si elementos primitivos de sua natureza pré-doméstica. Tanto a socialização como a domesticação do ambiente caem nesse esquema.

Apesar do fato de as próprias suposições de Lévi-Strauss sobre a relação entre natureza e cultura negarem claramente a existência de uma forma de hierarquia ou incorporação, são construtos desse tipo que, pode-se argumentar, estão por trás de grande parte das investigações antropológicas e acabam sendo atribuídos às culturas estudadas.[7] Os Bloch (1980) também chamam a atenção para esse mesmo ponto. A associação entre as categorizações nativas que pa-

---

7. Por exemplo, Errington sugere que os Karavaran (Nova Bretanha) constroem a natureza humana como composta de ganância e violência, "caracterizada pelo pleno exercício do interesse individual. A expressão da natureza humana desenfreada é vista como um caos de desejos e atividades conflitantes" (1974: 21). A ordem social se impõe à desordem. Essas ideias são apresentadas como muito próximas de uma dicotomia natureza-cultura, originária da afirmação karavaran de que um tempo de desordem total chegou ao fim em um momento histórico específico (quando o primeiro missionário desembarcou e resfriou a água quente do mar, trazendo consigo princípios de divisão social e moedas de concha), mas de que o estado de desordem está sempre presente como condição da humanidade; imagens da "domesticação" dessa condição perturbadora são também apresentadas como originárias da utilização karavaran de símbolos masculino-feminino.

recem opor algo como cultura e natureza e nossa própria interpretação das formas sociais constitui quase outro exemplo de ilusão totêmica. As imagens que as outras pessoas fazem da natureza e da cultura são consideradas um reflexo do grau de controle que as sociedades reais têm sobre os seus ambientes reais. A mesma imagética de controle é reiterada na convicção "feminista" de que a sociedade deve ser entendida como uma imposição sobre o indivíduo (autêntico/natural), assim como os homens dominam as mulheres. Nos conceitos que atribuímos aos outros, buscamos a confirmação de nossas próprias oposições motivadas, e isso é desencadeado por questões que têm a ver com o "controle" (do ambiente, das pessoas).

Lévi-Strauss utiliza uma dicotomia selvagem-doméstico em relação ao espírito humano, mas os tipos de homologias explorados em *O pensamento selvagem* [1962] sugerem que o pensamento mítico pode situar os homens em uma relação com a "natureza" que difere bastante da posição que ocupam em nosso próprio mundo (cf. Godelier 1977: 208 ss.). O que surpreende na exegese "empiricista" é a tentativa de reproduzir a ideia de que os elementos naturais ocupam a *mesma* posição conferida a eles em certas versões de nossos próprios construtos de natureza-cultura.

Segundo Sahlins, "a redução à biologia [...] caracteriza o que há de melhor na antropologia evolucionária. Nesse aspecto, no entanto, nossa ciência pode ser a mais avançada forma de totemismo. Se o totemismo, como diz Lévi-Strauss, é a explicação da sociedade humana por meio das diferenças entre as espécies, nós criamos então uma ciência empírica a partir dele" (1976: 53). Eu gostaria de desenvolver essa ideia. O tipo de dicotomia natureza-cultura que estou discutindo toma como suas relações "naturais" (= reais) não categorias pertinentes à natureza, mas a dominação da própria natureza. Uma vez que as sociedades totêmicas podem usar a natureza como fonte de símbolos para falar de si próprias, "nós" usamos um contraste hierárquico entre a natureza e a própria cultura para falar sobre as relações internas à sociedade, que se baseiam em noções de transformação e processo que veem a sociedade como "produzida" a partir do ambiente natural/dos indivíduos.

Se a adaptação, como tema dos empreendimentos de outras culturas, desencadeia em nós noções sobre natureza-cultura, a ordenação simbólica das relações masculino-feminino também nos sugere noções de natureza-cultura.

## O gênero como operador

Nossas próprias filosofias estabeleceram relações deliberadas entre os contrastes masculino-feminino e natureza-cultura. A descrição que Simone de Beauvoir faz da mulher como "objeto privilegiado por meio do qual [o homem] subjuga a Natureza" (1972: 188) – objeto de seu sujeito, outra em relação a seu eu e, ao mesmo tempo, "a imagem fixa de seu destino animal" (1972: 197) – apresenta de modo brilhante *um* dos modos como enredamos natureza-cultura, masculino-feminino, com todos os elementos de competição e subjugação (cf. Harris 1980: 70). Trata-se de um paradigma constitutivo: a cultura é feita de pedaços da natureza, e contemos dentro de nós mesmos uma natureza que é anterior à cultura. O simbolismo masculino-feminino pode servir de base à mesma oposição formada por essas noções de "controle" e (em contrapartida) "adaptação", que estabelecem uma relação sujeito-objeto entre cultura e natureza.

Assim, usamos "masculino" e "feminino" em um sentido dicotômico. Eles representam uma entidade (a espécie humana) dividida em duas metades, de modo que cada uma delas é definida pelo que a outra não é. Essa divisão tem um impacto mais claro sobre os termos reprodutivos biológicos, de modo que um esforço constante é realizado para que as diferenças de comportamento sejam reduzidas a aspectos biológicos. No entanto, na medida em que não concebemos a natureza e a cultura simplesmente como opostas, mas também estabelecemos várias relações entre elas (de contínuo, processo, hierarquia), essas relações são redirecionadas à dicotomia masculino-feminino para produzir uma série de afirmações *não* dicotômicas sobre os homens e as mulheres. Daí que a partir de uma equação entre feminino e natureza possa afluir a noção de que: 1) as mulheres são "mais naturais" do que os homens (em determinado ponto de um contínuo); 2) suas faculdades naturais podem ser controladas por estratégias culturais (assim como o mundo natural pode ser domesticado, o que é uma questão de processo); 3) elas são consideradas inferiores (hierarquia de valor); e 4) elas têm potencial para feitos gerais.

Na cultura ocidental, o gênero pode de fato ser a metáfora fundamental que nos permite passar de um contraste entre o cultivado e o selvagem para um contraste entre a sociedade e o indivíduo e imaginar que ainda estamos falando da mesma coisa (cultura e natureza). Ambos podem ser interpretados em termos de um contraste masculino-feminino – os homens são sociais e criadores/as mulheres são biológicas e infrassociais. Como escreve Mathieu, "[um] aspecto absolutamente fundamental das [...] noções de 'masculino' e 'feminino' [em nossa sociedade] é o fato de que elas não implicam uma relação simples de 'complementaridade' [...], mas sim uma oposição hierárquica" (1978a: 4).

No entanto, a combinação entre masculino-feminino e cultura-natureza parece ser tão vigorosa que temos dificuldade em mantê-la estável. Um esquema desse tipo, como veremos, subjaz à convincente exposição de Ortner (1974). Essa relação hierárquica específica foi criticada por Rogers (1978: 134) como "apenas uma das várias percepções culturais, que certamente não é universalmente aceita [...]. Mesmo na cultura americana, nem sempre as mulheres são associadas à 'natureza'. A ideologia da fronteira do Oeste americano inclui a noção das mulheres como agentes portadoras de 'cultura' ou civilização, que acabaram por subjugar os homens desordeiros e antissociais que tendiam a se reverter ao estado de natureza antes da chegada do 'sexo frágil'. A imagética sexual americana retrata a luxúria animal 'natural' dos homens sendo canalizada por mulheres mais responsáveis e civilizadas" (1978: 134). A própria Ortner observou "inversões em seu esquema geral, incluindo alguns aspectos da visão da mulher na nossa própria cultura" (1974: 286) – aos quais ela acrescenta "o amor cortês europeu, no qual o homem se considerava a besta e a mulher, o objeto intocado e exaltado" –, e um exemplo vindo do Brasil (natureza/cru/masculinidade : cultura/cozido/feminilidade).

Certamente, em nossa cultura, para fazer o simbolismo masculino-feminino "funcionar" e embasar a dicotomia cultura-natureza, temos de modificar constantemente os termos de referência dessas oposições, característica que Jordanova (1980) já contextualizou historicamente. Assim, pode-se pensar que os homens estão em sintonia com as necessidades culturais e as mulheres, com as biológicas – *também invertemos* essa equação na imagem dos homens como espontâneos, capazes de mostrar uma natureza mais vulgar em relação à sociabilidade e ao artifício da mulher, voltada para o outro. Dizemos que as mulheres, por estarem mais próximas de um estado pré-cultural de natureza do que os homens, representam o geral em comparação com as realizações particulares masculinas. Por outro lado, por causa da socialização imperfeita das mulheres, pensamos que elas representam interesses pessoais particularistas que se opõem às preocupações sociais dos homens. Há tanto um esforço constante para reproduzir esses conceitos como oposições, como ausência de coerência no que diz respeito ao todo (ver figura 1).

O aparente paradoxo que está no cerne dessas equações – os homens podem representar o culto ou o selvagem; a cultura pode representar o sujeito ou o objeto – reside, creio eu, em problemas genuínos de nossa percepção do mundo material como composto de recursos e energia. Ele também toma a forma de uma ambiguidade fundamental em relação aos conceitos de "indivíduo", que pode ser tanto naturalmente limitado e abundante em recursos como culturalmente moldado, o agente livre que cria a cultura. Por fim, arriscaria conjecturar que na relação entre o masculino e o feminino também antecipamos a combinação entre posição social/recursos econômicos que informa noções de classe. Wagner e Sahlins consideram que a busca da produção é o projeto "ocidental". Segundo esse ponto de vista, talvez possamos explicar o fato de que o equacionamento da mulher com a natureza se mostra particularmente relevante sempre que empregamos o simbolismo masculino-feminino.

## Críticas à análise de gênero seguidas de uma nova crítica

"De modo mais ou menos explícito, o mundo ocidental demonstra fascínio pela visão da mulher como 'natural'" (Mathieu 1978b: 63). Uma crítica do artigo "Belief and the problem of women" [A crença e o problema das mulheres], de Edwin Ardener (1972), motiva essa observação.

Ardener sugere que os homens bakweri situam as mulheres na natureza ao construir suas fronteiras em torno do "social". Mathieu, ao observar, sem se aprofundar muito, que também se acredita que os homens bakweri "dominam" a natureza, sugere que a análise de Ardener "deriva da mesma localização da categoria do feminino na 'natureza' que ele atribui àqueles que estuda" (1978b: 63). Edwin Ardener (1977) nega veementemente ter tido qualquer intenção de equiparar mulher e natureza; pelo contrário, ele enfatiza que as mulheres colocam o problema da delimitação quando os homens definem o que é "sociedade". Em resposta a Mathieu, Ardener reitera a ideia de que "no ato conceitual que delimita o que é 'sociedade' existe uma homologia fortuita entre o campo puramente ideacional [...] em contraposição ao qual a 'sociedade' é definida como *conceito* e a parte do mundo real, territorial, que não é socialmente organizada – o 'selvagem'" (1977: 23; ênfase no original). A principal preocupação de Ardener consiste na conceitualização de estruturas, e não tenho como fazer jus, neste contexto, à complexidade da sua explanação. Talvez o fato de que ele se refere a "natureza" e "cultura" como veículos por meio dos quais é possível falar em estruturas silenciadas e dominantes seja outra "homologia fortuita". No entanto, o fato de que ele reitera o argumento de que, "nas sociedades rurais, a equação não social = não humano = selvagem = 'natureza' se concretiza facilmente" não deixa de ser intrigante. Trata-se de uma metáfora poderosa (1977: 23). Na verdade, ao se recolher em uma ecologia simbolizada desse tipo, Ardener reproduz a mesma equação essencialista criticada por Mathieu. O não social ou selvagem "deles" pode ser lido como a "nossa" natureza.

Este não é o momento certo para abordar questões já tratadas por MacCormack, entre outros, em MacCormack & Strathern (1980); tampouco tenho a intenção de fazer mais do que reconhecer a importância fundamental do artigo de Ardener. Ele é magistral. O mesmo pode ser dito sobre o artigo de Ortner, que tem uma orientação muito diferente e aborda a conceitualização não da sociedade, mas da própria cultura.[8] Nesse contexto, nos deparamos com a ideia de que a cultura emprega uma simbolização do gênero com vistas a sua própria delimitação. Cito essa consideração mais uma vez apenas para justificar a afirmação de que, entre todos os termos que usamos na tradução transcultural, "natureza-cultura", em virtude de sua polissemia em nossa própria cultura, é um contraste que não pode ser atribuído aos outros de forma irrefletida.

---

8. Dado o grau de polemização que marca muitos debates, quero registrar aqui minha admiração pelo trabalho de Ardener e Ortner. De fato, parafraseando a própria Ortner, importam menos seus argumentos, com os quais não concordo, do que algumas das coisas que eles defendem ou para cuja defesa acabaram sendo escritos trabalhos de outras pessoas!

As proposições de Ortner desenvolvem diretamente a noção de um contraste entre cultura e natureza cuja constituição resulta de um processo.

> Todas as culturas [...] estão envolvidas no processo de geração e manutenção de sistemas de formas dotadas de significado (símbolos, artefatos etc.), por meio dos quais a humanidade transcende os dados da existência natural [...] Por meio do ritual [...] todas as culturas afirmam que, para que existam relações adequadas entre a existência humana e as forças naturais, é necessário que a cultura empregue suas faculdades específicas de modo a regular os processos do mundo e da vida como um todo [...] Todas as culturas reconhecem e afirmam implicitamente uma distinção entre a operação da natureza e a operação da cultura [...] a especificidade da cultura reside precisamente no fato de que ela é capaz de [...] transcender as condições naturais e transformá-las de acordo com seus propósitos. Assim, a cultura (isto é, todas as culturas), em algum nível de consciência, afirma-se não apenas como distinta, mas como superior à natureza [...] O projeto da cultura é sempre subsumir e transcender a natureza. [1974: 72-73]

Ortner prossegue sugerindo que a posição das mulheres na ordem simbólica deve ser interpretada como uma indicação de que elas são "menos transcendentes em relação à natureza" do que os homens (1974: 73).[9] As mulheres são "vistas" como mais próximas da natureza; elas "representam" uma ordem inferior, são "símbolos" de algo desvalorizado por todas as culturas. Embora Ortner observe (1974: 75) que essa percepção pode ser inconsciente, fica patente que a "associação" das mulheres com o doméstico e sua "identificação" com a ordem inferior (1974: 79), bem como sua ambiguidade simbólica, devem ser tomadas como índices de uma hierarquia entre natureza e cultura cujos termos são visíveis o suficiente para serem descritos como parte da autoconsciência das pessoas.

---

9. Rosaldo e Atkinson observam que os Ilongot (Filipinas) parecem não ter preocupações quanto à fertilidade biológica (1975: 263); eles sugerem que, nas sociedades que dão ênfase às funções sexuais, a celebração da fertilidade feminina "implica uma definição do ser mulher em termos de natureza e biologia; ela restringe as mulheres a sua existência física, e, desse modo, à própria lógica geral que as declara menos aptas à transcendência e às realizações culturais do que os homens".

A própria distinção cultura/natureza é produto da cultura na medida em que esta, definida em termos mínimos, consiste na transcendência, por meio de sistemas de pensamento e tecnologia, dos dados naturais da existência. Esta, é claro, é uma definição analítica; contudo, como já argumentei, todas as culturas, em algum nível, incorporam essa noção de uma forma ou de outra, mesmo que apenas por meio da realização de rituais como uma afirmação da capacidade humana de manipular tais "dados". [1974: 84]

Eu teceria os seguintes comentários:

1) As considerações de Ortner ignoram a natureza polivalente de nossas próprias categorias de natureza e cultura, confinando efetivamente seus campos semânticos, cujas fronteiras são móveis, no interior de uma cerca. Assim, Ortner consegue nos apresentar uma dicotomia entre natureza e cultura. 2) Essa dicotomização é logicamente necessária porque Ortner quer que nos concentremos na noção de que a natureza é uma "força" sobre a qual a cultura age, ou seja, há aqui uma relação específica entre sujeito e objeto que é, como observa Gillison (1980), sempre representada em termos hierárquicos: "Em todas as culturas humanas, a universalidade do ritual denota uma afirmação da capacidade especificamente humana de agir sobre os dados da existência natural e regulá-los, em vez de deixar-se levar e ser afetado por eles passivamente" (1974: 72). O controle – a regulamentação – é a essência da relação entre os dois termos. 3) Ela supõe que as conceitualizações de uma interação entre natureza e cultura são feitas por "todas as culturas" *e* correspondem ao que nós reconhecemos como natureza e cultura. 4) Dada a maneira como ela se refere ao entendimento de que as mulheres são "vistas" como mais próximas da natureza, como "símbolos" do que a cultura desvaloriza, deveríamos presumir que essas noções são construtos relativamente acessíveis dos próprios sistemas de pensamento das pessoas. A implicação geral disso é que todas as culturas têm uma *autoconsciência* "da" relação entre natureza e cultura. 5) Finalmente, ela sugere que os símbolos realmente utilizados são sempre os mesmos – a saber, as relações entre masculino e feminino.

Além disso, independentemente do que nós mesmos podemos querer dizer com natureza ou cultura, existe um nível em que atribuímos a outros povos noções comparáveis a essas.

## A cultura como classificação

De acordo com Lévi-Strauss, o contraste entre natureza e cultura "deve ser visto como uma criação artificial da cultura, uma muralha de defesa que ela teria cavado ao redor de si" ([1949] 1969: xxix). Ardener diz ainda que os homens, em nome desse esforço intelectual, "têm de se distinguir tanto das mulheres como da natureza [...] Se os homens tomam conhecimento de 'outras culturas' com mais frequência do que as mulheres, é bem possível que eles tenham uma propensão a desenvolver metaníveis de categorização que lhes permitam, no mínimo, considerar a necessidade de verem a-si-próprios-e-a-suas-mulheres como separados de-outros-homens-e-mulheres". As fronteiras entre as sociedades compreendem, assim, uma das etapas da demarcação aborígene da cultura em relação à natureza. "No entanto, o primeiro nível ainda é reconhecível por sua tendência a resvalar novamente em si mesmo após passar para um metanível, ou seja, a classificar outros homens e suas esposas no âmbito da natureza" (1972: 142).

Se acreditássemos que nossa divisão entre natureza e cultura reflete uma "realidade" externa, a questão do limite do compartilhamento dessa noção por outros povos poderia de fato ser formulada como relativa à autoconsciência, isto é, ao modo como eles representam suas próprias fronteiras. A diferenciação entre homem e animal, entre a vida social e a selvagem, e assim por diante, pode aparecer na forma de conceitos verbais explícitos (como os nossos próprios conceitos de "indivíduo" e "sociedade"); ser expressa por meio de símbolos e mitos e, assim, ser entendida de forma menos explícita, embora talvez igualmente categórica; ou se revelar por meio das propriedades dos modos de classificação e cognição que moldam a visão de mundo de um ator, mas que ele desconhece como princípios ou valores logicamente separados dessa visão de mundo. Esses graus de autoconsciência classificariam, assim, o tipo de estrutura que tentamos descrever.

Apesar de suas diferentes intenções, ao sugerir que as sociedades podem classificar a si próprias, assim como os homens e as mulheres, em um eixo natureza-cultura, tanto Ardener como Ortner consideram que existe alguma autoconsciência indígena. Essas ideias se encontram nos dois primeiros "níveis", bem como, talvez, no terceiro. Em outras palavras, por meio de símbolos, de

**Masculino-feminino como símbolos de cultura-natureza**

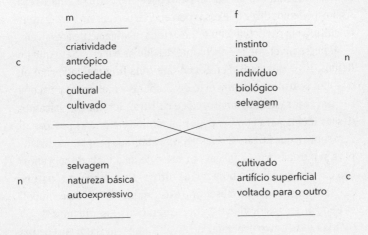

**Cultura-natureza como símbolos de masculino-feminino**

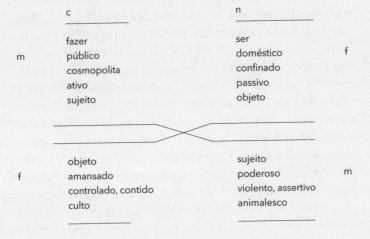

**Figura 1** Algumas metáforas da cultura ocidental

[NOTA: Esta é uma esquematização rudimentar de certas ideias que acredito serem comuns a formulações ocidentais de gênero e natureza-cultura. Este não é o momento de demarcar adequadamente os campos semânticos em questão, e a natureza de esboço de minhas sugestões fica patente na aleatoriedade gramatical das diferentes palavras.]

estereótipos e do tratamento dispensado aos sexos, as pessoas tomam conhecimento de certas percepções de cultura e natureza. Assim, podemos dizer que essas percepções pertencem a determinada cultura em particular como construtos relativamente acessíveis.

É nesse nível que me aproximo das ideias hagen.[10] Será que podemos dizer que os Hagen formulam uma linguagem verbal ou que eles se utilizam de um eixo de símbolos e metáforas para operar um contraste entre natureza e cultura? Será que precisamos dessas ideias para compreender os rituais e o que as pessoas dizem sobre o que fazem? Se elas representam sua própria sociedade para si mesmas, elas o fazem por meio de uma ideia de sobreposição das realizações do homem (a cultura) ao controle da "natureza"; será que o lugar do masculino e do feminino na ordem simbólica e social, em particular, deve ser entendido nesses termos?

Mas resta outro problema de nível. Como temos uma preocupação com a forma como a oposição natureza-cultura tem sido relacionada a contrastes masculino-feminino, faz sentido questionar se estamos lidando com modelos exclusivamente masculinos ou exclusivamente femininos. Ardener levantou essa questão (1972) ao sugerir que os homens têm uma predisposição específica para traçar fronteiras. Desde então, Shirley e Edwin Ardener (1977) expandiram a noção de modelos mútuos e dominantes para se referir às mulheres cujas representações da sociedade, segundo eles argumentariam, são invariavelmente englobadas pelas dos homens. O antropólogo acaba tendo um acesso mais imediato ao modelo dominante. Para Ardener, "se a percepção masculina produz uma estrutura dominante, a estrutura feminina é silenciada. O fato de que as realizações imanentes de estruturas silenciadas são frequentemente equiparadas a um fundo nulo, à 'natureza', é uma contingência empírica" (1977: 124). Em outras palavras, o modelo dominante incorpora uma definição de seus próprios limites como modelo, abrindo espaço para uma articulação subjugada de outros modelos como um de seus próprios termos (manifestações da natureza). Não estou certa de que é profícuo pensar nas diferentes perspectivas de homens e mulheres hagen como modelos construídos de for-

---

10. Não temos de procurar uma "estrutura profunda" (por exemplo, as estruturas p dos Ardener; S. Ardener 1977) motivada por elementos como a natureza ou a cultura. Preocupo-me com ideias que sejam razoavelmente articuladas ou acessíveis.

mas diferentes (cf. M. Strathern 1981); no entanto, não tenho como objetivo tratar dessa questão agora. Neste momento, volto-me para conceitos dominantes e acessíveis. Pode ser que uma fonte exclusivamente masculina venha a distorcer as imagens de gênero que essas noções projetam, mas o casal Ardener não postula que apenas os homens estabelecem uma divisão entre cultura e natureza.

Wagner (1975; 1978) argumentou de modo convincente que a "cultura" é uma invenção nossa e as ideias que outros povos têm do eu e da sociedade podem estabelecer dicotomias diferentes. Assim, ele nos oferece uma espécie de comentário sobre a obsessão que a cultura ocidental tem por sua própria autodefinição. Visualizamos nossa cultura por meio de uma simbolização convencional, que "define e constitui uma distinção nítida entre seus próprios símbolos e ordens, por um lado, e o mundo de sua referência e ordenamento, por outro" (1978: 23). Isso deve ser contrastado com a simbolização autossignificante, como na construção de uma metáfora, que assimila o simbolizado em sua própria construção. Todas as culturas empregam ambos. Ao passo que nossa própria tradição vê a simbolização convencional como uma esfera legítima da ação humana na classificação precisa e ordenada que os seres humanos fazem do mundo natural que habitam, outras tradições consideram que a ordem convencional é inata.

> Cumpre um papel importante a questão de saber qual dos *tipos* de objetificação é considerado o meio normal e apropriado para a ação humana (o reino do artifício humano) e qual é compreendido como funcionamento do inato e do "dado". Isso define a forma aceita e convencional da ação humana, [...] que coisas e que experiências devem ser vistas como anteriores às suas ações, e não como resultado delas. Podemos denominar essa orientação coletiva de "mascaramento convencional" de uma cultura particular. Na moderna Cultura da ciência e do empreendimento coletivo da classe média norte-americana, com sua ênfase no acúmulo progressivo e artificial de formas coletivas, o mascaramento convencional equivale ao entendimento de que o mundo do incidente natural [...] é dado e inato. Já no mundo dos Daribi [...] com sua ênfase na prioridade das relações humanas, é o mundo incidental dos controles não convencionalizados que envolve a ação humana, ao passo que a articulação do coletivo é o objeto da contrainvenção e do mascaramento convencional. ([1975] 2010: 93)

Ele prossegue argumentando que as culturas que têm a diferenciação como convenção abordam o mundo com uma lógica dialética que opera por meio da exploração de oposições contra um fundo comum de similaridade, ao passo que aquelas, como nossas próprias tradições científicas, que têm a coletivização como convenção buscam coerência contrapondo-se a uma base comum de diferenças (naturais).[11]

Wagner está preocupado principalmente com a forma simbólica; em um nível muito distinto, procuro abordar o que ele também nos diz sobre o conteúdo de várias formulações. Seu argumento é pertinente, uma vez que a "outra tradição" descrita por ele de modo mais detalhado é a dos Daribi, outro povo das terras altas da Nova Guiné. Entre os Daribi, o contraste entre o inato e o artificial nos processos de particularização e coletivização ocupa uma posição diferente da que tem na cultura ocidental. Assim, as convenções coletivas da vida social daribi são consideradas componentes dados da humanidade e do universo, em relação aos quais os indivíduos improvisam, diferenciando-se e particularizando-se, enquanto "nós" enfatizamos a coletivização de controles que têm de agir constantemente sobre motivações individualizantes e inatas. Para os Daribi, não existe "cultura" no sentido de artefatos e regras que representam uma soma de esforços individuais, nem uma "natureza" a partir da qual esses elementos seriam formados.

Algo muito semelhante pode ser dito no caso dos Hagen. O que torna esse material particularmente interessante são certas categorizações bastante explícitas feitas pelos Hagen: uma distinção entre *mbo* ("doméstico") e *rømi* ("selvagem") é associada ao con-

---

11. "De forma consciente e intencional, 'fazemos' a distinção entre o que é inato e o que é artificial ao articular os controles de uma Cultura coletiva, convencional. Mas o que dizer daqueles povos que convencionalmente 'fazem' o particular e o incidental, cujas vidas parecem ser uma espécie de improvisação contínua? [...] Ao tornar a invenção, e portanto o tempo, o crescimento e a mudança uma parte de seu 'fazer' deliberado, eles precipitam algo análogo à nossa Cultura, mas não o concebem e não podem concebê-lo como Cultura. Esse algo não é artifício, e sim o universo. Para eles, o convencional – gramática, relações de parentesco, ordem social ("norma" e "regra") – é uma distinção inata, motivadora e 'sorrateira' (portanto inexplicável) entre o que é inato e o que é artificial." ([1975] 2010: 143) Para Wagner, os ocidentais criam o mundo incidental ao tentar sistematizá-lo; os povos tribais criam seu universo de convenções sociais inatas ao tentar modificá-lo ou interferir nele.

traste entre as coisas apropriadas para os homens ("masculinas") e as coisas apropriadas para as mulheres ("femininas"), uma diferença que às vezes se manifesta como uma oposição entre orientações sociais e pessoais.

A própria distinção hagen entre doméstico e selvagem (*mbo-rømi*) é inata no sentido de que é tratada como um atributo do mundo dado. Ela é afirmada ou descoberta, mas não produzida, algo que contrasta com nossa maneira de estar constantemente "produzindo" a cultura e, ao fazê-lo, recriando a relação entre cultura e natureza. Na verdade, a falta de coerência que pode ser demonstrada em nossas próprias imagens da natureza e da cultura – ou nossa própria incerteza quanto ao que é circunscritivo e o que é circunscrito – pode ser atribuída às dificuldades que encontramos ao lidar com essa própria distinção como um artefato, como colocou Lévi-Strauss (ver *supra*, p. 40). Para nós, a simbolização convencional é uma questão de criatividade humana. Os Hagen, que consideram axiomática a relação entre *mbo* (doméstico) e *rømi* (selvagem), assim como o que esses símbolos representam, não imaginam que um pode ser transformado no outro.

Para nós, a natureza é dada e, por razões inatas, diferenciante. Assim, a diferença entre os sexos é situada, em última instância, "na natureza". Como "o indivíduo", os sexos são de ordem biológica. No entanto, consideramos que a "cultura" é uma maneira de dispor esses fatos para usos variados. Ao mesmo tempo, nosso esforço coletivo para demarcar nossos eus humanos, culturais, como exteriores à natureza também cria a noção de diferenças irredutíveis, não culturais, da mesma forma que ver a sociedade como um artefato produz o "problema" de seus indivíduos independentes e constituintes. Uma vez que essas distinções são passíveis de definição pelos seres humanos, natureza e cultura mantêm uma relação verdadeiramente dialética – seus significados mudam em relação uns aos outros, e dependem, como sugeri, da formulação do controle ou da influência entre esses dois domínios. Sugeri ainda que aquilo que consideramos uma diferença irredutível na natureza (a diferenciação sexual) pode ser usado para construir uma diferenciação entre a natureza e a cultura, como se também fosse um dado no mundo. Em outras palavras, embora a própria construção da noção de "cultura" implique que a relação entre natureza e cultura é um artifício, ainda tentamos legitimar esse artifício ao fundamentá-lo na própria natureza. O gênero é um operador fundamental nessa transformação.

O gênero também atua como um operador simbólico entre os Hagen, embora não de maneira uniforme. Assim como a distinção entre doméstico e selvagem, as diferenças fisiológicas constitutivas da pessoa são consideradas inatas e axiomáticas, independentes da intervenção humana. No entanto, na medida em que também é possível considerar os aspectos comportamentais ligados ao gênero como "criados" ou sustentados de modo ativo pela ação individual, algumas outras distinções entre masculino e feminino têm um estatuto epistemológico muito diferente. Assim, "masculino" e "feminino" podem referir-se a um domínio do comportamento humano, ao modo como homens e mulheres agem em suas relações, cujas fronteiras são mais passíveis de manipulação. Nesse sentido, assim como para os Daribi, a diferenciação é algo convencional para os Hagen, e "as relações masculino/feminino [...] podem ser vistas como atos de diferenciação consciente contra um fundo de similaridade comum (a 'alma' e outras coletividades da cultura), e desse modo como uma dialética entre o particular e o geral, entre homem e mulher, e assim por diante" (Wagner [1975] 2010: 185). Desse modo, quando "masculino" e "feminino" formam esse tipo de oposição, há uma dialética entre os termos (a possibilidade de que pessoas ou coisas classificadas de modo individual possam ser perturbadas ou influenciadas umas pelas outras), ao passo que *mbo-rømi* e gênero, por serem fisiologicamente constitutivos, geralmente envolvem uma noção simples de diferença. A descrição a seguir emprega "contraste" em um sentido fraco para compreender essas duas relações lógicas.

## III. O caso Hagen

### A dicotomia doméstico : selvagem

Na língua hagen, há alguns poucos termos que se podem traduzir como doméstico e selvagem. *Mbo* refere-se a coisas que são cultivadas. Utilizado em conversas corriqueiras para designar uma estaca fincada no solo,[12] assim como a criação de porcos, que re-

---

12. Os principais cultivares vêm de estacas (de batata-doce), de bases originais (de taro, inhame, banana) ou de nós (de cana-de-açúcar).

presenta uma nova fase de crescimento, a palavra também se aplica a pessoas, que são "cultivadas" no território do clã.[13] Os principais grupos sociais com denominações próprias (tribos, clãs, subclãs) são referidos como "uma linhagem" (*mbo tenda*), e os autóctones ou proprietários de territórios são chamados de *pukl wamb* ("povo da base/raiz").[14] As redes pessoais de parentesco, estendendo-se para além do clã, constituem a *pukl* ("povo da base/raiz") de um indivíduo. Na verdade, a forte ligação dessa linguagem com os vegetais está associada à ideia de retirar um pedaço de uma planta-mãe e colocá-lo em um solo que possa alimentá-lo. Trata-se de uma questão de potencial geral de crescimento, mais do que da possibilidade de a planta-mãe encontrar um substituto em particular, como no caso kaulong (Goodale 1980: 134).

Em um quadro contrastivo, *mbo* distingue tudo o que é humano e está associado à atividade humana do que diz respeito aos espíritos (*kor, tipu*) ou ao que é selvagem (*rømi*). Assim, os "seres humanos" são *mbo wamb* em contraste com fantasmas ancestrais e outros espíritos (*kor wamb*). Mas "espírito" e "selvagem" não devem ser equiparados, pois os próprios espíritos são divididos em *mbo kor* (fantasmas de pessoas que já existiram e ainda são humanas) e outros que não têm o epíteto *mbo*, entre os quais existe uma classe de "espíritos selvagens" (*kor rømi*). Os *mbo kor* são associados não só a atividades humanas, mas a propósitos e intenções humanos. Por outro lado, ao redor dos povoamentos, os espíritos selvagens habitam florestas e extensões de terra que, não fosse pela presença desses *kor rømi*, estariam totalmente despovoadas. Em comparação às pessoas que se "fundamentam" em relações, os espíritos selvagens podem ser solitários ("unilaterais" ou com as costas cobertas por musgo da floresta) ou existir em uma pluralidade indiferenciada.

Acredita-se que esses espíritos cuidam das plantas e dos animais selvagens assim como as pessoas fazem com as espécies que cultivam. Nem todas as plantas têm contrapartes selvagens e domésticas, mas os principais tubérculos – taro, inhame, batata-doce – são en-

---

13. Cf. A. Strathern (1972: 19-20; 1977). Uma das expressões que descrevem o clã é *pana ru*, "segmento de roça/vala" (A. Strathern 1972: 101).

14. *Pukl* também se refere a uma propriedade de qualquer procedência, ou seja, o *pukl wua* ("homem proprietário") é a "fonte" ou a "origem" do item em questão.

contrados em forma selvagem (*rømi*), sendo divididos, em alguns casos, em espécies com denominações próprias, geralmente identificadas como *kit* ("mau") ou *rakra* ("amargo").[15] Contrastando com as "verdadeiras" (*ingk*) espécies cultivadas (*kae*, "boa"; *tingen*, "doce"), as plantas selvagens distinguem-se por não serem comestíveis.

O eixo não comestível-comestível não se aplica a todos os aspectos da classificação *rømi-mbo*. No caso dos porcos (os porcos domésticos geralmente são *mbo*, assim como o *kng mbo*, destinado especificamente à reprodução), o foco da diferenciação é o amansamento dos animais domésticos e a posse das pessoas sobre eles. Eles são de fato criaturas sobre as quais o controle humano é manifesto, desde seus primeiros dias, quando seus cuidadores os acostumam aos cheiros humanos e os alimentam com tubérculos com as próprias mãos, até seu destino final, no espaço cerimonial ao qual são arrastados por uma corda em meio a grunhidos de protesto. Além do porco selvagem em si, outras criaturas da floresta, como os marsupiais, podem ser pensadas como os "porcos" dos espíritos selvagens, que são, com a devida precaução, caçados e comidos (quase exclusivamente por homens). Elas têm uma "doçura" própria.

Essas expressões não situam o homem em um espaço limitado cercado por um "ambiente natural". Embora as áreas arborizadas e as áreas arbustivas sejam fonte de coisas *rømi* – em contraste com os povoamentos e as roças –, tais conceitos não se concentram em uma divisão espacial entre (por assim dizer) as áreas arbustivas e as áreas povoadas, nem designam áreas não habitadas que configurariam domínios discretos constituídos a partir do selvagem. De fato, não existe limite entre as áreas selvagens e as domésticas no sentido geográfico. A maioria dos territórios do clã compreende extensões de áreas arbustivas. Além disso, a área sobre a qual os homens exercem controle não é oposta de modo sistemático à terra "selvagem",[16] pois a terra em si não é nem *mbo*,

---

15. Cf. M. Strathern 1969. *Observação*: cito meu próprio trabalho não para afirmar autoridade, mas para indicar outros contextos nos quais as ideias hagen foram discutidas.

16. Certas zonas de povoamento esparso, como o vale do Jimi, que produzem uma concentração de coisas *rømi*, são consideradas um domínio quase selvagem. Observe-se que os Hagen não vivem em aldeias, mas em herdades e aglomerações de povoamentos espalhados pelo território do clã. As roças são igualmente dispersas, embora muitas vezes (nem sempre) haja uma fronteira geral

nem *rømi*, apesar de a exploração humana de seus recursos ser marcada de maneira contrastiva: assim, as roças podem ser demarcadas como propriedade dos humanos, e não dos espíritos, ao passo que os homens caçam na floresta em busca de produtos valorizados por serem selvagens. A diferenciação *mbo-rømi* se dá em termos da essência ou do caráter de certos recursos. No entanto, eles incorporam as seguintes distinções:

coisas cultivadas : coisas selvagens

atributos sociais : atributos solitários / não sociais

Estamos certamente lidando com uma espécie de imagem da vida social. Identifico pelo menos três áreas diferentes de interesse: controle interno; influência ou embate com fontes externas de poder; e a definição da humanidade por meio de expressões de criação [*nurture*]. Elas aparecem separadamente em relação a porcos, espíritos e plantas.

1) Os Hagen não tentam amansar os porcos selvagens – apenas os caçam. Eles de fato mantêm a domesticação dos animais amansados por meio de associações deliberadas – os leitões ficam na companhia dos humanos, são alimentados à mão, e assim por diante. Contudo, como os porcos geralmente não possuem uma mente completa (*noman*) como a das pessoas, há limites para o que podem internalizar e, em última instância, podem ser controlados à força. Desse modo, ao contrário de suas contrapartes *rømi*, os porcos *mbo* estão sujeitos a formas de controle.

2) A interação com os espíritos selvagens, considerados donos das criaturas da floresta e das terras não cultivadas, gira em torno de um aspecto bastante diferente: a confluência de interesses. As pessoas não tentam reprimi-los, mas procuram chegar a um acordo com eles. Quando caçam na floresta ou abrem roças em lugares selvagens, elas perturbam as esferas de influência dos espíritos. Nessas ocasiões, podem buscar o apoio de fantasmas ancestrais

---

entre a área cultivada total da roça ou pousio e as terras de floresta ou pradaria que não são usadas regularmente. O plantio de dracena-vermelha [*cordyline*] pode restringir-se aos limites das roças para indicar tanto reivindicações territoriais específicas como o fato de que a terra passou a ser uma fonte de sustento humano na qual os espíritos selvagens não devem interferir.

para protegê-las da hostilidade dos espíritos. As ambiguidades dessas situações são resolvidas, até certo ponto, graças a uma divisão dos espíritos selvagens em formas "boas" e "más". Os "maus" atacam por capricho, provocados pela simples presença de seres humanos; os "bons" também podem proteger os porcos amansados que perambulam pela floresta. (De modo análogo, de toda a terra não cultivada – incluindo pântanos, pastagens ribeirinhas, zonas de pasto –, as florestas e as áreas montanhosas são as áreas mais importantes, pois são fonte de plantas e criaturas cujos poderes podem ser ativados por meio de encantamentos ou cultos. Os recursos da floresta podem, assim, ser "bons" *rømi*, enquanto os pântanos são "maus" *rømi*). Os espíritos selvagens têm afinidade com os Espíritos que possuem denominação própria, os quais são objeto de culto, assim como com os nebulosos Espíritos Celestes. Estes nunca foram pessoas, embora, em certa medida, prezem as intenções e o bem-estar dos seres humanos. De fato, o mais acessível de tais Espíritos que podem ser evocados nos cultos é às vezes referido como *mbo* ("plantado").[17] Ao mesmo tempo, suas

---

17. Distinguem-se os espíritos evocados nos cultos dos fantasmas ancestrais. Sua origem é bastante independente – eles não têm raízes terrenas, mas possuem afinidade com os seres Celestes (*tei wamb*), uma categoria convenientemente pouco clara (A. Strathern 1970: 573). Esses seres são uma fonte de crescimento que está além da capacidade humana, mas age sobre ela; assim, em algumas partes da região onde vivem os Hagen, fala-se nos *tei wamb* como geradores da substância essencial *mi* (o "totem" de adivinhação) das tribos. Nesse eixo criativo, o *tei wamb* e os Espíritos nomeados são distintos dos *møi wamb* ("seres terrestres") (cf. A. & M. Strathern 1968: 190). Vicedom & Tischner (1943-48: 2, cap. 15) referem-se aos

Categorias de seres espirituais

fontes de energia definitivamente não são humanas. A divisão dos espíritos selvagens em "bons" e "maus" em parte reduplica esse contraste, jogando com uma diferença entre os espíritos selvagens que incorporam os fins humanos como uma motivação própria e aqueles cujas intenções são mero capricho.

3) A principal categoria de plantas destacada por *mbo-rømi* compreende os tubérculos. Embora culturas ostentatórias, como a banana e a cana-de-açúcar, que crescem mais e se formam na parte superior dos caules, também possam aparecer na forma de *rømi*, a folhagem alta das espécies plantadas pode ao mesmo tempo oferecer abrigo aos maus espíritos que se intrometem no povoamento. Contudo, se nesse caso a classificação é ambígua, outras plantas lhe são simplesmente irrelevantes. Existe uma vasta gama de hortaliças, animais de pequeno porte e insetos que é comida, mas que não se enquadra de forma marcada à classificação *mbo-rømi*. Esses itens diversos podem ser plantados e colhidos em estado selvagem, e, quanto a esse aspecto, ser classificados como *mbo* ou *rømi*. Entretanto, ao contrário do que acontece com as várias espécies de tubérculos, não se acredita que tais itens constituam formas diferentes – assim como no caso do emparelhamento das espécies "selvagens" e "cultivadas" de batata-doce. O valor particular dessa associação talvez esteja menos na importância dessas culturas como itens de subsistência (já que a classificação subsistência-ostentação, na verdade, os perpassa, sendo o taro e o inhame associados à banana e à cana-de-açúcar como culturas de ostentação) do que em outro atributo: as partes comestíveis dos tubérculos são todas produzidas debaixo da terra. Uma série de associações vincula à terra na qual as culturas crescem o consumo de alimentos, a criação da substância e o desenvolvimento de seres humanos ligados ao território (cf. A. Strathern 1973: 29). O território é a terra sobre a qual as pessoas são cultivadas e na qual uma fonte comum de sustento produz nas pessoas uma identidade social comum.

---

*tei wamb* como os primeiros detentores de gêneros alimentícios e porcos que "atiram" para os homens. Pode-se fazer referência ao Espírito Feminino como uma *mbo mel* ("coisa plantada"), ou seja, uma entidade com a qual existe uma relação de prestação de cuidados ("Nós cuidamos do Espírito e matamos porcos" etc.). Ao mesmo tempo, porém, todos os espíritos não ancestrais têm afinidade com o selvagem, e objetos selvagens são utilizados no culto desse Espírito Feminino.

De fato, "doméstico" parece mais uma versão amansada do *mbo* hagen. *Mbo* refere-se às propriedades humanas de consciência e autoconsciência do domínio da interação humana, na qual o controle é internalizado, como distintas do capricho e do isolamento dos espíritos selvagens, ou pode ser visto como fundamentado em uma fonte comum de sustento. Ardener caracteriza o que seria o selvagem para os Bakweri como um domínio não social. O selvagem é "natureza" (1972: 141), e os homens separam o "gênero humano" da natureza (1972: 143). Embora o contraste aldeia-floresta forneça uma imagética concreta das fronteiras bakweri em questão, Ardener argumenta que esses limites são primordialmente conceituais: o selvagem ("natureza") é o "não social" (1977: 223). Se concordarmos por ora que *mbo* tem uma conotação social em Hagen, será que *rømi* é realmente natureza?

## Será *rømi* natureza?

Para nós, a natureza (na definição empiricista descrita anteriormente) é uma precondição da existência que fornece as matérias-primas da vida, o que inclui a estrutura e a capacidade corporal e, dessa maneira, forma as necessidades e os instintos humanos, bem como um meio ambiente não social. A natureza limita o que pode ser feito pelos homens, além de colocar exigências, mas ela é passível de manipulação. É possível, portanto, medir níveis de cultura em termos do grau de modificação ou subjugação do ambiente natural. A imputação de regularidade é um elemento importante desse ponto de vista (cf. Lewis 1975: 200). Não apenas se age sobre a natureza; ela é também um sistema com leis próprias, e são essas leis que limitam o possível. Nossa linguagem constitucional aponta para uma noção ambígua de controle: por um lado, somos parte desse sistema; por outro, somos capazes de utilizar suas leis para nossos próprios fins, o que faz com que elas sejam dissociáveis e nós, transcendentes.

Em Hagen, *rømi* não compreende nem um domínio de características dadas no ambiente, nem propensões inatas às pessoas. O que falta é a ligação crucial entre o mundo "natural" e a "natureza" humana que para nós configura uma homologia entre artefato e regra, entre o mundo material que os homens criam e sua vida social, responsável também por produzir (Wagner 1975: 21) a noção ocidental de "cultivo", pois imaginamos que os homens também podem se domesticar por meio do refinamento e da reprodução. Assim, um pode servir como medida para o outro: quanto maior for o requinte do artefato, mais avançada será a civilização. *Rømi* certamente tem a ver com controle, mas funciona de forma muito distinta.

*Rømi* não tem, em nenhum sentido, a conotação de tudo aquilo que é dado ou inato. Em alguns contextos, as coisas *rømi* são inimigas do que as pessoas fazem; em outros, representam uma fonte de poder que os homens podem conduzir. Esses poderes mantêm uma relação de antítese com os vínculos comuns que os seres humanos criam entre si através da natureza. A conceitualização do que é selvagem serve, portanto, para circunscrever a nutrição [*nurture*], o sustento e a promoção das relações sociais como características essencialmente "humanas".

Parece que as ideias hagen aproximam-se muito das ideias daribi[18] de que a sociabilidade é inata. Embora os indivíduos não tenham completa consciência de sua humanidade ao nascer, a criança desenvolve nela mesma uma maturidade social em vez de ser treinada para tanto; e ela certamente não é *rømi*. Na medida em que seu corpo ingere comida, ela responde à alimentação, adquire identidade, relações com os outros e, por fim, autoconsciência. A criança toma consciência da humanidade menos por meio da aquisição de habilidades, ou mesmo da capacidade de seguir regras, do que por meio da apreciação daquilo que as relações com os outros envolvem.[19] Assim, não se acredita que o desenvolvimento das crianças hagen recrie a domesticação original dos homens. Elas são menos "socializadas" do que "nutridas" [*nurtured*].

Isso tudo está expresso na forma gradual pela qual se pensa que as crianças adquirem *noman* - mente, discernimento, consciência,

---

18. Clay observa que entre os Mandak da Nova Irlanda "os grupos sociais são constituídos de forma positiva por meio das variantes articuladas das relações de nutrição [*nurture*]. [...] Não encontrei nenhum indício [...] de que os Mandak acreditem que sua vida social é fundamentalmente desordenada, como sugere Errington para os Karavaran" (1977: 150). Ver *supra*, n. 7.

19. Cf. M. Strathern (1968: 555). As raras crianças com crescimento marcadamente comprometido e/ou retardamento mental podem ser chamadas de *rømi* - não por apresentarem uma natureza humana subdesenvolvida ou modificada, mas por derivarem metaforicamente de uma raça não humana. Ao comentar essas características, as pessoas podem referir-se a essas crianças como crianças trocadas, descendentes de espíritos selvagens substituídos pela criança humana.

embora não particularmente fala, por meio da qual os Laymi (Harris 1980: 72-73) marcam a maturidade. O *noman* opera por meio de sua incorporação às relações sociais; não tem outro contexto. O *noman* marca as pessoas como humanas, *mbo*; a questão é que *rømi* não é usado, aqui, como uma imagem que se opõe ao pré-humano. Um conceito da criança pré-socializada como "mais próxima da natureza" de fato caracteriza algumas formulações ocidentais, como descrito por Ortner ("Pode-se ver facilmente como os bebês e as crianças podem ser eles mesmos considerados parte da natureza. [...] Como os animais, eles não conseguem andar eretos, não têm controle sobre suas excreções", 1974: 77-78).[20] Em compensação, não existe nenhuma contrapartida real, no pensamento hagen, a nossas ideias de que a humanidade reside na propensão a fazer cultura.

Na medida em que formulamos a natureza humana dessa forma, podemos delimitar esse aspecto ("cultural") universalizante ao pensarmos sobre nossas naturezas *dadas* como animalescas.[21] As necessidades, a constituição do corpo e os estados emocionais compartilhados pelas pessoas constituem nossa natureza animal. Quando denegrimos determinado comportamento por marcar uma pessoa "como um animal", evocamos não só uma comparação com criaturas cuja existência não é regulamentada pela cultura ("os animais"), mas indicamos que a pessoa se deixou levar por um impulso, e assim expressamos o que normalmente está regulamentado. Os Hagen utilizam a mesma expressão ("como um animal") para referir-se a alguém que cruzou uma fronteira; isso implica que a pessoa está se comportando de forma não humana, perdeu a consciência do significado das relações, e isso a transformou, em sentido figurado, em outra coisa (*kara ponom*, "voluntarioso", *timbi ranom*, "transformado em porco selvagem"). A pessoa

---

20. Pode-se compreender a discussão de Read (1955) sobre a pessoa entre os Gahuka-Gama (terras altas do leste) do ponto de vista hagen. Para "nós", a humanidade básica compreende características comuns e universalizantes da "condição humana", uma natureza que não está incluída na cultura, mas é pensada como anterior a ela (e assim, paradoxalmente, em um mundo não religioso, também é uma "natureza animal"). Para os Gahuka-Gama, a humanidade básica somente é expressa por meio de relações sociais, de modo que a moralidade parece estar ligada não ao "homem" a partir de critérios universais, mas a "homens" em papéis particulares.

21. O tema do livro de Willis (1975) é o uso das noções sobre o "animal" na classificação da existência social e da noção de eu.

assumiu uma aparência que *entra em conflito* com sua identidade fundamental. Não existe nenhuma ideia particular de que propensões antissociais jazem sob a superfície de todo ser humano socializado; tampouco acredito que os Hagen tenham qualquer teoria sobre as necessidades humanas.

Isso ilumina um pouco a questão do controle. Nossas próprias analogias entre a natureza humana e o meio ambiente utilizam a terminologia da dominação – "domesticamos" a natureza, "combatemos" suas manifestações hostis, "conquistamos" domínios da terra virgem. Quando os Hagen abrem novas roças nos limites de áreas cultivadas ou em trechos de florestas, podem ficar apreensivos com a possibilidade de incomodarem um espírito selvagem local, no caso de haver um à espreita, ou de perturbarem os bandos de *kor wakl* ("pequenos espíritos") encontrados em locais pantanosos. Eles também tomam cuidado com fantasmas quando a roça fica perto de um cemitério. Mas sua intenção é menos dominar essas forças do que chegar a um acordo com elas e evitar que interfiram na empreitada que têm pela frente. Um caçador, ao adentrar a floresta, pode, por meio de seus fantasmas ancestrais, enviar carne de sacrifício aos espíritos selvagens – antigamente, as ofertas eram feitas diretamente aos *kor wakl* em certas áreas. Uma nova roça pode afetar a esfera de influência dos espíritos locais; uma linha divisória de dracena-vermelha indica os limites do novo domínio – para os outros homens e para os espíritos. Mas não podemos interpretá-los como postos avançados de um domínio doméstico que coloniza o que é selvagem.[22] Eles não são defesas porque não se acredita que as áreas de cultivo e vida social estejam sob ataque inevitável e generalizado. Os espíritos selvagens de fato investem contra as pessoas, mas ataques desse tipo são casualidades ou infortúnios, e não uma manifestação de uma batalha contínua entre as forças selvagens e as forças culturais. É digno de nota que, quando os especialistas em doenças reúnem seus

---

22. Os porcos selvagens já não são um perigo na maior parte das áreas hagen, embora ainda sejam caçados no vale Jimi. Constroem-se cercas e diques ao redor da área cultivada para evitar as depredações dos porcos *domésticos*, os quais circulam livremente durante o dia. (Os porcos geralmente tipificam o comportamento não orientado pela mente, *noman*. Na medida em que alguns porcos, como os cachorros, aprendem a reconhecer seus donos, pode-se dizer às vezes que possuem *noman*.)

próprios poderes contra esses espíritos e os expulsam ou expulsam suas armas do corpo que afligem, os espíritos selvagens não são destruídos, mas *enviados de volta* às áreas às quais pertencem.

Está claro que a classificação *mbo-rømi* partilha de elementos que informam nossa distinção cultura-natureza. Mas a intenção da oposição é diferente. Embora pudéssemos traduzir um dos termos como criação [*nurture*] (*mbo*), sua contraparte na verdade não é "natureza". *Rømi*, aquilo que é "selvagem", é mais bem pensado como uma categoria de poder localizada fora dos limites dessas relações que se baseiam em controle e criação. E o que é definido em contraposição a *rømi* (selvagem) pode ser pensado como "cultura" apenas em um sentido muito restrito.

## Será *mbo* "cultura"?

Em contraposição ao que cresce de forma selvagem, *mbo* significa o ato de cultivar, mas suas conotações sociais divergem da noção ocidental do que é cultivado. Enfatizamos o caráter ordenado do roçado e do campo, a criação seletiva das variedades desejadas, um processo total que vai da modificação dos recursos dados ao lucro fornecido por nossas energias na forma de produtos. *Mbo*, em contrapartida, permanece ligado à noção de plantio;[23] não se refere a nenhum outro estágio da horticultura e não se aplica à terra, à área do roçado como tal, nem às ferramentas usadas pelas pessoas (exceto no sentido geral de "pertencer às pessoas"). Suas conotações são de enraizamento, de acorrentamento das pessoas à terra e às relações. Quando usado em relação à criação de porcos, aponta para o crescimento e a intensificação domésticos. *Mbo* não explora particularmente a possibilidade de domesticar elementos que são selvagens por natureza.

A. Strathern (1977) descreve a maneira muito específica segundo a qual as pessoas são pensadas como "plantadas" em território clânico, assim como os rituais que expressam isso. A linguagem da implantação pode ser usada para o ato de ensinar. "O conhecimento, aqui, é visto como uma muda ou broto da espécie original" (1977: 506).

---

23. *Mbo* é usado para a atividade do plantio mesmo quando plantas comumente "não domésticas" estão envolvidas – por exemplo, árvores da floresta dispostas ao redor de um espaço cerimonial.

Se o conhecimento pode ser objetificado como plantado, aspectos da cultura material também são vistos como coisas possuídas. "Nossa maneira de fazer as coisas", "nossos costumes" marcam as variações regionais entre os povos em termos de estilos de moradia ou procedimentos costumeiros quanto ao preço da noiva. A despeito do contato atual com estrangeiros,[24] essas formas de autodefinição tornaram-se cada vez mais enfáticas. "Nós, os Hagen", se autodefinem como pessoas que "realizam *moka* ('troca cerimonial')." Os Hagen também estabelecem um contraste entre as pessoas que dormem em casa e as criaturas selvagens que ficam ao relento. Por tudo isso, podemos dizer que eles têm um conceito de "cultura". No sentido de que culturas diferentes diferenciam as pessoas, a analogia com nossa própria cultura é próxima. A mesma ideia também diferencia os seres humanos dos animais selvagens. O que falta são as conotações de acumulação, produto e lucro de nossa própria "cultura", que a *colocam em uma relação particular com a "natureza".*[25] O sentido de cultura como "construir algo a partir da" natureza não está presente. Os diferentes estilos de vida dos vizinhos, espíritos ou animais servem para definir o que é hagen ou humano. Eles não são, além disso, medidas de realização e produção.

Os Hagen de fato gostam de encontrar evidências das pessoas e de suas obras. As áreas habitadas, de clareira, são *kona kae* ("lugares bons") em oposição às áreas arbustivas (*kit*, "mau"), mas essa é uma questão de habitação *versus* abandono. Assim, a cidade costeira de Port Moresby pode inicialmente chamar a atenção dos migrantes e visitantes como *kona kae*, e estes elogiam a escala em que se constrói e a quantidade de gente. Mas essa primeira impressão com frequência dá lugar à crítica quando percebem que estes não são índices de nutrição [*nurture*]: a comida local é escassa, o dinheiro é difícil de obter, o solo é ruim (= não fornece recursos como base para riqueza). Eles foram enganados.

Nossa própria equação de "cultura" não é estabelecida apenas com o "cultivado", mas com o "doméstico". Há uma ambiguidade

---

24. Os europeus estão na área desde a década de 1930. Os Hagen conhecem hoje os "costumes" de muitos outros grupos das terras altas e também de outros povos fora da região.

25. Godelier (1978: 764) comenta sobre quão raramente o "trabalho" contém, em outras culturas, "a ideia de uma 'transformação' da natureza e do homem".

Sem natureza, sem cultura **57**

fascinante na palavra "doméstico", que coloca uma série de problemas para qualquer tentativa de atribuir as dicotomias doméstico-selvagem a um eixo cultura-natureza.

Com isso em vista, a domesticação e o cultivo são homologias no jargão ocidental: a domesticação e a disponibilização de recursos (naturais) para uso (cultural). As criaturas trazidas para dentro do círculo humano tornam-se "de casa", e geralmente utilizamos esse termo para questões relacionadas à unidade doméstica e à vida familiar privada. O trabalho com a casa é, pois, o trabalho doméstico. Mas o trabalho doméstico não é o mesmo que cultura. Longe disso; para nós, a esfera doméstica pode de fato ser oposta a um domínio público, onde se encontram questões de importância cultural e social.

Essa discussão teve início com a analogia de Langness e Barth de que o selvagem está para o doméstico assim como a natureza está para a cultura (doméstico = domesticação = cultivo = cultura). Ortner estabelece uma equivalência entre o doméstico e a natureza. Ela o faz estabelecendo equações inteiramente diferentes, interpretando o público e o social como cultura de modo que seu oposto, a natureza, tenha de ser um domínio privado, semissocial de domesticidade (doméstico = ligado à casa = infrassocial = natureza). Em seu argumento de que em toda parte as mulheres são vistas como mais próximas à natureza do que os homens, Ortner vale-se de certas suposições específicas (1974: 86-87). A transformação da natureza pela cultura se torna abrangente: o controle das forças naturais, o controle da natureza pessoal e o controle sobre o corpo humano. Nessa visão (ocidental), é possível encontrar certos elementos apenas parcialmente transformados no interior da cultura, pois a própria natureza humana é domesticada apenas de forma imperfeita. Assim, ela argumenta que a oposição frequentemente encontrada entre as esferas doméstica e pública da ação reflete uma consciência universal da vida doméstica como infrassocial (1974: 78-80) – voltada para a família biológica e para preocupações fragmentadoras e particularistas. As mulheres, por meio da associação com a esfera doméstica, são assim simbolizadas como representantes de preocupações de nível inferior: a natureza que a cultura busca modificar.

As etapas desse argumento contêm uma premissa bastante significativa: a de que a transcendência das questões "sociais" em relação às necessidades e aos desejos do "indivíduo" é um aspecto da conversão cultura-natureza.

Os Hagen parecem estabelecer equações similares. Eles certamente contrastam as coisas da casa com as preocupações do mundo social mais amplo. A domesticidade, assim, é denegrida em relação ao domínio público. Mas nem *mbo*, nem *rømi*, nem o contraste entre eles são ativados em relação a essa dicotomia entre o social e o doméstico. Entretanto, uma associação bastante diferente entre a domesticidade e o confinamento, as coisas mundanas, monótonas e ordinárias, pode ser apontada por meio de um contraste com *rømi* no sentido do exótico. As fontes de poder estrangeiras, extrassociais, são, pois, *rømi*. Mas sua contraparte é entendida como mundana – aquilo a que se pode ou não referir como *mbo* nesse contexto. O foco semântico está no exótico como tal.

Assim, os Hagen opõem (no sentido forte) 1) o doméstico e o social e 2) o doméstico e o exótico. *Contudo, eles não incluem esses dois conjuntos de significado em um quadro de relação* mbo-rømi. Portanto, a avaliação do doméstico (= privado) e do social (= público) é mais facilmente expressa em uma distinção entre as coisas desprezadas (*korpa*) e as coisas prestigiadas (*nyim*).

Em algumas de nossas próprias versões da natureza-cultura, metonímias da evolução, nós de fato reunimos todas essas ideias em aspectos de uma única sequência de transformações. Sugeri que uma metáfora produtiva reside na dicotomia masculino-feminino. A cultura hagen também utiliza masculino-feminino como símbolos de toda uma gama de ideias. É a elas que me volto agora. Diferentemente de Gillison, cuja discussão se baseia em um domínio específico (o modo como os Gimi concebem seu "ciclo de vida"), utilizo, de forma um tanto insatisfatória, vários tipos de dados diferentes. Minha descrição das imagens de gênero dos Hagen (como os sexos são pensados e como as qualidades sexuais vêm a ser aplicadas a outras formulações) é, portanto, heterogênea. Ao mesmo tempo, minha intenção é mostrar que nem o "masculino" nem o "feminino" podem ser reduzidos, no uso hagen, de forma essencialista de modo a corresponder a algum princípio ideacional abrangente e único na visão dos Hagen sobre seu mundo. Enquanto Gillison aponta para as potentes ambiguidades no cerne das noções gimi de identificação genital ou do papel dos sexos na procriação, sigo as preocupações dos Hagen, localizadas de forma um tanto diferente, e descrevo o lugar das linguagens sexuais em outros – e vários – domínios da vida social.

## As implicações dos símbolos de gênero

Os Hagen juntam as noções de masculino e feminino, *mbo* e *rømi*, mas não em um único quadro dicotômico (cf. figs. 2 e 3); os homens hagen podem ser associados ao mundo social mais amplo ou ao selvagem; as mulheres, embora à primeira vista confinadas e "domésticas", também podem aparecer como selvagens.

A cultura, na formulação empiricista, constitui o processo, as ferramentas e os resultados da transformação. Enquanto cada indivíduo deve ser socializado desde o nascimento e a incapacidade de resposta ao controle é sempre uma ameaça à civilização, as obras dos homens são cumulativas, de modo que podemos afirmar que os artefatos ou formas sociais evoluem. Se os Hagen têm uma cultura, definem-na em contraposição a um mundo não cultural em vez de postular que a cultura incorpora em seu interior o que é selvagem. A metáfora deles não é colonizadora: o domínio do *rømi* (selvagem) não é visto como subjugado às coisas *mbo*.

Daí resulta que a esfera doméstica, que os Hagen distinguem de forma bastante enfática de um domínio público, não é "natural" ou "selvagem", ou mesmo subcultural. De fato, em certo sentido está no cerne da nutrição [*nurture*], o espaço onde a comida é preparada e consumida. Contudo, as mulheres e a unidade doméstica simbolizam questões que são infrassociais. Elas de fato representam interesses particularistas, de orientação pessoal, em oposição ao interesse público dos homens. Essa oposição entre o indivíduo e o social coloca o problema do controle entre as pessoas. Usa o masculino e o feminino como símbolos, mas não como metáfora, de natureza e cultura.

Contudo, *mbo-rømi* pode conter certo contraste entre o social e o não social. O foco, como sugeri, está nas áreas de controle, influência e sustento. Deixe-me voltar a elas. 1) No caso dos porcos, é o animal *doméstico* que é visto como sujeito ao controle. Seus correlatos selvagens são simplesmente caçados.[26] Assim, o controle

---

26. Os casuares são pegos na floresta e levados para o povoamento. Poucos esforços são feitos para domesticá-los: os pássaros são fechados em pequenas gaiolas, alimentados com frutas, e têm seu caráter selvagem preservado exatamente porque serão apresentados em uma troca como objetos exóticos. Quando alguém se aproxima de uma gaiola, as pessoas comentam sobre sua ferocidade.

das coisas domésticas aparece como uma questão interna à organização social e não encontra uma força opositora na natureza. 2) Ao lidar com espíritos selvagens, o objetivo é influenciá-los de modo a mantê-los fora do caminho, e não domesticá-los, subjugá-los ou matá-los. 3) No caso das culturas alimentares, é o compartilhamento do sustento, nutrição [*nurture*] baseada na dependência (dos pais, de outros parentes, do território do clã), que cria os vínculos. Os animais que procuram alimentos para si mesmos e os espíritos surrupiadores são criaturas sem vínculos. As pessoas que ignoram as convenções da nutrição (de forma temporária, como antissociais; de forma permanente, como insanas) são mesquinhas ou irresponsáveis. Elas agem como "um porco", "um cachorro", ou se tornam *rømi* (selvagens). Isso é interpretado como um mascaramento ou transformação do comportamento, não como uma expressão da natureza humana de uma forma elementar, primitiva. Nomear certos atos como selvagens é uma tentativa de fazer com que a pessoa recobre seus sentidos, uma lembrança de que ela não é *rømi* e nunca deveria comportar-se como tal. Quando os interesses públicos são contrapostos a fins mais restritos, considera-se que estes se preocupam com a administração da mente (*noman*) das pessoas, e não com "naturezas" basicamente antissociais.

As mulheres (ao manifestarem um comportamento "feminino") são consideradas menos suscetíveis ao controle social do que os homens; elas simbolizam o indivíduo autônomo com interesses autorreferentes e são mais suscetíveis ao comportamento selvagem. Isso não as coloca mais próximas da natureza, pois não se procura controlar "o que é selvagem". Ademais, o fato de que mulheres volúveis podem ser equiparadas aos porcos selvagens da floresta não faz da floresta um domínio feminino. De todo modo, o mesmo epíteto pode ser aplicado aos homens. Um grupo de membros recalcitrantes do clã que se mudou de sua área de residência e foi "perdido" para o clã foi equiparado a "porcos selvagens". Há aqui duas metáforas: a de que as mulheres ou os homens são selvagens e a de que eles são como porcos. Um aspecto possível do símbolo hagen do "porco selvagem", contudo, é a complicada identificação entre a mulher e o porco, os quais, em seu estado doméstico, são mais ou menos dóceis.

Ora, o que é selvagem não possui apenas características não sociais – é também fonte de poder extrassocial. Dessa perspectiva,

Sem natureza, sem cultura **61**

**Masculino está para feminino**
assim como

| | | |
|---|---|---|
| riqueza, oratória | : | pobreza, ausência de palavras |
| *nyim* (prestigioso) | : | *korpa* (desprezível) |
| transação | : | produção |
| público | : | doméstico . |
| clã | : | família |
| interesse social | : | autointeresse |
| segurança | : | perigo |
| vida (cultos) | : | morte (poluição) |
| espiritual | : | não espiritual |
| exótico | : | mundano |
| selvagem | : | domesticado |
| pássaros | : | porcos |

**Figura 2** Alguns contrastes hagen envolvendo símbolos de gênero

são os homens que são associados às coisas selvagens, que fazem com que poderes exóticos ajam sobre um mundo ordinário, que representam suas conquistas individuais como a capacidade de afastar-se dos vínculos sociais.[27] Os homens têm acesso ao mundo dos espíritos que é vedado às mulheres. Eles viajam, trazem objetos de valor de lugares estranhos, caçam na floresta e nas encostas das montanhas. Mas, se os homens são associados ao que é selvagem, não o são em oposição às mulheres, que representam a sociedade ou a "cultura" – eles o são em oposição às mulheres confinadas à casa, enraizadas no solo no qual praticam a agricultura, nos caminhos que os circunscrevem e na vida mundana. Quando se vê o poder masculino como proveniente de fora da sociedade, isso não significa que as mulheres são associadas à sociedade; significa apenas que elas não detêm esse poder. Os dentes superiores das meninas desenvolvem-se primeiro, dizem os Hagen, porque eles crescem para baixo, em direção ao solo sobre o qual as mulheres sempre se debruçam. Nos meninos os dentes inferiores nascem

---

27. Para indicar o sucesso de uma troca cerimonial, o clã amontoa animais selvagens exóticos (cobras, casuares etc.) sobre seus dons valiosos.

| *mbo* | *rømi* |
| --- | --- |
| plantado | não cultivado |
| pertencente às pessoas | pertencente aos espíritos selvagens |
| área habitada | área arbustiva |
| ajuda dos espíritos ancestrais | encontro com espíritos selvagens |
| intelecto humano | não humano, animalesco |
| nutrição [*nurture*] | ganância |
| relação | solidão |
| comestível e/ou acessível | não comestível e/ou inacessível |

*nenhum contraste masculino-feminino está em operação*

| | |
| --- | --- |
| ponto de crescimento nas relações humanas | fonte de energia extrassocial |

os *homens* são agentes que drenam energia social extra para fins sociais

↓

relacionados ao contraste *masculino-feminino* estão:

| masculino | feminino |
| --- | --- |
| selvagem | domesticado |
| livre para perambular | confinado à casa |
| caça | roça |
| cultos etc. | poluição etc. |

| social | individual |
| --- | --- |
| fins clânicos | fins pessoais, comportamento antissocial |
| *nyim* etc. | *korpa* etc. |

**Figura 3** Conotações do contraste *mbo-rømi*: as categorias no interior do retângulo estão marcadas pela associação com *rømi*

primeiro e crescem para cima, pois os homens são como as grandes árvores que crescem em direção ao céu, ou como os pássaros que voam em sua direção. Contudo, não podemos extrapolar essas metáforas para um contraste generalizado, com as mulheres mais enraizadas do que os homens, mais "cultivados". Do ponto de vista do território e da substância do clã, são as mulheres que se tornam desenraizadas, mudando de uma área para outra, ao passo que os homens geralmente permanecem plantados. Por meio da perpetuidade do clã, da veneração aos ancestrais e seus cultos aos espíritos, os homens representam a continuidade social, ao passo que se diz que as mulheres trouxeram a morte ao mundo.

Superficialmente, a mitologia hagen parece muito pouco preocupada com o início das coisas. A relação entre a floresta e os infortúnios, entre as aparências falsas/verdadeiras dos seres selvagens ou humanos, certamente são temas importantes nas histórias coletadas por Vicedom (1977). Mas não há heróis culturais como os que aparecem, por exemplo, na descrição dos Tauade (da Papua, mas não das terras altas) de Hallpike (1977). Nela, ele argumenta que uma relação dialética entre o selvagem e o domesticado é fundamental para a visão de mundo tauade. Hallpike traduz o doméstico como amansado, tanto no sentido de cultivado ou controlado como no de sem criatividade ou entusiasmo. As mulheres são retratadas "como as mantenedoras da cultura e da vida social, em oposição à força destrutiva dos homens" (1977: 135). Os homens são destrutivos, mas também criativos, poderosos e ávidos por glória. "O Selvagem não é apenas a alternativa destrutiva à ordem social, mas a fonte da vida e da criatividade em geral [...] a floresta primária é vista como fonte da maior parte das plantas domésticas" (1977: 254). É às mulheres que são associados o fogo, o ato de cozinhar, as bolsas trançadas e as artes úteis; elas são "retratadas nas lendas como as inventoras e mantenedoras da cultura" (1977: 254). Entretanto, os homens controlam a maior parte da magia e por meio dela promovem a produção de roçados, porcos, crianças, e assim por diante; e a própria magia pertence a um domínio dos elementos "selvagens", não humanos. Os homens promovem, assim, uma criatividade extrassocial e têm acesso a forças e energias que se encontram além da cultura material manufaturada à qual as mulheres são associadas. Os homens hagen desfrutam de poderes similares, mas não em oposição às mulheres como criadoras-de-cultura.

As mulheres, entre os Hagen, são uma fonte de simbolismo do que é "feminino". A definição de "feminino" encontra confirmação na forma como as "mulheres" são tratadas. Como mulheres, elas frequentemente colocam para os homens certos problemas de gestão. Mas controlar as pessoas de dentro da sociedade é muito diferente de utilizar o "selvagem" para fins sociais. De fato, a possibilidade de influenciar ou orientar o espírito dos outros é uma premissa fundamental da nutrição [*nurture*]. A nutrição manifesta-se em dois tipos de controle. Primeiramente, o subordinado, o dependente, que é alimentado, assim como os porcos, pela mão das pessoas, é de certa forma "possuído" pela pessoa que o alimenta. Os dependentes de um *big man*[28] do sexo masculino ("alimentados" por ele metaforicamente) podem receber ordens dele. Esses dependentes são pessoas que não possuem riqueza em seu próprio nome, assim como as mulheres; são pessoas às quais faltam os poderes da oratória e da persuasão que permitem aos homens importantes influenciar outras pessoas. As mulheres são, pois, guiadas pelos homens e, quando opõem resistência, forçadas a obedecer. Diz-se que as esposas que fugiam podiam, antigamente, ser trazidas de volta para casa amarradas a uma vara, como os porcos (M. Strathern 1972: 187). Por outro lado, nos papéis domésticos específicos, os sexos estabelecem uma relação complementar no que diz respeito ao território e ao alimento: as esposas alimentam (cozinham para) seus maridos, ainda que elas sejam alimentadas (com os produtos tirados da terra deles). Em segundo lugar, a nutrição [*nurture*] também cria relações com base em uma substância comum. Uma identidade de interesses como a que une os membros de um clã dá lugar à ação conjunta e ao esforço comum. As mulheres, que geralmente mudam de residência com o casamento, são pensadas pelos homens como mais suscetíveis a interesses conflitantes do que eles mesmos. Contudo, permanece verdade que, entre os cônjuges, o controle dos homens sobre as mulheres reside em parte na capacidade do marido de apresentar à mulher certos propósitos e na disposição da própria mulher para assumir esses propósitos como seus. Os homens recorrem à mente (*noman*), à vontade e ao comprometimento das mulheres com as relações nas quais se encontram imbricadas. Assim, a gestão reside na influência sobre as intenções dos outros.

---

28. *Big man* é como se convencionou chamar na antropologia um chefe melanésio, cujo poder é meritocrático e emana de suas habilidades religiosas, militares e econômicas. Um *big man* deve ser capaz de produzir e redistribuir com generosidade riquezas entre os seus e em trocas cerimoniais. Sua ação depende de sua excelência oratória e seu prestígio, de seu sucesso econômico e militar. Para uma caracterização etnográfica e a comparação com outras formas de poder, ver Sahlins 1963, Godelier 1982 e Godelier & Strathern 1991. [N. E.]

O masculino e o feminino são usados pelos Hagen como símbolos de motivação. Presume-se que os homens priorizam os interesses sociais, ao passo que as mulheres tendem a orientar-se por propósitos pessoais estreitos. Não se trata simplesmente de uma avaliação positiva e negativa: confere-se muito valor à autonomia pessoal e os objetivos sociais são sempre pensados como alinhados às orientações pessoais. Clay (1977: 151) afirma sobre os Mandak da Nova Irlanda: "A educação [*nurture*] não elimina as motivações individuais antissociais, mas se opõe a elas em suas intenções e resultados". As tendências individuais, ela sugere, são "nocivas". Entre os Hagen, a definição e a preservação do indivíduo como ser autônomo são muito importantes. A ação coletiva deve, pois, necessariamente ser vista como oriunda de múltiplas decisões pessoais. O "indivíduo como antissocial" é simplesmente um constituinte marcado dessa categoria mais ampla.

Ao apresentar seus propósitos para si mesmos, homens e mulheres utilizam a linguagem do status – a devoção aos assuntos do clã é uma questão de prestígio (cf. M. Strathern 1978). Apenas quem é desprezível não luta pela proeminência nesse sentido. Como categoria, as mulheres podem ser "desprezíveis" em contraposição aos homens: as preocupações domésticas e o trabalho agrícola não trazem o prestígio dos empreendimentos em grupo. Ao se definirem como interessados em prestígio, comprometidos com o clã e portanto enraizados na sociedade, os homens afastam seu gênero das propensões potencialmente irresponsáveis e "selvagens" das mulheres. O status das mulheres como categoria é inferior ao dos homens (embora não em termos de atribuição individual, uma questão totalmente diferente). Em termos de poder, entretanto, a supremacia masculina é muito mais ambígua. Os perigos que os homens situam nas mulheres são uma fonte de ameaça para eles mesmos. Ademais, ao preservar sua autonomia, eles são obrigados a permitir a autonomia dos outros. Aqui reside, possivelmente, parte da importância do acesso místico dos homens ao "selvagem" exótico. Nesse contexto, eles afirmam uma força que não pode ser desafiada porque as forças míticas invocadas por meio do culto ou do rito se opõem de forma inata às fraquezas e injúrias do mundo mundano. Diz-se, por exemplo, que o culto ao Espírito Feminino protege os homens da poluição menstrual: ele define a força masculina em oposição à feminina.[29] Seu propósito não é purificar o feminino ou eliminar a poluição da forma como, em outras culturas, a caça às bruxas procura eliminar as bruxas.

Em suma, quando o poder está em questão os homens enfatizam sua força extrassocial; quando a questão é status, ressaltam suas orientações sociais (a busca pelos objetivos clânicos) e superioridade cultural (posse de riquezas, capacidade de proferir discursos). Assim, os homens hagen situam sua masculinidade tanto na organização social (seu controle sobre as mulheres, sobre as coisas domesticadas) como nas forças extrassociais (seu acesso ao que é espiritual e selvagem). As mulheres hagen podem dirigir sua feminilidade para o âmago da criação [*nurture*] e, ao trazerem a responsabilidade máxima dos homens para si mesmas e para os filhos, também individualizam seus interesses em relação aos propósitos "sociais" dos homens.

Ora, essas operações utilizam o gênero como símbolo de duas formas distintas. Por um lado, ele é usado dialeticamente para estruturar padrões de comportamento diferentes; por outro lado, contudo, postula que a sexualidade genital é uma condição inata do mundo dado. O primeiro emprega elementos do contraste *mbo-rømi* em um modo diferenciante para tipificar a ação adequada; o segundo afirma que a distinção fisiológica entre masculino e feminino é tão dada quanto *mbo* e *rømi*, e portanto segue essa mesma ordem lógica. Voltarei a isso a seguir.

Enfatizam-se muito os aspectos manipuláveis da identidade de gênero com base em atribuições de comportamento. As pessoas comportam-se de forma "masculina" ou "feminina" conforme sua avaliação das atividades que provavelmente trarão prestígio ou

---

29. A participação nos cultos aos Espíritos é um dos principais elementos das reivindicações masculinas à espiritualidade/selvageria. O desenvolvimento dessa discussão pode ser encontrado em M. Strathern (1984a). O acesso aos fantasmas ancestrais é outra dimensão do poder dos homens, do qual as mulheres estão amplamente excluídas, mas os fantasmas também ficam mais próximos da casa e se preocupam com as questões cotidianas dos homens e das mulheres. As mulheres hagen não têm nenhuma conexão especial com o mundo espiritual em comparação, por exemplo, com os Tokelau polinésios (Huntsman & Hooper 1975), entre os quais a força masculina e o controle do mundo social e extrassocial (animais e espíritos) são opostos à vida "interior" sedentária das mulheres, por um lado, e a seu envolvimento com os espíritos, por outro – as mulheres estabelecem conexões com animais e espíritos que lhes conferem um poder místico inato.

Sem natureza, sem cultura **67**

desprezo. Essa masculinidade e feminilidade são apresentadas, por sua vez, tanto como uma questão de escolha (depende de o indivíduo levar em conta objetivos sociais ou não) como de não escolha (os homens têm uma capacidade inata para perceber objetivos desse tipo, ao passo que as mulheres têm dificuldade em fazê-lo). Essa é uma linguagem por meio da qual os homens procuram influenciar uns aos outros e fazer com que as mulheres se interessem por seus afazeres. Controle (gerir a forma como os outros agem), transformação (induzir a certos estados de espírito), manipulação (estruturar valores de modo a induzir a participação em eventos sociais) são todas noções aplicáveis ao comportamento. Elas repousam no envolvimento e no comprometimento dos indivíduos entre si. A manipulação dos atributos comportamentais de gênero faz parte, portanto, da criação [*nurture*], de como as pessoas representam suas relações. Ela diferencia: os indivíduos podem cruzar a fronteira (homens de status social baixo são "como mulheres"; mulheres de prestígio são "como homens"). Uma mudança de status é sempre possível (um *big man* pode fracassar; uma mulher pode provar que é como os homens).

Em contrapartida, o poder místico do que é selvagem, trazido pelos homens, está fora de controle nas relações interpessoais. Esse poder se opõe às características femininas assim como o "selvagem" se opõe ao doméstico, numa antítese que estabelece uma fronteira intransponível; ou, se transposta, apenas em aparência – no limite, a "natureza" de alguém como habitante do que é selvagem ou como verdadeiramente humano não pode ser mudada; é este o tema tratado com frequência nos mitos. Portanto, no que tange à celebração dos cultos aos Espíritos, os homens conquistam poder, mas não identidade. É um atributo masculino atuar nos cultos, assim como caçar é um atributo masculino, mas essas atividades não tornam uma pessoa mais masculina, apenas demonstram a força vinculada à masculinidade. Pois a demarcação sexual, aqui, reside na fisiologia: os sexos, distintos genital e funcionalmente, estão dados no mundo. A identidade genital não é passível de "criação"; não há ritual de iniciação – por exemplo, entre os Sherbro e os Kaulong – e, portanto, não há dotação dos sexos com os acessórios de seu desenvolvimento físico. A diferenciação dos participantes do culto (todos os homens de um clã participam a despeito de seu status e todas as mulheres são excluídas) reflete uma clivagem absoluta. O sexo genital não é passível de mudanças. Não há travestis rituais entre os Hagen; não há forças que vinculam o papel ao sexo; não há nenhuma sugestão, por exemplo, de que os órgãos masculinos vieram das mulheres. O sexo é "inato" e imutável. Nesse sentido, a masculinidade e a feminilidade não são manipuláveis. As mulheres são excluídas do domínio místico a partir dessa base axiomática. Nas terras altas da Papua-Nova Guiné, esse contraste particular entre o que é dado (o sexo fisiológico, genital) e o que é passível de alteração (as características de gênero como evidenciadas no comportamento) possivelmente se restringe aos Hagen e a alguns de seus vizinhos. Em outros lugares, especialmente nas muitas sociedades das terras altas que possuem rituais de iniciação voltados para a identidade sexual, a fisiologia é, até certo ponto, "criada". Os Gimi descritos por Gillison são um bom exemplo, apesar de pouco usuais nas terras altas por realizarem cerimônias tanto femininas como masculinas. Este não é o momento para uma revisão comparativa da literatura. Gostaria apenas de observar que a preocupação hagen com o que é inato e o que é manipulável não está ancorada na própria linguagem masculino : feminino (por exemplo, homens associados à criação; mulheres associadas aos dados incontroláveis). Goodale (1980) citou os comentários de Forge de que na Nova Guiné as mulheres são consideradas parte da natureza e seus poderes de reprodução e criação são vistos como naturais e inatos, ao passo que os homens, para serem criativos, têm de fazê-lo culturalmente, sobretudo por meio da performance cerimonial.[30] Isso se aplica

---

30. À parte a questão de se "natural" e "cultural" são extrapolações adequadas, não gostaria, por outro lado, de excluir esse contraste entre o inato e o criado como componente dos sistemas simbólicos de outras sociedades das terras altas. Existe uma preocupação considerável, por exemplo, na região leste das terras altas, com a relação entre reprodução/crescimento humano e a morte, a visão da relação entre os seres humanos e o mundo vegetal e animal como fruto do processo fisiológico. A identidade da substância física pode ser o foco do ritual em um nível elaborado (como nas cerimônias de iniciação), e, assim, possivelmente encarada como divertimento, manipulada, "criada". Ver o relato de Poole (1981) sobre o interesse bimin-kuskusmin (povo que não habita as terras altas) na fisiologia e a vinculação de qualidades masculinas e femininas às substâncias corpóreas que podem, até certo ponto, ser trocadas entre os sexos. Um caso de cruzamento das fronteiras fisiológicas no leste das terras altas é descrito por Meigs (1976). Os Hua utilizam um marcador – fluidos sexuais – que classifica os

mais aos Hagen do que aos Kaulong. As noções hagen de "poder" reprodutor feminino o confirmam ainda mais.

São os homens que fornecem evidências de sua capacidade de utilizar o poder dos elementos selvagens ou espirituais. A força retirada da sociedade externa pelas mulheres sempre fica aquém da obtida por eles. Sua manipulação desse poder é feita em nome das mulheres e dos homens, mas também opõe homens e mulheres. Entre as diversas razões fornecidas para a exclusão das mulheres de ritos que são centrais para os cultos ao espírito Feminino ou Masculino está o fato de que as mulheres são impuras, menstruam. Essa capacidade é também relacionada à fertilidade e à morte. É uma condição com a qual se tem de lidar, mas rotulá-la de um poder feminino "natural" acrescenta pouco a nosso entendimento. Certamente não se faz referência a ela como uma característica "selvagem". A capacidade das mulheres para dar à luz filhos, embora esteja envolta em perigo para os homens, não tem nenhuma relevância para as situações nas quais as mulheres são associadas a ser *rømi*.

A fertilidade feminina não é nem mais nem menos inata do que o poder que os homens revelam na interação com fantasmas e espíritos. A razão pela qual os cultos aos Espíritos cujo tema é a fertilidade são organizados pelos homens com exclusão das mulheres relaciona-se à associação dos homens com os fins sociais e das mulheres com os interesses pessoais: o que está em questão é uma conversão da fertilidade manifestada individualmente em fertilidade para o clã. Assim, no culto ao Espírito Feminino, a própria fertilidade é definida transexualmente: o propósito é aumentar o número de pessoas e multiplicar o gado/roçado. Os homens são os únicos participantes humanos não por tentarem transformar um poder feminino em algo masculino, mas porque como homens estão em contato com formas de energia extrassocial representadas na manipulação de itens *rømi* (produtos da floresta etc.) que utilizam para influenciar as forças de crescimento no interior do domínio de *mbo* (cf. A. Strathern 1970; 1979). A sexualidade

---

estados masculino e feminino independentemente da atribuição genital, embora eles permaneçam com uma natureza manifestamente física. Elementos de ideias semelhantes são encontrados de forma situacional em vários contextos hagen, mas não são o principal foco de atenção da cosmologia. Sou grata a Gillian Gillison (1980) por sua discussão a esse respeito.

masculina é um tema do culto ao Espírito Masculino, realizado com menos frequência. Aqui, um falicismo explícito é acompanhado de uma ênfase na cópula e da inclusão parcial das mulheres na celebração do culto. Uma afirmação do papel masculino na procriação humana combina-se a uma ênfase na solidariedade clânica. As mulheres ficam em segundo plano, mas a complementaridade genital dos sexos é bem pouco ambígua.

Assim, em um plano abstrato, os homens hagen demonstram seus próprios poderes de fertilidade, aos quais acrescentam uma associação com as coisas selvagens. Seus poderes são expressos como pertencentes a uma ordem diferente dos poderes das mulheres. Mas a capacidade dos homens para agir dessa forma é um dado de seu sexo tanto quanto a capacidade das mulheres para gerar crianças. Assim, enquanto a sexualidade feminina pode ser contextualmente impura ("má" ou "desprezível"), ela não é marcada como "natural" em contraposição aos esforços masculinos. As oposições executadas por meio dos cultos não derivam de uma necessidade de controlar as forças naturais culturalmente ou de uma atribuição dos sexos a lados opostos de uma dicotomia desse tipo.

Os contrastes entre os homens e as mulheres não podem ser reduzidos a um único conjunto social-não social, e menos ainda a cultura-natureza. De forma nenhuma isso foi feito por todos os etnógrafos das terras altas que relataram um contraste doméstico-selvagem. A elaborada antítese entre floresta e horticultura que serve de base à forma como os Karam tratam certas criaturas e culturas agrícolas (Bulmer 1967) relaciona-se principalmente à definição dos papéis e direitos de parentesco e promove um equilíbrio entre diferentes reivindicações. Bulmer enfatiza o fato de que o casuar e o pandano, elementos primordiais do espaço selvagem não cultivado, "não são simplesmente não domesticados, mas *não podem ser* domesticados" (1967: 17; ênfase do autor). A associação hagen da masculinidade a fontes de poder extrassociais ultrapassa a domesticação de maneira enfática. Esse poder é eficaz precisamente porque não é passível de ser amansado. A magia que incorpora objetos retirados do espaço selvagem não pode ser representada como um controle da natureza, assim como domesticidade não é cultura. Reitero meu argumento de que "o selvagem" é encontrado e manejado, mas não se pode subjugá-lo. As forças selvagens são definidas de forma antitética em relação às domésticas,

Sem natureza, sem cultura **71**

em vez de serem pensadas como potenciais componentes delas. O uso de criaturas e plantas selvagens em encantamentos e cultos é, assim, menos uma questão de exercer "controle" sobre esses elementos do que uma demonstração de poder diferenciado entre agentes humanos. Através dos homens, as forças extrassociais levadas a afetar os esforços humanos dotam-nos de eficácia exótica.

Nossa dicotomia empiricista natureza-cultura contém, em relação à dicotomia masculino-feminino, um componente significativo que os Hagen formulam separadamente. Refiro-me ao contraste individual-social. Nesse eixo, *quando equacionamos social = cultural*, o feminino pode ser relacionado ao nível mais baixo, individuando as preocupações de ordem natural em contraposição aos interesses "sociais" dos homens, culturalmente induzidos e de ordem mais elevada. Deixe-me resumir qual é, no meu entendimento, a formulação hagen, muito distinta.

1) Na definição da humanidade por meio de noções como sustento e criação [*nurture*], *mbo* e *rømi* (plantado e selvagem) carregam conotações de humano e não humano, do que é coletivo e do que é solitário. Nesse eixo, masculino-feminino não aparecem como discriminadores.

2) Na definição de controle social interno *versus* autonomia pessoal, o comportamento autointeressado e socialmente destrutivo pode ser denominado *rømi* (selvagem). Seu oposto é a orientação social do *noman* (espírito), que é um atributo de ser humano (*mbo*). As mulheres são vistas como mais propensas a comportamentos individualistas antissociais, mais frequentemente como *rømi*, do que os homens.

3) Há também o que chamei de forças extrassociais por vezes pensadas como *rømi*, a cujo acesso os homens têm prerrogativa como mediadores. Nesse sentido, *rømi* é um domínio masculino. O contraste é estabelecido com as coisas da casa, definitivamente associadas às orientações circunscritas das mulheres, mas não a *mbo* em particular.

4) Talvez o mais esclarecedor de todos seja o quarto nexo, mais evidente nas referências e nos comentários cotidianos. Ele define os valores que servem de orientação – prestígio e status – e o contraste entre o público e o doméstico/privado. Em nossa própria sociedade, o prestígio, o reconhecimento público, a criatividade cultural e a civilização andam todos juntos. Em Hagen, o contraste

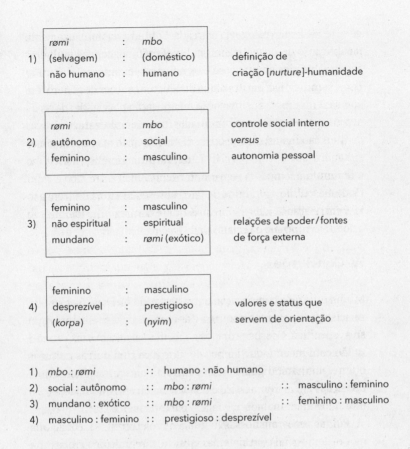

**Figura 4** Principais domínios metafóricos (hagen)

entre as coisas prestigiosas (*nyim*) e as coisas desprezíveis (*korpa*) está intimamente relacionado aos símbolos de masculinidade e feminilidade. Mas *mbo* e *rømi* não se encaixam nessa configuração.

*Mbo-rømi*, por si só, (1) é essencialmente uma relação de diferença (não hierárquica). As diferenças de gênero como dados fisiológicos inatos são aqui da mesma ordem lógica que *mbo-rømi*, o qual não pode, portanto, ser diferenciado por elas. Contudo, as outras três relações categóricas, todas envolvendo expressões de gênero, criam noções de oposição e tensão. Pois o gênero é, aqui, usado para diferenciar estilos de atividade humana. Em maior ou menor medida, ele pode remeter à imutabilidade do sexo fisiológico ou à criação de padrões de comportamento. Nos contrastes entre interesses sociais e pessoais (2) e entre o exótico e o mundano (3), *rømi* (selvagem) tende a ser a categoria marcada. Contudo, há um cruzamento na aplicação da imagética masculino-feminino, com as mulheres sendo selvagens em um caso e os homens, em outro (cf. figura 4). Isso é significativo: em um modo dialético, as noções de gênero têm como efeito uma transformação ou aplicação parcial de ideias de outro modo enquadradas como dadas (por exemplo, características genitais são inatas, ou a própria distinção entre *mbo* e *rømi*); mas sua aplicação é apenas parcial – isto é, em última análise, masculino e feminino não podem representar *a diferença entre* mbo e rømi. Onde masculino e feminino de fato representam uma diferença total é em relação às ideias sobre prestígio e desprezibilidade, que são o domínio supremo da criatividade hagen.

## IV. Conclusões

Minha reiterada comparação entre certas de "nossas" noções (empiricistas) de natureza e cultura e as crenças hagen tem um propósito específico. Nossos próprios conceitos fornecem uma estrutura tão convincente que ao nos depararmos com outras culturas que relacionam, digamos, um contraste masculino-feminino a oposições entre o doméstico e o selvagem ou entre a sociedade e o indivíduo, imaginamos que fazem parte do mesmo todo.

Pois às vezes, em nossas linguagens coletivizantes, equacionamos ordem social com sistemas culturais, regra com artefato, natureza humana com meio ambiente, gerando pares de contrastes relacionados entre si e passíveis de reprodução no papel na forma de colunas opostas (cf. Goody 1977).

| natureza | : | cultura |
|---|---|---|
| indivíduo | : | sociedade |
| inato | : | artificial |
| personalidade | : | papel etc. |

O outro contraste potente entre masculino e feminino simboliza algumas dessas oposições, e também as inverte e introduz relações entre elas. Trata-se da possibilidade de transformação de uma coluna na outra (a cultura modifica a natureza, as pessoas civilizadas recaem no comportamento animal) que fornece à ciência social sua problemática (como os "indivíduos" se tornam seres "sociais") e nos permite, em nossas descrições de outros, abstrair a cultura como criação humana dos dados naturais do mundo. E o símbolo do gênero levou a novas preocupações acadêmicas. A consideração de que nossos estereótipos de masculino e feminino incorporam uma dicotomia sujeito-objeto advêm em parte de noções de propriedade e em parte de nossa visão do mundo natural como algo sobre o qual se age. Aliada a isso está a esperança, expressa ocasionalmente, de que ao eliminar a cultura como constituída atualmente, e com isso entender melhor nossas naturezas, poderíamos começar de novo. Enquanto isso, os indivíduos podem "cuidar das suas coisas"; não precisamos vincular-nos à sociedade porque a sociedade é simplesmente uma invenção, e assim por diante.[31]

Ortner estava absolutamente correta, no que diz respeito aos Hagen, ao sugerir que as mulheres simbolizam as preocupações socialmente fragmentadoras e particularistas em oposição aos interesses sociais integradores que preocupam os homens (1974: 79).[32] Os Hagen expressam as relações humanas por meio das coisas, por meio da comida que é ingerida, dos objetos de valor que são trocados; e a partir de sua ocupação do território clânico e de sua posse de riquezas, os homens geralmente são os responsáveis

---

31. Cf. M. Strathern (1976). Considero essas preocupações tão populares quanto acadêmicas. Elas advêm de nossa visão, antigamente religiosa e hoje evolucionária, do homem em relação ao reino animal/mundo natural, de uma tecnologia que reside na crença de que todo material é maleável dentro de certos limites, de modo que a definição desses limites é importante, assim como de um desejo comum a muitos sistemas morais de conferir legitimidade aos arranjos sociais ao provar sua inevitabilidade ("caráter natural").

Mathieu ressalta nossas noções de essência (1978a). O interesse pela "natureza" das coisas é um interesse pela identidade essencial, pelo dado. A cultura coloca-se contra 1) uma noção de matéria-prima, e assim dos elementos que estão sujeitos a nosso controle criativo, experimental, modificador; 2) o núcleo irredutível, os limites de nossa tecnologia, individualismo rebelde, o "verdadeiro" caráter sufocado pelas formas culturais. Ao demarcar diferentes tipos de realidade, esse contraste entre o biológico e o social, o inato e o feito, fornece uma área de investigação sem limite para várias disciplinas (cf. Archer 1976; Lloyd 1976).

32. Não explorarei a questão das noções de eu. A ênfase que os Hagen conferem à autonomia como um atributo da pessoa deve ser considerada parte da natureza particularista dos indivíduos, fonte de sua diferenciação em relação aos dados do mundo social (seguir objetivos sociais específicos, assim como desviar deles, pode ser interpretado como ato de vontade). Willis (1975) explora certas equações entre noção de eu e ideias de natureza-cultura.

Sem natureza, sem cultura **75**

pelas transações nas relações. Eles se definem em oposição às mulheres, cuja falta de "cultura" (nesse sentido) as torna "desprezíveis" - mas não "objetos", não "naturais". É nossa própria cultura que define os homens como criadores e inventores e as mulheres, portanto, como objetos perigosamente próximos, pois definimos a própria "cultura" como manifesta em coisas que são feitas e alienáveis (cf. Dumont 1977: 81). Para nós, as mulheres emergem como objetos em um duplo sentido - ou como representantes de um recurso natural que a cultura transcende, ou como o resultado artificial final da energia dos homens.

O relato de Lindenbaum sobre os Fore (1976) estabelece uma equação explícita entre o controle dos poderes naturais nas pessoas (principalmente da sexualidade) e o meio ambiente. Os eixos do contraste que estabelece são os da regulação e da administração em oposição ao incontrolável e ao imprevisível. Em Hagen, uma noção de controle surge como um aspecto da domesticidade e da humanidade (*mbo*) e é, assim, conceitualmente *oposta* às forças externas a essa esfera. Os Hagen não transformam as coisas *rømi* em coisas *mbo*, embora possam procurar obter poderes *rømi* para seus próprios fins. Os povoamentos em áreas novas envolvem uma redefinição do poder (o que já foi uma fonte de elementos *rømi* tornou-se uma fonte de nutrição [*nurture*]), mas se trata de um reajuste de esferas de influência, e não da conversão de um tipo de poder em outro. O poder *rømi* pode ser levado a influenciar a atividade humana precisamente porque sempre é constituído em antítese a *mbo* e não pode, portanto, ser incorporado por *mbo*.

Muitos dos contrastes dos Fore repetem-se entre os Hagen. O povoamento é demarcado em relação à floresta; o que é selvagem é diferenciado do que é cultivado como uma fonte de poder perigosa e fértil; as mulheres são representadas como selvagens e fora de controle e têm de ser vinculadas aos homens, dotados de uma visão mais ampla da ordem s ocial. Mas fica claro que ao menos para os Hagen não se podem combinar essas oposições em uma única série. Assim, as mulheres podem ser comparadas tanto aos porcos domésticos (dóceis) como aos porcos selvagens (indóceis); os homens podem ser considerados tanto viajantes capazes de dominar os poderes da floresta como agentes cultivados da sociedade. Seu uso do gênero na diferenciação da atividade humana não deve ser confundido com nossos próprios usos de uma dicotomia semelhante para simbolizar a própria relação entre natureza e cultura.

Natureza e cultura não existem, entre os Hagen, como categorias da ordem, por exemplo, das distinções claramente conceitualizadas entre prestígio e desprezibilidade, objetivos sociais e autonomia individual, ou corpo, mente e espírito. Essas entidades abstratas são todas verbalizadas em alguma medida e envolvem representação simbólica explícita. Conceitos desse tipo são razoavelmente acessíveis, e precisamos compreendê-los para depreender algum sentido das interpretações dos próprios Hagen acerca de seu comportamento. Nada nesse nível corresponde a "natureza-cultura".

Nem se pode, na medida em que está em questão o conteúdo implícito de nossos termos, equacionar, de forma específica, *mbo* (doméstico) e *rømi* (selvagem) a cultura/natureza. Não existe homologia entre o meio ambiente e a natureza humana, nem entre a tecnologia e a regra social. O selvagem inclui alguns itens que classificamos como "naturais" – isto é, plantas não cultivadas, assim como motivação antissocial – e esses itens são opostos às coisas *mbo*, que incluem o cultivado, o sociável, o socialmente orientado. Mas *mbo* se refere às condições imanentes de crescimento e a dada humanidade; não se refere também à tecnologia ou ao governo imposto. E *rømi*, selvagem, não constitui as coisas *mbo*, nem tampouco é um recurso a ser trabalhado ou um componente elementar do mundo domesticado.

Ardener, Barth, Langness e Ortner discutiam natureza-cultura a partir da presença de imagens (suas próprias ou as da etnografia) relacionadas aos temas do controle. Mesmo permitindo que uma parte suficiente de nossos conceitos de "cultura" corresponda a *mbo*, ou que haja uma sobreposição razoável entre os domínios semânticos de *rømi* e "natureza", *a tensão entre os termos hagen* é diferente. *Mbo* e *rømi* mantêm uma relação antitética, e não hierárquica, processual. O domínio doméstico não é visto como colonizador do selvagem; o desenvolvimento da consciência social nas pessoas não é representado como a cultura que transcende a natureza. Esses elementos são externos aos modos de pensar dos Hagen. Eles utilizam uma noção de um domínio para além deles mesmos (*rømi*) para significar as características do vínculo

Sem natureza, sem cultura **77**

humano (*mbo*), mas essa própria distinção é inata, sujeita a descoberta, não a reformulação. Assim, a humanidade é demarcada em relação ao não humano, mas não procura controlá-lo. O controle vem de dentro, é um atributo autodefinidor do mundo social.[33]

Não existe cultura, no sentido dos trabalhos cumulativos do homem, e não existe uma natureza a ser amansada e tornada produtiva. E ideias como essas não podem ser um referente da imagética de gênero. Os Hagen de fato utilizam expressões de gênero para falar sobre os interesses sociais em oposição aos interesses pessoais e sobre o cultivado como distinto do selvagem. Mas esses dois domínios não são colocados em relação sistemática; a metáfora mediadora, do domínio da cultura sobre a natureza, não está lá. Pelo contrário, na medida em que o gênero é utilizado de maneira diferenciante, dialética, a distinção entre masculino e feminino constantemente cria a noção de humanidade como um "fundo de semelhança comum" (Wagner 1975: 118-19). Nem o masculino nem o feminino poderiam representar a "humanidade" em contraposição à "natureza" porque a distinção entre eles é utilizada para avaliar as áreas nas quais a ação humana é criativa e individuante. Assim toda a questão do controle parece de fato estar circunscrita no interior da noção das coisas *mbo*. As representações de dominação e influência entre os sexos tratam precisamente de formas de interação humana; não tratam também do projeto da humanidade em relação a um mundo menos do que humano.

*Tradução Iracema Dulley e Jamille Pinheiro*

---

33. Tomei claramente a liberdade de reduzir nossas próprias ideias a um esquema simples. É claro que fazemos uso das coisas de forma expressiva; é claro, como nota Wagner, que existe uma dialética entre invenção e convenção, entre criatividade individual e a norma social. Estou simplesmente apontando para uma linha de pensamento que produz, para nós, associações que muito plausivelmente traduzem as dicotomias de outras pessoas em nossos próprios esquemas.

Oklembo amb Wora é recebido com batata-doce por uma vizinha (com as chaves de casa penduradas no pescoço). Hagen, 1964.

Kupi Kundil (sra. Oiee), prestes a se casar, retorna da roça com duas bolsas de malha cheias de batata-doce para alimentar os porcos e a família. Hagen, 1967.

# 2. A CULTURA NUMA BOLSA DE MALHA: A FABRICAÇÃO DE UMA SUBDISCIPLINA NA ANTROPOLOGIA

> Sugere-se aqui um papel criativo para os "espantalhos" de Malinowski e, por analogia, para o espantalho do viés masculino que embasa grande parte da antropologia de inspiração feminista, censurando-se, contudo, sua sedução universalizante. A ideia de que representações simbólicas particulares falam de uma "condição de mulher universal" é examinada criticamente em relação a duas sociedades melanésias. A metáfora da "manufatura" aponta para certas implicações da relação entre a antropologia e seu objeto de pesquisa, e sublinha a sugestão não apenas de que a condição de mulher [*womanness*] tem conteúdos simbólicos diferentes nessas duas sociedades, mas de que há diferença também nas suas técnicas de construção simbólica.[1]

As ilhas Trobriand já foram denominadas "um dos lugares mais sagrados da antropologia" (Weiner 1976: XV). O fato de ao menos seis antropólogos terem passado por lá nos últimos dez anos atesta o poder atrativo do primeiro trabalho de campo que estabeleceu o paradigma do Homem de Trobriand. Bronislaw Malinowski foi o autor dessa entidade num duplo sentido. É em grande medida através de seus olhos que ainda conhecemos essas ilhas – Marshall Sahlins (1976: 76) nos lembra de que modo registrou para si a chegada às ilhas numa tarde de sábado: "Me apronto; pequenas malocas cinzentas e rosadas. Fotos. Sentimentos de posse: serei eu quem vai descrevê-las ou criá-las" (Malinowski 1967: 140). E, a partir de seu entendi-

---

1. Este é o texto da *Malinowski Memorial Lecture* de 1980, conferência concedida pela autora na London School of Economics. Publicado em *Man*, 1981. [N.E.]

mento do comportamento trobriandês, Malinowski desenvolveu aquilo que, na mente de muitos pesquisadores de campo desde então, continua a ser algo entre uma suposição e uma esperança: que – por mais simplório que isso possa soar (cf. Young 1979: 10) – seja possível fabricar generalizações a partir de culturas particulares.

Entre aqueles que a cada ano proferem esta conferência existe o costume de tocar nesse paradigma; vou me deter num aspecto considerado em geral um tanto embaraçoso. Minha intenção, contudo, é menos avaliar Malinowski que avaliar a nós mesmos. A despeito de nosso senso de modernidade, aquilo que vivenciamos como um avanço pode, num sentido epistemológico, se parecer bem mais com o barco de Malinowski balançando entre as ilhas: um ir e vir[2] dialético contínuo entre pontos de vista que outros já sustentaram, abandonaram e retomaram. Nancy Tapper afirma que "nos últimos dez ou doze anos, os desenvolvimentos [tanto na antropologia marxista como] nos chamados *women's studies* [estudos sobre a mulher] levaram muitos antropólogos a reexaminar as premissas básicas da disciplina [...] marcando o fim de certa complacência antropológica" (1980: 7).[3] Ainda assim, apesar de sugerirem posições estabelecidas já abandonadas, alguns caminhos hoje em dia delineados pelos antropólogos interessados no estudo da mulher seguem de perto os de Malinowski.

## Espantalhos

A maneira como Malinowski emitia suas generalizações aparentemente irritava seus contemporâneos e foi desde então uma fonte de constrangimentos. Ele apreciava um dispositivo – considerado por

---

2. A expressão é de Geertz (1976: 235), embora ele estivesse falando de um movimento bastante diferente, entre "o mais local do detalhe local e o mais global da estrutura global". "Dialética", aqui, se refere à maneira pela qual pontos de vista aparentemente opostos na verdade informam e se definem um ao outro (cf. Wagner 1977). É claro que tais oposições constituem uma fonte de grande energia e produção (Ortner 1974: 67): talvez a sensação não seja diferente da vertigem produzida pelo balançar ritual em Muria – a indução de um sentido de realidade fora dos atores (Gell 1980). Tiffany (1978: 47) e Wallman (1978: 21) referem-se a conjuntos de oposições desse tipo.

3. Embora possamos nos perguntar se essa complacência não é em si de natureza um tanto mítica – só vale a pena abandonar as velhas posições se elas são vistas como arraigadas (A. Strathern 1980b).

Meyer Fortes como uma compulsão que desvirtuava seu trabalho (1957: 157) e caracterizado por Adam Kuper como "ultrajantemente irresponsável" (1973: 35) – cuja melhor descrição é a que segue:

> A compulsão de Malinowski de apresentar suas teorias e descobertas etnográficas sob a forma de um ataque ao Antigo Regime era tão cansativa aos ouvintes quanto despropositada para os leitores de seus livros [...] fossem ou não essas batalhas mais imaginadas que reais, sua escrita etnográfica era viciada pelo desfile de grotescos sacos de pancadas e pelo farfalhar dos espantalhos. [Young 1979: 6]

Nos *Argonautas* surge o Homem Econômico Primitivo; em *Crime e costume*, o Selvagem submisso à lei, e assim por diante.[4] Acabamos engolindo esses espantalhos como preço pelo gênio de Malinowski. Eles o levaram a "embalar algumas de suas ideias e observações mais *originais* em paradoxos trabalhados e repetição prolixa" (Fortes 1957: 157; ênfase minha). No entanto, talvez haja na síndrome dos espantalhos mais que as projeções de um egoísta. Se a considerarmos seriamente como uma técnica, poderemos aprender algo sobre as técnicas que nós mesmos usamos sem pensar. Se simplesmente tomarmos Malinowski como um exemplo das suposições pertencentes a tradições culturais superadas, acabaremos por transformá-lo num espantalho.[5] Devemos nos perguntar a qual propósito instrumental esses espantalhos serviram.

Os espantalhos são feitos de dois ingredientes. O primeiro deles é o preconceito: eles representam o viés, a falácia, a suposição errônea. O segundo é a uniformidade: representam estereótipos,

---

4. Contudo, o espantalho nem sempre é uma entidade não nomeada e abstrata. Em *Crime e costume* (1926), Malinowski faz referência explícita aos trabalhos de autores particulares e, na *Vida sexual dos selvagens* (1929), refere-se às formulações divergentes das culturas trobriandesa e europeia. É claro que o espantalho original de Malinowski era, já naquela época, uma ficção. Em seu famoso Prefácio, James Frazer (1922) diz que o Homem Econômico Primitivo contra o qual vituperava Malinowski era uma espécie de bicho-papão, um fantasma horrível, uma ficção sinistra. Isso levanta a questão sobre por que ele persistiu em chamá-lo em seu apoio.

5. Não estou sugerindo que erijamos espantalhos toda vez que nos tornarmos conscientes de vieses culturais, mas que há uma tendência em fazê-lo se tomarmos um acadêmico *somente* por aquilo que ele nos diz sobre a sua formação cultural, e que já se tenha determinado como matéria de preconceito.

opiniões universalizantes, ideias tácitas. Embora não sejam iguais, no espantalho ambos são postos num mesmo pacote. Ao derrubá--lo, derruba-se não apenas o viés, mas o viés sob a forma da generalização universal.

Observou-se com frequência que Malinowski estava pouco interessado na comparação entre culturas.[6] Nadel observa que, mesmo à medida que outras etnografias foram aparecendo, "ele nunca pensou estritamente em termos comparativos. Suas generalizações saltam diretamente dos trobriandeses para a humanidade, pois ele sem dúvida via os trobriandeses como uma espécie particularmente instrutiva de humanidade" (1957: 190). Afinal, o dispositivo do espantalho obviava qualquer necessidade de uma visada comparativa: o espantalho já é universal, um pacote de generalizações sobre as características (nesse caso) do Homem Primitivo (cf. Firth 1957: 217-18). Ao substituir o Homem Trobriandês pelo Espantalho, o real pelo falso, o domínio ao qual eles se referem – o das verdades universais – pode ser tomado como certo. O procedimento é, primeiro, identificar o viés, isto é, viés na mente dos que fizeram as generalizações originais. Se todos acreditam que, nas palavras de James Frazer (1922: X), o Homem Econômico Primitivo "não é aparentemente impelido por nenhum outro motivo a não ser o do lucro sórdido, que ele persegue incansavelmente, segundo princípios spencerianos, pela via do menor esforço", então um único exemplo bem estabelecido que desmascare nessa criação a "criatura fantasiosa e fictícia" que ela é (Malinowski 1922: 60) faz mais que mostrar um caso em que uma generalização deixa de se aplicar. Ele implode todo o edifício sobre o qual se construiu a generalização, e o substitui por uma nova conceitualização da natureza do primitivo (id. ibid. 96).

O viés é, portanto, um ingrediente poderoso. Quando se é capaz de demonstrar que as generalizações resultam dos vieses dos pensadores anteriores, desvia-se a atenção do material em si para as atitudes daqueles que o apresentam. Se, além disso, se puder mostrar que esses vieses são sustentados de modo universal, então um universalismo também universal se ligará à proposição que entra em seu lugar. Parte do trabalho feito hoje sob a rubrica dos

---

6. Apesar de seu reconhecimento do método comparativo em termos de teoria (1960: 18).

"*women's studies*" emprega exatamente essa técnica. Existe, de fato, uma analogia entre a relação de Malinowski com a disciplina que ele considerava estar fundando e os conscienciosos esforços das mulheres interessadas no estudo sobre a mulher para redefinir a antropologia. O conceito de repensar as próprias premissas é estimulante; mas ter consciência da *criatividade*[7] da nova premissa sobre a qual se baseia parte da nova antropologia da mulher é também reconhecer a criatividade dos espantalhos de Malinowski.

Tornou-se moda redescobrir o fato de que o antropólogo ou a antropóloga, ao apresentar descrições de outras culturas, apresenta também valores da sua própria cultura. O projeto contemporâneo é percebido como um esforço para eliminar esse viés. E digo *re*descobrir de caso pensado. Se a síndrome do espantalho é de fato um marcador de mudanças paradigmáticas, então as diversas viradas e caminhos da história de nossa disciplina estão entremeadas por essa formulação de viés. O próprio Malinowski já estava convencido de que em algum lugar – seus autores sendo em geral não nomeados ou antigos já em seu tempo, mas ainda assim sinistros – se escondia uma massa de pressupostos e valores que não podiam mais ser tomados como base para generalizações sobre a condição do ser humano. A antropologia como ciência deveria ser construída para enfrentar o preconceito. E, de três maneiras específicas, a nova antropologia da mulher retoma essa premissa metodológica, usando como seu espantalho o antropólogo que padece do viés masculino.

Em primeiro lugar, por conta da aguda perspicácia com que se veem os que sofrem desse viés como produtos de sua própria cultura, afirma-se às vezes que a nova abordagem é isenta de relativismo. Gerrit Huizer e Bruce Mannheim (1979) dedicam uma seção de seu livro ao "viricentrismo" (ou "androcentrismo"). Um artigo ali trata das diferentes descrições da vida aborígene australiana vindas das mãos de antropólogos homens e mulheres. "É evidente que o androcentrismo dos estudiosos homens resulta numa perspectiva

---

7. Não resta dúvida quanto à importante contribuição que as abordagens de inspiração feminista têm dado à antropologia. Nem todas as antropólogas mulheres que escreveram sobre mulheres se identificariam, no entanto, com alguns dos pressupostos aqui descritos; minha intenção é apontar para aquilo que acompanha as premissas ideologicamente fundamentadas. Tampouco é necessário dizer que ao mesmo tempo considero as ideologias inescapáveis.

que os torna cegos às *verdadeiras realidades* da vida aborígine" e as antropólogas mulheres são capazes de trazer "uma dupla consciência à sua pesquisa, que resulta em estudos *holísticos, precisos e objetivos*" (Rohrlich-Leavit et al. 1979: 127, 128; ênfase minha). Em uma canetada o antigo é dissolvido como dominado pelo preconceito, e o novo o suplanta como explicação para os fenômenos existentes no mundo real.[8] A pretensa independência dessa realidade é digna de nota (Stuchlik 1976: 3-9): o objeto de estudo é reconstituído como algo separado e só acessível à nova abordagem.[9]

A segunda característica malinowskiana é seu feitio universalizante, um dos truques do espantalho. Na verdade, poucos pesquisadores de campo fazem generalizações para toda a humanidade a partir de seus estudos particulares, mas, se ao tratar os trabalhos de outros antropólogos como enviesados se puder mostrar que todos *eles* compartilham valores semelhantes, certamente se podem fazer generalizações sobre o universo dos próprios antropólogos. A nova avaliação expulsa a antiga, tomada como visão de mundo – e dá um jeito de sugerir que em seu lugar há agora uma visão renovada da totalidade do mundo. Assim, pode-se afirmar que temos ignorado um universal importante, a categoria "mulher". Do ponto de vista dos novos praticantes, o universalismo é desse modo transferido para seus sujeitos de estudo. Apesar das leituras críticas (cf. S. Ardener 1975a; Caplan & Bujra 1978; Stoler 1977; Wallman 1978), persiste a premissa (documentada em Milton 1979 e Quinn 1977) de que existe uma categoria social cujas dimensões são cognoscíveis sobre bases *a priori*, de modo que os estudos sobre mulheres específicas exemplificam atributos de uma mulher universal.

A terceira característica malinowskiana se manifesta como inversão da primeira, isto é, da noção de que a realidade social existe fora do pesquisador. Esta pode ser transmitida no discurso antropológico não só por uma distância cuidadosa do sujeito de

---

8. Cf. Schrijvers (1979: 104): "Como resultado da atual abordagem centrada no homem, a maioria dos escritos são *apresentações da realidade* enviesadas ou distorcidas" (ênfase minha).

9. A afirmação de que o antropólogo deve agir *ou* como um homem *ou* como uma mulher recria uma dicotomia entre masculino e feminino que se espelha numa matéria de investigação que já não pode ser descrita senão de um ponto de vista masculino ou feminino.

pesquisa, mas também por uma cuidadosa proximidade com ele (Asad 1979). A realidade é observada "do ponto de vista" daqueles que, assim se diz, a constituem.

O fato de Malinowski, que percebia tão claramente a importância do observador inteligente na "criação" da cultura trobriandesa (Leach 1957: 134; e citando Malinowski 1935: 317), ter também enfatizado tanto que as coisas fossem vistas do ponto de vista de Trobriand foi sempre um paradoxo em seu trabalho.[10] Essa segunda posição prefigura a reivindicação de que a nova antropologia da mulher seja validada por sua adoção dos pontos de vista das mulheres. O cuidadoso artigo de Schrijvers sobre "Viricentrismo e antropologia" começa da seguinte maneira: "As ciências ainda estão impregnadas de valores fundados na superioridade masculina [...]. É claro que há exceções: um punhado de etnografias que tomam os pontos de vista das mulheres como ponto de partida" (1979: 97). Há aqui, porém, uma diferença crucial: Malinowski nunca fingiu ser um trobriandês – ver as coisas do ponto de vista trobriandês lhe conferia discernimento sobre uma condição geral que ele compartilhava com eles (a humanidade comum) ou que eles compartilhavam com outros semelhantes (a cultura primitiva). Algumas autoras, contudo, sugerem que seu gênero lhes confere um discernimento específico e não replicável.

Rorhlich-Leavitt et al. explicam a dupla consciência que as mulheres podem trazer a suas investigações:

Nas etnografias masculinas dos aborígenes australianos predominam as "categorias do antropólogo"; as sociedades são representadas como dominadas pelos homens, com as mulheres num estado subordinado e rebaixado [...]. Phyllis Kaberry (1939) e Jane Goodale (1971) conseguem combinar as "categorias do antropólogo" às dos nativos [...]. Como mulheres numa sociedade que também é sexista, Kaberry e Goodale têm a sensibilidade especial que os membros dos grupos subordinados devem desenvolver, se quiserem sobrevi-

---

10. Um aspecto disso é tratado na crítica de Sahlins, quando este se refere à contradição entre os desejos de Malinowski de ver do ponto de vista nativo e de reduzir as coisas a um valor utilitário. "Em vez de submeter-se à compreensão de uma estrutura com uma existência independente e autêntica, ele entende essa estrutura pela sua compreensão do objetivo dela, fazendo assim com que sua existência [da estrutura] dependa dela" ([1976] 2003: 80).

ver, para com aqueles que os controlam, ao mesmo tempo que estão plenamente conscientes da realidade cotidiana de sua opressão, uma qualidade que falta aos grupos de posição superior. Assim, Kaberry e Goodale desenvolvem etnografias das verdadeiras vidas e visões de mundo das pessoas que estudam, assim como das "categorias dos antropólogos". [1979: 119]

Observar as coisas do ponto de vista das mulheres estudadas está, desse modo, em continuidade ideológica com as percepções *culturais* da antropóloga mulher em sua própria sociedade, e é essa posição privilegiada que permite que o comprometimento com valores informe a "objetividade" (Omvedt 1979: 375). Milton (1979: 47) aponta para o "viés esmagadoramente feminino" por trás de tais julgamentos. Assumir um ponto de vista feminino substitui o viés masculino na nossa compreensão de sociedade, assim como Malinowski apresentou o ponto de vista trobriandês como substituição do viés ocidental desinformado sobre o Homem Primitivo. Mas, se Malinowski também se via como o autor cultivado dessa visão, alguns escritos feitos por mulheres dão a impressão de que, no caso delas, as continuidades entre autor e sujeitos de pesquisa estão fundamentadas de modo "natural".

## Subculturas e subdisciplinas

Evidentemente, não existe uma "antropologia da mulher" no sentido de um corpo consensual de conhecimento ou de abordagens analíticas (ver Glennon 1979 sobre os tipos de feminismo em geral). Uso essa expressão para denotar o que veio a se tornar uma base amplamente aceita para os estudos antropológicos sobre mulheres: levar a sério a participação das mulheres na vida social. Resenhando o atual aumento de livros e artigos sobre mulheres, Naomi Quinn nota "o rápido crescimento no número de denúncias de viés na literatura etnográfica [...] atribuído à combinação entre as distorções dos etnógrafos de orientação masculinizante e as de seus informantes homens" (1977: 183; Rogers 1978, Tiffany 1978 e Shapiro 1979 oferecem panoramas de uma literatura definida nesses termos). Junto a essa abordagem, a doutrina de que as mulheres são as mais qualificadas para estudar mulheres do ponto de vista da mulher encerra uma espécie de etnicidade mental (Shapiro 1979: 269;

Wallman 1978: 37). Milton (1979) apontou problemas na relação entre o gênero do antropólogo ou da antropóloga e o gênero de suas ideias. Em última análise, é o gênero das ideias que se encontra no cerne do viés – pois a experiência do "patriarcado" pelas mulheres (Rorhlich-Leavitt et al. 1979: 128) pode lhes conferir, não uma dupla consciência, mas antolhos masculinos. Assim, diz-se que algumas antropólogas exibem um viés masculino. No entanto, existe uma crença generalizada de que abordar os estudos sobre mulheres com objetividade seja mais fácil para as mulheres que para os homens. Estas três proposições – de que as "mulheres" são uma categoria adequada de pesquisa; de que as antropólogas obviam o viés masculino de costume por meio de um cuidadoso foco nas mulheres; e de que as antropólogas tendem a ter um discernimento sensível da condição das mulheres em outros lugares – equivalem à manufatura de uma subdisciplina.

Quando "antropólogas mulheres se concentram nas atividades das mulheres" (Leacock 1979: 135), faz-se uma divisão tanto no objeto de estudo como na disciplina que se forma para realizar tal estudo. Adotar uma perspectiva feminina é ao mesmo tempo perceber um domínio semelhante a uma subcultura (cf. Shapiro 1979: 297) e ver que o ponto de vista de uma mulher dentro da antropologia forma uma orientação tão distinta quanto uma subdisciplina. Tal esforço pode rumar para uma reorientação completa de toda a disciplina – e as sociedades deverão "ser vistas como criações dos homens *e* das mulheres" (Schrijvers 1979: 110; ênfase original). A discussão, contudo, em geral se desenvolve em diálogo explícito com um ponto de vista masculino que necessariamente recria as condições do discurso num nível superior. O resultado, metodologicamente falando, é uma "subdisciplina" [termo meu],[11] embora, para seus praticantes, isso também possa ser uma metonímia para a reinvenção de toda uma antropologia.

Usei deliberadamente as imagens da cultura material ao me referir à manufatura dessa subdisciplina. Há um paralelo neces-

---

11. O fato de os estudos sobre a mulher frequentemente assumirem um caráter "interdisciplinar" não contradiz esse ponto de vista analítico. As subculturas são definidas por valores que respondem a outros conjuntos de valores, e/ou por interesses sociais destacados e similarmente contidos, muito embora esses interesses sejam conceitualizados como "autônomos" (cf. S. Ardener 1975a).

sário entre a conceitualização daquilo que está "lá fora" para ser estudado e as percepções sobre o nosso ofício: somos, afinal, todos nós quem manufaturamos as culturas, tanto ao representar outros povos como ao possuí-los (Wagner 1975; 1978a; Asad 1979), e ao separar a antropologia de outros estilos de conhecimento como uma cultura sujeita à sua própria lógica. Uma retirada em direção à subcultura representa um desconforto muito bem lustrado; não apenas algo dominado ou obscurecido no passado parece real, como somos capazes de dividi-lo ainda mais nos termos de novas categorias. Na subdisciplina que rotulei como "antropologia da mulher", esse processo adquire certa ambiguidade: as mulheres como sujeitos de pesquisa são representadas não simplesmente através do discurso "científico" habitual, mas numa equação simbólica, que soa muito mais como uma ciência do concreto, no gênero dos próprios antropólogos.

As atividades das mulheres são, portanto, tomadas como um ponto de partida coerente para o entendimento da "espécie humana" (Reiter 1975: 16; Slocum 1975: 50). As subculturas analíticas reveladas ao longo da pesquisa têm, em relação à subdisciplina emergente, um papel bastante similar ao que tinha a "cultura" em relação à própria "antropologia".[12] Ver as coisas "do ponto de vista de" $x$ demarca os novos praticantes como possuidores de discernimento próprio. Reivindica-se assim – e o mais energicamente possível – uma "visão" entendida como qualidade inerente ao observador. Malinowski enfatizou repetidas vezes (Kuper 1973: 40) que a elucidação das conexões entre diferentes aspectos da cultura trobriandesa dependia de uma habilidade especial do próprio cientista. Nos casos em que a identificação é feita segundo os fundamentos quase étnicos do gênero comum, monta-se a homologia: a antropóloga : restante de sua cultura/disciplina :: mulheres na cultura estudada : restante dessa cultura. Se para Malinowski o

---

12. Malinowski comparou o sortudo etnólogo [pesquisador de campo] ao antropólogo [de gabinete] de sua época, que tinha de se apoiar em material histórico e, portanto, "funcionar simultaneamente como seu próprio cronista e como manipulador de suas fontes autoproduzidas"; o etnólogo estava na posição mais afortunada de ser "capaz de considerar as culturas como um todo e de observá-las integralmente através do contato pessoal" (1960: 12). A noção de uma cultura integrada constituía a base de uma disciplina integrada – o solo onde se encontravam todos os ramos da antropologia (1960: 4).

Homem Trobriandês era um paradigma para o Homem Primitivo, em certo sentido ele era também algo com que se identificar.[13] "Talvez, ao percebermos a natureza humana numa forma muito distante e alheia a nós, teremos lançado alguma luz sobre a nossa própria forma" (1922: 25). Nos escritos de uma antropóloga de que tratarei agora, o propósito final é entender e valorizar a "condição de mulher universal" (Weiner 1976: 236) – na verdade, "feminidade" [femineity] no sentido de S. Ardener (1975b: 46).

Sugeri que os espantalhos, essas criaturas do viés, surgem no desenvolvimento da disciplina em momentos nos quais uma tentativa consciente de fazer uma subdisciplina tomar o lugar do todo é acompanhada da visão de que o trabalho passado, pretensamente sobre "outras culturas", na verdade refletia a cultura do próprio antropólogo. As consequências lógicas de tal descoberta do viés cultural para a nova visão cultural em si estão necessariamente obstruídas nas experiências da nova ordem de realidade (subcultura) assim descoberta. Nisso, os espantalhos têm uma função significativa e energizante. Eles tendem, *além do mais*, a promover um universalismo deslocado, que não é algo inteiramente bom. Ao menos dois aspectos do espantalho do viés masculino deveriam ser objeto de escrutínio. O primeiro é que a motivação de ver em trabalhos anteriores conjuntos de valores ou pressupostos que viciam seus achados pode, quando usada de forma insensível, ser ostentada como substituto da análise comparativa. O segundo reside na afirmação ainda mais contundente, que às vezes se faz, de que a maneira pela qual outras culturas atribuem valor às mulheres fala daquilo que é essencial à condição de mulher mais fielmente do que nossas próprias formulações culturais. Estudos particulares poderiam, assim, fornecer universais sobre a condição da mulher como tal.

---

13. Em seu estudo geral do feminismo, Glennon (1979) identifica quatro "tipos ideais" distintamente fundamentados. Em três deles, ser "humano" substitui uma identificação com ser "homem" ou "mulher"; ao mesmo tempo, essas abordagens "usam como dispositivo organizador a noção de que todas as mulheres são irmãs; o fato de serem mulheres carrega um vínculo comum que não está disponível aos homens, ao menos não enquanto as mudanças sociais defendidas por essas feministas não vierem a acontecer" (1979: 175).

## A Mulher Trobriandesa, as saias e as bolsas de malha

Uma das reavaliações mais convincentes da antiga etnografia de um ponto de vista feminino foi realizada nas próprias Trobriand. Annette Weiner foi a essas ilhas sagradas na intenção de estudar estilos de entalhe em madeira; em seu primeiro dia em campo, ela se envolveu numa elaborada cerimônia encenada por mulheres que mudou todo o rumo de sua pesquisa. Ela procurou em vão, nas descrições de Malinowski, informações a respeito dos bens das mulheres cuja exibição ela havia visto. "Desde aquele primeiro dia eu soube que as mulheres estavam empenhadas em algo importante que aparentemente havia escapado às observações de Malinowski" (1976: 8). Sua atenção foi assim desviada ao âmbito das trocas entre mulheres, que lhe forneceram intuições sobre a maneira como agem os homens nas sociedades ocidentais:

> Será que os homens [ocidentais] se agarram à imortalidade por meio de objetos incapazes de se regenerar apenas para desvalorizar os seres humanos e o papel da mulher na perpetuação da vida? No impulso pelo único poder que podem ter, os homens, com efeito, se separam das mulheres e, assim, contribuem com um mito que nega *o poder fundamental das mulheres*, impedindo que a condição de mulher seja publicamente valorizada como igual ou superior ao poder dos homens. A importância da perpetuação da vida humana só terá alguma chance de ser restaurada se esse mito for desmascarado e se situarmos *o valor da condição de mulher universal* num contexto sociocultural reconhecido como sendo poderoso por seu próprio direito. [1976: 236; ênfases minhas]

Weiner deriva sua formulação dessa "condição de mulher universal" do valor que os trobriandeses depositam no controle da mulher sobre a reprodução humana. "Os ilhéus trobriandeses, geográfica e tecnologicamente removidos do curso dominante da história das sociedades humanas, reconhecem o valor da condição de mulher e, por extensão, o valor dos seres humanos e da continuidade da vida" (1976: 236). São remapeadas aqui as nossas noções de Humanidade e, na Mulher Trobriandesa, um modelo para a Mulher.

A questão a perseguir é se de fato existe alguma essência universal na condição de mulher (cf. S. Ardener 1978: 34-35; Winslow

1980). Pela descrição de Weiner, os ilhéus de Trobriand veem nas mulheres um símbolo da continuidade social: "As crianças são criadas e nutridas pelo seu próprio *dala* [grupo de parentesco matrilinear] *e* pelo seu pai e seu *dala*", contudo, "apenas as mulheres retomam o *dala* ao longo do tempo" (1976: 130, 123; ênfases originais).[14] O que é importante para eles no que diz respeito às mulheres não é valorizado da mesma maneira em todos os lugares – como nos diz a condenação da sociedade ocidental feita pela própria Weiner. Ainda assim, imaginar que aquilo que os trobriandeses fazem das mulheres identifica algo de essencial *sobre a Mulher* é confundir símbolo e índice. Nós meramente aprendemos, é certo, de que modo as culturas constituem a si mesmas.

A autoridade de Weiner para falar pelas mulheres trobriandesas reside parcialmente no autorreconhecimento de que, "diferente dos etnógrafos anteriores de Trobriand, esta etnógrafa é uma mulher" (1976: 11). Sua descrição se opõe especificamente a outras abordagens que seguem um caminho de dominação masculina. Encontramos aqui elementos da subdisciplina que venho discutindo. A noção de que se pode mudar de perspectiva e de que a análise não deve ser limitada pelo preconceito é validada na suposição de que a nova perspectiva traz em si uma correspondência mais próxima da realidade; se descreve algo real, ela mesma deve ser, em si, real. Vemos também certa validação, apresentada ao mesmo tempo, mas de diferente fundamentação, que localiza a habilidade de "ver" numa qualidade especial possuída pelo observador: a prontidão em levar as mulheres a sério é poderosamente concretizada na afirmação de que a autora é do mesmo sexo.

Ao descartar o passado chauvinista, Weiner na verdade reproduz a técnica analítica de apresentação de uma visão radical do homem primitivo feita por Malinowski. É particularmente interessante o papel da "cultura" na sua definição da Mulher Trobriandesa. Considera-se que a nova abordagem corresponde a

---

14. Weiner afirma alhures (1978: 183) ser correto ver "tanto os homens como as mulheres [trobriandeses] como forças reprodutivas [...]. A regeneração cíclica do *dala* deve ser nutrida com forças externas masculinas tanto quanto ela deve ser concebida através das mulheres". Weiner não tem a intenção de eclipsar as capacidades reprodutivas dos homens (cf. 1979: 330), mas a contribuição deles deve ser entendida como qualitativamente diferente daquela das mulheres – como "abastecimento masculino", em oposição a "essência feminina" (1976: 130).

uma visão já objetificada, se não verbalmente explicitada, pelos próprios trobriandeses. Nesse processo, eu mesma me torno um dos espantalhos de Weiner, entre outros condenados por propagarem uma visão masculina da sociedade estudada (no meu caso, os Hagen nas terras altas da Papua-Nova Guiné). Eu teria caído na "armadilha masculina tradicional" de não levar a sério as trocas entre as mulheres (1976: 13). A descoberta de Weiner foi a do papel crucial que as trouxas e saias feitas de folha de bananeira das mulheres trobriandesas tiveram na definição da identidade do *dala* e a proeminência conferida às mulheres por meio desses itens. A troca cerimonial hagen está, em grande medida, nas mãos dos homens, mas ela sugere que negligenciei completamente a significância das bolsas de malha que as mulheres se presenteiam em várias ocasiões. Será interessante, portanto, nos voltarmos ao tópico das trocas entre as mulheres nas terras altas. Não proponho comparar os Hagen diretamente aos trobriandeses,[15] mas introduzir aqui outra sociedade das terras altas, os Wiru, similares a eles em termos de ideologia de descendência e de divisão do trabalho. A comparação levanta algumas questões interessantes quanto à construção da "condição de mulher" (cf. Bujra 1978: 19). Também me pareceu que poderia haver algum ganho metodológico em não meramente farfalhar, mas, o que não era possível aos espantalhos de Malinowski, falar por mim mesma.

Na teoria da ciência antropológica de Malinowski estão embutidas as crenças de que ela deve ser fundada pragmaticamente (1960: 10-11) e de que a cultura deve ser identificada por sua base material. Dada sua crença no papel criativo do antropólogo ("reagimos e respondemos ao comportamento de outros através do mecanismo de nossa própria introspecção"), surge a questão "do que significa identificar um fato cultural" (1960: 71). Esse significado deve ser buscado na teoria geral das necessidades; ao mesmo tempo, a atenção a fenômenos materiais e concretos fornece uma chave para a natureza das instituições. Qualquer traço da cultura ma-

---

15. Weiner faz algumas tentativas de comparar as linhas matri e a divisão do trabalho baseada na produção masculina de inhame dos trobriandeses com o fato de entre os Hagen as conexões de clãs serem transmitidas pelos homens e o trabalho produtivo estar de modo significante nas mãos das mulheres, mas ela não persiste nessas diferenças. Desenvolvo algumas comparações em M. Strathern 1984a.

terial ou modo de comportamento padronizado pode ser inserido dentro de sistemas organizados da atividade humana (1960: 160) – em outras palavras, a cultura se manifesta em coisas ou atos que levam o antropólogo perspicaz a buscar a organização por trás deles. É uma questão de perspicácia, porque a significância deles não é necessariamente aparente de modo imediato.

Após afirmar sua qualidade de mulher [*womanhood*], Weiner prossegue: "Uma diferença crítica entre mim e meus predecessores homens é que levei essas trouxas de folhas de bananeira aparentemente insignificantes tão a sério quanto qualquer tipo de bens masculinos" (1976: 11). Os bens das mulheres se tornam a chave para a cultura. Nas Trobriand, argumenta ela, os objetos de riqueza manipulados pelas mulheres representam de modo tangível qualidades mulheris intangíveis. "O 'poder' das mulheres é, assim, um fato 'objetificado', culturalmente constituído" (cf. 1976: 227; também 1978: 177), e é igualmente reconhecido por homens e mulheres. Trata-se, além do mais, de um poder ligado a aspectos universais da condição humana; ela considera que nossa tradição ocidental tem "efetivamente negado os poderes biológicos e os poderes culturais das mulheres" (1976: 235). Na direção dessa conclusão, ela passa por uma discussão sobre a despersonalização e a alienação de "coisas" e pessoas no Ocidente. Não se trata simplesmente de que os objetos em Trobriand contenham valores diferentes, mas sim de que os objetos ocidentais fracassam inteiramente em "conter qualquer referencial subjetivo à vida humana em termos de continuidade e perpetuação" (1976: 235). Não existe um veículo para a representação dos valores mulheris, e o declínio do valor das mulheres é acompanhado por um declínio no valor depositado na própria vida. Com "poderes culturais" das mulheres ela deve, portanto, querer dizer a capacidade das mulheres de dizer coisas sobre seus eus essenciais por meio de certos símbolos materiais. Ao sugerir que nossa própria cultura nega o valor das mulheres, ela também pressupõe estar em questão uma qualidade universal devidamente atestada por algumas culturas e ignorada por outras.

Essas saias e trouxas de folha de bananeira, então, se tornam a pista para todo um conjunto de valores ligados à condição de mulher. Weiner não só argumenta que para entender as noções de Trobriand sobre as mulheres se deve prestar atenção especial aos bens das mulheres, mas também que aquilo que as mulheres trocam é, em toda parte, a chave objetificada para o seu poder. Introduzir a matéria de investigação por meio de um item cuja significância é depois revelada é um ardil literário comum. Ainda assim, existe uma diferença entre usar tal item para significar a orientação de toda a análise, uma espécie de metáfora para tudo que já foi elaborado, e argumentar que a substância dessas pistas tem importância intrínseca. O primeiro capítulo de *Women in between* (M. Strathern 1972: 13) termina com um contraste entre o fato de as mulheres hagen geralmente carregarem bolsas de malha prendendo-as à testa, nas quais levam os produtos da roça e as crianças pequenas, e o de a cabeça do homem ser deixada livre para a ornamentação. Essa tática de estilo conduz a uma descrição de como a noiva traz bolsas para serem distribuídas entre as mulheres da casa do noivo. É aqui que acrescento a fatídica observação: "As coisas das mulheres são divididas entre mulheres; os homens não estão particularmente interessados nas bolsas" (1972: 15). Foi esta a observação usada por Weiner: essas bolsas poderiam ter sido a pista crucial para o poder das mulheres. Somos assim desviados de uma comparação entre os Hagen e os trobriandeses para a sugestão de que eu teria assumido a falta de interesse dos homens hagen como minha própria abordagem das bolsas e, coerentemente, desvalorizado os contextos nos quais as mulheres expressam seu "poder, que é estruturalmente central à dimensão sociocósmica das realidades melpa [hagen]" (Weiner 1976: 14).

Já sabemos há muito tempo que o mundo dos bens é cultura; ainda assim, seria insensato predizer que objetos significativos em determinado contexto terão significados idênticos em outro – mesmo quando os objetos são definidos de modo tão geral como "bens das mulheres" e devem ser correlacionados a manifestações não especificadas de "poder das mulheres". Weiner evita essa questão, atribuindo um viés masculino a relatos que não se concentraram nesses itens. Ao introduzir um duplo universalismo – um viés masculino por um lado, e uma condição de mulher universal por outro –, ela consegue implicar um terceiro: o de que, se olhássemos de modo suficientemente perspicaz, encontraríamos valores femininos eternos, o envolvimento das mulheres na vida, na morte e na regeneração (1976: 236), concretizado em recursos controlados pelas mulheres (1976: 228-29). "Essa discussão", acrescenta ela, "não é mera polêmica para defender o ponto de vista feminista; ela se origina no fato etnográfico de que o valor natural das mulheres é tornado culturalmente explícito em vários contextos sociais e simbólicos fundamentais" (id. ibid.: 17). As saias de folha de bananeira que as mulheres de Trobriand presenteiam em cerimônias funerárias simbolizam o poder de ser mulher, enquanto as trouxas de folhas são um símbolo do leite e do cuidado com as crianças. "Como as trouxas são tecidas novamente na forma de saias, a própria saia pode ser analisada como uma corporificação de tudo aquilo que é 'condição de mulher': sexualidade, reprodução e criação [*nurture*]" (id. ibid.: 119). Tais itens de riqueza das mulheres contêm, ainda, uma "afirmação cósmica da regeneração da pura substância *dala*" (id. ibid.: 120).

Em Hagen, as bolsas certamente representam a condição de mulher; o que devemos nos perguntar é o que quer dizer a condição de mulher (cf. Forge 1966: 28; Godelier 1976), pois, se as bolsas das mulheres contêm associações com a sexualidade, a reprodução e a criação, resta uma questão adicional, que se refere à relação geral destas últimas com as representações sociais hagen.

## O papel das mulheres na troca: Hagen e Wiru

As bolsas de Hagen têm algum valor como objetos de troca entre as mulheres. Elas podem ser usadas como pagamento compensatório; a noiva as dá de presente às suas novas afins; e, quando ela ganha um bebê, essas mulheres podem lhes dar de volta velhas bolsas, de modo que as dela própria não se sujem. Essas bolsas de malha não têm, contudo, um status de objetos de riqueza comparável aos bens de valor que constituem o foco da troca pública. As mulheres as manufaturam somente em número suficiente para seu uso pessoal. São fonte de orgulho, mas, como símbolos, representam tanto a vida restrita das mulheres, passada no cuidado com as crianças e com a roça, como o papel das mulheres no transporte de bens de valor de um grupo de parentes a outro. A condição de mulher corporificada pelas bolsas não é confundida com a continuidade do clã ou com a regênese social; esses temas são manejados através de um conjunto bem diferente de mecanismos simbólicos (A. Strathern 1979). Desse ponto de vista, as mulheres hagen não as levam mais a sério que os homens hagen: as bolsas continuam sendo receptáculos – tanto para coisas que as mulheres produzem como para carne de porco e valores em forma de conchas.[16] As mulheres certamente têm interesse em alguns dos itens de riqueza trocados pelos homens – na verdade, uma consideração adequada dos papéis das mulheres hagen nas trocas nos levaria para longe dos objetos sobre os quais as mulheres têm controle imediato, na direção dos domínios da atividade masculina.

Os clãs patrilineares exógamos e suas subdivisões são as unidades sociais em cujo nome em geral se fazem as prestações hagen, seja o contexto um funeral, uma performance de culto ou uma troca cerimonial (*moka*) em si. Em demonstrações *moka* públicas, os doadores homens celebram seu sucesso aglomerando porcos, conchas ou, hoje em dia, dinheiro, dispostos para que todos os vejam. A entrada no espaço cerimonial é encenada de modo que eles entrem como um corpo de membros de um clã e dancem como um grupo. Caso se trate de porcos vivos a serem dados, as mulheres vão cuidar deles de tempos em tempos. Uma pequena fila de esposas de doadores também poderá dançar. Haverá muitos laços matrimoniais entre os clãs do lado do doador e os do lado do receptor, e cada item de valor não só contribui para a exposição como um todo, mas será destinado individualmente a um parceiro de troca específico. Os parceiros de troca tendem a estar conectados através de uma mulher e, portanto, a ser afins ou parentes matrilaterais. Os discursos, sempre feitos por homens, concentram-se nas implicações da dádiva para as relações políticas locais (A. Strathern 1975). As falas aludem à criatividade das transações em influenciar o alinhamento dos grupos. Não são mencionadas nos discursos as numerosas ligações de amizade pessoal e de parentesco que também atam os indivíduos dos lados do doador e do receptor. Tais laços, que dependem de as mulheres se casarem entre um clã e outro, são, nesse sentido, tomados como certos (A. Strathern 1978: 87-88).

As mulheres estão "no meio" dos parceiros homens, sendo tanto fundamentais como marginais. Apesar de toda sua importância, culturalmente reconhecida, na produção – nas roças, na criação dos porcos –, apenas algumas poucas dançarão. Apesar de toda a importância atribuída ao fato de que os clãs que realizam *moka* são

---

16. Os homens têm seus próprios meios distintivos para carregar bens, amarrados a varas.

normalmente aqueles cujos múltiplos laços são de intercasamento entre si, esses laços não são a rubrica sob a qual se dão as dádivas no nível do clã. Apesar de as mulheres estarem envolvidas nas trocas dos homens e poderem ter sentimentos de posse sobre os itens transacionados, são os homens os doadores e os receptores formais. E, apesar de todo o esmero das mulheres na alimentação e na manutenção dos porcos, estes não podem ser considerados como sendo mais "bens das mulheres" que os outros bens de valor *moka*.[17]

Mas, se os porcos não são considerados especificamente como "riqueza das mulheres", eles tampouco constituem "riqueza dos homens". Os valores em forma de conchas, por outro lado, certamente podem ser considerados como "riqueza dos homens"; não há neles o mesmo investimento produtivo e, em alguma medida, as transações de conchas significam a própria e pura transação, pois, acima de tudo, é a atividade que é sexuada. Não existe uma progressão simples do "gênero" do objeto ao "gênero" da atividade – como nas Trobriand, onde as mulheres manipulam objetos de valor considerados eles mesmos como sendo fundamentalmente femininos. Em Hagen, é aos atos de "produção" e de "transação" que se confere gênero, de modo que a produção de riqueza na forma de porcos é considerada dependente das mulheres e sua manipulação e apresentação públicas constituem prerrogativas dos homens. Isso é importante em qualquer avaliação de qual valor está em jogo em transações desse tipo e indica o absurdo de procurar por mulheres realizando transações com bolsas. As pequenas dádivas que circulam entre as mulheres carregam o mesmo significado que os presentes similares que circulam entre amigos que são homens. As mulheres hagen não fazem transações públicas com bolsas, porque as mulheres hagen não fazem transações públicas.

Os Wiru, nas terras altas do sul,[18] matam os porcos em vez de dá-los vivos. Costelas e pernis são, junto às conchas, os principais objetos envolvidos nos abates periódicos de porcos, encenados por aldeias, agregados não exógamos de pequenas linhagens agnáticas

---

17. Em alguns contextos as mulheres são *assemelhadas* a porcos, uma associação que visa trazer à mente certas qualidades alinhadas à feminilidade, em contraste com a semelhança da masculinidade e dos homens com as aves; isso não tem ligação com a significância dos porcos como objetos de riqueza.

18. Este relato sobre os Wiru é em grande parte oriundo do trabalho de Andrew Strathern (1968; 1971; 1978; 1980a).

independentes, cada uma delas conectada a fratrias dispersas. Em Hagen, os doadores são os mais elaboradamente decorados; aqui são os receptores que entram como um corpo e ficam em fila enquanto os doadores individuais da aldeia anfitriã despejam pernis a seus pés. Além disso, a praça da aldeia estará pontilhada de ajuntamentos separados; os doadores chamam parceiros pessoais – alguns sentados nas proximidades, outros do outro lado do espaço de abate – para receber esta costela ou aquela concha. Em nenhum momento essas dádivas são reunidas; em nenhum momento são feitos discursos formais. Numa *moka* hagen, podem-se contar os bens de valor que estão sendo dados, assim como se pode contar a fileira de doadores dançando ombro a ombro; num abate wiru, é impossível acompanhar as simultâneas e clamorosas transações que atravessam umas às outras (cf. LeRoy 1979).

Os receptores wiru podem chegar em bloco a um abate; as transações subsequentes os fragmentam segundo o parentesco materno e de afinidade dos doadores. Os homens são os transacionadores proeminentes, mas são as mulheres que lhes dão sua definição. Bens de valor podem ser dados a mulheres com o grito estilizado que os marca como pagamento "pelas crianças". Assim, uma mulher às vezes recebe uma concha para repassar ao irmão, ou uma costela destinada ao marido como retribuição, que ela mesma pode entregar a ele. A rubrica sob a qual tais presentes são concedidos reconhece expressamente o fato de que os laços entre parceiros homens são mediados por uma mulher. Muitas das dádivas serão parcelas de vários pagamentos vitalícios centrados no fato de que são as mulheres que dão à luz. O parente materno recebe conchas pela "pele" (corpo) do filho ou filha da irmã e, conforme essa criança cresce, ele ou ela assume esses pagamentos aos parentes maternos. Assim, um homem pode estar oferecendo dádivas aos irmãos da mãe pela sua própria pele, e aos pais ou irmãos da esposa pela pele de seus próprios filhos. Os pagamentos pela pele se desenvolvem em trocas conforme as conchas são retribuídas por costelas. Os homens fazem o papel proeminente, mas a lógica continua sendo a da conceitualização dos vínculos de substância implicados no fato da maternidade. Os Wiru bem claramente depositam valor sobre a feminidade, valor cerimonializado nessas transações, que duram toda a vida. Além disso, as mulheres têm, como atores, um papel determinado na sua promoção.

É possível, para uma mulher, estimular um fluxo de pagamentos em direção a si entrando em trocas com parentes homens mais jovens. Ela lhes dará legumes e eles retribuirão com valores em forma de conchas ou dinheiro, como pagamento pela própria pele ou pela pele dos filhos. A mulher às vezes repassa as riquezas para sua própria parentela matrilateral e, assim, "paga por si mesma". Quando um homem faz uma doação aos parentes da esposa, ele pode dá-la junto ao pai e à mãe. Uma avó pode receber pagamentos pelos filhos da filha. Algumas mulheres mantêm, com evidente orgulho, a posse pessoal dos bens de valor ganhos dessa forma; em todo caso, mesmo quando esses bens vão para os homens, elas podem se ver como "receptoras" de pagamentos pela pele.

As mulheres wiru também podem dar início a dádivas de alimentos aos irmãos dos maridos, recebendo em troca pequenos itens de riqueza. As mulheres hagen nunca se intrometeriam assim entre irmãos. No entanto, também seria um erro interpretar esse envolvimento das mulheres wiru como reflexo de um papel culturalmente mais valorizado do intermediário; na verdade, a própria metáfora de estar "no meio" é inapropriada. Qual é, então, o valor da condição de mulher entre os Wiru?

Uma questão inicial deve ser esclarecida: o valor depositado na condição de mulher não deve ser necessariamente equiparado ao valor depositado nas mulheres. Embora "vejamos" as mulheres wiru dando início a certas trocas, e outras recebendo em referência a essas trocas, isso não quer dizer que as mulheres sejam altamente consideradas, como pessoas, por homens e mulheres wiru. Não podemos extrair de seu papel substancial nas transações uma noção de prestígio ou de respeito por todas as mulheres. De fato, as mulheres wiru reais se tornam em certa medida impotentes pelo mesmo sistema que valoriza sua condição de mulher. Os pagamentos pela pele são obrigatórios no sentido de que o pagamento deve ser feito sempre, mas são não obrigatórios no sentido de que não é possível prever quem serão os receptores dessa riqueza. Pode-se escolher fazer pagamentos pela pele a parentes maternos classificatórios que morem na própria aldeia, em vez de fazê-los a parentes mais próximos que morem longe. Não se segue, portanto, que a maternidade de todas as mulheres seja celebrada do mesmo modo. Soma-se a isso que os pagamentos são vistos como algo muito pouco dependente da situação da própria mulher. Vale a pena expandir um pouco esse ponto.

A cultura numa bolsa de malha **101**

A riqueza da noiva wiru é relativamente pequena, e as expectativas dos parentes da noiva se concentram na possibilidade de pagamentos posteriores "pelos filhos". Se a riqueza da noiva solicitada pelos afins hagen comporta um interesse em transações de troca futuras – de tal modo que o ponto de vista de um homem é, ali, um amálgama de aliança individual e relações de grupos e que as mulheres se tornam intermediárias entre clãs com ligações de afinidade –, falta aos casamentos wiru essa dimensão política. A aldeia para a qual a mulher vai quando se casa tem pouca importância; na verdade, o homem com quem ela se casa tem pouca importância. Os pagamentos futuros dependerão não só do tipo de parceria de troca que os homens construirão, mas também da capacidade da mulher de ter filhos. Idealmente, a riqueza fluirá automaticamente desse fato fisiológico. Desse modo, os pagamentos pela pele não dependem de um casamento duradouro. O marido continua a fazê-los à gente de sua esposa, mesmo que ela o deixe, ou se morrer, assim como continuarão os filhos, por seu turno. Ao mesmo tempo, eles não têm de ir até os parentes maternos imediatos do filho: se houver recasamento, os pagamentos podem ser feitos aos parentes da mãe adotiva de uma criança ou à segunda esposa do homem. Não há "outro" definido a quem a criança *deva* ser aparentada: na verdade, esses pagamentos realizam afirmações sobre a pele do filho, simbolicamente satisfeitas por qualquer "outro" classificado matrilateralmente. Os receptores são categoricamente "aqueles que te serviram de mãe", mas, sociologicamente, eles compreendem um conjunto variado de parentes.

O divórcio é extremamente frequente, e o que preocupa os pais e os irmãos wiru é menos o rompimento de uma união que a possibilidade de uma mulher não ter um marido para ter futuros filhos. Pode-se pensar que se depositaria uma ênfase tremenda sobre a fertilidade feminina, mas aparentemente não é esse o caso. Parece crucial que uma mulher esteja ligada a um homem que queira fazer pagamentos pelos seus filhos; os pais não encorajam as filhas a voltar para casa, e fazem grande pressão para que se casem ou se recasem. Por mais que se valorize a condição de mulher em Wiru, ser mulher traz dificuldades próprias. Ali as esposas apanham mais que em Hagen e os suicídios ou as ameaças de suicídio são um lugar-comum entre as meninas. E, por mais que os porcos circulem em seus nomes, os padrões de consumo são tais que, em comparação ao que consomem as mulheres hagen, elas na verdade recebem menos carne para comer.

# A condição de mulher manufaturada: contrastes em estilo técnico

Há diferenças entre os papéis das mulheres hagen e wiru nas trocas; a condição de mulher nessas duas sociedades também é construída seguindo linhas bastante diferentes. Nem os atributos associados à condição de mulher nem os processos técnicos de simbolização são os mesmos.

Aproveito aqui um artigo de Erik Schwimmer (1974) em que ele se refere a dádivas metafóricas e metonímicas no curso de uma análise da forma pela qual os Orokaiva usam o coco, a areca e o taro. Hoje esses conceitos estão bastante desgastados, mas está no espírito desta apresentação não temer dispositivos fora de moda só porque estão fora de moda. O contraste em questão surge na discussão de Schwimmer sobre um mito em que um homem e uma mulher trocam vários itens. Os objetos da troca social são as sexualidades masculina e feminina e os objetos de mediação, o coco e a areca. Em certo ponto, a intenção é estabelecer uma simbiose, e aqui dádiva e receptor são identificados. Assim, a mulher dá o coco ao homem, pois o coco é masculino e apropriado a ele. Nessa troca, o coco é uma metáfora para o homem – e se estabelece uma interdependência entre os sexos na medida em que um depende do outro para receber uma dádiva que é ele mesmo. Em outro momento da narrativa, homem e mulher transacionam um com o outro como entidades separadas. Onde os parceiros numa troca social são de naturezas diferentes, cada um usa o objeto distintivo de mediação dele ou dela como dádiva ao outro. A mulher, cuja natureza é a areca, dá a areca ao homem; a natureza dele, por sua vez, é o coco, que ele dá à mulher. Aqui, as relações são conduzidas entre parceiros cuja constituição está estabelecida antes da dádiva e não é por ela modificada. Cada um dos dois dá metonimicamente uma parte de si (ele ou ela), mas conserva uma identidade distinta. Na dádiva metafórica, a areca e o coco estabelecem uma interdependência entre os parceiros; na dádiva metonímica, são ressaltadas suas naturezas separadas. Tais procedimentos são encontrados lado a lado no mito orokaiva. Suspendo-os para fora de seu contexto e sugiro que, ao construir a condição de mulher em relação à virilidade, os Wiru empregam a lógica da metáfora e os Hagen, a da metonímia. Em outras palavras, há um contraste fundamental entre essas duas culturas na maneira pela qual os símbolos são gerados a partir do gênero.

A sociologia das duas situações é relevante. Os membros de um mesmo clã hagen se unem para fazer prestações conjuntas a outros clãs sob rubricas políticas diversas. Os casamentos seguem os padrões da amizade política, e as mulheres são as "estradas" para as transações dos homens, na direção de sua própria parentela e também partindo dela. Por mais comprometidas emocionalmente que possam estar com o sucesso de uma troca, elas têm pouco controle sobre a distribuição final dos bens de valor, e nenhum papel no proferimento de discursos. Diferentemente dos homens hagen, as mulheres têm lealdades divididas e não podem expressar comprometimento político. Mais à maneira dos homens de Trobriand, que são uma fonte exógena de criação [*nurture*], as mulheres hagen representam origens exteriores. Assim, a condição de mulher é definida como algo "no meio". Como construção figurativa que representa a si mesma (cf. Wagner 1977; 1978b),[19] a masculinidade simboliza valores associados à ação coletiva, de modo que, em contextos de mesmo sexo, ela se refere a objetivos compartilhados de prestígio, e assim por diante. Em contextos femininos de mesmo sexo, contudo, se constrói muito menos sobre aquilo que as mu-

---

19. A formulação que se segue deve muito ao trabalho de Roy Wagner. Devo deixar absolutamente claro, contudo, que não estou caracterizando essas duas culturas como sendo diferentes em relação à formação simbólica em geral, nem mesmo em relação aos símbolos para dádivas. Os Hagen e os Wiru empregam, ambos e de forma semelhante, o que Wagner chama de modos convencionais [metonímicos] de simbolização por um lado e, por outro lado, modos figurativos ou metafóricos. (O primeiro impõe fronteiras; o segundo assimila seu contexto a si mesmo.) Minha intenção é indicar um contraste de ênfase no modo pelo qual a masculinidade e a feminilidade são concebidas uma em relação à outra. Em Hagen, "masculino" e "feminino" são constantemente comparados e postos em relação explícita como categorias inatamente separadas. (O fato de as pessoas "alcançarem" em alguma medida um posicionamento de sua identidade sexual em termos de ações prestigiosas ou desprezadas em seu comportamento social (M. Strathern 1978) deve ser entendido como a criação, por elas, de "um universo de convenção inata tentando mudá-lo, reajustá-lo e impor-se a ele. A preocupação deles pode ser pensada como [...] um esforço para [...] tornar-se poderosos e únicos em relação a este [convencional]" (Wagner [1975] 2010: 144). Em Wiru, por outro lado, em certo sentido "masculino" e "feminino" constantemente substituem um ao outro, de modo que a distinção entre masculinidade e feminilidade é sempre tomada, não como sendo inata, mas como construída.

lheres têm em comum, e "ser irmãs", em contraste com "ser irmãos", tem pouca força ilocutória. O que as mulheres têm, sim, em comum, é a sua condição de estar "no meio", mas essa característica sempre as põe em uma relação com os homens. Os valores associados à condição de mulher tendem, assim, a ser postos em relação com aqueles associados à masculinidade; em contextos em que estão envolvidas pessoas dos dois sexos, os construtos de gênero hagen apontam para a diferença.

As mulheres são diferenciadas umas das outras pelo marido e pelos irmãos, a quem elas devotam uma lealdade fundamental, tanto quanto um homem é diferenciado de seus irmãos de clã através de sua rede afínico-materna pessoal. Quando seu referente envolve os dois sexos, o gênero discrimina, isto é, as ideias sobre os sexos são construídas em modo relacional (convencional), de maneira que o tema do símbolo é a diferença entre eles. Sempre que se fazem afirmações apelando para o gênero num contexto que envolve os dois sexos, a intenção simbólica é indicar a oposição ou a antítese. Um contraste assim constituído entre masculino e feminino pode significar, aos olhos dos homens e das mulheres hagen, contrastes entre prestígio e desprezo, entre orientação grupal e individual, e assim por diante. As mulheres, como atores, podem em certas ocasiões substituir os homens, e os homens podem se comportar como mulheres, mas, quando estão em questão os valores masculino e feminino, a lógica do símbolo não permite substituição.

Essa estrutura da diferença é também a estrutura da complementaridade. Cada sexo contribui com seu próprio atributo para um só empreendimento. Desse modo, a própria sexualidade pode ser usada como símbolo de uma cooperação mutuamente orientada, mas distintamente fundamentada. Nem homem nem mulher perdem qualquer parte de sua identidade para o outro sexo, mas cada um deles contribui com uma porção específica de cada gênero. A identidade fisiológico-sexual é dada e absoluta, e as mulheres hagen mediam socialmente as relações entre homens (conjuntos de membros de clãs) cuja natureza já está constituída. Quando os homens trocam coisas com as mulheres, a natureza da dádiva é metonímica. As mulheres dão coisas de mulheres e os homens, coisas de homens. As atividades produtivas das mulheres ajudam as transações dos homens, enquanto os homens, através dessas transações, aumentam a base para a produção. As esferas permanecem distintas, pois a dádiva metonímica não estabelece identidade entre os parceiros, apenas equivalência. Assim, nas trocas entre homens e mulheres, nenhum sexo perde seu gênero para o outro, e doador e receptor continuam sendo entidades inatamente diferenciadas.

Sugeri que, nas trocas de porcos entre os Hagen, não são os objetos (porcos), mas a atividade (transação, produção) que é, por assim dizer, sexuada. Considera-se, contudo, que as conchas pertencem especialmente aos homens, e as bolsas de malha, às mulheres. Os homens dão partes de si nas transações de conchas com outros homens, do mesmo modo que as mulheres dão bolsas a pessoas como elas próprias, outras mulheres. Tais trocas podem indicar identificação de mesmo sexo, mas não são criativas nos contextos que envolvem pessoas de sexos diferentes. Diferentemente das saias em Trobriand, as conchas e as bolsas não têm o poder de constituir identidade entre sexos diferentes. As bolsas são receptáculos da riqueza masculina, e não constitutivas dela; as conchas são diferenciadas dos homens como coisas "sobre sua pele",[20] mas são invariavelmente usadas em mediações entre homens, e não também entre homens e mulheres. São os porcos que figuram nas transações entre os sexos, e estes constituem mediadores neutros, assexuados. Os porcos não são nem "masculinos" nem "femininos"; se significam algo, esse algo é a complementaridade de propósito e de produção conjunta que é uma das bases sobre as quais os sexos influenciam um ao outro.

Embora as esposas hagen estejam interessadas nos negócios de seus maridos de um modo geral, e nas transações de porcos em particular, elas não se importam muito mais com o que os homens fazem com as conchas do que os homens se importam com suas dádivas de bolsas. Nas trocas que envolvem pessoas de sexos diferentes, portanto, as dádivas assumem uma ou outra forma: ou as mulheres contribuem com coisas de mulheres e os homens, com coisas de homens, para os esforços um do outro; ou então homens e mulheres são mediados por uma dádiva, como um porco, à qual não se atribui gênero. Não importa como estejam estruturados em outros contex-

---

20. Nesse sentido, as conchas devem ser identificadas aos homens, como índices do papel supremo do homem nas trocas cerimoniais, e separadas deles, como itens que eles possuem e com os quais transacionam. Forçando a terminologia, o mesmo objeto é tanto uma metáfora (para o ator) como uma metonímia (para riqueza e poder).

tos, os símbolos que põem os sexos em conjunção desencadeiam relações entre diferenças e empregam a lógica da metonímia: cada sexo transaciona com parte de si mesmo, com uma natureza previamente construída e não reconstruída na transação em si.

Os Wiru são bem diferentes disso. Os padrões de casamento não são consequência de alianças políticas, e tampouco é possível visualizar o movimento das mulheres como símbolo de laços entre aldeias. As relações individuais entre afins permanecem muito desconectadas da política: não há uma lógica de grupo no que diz respeito aos pagamentos pela pele que constituem o foco das trocas wiru.

Esses pagamentos pela pele são feitos explicitamente a quem "deu à luz a criança". Enfatiza-se aqui o papel da mulher de dar à luz, e o fato de que a mulher faz o corpo da criança (a "pele"). Já foi observado que as mulheres participam da realização desses pagamentos. Nos abates de porcos, uma mulher pode segurar as conchas e dar os gritos de apresentação apropriados na entrega desse item ao pai ou ao irmão pela pele dos filhos. Ela também pode visitar a aldeia de sua parentela natal para obter costelas devidas ao marido. Há uma equação entre a mulher como mãe e o corpo da criança celebrado por essas trocas. É notável o fato de a mulher em geral parar de pagar por sua própria pele no momento em que se torna mãe, enquanto o homem continua pagando por toda a vida. O interesse da mulher se volta muito mais a verificar se o marido faz pagamentos adequados pelos filhos, de modo que os pagamentos pela própria pele e os pagamentos pelos filhos se fundem – pode ser ambíguo se é a mulher ou se é o marido quem doa conchas aos parentes dela. Às vezes, uma mulher fala de si mesma como estando no centro de uma elaborada rede de trocas, mas, em última análise, o que está no centro é sua substância corporal.

Nesse sentido, as mulheres wiru definem e constituem um aspecto "da pessoa", enquanto as mulheres hagen são produtoras e portadoras. A substância maternal em hagen é exógena (de origem extraclânica) e pequenas dádivas à parentela materna feitas nos nascimentos reconhecem isso. No entanto, se as mulheres hagen permanecem "no meio", as mulheres wiru são apenas elas mesmas (logicamente, elas não podem ser objetos de mediação, pois não há entidades diferenciadas entre as quais elas possam passar). Os laços traçados entre as mulheres wiru são criados por um ato de parentalidade, não de aliança, o que significa que é como se a mãe já fosse o próprio filho, e isso é verdadeiro seja essa criança um menino ou uma menina. Os homens reconhecem para sempre o elemento feminino em sua constituição; as mulheres estão para sempre absorvidas em sua própria progênie. Dado que outras figuras podem ser substituídas pela genetriz como receptores desses pagamentos, a própria noção de progenitura é generalizada.

A condição de mulher entre os Wiru é, portanto, autossignificante, assim como uma metáfora é autossignificante (Wagner 1978b: 76; comunicação pessoal). A condição de mulher é valorizada como reprodução, manifesta em seus próprios produtos. Certamente existem aspectos da condição de ser pai/mãe que são diferenciados segundo o gênero, mas, ao longo do tempo, essa diferença é anulada, transformação que não é concebível entre os Hagen.

Os pagamentos de pele, feitos pelos Wiru na forma de conchas, devolvem aos parentes da mãe o que é deles. A filiação da criança não é compensada por tais dádivas – os grupos não se definem através das trocas, como sugere Wagner (1976) para os Daribi. Os parentes maternos não fazem reivindicações que devem ser "contrapostas" (A. Strathern 1971). Na verdade, longe de a pessoa ser diferenciada de suas origens maternas, ele ou ela é identificado a essas origens, que são constantemente reafirmadas. Em certo sentido, as dádivas recriam o que já está criado, mas, em outro sentido, o filho ou a filha que substitui a mulher é também mais que a mulher. Esta é uma cultura em que os laços de linhagem são compostos através de homens, de modo que a substância da mulher é reconstituída pela paternidade. Quando o filho ou a filha devolve conchas aos parentes da mãe, ele ou ela se dá de volta em modo alterado, individuado através de suas ligações paternas. As conchas, nesse sentido, representam também a criatividade do pai.

No decurso das transações em torno da riqueza da noiva, há um momento importante no qual os valores em forma de conchas são depositados na bolsa da moça por seu pai, para que ela os leve aos parentes do noivo. Um homem de boa posição se preocupa em encher bem as bolsas de sua filha. O noivo já lhe deu porcos sob a rubrica de pagamento pela pele da noiva (A. Strathern 1980a: 62). Até esse momento, o pai da mulher tem sido o principal responsável pelos pagamentos de pele em seu nome a seus parentes maternos; de agora em diante, o marido assumirá esse papel. Ele enviará presentes aos mesmos parentes maternos da mulher e fará dádivas ao pai dela, em parte antecipando o eventual status dessa moça como mãe. Tais trocas marcam uma transformação significativa nas relações sociais.

Esse truísmo ganha significado quando observamos exatamente quais relações são transformadas. A própria noiva só às vezes muda sua aldeia de residência. Não se enfatiza muito sua passagem de uma a outra linhagem e só depois que tiver filhos ela será um veículo explícito para o fluxo de riqueza entre afins. Mesmo aqui, a maternidade simplesmente reconhece algo que a noiva sempre conteve em si – com efeito, podem-se interpretar os porcos pagos pelo noivo como significantes do fato de que, em certo sentido, a mulher já está grávida (de sua própria substância).[21] Com o casamento, o status das mulheres muda menos que o dos homens ao seu redor. O casamento wiru prenuncia a condição de ser pai/mãe [*parenthood*]. Está prefigurada a paternidade do noivo, uma paternidade que substituirá não só a própria substância dele, mas os aspectos de sua individualidade. São as mulheres que são corporalmente substituídas e, nesse processo, os homens são feminizados.

É o que acontece ao pai da noiva. Em geral os pagamentos em conchas pela pele vão para os parentes maternos, que os retribuem com costelas (de porco). Tais dádivas em carne de porco dão seguimento e podem ser vistas como parte da devolução original de substância. Com a riqueza da noiva, junto a vários tipos de presentes, são dados porcos vivos pela pele da noiva e a retribuição que o pai prepara com tanto cuidado é feita em conchas. Interpreto isso como a última ação de individuação do pai em relação à filha. Daí em diante, ele deixará de *dar* conchas em nome dela e se tornará, pelo contrário, o seu *receptor*. De sua parte, ele matará os porcos que fornecerão costelas, símbolos da substância da filha, para mandá-las de volta ao marido dela. Embora os homens figurem como receptores dos pagamentos pela pele, a condição de ser pai/mãe em questão é conceitualizada como feminina. As mulheres falam em fazer dádivas a suas mães, e às mães de suas mães, e podem dizer explicitamente que, quando fazem dádiva a seus pais,

---

21. Compare-se esse caso ao dos Gimi das terras altas do leste (Gillison 1980: 156): no casamento, o pai gimi põe na bolsa da filha tubos de bambu equiparados pelos homens às flautas, que simbolizam tanto o pênis como os filhos. Os Wiru, contudo, não usam os idiomas genitais tão extensamente quanto os Gimi.

pensam em suas mães. Nas transações em torno da riqueza da noiva estamos "vendo" o momento em que a paternidade do pai será engolida numa condição de ser pai/mãe mais generalizada e feminizada. Uma vez que a filha tiver tido filhos, ele e sua esposa conjuntamente receberão pagamentos como "parentes maternos" indiferenciados em relação à criança. Na medida em que o pai aceita riqueza pela transmissão de substância (feminina), ele fica identificado à mãe da filha e, portanto, à própria esposa. Os filhos da filha obliteram sua paternidade. Esse momento certamente parece envolver dificuldades psicológicas, tanto para o pai como para a filha.[22] Os pais podem ser violentos em seus esforços para fazer as filhas saírem de casa, enquanto a relutância costumeira da filha pode ser uma resposta a um conjunto conflitante de mensagens de um pai que, ao mesmo tempo, reluta em deixá-la partir.

Os símbolos de gênero são usados entre os Hagen em contextos que envolvem os dois sexos para falar da diferença, enquanto entre os Wiru existe um sentido no qual um sexo pode definir (e substituir) o outro. A simbolização hagen constrói os sexos em termos de dialética e de contraste, resolvidos através da oposição ou da complementaridade; os Wiru empregam um modo metafórico autossignificante no qual um sexo pode sucumbir ao outro ou ser absorvido por este. A dádiva metafórica, tal como usada por Schwimmer, estabelece uma identificação entre dádiva e receptor, e uma dependência da fonte dessa dádiva. Ao receber pagamentos pela pele dos filhos da filha, o pai wiru recebe duas coisas. Na medida em que as conchas representam a paternidade individuada, ele recebe a paternidade imediata de outro homem que substituiu a sua; na medida em que as conchas representam a substância em cujo nome são dadas, recebe uma condição de ser pai/mãe mais remota, feminizada, que deverá, em retribuição, ser convertida em mais substância, na forma das costelas que deve devolver. Assim, onde a dádiva é a própria substância materna, e onde a condição de mulher está amalgamada à maternidade, em certo sentido a mulher wiru é uma metáfora para esse aspecto da pessoa.

---

22. À luz das evidências sobre o incesto entre pais e filhas e agressões homicidas (ver A. Strathern 1980a, 63n), essa afirmação não é tão extravagante quanto se poderia supor. As ambiguidades também emergem na relação entre irmãos e irmãs, mas estas eu não discuto aqui.

## Mulher é algo que não existe

Podemos tomar um item de cultura material como uma bolsa e ver nele significado cultural. Podemos até concordar que, entre os Hagen e entre os Wiru, a bolsa nos diz algo sobre a condição de mulher. Mas não estamos lidando com refrações de uma condição de mulher universal cujos atributos essenciais algumas culturas valorizam e outras não. Há diferenças tanto nas qualidades atribuídas ao estado de mulher como no modo como os símbolos são gerados a partir de dicotomias entre masculino e feminino. Por essas razões, a Mulher de Trobriand não pode ser um paradigma de Mulher. Tão logo se atribui valor cultural ao conceito – por exemplo, de que a condição de mulher diz respeito à regênese social –, o foco apropriado para uma análise comparativa passa a ser não a mulher, mas os valores assim atribuídos. O fato de que nas Trobriand as mulheres têm controle sobre a gênese da vida humana não deve ser confundido com nosso próprio biologismo (as mulheres estão mais próximas da natureza, cf. MacCormack & Strathern 1980), e tampouco devemos cair na armadilha de imaginar que esse conjunto de imagens nos informará mais sobre as mulheres que sobre as Trobriand.

Em alguns aspectos, as formulações wiru sobre a condição de mulher são comparáveis às das Trobriand: a maternidade é altamente valorizada, as mulheres contribuem para a substância das pessoas, e essa contribuição é perpetuamente celebrada em transações que duram toda a vida. Existe, contudo, um contraste crucial. Se entendi bem a situação em Trobriand, há ali uma consistência simbólica notável: aquilo que as mulheres fazem como indivíduos, os eventos do parto e a rotina diária de cuidados, também se amplifica no âmbito social como reprodução e criação [*nurture*] do e para o grupo de parentes. Os trobriandeses optam por ver na contribuição parcial da mulher à reprodução humana um fenômeno total que compreende a regênese da *sociedade*. As mulheres trobriandesas reproduzem o sistema de clãs. A condição de mulher wiru é uma substância que se mostra na constituição tanto dos homens como das mulheres e, ainda assim, no fim das contas as mulheres não reproduzem nada além de si mesmas. As linhagens wiru não são concebidas matrilinearmente. Não é em termos de pertencimento ao grupo que as mulheres transmitem substância, e essa transmissão não pode se tornar uma metáfora para a continuidade do grupo. A condição de mulher se refere a um aspecto da pessoa wiru que, para uma mulher, está fundido na identidade de sua prole e, para o homem, na de sua mãe/esposa/filha. Um contraste entre masculino e feminino pode ser utilizado em certos contextos com efeito diferenciador, mas as principais celebrações da condição de mulher não acionam esse efeito, e sim o seu status metafórico constitutivo.

Os Hagen, contudo, usam o masculino e o feminino como símbolos perpétuos de contraste quando postos em conjunção um com o outro. Além do mais, uma vez que a continuidade do grupo está conspicuamente associada às relações de mesmo sexo entre homens, a feminilidade como tal também é individuadora. O papel das mulheres na reprodução é reconhecido, mas o que significa essa reprodução? Por um lado, as ideias hagen sobre a sexualidade enfatizam a combinação de contribuições masculinas e femininas essencialmente distintas; por outro, a maternidade é um símbolo estreitamente fundamentado da domesticidade e da criação [*nurture*], sendo tanto complementar como oposta aos interesses de grupo masculinos. Neste último sentido, a reprodução feminina simboliza a produção doméstica que escora as transações políticas, mas não está fundida a elas. O dualismo de masculino e feminino está construído de modo que um nunca se desfaz no outro. A sexualidade, a reprodução e a criação podem estar atadas ao valor das mulheres hagen, mas, sendo elementos puramente femininos, não constituem uma chave cultural para a vida social hagen.

Diferentemente das saias e trouxas de folha de bananeira trobriandesas, portanto, não podemos buscar nenhuma continuidade imediata de sentido nos objetos manipulados por homens e mulheres das terras altas. Os itens de riqueza das mulheres que Weiner descreve são artigos que as mulheres de Trobriand vestem, refletindo sua sexualidade e fertilidade femininas, e são manufaturados e trocados por elas em público, constituindo símbolos do sistema de clãs e da matrilinearidade. Nesse contínuo de significados, do pessoal ao cósmico, cada transformação é informada pela noção-chave de condição de mulher. Entre os Hagen, nos defrontamos com a descontinuidade. A condição de mulher é a fundação, não da sociedade e do tempo cósmico, mas de parcerias de troca particulares, de conexões exógenas, da fertilidade manifesta de forma individual e da produção no nível doméstico. Quando esse domínio é posto em antítese com as alianças de carga política, a solidariedade interna, a perpetuidade do clã e as transações de grupo, os valores assim associados aos homens são dispostos contra aqueles associados às mulheres. Dados tais construtos simbólicos, não existe nenhum sentido em que as trocas públicas, ainda que exclusivamente femininas, possam ter significado entre os Hagen e nenhum sentido em que o papel das mulheres na reprodução possa significar a reprodução social em geral.

Assim, não basta "ver" as mulheres hagen levando artigos de um homem a outro em suas bolsas carregadas ou caminhar numa aldeia wiru e ouvir uma mulher narrar as trocas por trás da concha que está usando. O que nesta ou naquela situação quer dizer ser uma mulher deve se assentar, em alguma medida, na lógica cultural pela qual se constrói o gênero. A análise da participação das mulheres nos eventos deve ser informada pelos conceitos de pessoa, individualidade, vontade, e assim por diante, para poder ser lida a partir dos dados, e não em direção a eles. Isso também deve valer para os conceitos sobre a condição de mulher como tal.

Apesar de desafiar o preconceito, Malinowski punha no lugar de seu espantalho outra criatura bastante canhestra, o Homem de Trobriand. Aqueles que, com inspiração comparável, veem o viés masculino como sombra dos pressupostos da antropologia do passado correm, por vezes, o risco de uma criação malinowskiana similar em seus postulados sobre a condição de mulher. Do mesmo modo que a definição de Malinowski da cultura era uma metáfora para a disciplina da antropologia, também aqueles que se preocupam em revolucionar a matéria a partir dos estudos focados nas mulheres podem fazer das atividades das mulheres uma espécie de subcultura e, de seus próprios esforços, algo semelhante a uma subdisciplina. Existe, assim, a ideia de que os interesses sociais das mulheres devem ser mostrados em atividades que envolvam só as mulheres, e que os símbolos da condição de mulher serão encontrados naquilo que as próprias mulheres fazem e constroem, por si e para si mesmas. Esta pode ser uma estratégia iluminadora para a compreensão de referências retóricas a valores em contextos sociais particulares. Na verdade, usei o termo "criatividade" para reconhecer o poder dessa estratégia para nós mesmos – noções como a de viés masculino ou de ponto de vista da mulher podem ser tremendamente produtivas, e certamente alteram a maneira como "vemos", como fez Weiner, de modo tão eficaz, para as Trobriand. Ainda assim, os sons da nossa própria indústria não devem nos ensurdecer a ponto de esquecermos que os outros também são criativos.

A antropologia não pode se exibir como filha inocente da cultura. É verdade que parece não haver modo de controlar o fato de num momento estarmos satisfeitos com explicações de certa ordem e, noutro, mudarmos de rumo em direção a um promontório que oferecerá um panorama diferente. Apesar disso, na medida em que a antropologia é um ofício, mas também um artifício, e na medida em que os antropólogos estão cientes de seu papel de manufatura, certas escolhas se apresentam por si sós. Vários caminhos se abrem ao olharmos para os objetos que as mulheres têm à sua disposição. Podemos ver as atribulações das mulheres das terras altas como extensões (metonímicas) das nossas próprias, e as bolsas de malha como símbolos autoevidentes de uma feminilidade contínua; ou, então, podemos ver essas atribulações de maneira análoga, e apresentar as bolsas como sendo (metaforicamente) significantes de sua posição, comparável à nossa; ou, em vez disso, podemos tomar as experiências das mulheres das terras altas em separado e justapor seus artefatos aos nossos. Não há modo de obviar o viés (cf. Slocum 1975: 37), mas certamente devemos estar bem equipadas para perceber ao menos algumas de nossas próprias estratégias simbólicas. Do mesmo modo, e qualquer que seja o status simbólico das experiências e construtos nas nossas descrições, sabemos também que, com sorte, elas continuarão levando a maior parte de suas vidas sem a nossa intervenção criativa.

*Tradução Luísa Valentini*

Comprador de café, Ru Kundil pesa e paga os grãos ao cafeicultor (A filha da etnógrafa dá uma espiada). Hagen, 1971.

# 3. SUJEITO OU OBJETO? AS MULHERES E A CIRCULAÇÃO DE BENS DE VALOR NAS TERRAS ALTAS DA NOVA GUINÉ

> *Nós precisamos, por exemplo, de uma análise da evolução da troca sexual na mesma linha em que Marx discute, em O capital, a evolução do dinheiro e das mercadorias. Existem, nos sistemas de sexo/gênero, uma economia e uma política que são obscurecidas pelo conceito de "troca de mulheres".*
>
> G. RUBIN, "O tráfico de mulheres"

Muitas pessoas desfrutam hoje (fim dos anos 1970) de uma renda substantiva em dinheiro nas terras altas da Papua-Nova Guiné, advinda principalmente dos proventos do café.[1] Certamente, nas áreas centrais das terras altas, quase toda unidade residencial realiza o plantio dessa cultura lucrativa. O dinheiro às vezes é usado para comprar alimentos, mas em geral é canalizado para empreendimentos não relacionados à subsistência, frequentemente de natureza cerimonial (cf. P. Brown 1970; Finney 1973; A. Strathern 1979). Na verdade, a forma como o dinheiro é gasto é mais interessante do que a forma como ele é ganho – e revela um contraste dramático entre certas sociedades da região no que diz respeito aos diferentes envolvimentos dos homens e das mulheres.

As terras altas foram exploradas pela primeira vez nos anos 1930 e estão sujeitas ao "desenvolvimento" desde o final da década de 1950. Em quase todos os lugares, o café é cultivado pelas unidades residenciais conforme o padrão de produção de alimentos, ou

---

1. Publicado originalmente em *Women and Property, Women as Property*, organizado por Renée Hirschon, 1984. [N. E.]

seja, por meio do trabalho conjunto do marido e da esposa. Em quase todos os lugares os homens monopolizam a maior parte dos ganhos e utilizam o dinheiro para dar presentes cerimoniais. O dinheiro também é destinado a formas de compra não tradicionais, mas prestigiosas, como caminhões ou negócios que pareçam um bom investimento. Contudo, as relações entre os sexos quanto ao uso da renda não seguem os mesmos moldes. Pelo contrário, há uma variação no que diz respeito a até que ponto as *mulheres* lidam com grandes somas de dinheiro. Em algumas áreas, as mulheres constituíram empresas bancárias e financeiras em escala pública; entretanto, a despeito da facilidade de comunicação ao longo da estrada das terras altas e da existência de condições de "desenvolvimento" muito semelhantes em outras áreas, a resposta até agora tem sido localizada e não é geral. Trata-se de mais do que uma questão de história. A explicação deve ser buscada, ao menos em parte, na estrutura das relações entre os sexos.

Essas relações têm como foco o poder que os homens e as mulheres detêm uns sobre os outros em papéis específicos, a organização da produção e a definição de atividades com base no sexo. Elas também estão inseridas em uma estrutura simbólica que investe o que os homens e as mulheres fazem de certos significados. Esses significados não são simplesmente derivados ou representativos da interação cotidiana; antes, podem fazer com que essa interação seja uma metáfora para outras coisas. Em toda a extensão das terras altas, uma divisão sexual do trabalho faz com que as mulheres sejam responsáveis pelas tarefas cotidianas de horticultura, e os homens, por realizar tarefas intermitentes e conduzir a vida pública. O gênero é uma fonte poderosa de simbolismo em toda parte, de modo que os contrastes entre o que as mulheres fazem e o que os homens fazem representam os contrastes entre a ação doméstica e a ação política, ou entre estados mundanos e estados espirituais. Houve de fato bastante confusão no registro etnográfico no que diz respeito à relação entre construções simbólicas que desencadeiam o gênero e a "posição" dos homens e das mulheres uns em relação aos outros. Essa distinção analítica é importante para o presente caso.

As reações das pessoas à inovação são em parte influenciadas pela significância que atribuem a itens ou eventos particulares; assim, o ato de gastar dinheiro é investido de significado. Esse significado pode ou não estar diretamente vinculado ao estatuto ou à percepção de relações de poder. Contudo, constituirá uma lógica cultural a ser apreendida em seus próprios termos. Paradoxalmente, seguir essa máxima implicará opor-se às análises que tomam como ponto de partida a atuação das mulheres no palco social.

## Dois casos contrários

A horticultura das terras altas tem como base a batata-doce e o cultivo de outras raízes, assim como o porco doméstico. As pessoas vivem em quintas espalhadas pelos territórios clânicos ou em aldeias. Os clãs, que para certos propósitos se definem como um corpo por meio da descendência patrilinear comum, geralmente são unidades intermediárias em uma hierarquia de grupos delimitados (tribos, clãs, subclãs, linhagens). Eles podem agir como unidades ao entrar em disputa e contrair matrimônio. Às vezes os membros de um clã vivem juntos. Em outros lugares, aldeias compostas mais heterogeneamente – talvez contendo representantes de vários clãs – surgem como entidades políticas evidentes. A liderança política compete aos *big men*, que se fizeram sozinhos e adquiriram prestígio por seu destaque na guerra ou na oratória e em trocas cerimoniais de grande escala entre grupos.

Uma verdadeira comparação entre sociedades ultrapassa meus propósitos (cf. P. Brown 1978). Inicialmente reduzi a comparação a um simples contraste entre dois casos: a região daulo na província das terras altas orientais e Hagen, nas terras altas ocidentais, a cerca de 130 quilômetros de distância pela estrada das terras altas.

Lorraine Sexton (1982; 1984) descreveu as reações das mulheres daulo ao uso do dinheiro na troca cerimonial e nos negócios feitos pelos homens. Lá, as mulheres desenvolveram seu próprio sistema de poupança e troca, chamado em pidgin de *wok meri* (trabalho, empresa das mulheres). Pequenos grupos formados pelas esposas de homens de linhagens corresidentes de uma aldeia protegem suas economias da depredação dos maridos depositando coletivamente seu dinheiro no banco. Elas utilizam o capital em empreendimentos e trocas com grupos de mulheres semelhantes.

Uma ampla rede de grupos "mãe" que patrocinam grupos "filha", como são chamados, espalhou-se nos últimos vinte anos em vários distritos e, assim, entre grupos linguísticos distintos das províncias das terras altas orientais e Chimbu. Em Daulo, a organização de um grupo de *wok meri* baseia-se em uma coletividade – as esposas dos membros de uma linhagem – que tradicionalmente também trabalha junta em outras ocasiões. Pode haver mais de um grupo desse tipo em uma aldeia, sendo cada um deles liderado por sua "*big woman*" (um novo título utilizado no movimento). Os grupos estabelecidos patrocinam grupos "filha" em outras aldeias oferecendo-lhes empréstimos a serem pagos quando estes por sua vez se tornarem grupos "mãe". Um conjunto complementar de símbolos desencadeia a afinidade, de modo que grupos "mãe" e "filha" também se veem como doadores e receptores de noivas uns em relação aos outros, sendo a noiva a própria especialidade do *wok meri*.

Um argumento importante a ser extraído da fascinante análise de Sexton se refere à forma como essa atividade é concebida. As mulheres se consideram pessoas que ganham e guardam sua renda – os homens são considerados perdulários, preocupados apenas com o consumo de curto prazo. Há certa competição entre as demandas dos cônjuges em relação à renda de uma unidade residencial, e os homens têm seus próprios interesses em termos de investimentos. Contudo, os homens daulo também respondem aos esforços das mulheres: eles respeitam as reivindicações das mulheres de dispor de parte da renda em dinheiro[2] e ainda apoiam os grupos dando consultoria especializada e atuando como contadores e motoristas de caminhão. Um "presidente" masculino pode atuar como porta-voz público de um grupo, embora nessas ocasiões o foco continue voltado para as transações de troca das mulheres e o dinheiro seja dado e recebido em nome delas. Sexton relata (1984) que depois de uma cerimônia de mulheres em que milhares de participantes e milhares de *kina* (moeda local; 1 k = cerca de 75 *pennies* [21 *pennies* em 2014]) foram mobilizados, os homens de um clã ficaram tão impressionados que pediram às esposas que se juntassem ao movimento. Por meio de cerimônias desse tipo, um grupo solicita o pagamento de seus empréstimos e pode, com o capital acumulado, adquirir lojas

---

2. A safra do café é dividida de acordo com o estágio de processamento, e homens e mulheres podem fazer reivindicações distintas. As mulheres também dispõem dos proventos advindos da venda de vegetais e similares. Contudo, idealmente se considera que marido e mulher "compartilham" os lucros de produtos desse tipo.

atacadistas, caminhões com licença para transportar passageiros e carga, ou considerar a compra de uma seção de uma plantação de café de propriedade de algum expatriado.

Superficialmente, o "desenvolvimento" em Hagen parece ser semelhante. Pequenas lojas de comércio também se multiplicam da noite para o dia; homens e mulheres vão para a beira da estrada vender café; caminhões com capacidade para dez toneladas e vários veículos transportando passageiros são uma evidência móvel de que os Hagen, assim como os habitantes de Daulo, gastam dinheiro com projetos de investimento. Contudo, no fim dos anos 1970 não havia nada que se comparasse ao *wok meri*. Seja com dinheiro dos homens ou das mulheres, esses caminhões são invariavelmente adquiridos em nome de subclãs ou linhagens, que são conceitualmente masculinos.

Como as mulheres daulo, que apoiam os negócios dos homens assim como seus próprios negócios, as mulheres hagen contribuem para os empreendimentos dos homens. Contudo, as mulheres hagen são tipificadas – principalmente pelos homens – como perdulárias. Enquanto o estereótipo que as mulheres daulo fazem dos *homens* como dissipadores de recursos parece fazer parte da retórica contextual invocada pela ideologia do *wok meri*, o estereótipo semelhante que os homens hagen fazem das *mulheres* parece corroborar o fato de que as mulheres hagen não se envolvem em nenhuma grande transação financeira. Aqui, os homens ficam com a maior parte dos proventos do café e argumentam que grandes somas de dinheiro são equivalentes a "bens de valor" e, assim, entram no domínio masculino; às mulheres se solicita que contribuam ainda mais com os empreendimentos específicos organizados pelos maridos cedendo todas as pequenas economias que tenham conseguido guardar. O fato de que as mulheres como um todo fazem isso de bom grado é irrelevante do ponto de vista analítico. A questão é que o dinheiro lhes é tomado em duas etapas: primeiro quando grandes somas são categorizadas como riqueza masculina; depois, quando suas modestas economias se prestam a engordar os empreendimentos coletivos dos homens. No contexto das prestações de grupo ou da compra de um veículo, os "nomes" dos homens é que são exibidos.

Determina-se assim um quadro de análise: a diferença fundamental aqui é a participação das mulheres nos assuntos públicos, quanto controle elas exercem sobre a riqueza e também a própria relação entre o produto de seu trabalho e os direitos a dispor dele. Isso sugere que se examinem a natureza da posse e os mecanismos de apropriação – e portanto as reivindicações de propriedade – como um índice de até que ponto as mulheres agem em seu próprio direito.

De fato, uma estimulante reavaliação do parentesco das terras altas (Lindgren 1978) se concentra nas relações de produção entre os sexos, ou seja, como se dá a apropriação do trabalho das mulheres (1978: 6). Esse trabalho se volta para as situações de tipo hagen, e não daulo.[3]

> As transações de troca se tornam uma maneira de apropriar-se do excedente de mão de obra das mulheres e reproduzir toda a estrutura e ideologia agnática [...] [tendo] como efeito que o recrutamento das crianças para o clã de seu pai e *os direitos das mulheres de deixar propriedade* para seus descendentes nunca são estruturalmente reconhecidos. O papel do excedente é recriar a ideologia agnática, e não dar às mulheres *direitos iguais sobre a propriedade* e as pessoas. [Lindgren 1978: 11; ênfases minhas]

As reivindicações de propriedade por parte das mulheres aparecem como uma função do sucesso com que os homens se apropriam da riqueza para perpetuar a hegemonia por meio da agnação. O parentesco (especificamente os construtos de descendência) não é um sistema autônomo, argumenta o autor, mas deve ser investigado como uma ideologia "que serve para legitimar e ocultar as relações de desigualdade e exploração no processo da reprodução material e social" (Lindgren 1978: 1).[4] Contudo, ele substitui a autonomia do parentesco pela autonomia das relações de propriedade. O conceito de *propriedade* permanece não examinado em seu relato.

---

3. É claro que Lindgren não tinha o material daulo em mãos, mas se refere a relatórios mais antigos das terras altas sobre os Hagen e os Daribi, os Huli, os Mae Enga, os Tsembaga e os Siane. O contraste que ele mesmo estabelece é feito com os Dani do Irian Ocidental. Aqui, sugere ele, o fundamento lógico da troca não é a reprodução dos patriclãs; consequentemente, os homens não se apropriam do trabalho das mulheres na mesma medida. No presente relato, não acompanhei as implicações de sua análise para a "reprodução" por meio da concepção de filhos.
4. Weiner estenderia minha crítica em outra direção. Ela argumentou de forma consistente que o conceito de "reprodução" deve ser deslocado de sua atual posição teórica androcêntrica (por exemplo, 1976; 1979; 1980).

Lindgren tem absoluta razão ao apontar que o trabalho das mulheres restringe a produção nas terras altas, ao passo que a conceitualização dos interesses masculinos leva à desvalorização desse trabalho. Lindgren está interessado na troca cerimonial, mas ao menos em Hagen há uma continuidade óbvia entre as prestações tradicionais e os projetos de grupo não tradicionais, na medida em que as fronteiras são traçadas em torno dos interesses coletivos dos homens em ambos os casos. E também está claro que no Hagen moderno, sendo os ganhos das mulheres apropriados duas vezes, a introdução do dinheiro perpetuou de alguma maneira a aparente desvalorização de seu trabalho. Contudo, toda essa análise levanta questões. Como podemos conceber as mulheres como "destituídas" dos "direitos" de dispor da propriedade quando esses direitos nem mesmo parecem lhes ter sido alocados?[5] E, mais fundamentalmente, o que queremos dizer com "propriedade"?

Seria de fato um equívoco imaginar que a diferença entre Hagen e Daulo deve ser apreendida apenas em termos do controle das mulheres sobre os recursos. Ao mesmo tempo, gostaria de sugerir por que achamos esse estilo de argumento convincente (cf. Holy e Stuchlik 1981). O problema que esses dois casos parecem colocar para a análise das mulheres e das relações de propriedade pode muito bem incluir problemas criados por nós mesmos.

## A propriedade e as pessoas

O que nos impele a dizer que o trabalho está sendo desvalorizado ou que os direitos não são reconhecidos? Embutida em nossa noção de "propriedade" está a dos "direitos" exercidos sobre outras pessoas ou à custa de outras pessoas, construtos que eu mesma usei (por exemplo, M. Strathern 1972). Mas há aí certas suposições. Um conceito tão ocidental de propriedade[6] implica uma disjun-

---

5. Ele enxerga uma evidência de "direitos" desse tipo no fato de que as irmãs às vezes transferem propriedade ou status de seu clã de nascimento para os próprios filhos. Esses direitos, sugere ele, advêm da posição da mulher na esfera de produção contradita pela ideologia da agnação (não desejo com isso sugerir que o conceito de propriedade não é examinado no relato de Sexton – pelo contrário, ela analisa os conceitos de propriedade e disposição em detalhe).

6. É evidente que a cultura ocidental não é indiferenciada em si mesma, e essas ideias sobre propriedade, que considero serem em grande medida derivadas

ção radical: as relações de propriedade são representadas não como um tipo de relação social, mas como uma relação entre pessoas e coisas (cf. O'Laughlin 1974; Bloch 1975). A disjunção entre pessoas e coisas também pode fundir-se com a disjunção entre sujeito e objeto.[7] Como sujeitos, as pessoas manipulam as coisas; podem até mesmo colocar outras pessoas no papel de coisas na medida em que podem ter direitos em relação a elas. Na popular antítese ocidental entre tratar alguém como "uma pessoa" e "como um objeto", uma pessoa é definida como um sujeito agente, que deve portanto ser reconhecido por seus direitos; e isso deveria incluir o controle sobre os produtos de seu trabalho. Consequentemente, Lindgren trata o direito das mulheres de transmitir propriedade como sendo axiomático, de modo que as ideologias predominantes nas terras altas são uma "*representação equivocada do fato objetivo*" do investimento de trabalho das mulheres (1978: 7; ênfase minha). Eu argumentaria que a discussão das relações sociais em termos de controle sobre a propriedade é também uma discussão velada sobre até que ponto esta ou aquela categoria pode atuar como "pessoa".

Essa fusão pode funcionar para nós e também para outras culturas.[8] Nas terras altas, entretanto, as ideias sobre a condição de pessoa não estão necessariamente relacionadas à dicotomia sujeito-objeto ou às questões de controle que a acompanham. Este é um tema que já foi discutido detalhadamente no que diz respeito a Hagen (M. Strathern 1980, 1984a; A. Strathern 1981). Eu gostaria de passar para seu corolário.

É a dicotomia ocidental entre sujeito e objeto que frequentemente informa o desejo antropológico de fazer das mulheres sujeitos adequados para a análise, tratá-las em nossos relatos como ato-

---

das relações capitalistas, não operam em todos os contextos (Schwimmer 1979). Entretanto, de fato se pode argumentar que elas informam algumas abordagens intelectuais da análise das mulheres, de seus "direitos" e do controle sobre os recursos, temas com os quais me preocupo. Bloch (1975) descreve uma abordagem não ocidental da propriedade que é em seu tratamento das "coisas" muito semelhante a nossa própria abordagem.

7. Cf. Giddens 1971; também Godelier (1972: 120 ss.) no contexto da discussão das formulações de Marx (por exemplo, [1875-78] 1973: 452-53).

8. James (1978: 152) descreve a aversão uduk à riqueza da noiva afirmando que para eles isso era o mesmo que equiparar as mulheres aos animais.

ras por seu próprio direito. Temos pavor de retratá-las como meros "objetos de análise", porque isso diminui nossa própria humanidade. É desconfortável quando nos deparamos com contextos etnográficos em que os homens ou as mulheres – geralmente as mulheres – parecem ser tratados como objetos. A análise dos acordos sobre a riqueza da noiva, nos quais as mulheres são trocadas por riqueza, viu-se às voltas com essa questão por anos, e a solução metodológica – de que afinal se trata apenas da troca de direitos sobre mulheres – revela a premissa do debate. Uma solução desse tipo permite, é claro, que o estatuto das mulheres como pessoas permaneça intato. A questão é que, quando as mulheres – ou alguns aspectos de sua personalidade social – são trocadas por objetos, tentamos furtar-nos às equações nativas entre mulheres e riqueza.

Os casamentos na região central das terras altas envolvem formas dessa riqueza da noiva. Os grupos clânicos, conjuntos de homens ligados pela ideologia patrilinear, podem definir a si mesmos por meio da troca de mulheres assim como o fazem por meio da troca de riqueza em geral (Rubel & Rosman 1978). A reciprocidade pode ser direta (mulheres trocadas por mulheres) ou indireta (a riqueza inicialmente substitui as mulheres, a despeito de quais sejam as transações seguintes). Os itens usados na riqueza da noiva são também usados em prestações periódicas entre clãs ou aldeias – porcos, conchas, dinheiro, talvez plumas. As pessoas podem ver as mulheres se movendo entre os grupos exatamente como a riqueza se move. Foi de sistemas desse tipo que Lévi-Strauss (1949) se ocupou, e ele foi criticado por tratar em sua análise as mulheres como meros objetos, de forma androcêntrica. Restaurá-las a um lugar adequado frequentemente inclui reconvertê-las em sujeitos – olhar para sua participação ativa, considerar seus poderes de tomada de decisão. O ensaio de Van Baal (1975) sobre as mulheres como "objetos ou com comportamento de objetos", brilhante a não ser por isso, assume essa perspectiva.

A suposição que está por trás de uma restauração desse tipo é a de que se as mulheres são transmitidas entre grupos de homens, estabelecendo-se uma equivalência entre elas e a riqueza que flui entre os homens, então elas próprias estão sendo tratadas como objetos. Como objetos, elas têm de ser uma forma de propriedade, um instrumento nas relações sociais criadas por aqueles que detêm direitos em mulheres ou sobre elas. Como objetos, as mulheres têm

Sujeito ou objeto? **125**

seu status de sujeito negado, e, para evitar que ocupem lugar semelhante em nossas análises, temos de descrever as situações em que elas de fato agem como sujeitos. Isso valida nossa distinção prévia entre sujeito e objeto – pode-se negar que as mulheres sejam mesmo objetos (coisas) apontando para sua ação como sujeitos (pessoas).

Quaisquer que sejam as vantagens de uma abordagem desse tipo no que diz respeito a chamar a atenção para conjuntos de dados negligenciados, isso não nos ajuda a interpretar as equações culturais entre mulheres e riqueza. Essa equação é explícita em Hagen. Alguns dos nomes femininos mais comuns são termos para valores em forma de conchas; nos anos 1960, ouvi pais se referirem às filhas como lojas de comércio, ou seja, empreendimentos: as mulheres também são reconhecidamente fontes de sustento, equiparadas às batatas-doces que cultivam. Assim, os homens podem comparar as mulheres aos bens de valor que trocam entre si; ao investimento potencial que reside nos laços criados pelo casamento de uma mulher com alguém de outro clã; e aos próprios produtos do trabalho feminino. As mulheres tampouco consideram que equações desse tipo sejam estranhas ou censuráveis. E é importante acrescentar que os homens, como agentes que manipulam riqueza, não são vistos dessa maneira. Não são as pessoas em geral que são equiparadas à riqueza, mas as mulheres em particular. Aqui parece haver um caso que obviamente nos levaria a considerar que as mulheres hagen são classificadas como "propriedade". Ademais, os homens oferecem como fundamento lógico para o poder que pretendem exercer sobre as mulheres o fato de que são os "donos" da terra, dos porcos e das conchas (como no caso discutido por O'Laughlin 1974). Mas o corolário ocidental não procede por todos esses motivos: esses conceitos hagen *não* são equivalentes à conceitualização das mulheres como "objetos".

Já foi apresentada uma razão para isso: qualquer que seja o resultado das relações de poder, o papel dos homens como participantes de uma transação não compromete o fato de que a mulher é uma pessoa, pois a definição de pessoa não está ligada à manipulação de coisas. É a segunda razão que pretendo desenvolver. O que queremos dizer ao nos referir a uma renda em dinheiro ou aos bens de valor utilizados na troca como "propriedade"? Serão esses itens de riqueza "objetos" no sentido ocidental? Porque, se os itens de riqueza não forem objetos, então uma equação vernacular entre riqueza e mulheres tampouco fará delas objetos. É por isso que as "coisas" não podem ser isoladas do contexto que lhes confere significado (cf. *supra*, pp. 117-18). Os bens de valor das terras altas, inclusive o dinheiro, não são sempre tratados como objetos no sentido ocidental e não devem ser compreendidos como "propriedade" se propriedade implicar objetificação. Rubin ([1975] 2017: 25) esclarece esse ponto em geral: na verdade, esse *insight* antropológico faz parte de nosso repertório analítico há mais de cinquenta anos.

## A propriedade como dádiva

A despeito de quão passivo possa ser o papel das mulheres nos modelos de Lévi-Strauss (MacCormack 1980), ele nunca quis implicar que as mulheres são menos do que pessoas por serem trocadas entre conjuntos de homens (Lévi-Strauss 1969: 469; cf. Schwimmer 1973: 187). Nas palavras de Wilden: "Não são as pessoas masculinas ou femininas que são trocadas. [...] O que é trocado é o *signo* que elas *re*-presentam" (1972: 250; ênfases no original). Como tais, elas devem ser analisadas junto com outros itens de troca que carregam informações. Para saber quais são as mensagens que os itens usados nas transações carregam, temos de compreender a natureza da própria transação.

Assumo aqui a posição de Gregory (1979; 1980) de que na Papua-Nova Guiné moderna lidamos com uma economia política segundo a qual as relações são caracterizadas tanto pela dádiva-dívida como pela mercadoria-dívida.[9]

> Uma dádiva não é nada mais do que a forma social de uma coisa ou de um trabalhador, assim como uma mercadoria é uma forma social de uma coisa ou de um trabalhador. Mas uma dádiva é diferente de uma mercadoria porque, enquanto uma troca de mercadorias estabelece uma relação entre os objetos de uma transação, uma troca de dádivas estabelece uma relação entre os sujeitos. [Gregory 1979: 404]

---

9. Gregory reconhece (1980: 639) o *insight* de Godelier de que "os objetos preciosos que encontramos nas sociedades primitivas" frequentemente "têm uma dupla natureza: eles são tanto bens como não bens, tanto 'dinheiro' como dádivas, a depender de se seu escambo é feito entre grupos ou se eles circulam no interior do grupo" ([1973] 1977: 128; ênfases no original). Para além do sistema de trocas interno, os bens podem, pois, tradicionalmente ter tido o caráter de mercadorias.

As mulheres são equiparadas à riqueza principalmente em contextos da troca cerimonial, que estabelecem relações com base na dádiva-dívida. A troca de dádivas estabelece uma relação entre sujeitos porque "as dádivas são inalienáveis, ao passo que as mercadorias não o são" (1979: 404).

Gregory (1980: 640) cita tanto Marx como Mauss a esse respeito. As análises de relações de troca voltam-se repetidas vezes para o ensaio de Mauss de 1925,[10] e estamos bastante acostumados a sua proposição de que os itens de troca criam vínculos entre as pessoas, "pois a própria coisa é uma pessoa ou pertence a uma pessoa. Daí se segue que dar algo a alguém é dar parte de si mesmo" ([1925] 1954: 10).[11] Estabelece-se uma "identificação" entre a pessoa e a coisa (Schwimmer 1979).[12] Se uma coisa trocada pode representar um aspecto de uma pessoa, segue-se que quando as pessoas são trocadas elas podem, naquele momento, representar não só a elas mesmas, mas também aspectos da substância pessoal ou da identidade social que estão em outro nível. Elas são equiparadas a "coisas"; contudo, seu referente simbólico não é uma coisa no sentido de um objeto, mas aspectos de sua condição de pessoa.

Sistemas de troca são elaborados em toda a Melanésia,[13] e de modo geral parece que a maneira como aspectos desse tipo são "lo-

---

10. Por exemplo, Le Roy 1979b; Schwimmer 1973; Weiner 1978; e, fora da Melanésia, Parry 1980; Good 1982.

11. Nem sempre temos de compreender a equiparação como sendo entre a dádiva e o *doador*; uma dádiva pode representar o doador ou o receptor, de modo que uma das partes estende a si mesma ou atribui ao outro o que é apropriadamente considerado como um aspecto do outro (Schwimmer 1973; 1974). Para um caso das terras altas meridionais, ver Le Roy 1979b.

12. Se o próprio Mauss chamou a atenção para o fato de que em uma economia da dádiva os bens não são os objetos alienáveis do Ocidente (1954: 74), ele também apontou para áreas da vida ocidental às quais essa noção de alienação não se aplica (cf. n. 6). Aqui não fiz justiça ao esquema de Schwimmer (1979) no que diz respeito a seu contraste entre alienação e identificação e ao uso a serviço do qual a produção é posta.

13. Incluo o quadro comparativo para insistir que a presente análise, de outro modo amplamente restrita a Hagen, não se baseia na elucidação de um único caso etnográfico. O argumento aqui apresentado de forma um tanto cifrada é uma condensação de considerações importantes levantadas por Damon (1980), e Munn (1977) no que diz respeito aos bens de valor do *kula*, por Schieffelin (1980) em referência às noções de reciprocidade e ressarcimento kaluli e pela apresentação original do caso siane por Salisbury (1962).

calizados" ou simbolizados assume uma de duas formas. Uma envolve a simbolização metafórica, e a outra, a simbolização metonímica. Na primeira, a riqueza ou os bens (o patrimônio de um clã, bens de valor de certos tipos) representam um aspecto da identidade intrínseca, por exemplo, um status ou "nome" agnático. Eles não podem ser descartados ou retirados do sistema de trocas sem comprometer essa identidade. Na segunda, as pessoas têm propriedade sobre uma segunda classe de coisas (outros bens de valor, posses pessoais) na medida em que detêm direitos pessoais para descartá-los. Itens desse tipo são frequentemente considerados produtos do trabalho, da criatividade ou da energia da pessoa. Mas, embora sejam descartáveis, não são "alienáveis" da mesma forma que as mercadorias. O trabalho permanece para sempre uma parte da pessoa; considera-se que descartar esses produtos constitui uma perda para seu produtor, no sentido de que o trabalho não é comprado; antes, a pessoa é ressarcida.

Em alguns sistemas, diferentes itens podem ser enquadrados nessas duas classes: a terra não descartável do clã pode ser contrastada com as posses pessoais descartáveis, por exemplo (cf. Salisbury 1962: 61-65). Mas também acontece de os mesmos bens de valor poderem operar como sendo ora de um tipo, ora de outro. Em uma troca, uma dádiva pode representar ou o "nome" do doador metaforicamente ou seu trabalho metonimicamente. No segundo contexto, a qualidade de destacabilidade (a "parte" descartável de uma pessoa) faz com que superficialmente esses itens pareçam ser "objetos".

Mas essa aparência de objeto pode ser enganosa. Sendo esses itens parte de uma pessoa, removê-los envolve uma perda: o ressarcimento é pago à pessoa, não é um preço pela coisa. Segue-se que nessa situação não precisa haver uma dicotomia sujeito-objeto de tipo ocidental.[14] Há "coisas", mas as pessoas não são diferen-

---

14. Isso subjaz à formulação original de Mauss de que lidamos com itens que mantêm uma relação especial com as pessoas, não subsumida satisfatoriamente na noção ocidental de "posse" (cf. 1954: 22). Em uma economia capitalista, o mercado permite que coisas sejam trocadas por coisas e que pessoas sejam classificadas com base em sua posse de coisas. Objetos desse tipo são vistos como externos à pessoa ou excedentes em relação a ela; o mesmo pode acontecer com o trabalho, de modo que não há problema em que os objetos sejam removidos desde que seja pago um preço justo *pelo objeto*. Pode-se estabelecer uma identificação entre a pessoa e a classe de coisas que ela possui – como "pro-

ciadas conforme a medida em que agem como sujeito ou são tratadas como objeto (cf. Giddens 1971: 11). Embora itens individuais possam ser descartados permanentemente, o sistema exige que um item seja substituído por algum sinal de equivalência que tome seu lugar metonímico, representando o investimento de trabalho e criatividade. Relações podem ser criadas pelo movimento em direção ao ressarcimento que isso implica, assim como pelas mensagens metafóricas sobre a pessoa que são transmitidas por outros bens de valor. Em qualquer um dos casos, as coisas representam aspectos da pessoa – suas ações ou seu nome – e alteram, por meio da troca, a respectiva posição dos parceiros uns em relação aos outros. Elas não podem ser *opostas* às pessoas, como postula nossa própria matriz sujeito-objeto.

A seguir, sugiro que, quando se estabelece uma equivalência entre as mulheres hagen e a riqueza e elas se tornam dádivas nas trocas entre homens, seu referente simbólico é um entendimento da condição de pessoa construído metonimicamente. Deve-se notar que "a pessoa" aparece como um sujeito masculino. Por ora, eu gostaria de enfatizar o argumento de Gregory:

> Quando o produtor é um clã e o que é produzido são pessoas, as dádivas inalienáveis são pessoas. Esta é a essência do argumento de Lévi-Strauss de que as mulheres são a "dádiva suprema". [...] As mulheres, como dádivas, são propriedade inalienável do clã que as produziu. [1980: 641]

Não devemos ficar particularmente desconcertados se as mulheres forem comparadas a conchas ou lojas de comércio. Imaginar que elas estão sendo tratadas como objeto tem como base nossa própria antítese entre pessoas e coisas, uma premissa falsa nessas circunstâncias. A falsidade reside não na equiparação entre mulheres e riqueza, mas na equiparação implícita entre uma riqueza desse tipo e "propriedade" como compreendemos o termo.

---

priedade", "patrimônio" – ou o nome de uma família associado, por exemplo, a uma posição de classe, ou seja, a seus recursos. Mas é o conjunto de coisas que é considerado uma fonte crucial dessa identidade – terra, capital ou trabalho como mercadoria; *não* se considera que essas coisas criam laços sociais entre uma pessoa e os outros.

## A circulação das mulheres e dos bens de valor

A circulação de mulheres e a natureza das reciprocidades estabelecidas pelo casamento, pela riqueza da noiva e pelos pagamentos aos parentes maternos continuam figurando nos relatos sobre as sociedades das terras altas (por exemplo, D. Brown 1980; Feil 1980, 1981; Le Roy 1979a; Sillitoe 1979).

Esses relatos – à exceção de Feil 1980 – geralmente se inspiram no contexto ideológico: são grupos de homens que trocam bens de valor/mulheres entre si. Isso não significa que todos os objetos de riqueza são classificados como femininos; pelo contrário, os homens podem trocar itens que são manifestamente tanto "masculinos" como "femininos". A fonte de riqueza tampouco é conceitualizada apenas como masculina; em alguns pagamentos maternos, por exemplo, ela pode ser vista como sendo feminina. Toda a questão do que Herdt (1980) denomina a "generificação" dos bens de valor e das relações doador-receptor é muito complicada para ser desenvolvida aqui. A questão específica a considerar é a da natureza exata da equação entre riqueza e mulheres.

Quando os membros de um clã hagen comemoram sua realização ao doar porcos e conchas para um clã receptor, eles não só se apresentam para um público, como forçam os receptores a reconhecer seu renome por meio da mediação das dádivas. A aquisição de um caminhão tem implicações semelhantes, embora a sequência total de trocas possa ser incompleta aqui: o caminhão pode exibir a riqueza e a força de seus donos sem ser usado como instrumento direto de relações sociais com outras pessoas. Contudo, em ambos os casos os recursos do clã foram convertidos em itens que atuam como transmissores visíveis de mensagens sobre seu sucesso.

Conversão implica apropriação, e certamente há apropriação. Em certo sentido, os homens hagen convertem o trabalho feminino de cultivar vegetais e criar porcos em itens de riqueza sobre os quais exercem controle ideológico, e essa conversão é operada por meio da separação entre trocas cerimoniais (transações) e o domínio da produção. Mas essa apropriação não implica a alienação como tal.[15] Quando uma mulher concorda com a demanda do marido para doar um porco a algum parceiro dele, o porco pode ser

---

15. O trabalho dos homens de baixo status é uma questão à parte (Schwimmer 1979).

considerado a partir de três pontos de vista. O porco original resultou das "transações" do marido. Ele também foi "produzido" – alimentou-se da terra do clã do marido. Finalmente, foi a esposa quem cuidou dele, e seu trabalho deve ser ressarcido. A simples retirada do porco de seus cuidados para exibi-lo em espaço cerimonial não anula a obrigação existente entre marido e mulher que se segue. O marido tem de reconhecer o trabalho da esposa em algum momento – geralmente cuidando para que ela receba parte do que ele receber por essa transação específica. Os porcos são repositórios do trabalho das mulheres muito mais visíveis do que os jardins, e o prestígio das mulheres é medido em parte pelo número de porcos que têm sob seus cuidados. Embora o "nome" do marido esteja relacionado a eles, este deve repor os animais que retirar do estábulo de sua esposa. Nesse sentido, o trabalho dela não é alienado.

A fabricação de valores em forma de conchas não é contabilizada como trabalho da mesma forma: o investimento de esforço se dá em termos de como os homens conseguem atrair esses valores para si. Eles representam os "nomes" dos homens de forma muito mais proeminente do que os porcos (cf. A. Strathern 1979: 534). Atualmente os homens procuram fazer do dinheiro, cuja produção é semelhante à produção de porcos no que diz respeito a suas relações com as mulheres, algo mais próximo da obtenção de conchas. Contudo, não podem ignorar as demandas das mulheres, que esperam obter um retorno para todo dinheiro com o qual contribuem. Assim, as mulheres não procuram o lucro financeiro – o incremento que eleva os nomes dos homens[16] – que advém da operação de caminhões e veículos de passageiros; mas esperam, sim, obter ajuda com transporte para ir ao mercado ou visitar pessoas com as quais mantêm relação.

Assim, a despeito da tensão entre os sexos no que tange ao uso da riqueza, a "alienação" como tal não está em questão. Nas esferas de troca, os porcos, as conchas e o dinheiro representam aspectos da pessoa. Mas que aspectos são esses precisamente?

Seguindo a lógica das dádivas, se as próprias mulheres podem atuar como riqueza, que tipo de pessoa elas representam? As trocas tradicionais hagen, que combinavam porcos e conchas, cons-

---

16. Cf. Damon (1982).

truíram a condição de pessoa dos doadores de forma um pouco ambígua. O corpo do clã poderia ser considerado uma entidade primordialmente masculina, representada em transações com conchas, composto por homens e mulheres ou então na transação e na produção de porcos. Quando as mulheres, como irmãs e esposas que partilham com os homens a substância ou a identidade que interessa, movem-se entre os clãs, podemos argumentar que o que os homens trocam é parte deles mesmos. Pode-se estabelecer uma equivalência entre as mulheres e as conchas ou os porcos, e o eu que está sendo trocado refere-se ao clã como um conjunto de homens *ou* como uma coletividade de homens e mulheres. Assim como as coisas atuam como mediadoras na troca de dádivas, as mulheres hagen enviadas ou recebidas em casamento podem representar aspectos daquilo que denomino a "pessoa clânica". Do ponto de vista das mulheres, aspectos delas mesmas vinculam-se a sua identificação com seus irmãos de clã.

Os grupos clânicos que compartilham uma substância comum veem a si mesmos, pois, como vinculados uns aos outros por meio do casamento de mulheres. As mulheres são "vias" para as trocas, e elaboradas prestações de grupo seguem o padrão das alianças de casamento. A antítese e a conjunção necessária entre fontes internas e externas de fertilidade e força (cf. Weiner 1978: 182-83) são expressas em um contraste entre as contribuições "masculinas" e "femininas". A noção de fontes externas tem uma aura de ambivalência – elas são consideradas tanto intrusivas como expansivas. Contudo, a identidade do clã é em última instância construída antes de suas trocas com outros clãs, por meio de sua associação a seu território clânico, por exemplo,[17] e as trocas antes confirmam do que alteram a natureza dessa identidade.

Quando os homens dão riqueza uns para os outros sob a rubrica de indenização por guerra, pagamentos por crianças ou simples troca cerimonial, o doador dá a si mesmo. Como participante em uma transação, o doador é masculino (as mulheres como tais não realizam transações de bens de valor; quando o fazem, elas são "como homens"). Este eu, segundo argumentei, pode ser construído como puramente masculino ou também levando em conta

---

17. Gregory destacou a significância da terra em relação à natureza das transações hagen (comunicação pessoal).

os esforços conjuntos do marido e da esposa. A diferença entre conchas e porcos representa essas ênfases distintas na identidade. Uma lógica complementar desencadeia uma distinção inerente a todos os objetos de riqueza hagen. Ela é em essência semelhante ao que Damon (1980) descreveu para os objetos cerimoniais (do *kula*) na ilha Woodlark, sendo que alguns deles carregam o nome de uma pessoa e outros representam seu trabalho. A distinção se faz entre o aspecto de um item de riqueza que metaforicamente representa o nome de alguém (e o clã de alguém), os recursos inerentes e o aspecto do mesmo item que é metonimicamente adquirido pela pessoa e vinculado a ela, mas que é também destacável e pode ser dado aos outros.[18] Essa última característica é expressa pelo dizer hagen de que a riqueza está "sobre a pele".

Em vários momentos me referi à terra do clã. A terra hagen está bastante vinculada à pessoa masculina, considerada um fato dado e não descartável da identidade, mas que é tornado produtivo por meio do trabalho (A. Strathern 1982b), e são as mulheres que simbolizam esse trabalho. Nesse sentido, a força do clã é necessariamente composta dos esforços conjuntos de homens e mulheres. Os objetos de riqueza hagen representam (metaforicamente) uma capacidade para a troca que é masculina: não é adequado para as mulheres lidar publicamente com a riqueza – o status do participante masculino em uma transação está vinculado à identidade e ao prestígio advindos das ligações clânicas. Contudo, na medida em que os itens de riqueza também estão (metonimicamente) "sobre a pele", eles podem ser diferenciados do ator como "coisas" – objetos em sua posse que de fato constituem parte de seus recursos, mas dos quais ele também pode dispor. Eles são, assim, tanto parte da pessoa do clã (o ator masculino) como diferenciados dele (sobre sua pele).

Os itens de riqueza – *tanto* porcos *como* conchas – referem-se, pois, ao mesmo tempo a fontes de força dadas, ancestrais, relacionadas à terra, e aos esforços e à criatividade das pessoas, sua própria

---

18. Os conceitos de metáfora e metonímia aplicam-se a uma área de simbolização bastante diferente: a construção da própria "condição de mulher" (M. Strathern 1981). O incrível relato de Munn (1977) sobre as canoas gawa volta-se precisamente para o contraste entre o que é considerado vinculado à pessoa e o que é destacável dela. Munn indica o valor gerado pela destacabilidade. Le Roy (1979b: 30-32) refere-se à relação metonímica entre homens e porcos em Kewa.

"eficácia" (Goodale 1978). No primeiro sentido, a riqueza indica atributos intrínsecos ao doador (M. Strathern 1979); no segundo, a riqueza é destacável, está "sobre a pele". Na medida em que o primeiro conjunto de atributos é conceitualmente "masculino", essa destacabilidade é, por sua vez, simbolizada como "feminina". Assim, enquanto o referente da produção dos porcos constantemente faz lembrar o esforço conjunto masculino e feminino, as conchas, em geral pensadas como exclusivamente "masculinas", *também* recebem atributos "femininos" no momento da troca. Elas são decoradas, por exemplo, com a cor vermelha associada às mulheres (cf. A. Strathern 1979: 535). Como metáfora, as conchas são inequivocamente masculinas; sua relação metonímica com a pessoa é assinalada no momento em que são destacadas. No que diz respeito aos caminhões adquiridos com dinheiro, estes são "masculinos" na medida em que representam (metaforicamente) o prestígio clânico; o esforço das mulheres para angariar dinheiro é reconhecido em seu direito ao usufruto. Contudo, os veículos carregam apenas os *nomes* dos homens: os esforços de produção de homens e mulheres são constituídos separadamente.

Em uma escala distinta, as mulheres dão pequenos presentes umas às outras na forma de bolsas de malha e ornamentos. Aqui elas dão parte de si mesmas (eminentemente coisas femininas no caso das bolsas de malha, associadas ao útero); contudo, há conotações veladas de masculinidade (as bolsas de malha são receptáculos nos quais se carregam bens de valor, alimentos cultivados na terra do clã).

O gênero duplo[19] de todos esses itens reside em um contraste percebido entre sua referência a atributos intrínsecos do(a) doador(a) e as coisas diferenciadas em relação a ele(ela). São seus atributos intersexuais que assinalam que eles devem ser concebidos como separados do ator. A simetria entre os objetos dos homens (porcos e conchas transacionados publicamente) e os das mulheres (bolsas de malha, ornamentos) não é perfeita, contudo, porque os itens das mulheres não constituem "riqueza" da mesma forma. Em vez disso, como vimos, *as próprias mulheres* podem ser consideradas semelhantes a objetos de riqueza. Quando as mulhe-

---

19. O "gênero" desses itens depende enormemente do contexto. Em M. Strathern (1981b), confiro-lhes um lugar analítico distinto.

Sujeito ou objeto? **135**

res são trocadas como riqueza, elas podem representar o "nome" de seu próprio clã, mas essa possibilidade metafórica é pesadamente encoberta por seu status metonímico. Ambos são membros de seu clã de nascimento, identidade à qual nunca se renuncia, e o deixam para ir viver em outro lugar. As mulheres que crescem na terra de um clã, mas alimentam os filhos na terra de outro clã, são mediadoras entre eles. Nisso elas têm o caráter de uma "coisa" descartável. As mulheres não substituem ou representam os homens nesse sentido, mas, assim como a riqueza "sobre a pele", devem ser diferenciadas deles.

A construção simbólica da riqueza como destacável e intrínseca provavelmente foi de grande importância para o desenvolvimento de instituições de troca na escala encontrada em Hagen e em sua vizinhança imediata. De modo geral, Hagen também compartilha características com várias sociedades das terras altas. Na circulação de bens de valor que simbolizam aspectos da pessoa, as próprias pessoas podem representar entidades sociais particulares (cf. Wagner 1977; 1978). O mecanismo que separa o significante do significado é frequentemente o mecanismo da discriminação de gênero. Assim, é comum nessas sociedades de orientação patrilinear que se confira especial atenção às fontes maternas de nutrição [*nurture*].[20] A mulher é uma fonte de nutrição e representa a relação produtiva entre seu clã e o clã do marido. Nesse sentido, ela pode realmente ser equiparada aos bens de valor que fluem entre os clãs – como ressarcimento por ela ou para seguir o caminho que ela inaugurou. Para as mulheres que viajam ao longo desse caminho, os homens podem representar enraizamento, o solo que é outro fundamento para a nutrição. As mulheres são "pessoas" nesses sistemas; contudo, na verdade varia o ponto em que sua condição de pessoa tal como representada nas trocas está ligada à dos homens, e os Hagen não servem como modelo geral para as terras altas como um todo.

---

20. Os Etoro (Kelly 1974) do planalto Papua, essencialmente não pertencentes às terras altas, representam um caso negativo provocante. As fontes (com frequência externalizadas) de nutrição [*nurture*] que seguidamente são visualizadas nas terras altas como de origem materna nessa sociedade são localizadas no papel do homem mais velho inseminador da "metade" oposta a ego ("marido da irmã").

## Os idiomas do investimento

Nash analisou o impacto do dinheiro sobre as moedas tradicionais de Bougainville, onde "o dinheiro em forma de conchas representa pessoas" (1981: 118). "Uma vez que os valores em forma de conchas perderam sua referência exclusiva à 'pessoa' e passaram a substituir objetos, sua inclusão em um único sistema fez com que as pessoas se tornassem semelhantes a objetos" (1981: 118). Ela descreve os significados cambiantes dos pagamentos associados aos serviços matrimoniais e sexuais. Embora esse processo possa ter tido início com certos aspectos da vida dos moradores das terras altas, o dinheiro foi em grande medida absorvido por um sistema de dádiva-dívida. Ainda que seja usado como instrumento de troca de mercadorias, no contexto das prestações cerimoniais ele funciona como um instrumento de troca de dádivas. Aqui as dádivas mantêm sua referência às pessoas; meu argumento é que a forma como a pessoa é construída simbolicamente tem considerável influência sobre a natureza da participação dos homens e das mulheres.

Se as mulheres hagen são como bens de valor, sendo tanto partes do corpo clânico como destacáveis dele, então não há lugar ideológico para que elas ajam mais como manipuladoras públicas da riqueza do que podem agir como representantes plenas (metaforicamente identificadas) do pertencimento clânico. Seu próprio caráter destacável aponta para uma fonte de nutrição [*nurture*] e produtividade distinta da fonte dos homens. Consequentemente, podemos conferir sentido ao fato de que as mulheres hagen em geral concordam com a disposição da riqueza pelos homens. Elas não se organizam e o dinheiro lhes é tomado para ser canalizado para empreendimentos masculinos. Contudo, quando esses empreendimentos são definidos coletivamente, é com orgulho que as mulheres dão suas pequenas contribuições, revelando o que conseguiram guardar e, assim, sua própria significância como fonte distinta de riqueza.

Portanto, a identidade construída metaforicamente torna a "pessoa" hagen masculina. Nesse sentido, tanto as mulheres como os homens têm uma identidade masculina. Eles são membros nutridos do clã (*mbo*). Seus esforços e realizações destinam-se, contudo, a fins distintos. Enquanto os homens incrementam sua masculinidade por meio de suas transações, as mulheres tornam esse incremento destacável. Nesse sentido metonímico, os atributos masculinos "sobre a pele" são femininos. Enquanto as mulheres são eminentemente destacáveis, os homens tornam-se destacáveis apenas em contextos específicos. Os Hagen estabelecem analogias entre as dádivas da riqueza da noiva durante a vida para as mulheres e o ressarcimento pela morte para os homens (A. Strathern 1982a). O homem morto, até que se torne subsequentemente um fantasma clânico, perde seu status metafórico em relação à identidade do clã e deve ser tratado de forma metonímica, como uma "coisa" destacada.

Contudo, essas construções não são encontradas em toda a extensão das terras altas. Pelo contrário, a despeito das reivindicações gerais que fiz em relação às noções da condição de pessoa como tal (*supra*, p. 129), não segue que as distinções de *gênero* sejam usadas de uma única forma simbólica. Em outros lugares, por exemplo, os elementos femininos podem não manter uma relação metonímica com os elementos masculinos, mas ser localizados metaforicamente. Em um sistema desse tipo (os Wiru das terras altas meridionais), não se considera que a riqueza está "sobre a pele", mas que ela é a própria pele. A distinção entre o realizador da transação e o produtor não se aplica na mesma medida, e as mulheres podem dar e receber bens de valor em seu próprio nome e em nome dos filhos. Eu não defenderia a ideia de que os Daulo devem ser como os Wiru, mas argumentaria que é em relação a diferenças desse tipo na forma como a riqueza simboliza aspectos da condição de pessoa que devemos entender as diferentes respostas que os Hagen e os Daulo deram ao dinheiro e ao investimento.

Em muito maior grau do que entre os Hagen, as mulheres wiru dão início por sua própria conta a pequenas trocas e recebem itens de riqueza. A riqueza é trocada no contexto das prestações afínico-maternas wiru na forma de "pagamentos pelos filhos" ou pagamentos "pela pele de alguém". O referente não é um corpo clânico, mas o corpo pessoal incorporado em uma matriz de relações de parentesco. As pessoas manipulam a riqueza para que ela represente aspectos tanto maternos como paternos delas mesmas, sendo que itens distintos carregam significados distintos. Contudo, conforme o ciclo de troca se desenvolve, essas diferenças são fundidas, de modo que, quando um casal recebe pagamentos por serem os parentes maternos dos netos, o pai da mãe é identificado à mãe da mãe. As mulheres criam sua substância no corpo dos filhos e são, ao mesmo tempo, moldadas ideologicamente como doadoras e receptoras da riqueza que representa isso. Aqui a riqueza pode representar a substância corporal ("pele"), e, se existe uma equação entre mulheres e riqueza, é porque a riqueza é uma metáfora para o que se considera ser a origem ou a natureza feminina dessa substância. Nesse contexto,[21] a troca de dádivas volta a vincular as pessoas às relações que as produziram – ela não constrói as partes "femininas" da pessoa como sendo destacáveis. Se isso de fato ocorre, outros aspectos do sistema de trocas apresentam a destacabilidade como uma qualidade masculina, e não feminina.

Hoje as mulheres de Daulo administram, guardam e investem somas de dinheiro consideráveis por meio de operações encenadas cerimonialmente em grande escala pública. Os idiomas que as acompanham são significativos. Os grupos de mulheres propagam um conjunto específico de noções que envolve o conceito de criação [*nurture*]. Cada novo grupo fica na condição de "filha" em relação à "mãe" que o patrocina. As "mães" fornecem empréstimos para estimular o trabalho das "filhas", transações acompanhadas de rituais de nascimento e casamento. Para os Daulo, "mãe", assim como "pai", é um termo para "dono":

> Assim como uma mãe cuida de seu filho, uma dona cuida de sua propriedade; [...] Os porcos crescem e se reproduzem; os cafeeiros amadurecem e dão frutos; o dinheiro é investido para obter lucro. Por meio do uso do termo "*oraho*", "mãe, dona", as mulheres do *wok meri* não só baseiam suas relações com outros grupos em vínculos maternos fictícios, como também reivindicam controle sobre o dinheiro ao se descreverem como sua "dona". [Sexton 1980]

As mães exercem uma posse de tipo especial, com implicações fortemente partenogenéticas que lembram a descrição dos Gimi, a sudeste, por Gillision. Lá, "acredita-se que o vigor e a fruição de toda a vida nutrida dependam exclusivamente de um vínculo com as cuidadoras femininas individuais e da incorporação simbólica por elas" (1980: 147). A identificação gimi entre a coisa nutrida e

---

21. Não disponho aqui de espaço para uma discussão completa. Sobre os Wiru, ver A. Strathern 1971, 1978, 1980.

sua fonte materna é resolvida por meio do canibalismo simbólico e real (Gillision 1980). Os problemas de destacamento são enfrentados pelos homens, que tanto se separam das implicações de ser feminino (ver também Poole 1981) como retratam as mulheres sistematicamente como canibais que vão englobá-los. Possivelmente a atitude dos homens daulo em relação às associações de investimento das mulheres gira em torno de uma tensão semelhante entre extrair os produtos da nutrição [*nurture*] e estimular o papel contínuo das mulheres como nutridoras.

Enfatizei no início que a participação nas transações deve ser entendida no contexto das relações entre homens e mulheres. Os homens daulo colocam-se significativamente como *defensores* do *wok meri*. Embora muito do uso que se faz da riqueza permaneça nas mãos dos homens, eles também respondem às reivindicações de nutrição [*nurture*] do *wok meri*. Há uma equiparação potente entre cuidar da riqueza e produzi-la e os papéis maternos das mulheres. Uma vez que se acredita que o dinheiro investido cresce, é adequado que as mulheres, promotoras do crescimento, tanto sejam apoiadas pelos homens como vejam a si mesmas como guardiãs de recursos que no fim das contas fazem parte da produtividade da linhagem do marido. Nas palavras de Sexton (1982):

> Em rituais como as cerimônias de casamento simbólicas, [...] as mulheres do *wok meri* afirmam serem responsáveis pelo bem-estar comum. [...] As atividades de culto tradicionais masculinas nas terras altas [...] possibilitam que os homens assumam responsabilidade simbólica pela fertilidade das mulheres, das colheitas e dos porcos, assim como pelo bem-estar das populações humanas e animais. [...] Na região daulo, assim como em muitas áreas nas terras altas, os cultos masculinos não são praticados há algum tempo. É de grande importância que as mulheres tenham desenvolvido rituais de *wok meri* nos quais elas assumem o peso de garantir a "fertilidade" ou reprodução do dinheiro, que se tornou um requisito (como um componente importante da riqueza da noiva) para a reprodução da sociedade.

Tanto os Hagen como os Daulo estabelecem certas equivalências entre mulheres e riqueza, mas eu argumentaria que elas têm pouco a ver com "propriedade" no sentido de direitos exercidos sobre objetos. Em vez disso, relacionam-se à forma como os itens de riqueza significam aspectos da pessoa. Sugeri que, se a riqueza e as mulheres hagen têm o caráter de "coisas", isso deriva da maneira de simbolização. O referente permanece sendo a "pessoa". "Coisas" desse tipo não devem ser compreendidas como objetos alienáveis do ator subjetivo: fazem parte da pessoa, com a qualidade adicional de destacabilidade que faz delas instrumentos poderosos na troca de dádivas. Poderá, sim, haver uma diferença entre o caso daulo e o caso hagen na maneira como as pessoas são pensadas como "coisas". Contudo, em um sistema de trocas de dádivas, as "coisas" ainda fazem parte das pessoas, embora elas possam referir-se metonimicamente a um aspecto da condição de pessoa constituído em separado dessas identidades realizadas por meio da metáfora.

Eu teria cautela, portanto, em aplicar o conceito de "propriedade" aos itens de riqueza e às novas moedas das terras altas da Papua-Nova Guiné se esse termo tiver de transmitir a dicotomia ocidental entre sujeito e objeto. Esse cuidado resulta de um exercício comparativo que se concentrou sobre a maneira como as identificações entre pessoas e coisas são estabelecidas. A teoria que informa essa perspectiva é antiga. Eu simplesmente a estendi em referência a situações nas quais se estabelece uma equivalência entre uma classe de pessoas (as mulheres) e itens de riqueza, fazendo com que essa classe de pessoas represente outras pessoas ou aspectos delas mesmas. Por ser este um exercício limitado, foram ignoradas as relações de poder e os contextos sociais em que as decisões sobre o uso da riqueza são tomadas. Minha preocupação tem sido oferecer algo no lugar de nosso paradigma ocidental da relação de propriedade, que está bastante vinculado a um ponto de vista especial sobre a pessoa. Seguindo a máxima de Mauss de que a coisa dada é personificada, descobrimos também ser importante a maneira como a própria pessoa é construída.

*Tradução Iracema Dulley*

# 4. OS LIMITES DA AUTOANTROPOLOGIA

Em seu relato de campo com os ciganos nos arredores de Londres, Judith Okely relembra como teve "de aprender outra língua, falada nas palavras de minha língua materna" (1984: 5).[1] Mas essa distância não eliminou a localização dos ciganos Travellers no universo social dela. "Toda tendência latente para tratar as pessoas como objeto ou curiosidade distante tem de ser enfrentada; não deve permanecer reprimida" (1984: 6). Shamsul exorta os antropólogos malaios a não suporem que, por serem malaios, podem prescindir dos longos períodos de familiarização em campo pelos quais quem não é malaio tem de passar ao estudar a sociedade rural malaia; ressalta a inevitável distância social entre o acadêmico e o morador da aldeia. A menos que estejam preparados para abordar sua própria sociedade com um espírito de diferença honesta, os acadêmicos se tornam meramente "mercenários acadêmicos" (1982: 29). É claro que nenhum desses escritores pretende sugerir que haveria situações em outros lugares em que não seria necessário precaver-se contra essas tendências. Mas há mais nesses dois comentários do que o simples fato de que os problemas morais assumem uma forma particular quando os antropólogos se voltam para "sua própria sociedade". Eles levantam a questão preliminar de como se *conhece* quando se está em casa.

Afinal, se ao ajustar sua dupla visão, nos termos de Okely, há mais coisas em comum entre ela e Shamsul do que entre qualquer

---

1. Publicado originalmente em *Anthropology at Home*, coletânea organizada por Anthony Jackson, 1987. [N. E.]

um dos dois e sua área de estudo, em que sentido se pode dizer que eles trabalham em casa? As bases sobre as quais a familiaridade e a distância se assentam são cambiantes. "Em casa" pode recuar infinitamente: estaria um cigano que estudasse ciganos em casa? Ou teria de ser um cigano desta e não daquela região? A resposta que proponho é bastante específica e não exclui outras formas possíveis de estar "em casa". Mas ela de fato aponta para um aspecto da prática antropológica que não pode ser ignorado. Considero, pois, uma forma de livrar o conceito de casa de medições impossíveis de graus de familiaridade. O contínuo obscurece a ruptura conceitual. O que se deve saber é se investigador-investigado estão igualmente em casa, por assim dizer, no que diz respeito aos tipos de premissa sobre a vida social que informam a investigação antropológica. Pode-se suspeitar que, embora os ciganos e os moradores de aldeias malaios não se sintam tão em casa em sua fala sobre "comunidade", "socialização" ou "classe", por exemplo, os habitantes de Elmdon se sentem.[2] A autoantropologia, ou seja, a antropologia realizada no contexto social que a produziu, tem de fato distribuição limitada. As credenciais pessoais do(a) antropólogo(a) não nos dizem se ele(ela) está em casa nesse sentido. Mas o que ele(ela) afinal escreve diz se há continuidade cultural entre os produtos de seu trabalho e o que as pessoas da sociedade estudada produzem em seus relatos sobre elas mesmas.

---

2. A aldeia de Elmdon, em Essex, foi objeto de uma "pesquisa" realizada por estudantes de antropologia social de Cambridge nos anos 1960-início dos anos 1970. Wright (1984) faz um relato interessante de seu resumo oficial para um estudo de tomada de decisões em áreas rurais: estava repleto de suposições sobre "comunidades" e "comunicação" a serem decifradas em termos da teoria burocrática e da local. Todos participavam da promoção da ideia de comunidade como um conceito exploratório na descrição da sociedade rural. Eu poderia acrescentar que a ideia de que as "comunidades rurais" na Grã-Bretanha são de algum modo periféricas de fato bloqueia nosso entendimento da forma como suas diferenças autorreconhecidas se baseiam em ideias britânicas comuns *sobre* a diferença. Pode-se pensar no trabalho de Ennew entre os hebridenses, que foram às prateleiras em busca de respostas (para um resumo a respeito, ver Condry 1983), ou nos ensaios em Cohen (1982).

## Duas suposições iniciais

Dois conjuntos de suposições são comumente feitos:[3]

1) Que, como etnógrafos, os antropólogos que trabalham em terreno familiar chegarão a um melhor entendimento do que chegariam em outro lugar por não precisarem transpor barreiras linguísticas e culturais. Esse melhor entendimento poderá parecer extremamente enriquecedor ou extremamente trivializante, mas em qualquer um dos casos a quantidade de informação a ser obtida por alguém de dentro amplia o que as pessoas sabem sobre elas mesmas, ou o que pode ser aprendido a respeito da sociedade como um todo.

2) Que a empreitada antropológica sistematizadora será exposta como o estratagema que ela é em qualquer lugar. Ela torna complexo o lugar-comum, e suas sistematizações não só não revelam nada além do que todos já sabiam de todo modo, como equivalem a um conjunto de mistificações desnecessárias.

A despeito da contradição entre essas duas suposições, ambas se originam do que se considera uma implicação geral da antropologia feita em casa: maior reflexividade. A suposição é que nos tornamos mais conscientes – tanto de nós mesmos convertidos em objeto de estudo, ao aprendermos sobre nossa própria sociedade, como de nós mesmos realizando o estudo, ao nos tornarmos sensíveis aos métodos e ferramentas de análise. Assim, a perspectiva da antropologia feita em casa sugere uma contribuição à crescente reflexividade imposta aos sujeitos a partir de várias direções. Marcus e Cushman, por exemplo, concluem sua análise das etnografias como texto com uma exortação aos etnógrafos para que desenvolvam um senso crítico tanto para a forma como para o conteúdo do discurso etnográfico (1982: 65-66); o livro de Fabian (1983) sobre a construção do Outro na antropologia tradicional explora a premissa de que o construto é constituído por nosso conhecimento de nós mesmos (cf. Burridge 1979: 12). O objetivo é au-

---

3. Esta investigação foi estimulada pela observação de Anthony Cohen (comunicação pessoal) de que imaginamos que a antropologia feita em casa toma muitas coisas por certo, ou então mistifica tudo. A primeira suposição é claramente declarada por Bradley & Lowe (1984: 8); a propósito da segunda, Giddens (1984: 334) propõe que a sociologia deve ser concebida como uma crítica do conhecimento leigo.

mentar a consciência crítica. Assim como os antropólogos se aprimoram no registro de culturas estrangeiras, eles são convidados a registrar os fundamentos de sua própria prática (Scholte 1974). Como indicado por Marcus e Cushman, não surpreende que seja difícil fazer as duas coisas ao mesmo tempo.

Existe uma tendência a equiparar reflexividade com maior autoconsciência, e assim considerá-la uma virtude pessoal, que uma pessoa sensível revela em seus escritos. Pode parecer que os antropólogos estão fadados a apenas aperfeiçoar uma autoconsciência cada vez mais refinada. Entretanto, existe uma reflexividade conceitual além das sensibilidades dos praticantes individuais na medida em que o relato antropológico, *como* relato antropológico, devolve ou não para as pessoas as concepções que elas têm sobre si mesmas – aspecto que se aplica igualmente à etnografia e à análise antropológica. Quando isso acontece, pode-se falar em autoantropologia nos dois casos. Contudo, não me refiro à devolução da informação da forma como ela foi oferecida, mas ao processamento antropológico do "conhecimento" informado por conceitos que também pertencem à sociedade e à cultura estudadas.

Diante disso, parece absurdo advogar esse ponto de vista no caso, digamos, de um relato sobre uma aldeia em Essex. O projeto Elmdon pode ter tido início em um ambiente em que se poderia supor que os moradores da aldeia compartilhavam amplamente da mesma visão de mundo do antropólogo. Contudo, o que começou como continuidade terminou como ruptura. O texto etnográfico mantinha uma relação de muito pouca continuidade com a forma narrativa nativa; não se devolvia aos residentes da aldeia um relato imediatamente contíguo com o que eles haviam fornecido, como se pode esperar da história social ou da biografia. É claro que o mero fato de ser um "membro" da cultura ou sociedade abrangente em questão não garante que o(a) antropólogo(a) adotará os gêneros culturais locais adequados. Pelo contrário, ele(ela) bem poderá produzir algo praticamente irreconhecível. Evitam-se as descrições do senso comum. A reflexão nativa é incorporada como parte dos dados a serem explicados, não podendo ela mesma ser tomada como seu enquadramento, de modo que há sempre uma descontinuidade entre a compreensão nativa e os conceitos analíticos que organizam a própria etnografia. Estes derivam de um enfoque teórico específico, que poderá tornar o comportamento do(a) antropólogo(a) inteligível (como "acadêmico"), mas não necessariamente o que ele(ela) escreve. As tentativas de tornar relatos desse tipo mais acessíveis pretendem educar o público antropologicamente ou abandonar o gênero etnográfico tradicional em prol de um gênero popular: uma história ou relatório. A maneira como os(as) antropólogos(as) se distanciam dos enquadramentos nativos faz, pois, com que suas atividades em Essex não sejam tão distintas de suas atividades, digamos, na Melanésia.

Esta é uma fonte de grande parte do recente autoescrutínio da forma, ou seja, da forma da própria representação antropológica; daí a experimentação com os textos etnográficos, da qual Clifford (1983) realiza uma análise obrigatória. O que está em questão é a maneira como a autoridade etnográfica é construída em referência às vozes daqueles que fornecem a informação e o papel que lhes é atribuído nos textos resultantes. Favret-Saada considera fantástica a construção dos relatos antropológicos em que quem fala tem sua subjetividade negada (o informante não pode jamais ocupar a posição de "eu") e o sujeito autoral (o antropólogo ou a antropóloga) não é nomeado (1980: 28). A suposição corrente parece ser que o(a) etnógrafo(a) pode jogar com as relações sujeito-objeto por meio de um esforço imaginativo no ato da representação de modo a retomar em seus textos as vozes que distinguem seus interlocutores. O novo gênero poderá apresentar-se como dialógico ou polifônico (termos de Clifford para uma construção que preserva o diálogo e produz discurso em vez de texto) e ser considerado um representante da autoria compartilhada. Eu olharia com suspeita para "produtos compartilhados" desse tipo.[4] E acho que devemos fazer mais do que apenas nos preocupar com "vozes" e "falantes", ou com a cumplicidade com os ditos informantes. São pontos bastante críticos não só até que ponto se permite que os atores falem, a abertura com que os diálogos originais são reproduzidos ou a restituição de sua subjetividade por meio do dispositivo narrativo, mas também de que tipo de atores se trata. Precisamos ter alguma ideia da atividade produtiva que está por trás do

---

4. Ofereço alhures (M. Strathern 1985) uma breve crítica ao postulado dos produtos de autoria compartilhada. Rabinow (1977: 153; 1983: 204) enfatiza sua natureza híbrida; Crapanzano (1979: xv) alerta sobre o perigo de o intercâmbio dialógico ser tomado como "a realidade cultural" do outro.

que as pessoas dizem, e portanto da própria relação entre elas e o que foi dito. Sem saber como suas próprias palavras lhes "pertencem", não podemos saber o que fazemos ao nos apropriar delas.

Isso é relevante para o dilema doméstico (saber mais sobre nós mesmos como objeto do que sabemos sobre nós mesmos como sujeitos).[5] A questão é a forma como nossa própria atividade produtiva serve de base a relações como as que podem existir entre "nós" como antropólogos e os eus que estudamos. A qualidade da relação social aqui estabelecida não é apenas uma questão de administração pessoal. Depende da natureza da sociedade em questão. Da mesma forma, o autoconhecimento antropológico não é apenas função de características pessoais como o quanto se compartilha com as pessoas estudadas (proximidade e distância) ou do grau de sensibilidade a nossa própria constituição acadêmica (autoconsciência). Esse autoconhecimento também deve ser situado nas técnicas sociais de produção etnográfica-antropológica. Gudeman e Penn (1982: 99) referem-se a isso como "reflexividade sistêmica". A conclusão de Fabian, "de que nossas teorias sobre a sociedade deles são nossa práxis – a maneira como produzimos e reproduzimos o conhecimento do Outro para nossa sociedade" (1983: 165; ênfase suprimida), sugere que, se nós devemos alinhar-nos a algo, deve ser à natureza da atividade produtiva.

As duas suposições sobre a reflexividade – de que ela leva tanto a um maior entendimento como a uma mistificação desnecessária – são artefatos específicos da autoantropologia. Para demonstrá-lo, explorarei certas diferenças entre a aldeia em Essex e uma aldeia melanésia. Um contexto comum será fornecido por uma crítica que se relaciona diretamente à atividade produtiva. (Isso se aplica especialmente às "etnografias", na medida em que são percebidas como tratando de pessoas específicas em espaços e tempos específicos; mas a maior parte dos livros que contêm etnografia consiste em um gênero misto, que inclui tentativas de teorização antropológica – situação que contribui para a crítica aqui observada. Ao me referir

---

5. Deve ficar claro que me aproprio dessa dicotomia sujeito-objeto como uma fórmula culturalmente adequada ("positivista") para contemplar nossas atividades; percorro parte do caminho em busca de elucidar sua natureza inventada (ver Webster 1982). Isso torna meu relato irônico (consciente de seu próprio contexto), especialmente nas passagens sobre autoconhecimento desenvolvidas a seguir.

aos relatos "etnográficos" ou "antropológicos", pretendo fazer referência a esse gênero misto.) A crítica à relação que os membros da comunidade em questão percebem existir entre eles e o investigador em referência àquilo que o investigador está produzindo é feita nos dois lugares. Eles suspeitam que estão sendo explorados.[6]

## Tipos de exploração[7]

No final dos anos 1970, o corpo estudantil da Universidade da Papua-Nova Guiné passou a se preocupar com a questão da exploração pelos acadêmicos e direcionou seu ataque aos antropólogos. Conside-

---

6. A questão da exploração é apropriada para a equação mais ampla observada por Asad (1973: 16-17) entre relações de poder desiguais e o entendimento antropológico como "objetificado de forma esmagadora nas línguas europeias". Reconheço a crítica de que pareço confiar em uma metáfora "econômica", realizada (por Raymond Firth e Lydia Sciama) quando esse artigo foi apresentado. A despeito do fato de que "exploração" foi um termo usado pelos estudantes da Papua-Nova Guiné aos quais me refiro, minha intenção é que ele seja um comentário sobre a aspiração antropológica a ampliar a "comunidade moral", nas palavras de Hymes (1974: 53; "construir uma cultura mundial que seja uma comunidade moral"). O que exponho em um idioma da propriedade sobre os produtos antropológicos poderia ser igualmente bem expresso em termos de relações subjetivas: na medida em que o(a) investigador(a) de fato considera os outros versões de si mesmo(a).

7. Há alguma evidência – principalmente vinda dos homens, não das mulheres – de que eu estaria "usando" as pessoas que conhecia em Hagen. Muitos deles eram bastante cínicos a respeito do que minha relação com eles faria por mim em comparação ao que faria por eles. O fato de eu construir essa relação de forma distinta fazia com que eu estivesse sempre um pouco perturbada, ou ao menos surpresa, com essas reações. Eu sentia isso como uma ruptura ("real"). No caso de Elmdon, meu relato aqui é bastante ficcional. Ou seja, quase não disponho de nenhuma evidência de que os moradores de Elmdon de fato pensassem que eu os estava usando de alguma forma. Eu apenas pensei que eles pensariam isso. A maior parte da evidência aponta na direção oposta – à medida que as pessoas ficavam sabendo do livro, manifestavam um interesse moderado. Contudo, sustento a ficção porque minha projeção de reações desse tipo sobre os moradores de Elmdon – minha versão do que imagino que deviam estar pensando – moldou profundamente minha atitude ao escrever a etnografia e meus próprios sentimentos sobre a aldeia. É um fato social que eles possam ter se sentido explorados no contexto do que eu pensava estar fazendo a seu respeito. Este artigo adota, pois, duas abordagens da verdade etnográfica: trata os "fatos" em Hagen e os "fatos" em Elmdon de maneira distinta, em correspondência à distinção desenvolvida a seguir entre ser um escritor (sobre Hagen) e ser um autor (sobre Elmdon) no que diz respeito a nossos sujeitos de pesquisa.

rou-se que estes se apropriavam de informações que pertenciam por direito aos melanésios e as utilizavam em benefício próprio, sem que qualquer retorno equivalente fosse oferecido a seus verdadeiros proprietários. Superficialmente, isso ressoa o desgosto com que os relatos antropológicos podem ser recebidos em casa – os antropólogos teriam usado a vida e a experiência de outras pessoas para seus próprios fins. Eles não só transformam experiências em objeto de contemplação, como produzem análises informadas por termos que aparentemente pertencem apenas a eles mesmos.

Pode-se considerar que os acadêmicos criam um domínio exclusivo no interior do qual seus relatos têm valor. Os modelos teóricos circulam infinitamente entre praticantes do ofício com intenções analíticas distintas, mas a origem desses modelos é atribuída ao próprio discurso acadêmico. Sua origem em outras vidas, em outras culturas, é obscurecida. Em última instância, o uso que os antropólogos fazem de seus dados também contribui para sua própria fabricação. Nesse sentido, a antropologia domestica um mundo exógeno, fabricando novos usos para materiais que se originam em circunstâncias bastante distintas, assim englobando os diversos usos que as pessoas fazem da forma como vivem sua vida. Esse englobamento é vivenciado como exploração quando as pessoas percebem que outras pessoas têm o poder de transformar dados em materiais cujo valor não pode ser compartilhado com elas ou restituído em retribuição. Considera-se, pois, que os antropólogos convertem a experiência vivida em itens (unidades, construtos, conceitos) cuja utilidade, como elementos para seus próprios modelos, somente eles controlam.[8] Contudo, quando os estudantes melanésios ou os moradores de Elmdon sentem que estão sendo usados pelos antropólogos, isso certamente não ocorre porque também gostariam de ser antropólogos. Eles não desejam ser admitidos no domínio em que os dados dos antropólogos são valorizados. Então por que isso é importante para eles? Uma resposta reside na forma como conceitualizam a atividade produtiva.

---

8. Contudo, ao ver essa empreitada como transformadora, os antropólogos também precisam preservar as origens distintas dos sujeitos estudados. Estes não podem ser achatados em réplicas dos observadores. É importante que seu status de exógenos seja retido, pois, ao tornar as diferenças inteligíveis, considera-se que o "trabalho" antropológico foi realizado. Algumas das observações que se seguem foram retiradas de M. Strathern 1984b.

Os moradores de Elmdon consideram que o acadêmico está fazendo algo com sua propriedade privada, a qual, se utilizada, deveria sê-lo em benefício próprio. A empreitada acadêmica colocou a questão de sua utilidade. Os estudantes melanésios bem podem advogar noções de propriedade privada; ou podem, em vez disso, recordar processos nativos de conversão típicos do comportamento político masculino: relações desiguais surgem quando o "trabalho" de uma pessoa contribui para o "nome" de outra. Consideremos, pois, não o estudante, cuja sensibilidade é formada em parte pela sensibilidade dos acadêmicos estrangeiros, mas o aldeão melanésio.

De tempos em tempos, vinha-me o sentimento de que eu estava explorando as pessoas que me auxiliaram em minhas pesquisas no monte Hagen, de forma muito parecida com o sentimento de que os empregadores europeus de trabalho assalariado usam as pessoas. Minha relação com eles aumentaria meu prestígio, mas não traria prestígio a eles. Na sociedade tradicional hagen, o prestígio é adquirido por meio de transações entre iguais; as dádivas que trocam incrementam uns aos outros. Nesse sentido, um parceiro ajuda o outro na construção de sua reputação. O problema com a sócia itinerante é sua partida iminente. Isso constrói a suposição de que ela derivará prestígio de outra esfera de interação, em relação à qual suas relações anteriores são reclassificadas como "serviço", pois ao partir o pesquisador de campo passa claramente a investir em relações em outro lugar. Há um termo hagen para designar as pessoas que prestam esse tipo de serviço não recíproco.

A apropriação de informação não está, penso eu, em questão. As informações geralmente são produzidas no contexto de uma troca em que ambas as partes mantêm sua autonomia. As pessoas sabem quando estão fornecendo ou retendo informações; em circunstâncias normais, informações não podem ser tomadas. Ademais, as informações devem ser avaliadas por sua fonte e necessariamente fazem sempre referência a seu ponto social de produção; elas não podem, nesse sentido, ser alienadas. Se fôssemos pensar em algum tipo de exploração no contexto hagen, esta se daria na forma como um conjunto de relações sociais é avaliado em relação a outros. A conversão de valor nessa situação não resulta, pois, na tomada de algo que pertence a uma das partes pela outra para usá-lo para seus próprios fins; antes, consiste na reavaliação da relação entre ambas por uma das partes com base na analogia que se faz com a redução de uma parceria a um serviço.

As reações (como as interpreto) do morador de uma aldeia hagen, diferente das reações de suas contrapartes (o morador da aldeia de Elmdon/o estudante hagen), incorporam os modelos nativos da atividade produtiva e da relação entre produtor e produto. Sahlins (1976) indica que os tipos de dualismo por meio dos quais "nós" criamos nossos exercícios – indivíduo e sociedade; símbolo e função – são inerentes à cultura burguesa ocidental e nos legam os problemas e a prática de como compreender as produções culturais de outras sociedades e como incorporar a criatividade cultural ao decodificar sistemas estrangeiros. Há uma coda que ele deixou de acrescentar: que essa criatividade que concedemos a nós mesmos exige que exploremos a criatividade dos outros. Ao produzir "produtos" infinitamente, a cultura burguesa ocidental é construída como infinitamente criativa, num modelo que não envolve apenas permutações de produtos, mas a noção de que produção também é controle, e isso inclui o controle sobre os valores atribuídos às coisas. O que exaspera os moradores da aldeia inglesa não é o desejo de obter o que o antropólogo tem, mas a forma como enxergam a usurpação da autoria. Ou seja, o antropólogo está se constituindo como autor de um relato em que se desloca a autoria que eles têm sobre eventos, atos e sentimentos. A autoria deles é englobada como parte dos dados antropológicos.

É esse, penso eu, o sentido ocidental em que todas as conversões de valor podem potencialmente ser vistas como de exploração, ou seja, as pessoas têm de adquirir valor para si mesmas à custa dos outros. Presume-se a extração porque se supõe que o que serve de base às conversões de valor é algo que outros agentes realizam sobre o trabalho que as pessoas fazem ou sobre os produtos que incorporam sua agência. A ideia do século XVIII de que as pessoas são por natureza proprietárias tanto delas mesmas como de seu trabalho ainda nos acompanha; essa noção singular de propriedade/autoria também coloca a possibilidade conceitual de um autor suplantar ou deslocar outro. O antropólogo, como acadêmico ocidental, é sensível às acusações de exploração que derivam das possibilidades de englobamento e deslocamento desse tipo. Os eventos ou situações são transformados para servir aos próprios fins, como se "matérias-primas" fossem extraídas para uso "social". Não compartilhar algo com alguém é colocar-se em uma classe distinta no que diz respeito a conversas desse tipo; daí o movimento, na escrita etnográfica, em busca de representar os relatos como produto da experiência compartilhada de alguma forma. Quem quer que seja o Outro, em casa ou no exterior, é necessário dar-lhe voz. Contudo, esse modelo da exploração como autoria deslocada é um modelo particular feito em casa.

Para os Hagen, as reações fundamentam-se em uma base político-econômica bastante distinta no que diz respeito às expectativas das pessoas umas em relação às outras. A questão não é de extração, mas de quem tem o poder de converter uma relação em prestígio pessoal. Não compartilhar significa preterir uma relação em curso em prol de relações em outro lugar. Se pensavam que eu estava usando as pessoas em monte Hagen, era porque minhas relações com elas aumentariam meu prestígio, mas não o delas. É claro que acrescentaram uma dimensão material onde não existia e presumiram que se poderia ganhar muito dinheiro com isso no mundo de onde eu vinha. Embora os Hagen perdessem pouco ao me contar as coisas, a questão é que o lucro seria obtido em uma esfera de atividade a que eles não tinham acesso; trata-se, em outras palavras, de uma situação em que não se extrai nada, mas existe uma relação que uma pessoa transforma em vantagem unilateral. Isso é semelhante ao que acontece entre os maridos e as mulheres hagen. Eles trabalham juntos e produzem coisas das quais o marido se apropria para utilizar nas trocas políticas masculinas. De fato, os homens se referem às mulheres em geral como suas "servas". Vale a pena seguir brevemente essa analogia.

Não há dúvida de que houve uma conversão de valor. Ao converter os porcos de alimento a ser consumido em dádivas a serem trocadas, o marido reclassifica a origem social dos porcos: agora se considera que eles são o resultado de transações de dádivas anteriores (cf. Josephides 1985). Dessa forma, os homens ocultam sua própria produtividade, assim como a das mulheres. Essa conversão de valor tem uma característica especial. A conversão dos porcos em dádivas não os reproduz, nem lhes confere nova autoria em termos de produção.[9] Os homens não reivindicam a propriedade da mão de

---

9. A propósito da produção de porcos, nem a mão de obra da mulher nem a mão de obra do homem engloba a mão de obra do outro parceiro; como incorpora-

obra, e o trabalho não é camuflado como outra coisa porque os agentes, por sua vez, não são hierarquizados quanto a sua capacidade de transformar os produtos menos úteis de uma pessoa ("matérias-primas") em produtos mais úteis para outra. As dádivas não transformam objetos inúteis em objetos úteis. Qualquer que tenha sido o trabalho investido na produção dos porcos, os parceiros de troca não se apropriam deles como "trabalho" – eles adquirem o dom como uma dívida a ser paga novamente (cf. Damon 1980). Ademais, entre marido e mulher, o trabalho evidencia um compromisso diferenciado com a relação que eles entretêm: a mulher não é uma "proprietária" que pode transferir sua propriedade ou tê-la retirada de seu controle, pois não há relação de um para um entre sua capacidade de trabalho e os produtos de seu trabalho. Quando os homens tomam os porcos, não estão suplantando a autoria das mulheres – ou sua própria autoria – como produtoras, pois o produto do trabalho é concebido como tendo origem em fontes socialmente heterogêneas. Uma fonte não pode tornar a outra anônima. Segue-se que qualquer exploração existente não deve ser apreendida por meio de noções ocidentais de autoria individual, de uma relação de um para um entre uma pessoa e seus produtos.

A intenção desse exemplo é chamar a atenção para a constituição hagen de "produtos compartilhados" quando as pessoas envolvidas – como maridos e mulheres – são diferenciadas por interesse social. Elas mantêm sua heterogeneidade da mesma forma que os autores de palavras. O conceito inglês de que uma pessoa é por natureza proprietária de si mesma leva, por outro lado, à possibilidade de o eu apropriar-se de outras coisas. Desse ponto de vista, todo conhecimento pode ser transformado em autoconhecimento:

---

ção da mão de obra, o porco em questão não pode representar nenhum dos dois; ele constitui o produto da relação. Um parceiro não converte ou transforma o trabalho do outro em uso para ele(ela) mesmo(a), mas consome os produtos de um outro específico. As coisas produzidas para uso dos outros não são, assim, subordinadas a algum propósito anulador que redefine os fins para os quais elas são concebidas. Mas, quando os ocidentais imaginam que tudo pode ser posto em uso, o que surge são hierarquias de uso, fabricadas por agentes que transformam os artefatos dos outros em coisas úteis para seus próprios fins. Nesse último modelo, tanto o fornecimento de matérias-primas como a transformação produtiva é "trabalho", de modo que um pode ser medido em relação ao outro, não como domínios separados, mas como estágios em um processo. "Usa-se" o trabalho de um outro para o "próprio" trabalho.

quanto mais se aprende sobre os outros, mais se aprende sobre si mesmo. Além disso, em seus atos de apropriação, os eus suplantam uns aos outros. Acima de tudo, se o conhecimento dos outros se torna um veículo para o conhecimento do eu, ele se transforma na constituição do eu. A autoria se desloca em relação a esses outros.

O deslocamento da autoria não é um problema em Hagen. A substituição das relações é que é um problema. O conhecimento é trazido à tona apenas como um instrumento na negociação das relações; o autoconhecimento está contido no interior da inescrutabilidade da mente das pessoas ou se manifesta na saúde de seu corpo. O conhecimento dos outros tem um efeito profundo sobre a relação em questão, mas não há cisão entre a informação e seu autor.[10] Um autor não pode substituir outro, questão que Goldman (1983) demonstra linguisticamente para os vizinhos huli.[11] Os relatos podem ser justapostos, mas o que uma pessoa diz não pode ser reorganizado em uma versão diferente por outra pessoa, pois permanecerá apenas o que ela disse. Essa prática, pode-se acrescentar, não leva a um resumo ou sistematização em um modo organizacional. Onde isso coloca a atividade produtiva do etnógrafo? Se os Hagen se preocupam com o tanto de dinheiro que advirá do livro de alguém, isso se deve à ruidosa evidência de que relações sociais foram substituídas ou ocultadas. Uma atividade conjunta tornou-se um instrumento para o prestígio exclusivo, e é por isso que a dimensão dos ganhos é importante. Mas não é possível ao(à) etnógrafo(a) substituir o relato das pessoas pelo seu próprio: ele(ela) nem autentica nem desloca esses relatos. Do ponto de vista dessas pessoas, os relatos são relevantes apenas para a administração ativa ("exploração") das relações com quem vem de fora, e isso inclui o(a) etnógrafo(a).

---

10. Compare-se com a queixa de Favret-Saada (1980: 26) de que a etnografia tradicional realiza uma cisão entre o sujeito que afirma (o autor do relato) e as afirmações (o texto). Essa facilidade em cindir é uma abordagem culturalmente adequada a um mundo concebido como estando além do sujeito.

11. Goldman demonstra que isso é tanto uma questão de sintaxe (não é possível apropriar-se das palavras de um outro por meio do discurso indireto; elas são transmitidas como discurso direto) como da estrutura do discurso, que, nas disputas que ele analisa, procede por meio de exemplos e contraexemplos (não há somatórias). Ele relaciona esses aspectos linguísticos, por sua vez, à administração da fala huli, que se orienta para a concordância via consenso, e não julgamento.

Deve-se concluir que o tipo de autor que o(a) etnógrafo(a) se torna em sua escrita de textos não é determinado por um ato de vontade. O que "nossas" representações dos outros significarão depende, em parte, necessariamente do que "suas" representações significam para eles. E isso, por sua vez, dependerá de o antropólogo estar, de fato, em casa ou não, pois essa questão não é apenas de escolha autoral, mas de prática cultural e social.

## Escritores e autores

Holy e Stuchlik (1983) concluem sua investigação sobre a compreensão e a explicação antropológica com a seguinte observação: "Quando os significados dos atores são substituídos no decorrer da análise e da explicação, o antropólogo não está explicando a realidade social como ela existe no único sentido possível do ponto de vista de seu significado; por meio de sua explicação, ele a cria" (1983: 121). A forma como essa substituição será realizada dependerá do status dos significados nativos. Sabemos nós que eles funcionam como "explicações", por exemplo?[12] Deve ser levado em conta se os enquadramentos antropológicos são exógenos em sua intenção, ou se um tipo de explicação está substituindo outro, nativo. No segundo caso, é como se o(a) antropólogo(a) tivesse substituído sua autoria dos eventos em questão pela autoria daqueles que primeiro lhes conferiram sentido (a explicação do antropólogo substituindo a explicação dos nativos). Sugeri que este pode ser um elemento significativo de qualquer irritação manifestada pelos moradores da aldeia de Elmdon: que minha versão dos eventos tenha suplantado a versão deles – ao não reproduzir suas descrições em seu próprio gê-

---

12. Como sugerido por Cohen (1978), isso é como a introspecção dos habitantes da ilha de Whalsay, que são obrigados a fornecer um relato cultural de seu passado. Esta me parece uma extrapolação adequada, ao passo que o relato de Jarvie (1984) sobre a atividade do culto à carga como "explicação", por exemplo, não parece. Aqui, a crítica de Southwold (1983) à noção de "crença" permite um comentário paralelo. A despeito de sua forma proposicional, um credo que manifeste um estado de corpo e espírito não deve ser confundido com o credo de uma consciência destacada, que imagina a verdade na forma específica de uma proposição intelectual. A "crença", no primeiro sentido, não pode ser tomada como uma variedade da "crença" no segundo sentido.

nero, é como se eu tivesse deslocado sua autoria da narrativa. É claro que é importante notar que esse deslocamento não poderia ocorrer se o relato decorrente não fosse considerado, em alguma medida, uma *versão* do próprio relato deles (isto é, ambos "explicavam" algo). Essa visão implica, ainda, que os autores são de certa forma proprietários de suas palavras, assim como as pessoas são proprietárias de si mesmas, e portanto controlam suas ações e intenções naturalmente. A usurpação da propriedade natural coloca uma das condições para a exploração.

Levantou-se a questão da exploração em vista de seu potencial para iluminar uma maneira de interpretar a quem pertencem os relatos etnográficos. Usei o termo "autor" em sentido metafórico. Esse termo único não é, contudo, adequado para expressar as diferenças de nuance resultantes da comparação entre o produtor de etnografias em casa e no exterior. A distinção que Rabinow (1984) estabelece entre autores e escritores ajuda muito a compreender o caráter do dilema doméstico (*supra*, p. 23).

Rabinow se refere ao recente surto de autoconsciência na criação da forma etnográfica. Depois do autoescrutínio em outras disciplinas, notavelmente na crítica literária, a questão urgente se tornou apenas onde situar o narrador em relação a seu texto e a seu público leitor. Rabinow aplica a uma série de produções etnográficas a distinção de Barthes entre o escritor, por um lado, que se ausenta do texto e trata a linguagem como uma ferramenta transparente para fins de explicação e instrução, e o autor, por outro lado, cujos textos incorporam sua relação com o mundo, nos quais a linguagem é seu próprio fim, extremamente autorreflexiva. Rabinow se preocupa com as diferentes intenções que os antropólogos demonstram em relação à produção etnográfica e com o significado ético da forma, pois o antropólogo se enreda necessariamente em uma tríade de relações, não só com um público leitor no vernáculo, mas também com os ditos informantes,[13] e não consegue dirigir-se

---

13. Favret-Saada procura generalizar essa tríade como uma proposição simultaneamente social e sintática: "apenas um ser humano que se autodenomina 'eu' pode referir-se a outro ser humano como 'ele'; e ele só pode fazê-lo dirigindo-se a um 'você'" (1980: 27). Deve ficar claro no que se segue que não considero a tríade universalmente determinada por relações sujeito-objeto desse tipo (cf. Fabian 1983: 85-86). Se é *necessário* olhar para a sintaxe das representações (já que uma etnografia é uma representação), devem-se relembrar as

igualmente a ambos como público (Webster 1982: 108-09). Quanto à diferença entre ser autor e ser escritor, o antropólogo-etnógrafo mantém a distinção entre esses conjuntos de relações.

Ao menos para a Melanésia, não faz sentido considerar o(a) etnógrafo(a) alguém que suplanta um relato original de modo a transformá-lo em uma nova versão das pessoas em questão. A autoria de outras pessoas não pode ser deslocada.[14] O(a) etnógrafo(a), por sua vez, não está em condição de expor a relação entre suas representações e as representações "deles". Aqui, ele(ela) atua como *escritor(a)*. A escrita é utilizada como veículo para a explicação por meio da comparação – principalmente a comparação entre ideias provenientes de fontes sociais distintas, cuja origem pode ser justaposta. O trabalho analítico inclui, pois, dar conta das ideias das pessoas, que se tornam parte dos dados, e ele(ela) revela a relação entre as ideias delas e as ideias do discurso analítico (os modelos dos atores e os modelos analíticos, fundamento lógico da investigação de Holy e Stuchlik em 1983). Esse exercício teórico explícito revela a justaposição entre conceitos nativos e exógenos, preocupação de grande parte da escrita antropológica.

Se o etnógrafo também é *autor*, ele o é em relação a seu público leitor em casa. A apresentação por meio do filtro da consciência do etnógrafo-que-esteve-presente (cf. Kuper 1980; Clifford 1983) é extremamente importante. O etnógrafo tem total controle sobre aqueles que estão em casa e lerão o relato sobre a Papua-Nova Gui-

---

possibilidades sintáticas das construções da Nova Guiné referidas anteriormente (ver n. 10). A justaposição de discursos "indiretos" permite uma simultaneidade da autoria única (o agente que fala) e da autoria dupla (o que outro disse permanece o que "ele"/"você" disse); de forma semelhante, o pronome dual hagen pode formar pares de agentes sociais distintos com base em um modelo de aliança, e não de incorporação (cf. Strathern & Lancy 1981), o que não deve ser entendido apenas como um "nós" inclusivo. O dual de fato elide o "ele" e o "eu" (Favret-Saada 1980: 28).

14. No que diz respeito ao consumo doméstico, não trato aqui de versões que podem ser úteis em transações com o "mundo externo". Nos casos em que as pessoas podem voltar-se para o relato antropológico em busca de um registro do que foi feito "no passado", acho que o relato seria considerado uma exposição transparente do que outros sociais significativos disseram (ainda que sua identidade não seja mais recuperável). Pretendo aqui fazer uma observação técnica sobre posse e produção.

né. Por um lado, seus leitores não têm nenhum acesso às ideias que estão sendo apresentadas. Os modelos dos atores são fornecidos por meio dos modelos analíticos. Daí deriva a retórica da etnografia como tradução. Por outro lado, sua autoria suplanta ou substitui as outras versões do mesmo material que o público leitor em casa talvez também tenha em mãos. Ela modifica a forma de ele pensar sobre a Papua-Nova Guiné.

Rabinow repete o lamento de Barthes, se for isso mesmo, de que no autoconsciente século XX os narradores não podem ser nem escritores nem autores. Contudo, o tradicional exercício antropológico, em sua representação de um outro exógeno, permitiu a separação desses dois papéis: o escritor e o autor voltam-se para campos sociais distintos. Para o público leitor em casa, o(a) etnógrafo(a) é um(a) autor(a), uma fonte de autoridade por meio da qual os leitores podem ter acesso ao outro. Para aqueles que estuda, o(a) etnógrafo(a) é um(a) escritor(a) e cria uma relação explícita entre as ideias deles e seus próprios enquadramentos. Assim, o etnógrafo tradicionalmente negocia a "contradição fundamental" da "pesquisa etnográfica que envolve interação pessoal prolongada com o Outro" e se torna "um discurso que constrói o Outro em termos de distância, espacial e temporal" (Fabian 1983: xi). O primeiro permite a experiência da imediaticidade de um conjunto de relações (em campo) para validar a autoria sobre outro (o público leitor em casa). O segundo permite que uma distância construída teoricamente (fabricada em casa) informe o trabalho do escritor no que diz respeito às narrativas e aos textos fornecidos pelos informantes (em campo). Sugeri, é claro, que essa última posição não é apenas engendrada pelo antropólogo; ela o é também pelas realidades sociais que embasam a construção da autoria pelo outro.

O desafio da antropologia feita em casa é que ela sustenta uma estrutura de distinções diferente. O(a) etnógrafo(a) torna-se *autor(a)* em relação àqueles que estuda. A proposição reside na existência de uma continuidade entre os construtos culturais deles e os seus, pois eles também analisam e explicam seu comportamento de forma semelhante à do(a) etnógrafo(a). Eles concordam com o ponto de partida de que a "sociedade" ou "cultura" pode ser conceitualizada como objeto de estudo. Ambos estão habituados ao vocabulário das "relações", "papéis", "comunidade". O que o(a) antropólogo(a) parece estar fazendo é simplesmente usar essas ideias de forma especializada.[15] A análise especializada parece, pois, fornecer uma nova visão que engloba e atropela as explicações originais, e de fato as suplanta com novas versões. É claro que as versões sempre podem ser desafiadas. A possibilidade de os autores suplantarem uns aos outros deriva das conceitualizações da atividade produtiva como um processo por meio do qual coisas úteis são feitas a partir de materiais que são, com isso, relativizados como inúteis. As pessoas podem não concordar com o valor atribuído ao que elas fornecem.

Se o(a) etnógrafo(a) que trabalha em casa permanece um(a) *escritor(a)*, isso não é tanto para aqueles que ele(ela) estuda, que bem podem desafiar suas versões, mas para seus colegas, o principal público leitor. Afinal, a etnografia será sempre comparada e colocada em relação com um corpo de conhecimento compartilhado e com os estratagemas do método e da teoria. Ora, no que diz respeito às outras culturas, a natureza de estratagema dos construtos antropológicos é trivial. A disjunção social entre o(a) antropólogo(a) e os membros da sociedade estudada transforma o estratagema em uma construção deliberada de pontes. É claro que quem vem de fora parte de seus quadros de referência, seja para definir "casamento" ou para tomar uma decisão sobre a "descendência patrilinear". Não é necessário demonstrar que os Hagen chegaram a suas noções de patrilinearidade por um caminho muito distinto do percorrido pelo observador. Uma vez que é um postulado do Iluminismo, afinal, que os objetos de estudo são criados pela autoconsciência subjetiva, a autoria sobre a sociedade exótica é exercida por meio do filtro da consciência do observador. A aparência de estratagema que a redação antropológica tem em sua própria sociedade cria, por outro lado, não autores mas escritores. É na condição de escritor que o antropólogo deve distinguir seu estudo dos estudos realizados por outros profissionais que trabalham com a representação (Barnett & Silverman 1979: 17) e tornar evidente o domínio que foi captado (Thornton 1983).

---

15. Embora com o propósito de não sobrecarregar o relato com um excesso de abstração eu tenha apresentado o caso como se fosse uma questão do que as pessoas entendem, o argumento não requer evidência de que elas compartilham um vocabulário com o(a) antropólogo(a). A questão é que ele(ela) pertence à cultura que, por assim dizer, produz ideias como as próprias ideias de "sociedade" ou "cultura".

Mas me refiro a "casa" em sentido limitado aqui. Esses contrastes fornecem *insights* para as suposições iniciais que na verdade se aplicavam apenas à autoantropologia. Uma delas foi a acusação de mistificação. Os informantes podem considerar os relatos dos antropólogos sobre sua sociedade natal parciais, óbvios e repetitivos, mas também idiossincráticos e triviais; ele(ela) foi apenas o(a) autor(a) de outra versão. Para seus colegas acadêmicos, por outro lado, a base convencional do enquadramento analítico é tornada transparente: revela-se que a escrita é um dispositivo. A outra suposição relacionava-se à maior compreensão. Como autor(a), o(a) antropólogo(a) pode lançar uma luz diferente sobre as experiências das pessoas de modo a iluminá-las; as pessoas saberão mais sobre si mesmas. E assim como sua análise ganha sentido em relação a outras análises para seus colegas, o(a) antropólogo(a) como escritor(a) oferece uma reflexão sobre como as bases dessas análises são estabelecidas. Conhecer-nos melhor como objetos de estudo e como os sujeitos que realizam o estudo são dois aspectos amalgamados na premissa cultural de que todo conhecimento é uma espécie de autoconhecimento (ver n. 5).

## Conhecimento e autoconhecimento

Podemos agora acrescentar uma segunda caracterização à autoantropologia. A primeira foi a proposição de que esse tipo de antropologia feita em casa pode ser reconhecido por devolver à cultura ou sociedade em que se origina os construtos centrais dessa cultura, como "relação", "papel" ou, mais particularmente, o próprio conceito de "cultura". Essa é, por assim dizer, a visão de alguém de fora. A segunda caracterização se origina de uma visão de alguém de dentro, do modelo popular de que a antropologia contribui para o autoconhecimento. E se trata de autoconhecimento tanto para aqueles que estão sendo estudados (como autor ou autora, apresenta uma nova versão a seu respeito) como para o(a) antropólogo(a) como acadêmico (como escritor ou escritora, revela as premissas da academia). Isso deve ser elucidado em referência à cosmologia ocidental, especificamente às ideias sobre "a relação" entre indivíduo e sociedade.

O autoconhecimento carece de fundamento. Se os autores suplantam, também podem ser suplantados. Como autores entre autores, os autoantropólogos meramente oferecem "uma outra visão", "uma perspectiva alternativa" ou o que quer que seja. Eles somam complexidade ao entendimento daquilo que dizem constantemente para si mesmos ser uma sociedade "complexa". Colocar-se na posição de autor é testemunhar o mundo através de olhos diferentes; mas o que é visto tem de ser provisório devido ao próprio ato de conscientização que ocorre ao assumir o ponto de vista de outra pessoa. A acusação de trivialidade se refere ao fato de que se podem colocar inúmeros pontos de vista lado a lado e ainda assim ter a impressão de que eles oferecem pouco que já não tenha sido apreendido de outra forma quando comparados com o próprio ponto de vista. Se o ponto de vista não tiver sua autoria revista – se não for absorvido como um processo enriquecedor cujo propósito é o autoconhecimento –, pode-se considerar que ele acrescenta muito pouco. Não rende nada que já não seja conhecido, ainda que o seja de outras formas.

A eficácia das versões dos autores é supostamente avaliada com base no impacto que elas têm sobre a consciência individual. Quando estamos em busca de autoconhecimento sobre "nós" mesmos, a sociedade pode ser percebida como uma pessoa singular. "Ela" acaba sabendo cada vez mais sobre "ela mesma". Mas também se pode considerar que o conhecimento é construído coletivamente, produto de muitas mentes que trabalham juntas e de algo que cria relações entre elas. Uma disciplina não só fornece um ponto de vista, como se organiza em relação a outras disciplinas; como escritores, os antropólogos se colocam em relação às premissas teóricas dos outros.[16] Visto de dentro, isso pode parecer um estratagema; visto de fora, parece que os acadêmicos conversam exclusivamente entre si.

Os antropólogos que trabalham em casa cumprem, pois, com as condições da autoantropologia em sua produção como escritores. Eles transformam seus achados em artefatos de um tipo particular, entre os quais o mais notável é o próprio conceito de "cultura" ou "sociedade". O entendimento passa a depender de elucidar a

---

16. Pode-se, assim, considerar que as disciplinas dão conta de interesses sociais particulares. Aqui não se trata de "nós" como uma massa cujo autoconhecimento será incrementado, mas de nós como divididos e cindidos em inúmeros interesses distintos, o que inclui a academia como grupo de interesse.

"sociedade", digamos, como sistema social, como um conjunto de partes inter-relacionadas ou o que quer que seja. Assim, uma investigação a respeito de "x" ou "y" justifica-se em termos de sua contribuição para a compreensão geral da sociedade inglesa/europeia/ocidental. Há ao menos refúgio no postulado de que o autoconhecimento é possível. O indivíduo (particularmente a mente individual) como microcosmo da sociedade é o registro efetivo do autoconhecimento, e se considera que o desenvolvimento do conhecimento individual contribui para o conhecimento coletivo. É significativa aqui a própria ideia de sociedade – de que, como uma "sociedade", podemos melhorar o conhecimento sobre "nós mesmos" (isto é, sobre "nossa sociedade").

A antropologia se desenvolveu primeiramente entre um povo que pensava a si mesmo como formando "uma sociedade". Tinha-se consciência tanto de sua distância como de sua proximidade dos outros. Essa autodescrição baseia-se em um modelo quase étnico (o mundo é constituído por várias sociedades, e todas lidam com problemas semelhantes de formas distintas), que fornece o cenário da monografia tradicional, trazendo um lugar exótico para o público em casa. O estratagema das ideias antropológicas, a natureza hipotética dos construtos (a "convenção", na formulação de Wagner), é transparente em sua mera disjunção do conteúdo cultural (cf. Marcus & Cushman 1982: 48). O próprio estratagema é considerado um meio necessário de acesso ao que não é familiar. A monografia surge, pois, como comparação implícita entre duas culturas ou sociedades – a nossa e a deles. Isso leva a uma reflexividade de rotina, à descoberta constante de que os conceitos analíticos dependem do contexto.

Quando o(a) antropólogo(a) se volta para sua "casa", o estratagema, conforme sugeri, deve assumir um lugar diferente. O(a) autoantropólogo(a) não pode usar a linguagem apenas como dispositivo para comparar (digamos) duas culturas ou sociedades: ele(ela) fala mais ou menos sobre a sua própria. Ele(ela) se situa como um profissional no interior da cultura em geral (um gênero aceitável), mas deve revelar a maneira como a cultura opera por estratagema. O que sucede é um relato *sobre o* estratagema. Os entendimentos do senso comum das pessoas sobre os papéis que elas exercem e sobre seu lugar na sociedade revelam-se eles mesmos inventados. Suas inter-relações são expostas por meio de uma forma de conhecimento apresentada como interconexão entre unidades no interior de um sistema (Barnett & Silverman 1979). Ora, "modelos", "estruturas" e "sistemas" são apreendidos não só como objetificações (Asad 1973: 17), mas como um modo de organizar os dados (Anderson & Sharrock 1982).[17] Na medida, é claro, em que os antropólogos tomam por certa a maneira como conhecem (como uma questão de visão panorâmica, inter-relação funcional, organização, experiência compartilhada), eles evidenciam o conhecimento de sua sociedade ou cultura sobre ela mesma. Contudo, a noção de que os eventos podem ser resumidos e sistematizados, os indivíduos, organizados, e as regras sociais e os mapas culturais, elucidados (cf. Salmond 1982), coloca a questão de a quem se dirige o conhecimento – pois o autoconhecimento, sendo um construto cultural, não deve ser confundido com a autoexpressão. O conhecimento possui um elemento instrumental; ele é no mínimo "para" o eu.[18] O eu beneficia-se (individual ou coletivamente), pois, de seu conhecimento. Nesse contexto, adquirir consciência da convenção e do estratagema é produzir conhecimento sobre os antropólogos como produtores de estratagemas: em primeiro lugar, como participantes de uma vida social que se baseia em estratagemas; em segundo lugar, como produtores ativos de estratagemas na construção do conhecimento sobre essa vida social.

A autoantropologia tem, pois, suas próprias vantagens e ciladas; mas é razoável questionar se as mesmas circunstâncias não se colocam quando um antropólogo realiza um estudo sobre sua "casa". Não são as condições para a autoantropologia observadas quando, digamos, um habitante de Hagen com formação em antropologia se dedica a um estudo sobre Hagen? Nenhuma das condi-

---

17. A metáfora da "observação" (Fabian 1983: 106 ss.) desloca a construção da "organização". Imaginamos nossa metáfora organizadora como visual (mapas cognitivos etc.), mas essa autorreflexão particular oculta o papel da própria organização em nossas imagens. A visão é uma metáfora mundial para o conhecimento; é o "alcance *sistêmico*" das outras culturas que é "particular à tradição intelectual europeia ou ocidental" (Burridge 1979: 9). Seria, contudo, necessário especificar o tipo de sistemática. Para um relato sobre sistematizações não ocidentais do conhecimento, ver o trabalho de Salmond sobre a oratória maori, com sua pretensão à não universalidade (1982: 83; 1983).

18. Haraway (1983: 333), ao observar que os "projetos que buscam o autoconhecimento" são "básicos para a história do pensamento ocidental", pergunta se não se está supondo demais a respeito da identidade dos eus assim referenciados.

ções pode, na verdade, ser satisfeita. O antropólogo nativo[19] que se encontra nesse tipo de situação não contribui para o autoconhecimento de nenhuma forma direta. Ele(ela) não está em condição de conferir aos eventos uma nova autoria, e assim colocar sua versão lado a lado com outras narrativas dotadas de propriedade; ele(ela) tampouco é um(a) escritor(a) que utiliza os recursos conceituais daquela sociedade como fundamento para a descrição.

Consideremos novamente a reivindicação de Malinowski de que ele teria "criado" os trobriandeses.[20] Ele queria dizer que só ele os traria à vida para seu público leitor, que nesse sentido seria o autor deles; ao mesmo tempo, ao justapor o mundo como visto através dos olhos dos trobriandeses ao preconceito europeu sobre a sociedade primitiva, ele também tinha de ser escritor: tornar sua narrativa transparente o suficiente para que fosse uma autêntica descrição das ilhas Trobriand, o que exigia elucidação técnica. Como autor, não deslocava os relatos trobriandeses em relação a eles mesmos, pois não poderia de forma alguma ser um autor no que diz respeito ao conhecimento do interesse social local. Sua organização do material, seus modelos funcionalistas e princípios de organização social tampouco participavam dos modos trobriandeses de autoconhecimento. O autoescrutínio deles era administrado por meio de técnicas distintas. Quando, anos depois, Kasaipwalova (1975) planejou o "desenvolvimento cultural" trobriandês, isso foi feito na esperança de fundar uma escola de arte com base no equilíbrio da inspiração entre o sentido e a forma, cuja elucidação estivera até então nas mãos dos mestres escultores de proas e casas.

Mas seria absurdo inferir que a relação de Malinowski com os trobriandeses era desprovida de conteúdo. O que ele escreveu foi importante na medida em que, nas informações que transmitiu, fez a mediação entre os trobriandeses e o mundo colonial. É esse o significado das acusações subsequentes de que ele não entendeu

---

19. Para os estudantes de antropologia da Universidade da Papua-Nova Guiné, as investigações feitas "em casa" bem podem constituir uma forma de autoconhecimento pessoal, mas seu projeto não é de autoantropologia. Ele provavelmente tem muito mais o caráter do projeto de Malinowski, de mediação deliberada entre mundos diferentes, com interesses distintos a serem tidos em mente.
20. Essas reivindicações são feitas de várias formas em todos os escritos de Malinowski. Elas permaneceram um tópico de contemplação antropológica, cf. a exposição precoce de Leach (1957); Sahlins (1976); Kuper (1980); Clifford (1983).

as coisas, ou de que passou uma visão irreal da sociedade trobriandesa para o mundo que lhe é exterior. A questão a ser enfatizada é muito simples: os relatos antropológicos sobre as sociedades exógenas como a das ilhas Trobriand nunca será autoconhecimento da mesma forma que um relato paralelo sobre o mundo social, digamos, dos habitantes de Elmdon o seria. Não importa de onde o antropólogo venha; não pode ser autoconhecimento em um sentido autorreflexivo porque não se baseia nas técnicas específicas por meio das quais as pessoas conhecem a si mesmas.

## Conclusão: é importante saber onde a "casa" fica

Shamsul estava certo, pois, ao dizer que um antropólogo malaio deveria se familiarizar com a sociedade malaia deliberadamente. Não podemos concluir que os(as) antropólogos(as) não ocidentais manterão a mesma relação com sua própria sociedade ou cultura que um(a) antropólogo(a) ocidental mantém com a sua. Esta é uma projeção de uma modelagem (ocidental) específica que supõe que as sociedades são uma série de elementos homólogos e que, se outras sociedades desovam antropólogos, logo todos eles serão antropólogos que praticam antropologia em casa, em uma relação análoga uns com os outros no que diz respeito a suas relações com sua sociedade natal.

Muitos de nossos construtos se combinam nessa modelagem. A "cultura", por exemplo, é interpretada como um repositório de informações, como fica explícito nas técnicas dos etnometodólogos, cuja entrada em outra cultura ocorre por meio da aquisição de ferramentas para "saber como" operar no interior de suas categorias. O objetivo é descobrir regras fundamentais, moldes, códigos e estruturas que são dispositivos transmissores de informação. O conceito de cultura demarca, pois, a distintividade do tipo de informação necessária para que alguém seja membro de um grupo, enclave ou instituição em particular. Elucidar a cultura deste ou daquele punhado de pessoas é elucidar informações desse tipo. Desse ponto de vista, todas as culturas, assim como todas as sociedades, são homólogas entre si. Todas elas realizam o mesmo trabalho, informando os membros de cada sociedade sobre o que devem fazer e como fazê-lo. Todas as sociedades "têm", pois, cultura; e as regras e práticas do "como fazer" segundo as quais as pessoas levam a vida oferecem um depósito não intencional de informações para quem é de fora. É porque pensamos que todas as sociedades têm cultura que podemos contrapor umas às outras, compará-las e, em última instância, utilizar nossa própria cultura como contraste para entender as outras (cf. Kuper 1980: 18). Isso dá ensejo a outra fonte de reflexividade rotineira: o fato de que se aprende mais sobre a própria cultura ao estudar as outras, assim como se aprende mais sobre qualquer cultura ao compará-la com outra. Ademais, qualquer distinção social entre conjuntos, grupos e feixes de pessoas se dará a conhecer por meio da prática cultural interna, e dessa forma estará aberta ao escrutínio antropológico. Há aqui uma regressão infinita: há tantas "culturas" quanto há sistemas de autoconhecimento, pois a suposição de que todas as sociedades "têm" cultura significa que, ao fazer referência a essas outras culturas, o(a) antropólogo(a) pode transformar seu autoconhecimento em informações sobre elas para si mesmo(a). Esse modelo das culturas como sistemas de autoconhecimento sugere que a autoantropologia poderia ser feita em qualquer lugar. Meu argumento é, claro está, o oposto. É muito fácil para Giddens afirmar com afabilidade que "todos os atores sociais [...] são teóricos sociais" (1984: 335), mas essa frase será vazia se as técnicas de teorização tiverem pouco em comum. Enfatizei a produção e a escrita dos textos etnográficos de modo a chamar a atenção para a especificidade das técnicas no que diz respeito ao "conhecimento".

Como escritores, os autoantropólogos participam das variedades de autoconhecimento que são adquiridas por meio da investigação e do escrutínio sistemático. Elas fazem parte, pois, de um gênero de conhecimento: o conhecimento como organização. Esse gênero de conhecimento não é necessariamente análogo ao autoconhecimento obtido por meio da adivinhação, do mito, da reunião de congregações rituais ou da inflição de danos. A questão não é apenas de consciência. As pessoas traçam vários caminhos rumo ao autoconhecimento de forma consciente. Elas podem pôr seu próprio sistema à prova, por assim dizer, por meio da interpretação dos eventos, da saúde e da doença, e assim por diante, e implementar ("testar") suas interpretações na ação social. Estamos a um passo da argumentação de Wagner (1975) de que a antropologia reversa inventada pelos melanésios, em seus encontros com as culturas ocidentais, deveria tomar a forma de cultos à carga como engajamento ativo em um novo campo social. Quem vem de fora tende a explicar os cultos à carga como maior autoconhecimento por parte dos melanésios – eles estavam conferindo sentido cognitivo a uma nova situação, usando velhas ferramentas para novos problemas. Jarvie (1984: 126-27) ainda argumenta a favor dessa posição, e é curioso notar que, de forma homóloga, o único papel positivo que atribui à própria antropologia é de autoconhecimento. Mas é claro que esses melanésios que se dedicavam ao culto à carga nos diziam outra coisa (cf. Harrison 1985) – eles insistiam que sua ruptura com o passado era radical, que haviam chegado a formas de conhecimento e criado relações antes inconcebíveis.[21]

Por vezes é enganoso levar muito adiante a premissa metodológica de que todas as sociedades "têm" cultura. As técnicas de conhecimento que todos os povos têm sobre si mesmos não contemplam uma noção de "cultura", tampouco o conceito de "sociedade".[22] Se elucidar a cultura ou a sociedade não faz parte da forma como eles organizam suas experiências, isso não pode ocupar nos relatos antropológicos a seu respeito o mesmo lugar que ocupa para o autoantropólogo. Se as técnicas de autoconhecimento constituíssem uma classe universal, poderíamos argumentar em favor de um reconhecimento da antropologia feita em casa sempre que os antropólogos se voltassem para sua própria sociedade. Mas não

---

21. Os comentários de Southwold sobre o budismo (que ele não está "preocupado em refletir e endossar a vida social como ela é, mas em transformá-la" [1983: 20]) significam que não se podem interpretar essas práticas religiosas como sociologia reflexiva. Como consequência, tampouco se podem fazer suposições ingênuas sobre o *status* reflexivo das "representações" (1983: 78, 86).

22. Como antropólogos, "tratamos" as outras culturas como se elas tivessem uma cultura como nós temos, e as outras sociedades como se elas se modelassem como sociedade. Essa ideia é o quadro essencial para a organização dos dados – revelar a "sociedade" e a "cultura" supostamente latentes nas conceitualizações das pessoas. Outra consequência é que, se fôssemos de fato considerar os análogos operacionais da "cultura", poderíamos ter de enfrentar técnicas de conhecimento muito distintas – por exemplo, o conceito de "carga", como argumenta Wagner. No que tange à sociedade ocidental, contudo, o que o antropólogo ocidental revela é diferente: ele(ela) oferece uma perspectiva "holística" ou "sistêmica", as interconexões entre as partes. Isto é, a própria organização do conhecimento pelas pessoas, suas explicações são arrematadas com um relato superorganizado. A diferença aqui é de grau, não de espécie (cf. *supra*, p. 18; quanto mais organizado é nosso conhecimento, maior é o "entendimento" possível).

devemos ceder à mistificação. São os próprios antropólogos que constituem uma classe universal; são eles que compartilham preceitos e preocupações e, como escritores, administram os dados de maneira específica.[23] Esse tipo de "autoconhecimento" só pode, por sua vez, ser expresso de maneira circular: o autoantropólogo vem de uma cultura/sociedade que "tem" um conceito de cultura/sociedade. Não se deve decidir se os antropólogos estão trabalhando em casa *como* antropólogos com base em se eles se autodenominam malaios, pertencem aos ciganos Travellers ou nasceram em Essex; isso deve ser decidido pela relação entre suas técnicas de organização do conhecimento e a forma como as pessoas organizam o conhecimento sobre elas mesmas.[24]

Os estudantes que realizaram o estudo sobre Elmdon eram de fato muito tímidos, embora nenhum de nós tivesse problema em imaginar que os habitantes de Elmdon poderiam compartilhar de nosso interesse declarado pela "história". Se questionados a respeito, acho que eles também teriam concordado que a sociedade é um objeto de estudo legítimo. Eu hoje gostaria que tivéssemos levantado essa questão – teria feito com que nos sentíssemos mais em casa.

Sou grata a Paul Rabinow pela permissão para citar seu artigo no prelo (1984) e por seu interesse no tema. Anthony Cohen foi uma fonte original de inspiração e Timothy Ingold, de vários comentários e críticas que muito me ajudaram.

*Tradução Iracema Dulley*

---

23. Shamsul defende uma posição semelhante no que diz respeito à responsabilidade que os antropólogos (e sociólogos) assumem ao treinar os outros em sua disciplina (1982: 29).

24. E assim, onde "o processo de investigação foi aceito como parte do autor pluralista circundante" (Barnes 1979: 186).

Mulheres Kuli com adornos se reúnem para iniciar a dança. Hagen, 1967.

# 5. ARTEFATOS DA HISTÓRIA: OS EVENTOS E A INTERPRETAÇÃO DE IMAGENS

Os europeus ficaram um tanto surpresos ao se darem conta de que sua chegada ao Pacífico pouco surpreendeu.[1] Vários relatos dão a impressão de que a vinda deles já era esperada, de que eram seres conhecidos que "retornavam" ou se manifestavam em uma nova forma. Ideias desse tipo certamente estimularam o milenarismo dos cultos à carga na Papua-Nova Guiné. Esperava-se que retornassem no futuro. Assim, esse evento singular englobou tanto passado como futuro; de fato, ambos se fundiram na medida em que a segunda vinda não traria as gerações por nascer, mas as gerações já falecidas, na forma de ancestrais – ou, se não os próprios ancestrais, sua "carga".

O que provocou essa recuperação do passado no futuro foi o próprio advento real: o aparecimento dos europeus e as histórias que circularam a seu respeito. Neste ensaio, defendo o argumento de que ao menos no que diz respeito a grande parte da Melanésia, e especialmente à Papua-Nova Guiné, os europeus apresentaram inicialmente um tipo particular de imagem. As imagens que contêm em si tanto o tempo passado como o futuro não devem ser situadas em um contexto histórico, pois incorporam a história. Segue-se que as pessoas não precisam, pois, "explicar" imagens desse tipo fazendo referência a eventos fora delas: as imagens "contêm" os eventos. E aqui nos é dada uma pista para entender as reações ambíguas com que os primeiros europeus relataram ter sido rece-

---

1. Publicado originalmente em *Culture and History in the Pacific*, organizado por Jukka Siikala, 1990. [N. E.]

bidos na Nova Guiné. Eles encontraram surpresa, mas surpresa temperada com indiferença. Como Lederman (1981) relatou sobre sua própria chegada a Mendi, nas terras altas da Nova Guiné, as pessoas se mostraram ansiosas por lhe assegurar que não haviam sido pegas de surpresa. O relato delas sobre si mesmas já continha esses recém-chegados, sob outros aspectos inesperados.

As imagens são apresentadas por meio de artefatos. Nas culturas em que os artefatos são extremamente personalizados (cf. Battaglia 1983), isso também acontece por meio de pessoas em sua forma corpórea (O'Hanlon 2005); nos casos em que as pessoas também são objeto da consideração dos outros, a apresentação se dá em performances de todos os tipos (Schieffelin 1985). As pessoas se objetificam ou se apresentam de inúmeras formas, mas sempre assumem uma forma específica. Sugiro que os melanésios talvez tenham considerado o advento dos europeus como um artefato ou uma performance. A questão que interessa é, pois, a quem os melanésios atribuíram a fabricação do artefato ou a produção da performance.

Contudo, não apresento um caso com base em argumentação etnográfica. Antes, minha intenção é levantar algumas dúvidas a respeito das percepções antropológicas do processo histórico. Ao evocar "imagens" melanésias, apresento um conjunto de percepções que questiona a divisão do trabalho que ainda existe entre o antropólogo social/cultural e os antropólogos que se dedicam à cultura material destinada aos museus. Como resultado dessa divisão, ocultamos de nós mesmos possíveis fontes de *insight* acerca de processos por meio dos quais pessoas como os melanésios da Papua-Nova Guiné lidam com a mudança social e se transformam.

## Os eventos: duas visões do tempo

Existe uma relação entre o estudo dos artefatos e o estudo do tempo, assim como entre a ideia de contexto histórico e a ideia de contexto cultural ou social. Uma percepção dos eventos pode estar implicada na forma como os antropólogos ocidentais frequentemente entendam como trabalho dos historiadores, um reflexo da forma como entenderam também os museólogos e os estudiosos da "cultura material".

Contrariamente às aspirações de muitos historiadores praticantes, os antropólogos com frequência os entendem como interessados em "eventos". Na visão de mundo antropológica, a ideia de um evento concreto, acidental, ocupa praticamente o mesmo lugar que a ideia de um artefato concreto, acidental. Os eventos podem ser entendidos como resultados inevitáveis – e portanto "naturais" – dos arranjos sociais ou, de forma ainda mais aguda, como o encontro fortuito que não havia sido previsto por esses arranjos. São esses os dois tipos de evento dos quais Sahlins (1985) trata no Pacífico. Eles são tomados como itens que devem ser levados em consideração em nosso sistema de conhecimento, assim como tantas matérias-primas, tantos fatos a sistematizar.

Nenhum relato pode recuperar o passado, afirma Lowenthal, "pois o passado não foi um relato; foi um conjunto de eventos e situações" (1985: 215). Mas o relato bem pode estabelecer uma relação, interna a ele mesmo, entre os "eventos" e o processo organizador ou os "sistemas" que os conectam/explicam. De fato, o estudo de Sahlins sobre a temporada de Cook no Havaí é um exemplo do interesse da antropologia social/cultural em situar os eventos como matérias-primas para seus esforços de sistematização; afinal, Sahlins aborda a interação entre os habitantes do Havaí e o aventureiro Cook em termos da transformação dos significados que ocorre na interpretação cultural dos eventos históricos e nas repercussões da história sobre a cultura. Ele explora a antinomia entre "a contingência dos eventos e a recorrência das estruturas" (1985: xiii), estendendo o "evento" para uma relação entre acontecimento e estrutura. A estrutura e o evento são mediados por um terceiro termo, "a estrutura da conjuntura". Deve-se considerar que a estrutura coordena os eventos: ele descarta a "distinção nociva" entre ambos em prol da realização da estrutura no evento e vice-versa. Não há evento sem sistema, ele propõe (1985: 154), e é claro que é dessa maneira que os antropólogos devem fabricar o conhecimento para eles mesmos. Se Sahlins deslocou a distinção nociva entre evento e estrutura com base na relação irredutível entre ambos, essa relação irredutível só pode ser a que existe entre o sujeito que conhece e os objetos do conhecimento.

Sahlins sugere que um evento como tal deveria ser visto como uma *relação* entre um acontecimento e um sistema simbólico; é o "acontecimento" que toma o lugar de um fato natural nesse esquema. A interpretação cultural domestica um acontecimento. "O evento é um acontecimento interpretado" (1985: 153). Essa definição de evento replica para os europeus e os antropólogos o que também é imputado aos habitantes do Havaí. A análise dos eventos por Sahlins se volta para como o povo havaiano realizou interpretações e contextualizações, estabelecendo uma correspondência entre conceitos e objetos externos. Daí sua observação de que "tudo se passa como se nada acontecesse: como se fosse possível não haver história, não haver nenhum evento inesperado, nenhum acontecimento que já não estivesse previsto pela cultura" (Sahlins 1985: 30-31). A ação social é uma "atualização" ou "realização" da relação entre os conceitos dos atores e os objetos de sua existência (1985: 154). Daí o foco de Sahlins nos eventos como ação interpretada, que utiliza (segundo sugiro) a ideia de evento de forma muito semelhante a como os antropólogos geralmente pensam o artefato. Nosso interesse na sistematização nos obriga a subsumir a construção cultural a uma nova relação que também inclui seu contexto social, isto é, a estrutura. A "estrutura" é uma metáfora de enquadramento, por assim dizer. Portanto, vemos um evento como acontecimento culturalmente interpretado; da mesma forma, diz-se que um artefato tem significado, o qual deve ser elucidado antropologicamente em referência ao sistema que produz os significados. Os acontecimentos mantêm uma relação intransigente, e não reflexiva ou expressiva, com a estrutura; não obstante, não podem ser explicados ao observador (havaiano ou europeu) sem que se faça referência a um contexto. Um evento cultural é, pois, eternamente criado a partir de um acontecimento natural. Por sua vez, a elucidação da estrutura pelos antropólogos toma *essas interpretações* (a cultura) como os fatos adequados, como a matéria-prima do conhecimento antropológico sistemático. A antropologia descontextualiza os esforços de contextualização nativos (havaianos ou europeus).

A despeito de podermos usar o material melanésio para comentar o polinésio ou não, essa digressão indica uma ressalva à abertura da investigação histórica para a cultura e a história no Pacífico. O que pretendemos recuperar como etno-história? Dessa forma podemos, como acredito que Sahlins faz, considerar as interpretações das pessoas como "sua" história, um tipo de etno-história: sua versão sobre o que fazemos reside em seus códigos de referência e práticas de contextualização. Não sei se isso funcionaria na Melanésia. Para recuperar o conhecimento que advém da percepção de relações estruturais entre os eventos, talvez tenhamos de buscar uma contrapartida a nossos esforços de sistematização nos artefatos e nas performances das pessoas, nas imagens que elas se esforçam por transmitir, e portanto em como elas apresentam os *efeitos* da ação social para elas mesmas. E isso não se parece em absoluto com nossa "história".

E isso não se pareceria com nossa história porque um sentido de tempo bastante distinto está em questão.

Essas duas visões do tempo, a europeia e a melanésia, podem ser apreendidas como duas formas de "explicar" ou "explicitar" a natureza das coisas. Um evento tomado como uma *ocorrência* acidental na natureza, fortuito e idiossincrático, particular de um momento, deve ser explicado por estar em seu contexto histórico (cultural); ou seja, suas relações com outros eventos são expostas de modo que os eventos sejam frequentemente considerados em progressão, um após o outro. Um evento tomado como *performance* deve ser conhecido por seu efeito: ele é compreendido em termos do que contém, das formas que oculta ou revela, do que está registrado nas ações de quem o testemunha. Uma sucessão de formas (cf. Wagner 1986b: 210) é uma sucessão de deslocamentos, sendo cada uma delas uma substituição do que sucedeu anteriormente, e assim, em certo sentido, contém tanto o que veio antes quanto seus efeitos sobre a testemunha. Nesse sentido, cada imagem é uma nova imagem. Como consequência, o tempo não é uma linha que divide os acontecimentos; ele reside na capacidade de uma imagem evocar o passado e o futuro simultaneamente. Se for esse o caso, então, o problema que os produtores de imagens desse tipo se colocam, na medida em que estão preocupados com sua própria singularidade, é de como superar a recursividade do tempo: como criar de fato um evento que será único, particular, inovador. O que é verdadeiro para o tempo também é para o espaço. De forma análoga, podemos dizer que o espaço não é uma área delimitada por pontos; ele é a efetividade que uma imagem tem ao fazer o observador pensar sobre aqui e acolá, sobre ele mesmo e os outros. O problema passa a ser como as pessoas podem apreender a perspectiva do outro de modo que ela se reflita nelas mesmas; os artefatos são exibidos e postos em circulação de modo a devolver esse conhecimento (Munn 1986).

# O advento dos europeus

A despeito do caráter único do evento no registro europeu, as experiências iniciais de Miklouho-Maclay na costa Rai da Nova Guiné seriam repetidas alhures. Embora apenas alguns melanésios tenham chegado a desenvolver cultos à carga, parece que eles manifestaram um interesse pragmático nas transações com os recém-chegados, e Lawrence observa o quanto Miklouho-Maclay tinha de satisfazer a demanda local por seus bens. Ele estabeleceu sua posição, entre outras coisas, por meio da concessão de dádivas, e "suas dádivas sempre eram retribuídas" (Lawrence 1964: 60). Ao mesmo tempo, o biógrafo de Miklouho-Maclay confere uma ênfase dramática a sua surpresa por ter sido confundido com "algum tipo de ser sobrenatural" (Webster 1984: 72). O homem que concedia dádivas também era uma deidade local (Lawrence 1964: 65; Webster 1984: 104).

No que diz respeito a muitos europeus, tanto os que se envolveram na situação à época quanto os antropólogos posteriormente, eram suposições comuns que: 1) a chegada dos europeus foi um evento único; 2) ela ampliou, assim, a credulidade das pessoas de modo que elas tiveram de encontrar um lugar para os estrangeiros exóticos em seu universo cognitivo; portanto, não surpreende que 3) os melanésios considerassem os primeiros europeus como espíritos de deidades e que 4) para dar sentido a esse evento imprevisto as pessoas tenham reagido tentando mudar a própria vida, e assim deter o poder europeu. Subjaz a isso a suposição final de que 5) os europeus de fato detinham o poder, principalmente por serem *eles* a ocorrência, por terem sido *eles* a ir ao encontro dos melanésios. Em suma, na análise antropológica, o advento dos europeus ganha o estatuto de fato histórico. As pessoas da Papua-Nova Guiné foram levadas a se deparar com um momento único na história.

Tenho certeza de que as pessoas foram pegas de surpresa. É o caso de interpretarmos suas reações assimilando esse evento a um evento na história? Suponhamos que não tenha se tratado de um momento único, que não era verdade que apenas os europeus detinham o poder e que sua chegada não obrigou as pessoas a criar novos contextos para dar conta do evento imprevisto. Permitam-me produzir um conjunto de suposições contrárias, sintético porque inspirado no que sabemos sobre muitos tempos e espaços, porém com potencial para nos auxiliar a considerar tempos e espaços específicos – como a exploração das terras altas documentada por Connolly e Anderson (1984). Suponhamos, pois, que assimilamos esse evento – a chegada dos europeus – a algo que os melanésios já estavam de fato fazendo. Podemos lançar uma luz bastante distinta sobre a singularidade, o poder e o contexto.

Em primeiro lugar, a singularidade. No mundo melanésio, é comum as pessoas se surpreenderem *consigo mesmas*. E o que as surpreende são as performances e os artefatos que elas criam. Aqui se pode pensar nas estatuetas e nas esculturas, bem como nos marcos estabelecidos para comemorar eventos do passado (Rubenstein 1981), nas ferramentas tomadas como evidência da criação divina (Battaglia 1983) ou nos valores em forma de conchas que portam em si um registro de sua troca (Damon 1980). A própria realização é comemorada. A política melanésia é tipificada pelo modo como o prestígio se torna realizado, mas a ideia de realização excede a política e é inerente à própria constituição da atividade coletiva, como a troca cerimonial, o culto aos espíritos ou o que quer que seja. As pessoas se surpreendem com sua capacidade de agir coletivamente, assim como os homens do monte Hagen se surpreendem com seus ornamentos por ocasião das trocas. Sua apresentação evidencia o poder que eles esperam ter abarcado, ao mesmo tempo um vaticínio do sucesso passado e um presságio para o futuro (A. Strathern & M. Strathern 1971). Podemos tomar emprestada a observação de Kapferer (1984: 193) alhures de que os ritos nunca são mera repetição: os atos e as enunciações reagregam significados o tempo todo. Assim, a despeito de quão padronizados ou tradicionais possam ser os modos de fazer as coisas, sua configuração final abre espaço para o inesperado: uma performance não pode ser prevista, pois uma imagem não pode ser apresentada até o momento de sua composição.

Além disso, em muitas ocasiões, os melanésios se apresentam diferentemente do que sua aparência costuma sugerir. Exemplo disso é o disfarce do auto-ornamento, que oculta a pele exterior de quem dança ao trazer à tona suas qualidades interiores (M. Strathern 1979), ou as exibições ambíguas dos clãs no arraial, que simultaneamente ocultam suas diferenças internas e revelam a ausência de conflitos desse tipo (O'Hanlon 1983). Pode-se fazer uma brincadeira com o homem-espírito e com outras identidades.

Gell (1975: 243) observa sobre os Umeda que a identificação de um dançarino mascarado com a figura do casuar serve apenas de disfarce para a identificação mais profunda do casuar com o homem. O segredo do casuar é que ele é um homem. Schwimmer resume esse dualismo em seu comentário sobre a frequência com que os dançarinos melanésios brincam em duplas, cada qual representando espíritos portando máscaras ou vestes semelhantes: "Todos sabem que se trata de um homem, mas ao olhar para o companheiro veem um espírito" (1984: 253).

Se os melanésios sentiram que estavam presenciando algum tipo de realização, eles não necessariamente teriam de interpretar a chegada dos europeus como um imprevisto singular. Eles eram seres disfarçados: uma surpresa, mas não uma surpresa especial. E a identificação dos homens com os espíritos seria menos uma identificação especial do que a revelação posterior de que se tratava de homens.

Em segundo lugar, o poder. O que há de específico nas reações melanésias é o modo como procuraram realizar transações com os europeus. Eles pareciam práticos, até mesmo mercenários, a despeito da admiração e do deslumbramento com que os europeus com frequência *relataram* ter sido recebidos. Com efeito, o deslumbramento parece ter sido causado pelo fato de alguns europeus terem sido tomados por sua própria imagem (ainda que isso dificilmente possa ser afirmado a respeito do sisudo Miklouho-Maclay). Isso foi desencadeado pelo grau em que eles se ocuparam, em um momento posterior, dos elementos aparentemente irracionais da resposta nativa (como fica evidente no "pensamento da carga").

Mas o que precisa ser explicado do lado melanésio é a construção dos europeus como espíritos e sua simultânea aceitação indiferente (também relatada por Lawrence 1964: 233) do que os europeus consideravam maravilhas tecnológicas. A capacidade das pessoas para interagir com esses seres e obter algo deles tornou-se evidente muito cedo. Foi essa interação que revelou que esses seres (também) eram humanos. No exemplo dado por Jeffrey Clark (1986), as duas percepções coexistem. As pessoas parecem, pois, ter suposto que os atributos pessoais dos europeus, assim como as outras coisas que eles trouxeram, podiam ser transferidos – o único problema era como fazer esse encontro funcionar. Assim, os moradores do monte Hagen às vezes pensam que estão se tornando "europeus", ou então que estão permanecendo "hagen", como se essas fossem escolhas possíveis entre domínios de eficácia pessoal.

Pode-se supor que os melanésios é que tinham um sentimento de poder. Se o advento dos europeus fosse tratado como performance, de forma semelhante à do dançarino mascarado, quem seria seu produtor? Não poderia ser o próprio grupo de dançarinos mascarados. As performances são artefatos produzidos pelas pessoas (sejam elas humanas ou não), estratagemas, exibições de destreza, até mesmo truques. De fato, pode-se argumentar que muitos eventos que consideramos uma contingência histórica têm, aos olhos dos melanésios, o caráter de improvisação (Wagner 1975). Os produtores de uma performance são aqueles que a concebem, que lhe dão forma em sua mente diversa e acabam por realizar a exibição. A performance torna-se um índice da capacidade das pessoas: a encenação de um banquete "é uma realização, um tipo de golpe" (Wagner 1976b: 193). Os habitantes da costa Rai bem podem ter ficado aterrorizados quando os europeus apareceram pela primeira vez, como comprovam os diários de Miklouho-Maclay (1975). Mas não podemos supor que simplesmente temeram os poderosos europeus. Meu palpite é que o próprio poder das pessoas – em relação ao que haviam feito para causar uma encenação tão extraordinária – ou o poder que elas talvez atribuíssem a *big men* particulares ou aos povos vizinhos (John Liep, comunicação pessoal) pode ter sido um componente inicial de seu terror. *Alguém* deve tê-los produzido.

Em certo sentido uma testemunha é também um agente. Uma performance é completada pelo público (Schieffelin 1985), que pode assumir um papel ora passivo, ora ativo. Na cosmologia melanésia, o agente ou produtor de uma atividade é frequentemente separado da pessoa (ou acontecimento) que incita a ação. Assim, em muitos regimes patrilineares, os parentes maternos são a "causa" das prestações que fluem em sua direção enquanto recebedores da virtude da saúde que eles concedem ao(à) filho(a) de sua filha ou irmã; os agentes ativos, que recebem o prestígio resultante da ação, são os doadores paternos das dádivas. Os doadores demonstram seu poder ao realizar uma prestação. No mesmo veio, na medida em que os europeus se apresentaram como causa da resposta das pessoas, a capacidade de agir ficou do lado de quem respondeu. Os europeus seriam uma causa inerte de toda essa atividade.

Em terceiro lugar vem o contexto. É esta a questão absolutamente predominante nas análises antropológicas dos cultos à carga. A suposição é a de que os cultos revelam pessoas buscando equilibrar a falta de orientação cognitiva ou o distúrbio psíquico, na formulação crítica de Siikala (1982), que são criados pela chegada inesperada de estrangeiros em seu meio. Contudo, seu caráter inesperado foi, por assim dizer, de um tipo esperado: apenas um estranho artefato. Isso pode ter sido influenciado pelas dificuldades iniciais de verbalização. Os europeus dificilmente chegaram como chegariam inimigos ou aliados, com conversas e motivações ambíguas; eles impuseram aos espectadores uma presença visual inefável, se não ininteligível. A motivação tinha de ser localizada em alguém. Sugeri que talvez as testemunhas de algum modo soubessem ser elas as produtoras do espetáculo: se não o eram elas mesmas, eram a causa das ações a elas dirigidas por seus vizinhos ou inimigos. Mas, para um espetáculo, o que importa é que esteja desconectado dos eventos cotidianos; ele é o resultado de motivações ocultas até o momento da revelação. Nesse sentido, também deve ser considerado em si. Funciona apenas se for imprevisto.

Há mais aqui do que o mero fato de que não pode haver um acontecimento que não seja culturalmente previsto, que não possa ser "codificado" como algum tipo de evento reconhecível (Sahlins 1985: 31). Há mais, portanto, do que a simples assimilação dos recém-chegados a um panteão existente de seres sobrenaturais. Na sequência que descrevi, a questão central é sua natureza autocontida. Não devemos imaginar o evento como um "acontecimento interpretado".

Um artefato ou uma performance, quando apreendidos em si mesmos, o são como imagem. Uma imagem sem dúvida existe fora de um contexto ou, inversamente, contém o próprio contexto que a precede. Todos os problemas residem no que deveria ser o resultado vindouro da performance, em suas consequências para o futuro, no que seria revelado em seguida, em suma, em seu efeito ulterior. Consequentemente, o advento dos europeus não teve de ser inserido em seu "contexto social". Os melanésios não tiveram de lhe "conferir sentido" – eles não tiveram de evocar o meio cultural e social mais amplo do qual os europeus vieram, pois não sentiam compulsão alguma de "explicá-los". E a ignorância desse contexto não colocou os europeus fora de seu alcance, como estes bem podem ter suposto (sem dúvida *os europeus* teriam gostado de se sentir fora de alcance até que a educação houvesse ensinado as pessoas sobre a sociedade ocidental e o significado histórico do momento do contato). Pelo contrário, o ato da apresentação em si era o único contexto relevante: se os melanésios também estivessem inclinados a considerar a imagem a partir da explicação, a questão seria a motivação, a ser eliciada ou testada pelos tipos de relação que os estrangeiros poderiam ser tentados a estabelecer com os próprios melanésios.

Em suma, não precisamos supor uma desorientação cognitiva porque não precisamos supor que os melanésios pensaram estar lidando com seres cuja descontextualização representava um problema.

## Imagem e contexto

É improvável que as respostas melanésias tenham permanecido estáveis. De fato, o que esbocei aqui foi provavelmente apenas um ponto em um processo mais longo, que viraria essas construções do avesso, localizaria o poder do lado dos europeus e os melanésios como sua causa inerte e acabaria por desmontar completamente as construções. Eu as imagino apenas para interromper os tipos de construção que os antropólogos ocidentais impuseram com tanta facilidade sobre os eventos históricos e o embate entre as culturas no passado. Sugeri que construções ocidentais desse tipo frequentemente jogam com uma analogia entre situar os artefatos em seu "contexto" social/cultural e expor os eventos como sequências que aparecem como pontos "no tempo" a serem conectados uns aos outros. Deixe-me desenvolver o argumento em relação à construção melanésia de artefatos percebidos como imagens.

Inspiro-me na análise de Wagner sobre os artefatos criados pelos Barok da Nova Irlanda (1986b), bem como em sua teorização acerca da obviação (1986a e alhures). Os artefatos incluem a estrutura espacial da casa dos homens, performances como banquetes e geralmente as metáforas por meio das quais as pessoas constroem suas ideias sobre o poder. Na mente dos Barok, itens como esses evocam imagens comumente aceitas. Por "imagem" Wagner pretende que entendamos um tipo particular de tropo. A imagem perceptiva (ou "metáfora pontual") existe em relação à codificação referencial (ou "metáfora de enquadramento") (Wagner

1986a: 31). A codificação abre um símbolo no que diz respeito às partes que o constituem, e assim também sua relação com outros símbolos: ele se expande e obvia uma imagem ao interpretá-la, ao colocá-la em um contexto que se torna, assim, parte de seu significado. Por outro lado, uma imagem condensa ou rompe com o contexto no interior dela mesma, no sentido de que todos os pontos de referência são obviados ou deslocados por sua forma única.

As construções em questão podem ser ilustradas pelo exemplo de um artefato que circulou em toda a Melanésia: o machado de pedra cerimonial. Battaglia apresenta uma exegese iluminadora dos machados usados na ilha de Sabarl no Massim. A forma triangular alcançada pelo ângulo da lâmina com o cabo pode ser percebida como "uma imagem da ação e do movimento direcionado" (Battaglia 1983: 296). Evoca as ações passadas ao mesmo tempo que prenuncia as ações futuras. Os Sabarl comentam que ele tem a forma das cerimônias mortuárias, ou seja, um movimento lateral de itens de riqueza do lado paterno (o braço esquerdo de alguém) para o lado materno (o braço direito), celebrando o apoio dado a uma pessoa por seus parentes durante sua vida. O cotovelo representa, assim, "a junção no movimento socialmente vital de doação recíproca [...] [e] a rota ideal de volta dos objetos valiosos que vêm de longe da pessoa, do clã ou da aldeia" (id. ibid.: 297). Mas essa explicação também encobre (obvia) outras. Na própria junção está a figura de um pássaro com uma cobra no bico, imagem de um desafio mítico apresentado como oposição sexual. Battaglia argumenta que as relações ideais de apoio entre os parentes se transformam, com a morte, em conflitos individualistas entre eles (em relação à herança e coisas do tipo). Contudo, a simultaneidade das ideias sobre apoio e conflito contida no machado não encontra par nas explicações fornecidas pelas pessoas, pois estas devem sempre colocar uma perspectiva em relação à outra. Uma imagem é diferente de um elemento em uma codificação ou exegese abrangente.

Trata-se menos do privilégio de uma interpretação em detrimento de outra que seja pertinente do que da relação entre a interpretação (metáfora de enquadramento) e a apreensão de algo que é apenas ele mesmo (metáfora pontual). Um objeto dado por certo em uma junção, como uma imagem que "representa a si mesma", pode ser codificado por meio da referência a novas imagens (cujos significados devem ser dados por certos naquele ponto) em outra.

A forma do pássaro-cotovelo intrínseca ao machado sabarl também pode ser explicada como um mapa das relações de parentesco; quando estas se tornam pontos de referência para o machado, assumem suas próprias supostas qualidades (são imagens de apoio, metáforas pontuais). Mas então as relações de parentesco podem ser abertas à explicação, como ocorre no toma lá dá cá das trocas mortuárias das quais os machados fazem parte, e nesse caso eles deixam de ser dados por certos, e assim por diante. O processo de explicação por referência ou decodificação priva a imagem de seu poder de elicitar sentidos dados por certos. De forma inversa, o machado sabarl não é, em si, uma mera ilustração de significados descritíveis em outros termos – antes, ele apresenta à percepção uma *forma* particular que é a sua própria. O que o morador da ilha de Sabarl compreende ao manusear o machado, que pode ser verbalmente expresso como "o mesmo" que as relações de parentesco ativadas na troca, não são de fato aquelas relações de parentesco. Afinal, quando *elas* se tornam o foco da atenção, os parentes conseguem, com suas trocas de bens de valor (o que inclui os próprios machados), fazer coisas que reinterpretam o caminho ideal que os bens de valor deveriam tomar. Com efeito, ao "explicar" ou "encenar" suas relações uns com os outros, os parentes subvertem o status do apoio paterno, dado como certo na imagem do pássaro-cotovelo. Uma relação substitui ou desloca a outra.

Um artefato, ou uma performance como uma troca, percebido como imagem, não pode ser reduzido às explicações codificadoras que o acompanham, ou vice-versa. Albert apresenta o argumento sobre o *malanggan*, pelo qual outros habitantes da Nova Irlanda são famosos: sua expressividade "pode ser encontrada na organização das formas dos entalhes, e não em alguma relação entre formas particulares e seus referentes" (1986: 241).

A codificação referencial não é encontrada apenas nas explicações verbais das pessoas; a sequência de Wagner entre a metáfora pontual e a metáfora de enquadramento, entre a imagem e o código, pode realizar-se na contração e expansão de qualquer tipo de artefato. As imagens podem substituir umas às outras, em uma sucessão de analogias. Ao mesmo tempo, as imagens tanto contêm como eliciam interpretações. Qualquer imagem, ele argumenta, pode sintetizar vários significados, e ao provocar uma resposta, elicia essa síntese naquele que a percebe. A síntese é desmontada quando esses sentidos são expandidos (codificados) ao fazer referência a outras imagens. Assim, os significados do machado sabarl são dessintetizados ao ser encenados em relação aos parentes maternos e paternos que trocam machados como bens de valor. A codificação é realizada por meio de uma nova performance ou reunião de artefatos, bem como de uma exegese verbal. É significativo, contudo, que os Barok atribuam à exegese um lugar especial. O efeito da descrição pode ser tomado como contrário ao efeito produzido por uma imagem (o que inclui uma imagem verbal, como uma metáfora); assim, a imagem é, por sua vez, entendida pelos Barok como um meio distintivo de elaborar o poder ou a efetividade: "Uma imagem pode e deve ser testemunhada ou vivenciada, em vez de apenas descrita ou resumida verbalmente" (1986a: xiv), e, se ela deve ser vivenciada de modo a ser entendida, "a experiência de seus efeitos são simultaneamente seu poder e seus significados" (1986b: 216). Os Barok continuam suspeitando da fala. A fala está sempre relacionada a um esforço para manipular os eventos e as relações, tornando a motivação ambígua, ao passo que ao produzir imagens – como a revelação da dádiva (Biersack 1982) – as pessoas produzem os efeitos por meio dos quais sabem o que elas mesmas são de fato, pois "produzir uma imagem" significa que um artefato tomou uma forma específica (a imagem) na mente do observador.

As imagens são autoconhecimento refletido. A maneira como uma pessoa responde a um tabu ou a uma exigência mostra que essa pessoa é o tipo de parente que ele(ela) é; de modo semelhante, a figura visual construída pela casa dos homens barok contém as atividades cerimoniais dos homens e o poder ancestral de tal maneira que sua relação legitimada com os mortos é tornada manifesta. Quando o advento dos europeus criou um afeto semelhante ao dessas "imagens", também teria levado ao autoconhecimento. Ele apresentaria ao observador uma forma particular, conhecida pela resposta assim eliciada. Como transmissor ou portador de seus efeitos, o observador (em cuja mente a imagem se forma) também foi seu produtor nesse sentido, como todos os públicos.

Refiro-me deliberadamente ao processo de codificação e referencialidade da explicação verbal de modo a estabelecer uma comparação com certas práticas ocidentais de conhecimento. Quando os melanésios elaboram o conhecimento sobre eles mesmos e suas relações com os outros, eles bem podem valer-se de percepções que têm o estatuto de imagem em casos nos quais um acadêmico europeu utilizaria conceitos verbais de maneira referencial, codificadora. Um europeu provavelmente explicaria qualquer relação fazendo referência a outras relações, criando sistemas por meio de sua descrição ao estabelecer uma conexão entre diferentes conceitos. Acima de tudo, ele(ela) "conferirá sentido" aos incidentes individuais inserindo-os em seu contexto social ou cultural: um encontro com estranhos requer que se compreenda a sociedade da qual eles vêm, assim como um acontecimento deve ser interpretado como um evento na história. Pode-se imaginar, contudo, que um melanésio entenderia os encontros em termos de seus efeitos. O que é criado é o efeito, e os efeitos (imagens) são produzidos por meio da apresentação dos artefatos. Um conceito de "sociedade" não é um contexto explicativo para os atos das pessoas; antes, a socialidade, como argumenta Wagner (1975), consiste nas convenções implícitas em contraposição às quais as pessoas inovam e improvisam. Elas constroem novos artefatos, como cultos à carga ou transações de riqueza, de modo a visualizar quais serão os próximos efeitos. E a revelação sempre surge como uma surpresa.

## Uma divisão do trabalho

A comparação ilumina certos supostos mantidos pelos antropólogos sociais e culturais durante um período recente da história da antropologia.

Desde a década de 1920, muito da antropologia ocidental preocupou-se em abordar os "outros" por meio da elucidação de "suas" visões de mundo. Parte de nosso conhecimento sobre os artefatos materiais, por exemplo, deve ser o nosso conhecimento sobre o conhecimento deles: dá-se por certo que estudamos a significância que artefatos desse tipo têm para as pessoas que os produzem, e portanto a interpretação delas a seu respeito. Os antropólogos descobrem, pois, os significados ao situar os próprios significados das pessoas em seu contexto social e cultural. Pode-se denominar essa como a fase do modernismo na antropologia anglófona (E. Ardener 1985; M. Strathern 1987).

Isso levou a uma divisão do trabalho na qual o estudo da cultura material foi separado da antropologia social ou cultural. De um lado estavam os especialistas que estudavam os artefatos (museólogos), e do outro lado estavam os especialistas no estudo da sociedade ou da cultura (antropólogos sociais e culturais). Durante esse período da história da antropologia, estes últimos concebiam a si mesmos explicitamente como especialistas na elucidação de "contextos" sociais/culturais. Itens de todos os tipos (não só artefatos, mas também eventos e relações) deveriam ser entendidos por meio de uma consideração de como eles se relacionavam ou se referiam a outros. Essa compulsão se aplicava igualmente aos artefatos dos povos contemporâneos e aos resquícios ou exemplares encaminhados aos museus. De fato, sugeri que há fortes paralelos entre as atitudes dos antropólogos em relação à história e ao estudo da cultura material. "Cultura material" veio a designar um tipo de substrato tecnológico em oposição à abstração da "cultura", que designava os valores e os modos da vida social.

Sempre houve exceções notáveis, e o atual interesse pela cultura do consumo (ver, por exemplo, Miller 1987) sugere que podemos nos referir a esse período como um momento passado. Entretanto, durante o período ao qual me refiro, muito da análise antropológica preocupava-se quase exclusivamente com a elucidação de "sistemas": conferir sentido aos itens relacionando-os de forma coerente. Os significados dos artefatos eram elucidados pelo seu contexto, a despeito de o contexto estar aberto à reflexão nativa e dever, por sua vez, ser contextualizado, ou ser apresentado como modelo pelo etnógrafo. Tornar o contexto social (ou cultural) o quadro de referência teve um resultado importante: levou ao posicionamento que preconizava o estudo do próprio quadro (o contexto social = a sociedade). Os artefatos eram *meramente uma ilustração*, pois, se o contexto social for estabelecido como o quadro de referência em relação ao qual os significados devem ser elucidados, a explicação desse quadro de referência obvia as ilustrações ou as torna supérfluas: elas se tornam exemplares ou reflexões de significados produzidos alhures. Foi nesse sentido que a antropologia social pôde proceder de forma independente em relação ao estudo da cultura material. A cultura material passou a ser percebida como informação de fundo. Mesmo quando as formas de arte eram colocadas em primeiro plano no estudo, isso geralmente ocorria porque algum processo social, como o "ritual", as tornava visíveis. Nas muitas análises da arte ou da ornamentação realizadas na Melanésia, os antropólogos sempre assumiram como tarefa apenas localizar esses objetos no interior de um quadro *já descrito* em outros termos (em termos dos valores e princípios gerados pelo sistema político-religioso ou embutidos na estrutura de parentesco, das relações de gênero ou do que quer que fosse).

Os quadros de referência são intrínsecos ao exercício antropológico modernista. Há relações no interior das quais inserimos nossas descobertas sobre a vida cultural das pessoas. Os objetos materiais parecem tão intransigentes precisamente pelo fato de não serem o próprio quadro de referência. Eles ocupam, antes, uma posição dupla: tanto são sua matéria-prima como ilustram seus princípios e valores (ao mesmo tempo "natureza" e "cultura" em relação ao sistema). Isso cria um problema para o entendimento das percepções melanésias.

Ao fornecer o contexto social, o etnógrafo que realiza a investigação não só traduz o referencial das outras pessoas para o seu, como pesa a percepção de um objeto. Um machado "explicado" como o cotovelo das parcerias de troca é realocado em um quadro que obstrui *tanto* os outros quadros *como* sua significância como uma imagem sintética em si. Se decodificar o significado de um objeto coloca algumas presunções sobre sua referencialidade, colocá-las no interior de seu contexto social torna-se um movimento simbólico análogo à expansão de uma metáfora pontual em direção a uma metáfora de enquadramento. A referencialidade sempre introduz um novo conjunto de tropos. A totalidade da percepção torna-se agora o objeto *mais* sua explicação, o acontecimento interpretado de fato.

Keesing (1987) comentou sobre a frequente relutância dos melanésios em realizar exegeses – explicar as coisas por meio da expansão verbal dos quadros de referência. O agnosticismo assumido é um tipo de dupla resistência – em primeiro lugar, a alterar o significado fazendo com que uma imagem se torne outra; em segundo lugar, a privilegiar um quadro de referência em detrimento de outros, pois a fala sempre cria suas próprias versões e transformações do que está sendo discutido (por exemplo, Goldman 1983; Rumsey 1986). A "tradução" de um meio para outro (como a explicação literal de uma metáfora ou a descrição de um objeto em palavras) altera a significância do que está sendo apresentado.

Pode-se refletir uma vez mais sobre a autoproclamada distância dos antropólogos sociais e culturais em relação a seus colegas

Artefatos da história **187**

estudiosos da cultura material. Se os antropólogos são especialistas em contextos sociais ao apreender constantemente os itens por meio de metáforas de enquadramento ("sociedade", "cultura") que fornecem pontos de referência para os significados dos artefatos ou das produções artísticas, o que são os museólogos, senão conservadores de imagens? A exploração do desenho interno, a consideração do artefato como artefato, o estabelecimento de relações entre um estilo e outro e a preservação dos exemplares sugerem um universo autocontido, autorreferencial. O movimento da classificação em direção à estética nas exibições dos museus poderia ser visto como uma tentativa de apresentar uma percepção que minimize de forma consciente a referência a contextos sociais ou culturais mais amplos.

Essa é uma afirmação controversa. Grande parte da museologia dedica-se a situar os objetos em seu contexto cultural, produzindo mostras funcionais e interpretativas, objetos como artefatos, e não arte (Clifford 1985a; Williams 1985). Ao mesmo tempo, é digna de nota a observação de Stocking sobre o espaço no qual as peças de museu existem. Ao abranger tanto o objeto como o observador, o espaço tem uma "complexa tridimensionalidade que distingue o arquivo museal dos repositórios essencialmente bidimensionais dos textos lineares" (Stocking 1985: 4). Os significados das formas materiais preservadas nos museus são problemáticos porque removidos de seus contextos originais no tempo e no espaço (que não podem jamais ser recuperados) e recontextualizados em outros. Mas como resultado deve-se sempre perceber uma descontinuidade entre a imagem e seu novo contexto (cf. Clifford 1985b). Imaginamos, assim, que o artefato material não pode ser domesticado exatamente da forma como os textos, descrições verbais de eventos, são subordinados a uma análise geral da sociedade ou da cultura nos relatos antropológicos; afinal, são os próprios objetos que parecem estar sendo exibidos, e não a análise da sociedade. Consequentemente, eles exigem atenção "em si mesmos". Na medida em que percebermos ser esse o caso, eles permanecerão figuras contra o "contexto social" que lhes serve de fundo. Assim, os ocidentais apreendem as respostas que evocam como inevitavelmente possuidoras de algum elemento estético. A despeito da bateria de significados e usos atribuída ao objeto museal, sua exibição chama a atenção para a forma e confronta o(a) observador(a) explicitamente com suas próprias percepções e, assim, com seu ato de apropriação ao observá-lo.

Talvez o museu que se parece com uma galeria de arte apresente certa analogia com a construção melanésia da imagem. Trata-se, é claro, apenas de uma analogia *parcial*. Os objetos tanto eliciam uma reação por parte do observador – de maneira análoga à apresentação de uma imagem melanésia – como provavelmente eliciarão uma reação idiossincrática, ou seja, o autoconhecimento assim produzido será necessariamente autoconhecimento de tipo ocidental, a estética da apreciação pessoal. Para recriar a potência eliciadora que as imagens melanésias tinham para as pessoas que as produziram, seria necessário tomar como dados os valores culturais e as relações sociais que as compunham. O paradoxo é que, quando tomado como dado, esse tipo de conhecimento melanésio da socialidade não será referenciado e codificado. Mas *nós* só conseguimos apreender essa dimensão por meio de *nossos* procedimentos de referência e codificação.

Esse paradoxo é insolúvel porque para nós não é possível chegar a uma resolução a favor de um tipo de apresentação e em detrimento de outro – nossas estratégias estéticas e de referência ultrapassam umas às outras, e só nos resta movimentar-nos entre os dois pontos, sabendo que ambos são inadequados. Mas esse movimento é essencial. O "truque" seria tornar esse próprio movimento simultaneamente uma imagem e um código na mente do antropólogo. Podemos aproximar-nos disso pela maneira como controlamos nossas próprias metáforas na escrita.

Defendi o argumento de que devemos ampliar nosso conceito de artefato para incluir a performance e o evento. Podemos nos aproximar mais da ideia melanésia se nos valermos dessa extensão deliberadamente para comutar metáforas. Se estivermos dispostos a considerar os artefatos como encenação de eventos, como memoriais e celebrações de contribuições passadas e futuras (cf. O'Hanlon 2005) – se a lâmina do machado for realmente um ícone da relação de troca –, devemos estar preparados para comutar as metáforas também no outro sentido; esvaziar nossa noção da história como a ocorrência natural ou fortuita de eventos que apresentam um problema para a estrutura; falar das pessoas usando um evento assim como se pode usar uma faca, ou criar uma ocasião assim como eles criam uma máscara ou demonstram sua competência pessoal para expor as fases de um banquete de acordo com um protocolo social estrito. Foi por isso que escolhi a ocorrência mais repleta de *evento*, mais repleta de *acaso* aos nossos olhos como ilustração: a chegada dos europeus. Afinal, podemos estender a mesma metáfora, ao falar sobre os eventos como artefatos, para visualizar como ao enfrentar o imprevisto as pessoas agem como se fossem dotadas de poder.

Talvez a elucidação de respostas melanésias possíveis a eventos históricos desse tipo lance luz sobre a mutabilidade dessas culturas. Há muito tempo se comenta sobre a prontidão melanésia para contemporizar a novidade e o inesperado. O fato de a *encenação* da vida social sempre ter sido um tanto inesperada é uma característica significativa, que talvez tenha sido importante em processos de diferenciação cultural. Não eram as regras fundamentais da socialidade que as pessoas se preocupavam em representar para si mesmas, mas a capacidade das pessoas para agir em relação a elas. Essa capacidade para agir era capturada em uma performance ou um artefato, improvisações que criavam eventos como realizações. Nesse sentido, todos os eventos eram representados como inovadores. As estratégias de contextualização dos próprios melanésios necessariamente os incluíam como testemunhas de espetáculos desse tipo. Se eles procuravam uma explicação, seria para dar conta da motivação (quem produziu o espetáculo e com qual propósito). Isso permitiria, pois, que eles soubessem quem eles mesmos eram, uma vez que, ao estabelecer relações com os europeus, interpretariam a presença europeia por meio da única referência possível em termos de significado: seus efeitos sobre eles mesmos.

Permitam-me reescrever a vinheta etnográfica. A. Strathern (1971: xii) relata as palavras de um velho morador de Hagen que lhe contou como seus vizinhos haviam reagido à chegada da primeira patrulha administrativa à área. Eles pensaram que o homem branco fosse um ogro canibal de pele clara, mas "então ele nos deu algumas conchas em troca de porcos e nós decidimos que ele era humano". O não dito dessa afirmação pode ser lido da seguinte forma: "Então nós lhe demos porcos em retribuição às conchas e percebemos que ainda éramos humanos".

*Tradução Iracema Dulley*

# 6. O CONCEITO DE SOCIEDADE ESTÁ TEORICAMENTE OBSOLETO?

Estamos diante de uma ideia abstrata, de um objeto do pensamento.[1] É claro que não podemos discordar das abstrações em si. Todos nós abstraímos a fim de ampliar o nosso pensamento. Porém, a maneira *como* ampliamos nossos pensamentos é muito afetada por *quais* abstrações fazemos. E o principal problema em abstrair a "sociedade" como conceito reside nos outros conceitos que ela engendra.

Os debates antropológicos devem recorrer à razão antropológica, e as posições teóricas devem, portanto, ser entendidas em seu contexto cultural. Por mais que acreditemos ter controle sobre o desenvolvimento de nossas teorias, elas também estão inevitavelmente imbuídas de hábitos gerais de pensamento. Assim, ao argumentar que o conceito de sociedade está obsoleto no que concerne à teoria antropológica, também estou discutindo um artefa-

---

1. Originalmente publicado em 1990 pelo Departamento de Antropologia Social da Universidade de Manchester e posteriormente em *Key Debates in Anthropology*, organizado por Tim Ingold (1996), este capítulo registra a apresentação proferida por Marilyn Strathern em 1989 no Grupo de Debates de Teoria Antropológica, um fórum realizado anualmente, entre 1988 e 1993. O propósito desse fórum, que promoveu seis encontros no total, foi reunir antropólogos sociais renomados para debater propostas referentes a tópicos correntes e controversos da pauta antropológica. O segundo debate apresentou a questão: "O conceito de sociedade está teoricamente obsoleto?". Dois antropólogos foram convidados a defender a moção e dois, a se contrapor a ela. Marilyn Strathern e Christina Toren argumentaram, sob pontos de vista diferentes e complementares, que os rendimentos teóricos do conceito de sociedade se esgotaram, devendo ser problematizado. Seus adversários, John Peel e Jonathan Spencer, se focaram na pluralidade de acepções do termo, defendendo sua atualidade e uso na disciplina. [N. E.]

to cultural relevante. Na verdade, estamos todos vivendo o resultado desastroso de um longo investimento cultural na ideia de "sociedade" como entidade.

Este debate presta homenagem à memória de Edmund Leach. Ele gostava de chamar a atenção para os hábitos de pensamento que viciavam as teorias de seus colegas: por exemplo, o hábito do pensamento dicotômico. Sua crítica de 1961 atacou dicotomias então em voga, como ecologia *versus* estrutura social, localidade *versus* linhagem, aldeia *versus* grupo social. Não existe, segundo ele, um domínio autônomo da existência social a ser *confrontado* com os fatos materiais de uma propriedade ou localidade. O que ocorre, na verdade, é que tais fatos materiais são representados nas relações sociais e manipulados por elas.

Foi uma oposição abrangente entre economia e sociedade que conferiu às dicotomias um realismo superficial, e isso, por sua vez, consistia na forma específica por meio da qual o conceito de "sociedade" se tornou um objeto abstrato do pensamento; consistia na forma que lhe foi dada. Ele foi tratado como se fosse uma coisa. Por isso, era possível ver essa coisa em oposição a ou em relação com *outras* "coisas" – como a economia, nesse caso. Mas a sociedade, declara Leach, não é uma coisa: é uma maneira de organizar a experiência (1961: 304-05). A tenacidade (cultural) de nossos hábitos de pensamento era tal que Leach achou necessário reiterar seu ponto de vista no contexto de uma vigorosa objeção à maneira como os antropólogos falam de sociedades no plural (1984: 1-23).

Volto-me para as mesmas questões de Leach. Pensar a sociedade como uma coisa é pensar nela como uma entidade discreta. A tarefa teórica torna-se, assim, uma elucidação da "relação" entre ela e outras entidades. Podemos dizer que essa é uma matemática que vê o mundo como inerentemente dividido em unidades. Esse ponto de vista tem um corolário importante: o entendimento das relações como extrínsecas a essas unidades, isto é, como formas secundárias de conectar as coisas.

Não foi bem assim que Leach colocou a questão e, na verdade, ele nem poderia tê-lo feito dessa maneira. Foi o amadurecimento dessas ideias de meados do século xx que nos fez estar onde estamos hoje, ao nos fazer perceber os prejuízos que o conceito de "sociedade" trouxe. Não estamos, repito, debatendo uma abstração antiga. Trata-se de uma abstração característica, que traz consigo um conjunto específico de consequências para a nossa maneira de dar forma aos outros.

Peço licença para me deter por um momento no fato de que, para fazer com que as abstrações pareçam reais, costumamos lhes conferir uma forma concreta, e também para oferecer uma breve revisão da forma adquirida por várias ideias na antropologia social britânica na época das críticas feitas por Leach.

Em primeiro lugar, como vimos, a ideia de "sociedade" foi reificada como uma coisa individual, definida como uma entidade, de forma antitética em relação a entidades de ordem conceitual semelhante: a sociedade contra a economia, o mundo material e até mesmo a biologia ou a natureza. Embora essas entidades pudessem ser vistas como domínios conceituais extraídos da vida humana, quando pensadas como "coisas", elas parecem dotadas de uma identidade anterior a sua introdução em uma relação. Nesse sentido, "sociedade" geralmente fazia referência a uma forma de associação. Qualquer sociedade *em particular* aparecia então como uma manifestação individual da sociedade nesse sentido geral, adquirindo uma forma mais concreta.

Em segundo lugar, a sociedade foi com isso personificada como uma *população* entre populações semelhantes. Consideradas em conjunto, elas pareciam assemelhar-se a conjuntos de pessoas, exceto pelo fato de que, como a maioria das sociedades não se comunicava, as conexões entre elas só poderiam ser tipológicas. Tipificavam-se as diferenças e as semelhanças entre unidades discretas, acreditando-se ser possível enumerar sociedades individualmente do mesmo modo que se contam as pessoas individualmente.

Em terceiro lugar, cada população poderia, por sua vez, ser considerada uma coletividade de seres humanos individuais que apareciam como membros da "sociedade", como partes de um todo. Fosse a sociedade concebida como a soma das interações individuais, fosse como uma entidade que regula a conduta dos indivíduos, a ideia era a mesma.[2] Na medida em que uma "sociedade" construía o conjunto de relações entre seus membros, considerava-se a individualidade desses membros logicamente anterior. Os seres humanos individuais eram, portanto, compreendidos como fenômenos primários da vida e as relações, como fenômenos secundários.

---

2. Muitas dessas questões são discutidas em detalhe em Tim Ingold (1986).

Nesse sentido, vinha à tona outra dicotomia: entre a sociedade e as pessoas que a compõem, de modo que as pessoas, quando pensadas como indivíduos, eram vistas como existindo separadamente.

As deficiências teóricas desses posicionamentos são bem conhecidas. Mais uma vez deparamos com problemas colocados pelo conceito inicial.

Consideremos primeiro as dicotomias entre domínios de estudo. O debate sobre criação/natureza [*nurture/nature*] naufragou; a ideia da sociedade como sendo de alguma forma oposta à biologia afastou a antropologia de outras áreas das ciências humanas (Ingold 1990: 208-29); enquanto isso, a abordagem exagerada da sociedade como um fenômeno autônomo nos levou a descartar áreas inteiras da competência humana como formas desinteressantes de "cultura material".

Em segundo lugar, como meu adversário certamente concordará (Peel 1987), a antropologia comparativa vive um impasse derivado de nossa matemática baseada em números inteiros, da nossa tendência a contar em unidades. Uma regra de casamento presente em vinte sociedades se transforma em vinte exemplos de uma regra de casamento! Nós sabíamos que havia um problema em pensar nas sociedades como unidades limitadas. Havia um problema no fato de não podermos contá-las. Esses dois absurdos eram, porém, indissociáveis. Ou a sociedade é um fenômeno pela metade (do qual a outra metade é tudo que resta a ser estudado acerca da vida humana), ou ela é um fenômeno inteiro dividido em partes-sistemas, instituições e conjuntos de regras. As partes aparecem como componentes individuais que também podem ser enumerados. Daí o fato de enumerarmos fenômenos em diferentes sociedades, de modo que uma regra ou receita também apareça como exemplo de algo dotado de certo índice de ocorrência.

Finalmente, a ideia de sociedade como um todo além dos seres humanos (individuais) que a compõem nos levou a formular outra concretização: a ideia dos indivíduos como *membros*, de alguma forma, de uma sociedade. Isso motivou, por exemplo, uma equiparação desastrosa entre "sociedade" e "grupo".[3] A solidariedade do grupo foi interpretada como solidariedade social. Isso foi desastroso, pois produziu uma série de problemas internos per-

---

3. Veja uma crítica em Brown (1988: 89-105).

niciosos, tais como a suposição de que "mulheres" que não pertenciam a grupos também não pertenciam à sociedade. Além disso, tal formulação gerou a estranha ideia de que em toda parte as pessoas representam a sociedade para si mesmas como um objeto externo, consagrado na coesão ritual ou nos ordenamentos jurídicos. Dessa única abstração proliferaram outras semelhantes: a religião passou a representar a sociedade; a lei também. O indivíduo, definido em oposição à sociedade, teve de ser "socializado" para apreciar o poder dessa entidade externa. Em suma, aquilo que o antropólogo, ao ordenar o seu material, transformou em um objeto abstrato do pensamento teve de ser feito visível como objeto das representações de outras pessoas. Daí tantos anos dedicados ao que agora parece ser uma busca inútil de ordem social.

Fica nítido que nossas teorias se esgotaram. A natureza das revoluções científicas nos oferece evidências que endossam esse ponto de vista de modo muito simples. As teorias se baseiam em paradigmas. Os paradigmas tornam-se visíveis ao chegarem ao limite da exaustão. Quando deixam de ser modos de organizar o mundo tomados como certos, passam a parecer, em retrospecto, um conjunto de truques de analogias e metáforas. Observemos, em particular, as analogias feitas com o conceito de relação: temos relações entre domínios de estudo separados (relacionando sociedade a outras coisas), entre sociedades discretas (correlações transocietais) e, finalmente, entre seres humanos individuais, em que a natureza externa das relações é hipostasiada no próprio conceito de sociedade.

As reificações, as personificações e os jogos de números que fazemos com esse conceito – ora no singular, ora no plural, ora relacionado a outras entidades, ora como soma das relações – passam a ser expostos como sendo da ordem da retórica. Quando se passa a compreender o conceito de sociedade como algo retórico, não é mais possível tratá-lo como teoria.

O motivo de sua obsolescência é simplesmente o fato de ele ser um infeliz "tem sido" (Wolf 1988: 752-61).[4] Eis uma infelicidade teórica.

---

4. O conceito, afirma Wolf, "se tornou... um obstáculo". [Strathern se refere ao conceito de sociedade como algo que *has been*, o que indica, nesse contexto, algo que "foi", "existiu", "tem sido" ou "tem existido". Em outras palavras, trata-se de algo esquecido ou relegado ao passado, mas ainda bastante ativo no presente. N. T.]

Assinalei que um dos problemas do conceito de "sociedade" são os outros conceitos que ele produz. Para a antropologia, o mais problemático desses conceitos tem sido o de "indivíduo". Os dois têm funcionado como polos de um pêndulo entre os quais as teorias do século XX têm oscilado.[5]

Quando "sociedade" passou a abranger os conceitos de organização e regras como desdobramentos seus, chamou a atenção para as regularidades da vida social, mas parecia tratar-se então de uma ordem *contra a qual* um ator individual construía suas ambições ou experiências. Assim, também estamos habituados ao contrapeso que as transações vieram a adquirir na análise social. Em vez de tornar-se um "grupo" regulador, a sociedade concretizou-se como um "mercado" interativo. Da mesma forma, quando a sociedade era imaginada como um objeto das representações das pessoas, ela chamava a atenção para a importância da atividade simbólica, possibilitando que tivéssemos uma base de compreensão mútua: "eles" devem imaginar a sociedade como uma presença externa, assim como "nós". Considerava-se, no entanto, que as representações mistificavam formas de dominação – por exemplo, nas relações de gênero – como se certas pessoas estivessem agindo "no lugar da" ou "em nome da" sociedade. Em vez disso, apareceram grupos de interesse, assim como tantos outros.

Enquanto o pêndulo estava em movimento, o conceito de sociedade era um local útil de repouso. Mas o pêndulo praticamente parou de oscilar. Tendo se movimentado entre as morfologias sociais e as transações individuais, as representações coletivas e as ideologias de grupos de interesse, a antropologia do final do século XX acabou por atolar-se no pântano do construcionismo social. Essa é uma espécie de versão estremecida e combalida da dicotomia sociedade-indivíduo, na medida em que esse modelo se inspira nas ideias de forças externas que incidem sobre o indivíduo, e do indivíduo que afirma sua experiência pessoal em oposição à sociedade.

Meu argumento é simples. O pêndulo *tem de fato sido* útil, proporcionou posicionamentos criativos e constituiu grande parte da dinâmica interna da disciplina. E durante todo o tempo em que o conceito de "sociedade" serviu como foco para se pensar sobre a organização social, a vida coletiva e as relações, ele serviu a um pro-

---

5. Ver uma discussão mais longa em Ingold (1986).

pósito. Na verdade, proporcionou derivados úteis – o epíteto "social", o conceito de "socialidade" como a matriz relacional que constitui a vida das pessoas e até mesmo "sociedades" como um pluralismo de uso prático, representativo de populações com organizações distintas. Não faço objeção a nenhum desses derivados, pois todos eles se referem à importância das relações no interior das quais as pessoas existem. Faço objeção à distorção que ocorre quando o conceito de sociedade deixa de sinalizar esses fatos relacionais e passa, pelo contrário, a obliterá-los. Em vez de considerar a socialidade como inerente à definição da noção de pessoa, define-se "sociedade" em oposição a "indivíduo". E como na nossa visão cultural de mundo os indivíduos têm uma concretude, tem sido difícil desestabilizar a suposição de que o indivíduo tem uma existência logicamente anterior. Na verdade, a prioridade dada ao conceito de indivíduo é tal que ele tem sido aplicado à própria sociedade: as "sociedades" assumem o caráter de unidades holísticas discretas.

O conceito de sociedade, assim, tem aparecido nos relatos antropológicos como um dispositivo retórico – como uma maneira de dar acabamento à narrativa etnográfica (Thornton 1988: 285-303), encaixando partes da análise como se a estrutura social se encaixasse e, ao abranger todos os fenômenos sociais, como a concretização da possibilidade de integração teórica. Talvez isso possa parecer inofensivo para alguns. Em retrospecto, no entanto, a retórica raramente acaba sendo neutra. Volto-me agora às evidências de um domínio diferente, que constitui o pano de fundo dessa nossa teorização. Ele explora explicitamente nossa dicotomia entre sociedade e indivíduo. Trata-se, na verdade, de uma paródia terrível, de uma literalização do pêndulo teórico ao qual me referi, cujos polos golpeiam nossa cabeça alternadamente.

Ao afirmar que a sociedade não é uma coisa, Leach quis dizer que as práticas sociais são um meio do comportamento humano e não podem ser opostas a ele. Ele estava prevendo a cilada na qual nossa atual senhora das profecias autorrealizáveis estava prestes a cair. Refiro-me, é claro, à declaração infame enunciada pela primeira-ministra Margaret Thatcher: "A sociedade não existe. Existem homens e mulheres como indivíduos, e existem famílias". Essa declaração nos mostra o que de tão desastrosamente *errado* aconteceu ao se criar uma entidade abstrata a partir do conceito específico que estamos debatendo. Vejamos as consequências disso.

Em primeiro lugar, as motivações individuais parecem ser a única realidade. Hoje vivemos sob um regime político que tentou eliminar as coletividades que intervêm entre o Estado e o "cidadão", além das organizações que promovem interesses específicos; o mesmo ataque à diversidade social estimulou tanto a privatização de setores que antes eram estatais quanto o controle sobre os serviços sociais. Diversos modos de organização social são considerados ofensivos. As empresas devem ser moldadas tendo como base um único modelo, e toleradas somente se for possível concebê-las como indivíduos.

Em segundo lugar, nós vivemos sob um regime cultural que define o indivíduo de determinada maneira – como sendo autossuficiente do ponto de vista financeiro. Todos os empreendimentos – industriais, educacionais, artísticos – têm que se comportar como tais indivíduos, como empreendimentos de recursos independentes que dão conta das suas próprias necessidades e que, portanto, são socialmente idênticos na maneira como cuidam de seus registros, atingem metas de desempenho, e assim por diante. Eles interagem apenas como "clientes" uns dos outros, e a ação social passa a ser um problema que diz respeito à capacidade de mobilização de serviços por parte do indivíduo.

Em terceiro lugar, portanto, vivemos sob um regime que procura tornar invisível qualquer forma de relação social que não possa ser modelada com base nas interações entre os indivíduos, e para o qual o mercado pode servir como metáfora.

Percebemos as consequências do antigo hábito de abstrair a sociedade como um objeto de pensamento na intolerância à diversidade de formas sociais, na definição dos indivíduos como consumidores e prestadores de serviço e na invisibilização das relações. É possível jogar tudo isso fora e "revelar" os indivíduos aparentemente concretos sob o conceito de sociedade *porque* este foi apregoado como se fosse uma entidade autônoma. Porque o que a primeira-ministra Thatcher fez foi uma espécie de análise da obviação desse conceito, notando que a sociedade não é afinal uma coisa concreta, mas uma abstração. Cortemos-lhe a cabeça, portanto! O "mundo real" é composto de corpos consumidores, que se levantam da mesa de tempos em tempos para saber como andam as cotas de mercado. As abstrações não pertencem a este mundo; apenas os indivíduos pertencem. Vejam a que ponto chegamos.

O thatcherismo conseguiu num só golpe reunir todos os tipos de coletividade e organização caracterizados por uma presença social, e ao descartar a ideia de sociedade também descartá-los. Como a sociedade não existe mais, o fato de possuírem uma natureza *social* já não lhes confere legitimidade. Assim, o que substitui a "coisa" falsa, a sociedade, é a "coisa" real, o indivíduo. A forma que o conceito assume nesse contexto permite isso. Como a sociedade foi reificada, também é possível, em contraposição, reificar o indivíduo. É triste o fato cultural de que um sempre parece precipitar o outro.

Eis o absurdo, a verdadeira tragédia, de operacionalizar um polo de uma dicotomia. A apresentação do indivíduo "em oposição à" sociedade oculta formações sociais e relações de poder. Trata-se de um individualismo prescritivo que, entre outras coisas, torna invisíveis os colossais interesses comerciais e militares de multinacionais, uma vez que tudo o que "vemos" é até que ponto o cliente é o beneficiário de serviços. Ademais, isso também promove a gratificação dos consumidores, o que é trágico do ponto de vista ecológico. A esta altura, deve haver quem prefira recuperar o próprio conceito de sociedade, pensando que ele deve restaurar algum equilíbrio. Culturalmente, no entanto, é provável que essa alternativa não funcione: retomar o conceito de sociedade apenas recriaria sua antítese.

O que proponho a vocês é que não precisamos do conceito de sociedade, exatamente porque não precisamos contrastá-lo com o conceito de indivíduo. Para "nós", antropólogos, a promoção dessa dicotomia certamente não tem cabimento. Afinal, a infelicidade de nosso país no final do século XX também é triste para nós. No início do século XX, ao conceituar a sociedade como objeto de estudo, a antropologia tinha ótimas intenções. Expus, contudo, as vulnerabilidades já evidenciadas pelas críticas de Leach. Chegamos agora ao ponto de termos que dizer mais uma vez a nós mesmos que, se quisermos produzir teorias adequadas da realidade social, então o primeiro passo é perceber que as pessoas têm potencial para se relacionar e estão, ao mesmo tempo, sempre incorporadas em uma matriz de relações com outros. Christina Toren abordará mais minuciosamente o que queremos dizer.

Nesse ínterim, posso apenas assumir a seguinte posição: certamente precisamos de uma análise da obviação do conceito de sociedade, mas não de modo a negar a sua abstração. Precisamos recuperar a intenção original da abstração, que era transmitir a importância das relações na vida e no pensamento humano.

As relações sociais são intrínsecas, e não extrínsecas, à existência humana. Assim, ao considerarmos as pessoas como objeto de estudo antropológico, não podemos concebê-las como entidades individuais. Infelizmente, a culpada disso é a nossa própria ideia de sociedade. A consequência lamentável de termos concebido a própria sociedade como entidade foi fazer as relações parecerem secundárias e não primárias para a existência humana. Assumimos simplesmente, pois, o ponto de vista teórico do reconhecimento de que o conceito de "sociedade" interferiu muito na nossa apreensão da socialidade. Proponho, portanto, que ele seja descartado por conta de sua obsolescência.

*Tradução Jamille Pinheiro*

# 7. PARTES E TODOS: REFIGURANDO RELAÇÕES

## Construtos de "sociedade" holísticos e dissolventes

O melanesista Daniel de Coppet (1985: 78; ênfase no original) defende de forma contundente que as sociedades sejam estudadas como totalidades: "A comparação só é possível se analisarmos as várias formas segundo as quais as sociedades ordenam seus valores fundamentais.[1] Ao fazê-lo, procuramos compreender cada sociedade como um *todo*, e não como um objeto desagregado por nossas próprias categorias". A tarefa não consiste em comparar subsistemas, mas "sociedades por direito próprio" – uma visão holística adequada a "sociedades holísticas".

Se endosso a observação de Coppet, faço-o para ressaltar que conceitualização é, inevitavelmente, reconceitualização. A sociedade que imaginamos para os 'Are 'Are, melanésios das ilhas Salomão, é uma transformação da sociedade que imaginamos para nós mesmos. Por exemplo, Coppet afirma que a sociedade dos 'Are 'Are, em vez de conferir seu próprio caráter de permanência aos indivíduos que a compõem, constrói seu caráter (de permanência) por meio da reiterada dissolução no "processo ritual e de troca dos principais elementos que compõem cada indivíduo" (1981: 176).

Assim, em vez de desagregar sistemas holísticos por meio de categorias analíticas inadequadas, talvez devêssemos *buscar uma*

---

1. Esta é uma versão editada do texto publicado originalmente em *Conceptualizing Society*, volume organizado por Adam Kuper, com permissão do autor. [N. E.]

*apreensão holística da maneira pela qual nossos sujeitos de pesquisa desagregam seus próprios construtos.* Ao menos no que diz respeito à Melanésia, os construtos assim desagregados ou dissolvidos incluem formas de vida: pessoas, corpos e o próprio processo reprodutivo.

A etnografia contemporânea sobre a Melanésia, especial mas não exclusivamente a que trata da costa austronésia, está desenvolvendo seu próprio microvocabulário de dissolução. Ela descreve os processos por meio dos quais os elementos que compõem as pessoas são desagregados de forma que as relações que elas mantêm sejam reinvestidas. Isso pode incluir tanto as relações criadas durante a vida como as relações de procriação (conjugais) que as criaram. Um Mekeo do norte é "desconcebido" pela primeira vez em seu casamento e depois, finalmente, com a morte (Mosko 1985); os Muyuw da ilha Woodlark "põem fim" ao casamento dos pais quando o filho morre (Damon 1989); as festividades mortuárias dos Barok "obviam" as relações anteriores quando enfim matam os mortos (Wagner 1986b), um processo que é, para os Sabarl, um "desagregar" (Battaglia 1990) e, para os Gawa, um "rompimento" ou "dissolução" dos laços sociais (Munn 1986). Isso faz lembrar o relato surpreendente de Bloch (1986) sobre o "reagrupamento" literal dos mortos em seus túmulos em outra parte do mundo austronésio. Mas, se as relações reprodutoras de pessoas têm por vezes de ser dissolvidas com a morte, outros melanésios consideram o nascimento o ato de substituição principal por meio do qual novas relações deslocam as anteriores (Gillison 1991). De fato, todo conhecimento revelador pode manifestar-se como decomposição (M. Strathern 1988).

Essas imagens que se contrapõem às metáforas antropológicas correntes de estrutura e sistema têm um quê de final do século XX, ou mesmo de pós-modernismo. Contudo, como observa Battaglia (1990: 218, n. 49), é importante distinguir o pós-modernismo, como "um movimento enraizado no problema especificamente histórico dos efeitos alienantes e fragmentadores das influências socioeconômicas e políticas ocidentais sobre as outras culturas", de perspectivas analíticas (hermenêutica, desconstrutivista) cujo objetivo é o "respeito pelas formas indígenas de conceber a reprodução cultural do conhecimento que são, elas mesmas, 'perspectivistas'". De fato, deve-se ter a mesma cautela ao ser criativo no que diz respeito às ressonâncias entre a fragmentação cultural percebida no mundo como um todo, táticas analíticas específicas – como a desconstrução – e a descoberta de relações conceitualizadas de forma nativa por meio de imagens de dissolução.

O que obscurece a empreitada holística dos antropólogos no final do século XX é a desagregação ocidental da própria categoria que transmitia o conceito de uma entidade holística, ou seja, a "sociedade". A sociedade constituía um veículo para uma espécie de holismo ocidental, um conceito totalizante por meio do qual as pessoas modernas podiam pensar o holismo dos outros.[2]

Este capítulo é uma tentativa do final do século XX de refigurar as conceitualizações de certas relações em um passado recente e pluralista. As relações em questão pertencem a um domínio aparentemente restrito de investigação antropológica – os sistemas melanésios de parentesco conhecidos como cognáticos – por conta da suposição de que, a despeito da insignificância do parentesco na sociedade ocidental ou euro-americana, os sistemas euro-americanos também são cognáticos. Sugiro que a incapacidade de atentar para a particularidade de nosso "próprio" pensamento sobre o parentesco tem sido também uma incapacidade de atentar para os processos simbólicos no pensamento antropológico. Foram eles que, ao longo do último século aproximadamente, tanto endossaram o conceito de sociedade como o dissolveram diante de nossos olhos.

## O desaparecimento da sociedade garia

Começo com o renascimento de um paradigma modernista. Segundo a expressão de Kuper, em meados do século uma fênix renasceu das cinzas na antropologia social britânica. Conforme ele

---

2. Atualmente ele parece pertencer mais ao texto do que à vida. Thornton defende que muito da importância da "sociedade" reside em sua potência como tropo retórico para a organização de dados antropológicos. Postular componentes analíticos capazes de integração teórica presumia uma inteireza do objeto de estudo como um todo composto de partes, de modo que a sociedade surgiu como um precipitado holístico da análise. "A imaginação de todos constitui um imperativo retórico para a etnografia, pois é essa imagem de totalidade que confere à etnografia um sentido de 'fechamento' satisfatório, que outros gêneros alcançam por outros meios retóricos" (1988: 286). Inversamente, "talvez seja impossível conceitualizar a sociedade salvo em termos de imagens holísticas" (id. ibid.: 298).

Partes e todos **203**

observa, os sistemas de linhagens segmentares surgiram de forma reconceitualizada em toda parte (1988: 204), permitindo, entre outras coisas, o estabelecimento de uma possante equação entre as sociedades e os grupos.

## Conceitualizando uma sociedade não composta de grupos

Quando Peter Lawrence finalmente publicou seu relato sobre os Garia, ele ousou convidar Fortes para escrever o prefácio, e Fortes afirmou tranquilamente que o conceito garia de "pensar sobre" os parentes acabou por inspirar sua formulação da amizade entre parentes. Na verdade, a descrição desses melanésios por Lawrence em 1950 havia causado um escândalo. Analisando o período, Fortes (1984: ix) expôs o problema.

> Quando, recém-retornado do campo, Peter Lawrence descreveu a organização social garia para mim com entusiasmo, minha reação inicial foi, digamos, de cautela. O que veio posteriormente a ser designado como o modelo do grupo de descendência segmentar africano ainda era uma novidade, para muitos de nós cheia de promessas. A Melanésia significava principalmente as ilhas Trobriand, Dobu, Manus e Salomão; e parecia haver grupos de descendência semelhantes aos do Modelo Africano em todas elas. Os Garia eram visivelmente diferentes. [...] [E]les pareciam ter uma estrutura sem fronteiras: nenhuma fronteira genealógica distinguia um grupo das pessoas de outro grupo [...] [;] nenhuma fronteira local determinava os locais das aldeias [...] [;] não havia fronteira política com os povos vizinhos, não havia associações rituais fechadas ou acesso exclusivo a recursos econômicos – em suma, uma sociedade baseada não em grupos de descendência unilineares, mas em relações de parentesco cognático que se ramificavam [...] [. E]ssa fluidez da estrutura colocou o problema de como se poderia manter qualquer tipo de continuidade ou coesão social.

A única base visível para as relações sociais parecia ser a forma como o indivíduo era concebido: no centro de laços que se irradiavam e formavam um círculo de segurança.

A essência de sua organização social [...] é o direito do indivíduo de alinhar-se [...] livremente a seus parentes por parte de pai ou de mãe. [...] Conforme aponta Radcliffe-Brown, isso dá ensejo ao principal problema [...] enfrentado por todos os sistemas de organização social desse tipo: como se contrapor à – como delimitar as fronteiras da – extensão para fora dos laços de parentesco para zonas cada vez mais distantes do parentesco entre primos (1984: x).

A organização social garia estava lá. Mas onde estava a sociedade garia?

Lawrence lutava com as imagens cartográficas da estrutura social prevalecentes na época, as quais insistiam em uma delimitação da divisão dos interesses sociais. O conceito de parentesco cognático fazia parecer que as demandas que se sobrepunham aos alinhamentos de parentes criavam as divisões. A ordem social era, assim, apreendida como uma pluralidade de interesses externos. A coesão devia ser encontrada no círculo de segurança, onde os parentes podiam ao menos ser diagramados (1984: figs. 7 e 9). Contudo, a importância dessas relações para uma pessoa era afirmada de modo desconcertantemente casual: "São apenas aqueles indivíduos [...] com os quais ele mantém relações seguras" (1971: 76).

Dois problemas foram colocados pelos Garia em 1950. Em primeiro lugar, como conceitualizar uma sociedade que não era composta de grupos; em segundo lugar, a relação das partes com os todos. Se os grupos eram o veículo por meio do qual as sociedades se apresentavam a seus membros, de que faria parte uma pessoa não sendo membro de grupo algum?

## A relação da pessoa com o grupo na antropologia britânica de meados do século XX

O problema (para a antropologia britânica) havia sido colocado por Radcliffe-Brown: "Apenas um sistema unilinear permitirá a divisão de uma sociedade em grupos de parentesco organizados distintos" (1950: 82).[3] Os grupos de parentesco maiores, como os

---

3. Embora Fortes ([1953] 1970: 81) tenha se referido a "[uma] sociedade composta de linhagens corporadas", esta foi uma imagem que ele se esforçou muito para desfazer posteriormente (por exemplo, 1969: 287). Sobre a disjunção entre

clãs, "consistiam em" grupos menores, como as linhagens (1952b: 70), e as linhagens eram compostas de "pessoas", de modo que "o princípio da unidade do grupo de linhagem" fornecia uma relação que conectava "uma dada pessoa a todos os membros do grupo de linhagem" (1952b: 87). As pessoas também podiam ser vistas como estando conectadas a uma rede de relações de parentesco que fazia "parte daquela rede total de relações sociais que denomino estrutura social" (1952b: 53). Com a demonstração da estrutura veio a afirmação de que entre as "várias características de um sistema de parentesco particular há uma relação complexa de interdependência", de modo que se pode conceitualizar "uma unidade complexa, um todo organizado" (1952b: 53). Radcliffe-Brown pôde assim propor a comparação de sistemas completos elucidados por estruturas de parentesco distintas, como aquelas manifestas em grupos de linhagem. O todo era conhecido por sua coerência interna e, portanto, por seu fechamento.

Sistema, estrutura, grupo: esses termos não são idênticos; tampouco são idênticos a sociedade. Mas como um conjunto de categorias abrangentes, organizacionais, cada um deles forneceu uma perspectiva a partir da qual a totalidade dessa entidade poderia ser imaginada. O reconhecimento de grupos "pela sociedade" foi visualizado ainda na noção de que as pessoas individuais se tornavam parte da sociedade ao se tornarem parte de um grupo. A teoria dos grupos de descendência concentrava-se literalmente no papel mediador das linhagens e de outros construtos corporativos no amadurecimento social, sendo a maturidade equiparada à admissão como membro. Em um devaneio, Fortes imaginou esse processo como a passagem de uma criança da infância para a vida adulta e defendeu que o amadurecimento do indivíduo é uma preocupação fundamental da sociedade como um todo. Assim, o grupo doméstico, "tendo concebido, criado e educado a criança", "entrega o produto acabado à sociedade como um todo" (1958: 10). Na qualidade de um todo preexistente, a sociedade transforma os indivíduos em partes de si mesma ao separá-los de outros domí-

---

a profícua documentação do próprio Fortes sobre o caso tallensi (inclusive seus campos sobrepostos de pertencimento clânico) e seus axiomas teóricos, ver Kuper (1982: 85); e, para um ponto de vista semelhante no que diz respeito à relação entre "descendência" e "grupo", ver Scheffler (1985: 9).

nios preexistentes. Assim, "a sociedade como um todo" opõe-se à "cultura privada de cada grupo doméstico" (1958: 12).

Se as pessoas individuais eram, nessa visão de meados do século, transformadas em membros de grupos ou da sociedade como um todo, também se considerava que elas tinham identidades naturalmente preexistentes, derivadas tanto de sua constituição biológica ou psicológica como do domínio doméstico. Uma vez que os domínios doméstico e político-jural eram conceitualizados como algo que recortava a vida social em componentes que não se reduziam uns aos outros, cada um deles fornecia uma perspectiva diferente sobre a vida social; e, embora se combinassem em pessoas únicas ("Cada membro de uma sociedade é uma pessoa simultaneamente no domínio doméstico e no domínio político-jural", Fortes 1958: 12), esses componentes representavam campos relacionais bastante distintos. A sociedade parecia simultaneamente incluir e excluir o domínio doméstico. O que fazia da pessoa um membro da sociedade devido a suas relações político-jurais não era o que fazia dela um membro do grupo doméstico que fornecia "o novo recruta".

Em suma, o que conferia à parte ("o indivíduo") sua distintividade como pessoa completa não era o que tornava a pessoa parte de toda a sociedade. O problema garia pode ser reformulado: em contraste com o que tornava um Garia uma pessoa, parecia impossível, nos anos 1950, discernir o que tornava um Garia um membro da sociedade.

## Trocando perspectivas

### A pessoa como modelo para as relações

Determinar o pertencimento das pessoas com base nos grupos era muito trabalhoso. Mas suponhamos que o problema a que chegamos também fosse um fato: suponhamos que os Garia concebessem a pessoa como um modelo para as relações. Em vez de tentar procurar os grupos dos quais uma pessoa é membro, consideraríamos qual modelagem de relações ela contém em si. E, se a sociedade garia fosse modelada com base na unidade abrangente do ser humano singular, uma pessoa não seria, nesse sentido, parte de mais nada. Uma multidão de pessoas simplesmente ampliaria a imagem de uma pessoa.

Como ficou claro, Lawrence deu pouca importância às relações jurais e à coesão social. Em vez disso, enfatizou o pragmatismo e o autointeresse garia: "As afirmações sobre obrigações morais [...] não são mais do que termos taquigráficos para considerações sobre a interdependência ou o autointeresse mútuo e a sobrevivência social" (1969: 29). A conformidade social, afirmou ele de modo alarmante, é um mero subproduto. Uma relação valorizada pela vantagem prática e material que ela confere parece estar sujeita aos esforços dessa pessoa, de modo que mesmo onde há o máximo de expectativa, como entre parentes próximos, deve ser criado algum sentido de endividamento. Como consequência, a obrigação moral limita-se ao círculo de vínculos sociais efetivos.

Se do ponto de vista garia não há relações que não estejam submetidas a sua definição por parte da pessoa, logo, o que a pessoa contém é uma apreensão dessas relações que ele ou ela ativa externamente. Se são preexistentes, elas o são como diferenças internas no interior de seu corpo compósito. Acredito ser esta também uma imagem da linhagem ou "grupo" cognático garia.

## A divisão das pessoas em elementos masculinos e femininos

O que fazer com a recorrente divisão interna das pessoas, inclusive da linhagem cognática, em elementos masculinos e femininos? Gostaria de sugerir que o que distingue as formulações garia dos agrupamentos familiares dos ditos sistemas lineares de seus vizinhos é uma modalidade temporal. O que está em questão é a figuração divisível do gênero para criar uma imagem futura de unidade.

O ponto em que as pessoas ("grupos") aparecem como um composto de elementos masculinos e femininos e o ponto em que um único gênero é definitivo são momentos temporais na reprodução de relações que assumem um modo imaginado em toda a Melanésia. A unidade surge uma vez que uma identidade dual de gênero tenha sido descartada em favor de uma identidade única. Esse processo implica uma oscilação entre a pessoa concebida como andrógina e a pessoa concebida como sendo de apenas um sexo. As pessoas de apenas um sexo são apresentadas por meio dos corpos de homens ou de mulheres, ou por meio dos itens de riqueza móveis, femininos ou masculinos, que são transmitidos entre elas. A decomposição da pessoa compósita revela, assim, as relações, simultaneamente internas e externas, das quais a pessoa é composta.

Uma pessoa melanésia desse tipo – andrógina ou de apenas um sexo – não é como se fosse uma corporação solo;[4] e a pessoa singular não é conceitualizada como um grupo com relações extrínsecas a si. Os trobriandeses matrilineares, que Fortes reivindicou de forma tão eloquente para a teoria dos grupos de descendência, são um ótimo exemplo disso.

Durante seu curso de vida, os trobriandeses ativam relações de um modo que transforma a forma que cada pessoa viva assume em um compósito de parentes maternos e paternos. A pessoa pode ser conceitualizada como um receptáculo, como uma canoa que contém os parentes maternos, adornada em seu exterior por suas relações com os outros e, especialmente, relações por meio de homens. De fato, todo o sistema de trocas do kula é uma espécie de adorno para a matrilinearidade. Ao morrer, a pessoa é dividida e, como demonstrado por Annette Weiner (1976; 1979; 1983), o grupo de descendência atinge uma forma unitária na qualidade de uma coleção de espíritos ancestrais à espera de renascer. Este é um momento em que ele aparece como uma entidade de um único sexo – como também aparece nas imagens do território ou do sangue que contêm o corpo vivo. Contudo, quando o grupo de descendência assemelha-se à pessoa viva, aparece na forma de suas várias extensões e relações com os outros: a terra atrai os filhos para que fiquem e o feto é nutrido pelo pai.

Se as relações dão vida a uma pessoa, na morte, o que é extinto são as relações corporificadas pelo morto. De fato, um efeito significativo das cerimônias mortuárias massim é despojar o morto de seus vínculos sociais: a entidade que permanece é despersonalizada. As relações criadas durante o curso da vida são, portanto, remoldadas, pois as pessoas vivas já não podem incorporá-las. Em

---

4. Maine (1861: 181) (citado em Fortes 1969: 292) explica uma corporação solo da seguinte forma: "Uma Corporação solo é um indivíduo, membro de uma série de indivíduos, que é investido de uma ficção com as qualidades de uma Corporação. Quase não é preciso citar o Rei ou o Pároco de uma Paróquia como exemplos de Corporações solo. A capacidade ou o cargo é, aqui, considerado separadamente da pessoa particular que, de tempos em tempos, pode ocupá-los, e, sendo isso perpétuo, a série de indivíduos que os ocupam é investida do principal atributo das Corporações: a Perpetuidade". [N. E. original]

alguns casos (ver, por exemplo, Mosko 1989; Battaglia 1990), é como se a pessoa tivesse de recompor o mundo como ele era antes de ela existir. Com a morte, a entidade cognática construída durante um curso de vida é compartimentada.

Aquilo que os antropólogos classificaram como sendo princípios diferenciantes da organização social melanésia também pode ser compreendido como um efeito de modalidades do sequenciamento temporal e espacial. O modo de dissolução é variado, mas a "organização social", a pessoa, é concebida de forma semelhante em toda parte. Para apreendê-lo, precisamos apreender a natureza do "perspectivismo" dos melanésios, pois eles vivem em um mundo no qual as perspectivas assumem uma forma particular, qual seja, a das analogias. Como resultado, suas perspectivas podem ser trocadas umas pelas outras.

## Onde a perspectiva se torna importante

As relações aparecem em tempos diferentes e em localidades distintas; eis onde a perspectiva se torna importante. Um membro masculino de uma matrilinhagem é tão semelhante quanto diferente de um membro feminino; uma coletividade de homens dando à luz um iniciado é tão semelhante quanto diferente de uma mulher solitária em trabalho de parto; os inhames que estufam o ventre da roça do irmão trobriandês são tão semelhantes quanto diferentes dos inhames com os quais um pai alimenta os filhos. Há uma constante diversificação das formas como as pessoas e as relações aparecem. De fato é possível transformar-se em outro: minha irmã é sua esposa.

Estas são trocas de perspectiva entre as posições ocupadas pelas pessoas: o doador torna-se receptor; a substância paterna da filha torna-se substância materna da mãe. Uma perspectiva temporal fica evidente, por exemplo, nos grupos dos clãs patrilineares das terras altas da Papua-Nova Guiné. Os grupos existem em antecipação à ação; os marcadores espaciais da unidade do clã – a casa dos homens, a fronteira territorial – ficam à espera do momento em que o clã agirá como um só. Por sua vez, o clã agirá como um só corpo, um só gênero, para conformar ou rearranjar o foco dos outros em relação a si.

A pessoa "cognática" ou andrógina torna-se despluralizada, decomposta na criação da pessoa "unilinear" de um único sexo. As relações heterogêneas internas são, pois, viradas do avesso e aparecem para o (membro do) clã que age como uma rede de afins externos e consanguíneos cujo foco é ele.

Em vez de fornecer as bases para que se concebam mundos de conhecimento radicalmente diferentes, as formas melanésias permitem que as perspectivas existam simultaneamente como análogas e como transformações (potenciais) umas das outras, pois elas contêm a possibilidade de que as pessoas troquem perspectivas. O meu centro não é o seu centro, mas (a riqueza de) seu(sua) irmão(irmã) destacado(a) pode ser incorporada como mãe ou pai de meus filhos (meus meios de reprodução). O que não está em questão é essa troca de perspectivas, necessária para que um indivíduo seja percebido como uma entidade constituída diferentemente das relações das quais faz parte.

Na forma como os melanésios apresentam a vida social para si mesmos, parece que não há princípios de organização que não sejam também encontrados na constituição da pessoa. As relações externas têm o mesmo efeito como relações internas. Imaginar a pessoa dessa maneira implica que nenhuma troca de perspectiva entre a pessoa e as relações é necessária para que se "vejam" relações sociais. A troca de perspectiva apenas diferencia um conjunto de relações de outro, assim como diferencia um tipo de pessoa de outro.

## Parentesco cognático?

### Parentesco inglês: a pessoa como menos do que o todo

Pode parecer curioso ressuscitar a teoria britânica dos grupos de descendência de meados do século [xx], mas faço isso para observar que havia em seu núcleo um dispositivo simbólico interessante. A natureza do debate sobre os sistemas de parentesco não unilineares que ela precipitou revela, retrospectivamente, o caráter de um sistema de parentesco nativo euro-americano – menos na classificação das relações que pretendia oferecer do que na conceitualização do parentesco em relação à sociedade. Meu exemplo são os ingleses, e assumo um ponto de vista interno.

A questão pode ser colocada de forma simples. A pessoa inglesa, conceitualizada como um indivíduo, era, em um sentido importante, incompleta (segundo Carrier s.d.): sempre parecia haver "mais do que" a pessoa na vida social. Quando a pessoa singular era tomada como unidade, as relações envolviam os outros como unidades semelhantes. A vida social era, assim, conceitualizada como a participação da pessoa em uma pluralidade. Como resultado, uma pessoa individual era sempre apenas parte de algum agregado mais abrangente, e portanto menos do que o todo.

Onde um melanésio prototípico poderia ter conceitualizado a dissolução da pessoa cognática como algo que torna incompleta uma entidade já completa, nosso inglês prototípico considerava que a pessoa – simbolizada de forma marcante na criança que tem de ser socializada – precisava ser completada pela sociedade. O foco na pessoa individual inevitavelmente dissolveu essa categoria mais ampla, fragmentando o "nível" em que se podia ver o holismo.

Radcliffe-Brown defendia a comparação de sistemas completos porque (do ponto de vista dos sistemas) apenas os sistemas eram completos. O paradoxo inglês era que o holismo era uma característica de uma parte – não do todo – da vida social! Ou seja, era uma característica mais evidente em algumas perspectivas (isto é, sistêmicas) do que em outras.

A maneira como os ingleses lidavam com a perspectiva tanto precipitou como foi criada pela forma como eles se imaginavam vivendo entre diferentes ordens ou níveis de fenômenos, em um mundo incomensurável de partes e todos. Sugiro aqui que um exemplo dessa forma de pensamento fica evidente nos debates britânicos de meados do século [XX] a respeito do parentesco cognático.

## Como ter simultaneamente sistemas cognáticos e grupos?

Considerava-se que os grupos de descendência unilineares manifestavam as características da vida social ordenada. Acima de tudo, a pertença a eles podia ser demonstrada. De fato, em sua organização de parentesco, muitos povos não ocidentais pareciam estar fazendo o que o antropólogo também fazia ao elucidar a estrutura social: classificar de acordo com as convenções da vida social. A pessoa individual se situava no interior de uma ordem de socialidade – descendência e sucessão – cuja identidade claramente persistia para além da vida de qualquer membro individual. A "vida" como tal tornou-se um atributo de sistemas sociais abstratos (Fortes 1958: 1). Da perspectiva da descendência, um grupo poderia ser conceitualizado como uma pessoa jurídica (única) (Fortes 1969: 304). Contudo, como vimos, o mesmo argumento supunha que o que fazia com que as pessoas individuais fossem membros de um grupo completo não era o que as tornava pessoas completas.

As partes do sistema de parentesco que regulamentavam a disposição dos bens, a lealdade dos membros e sua própria definição como entidades sociocêntricas pareciam estar imbuídas de uma importância particular. Daí a centralidade da distinção entre "descendência" e "parentesco" e entre as relações (político-jurais) que afetavam a filiação ao grupo e aquelas cujo foco era o ego considerado um indivíduo. Na medida em que o primeiro conjunto de relações (ou seja, descendência) parecia ser social, o segundo (ou seja, parentesco) parecia estar baseado em conexões naturais. Considerava-se, assim, que o âmbito doméstico lidava com a reprodução como sendo uma necessidade biológica; havia uma lógica interna a seu próprio ciclo de desenvolvimento (Mosko 1989), e a rede de laços de parentesco com foco no ego individual parecia um fundamento natural para as outras convenções de parentesco. Pode-se dizer que a "sociedade" e a "natureza" mapeavam domínios distintos de relações sociais, sendo a primeira mais obviamente moldada pela convenção do que a segunda.

De fato, as relações consanguíneas como tais indicavam um fato virtual da natureza, um universalismo das disposições humanas. Parecia não haver sociedades que, ao dar conta da ascendência parental, não considerassem tanto os parentes maternos como os paternos: "A filiação [...] é universalmente bilateral" (Fortes [1953] 1970: 87). O reconhecimento da consanguinidade não colocava problemas. O que variava era a medida em que as relações de parentesco constituíam a base social para a admissão como membro no grupo. A antropologia social britânica passou não só a se preocupar com os tipos de descendência, mas também a se perguntar se, antes de mais nada, os povos tinham grupos de descendência.

É uma pena que o termo "cognático" tenha sido desenvolvido tão enfaticamente como um complemento para o "agnático" ou "uterino" linear. Os laços cognáticos, escreveu Fortes ([1943-44] 1970: 49), são "laços de consanguinidade física real ou presumida".

Para os Tallensi, é na família doméstica que temos "a figura mais marcante da interação entre parentesco cognático e laços agnáticos. Nela, temos os laços elementares do parentesco cognático relacionando pai e mãe à criança e *sibling* a *sibling*, e temos também o laço agnático, que coloca os homens à parte como linhagem nuclear" ([1943-44] 1970: 50).

Assim, o parentesco cognático surgiu como uma espécie de fundo contra o qual as relações sociais baseadas na agnação aparecem. A criação desta última acabou por assemelhar-se à criação da sociedade (a partir da natureza). Pode-se retratá-la assim: 1) Os grupos de descendência exemplificavam a criação da diferença social – entidades sociocêntricas delimitadas recortadas das redes de indivíduos que se ramificavam. A sociedade tornava-se evidente na diferenciação convencional. 2) O campo dos parentes cognáticos aparecia, assim, como um conjunto de consanguíneos naturalmente indiferenciados – a matéria-prima do parentesco. Nos sistemas de grupos de descendência, os parentes cognáticos não lineares eram reconhecidos por meio da filiação complementar ou das reivindicações residuais de laços subsidiários.

O termo "cognático" foi infeliz, ainda que somente por estar sendo utilizado – e ele o era havia um século (Derek Freeman 1961) – para designar muitos daqueles outros sistemas nos quais os grupos de descendência unilineares absolutamente não existiam. Os protótipos eram europeus e ingleses. Sem o privilégio unilinear, pai e mãe tinham o mesmo peso e eram igualmente diferenciados. O que se tornou interessante foi o esforço despendido pelos antropólogos para resgatar a importância social dos laços de parentesco em sociedades desse tipo.

A questão era como ter simultaneamente sistemas cognáticos e grupos. Em geral parecia ocorrer que a contagem dos parentes cognáticos coexistia com as classificações que recortavam ou delimitavam a partir de critérios outros que não o parentesco, como a residência (cf. Scheffler 1985). Assim, os sistemas cognáticos acabaram tendo um status teórico duplo, sendo marginalizados tanto em relação aos sistemas lineares como em termos de seus próprios construtos internos de parentesco. Estes pareciam completamente desinteressantes, ou então totalmente familiares. O interesse residia, antes, nas convenções (não relacionadas ao parentesco) por meio das quais sistemas desse tipo alcançavam o fechamento necessário para que fossem os blocos constituintes da sociedade ao longo do tempo.

Os sistemas de parentesco produtores de grupos não colocavam problema algum. O problema com os sistemas cognáticos era que traçar o parentesco cognático não permitia produzir grupos em um sentido forte, nem gerava um sentido de convenção ou sociedade em um sentido fraco. Aqui, na ausência de linearidade, o caso era inverso: 1) o parentesco cognático refletia a diferença natural na contagem bilateral das relações; 2) no entanto, o campo dos parentes cognáticos permanecia, pois, socialmente indiferenciado, e os grupos tinham de ser recortados desse campo com base em critérios de outra ordem.

A sociedade, assim como as análises produzidas pelos antropólogos, deveria ser tornada visível em suas diferenciações e categorizações internas – os segmentos sociais que recortava da natureza. Contudo, no caso cognático, via-se apenas a infindável recombinação de elementos transmitidos pelos indivíduos e focados neles. Proliferação natural, laços que se estendem para sempre: como Fortes externou em seus comentários sobre os Garia, parecia não haver estrutura no próprio modo de contagem do parentesco. Conceitualizados como um tipo de inverso do holismo linear, o modo de funcionamento do parentesco cognático parecia incapaz de fornecer um modelo de todo.

## Relações parte-todo: permutações entre dois mundos totalizantes

Se a "sociedade" fosse mais visível nos grupos, seria porque eles também exemplificavam a classificação e a convenção, pois se considerava que a sociedade era inerente ao "nível" dos princípios organizadores, e não do que estava sendo ordenado; os níveis eram literalmente concebidos como sendo de uma ordem diferente daquela das pessoas imaginadas concretamente como tantos indivíduos.

Daí a problemática central da antropologia de meados do século [XX]: a relação entre indivíduo e sociedade. Cada qual continha uma perspectiva irredutível sobre o outro, e o resultado era *pluralismo*. Pensar a sociedade em vez de pensar o indivíduo não significava trocar de perspectiva, pois aqui não havia reciprocidade.

Antes, tratava-se de uma permutação entre mundos totalizantes. Aqui, cada perspectiva abrangia a outra como "parte" de si mesma.

Nessa apresentação das relações parte-todo, o todo era composto de partes; contudo, a lógica da totalidade podia ser encontrada não na lógica das partes individuais, mas nos princípios organizadores e nas relações para além deles. Perceber a vida a partir da perspectiva das partes discretas proporcionava, assim, uma dimensão diferente do ponto de vista conquistado a partir do todo.

Dependendo do que era tomado como todo e do que era tomado como parte, sempre se podiam gerar perspectivas (totalmente) novas e novos conjuntos de elementos ou componentes. Cada parte era potencialmente um todo, mas apenas a partir de outras perspectivas. Assim, uma pessoa individual era uma entidade potencialmente holística – mas, para os antropólogos, apenas da perspectiva de outra disciplina, como a psicologia. Da perspectiva disciplinar dos próprios antropólogos, o conceito de sociedade estimulava a visão "mais" holística.

## O desaparecimento do parentesco inglês

Argumentar que a estratégia simbólica que estava no âmago dessa teorização sobre o parentesco se baseava na ideia de que as partes não podem ser definidas por aquilo que define os todos evoca a formulação de David Schneider (1968) sobre o parentesco americano. O que torna uma pessoa um parente, ele afirmou, não é o que torna um parente uma pessoa. Foi para uma permutação de perspectivas desse tipo que os construtos de parentesco de meados do século XX conferiram facticidade e certeza. Suspeito de que o que estava arraigado no pensamento antropológico sobre o parentesco refletia os modelos populares da "sociedade mais ampla" da qual ele fazia parte.

Mas embora eu tome o caso "inglês" como exemplar de um modelo popular, e portanto ilustrativo do pensamento sobre o parentesco euro-americano, há também razões suficientes para supor que a trivialização do parentesco na vida social é uma característica que bem pode distingui-lo de alguns modelos europeus continentais ou do sul (embora possa render-lhe uma afinidade com aspectos do parentesco "americano"). Ele é interessante na medida em que ajudou a dar forma à teorização antropológica britânica sobre o parentesco. Ambos pertencem a uma época cultural à qual chamei "*modernista*" ou "*pluralista*".

Eis a questão sucinta: por que foi tão difícil conceitualizar teoricamente um sistema de parentesco do tipo inglês? Parte da resposta deve estar em sua conceitualização como cognático, pois isso fez com que ele se tornasse profundamente desinteressante. Ou sua forma de contagem do parentesco é absolutamente não problemática por seguir as distinções naturais de forma autoevidente, ou ela é absolutamente problemática por resolver muito poucas das outras questões que colocaríamos a respeito da vida social. Ele desaparece nos estudos sobre comunidades ou classes locais ou padrões de visitas. Sentimos que o parentesco, na sociedade inglesa, deve ter uma dimensão social significativa a despeito do fato de que tudo que conseguimos ver é o número de vezes que as filhas visitam a mãe, ou quem ganha o que no Natal. Ora, o que "vemos" é a incompletude do parentesco como dispositivo explicativo. Ao reintroduzirmos as dimensões de classe, renda e vizinhança, nossa percepção sobre o que poderia distinguir o parentesco desaparece uma vez mais.

## A incompletude como artefato do sistema

O fato de os ingleses não conseguirem definir um sentido de sociedade ao refletirem sobre seus próprios sistemas de parentesco é um artefato do próprio sistema. E isso se deve à forma como eles fazem com que o parentesco desapareça. Está claro que os parentes colaterais não são infinitos; eles se esvanecem de forma bastante rápida (Firth, Hubert & Forge 1969: 170-71), mas não por razões relacionadas à natureza do vínculo de parentesco. Outros fatores intervêm, e é este o ponto. O parentesco parece ser menos do que um sistema completo.

De um ponto de vista britânico, a despeito de nossos melhores esforços como antropólogos para enxergarmos nossas próprias convenções, nós de alguma maneira assumimos a forma como os ingleses (digamos) reconhecem seus parentes seguindo linhas de consanguinidade como algo socialmente trivial. A sociedade está "para além" do parentesco; ela se impõe como uma ordem fenomênica distinta.

Mas suponhamos que esse problema também fosse um fato: suponhamos que essa incompletude fosse parte do pensamento sobre o parentesco inglês. Em vez de tentar especificar qual poderia ser a importância social do parentesco, consideraríamos qual modelagem da pluralidade está contida nas próprias formulações do parentesco. Permitam-me reformular a modelagem em questão e restabelecer o tempo verbal que indica a perspectiva temporal a partir da qual escrevo.

O que chamei de modernista ou pluralista nesse pensamento sobre o parentesco produziu a figura da pessoa como um indivíduo, composta dos materiais físicos que compunham outros indivíduos, mas recombinados de maneira única. Nesse sentido, a pessoa era um indivíduo completo. Mas o que tornava a pessoa um indivíduo completo não era o que a tornava parte de qualquer identidade mais ampla. O indivíduo era incompleto em relação à sociedade – devia ser completado pela socialização, pelas relações e pela convenção. A problemática no cerne da antropologia britânica de meados do século [xx] era também uma proposição no cerne do parentesco inglês de meados desse século.

Essa proposição encapsulava perfeitamente a maneira como os antropólogos produziam mundos plurais e fragmentados para eles mesmos, assim como encapsulava a maneira como produziam mundos totalizantes e holísticos – pois, no momento em que se deixava de olhar para uma pessoa como um indivíduo único para considerar suas relações com os outros, acrescentava-se uma dimensão de outra ordem. Cada perspectiva podia ser usada para obter um efeito totalizante; contudo, cada perspectiva totalizante era vulnerável às outras perspectivas, que tornavam seu próprio domínio da realidade incompleto. A pessoa individual fazia parte tanto da sociedade como da natureza. A sociedade tanto era recortada da natureza como a encapsulava dentro de si. Permutar de uma perspectiva para outra implicava permutar domínios completos de explicação. As partes não eram iguais, pois as perspectivas não eram equivalentes. Elas se sobrepunham: um todo era apenas parte de outro. Assim, a convenção social poderia ser conceitualizada como algo que modificava e abrangia os dados naturais.

As perspectivas modernistas desse tipo tinham seu próprio efeito pluralizante. Quando as perspectivas não são intercambiáveis, uma perspectiva só pode capturar a essência de outra encapsulando-a como parte de si mesma. Assim, as partes, por sua vez, parecem ser sempre recortadas de outros todos mais amplos.

## Visões pós-plurais

### A visão pluralizada de Clifford

Algumas pessoas no Ocidente pensam viver hoje em um mundo que perdeu a perspectiva unificadora do modernismo. Isso coloca o problema do que fazer com as partes e os todos. Ofereço um exemplo americano.

Chamaram-me a atenção as imagens que organizam *The Predicament of Culture* (1988) de Clifford: sua preocupação com o desenraizamento que desestabiliza as pessoas e dispersa as tradições. Esse sentimento de autenticidade perdida – a ideia de que o mundo está cheio de culturas-partes modificadas – não é novo. O que é novo (afirma ele) é o cenário oferecido pelo final do século xx: "Um espaço verdadeiramente global de conexões e dissoluções culturais tornou-se imaginável: as autenticidades locais encontram-se e fundem-se em cenários [...] transitórios" (1988: 4). O desafio está em como responder a uma sobreposição de tradições sem precedentes.

A etnografia intensiva deve ser uma etnografia das conjunturas, movendo-se entre as culturas – uma prática cosmopolita que participa da hibridização que esse autor vê em toda parte. Contudo, (argumenta ele) as etnografias sempre foram compostas de recortes, de pedaços extraídos do contexto, reunidos na análise e na narrativa. O que também é novo é o modo como pensamos sobre a hibridização. Textos que já celebraram a integração dos artefatos culturais foram postos de lado pela atenção deliberada ao caráter único dos fragmentos. A criatividade pode residir apenas em sua recombinação. Clifford vê isso como uma salvação não só para os textos, mas para o próprio conceito de cultura, pois as culturas sempre foram híbridas, "as raízes da tradição [eternamente] rompidas e reatadas" (1988: 15). Tradição?

A esperança terapêutica de seus próprios esforços dirige-se à "reinvenção da diferença" (1988: 15). Elementos recortados de tempos e espaços diversos podem ser recombinados, embora juntos não possam compor um todo. O problema de Clifford não é o da simples multiplicidade ou do multiculturalismo do contato. Trata-se, antes, de uma visão pós-plural de um mundo compósito que será para sempre o resultado de empréstimos e intercâmbios. Em sua visão, um ambiente desse tipo resiste significativamente à visão global de (digamos) *Tristes trópicos* (1955) de Lévi-Strauss, com sua nostalgia da década de 1950 pelas diferenças humanas autênticas que desaparecem em uma cultura da mercadoria expansiva. Em vez de ser colocada ao final das muitas histórias do mundo, a narrativa europeia sobre uma monocultura progressiva deve ser posta lado a lado com a própria crioulização da cultura. Ele evoca o Caribe: uma história de degradação, mimetismo, violência; mas uma história que é também rebelde, sincrética e criativa. Na ausência de todos, a única coisa a fazer é recombinar as partes.

## A etnografia como colagem: pensando o parentesco

Atentemos, pois, para como funcionam as imagens do trabalho de recombinação e recorte. Atentemos para o que ocorre quando imaginamos a visão de Clifford sobre o mundo pós-moderno como se ele estivesse pensando o parentesco de tipo inglês.

A crítica de Clifford pertence àquelas que tomaram erroneamente as coleções das pessoas como representação de uma vida coletiva: nunca houve nenhuma narrativa-mestra nativa autêntica para a qual a narrativa-mestra do antropólogo fosse um gênero adequado. O classificador das coleções etnográficas "inventa" uma relação entre artefato e cultura. Faz-se com que os artefatos, recortados de seus contextos (de vida), representem todos abstratos: uma máscara bambara representa a cultura bambara. A crioulização, por outro lado, torna evidente a incongruência, como nas etnografias que deixam à mostra "os recortes e suturas do processo de pesquisa" (1988: 146).

A etnografia como colagem "seria uma montagem que contém vozes diferentes daquela do etnógrafo, bem como exemplos de provas 'encontradas', dados não totalmente integrados à interpretação que orienta o trabalho" (1988: 147). Eis o potencial criativo da etnografia. Em vez da criatividade da convenção, do parentesco humano "reduzido a sistemas diferenciais discretos" (1988: 241), a etnografia deve permanecer aberta ao registro do ato de combinação original – a procriação de um híbrido.

A apresentação de Clifford das culturas como fragmentos recortados e recombinados contém seus próprios empréstimos. Por um lado, como as pessoas desenraizadas, as culturas estão sempre fragmentadas; por outro lado, foram os antropólogos do passado que, em sua coleção, recortaram as culturas nos fragmentos reagregados em suas narrativas. As culturas são sempre híbridas; contudo, o futuro cultural está na continuidade das recombinações criativas, e isso inclui as recombinações da empreitada etnográfica. Conforme Clifford retrata a etnografia do final do século XX, suas diferenciações qualificadas serão aplicadas a diferenças que já estão lá. Ele cita Said: "Uma parte de algo será, num futuro previsível, melhor do que tudo isso. Fragmentos sobre todos. [...] Contar nossa história em pedaços, *como ela é*" (1988: 11; ênfases no original).

Este é o velho idioma reprodutivo do parentesco biológico. É claro que Clifford não fala em parentesco. Contudo, sugiro que, transmutadas em sua linguagem de criatividade etnográfica, encontram-se ideias igualmente aplicáveis às noções de procriação de meados do século [XX]. As pessoas são híbridos naturais: a recombinação criativa do material genético já diferenciado faz de qualquer um uma nova entidade. O passado pode ter sido coletado para compor tradições ancestrais, mas o futuro reside na hibridização perpétua.

Clifford não acha problemático comunicar a hibridização de um mundo híbrido, com sua natureza particular e seus momentos únicos. Mas os híbridos não devem ser estabilizados como todos. Para ele, todos os "problemas" residem nas narrativas-mestras que pretendiam revelar sociedades holísticas – nesse caso, o problema real está em ser herdeiro delas e, portanto, da suposição de que as partes são sempre recortadas de alguma outra coisa: como conceitualizar uma parte que não faz parte de um todo?

Clifford defende um mundo que deixou de ver a unidade ou a pluralidade de forma não ambígua. O que está por trás dele são anos de erudição modernista, com sua visão de uma *pluralidade* de culturas e sociedades cuja comparação repousava sobre o efeito unificador desta ou daquela perspectiva orientadora. Cada perspectiva simultaneamente pluralizava o objeto de estudo antropológico e prometia um entendimento holístico que apresentaria elementos encaixados e partes completadas.

# Repensando o conceito holístico de sociedade da antropologia: a apreensão de ordenamentos alternativos de partes e todos

Suspeito que, ao menos para a antropologia britânica, havia uma intimidade entre os modelos antropológicos e populares que fazia com que fosse, de fato, impossível analisar um sistema cognático nativo – ou ele aparecia como uma versão negativa de outros sistemas de parentesco, ou era universalizado como se apresentasse os fatos que os outros sistemas procuravam convencionalizar. Convenções desse tipo eram encontradas em sociedades nas quais o parentesco parecia ser central para a maneira como a própria sociedade era representada. O "parentesco" já estava, é claro, conceitualizado como "sistema", e os sistemas eram vistos como todos compostos de partes (interdependentes). Mas conferir às "partes" sua identidade distinta faria com que se fosse atraído para dentro de outras perspectivas, outros sistemas de relações totalizantes. Na sociedade ocidental, podia-se assumir a perspectiva do parentesco, mas esta não poderia ser também a perspectiva da sociedade.

Pensemos novamente na pessoa garia. Foi um devaneio, é claro, ter em algum momento suposto que essa figura melanésia contém uma imagem da "sociedade", pois a própria ideia de sociedade no pensamento ocidental acarretava um englobamento de perspectivas. A sociedade não oferecia, na modelagem garia, uma perspectiva sobre a pessoa singular mais do que a pessoa singular oferecia uma perspectiva sobre a sociedade. Nesse sentido, não havia perspectiva; ou, antes, havia apenas a perspectiva, a partir do centro, da qual os outros eram sempre analogias ou transformações. Assim, imaginar outra pessoa era trocar de perspectiva: a periferia de uma pessoa aparecia como o centro de outra (R. Werbner 1992).

Novos idiomas desagregadores poderão fornecer aos antropólogos um vocabulário com o qual apreender os projetos desagregadores dos outros povos, mas o "nosso" projeto não deve ser confundido com o "deles". Nós não somos herdeiros dos mesmos mundos e não os reproduzimos.

Os paralelos entre as conceitualizações "melanésias" e "ocidentais" sempre foram esquivos. O círculo de segurança garia parecia, à primeira vista, com a rede de parentesco ramificadora dos consanguíneos familiar a muitos europeus. Contudo, a figura da pessoa garia nunca foi um híbrido genético, completo por herança e dotação, mas incompleto quando pensado como parte de uma sociedade mais ampla. Antes, socialmente completa, essa pessoa tornava-se incompleta por seus compromissos e trocas com outros. O holismo da imagética melanésia tampouco significava que os melanésios não visualizavam os recortes. Ao contrário, as imagens de compartimentalização, extração e rompimento eram lugares-comuns. Mas eram "recortadas" as próprias pessoas e relações: pessoas de pessoas, relações de relações – e não pessoas recortadas de relações. Longe de serem fixadas no tempo no momento do nascimento, as relações eram a vida ativa sobre a qual a pessoa trabalhava para sempre.

O que diferenciava as relações na Melanésia era a troca de perspectivas das pessoas umas sobre as outras: a transferência de bens que garantia que uma mulher daria à luz um filho do esposo, e não do pai, ou o trabalho dos cônjuges na procriação, que deve ser repetido antes do nascimento e suplementado pela nutrição [*nurture*] depois dele. Uma pessoa era criada, por assim dizer, a partir dos mesmos materiais com os quais criava sua própria vida: compósita, mas não única; "recortada" e compartimentada, mas não em relação a uma esfera que lhe fosse externa. A mulher das terras altas em preparação para o casamento podia tanto estar separada de seu clã quanto dividida internamente – separada da substância paterna e tornada vazia dela. Tudo era partível.[5] Mas essa compartimentalização não criava ordens diferentes de seres a partir de partes e todos.

A imagética modernista das partes e dos todos trabalhava com vistas a um efeito distinto, e é dela que somos herdeiros. Ela nos

---

5. Onde as pessoas são recortadas de pessoas (ou as relações de relações) – como podemos imaginar uma parente agnata separada de seu clã ou o doador distinto do recebedor – uma posição ou perspectiva é substituída por outra de ordem comparável. Assim, os Molima substituem a divisão dos parentes maternos e paternos na morte por sua combinação na pessoa viva. Quando as pessoas morrem, elas são reconstituídas como *siblings* – seu casamento é, por assim dizer, desfeito, e seus filhos são desconcebidos (Chowning 1989). Ora, na medida em que um conjunto de relações (a relação de *sibling*) substitui outro (a conjugalidade), ele também é antecipado e, nesse sentido, "já está lá". Que diferença em relação à novidade com que o parentesco inglês (digamos) percebe a criação natural das pessoas individuais e a criação social das relações!

Partes e todos **223**

fez ver as pessoas como partes recortadas de um todo imaginado como as relações, a vida e, para o antropólogo, a sociedade. Inversamente, no discurso dos sistemas e das estruturas, eram as relações, a vida, a sociedade que recombinavam os fragmentos e as partes de forma criativa. O "parentesco cognático" da sociedade ocidental reproduzia indivíduos únicos cuja procriação era eternamente modificada por uma sobreposição de outros princípios da vida social. Tire o indivíduo de cena e – os ingleses diriam – a sociedade ainda permanecerá. Mas uma morte na Melanésia exigia o rompimento ativo de pessoas e relações – as pessoas vivas rearranjavam suas relações entre si quando o falecido já não podia corporificá-las. Isso incluía "desfazer" os laços cognáticos que constituíam a vida.

O que as recombinações encenadas pelos melanésios – a riqueza e as crianças que produziam – tinham de criativo era que antecipavam atos semelhantes àqueles que depois as romperiam e eram compostas por eles. Nesse sentido, as partes nunca eram deslocadas, deixadas, por assim dizer, na gaveta da sala de edição para serem recombinadas por outra pessoa. Ao contrário do que se pensa, os melanésios nunca precisaram de etnografia salvacionista, pois sua visão de mundo não via problema algum na forma como as partes se encaixavam. Não havia fragmentos a serem recombinados com o propósito de restaurar uma cultura, conceitualizar uma sociedade. Duvido que seu cosmopolitismo atual inclua a nostalgia por sua cultura ou sociedade.

*Tradução Iracema Dulley*

# 8. A RELAÇÃO: ACERCA DA COMPLEXIDADE E DA ESCALA

Numa reunião realizada em 1914, houve um momento em que Sir James Frazer provocou não apenas um, mas dois ataques de riso. Seus ouvintes não poderiam ser mais notáveis.[1] Entre os da Universidade de Cambridge, estavam presentes o professor Ridgeway, da cátedra Disney de arqueologia, o dr. Duckworth, nome conhecido na antropologia biológica, e os drs. Haddon e Rivers, ligados tanto ao Museu (de Arqueologia e Antropologia) quanto ao Departamento de Antropologia Social.

Na sequência de uma reunião da Comissão Real sobre a educação universitária, o encontro tinha como propósito deliberar a respeito de medidas práticas "para a organização do ensino de antropologia".[2] Um dos participantes observou que a Universidade de Oxford carecia de "mais sistema".[3] O fato de esse assunto

---

1. Texto de aula inaugural proferida no dia 14 de outubro de 1994, na Universidade de Cambridge. Publicado originalmente na série da Prickly Pear Paradigm, coordenada por Marshall Sahlins, em 1995.

2. O caso foi apresentado por uma comissão mista do Royal Anthropological Institute (RAI) e da British Association (in *Man* 1914: 1-16) para cerca de sessenta representantes universitários, membros do parlamento e do serviço público. A proposta fazia parte de uma longa série de petições da British Association (e, posteriormente, do RAI) ao governo, de início para instituir uma agência de etnologia (ver Henrila Kuklick 1991: cap. 2).

3. Daí que, para o diretor do Magdalen College, da Universidade de Oxford – que também afirmou que a antropologia era uma extensão legítima dos clássicos –, uma das razões de os classicistas serem tão bem-sucedidos como administradores ultramarinos era a de que os estudos clássicos já tinham em si muito da própria antropologia. Ele se referia a um aluno seu, Sir Hubert Murray, da área de estudos clássicos, que veio a se tornar governador da Papua.

ser indispensável para a inteligência e o esclarecimento dos administradores não estava em questão. Ele colocaria as autoridades coloniais em contato com o mundo real – o conhecimento acurado de costumes e ideias dos não europeus lançaria luz sobre suas próprias interpretações empíricas, penosamente adquiridas.[4] Ora, como sabemos, a Segunda Guerra interrompeu muitos planos, ainda que, por fim, Oxford tenha conseguido adquirir seu "sistema". De fato, Meyer Fortes trouxe algo desse sistema com ele, quando, vindo de lá, chegou a Cambridge em 1950.

As pessoas ali presentes, preparando-se para apresentar suas observações ao primeiro-ministro H. H. Asquith, devem ter pensado que aquela ocasião representaria um marco. No que diz respeito ao avanço do conhecimento, entretanto, é provável que os marcos se constituam de outros modos. Um deles foi possivelmente prenunciado pela piada de Frazer. (Devo alertá-los de que se trata de uma piada de mau gosto, contada com frequência.)

## I. Concepções abstratas e concretas

A piada de Frazer falava da diferença entre "costumes selvagens" e "lei civilizada". Um administrador que pesquisava os costumes de seu distrito "descobriu que eles eram detestáveis e extremamente desagradáveis para seu gosto, e os aboliu todos de uma vez só. [Risos.] Os nativos o abordaram logo em seguida e disseram: 'Entre as regras que você aboliu está a de que não devemos casar com nossas irmãs; o governo quer casar com nossas irmãs?' [Muitos risos]".

Notem a conjunção entre regras de conduta no abstrato e uma regra concretizada por meio da referência ao parentesco. Isso sugere, para mim, ligação de costumes e leis incompatíveis e uma regra tratando das conexões entre as pessoas.[5] Os risos possivelmente

---

4. Palavras de Sir Henry Craik, membro do parlamento, servidor público e educador.

5. A piada de Frazer procurou ilustrar um argumento a respeito da diferença. Dada a "profunda diferença que separa as raças selvagens dos homens civilizados", ele argumentava que seria inútil ampliar o estado de direito sem modificações, dando como exemplo o pensamento concreto dos solicitantes "nativos". É o modo como Frazer aborda a questão que me interessa aqui. O exemplo apresentado por ele serve para introduzir de maneira concreta a ideia de regras e costumes nas relações entre pessoas. (Pergunto-me se ele também estava insi-

foram reações a essa concretude ambígua. No entanto, antes que eu diga por que isso pode ter interesse, deixando de lado a qualidade de "constituir um marco", permitam-me introduzir outra situação.

Imaginem-se num tribunal do foro do Supremo Tribunal de Justiça da Califórnia no ano de 1993.[6] Uma mulher havia firmado um acordo com um casal para dar à luz um filho biológico desse casal,[7] por meio da fertilização *in vitro* e da transferência de embrião. Contudo, as relações deterioraram ao ponto de o casal solicitar uma declaração pré-parto de que eles eram os pais legais, ao que a mulher grávida reagiu por meio de uma reconvenção. O Supremo Tribunal decidiu em favor do casal, sublinhando a intenção de procriação.[8] O juiz argumentou: "Se não fosse pela intenção [do casal], o filho não existiria [...]", citando o ponto de vista de um comentador.[9]

---

nuando que civilizados e selvagens são como irmãos e irmãs, sendo ao mesmo tempo próximos e distantes, similares e dissimilares entre si; irmãos e irmãs naturalmente não se casam.)

6. O caso foi amplamente divulgado na época e suscitou muitos comentários desde então. Meu relato vem de análises propostas pela advogada e antropóloga Janet Dolgin (1994) e por Derek Morgan, cujos interesses se voltam à legislação da assistência médica (1994: 386-412). Sou muito grata a ambos por terem me permitido o acesso a materiais inéditos, e a Derek Morgan por me enviar uma cópia da transcrição da audiência do caso Johnson vs. Calvert, maio de 1993 (851, 2d 776) do Supremo Tribunal da Califórnia.

7. Utilizo a expressão coloquial para fins de clareza. Para uma crítica do desenvolvimento orgânico implicado, ver Susan Oyama (1985).

8. O juiz iniciou a sentença com uma observação geral sobre as questões legais levantadas pelos desenvolvimentos da tecnologia reprodutiva antes de chegar ao caso particular. Em suas palavras, quando uma mulher dá à luz o filho genético de outra, quem é a mãe natural da criança? Para a lei da Califórnia, só pode haver uma mãe natural, o que segue a legislação prévia que abolia a distinção entre filhos legítimos e ilegítimos.

9. Em 783, ver n. 5. As ideias de "concepção mental" e de pais que "dão origem" ao filho ao recorrer à cessão temporária de útero já circulavam (por exemplo, George P. Smith 1990, para o qual Frances Price me chamou a atenção). O juiz citou três comentadores ao todo. Outro havia observado que os pais eram "a causa primeira" ou "o motor principal" da relação de procriação; o terceiro argumentou que a tecnologia reprodutiva amplia a "intencionalidade afirmativa", de modo que "as intenções que são escolhidas voluntariamente [...] devem presumivelmente determinar a paternidade legal" (em 783, ver n. 5). No entanto, uma opinião contrária da magistratura contestou o argumento da causa primeira por sua evocação enganosa do direito de propriedade intelectual, e contestou a ênfase na mãe genética por excluir a mãe gestante, que era, igualmente, "uma agente consciente da criação".

O conceito mental de um filho é um fator que controla a sua criação, e os criadores desse conceito merecem todo o crédito como *aqueles que o conceberam.* [ênfases minhas]

Ele se refere àqueles que conceberam o conceito mental, valioso por si próprio por fixar, nos pais que "deram origem" ao filho, um sentido de suas obrigações. Mas esse era também um jogo de palavras incômodo. O que fazer da conjunção tácita entre a concepção (abstrata) de uma ideia e a concepção (concreta) de um filho?

Se na língua inglesa existem os dois sentidos de "concepção", há termos similares de ressonância dupla – gerar, reproduzir, criar. Outro conjunto se forma em torno da ideia de conexão – afinidade, parentesco, família. Pretendo dizer apenas, é claro, que há aqui possibilidades idiomáticas de ressonância. O potencial cultural pode sugerir que alguém imagine, como acabo de fazer, conexões que as pessoas não necessariamente explicitam. No entanto, temos de lidar com um exemplo bem documentado de uma transferência explícita de significados desse mesmo campo. Pensemos em como apenas recentemente o termo "gênero" se consolidou no seu sentido atual dentro do feminismo. Podemos identificar a data desse momento criativo com precisão. Antes do começo dos anos 1970, de acordo com as palavras austeras de Fowler,[10] tratava-se apenas de um termo referente à gramática, de modo que outros sentidos eram considerados uma brincadeira ou uma tolice; hoje não pensamos duas vezes quanto a "gênero" se referir à classificação social de pessoas em masculinas ou femininas.[11] A diferença

---

10. A objeção de H. W. Fowler, na íntegra, é a seguinte: "Falar *de pessoas ou criaturas do gênero masculino e feminino*, significando *os sexos masculino e feminino*, se trata de uma brincadeira ou de uma tolice" (1927: 211; ênfases no original). O termo gramatical se refere a tipos ou classes classificados de acordo com o fato de serem masculinos, femininos, comuns ou neutros. Em referência a pessoas, o gênero carrega a conotação de uma classe ou categoria, como no caso de "o gênero geral", uma classe comum de pessoas.

11. Ann Oakley (1972: 16) consolidou a distinção entre "sexo" e "gênero" como referente a uma separação entre diferença biológica e classificação social. Escrevia-se muito a respeito dos aspectos biológicos e comportamentais/sociais da "diferença de sexo" naquela época, sem que se recorresse ao termo "gênero" (por exemplo, Macoby 1967; Hutt 1972). Contudo, o termo "gênero" entrou em cena tão rapidamente que Gilbert Herdt pôde escrever que a ideia de que o sexo está para a natureza assim como o gênero está para a cultura já era um ponto de

sexual, por sua vez, adquiriu algumas das conotações da inflexão gramatical: as propriedades sociais e culturais de um sexo aparecem como correlatas entre si.

Podemos nos considerar satisfeitos e tomar essas propriedades como extensões metafóricas ou analogias.[12] As metáforas dão forma ou certo sentido de materialidade a um pensamento, intelectualizam uma experiência ou condição corporal. Um antropólogo questionaria o porquê dessa ou daquela conjunção específica de termos.

O que me intriga é esse paralelo consistente, um eco reiterado, entre propagação intelectual e atos de procriação, entre conhecimento e parentesco. Essas metáforas e analogias têm seguido uma trajetória particular. Gillian Beer (1983: 169) chama a atenção para essa trajetória ao observar a visão astronômica que Herschel tem de um sistema planetário: o que anteriormente era visto como mera semelhança entre corpos no espaço passou a ser percebido como "uma verdadeira semelhança com a imagem de uma família; há um encadeamento entre eles [...] em uma rede de relações mútuas". Darwin vai mais longe: ele atribui à ideia de família uma realidade genética quando a descendência se torna "o vínculo tácito de conexões que os naturalistas estavam buscando sob o termo 'sistema natural'" (1983: 170). Eu apenas acrescentaria que o ato de conceituação, nessa cultura, aparentemente integra uma matriz similar. Os pensamentos são concebidos, assim como os filhos; os parentes são vinculados pela ideia de sua relação. Pode-se até mesmo descender de um pensamento – como no caso californiano, em que a intenção se torna relacional: "a intenção une as pessoas".[13] Se esses

---

vista canônico há "mais de cinquenta anos" (1994: 51). A sua curiosidade por um "terceiro gênero" (a gramática da língua inglesa tem quatro) só faz sentido em referência à atribuição de "gênero" a pessoas.

12. Entre outros tipos de conexões, por exemplo, quando Anthony Giddens (1991: 219) nos lembra das conotações modernas de "reprodução" como uma continuidade tanto biológica quanto social. James Boons (1990) desenvolve o sentido de "afinidade" tanto como aliança matrimonial quanto como conjuntos de valores de atração e aversão.

13. A frase é de Janet Dolgin (1994). Ela chama a atenção para o modo pelo qual a intenção, um pensamento a respeito do que se quer fazer ou ser, se torna conectiva: "a intenção une as pessoas de maneira mais forte do que qualquer contrato". O potencial biológico também pode se assemelhar a um pensamento (a uma ideia ou conceito). Nos anos 1990, quando o Parlamento inglês estava debatendo o projeto de lei sobre fertilização humana e embriologia antes de sua

são jogos de palavras e conjunções autorizados em primeira instância pela língua inglesa e pelo modo como ela cria conexões verbais, eles também devem ser autorizados pelo parentesco inglês, visto o modo como ele configura conexões entre pessoas.

Refiro-me ao parentesco "inglês" – isto é, àquele dos nativos da língua inglesa ou euro-americanos – como um fenômeno moderno. Apesar do fato de ambos os sentidos de concepção aparentemente estarem na língua inglesa desde o século XIV,[14] outras conexões apareceram somente muito depois. A afinidade parece ter consistido em uma relação por meio do casamento ou uma aliança entre associados antes de se tornar, no século XVI, um termo que designa uma semelhança estrutural ou conexão causal. Em contrapartida, o próprio termo "conexão", que aparece no século XVII, parece ter se referido à associação entre palavras e ideias pela lógica, antes de se referir à associação de pessoas por meio do casamento ou (mais raramente) da consanguinidade.[15] O mesmo vale para o termo "*relation*" [relação].

A Relação,[16] que em inglês já é uma combinação de raízes latinas e, de diversas formas, uma narrativa, uma referência a algo ou uma

---

promulgação, o então conde de Pembroke, lorde Adrian, introduziu o termo "*conceptus*". O precursor prévio ao embrião precisava ser designado. (Isso fez parte de um debate em torno de definições: ver Pat Spallone 1996). Ele acrescentou: "a ideia de usar a palavra '*conceptus*' vem do fato de que nesse estado o óvulo fertilizado é um conceito de um novo indivíduo, não o indivíduo em si. Apenas quando se chega ao modelo [...] é que se pode dizer que começa o embrião". Em outras palavras, o "*conceptus*" é visto como um material cromossômico que está passando por um processo para formar um indivíduo, que, naquele estágio, é apenas uma noção (um conceito). Essa observação é citada por Sarah Franklin (1993: 110); ela e outros autores do livro, Jeanette Edwards, Eric Hirsch e Frances Price, estimularam em grande medida meu interesse nesse campo.

14. Significando tanto receber o sêmen (ficar grávida) como ter algo em mente (captar uma ideia); apenas mais tarde "conceber" passou a ser usado mais frouxamente, tanto para a concepção (por uma mulher) como para a geração (por um homem).

15. Um uso que parece ter prevalecido, ao menos em certos círculos, na época de Jane Austen (ver Handler & Segal 1990: 33). Eles sugerem que a ideia de "conexão" enfatizava a dimensão socialmente construída e mutável (em suas palavras) dos laços de parentesco, em oposição à sua base natural no sangue. Devo notar que, como "*kin*" [parente] anglo-saxão antes dele, o termo "*family*" [família] parece ter se referido às adjacências domésticas antes de se tornar, no século XVII, um termo para designar um conjunto de itens.

16. O substantivo "*relation*", em língua inglesa, também se refere a parentes e afins. [N. T.]

comparação, passou a ser aplicada a conexões por meio do parentesco[17] nos séculos XVI e XVII. A explosão de conhecimento que associamos às novas ciências presumivelmente também estava remodelando o modo como as pessoas representavam as relações entre si. A partir do exemplo do termo "gênero", apenas presume-se as apropriações criativas que podem ter ocorrido. E digo isso com o objetivo de falar da produção de conhecimento no século XX.

Vou supor que uma apropriação criativa da Relação, ao mesmo tempo o construto abstrato e a pessoa concreta, esteve por trás de alguns dos desenvolvimentos mais radicais da antropologia na metade deste século. Permitam-me, no entanto, apresentar esse ponto de modo tangencial.

## II. Tipos de conexão

É claro que a possibilidade de encontrar relações em toda parte constitui um fato desconcertante. Por exemplo, o parque St. James e os casuares. Os casuares são grandes pássaros não voadores, provenientes da Papua-Nova Guiné e do sudeste da Ásia. Em um ensaio de 1690, John Locke se refere a dois casuares expostos no parque St. James.[18] O filósofo tinha como objetivo ilustrar a circunstância lógica na qual uma relação pode vir a ser percebida nitidamente, ainda que a natureza exata das entidades conectadas seja duvidosa. Seu exemplo concreto era esse estranho pássaro, cuja identidade enigmática contrastava com a relação claramente percebida entre o par: tratava-se de uma fêmea e de seu pintinho (1690: 237).[19] Esses pássaros também podiam ser vistos como um

---

17. Na medida em que o substantivo "relação" [*relation*], quando personalizado, denota um parente e nada mais (ver, por exemplo, Firth, Hubert & Forge 1969: 93-94).
18. O Dicionário Oxford da Língua Inglesa indica que havia casuares no parque St. James em 1611.
19. A ilustração da conexão com as aves era precedida por uma referência ao parentesco humano. Ao falar sobre o modo como o próprio ato de comparação (colocar itens em relação) constitui um exercício esclarecedor, Locke argumentou que "ao comparar dois homens, em referência a um parentesco comum, é bastante fácil estruturar a ideia de irmãos, sem que ainda se tenha a ideia perfeita de um homem" (1690: 236). De fato, ao longo do capítulo 25 ("Sobre a Relação"), ele toma as relações de parentesco como exemplos imediatamente acessíveis de relações lógicas. Assim, dá como exemplos de termos correlatos óbvios para todos, "pai e filho, marido e mulher" (id. ibid.: 234).

A Relação **231**

enigma em seu país de origem (Bulmer 1967: 237). O povo Karam, da Papua-Nova Guiné, não os põe de jeito algum na mesma categoria de outros pássaros. Nesse caso, também, fica evidente uma relação, pois os casuares devem ser tratados com todo o respeito que se deve aos parentes (eles são, como dizem os homens, suas irmãs ou primas cruzadas).[20] O ornitologista karam Saem Majnep introduziu outra dimensão à questão. Ele insistiu em atribuir a fonte de seu conhecimento a lugares específicos da floresta, o que veio a ele por meio de um parente [*relation*]. O pai de Saem morreu quando ele era pequeno; e ele conhecia certas coisas porque caminhava pela área com a mãe, que a tinha mostrado a ele.[21]

Assim, a partir dessas conexões, eu poderia tecer toda uma história a respeito das conexões de forma mais geral: desde um inglês do século XVII apreendendo a relação entre pai e filho casuares como um exemplo concreto de um problema abstrato da compreensão humana até a maneira como papuásios do século XX pensam sobre casuares no abstrato, como consequência de uma relação mais concreta com os próprios pais. Eu poderia acrescentar ainda outras conexões. O etnógrafo karam era Ralph Bulmer, um dos muitos alunos de Cambridge que trabalhou na Melanésia, inclusive na Papua-Nova Guiné, ainda graduando quando Fortes chegou, e foi orientado por Jack Goody no saudoso Bun Shop.[22]

Esta é primordialmente uma conexão narrativa cujo propósito é introduzir o modo como proponho fazer referência ao trabalho do Departamento de Antropologia Social da Universidade de

---

20. Bulmer aborda por várias vias a posição taxonômica "anômala" do casuar não voador. Sua sugestão com relação às irmãs e primas cruzadas (filhas dos irmãos da mãe ou filhas das irmãs do pai, terminologicamente "irmãs" do ponto de vista de um homem) é de que tais figuras consistem em uma metáfora central das relações ambivalentes de proximidade e distância. Os homens são tanto próximos como distantes dos casuares selvagens; é proibido casar com irmãs humanas próximas, mas é permitido casar com irmãs distantes (selvagens) (ver Pouwer 1991). Saem (1977) propõe outra analogia, afirmando que os casuares também são uma espécie de prima cruzada do porco doméstico (porcos e homens pertencem ao povoado, contrastando com a floresta).

21. "Minha mãe me dizia onde tinha ido com meu pai e mostrava cada um dos lugares" (Majnep & Bulmer 1977: 184).

22. Ellaine Mabbutt (1991) se refere ao Bun Shop como o "pub do departamento" daquela época. Ralph Bulmer foi subsequentemente o professor de fundamentos de antropologia na Universidade da Papua-Nova Guiné, em Port Moresby.

Cambridge e à comunidade de antropólogos dessa instituição como um todo. Muitos estão presentes aqui. Reconheço sua *presença* sem mencionar *nomes*. – Ainda que muitos de vocês, e não apenas os antropólogos, devam reconhecer ideias suas no que digo, assim como meus colegas da Universidade de Manchester. – Os nomes que vocês vão ouvir a partir de agora são todos de antigos antropólogos de Cambridge, alguns professores, outros alunos e pesquisadores. Assim, posso dizer que abrangi uma parcela considerável de todos os profissionais! E, se restrinjo os exemplos à Melanésia, será apenas como um convite para que vocês os estendam a quase todos os cantos do mundo. No entanto, mesmo que todos possam tecer narrativas engenhosas, os antropólogos não vão atrás de conexões simplesmente para serem engenhosos. Eles conduzem as conexões de modo específico.

É por meio das pessoas que os antropólogos sociais conduzem[23] as conexões. Eles atentam para as relações de lógica, de causa e efeito, de classe e categoria que as pessoas fazem entre as coisas; isso também significa que atentam para as relações da vida social, para os papéis e comportamentos por meio dos quais as pessoas se conectam entre si. E costumam reunir esses dois domínios do conhecimento, já que tratam da relação entre cultura e sociedade.[24]

Esse é o legado da "organização" do conhecimento antropológico[25] pelo qual a reunião de 1914 ansiava, mas não conseguia ver. Residindo em novas técnicas de análise de relações, ele diferenciou a antropologia social britânica de suas homólogas americanas e continentais.

Conduzir relações por meio de pessoas se tornou a substância do empirismo antropológico. Não importava se as relações eram intelectuais ou sociais, fantasiosas ou cotidianas: o fato de elas virem das interações entre as pessoas se tornou significativo. Os antropólogos pararam de falar dos selvagens e de seus costumes.

---

23. Utilizo o termo "conduzir" inspirada em Gillian Gillison (1993: 9) e sua exegese da condução do mito Gimi pela prática ritual Gimi, isto é, práticas que ao mesmo tempo articulam e se contrapõem ao mito.

24. Em sua aula inaugural publicada em 1953, por exemplo, Meyer Fortes se refere à cultura e à organização social como dois quadros de referência complementares dentro dos quais os antropólogos atuam (: 38).

25. Tomo aqui uma liberdade: a reunião estava atentando principalmente para a organização do ensino antropológico.

W. H. R. Rivers, do St. John's College, e seu aluno A. R. Radcliffe-
-Brown,[26] do Trinity College, formaram a agenda de um novo projeto: como entender a totalidade da vida social de acordo com os
termos de sua própria ordenação interna, denominada "organização social".[27] E a enunciação de regras era entendida como o momento em que as pessoas conseguiam falar sobre as relações. As
regras quanto a com quem casar, a quem mostrar respeito, a direitos sobre recursos, forneciam um modelo eficaz de sociedade,
pois o antropólogo podia fazer conexões entre as regras, construir um quadro (digamos) a respeito de como a moradia, a reivindicação de terras e o respeito pelos chefes se encaixavam perfeitamente.[28] O "sistema" não apenas significava a verificação
metódica dos fatos, mas algo próximo às imagens de descendência
de Darwin: um sistema seria um modelo de trabalho demonstrando como partes da vida social se encaixavam e tinham efeitos
uma sobre a outra. Assim, os antropólogos, com uma queda pelo
concreto, associaram suas descrições sistemáticas de organização
social com as funções reguladoras das regras às quais as pessoas
aderiam; a "ordem social" se tornou simultaneamente a descrição
da sociedade e os meios perceptíveis de sua coesão.[29]

Foram enfatizadas, assim, tanto as relações tidas pelo observador como princípios de organização social como as relações observadas como interações entre pessoas. Os ilhéus da Melanésia
não apenas especificavam quem podia se casar, mas também onde
os casais deviam residir; os acordos conjugais mais meticulosos
eram os da ilha de Dobu, onde os casais mudavam de residência
anualmente. A estrutura social era herdada em relações relevantes
para os atos e as intenções das pessoas. Essa localização concreta da
estrutura nas ações das pessoas confundiu quem observava o cená-

---

26. Sobre a conexão, ver Langham 1981: 271ss.

27. Há uma discussão acerca disso em M. Strathern 1992: 121-23; cf. n. 48 a seguir.

28. W. H. R. Rivers inicia suas aulas acerca do parentesco e da organização social com as seguintes palavras: "O objetivo destas conferências é demonstrar a
conexão estreita que existe entre métodos de denotar a relação ou o parentesco
e formas de organização social" (1914: 1; ênfase minha). (A conexão em questão
é de determinismo causal.)

29. Do mesmo modo como a noção de um "grupo corporativo" ao mesmo tempo
oferece uma descrição formal e indica que existe uma unidade em ação (ver
Fortes 1969: 304).

rio britânico do continente, mas consolidou a antropologia social britânica como um nicho importante. O modelo podia ser reiteradamente *posto em prática* em trabalhos de campo. Para a tradição do trabalho de campo, os antropólogos deviam aprender a respeito dos sistemas ao constituir relações com aqueles cuja vida social eles estavam estudando. Como Saem, o aprendiz adquiria conhecimento no decorrer da interação. Essa disposição era ampliada quando o parentesco estava em jogo.

Em sua aula inaugural de 1953, Meyer Fortes (: 34-35) argumenta que "os sistemas [m]orais são apenas uma parte da vida social do homem; e isso é tão real e material e parte da natureza quanto o seu corpo e o seu cérebro [...], o que torna razoável supor que a sociedade humana tem regularidades compatíveis com as encontradas no restante da natureza". Fortes corrobora a ideia: "Se considerarmos apenas a descoberta e a elucidação de sistemas classificatórios de parentesco, isso basta para atestar tal argumento". Ele então transita entre sistemas morais, a natureza e o parentesco, e acrescenta a esses deslocamentos na escala a elucidação de princípios organizacionais como evidência de que a antropologia pode se auto-organizar. De acordo com o seu ponto de vista, a antropologia ainda não era uma disciplina na época da Primeira Guerra Mundial. Existia um campo de investigação, mas não uma teoria: "uma organização definida dos estudos antropológicos" (Fortes 1953: 15) era de fato necessária. Mas ele não disse exatamente o que pretendia a reunião de 1914. A disciplina não tinha como se organizar se as suas teorias não se organizassem, e essas teorias tratavam dos fundamentos da organização humana. "Um de nossos principais objetivos", declara ele, "é descobrir como as morais, as crenças e os valores são moldados pelas relações sociais e, por sua vez, como regulam as relações sociais" (Fortes 1953: 40).

Mas por que as evidências de regularidade viriam dos sistemas de parentesco? Fortes evoca um antepassado antropológico[30] que havia percebido princípios de ordenação social na classificação das relações entre pessoas (isto é, nas relações de parentesco). O campo do parentesco surgiu como um sistema por conta própria,

---

30. O americano Lewis Henry Morgan. Esse ponto se tornou tema das Conferências Morgan, realizadas posteriormente por Fortes (1969); a referência é primeiramente a Lewis Morgan (1871).

como reconhecimento de uma rede de relações que pressupunham a percepção de relações entre relações. – O pai de um pai ou a filha de uma irmã. – Todavia, as taxonomias parentais motivaram inicialmente uma obsessão por categorias ou classes. Houve um tempo em que as "classes de casamento" eram vistas como a chave de tudo, um movimento que fracassou por tentar interpretar as leis e os regulamentos de modo muito literal em termos de parentesco, como se houvesse uma congruência direta entre eles.[31] O que Fortes e seus colegas fizeram foi explicitar uma mudança de escala.

A partir da ideia de que é possível encontrar princípios sociais mais amplos na classificação de parentes surge uma proposição mais geral e bastante simples: a de que *é possível classificar as pessoas por meio das relações entre elas*. E seria possível estudar essas relações a fim de extrair diversos tipos de conhecimento – político, econômico, religioso etc.[32] Abordar as relações parentais como um sistema impulsionava a descrição de sistemas sociais de todos os tipos. Em suma, as relações sociais tinham se tornado um objeto de conhecimento.[33] As relações sociais podem ser abstrações, escreveu Fortes, mas "para estar à disposição daqueles que nelas estão implicados, devem se tornar discerníveis, objetivadas... incorporadas em objetos materiais e lugares, em palavras, atos, ideias [e] regras" (Fortes 1969: 60).[34] A antropologia social britânica permaneceu intimamente ligada à convicção de que as relações entre as pessoas eram a base dos sistemas e de que os sistemas que elas criam para si mesmas seriam manifestações de segunda ordem da sua habilidade humana primária de estabelecer relações.[35]

Isso introduz a ideia de que os modos de considerar as conexões de parentesco confirmam relações que de certa forma já exis-

---

31. Retorno a seguir à questão da congruência em um contexto bastante diferente (ver n. 79).

32. Como as pessoas eram parentes entre si, de qualquer modo, a questão era o modo como essas relações se organizavam. Disso decorria o momento produtivo celebrado por Fortes.

33. Ver M. Carrithers 1992.

34. Ver n. 29.

35. Como afirma Maurice Godelier (1986) de modo poderoso, "o parentesco não é apenas o reconhecimento de pai e de mãe [...] Mas ele é igual e inteiramente o reconhecimento do pai do pai [...], da mãe da mãe [...] e assim por diante. Isso, portanto, ocasiona o reconhecimento de uma rede de relações transitivas, o que, por sua vez, pressupõe a capacidade de perceber relações entre essas relações".

tem.[36] O tipo de "reconhecimento" implicado na elucidação do parentesco fez com que alguns enfatizassem seu papel ideológico em relação a outras realidades sociais contínuas. Foi por esse motivo que Edmund Leach se opôs à ideia de levar o parentesco muito a sério. Um diagrama de parentesco não representa uma sociedade como um todo! O parentesco, argumentava ele, não pode "ser considerado sem que se faça referência a suas implicações políticas, demográficas ou econômicas" ([1951] 1961: 89). Focar em normas explícitas de comportamento ligadas ao parentesco pode negligenciar as realidades de poder político ou econômico, dissimuladas pela retórica do parentesco.[37] O que continua em questão é o pressuposto de que o conhecimento antropológico trata de relações entre relações; mas o parentesco deve ser relacionado *a* outras áreas da vida social.

Essas ideias de modelagem de segunda ordem e de ideologia não são invenção dos antropólogos. No entanto, os estudos de parentesco lhes proporcionaram uma ferramenta concreta para conceber nesses termos a complexidade da organização social. Eles estavam lidando com um duplo ordenamento das relações: os modelos nativos de parentesco como uma classificação de segunda ordem dos laços estabelecidos por meio da consanguinidade e do casamento, além dos seus próprios modelos de relações sociais, que lhes permitiram discutir o papel estruturante dos sistemas de parentesco na sociedade em geral.

Rivers tinha criado o que ele denominou de método genealógico para coletar termos de parentesco, pois ele supunha que povos pré-letrados como os melanésios apreendiam ideias abstratas por meio de fatos concretos: bastaria estabelecer a relação pessoal (concreta) e, em seguida, perguntar qual seria o termo (abstrato) de parentesco relacionado a ela.[38] Fortes transformou a escala dessa estratégia. Para ele, até mesmo nas sociedades mais simples, as relações de parentesco são ao mesmo tempo um veículo concre-

---

36. Fortes (1969: 80; ver n. 29) se refere aos mecanismos e processos sociais pelos quais "os princípios elementares da estrutura parental [...] são postos em prática – e 'reconhecidos', portanto – em uma sociedade".

37. Um argumento amplamente desenvolvido em sua monografia (1961).

38. Esboçado em uma palestra proferida no Royal Anthropological Institute (RAI) e publicada no *Journal of the RAI 1900*, v. 30 ("A genealogical method of collecting social and vital statistics").

to para a concepção de uma ordem social e uma articulação abstrata da qualidade relacional de toda a existência social.[39] As pessoas demarcam as diferenças de escala por meio de distinções diversas. As distinções entre os tipos de parentesco podem, assim, servir como distinções entre diferentes ordens da vida social.[40] Escala é um termo meu, e não de Fortes.

## III. Com e sem escala

A questão da escala tem sido motivo de dor de cabeça para a antropologia. Se a antropologia encaminha seus conhecimentos através das pessoas, o indivíduo parece ter uma escala própria, uma entidade "pequena" em comparação a tudo que sabemos sobre a sociedade. O interesse antropológico nas relações interpessoais parece que evita abordar as sociedades de "pequena escala". Pensamos que sabemos, em contrapartida, como são as sociedades complexas – a comunicação indireta por meio de tecnologias de transferência de informação; pessoas que lidam umas com as outras em bases anônimas e transitórias; abertura de todos os lados. Assim, para os antropólogos, o foco no parentesco parece apenas reiterar esse ponto, pois nas sociedades complexas, assim compreendidas, considera-se que o domínio ocupado pelo parentesco na vida social tem uma escala menor do que o todo.

Para piorar a situação, muitos povos não letrados parecem enxergar pessoas mesmo quando o antropólogo não as vê. E é possível afirmar que há relações de parentesco entre entidades que os nativos de língua inglesa consideram francamente improváveis. A Papua-Nova Guiné fornece exemplos notórios disso. Na década

---

39. Acredito que isso resume bem uma parte do pensamento de Fortes, inferida, por exemplo, de seu tratamento da distinção entre os domínios nacional e político-jurídico (*infra*, 246). Os autores por vezes têm dificuldades de manter os dois termos, concreto e abstrato, sob controle. Leach (1976) tirou proveito dos usos contraditórios que Radcliffe-Brown faz dessas ideias.

40. Se houve uma frase que assombrou meus anos de graduação (1960-63), foi "devemos fazer uma distinção entre...". Ao apreciar distinções nativas, sejam elas institucionais ou conceituais (Fortes 1969: 110, 118 etc.; ver n. 29), o que se observava era a forma como as pessoas estabeleciam diferentes domínios, esferas, áreas da vida para si. Nem todas as distinções mobilizavam diferentes escalas ou ordens de acontecimentos, mas a capacidade de fazer essas distinções era uma evidência-chave para quando isso acontecia.

de 1930, em Iatmul, Gregory Bateson ([1936] 1958: 127, por exemplo) descobriu que os seres humanos são simplesmente uma das manifestações de pessoas do clã, que também se manifestam no ambiente como todo tipo concebível de entidade; por exemplo, como inhame, o tubérculo. Reo Fortune ([1932] 1963: 107-09) relatou o mesmo a respeito dos dobuanos. Os inhames têm nomes próprios, dão à luz, dialogam, passeiam à noite. Como Stephen Gudeman (1986: 141) comentou cinquenta anos mais tarde, isso faz com que a atividade agrícola seja uma atividade realizada não em relação à "natureza", mas em relação a outros seres que lembram os humanos. Ora, isso deveria nos motivar a refletir novamente sobre a questão da escala e, pelo mesmo motivo, sobre a complexidade.

Os dobuanos situam a sua própria agência em um mundo de agentes, humanos e não humanos; de fato, se é preciso incentivar as pessoas para que ajam, o mesmo ocorre com o crescimento e a geração de plantas, muitas vezes por meio da magia. O crescimento, afinal, não é um processo autônomo (Gudeman 1986: 132).[41] Além disso, suas concepções do tempo, diz Gudeman, não são lineares. No começo, tudo estava relacionado a tudo, e é esse passado que tem de ser trazido de volta. "Em vez de fornecer um fundamento ou base para a ordem social, 'a economia' é uma encenação que se refere a outros atos sociais",[42] "uma recorrência exemplar" (Connerton 1989: 65, 69)[43] que repete aquilo que já existe a fim de trazê-lo novamente à tona – a linhagem baseada no parentesco e as suas pessoas, sejam humanos ou inhames. É preciso repetir as formas. Os maridos e as esposas deixam suas sementes de inhame separadas, a fim de preservar a separação entre as identidades lineares do tubérculo.

Para os dobuanos, a pessoa é a medida de todas as coisas. As personificações, poderíamos dizer, têm um efeito holográfico, ou

---

41. Em seguida, Gudeman compara as ideias dos dobuanos da Papua-Nova Guiné com as dos Bemba, da África Central, estudados por Audrey Richards, para os quais os valores hierárquicos, por sua vez, indicam figuras (como espíritos animais) interpostas entre as pessoas humanas e o mundo natural.

42. Para Gudeman (1986: 141), fazer a roça é uma construção reflexiva, no sentido de que as ações envolvidas nessa prática são modeladas com base em outras ações (ver de que modo essa mesma ideia repercute em M. Strathern 1992: 87).

43. De modo convincente, a vida cotidiana é concebida, portanto, por meio de "uma retórica da encenação". Aproveito essa oportunidade para agradecer a Paul Connerton por suas várias observações a respeito de meus argumentos.

A Relação **239**

seja, é possível encontrar "pessoas" em todas as formas de vida.[44] Consequentemente, a ideia de uma escala maior ou menor não tem nada a ver com a definição de pessoa. Pode haver inhames grandes ou pequenos, além de eventos importantes ou sem importância, mas a pessoa em si não tem escala. O fato é que as personificações dobu podem assumir qualquer escala e aparecer sob a forma de fenômenos de qualquer ordem. Os dobuanos não estão confusos quanto à diferença entre o inhame e os humanos; o ponto é que as pessoas de uma mesma linhagem podem assumir o corpo[45] de diferentes tipos de ser.

Encontramos algo não muito diferente disso nas ideias inglesas a respeito do conhecimento. Como a pessoa em Dobu, A Relação, que em si não é grande nem pequena, pode atravessar escalas, e o faz em virtude de duas propriedades encontradas tanto no conceito abstrato do parentesco quanto no parente concreto.

## IV. Fenômenos holográficos e complexos

Quero compreender a energia criativa[46] liberada pela forma como o conhecimento estava sendo organizado em meados do século xx – como, em retrospecto, podemos ver a explosão das atividades antropológicas da Escola de Cambridge. Talvez ao constituir uma contrapartida à organização do conhecimento presente na organização das relações das pessoas entre si, o construto "relação" também tenha feito com que a escala adquirisse um efeito especial.

O conceito de relação pode ser aplicado a qualquer forma de conexão; esta é sua primeira propriedade. A relação é *holográfica* por ser uma instância do campo que ocupa, sendo que cada uma de suas partes contém informações sobre o todo e há informações sobre o todo envoltas em cada uma de suas partes.[47] Imaginar que é

---

44. Assim como várias pessoas também podem aparecer "no interior" de pessoas; ver Gillison (1991) e os comentários de Roy Wagner (1991), que desenvolve o conceito de holografia nesse contexto.

45. Acerca do significado de "corpo" nesse sentido, como um "suporte" para a pessoa, ver Leenhardt (1979: caps. 2 e 3) e Battaglia (*Man* v. 18: 289-304).

46. Para conhecer uma exposição relacional e conectiva da energia, ver Brennan (1993).

47. Aqui parafraseio David Bohm; meu uso da holografia para elucidar materiais culturais é baseado em Wagner (por exemplo, 1986b).

possível estabelecer conexões em toda parte constitui um efeito holográfico, pois a relação modela fenômenos de modo a produzir instâncias de si mesma. Poderíamos chamá-la de uma construção autossemelhante, uma figura cujo poder de organização não é afetado pela escala. Independentemente do nível ou da ordem, a demonstração de uma relação, seja por meio de semelhança, causa e efeito ou contiguidade, reitera o fato de que as relações podem ser demonstradas mediante práticas relacionais – classificação, análise, comparação. Essas relações funcionam sobretudo como modelo do tipo de conhecimento secular iniciado com a convicção – característica dos séculos XVII e XVIII – de que o mundo (a natureza) é passível de um exame minucioso, visto que as relações são produzidas por meio da própria atividade da compreensão quando essa compreensão tem de ser produzida a partir de um movimento interno,[48] isto é, quando as coisas do mundo só podem ser comparadas a outras coisas que existem no mesmo plano terreno.

Ao considerarmos a sociedade como um mundo heurístico, podemos demonstrar as relações em qualquer ordem de evento ou regra, domínio, instituição e comportamento. Podemos inclusive olhar "no interior" da sociedade e encontrar estruturas ou relações econômicas e políticas "entre" os valores religiosos e jurídicos. Com base no seu próprio trabalho de campo desenvolvido na África Ocidental, Fortes investigou essa ideia dentro do domínio do parentesco, revelando as distinções estabelecidas pelas pessoas entre os aspectos políticos e nacionais das relações de parentesco (por exemplo, 1969: 23, 72, 80). O efeito foi mostrar que o parentesco não é apenas um fenômeno familiar, mas que ele contém dentro de si os tipos de demarcação que os nativos de língua inglesa fazem (por exemplo) entre as esferas pública e privada.

A relação tem uma segunda propriedade: ela precisa que outros elementos a completem, visto que sempre há de se perguntar entre quais elementos as relações se estabelecem. Isso faz com que as suas funções conectivas sejam *complexas*, pois a relação sempre convoca

---

48. No último capítulo de *As palavras e as coisas*, Michel Foucault aborda os efeitos de delimitação do conhecimento que percebe a si próprio como finito. Podemos ver as relações (no sentido usado aqui) exatamente como um efeito dessa limitação, segundo a qual as coisas "contêm os princípios de sua existência dentro de si" (1970: 317). Para uma crítica dos exemplos do século XX que se apoiam na biologia, ver Keller ([1987] 1992).

outras entidades diferentes dela própria.[49] Mais uma vez, isso é fato independentemente dessas entidades serem preexistentes (de a relação se dar "entre" elas) ou de serem trazidas à existência pela relação e, portanto, existirem "dentro"[50] dela. – Quando não se vê apenas as relações entre as coisas, mas as coisas como relações.[51] – Isso fica formalmente evidente na própria percepção das relações como uma questão de explicitação de conexões. Podemos dizer que a relação é uma figura de organização que detém a capacidade de segunda ordem de organizar tanto o semelhante como o dessemelhante. Pai e filho são semelhantes na medida em que são definidos por sua relação recíproca, e dessemelhantes na medida em que são definidos por critérios diferentes (para os falantes de língua inglesa, toda pessoa é um filho, mas não necessariamente um pai).

A relação como modelo de fenômenos complexos, portanto, tem o poder de conjugar ordens ou níveis dessemelhantes de conhecimento, sem deixar de conservar a sua diferença. Na análise de Fortes, a identidade distinta dos domínios nacional e político-jurídico se mostrava crucial para o modo como eles se relacionam. Além disso, as relações político-jurídicas de parentesco eram de escala diferente do parentesco familiar. Podemos traçar um paralelo simples com a maneira como os nativos de língua inglesa comumente se referem a "uma relação" entre indivíduo e sociedade: a relação reúne fenômenos de escalas bem diferentes. Um contraexemplo esclarece esse ponto. Mary Bouquet, refletindo sobre as perplexidades dos portugueses perante a teorização antropológica britânica acerca do parentesco, observa que em português

---

49. A complexidade, nesse sentido, denota sistemas que são heterogêneos não apenas em termos de composição, mas abertos no que diz respeito à extensão (como nas estruturas complexas de parentesco de Lévi-Strauss). "O mundo darwiniano sempre é capaz de descrever mais" (Beer 1983: 55; ênfase omitida).

50. As conexões "internas" podem ser vistas como outro exemplo das conexões "entre": ver a discussão proposta por Ollman, em que ele cita Leibniz: "Não há termo tão absoluto ou separado que não contenha relações e cuja perfeita análise não leve a outras coisas, e mesmo a todas as outras, de modo que se pode dizer que os termos relativos marcam expressamente a configuração que eles contêm" (1971: 31).

51. Ollman (1971: 27), sobre a tentativa de Marx de distinguir dois tipos de relações; nesse caso, "coisas" e "relações" correspondem ao que alguns antropólogos ligados à teoria simbólica (com base em Wagner 1986b) podem querer chamar de construções figurativas e literais ou macrocosmos e microcosmos.

"não há separação semelhante à estabelecida pelos ingleses entre a pessoa [privada] e as convenções [públicas]" (1993: 172). Em português, ao que parece, não se pode contrastar as pessoas e o sistema, e, portanto, não se pode relacioná-los ou derivá-los um a partir do outro. Como consequência, a genealogia pessoal não poderia ser usada para coletar informações abstratas.

A relação inglesa sob a forma do parente também tem atributos holográficos e complexos. E aqui vemos como o conhecimento perpassa as próprias definições de parentesco.

Primeiro, uma pessoa pode negar o parentesco com alguém dizendo que a pessoa não é seu parente. Por outro lado, qualquer pessoa importante pode ser considerada um parente: a família mais próxima; sogros, genros e noras; primos distantes. No entanto, o que é holográfico é o fato de que cada uso que se faz convoca o campo como um todo; afirmar que se tem uma relação com alguém implica fazer uma distinção entre todos aqueles com quem possivelmente há uma ligação e aqueles a quem se opta por reconhecer. – "Eu não diria que eles são meus parentes!"[52] – A distinção entre o que é dado e o que é passível de escolha[53] é constantemente repetida, o que torna o próprio termo "relação" ambíguo. As pessoas podem até dizer que não sabem empregar o termo em todos os casos.

Segundo, os parentes [*relations*] são sempre pessoas relacionadas por algum outro critério. O fato de um falante de língua inglesa dizer que é parente [*relation*] de alguém indica que há algum outro motivo para essa conexão além do aparente: pode se tratar de um homem de quem a pessoa se tornou parente em decorrência de um casamento ou de uma mulher de quem a pessoa se tornou parente por meio de uma tia. Se o conhecimento consiste em explicitar um campo de conexões que já existem, os vínculos de parentesco também são um problema aberto e complexo. Certas relações sociais (o casamento, o estabelecimento de laços entre consanguíneos) formam a base para outras e, na base de tudo isso,

---

52. Como disse um entrevistado de Raymond Firth e sua equipe no norte de Londres, referindo-se aos parentes da esposa do filho da filha da irmã do pai da mãe (Firth, Hubert & Forge 1969: 97).

53. Um tema que consta em M. Strathern 1981a. Um argumento bastante diferente é apresentado por Harris (1990), a saber, o de que o que poderia ser lido como uma forma de ambiguidade é uma função do fato de que "parentesco" simplesmente não funciona como um termo que dá conta de um domínio.

A Relação **243**

considera-se que ideias sobre o papel da biologia (a "natureza") da procriação constituem a própria razão de existência das relações de parentesco.[54]

O que acontece quando reunimos essas duas propriedades (holografia e complexidade)? O que acontece quando consideramos que a entidade Relação se desloca por múltiplas escalas sem perder tais propriedades? No jargão do final do século XX, nosso pequeno construto começa a passar a impressão de ser *um dispositivo que se auto-organiza*.

Já se associou a auto-organização à descrição de certos efeitos não lineares – não uma interpretação holística ou funcional de "organização", mas um modelo que explica tanto a persistência de padrões como a capacidade que os sistemas – orgânicos, sociais e intelectuais – têm de seguir caminhos bastante novos. Os caminhos evolutivos são, naturalmente, de grande interesse para os nossos colegas da antropologia biológica (por exemplo, Foley & Lee *Science* 243: 901-06), embora, na verdade, a expressão "auto-organização" na qual me inspiro venha dos arqueólogos (por exemplo, Van der Leeuw 1993).[55] Eles se preocupam com os resultados irreversíveis de fatores que poderiam ter seguido muitas rotas – assim como muitos cenários alternativos (Hawthorn 1991) – em seu caso, com o desenrolar de diferentes resultados simultaneamente em várias escalas temporais e espaciais bastante diferentes. É preciso levar em conta, ao mesmo tempo, o resultado de mudanças geológicas recentes e milenares. Mas a antropologia também poderia emprestar o conceito utilizado pela sociologia da ciência, no qual a "complexidade" adquiriu um status quase disciplinar, cujos precedentes residiriam na termodinâmica e na matemática, bem como na ecologia e na biologia.[56]

---

54. Daí a definição de relação encontrada no Dicionário de Inglês de Oxford (1971): uma "conexão entre pessoas *que decorre de* laços naturais de sangue ou casamento" (ênfase minha). Cf. Schneider (1968).

55. Van der Leeuw (1993) se refere à sociedade como um sistema de comunicações que se auto-organiza. Sou grata pela permissão para citar esse trabalho inédito. (Para conhecer o comentário de um antropólogo biológico sobre a "extraordinária variedade de escalas" – desde centenas de milhões de anos até dias e meses – que as explicações da evolução humana podem ter de atravessar, ver Foley 1995: 17-18).

56. Escobar (1994: 211-31) foi quem introduziu essas ideias na antropologia, embora demasiado tarde.

Tudo isso está além da minha especialidade, mas não além do meu interesse. Se o conceito de auto-organização mostrou ter alguma utilidade para a antropologia, chegamos à conclusão de que a própria noção de "organização" seguiu um novo caminho. Consideremos uma das novas maneiras de fazer referência à propagação; o assunto é o conhecimento, o recurso se faz à linguagem biológica – a da procriação em particular; a imagem é um tipo de caule, um rizoma. Esse crescimento (cito) "assume diversas formas, ramifica-se em todas as direções e forma bulbos e tubérculos. Ele tem princípios diferentes de conexão e heterogeneidade; [o rizoma] é múltiplo, dando origem a sua própria estrutura, mas também decompondo essa estrutura de acordo com as 'linhas de fuga' que ele contém".[57] Deve-se atentar para o seguinte: trata-se da questão de contar com "redes agregadas de significação que precisam ser organizadas de maneiras não lineares [assim como a linguagem proposicional é linear], mas multifilares". Falamos aqui do pensamento cotidiano, e a predileção de Maurice Bloch pela ciência cognitiva consiste em um novo modelo de como as pessoas tendem a transmitir seus processos de pensamento (1992: 128; ênfase removida).[58]

Se os sistemas – sejam eles ecológicos, sociais ou quaisquer outros – podem parecer se auto-organizar, o mesmo ocorre com nossas ferramentas cognitivas. Sugiro que A Relação já está presente na antropologia, como um dispositivo epistemológico que pode funcionar da mesma forma.

Ao reunir os dois sentidos distintos de relação, entre as ideias e entre as pessoas, segui a convenção inglesa que retrata ideias

---

57. Referência a Deleuze & Guattari (1987), como citados em Escobar (1994: 222), que se refere ao trabalho dos franceses como a análise mais completa já realizada sobre o caráter generalizado dos processos de auto-organização. David Harvey (1989: 42) reproduz um inventário de 1985 com características atribuídas ao "modernismo" e ao "pós-modernismo", contrapondo "rizoma" a "raiz". A fluidez com que a nova distinção esclarecedora entre rizoma e raiz perpassou a análise cultural é em si própria um fenômeno. O assunto é abordado de forma interessante em Liisa Malkki (1992: 24-44).

58. Bloch se refere ao conectivismo na teoria cognitiva; a ideia central, diz ele, é a de que "a maior parte do conhecimento, especialmente daquele envolvido na prática cotidiana, não assume uma forma linear, sequencial lógica, mas é organizada em redes altamente complexas e integradas ou modelos mentais cuja maioria dos elementos está conectada entre si de várias maneiras" (1992: 130).

como abstratas e pessoas como concretas. Para Fortes, os antropólogos codificaram as relações sociais abstratas como um conhecimento de sistemas, enquanto os povos pré-letrados tiveram de dar corpo a essas abstrações sob a forma de objetos materiais, palavras e regras. A partir da Melanésia, pode-se acrescentar que as próprias pessoas assumem tanto formas concretas quanto abstratas, seja como seres humanos e inhames, com seu corpo evidente, ou como fontes personificadas de um poder que está além delas. Para acessar o poder, é preciso adentrar relações com as pessoas, visíveis e invisíveis, cujos efeitos concretos são também os objetos e as palavras que fluem entre elas. Os inhames dobuanos só escutam o que as pessoas têm a dizer se elas os abordarem com um falar apropriado.

## V. Mantendo os detalhes e evitando a sobrecarga

Por que isso deveria ser de interesse atualmente? Eu poderia dar várias respostas. A que escolhi neste momento é a seguinte (Thorn 1994: 21).

Podemos certamente notar que, embora se afirme que A Relação como construto intelectual constitui um dispositivo de auto-organização no segundo sentido a que me referi, ela serviu ao antigo regime de sistematização de maneira igualmente adequada. É evidente que se trata de um conceito bastante persistente. Mas será que os estudos bastante específicos de parentesco de meados do século XX que foram tão importantes para a antropologia britânica e tão centrais para o trabalho que está sendo feito na Universidade de Cambridge ainda terão uma durabilidade considerável?[59] Sim, mas não necessariamente do modo como os conhecemos.

Consideremos a relação entre o abstrato e o concreto, cujas formulações modernas, conforme nos lembra Stanley Tambiah, surgiram no século XVII (1990: 89).[60] Os sistemas de parentesco da

---

59. Sobre a noção de durabilidade como um efeito relacional, ou seja, um resultado dos dispositivos, adereços e processos que sustentam o caráter das coisas, ver Law (1994: 102).

60. Extraído de sua discussão sobre *O problema da incredulidade no século XVI*, de Lucien Febvre.

Melanésia e da África Ocidental nos convidam a perguntar o que os nativos da língua inglesa fazem das abstrações, dos objetos de contemplação. Afinal, esses sistemas falam de outros lugares, onde são pessoas ou relações que já estão no mundo, no abstrato, que têm de ser *concretizadas*, isto é, é preciso atribuir um corpo a elas; é preciso torná-las aparentes. Mas os nativos de língua inglesa imaginam um mundo de produção de conhecimento no qual o concreto já está dado na natureza, de modo que quando o conhecimento científico é concretizado, ele é incorporado na tecnologia que, por definição, "funciona" no mundo natural. O sistema e a organização tendem a ser contemplados no abstrato; para torná-los aparentes, é preciso *explicitá-los*. Essa espécie de segunda ordenação ocasiona alguns excessos, além de negligenciar certa característica despercebida do mundo "inglês", a saber, a manifestação concreta da organização nas relações sociais.

Ora, esses estudos iniciais foram desenvolvidos de forma desafiadora por Jack Goody (1971; 1977; 1977a; além de seus escritos sobre letramento). Refiro-me a seus trabalhos sobre codificações de conhecimento que podem ser transmitidas independentemente das pessoas, e sobre certas inovações tecnológicas que afetam a disposição do parentesco e outras que afetam a disposição do conhecimento. Talvez Goody não tenha pretendido fazer essa conexão, mas esse pode ser nosso desejo agora. Não é apenas na busca de expressões inequívocas que o parentesco e o conhecimento parecem dar corpo um ao outro. Voltemos ao caso californiano da cessão temporária de útero.

Tradicionalmente, os meios pelos quais reconhecemos os pais de uma criança costumavam distinguir a mãe do pai. A mãe se fazia conhecer por meio do nascimento; o pai, por sua relação com a mãe. A tecnologia reprodutiva reorganiza essas relações e cria novos critérios. Aqui, a conexão genética pode estabelecer a paternidade do pai, mas não resolve a questão de qual mulher é a mãe; a decisão foi baseada em um conceito mental: quem pretendia ser pai ou mãe.[61] Se a tecnologia estava assistindo a concepção (os processos de re-

---

61. Os futuros pais tinham uma relação "biológica" com o filho, mas esse critério não se mostrou suficiente no caso da "mãe". O resultado da audiência foi o de que o "pai" (já comprovado) e a mãe que haviam recorrido à cessão temporária de útero tiveram a paternidade e a maternidade atestadas.

produção e procriação), então a lei estava assistindo a conceitualização (o que deveria contar como parentesco e relacionamento). Não importa se esse caso ocorreu na distante Califórnia; as consequências para o parentesco vêm de uma aplicação mais geral de novos conhecimentos. Afirmações como estas estão se tornando familiares: "Embora as tecnologias de computação e informação estejam suscitando um regime de tecnossocialidade, as biotecnologias estão dando origem à biossocialidade, uma nova ordem para a produção da vida, da natureza e do corpo por meio de intervenções tecnológicas de base biológica" (Escobar 1994: 214). A biotecnologia exige que as bases relacionais da paternidade e da maternidade sejam explicitadas de formas que antes não eram necessárias.

A tecnologia, junto com a cultura material, sempre esteve presente no Museu da Faculdade de Cambridge. Ora, quem pesquisa o ensino de antropologia social nas universidades britânicas hoje não tem como escapar à força com que ela reapareceu na agenda. De fato, considerando o renovado vigor que a difusão tem merecido nas discussões sobre a globalização, às vezes parece que estamos mais perto do início do que dos meados do século.[62] O interesse atual pela tecnologia, no entanto, vem de seu potencial relacional. A pessoa é vista como dotada de adereços[63] e peças tecnológicas, bem como orgânicas e sociais.

Estamos, afinal, não no começo, mas no fim do século, e esses interesses já chegam a sua meia-idade. As preocupações atuais com a cultura/tecnologia material reanimam questões sobre as relações sociais. Na verdade, é intrigante ver os colegas de disciplinas afins – e incluo aqui a sociologia – inserindo os artefatos nas relações sociais com o status de atores.[64] Isso é mais do que fazer empréstimos metafóricos: trata-se de maneiras de reformular

---

62. Simon Schaffer (1994: 48) clama por uma retomada do espírito do trabalho de campo do início do século, pois ele poderia inspirar, por sua vez, "o retorno das técnicas de campo às nossas próprias instituições".

63. A expressão "adereços" vem de Law: "Somos arranjos engenhosos de pedaços e fragmentos [...] sem os nossos adereços, não seríamos pessoas-agentes, mas apenas corpos" (1994: 3; ênfase removida).

64. Refiro-me aos trabalhos de Bruno Latour, John Law e seus colegas. Apesar de ocupar uma posição muito diferente na antropologia britânica, Tim Ingold abordou ideias sobre a socialidade que vão além do agente humano de forma bastante original.

as relações de modo a reunir o humano e o não humano.[65] O problema do excesso se dá quando a tecnologia é vista como uma forma de viabilização, como uma prótese que melhora o desempenho pessoal, e quando as pessoas são obrigadas a demonstrar que foram aprimoradas graças a ela.

O próprio termo aprimoramento implica que somos obrigados a desejá-lo, e é aí que as coisas começam a sair de controle. Pensando mais uma vez na reunião de 1914, cabe perguntar se os antropólogos e os administradores se reconheceriam agora. Eles poderiam encontrar um inimigo comum menos na ignorância do que naquilo que chamo agora de cultura do aprimoramento.

A cultura de aprimoramento do fim do século XX é dedicada à explicitação de tudo. Estamos todos implicados, pois ela imita as melhores práticas acadêmicas. No entanto, essa cultura promove a ilusão de que os efeitos deveriam ser considerados objetivos. Há fortes argumentos em favor da ideia de que os objetivos devem ser explícitos. É isso que eles são: metas explícitas de organização. Mas o que é identificado como um objetivo? Os estudiosos não imaginam que seja possível ter métodos e protocolos para a produção de marcos intelectuais. Tais marcos são efeitos, resultados; na verdade, os efeitos podem se tornar ridículos quando transformados em objetivos. Pode-se contar essa história contra a antropologia. Meu ilustre antecessor, Ernest Gellner, despreza as pretensões do relativismo cultural (1992; 1992a; 1992b). Claro que ele está certo. O investimento dos antropólogos nas relações, assim como o ato de abordar essas relações em diferentes culturas, pode suscitar certo relativismo. E o efeito pode ser impressionante: a tomada de consciência do posicionamento dos conhecimentos, um em relação ao outro. Mas essa revelação funciona melhor como resultado de interesses substanciais focados em outra direção – na compreensão dos dados por meio do conteúdo, não apenas do contexto.[66] Para

---

65. A expressão "humano e não humano" vem de Donna Haraway (por exemplo, 1991), cujo interesse pela teoria ator-rede e pela sociologia da ciência – assim como a sua crítica a ambas – baseia-se em um campo dos estudos feministas que leva em conta a importância das relações sociais.

66. O contexto continua sendo um dos dispositivos heurísticos essenciais da antropologia, mas quando é foco de uma atenção cultural explícita – como ficou radicalmente evidente na exposição universal Expo 92, em Sevilha (P. Harvey 1999) ele se torna curiosamente problemático. Ver M. Strathern 1995: cap. 8.

tentar aprimorar o efeito de comparação, para fazer com que o relativismo seja objetivo, ela produz alguns dos excessos aos quais Gellner tão eloquentemente se opôs.[67] Por analogia, o efeito do trabalho desenvolvido na Universidade de Cambridge pode ser impressionante, pode torná-la "uma das principais universidades do mundo", mas de que maneira isso pode ser apresentado – como insiste o formato do planejamento estratégico[68] – como sua missão?

A segunda ilusão da cultura do aprimoramento consiste em imaginar que as organizações funcionam melhor quando são explícitas. Tomo de empréstimo as observações feitas pelo vice-chanceler à Câmara Regente de Cambridge no relatório de auditoria da universidade de 1993, ocasião em que, caso esses momentos tivessem sido registrados, a congregação possivelmente teria rido por compaixão. Foi nessa ocasião que ele observou que a universidade estava sendo criticada apenas por não ser explícita quanto aos seus procedimentos. "O modo *implícito* altamente eficaz como Cambridge se organiza não se enquadra bem em muitas filosofias atuais, e infelizmente é preciso gastar muito dinheiro e muito tempo na explicitação de seus propósitos."[69] Os auditores não conseguiam enxergar essa dinâmica! O problema é que o que po-

---

67. No entanto, eu diria que tentar criar um programa a partir de *insights* do relativismo pode vir a se tornar o absurdo que Gellner encontra no "relativismo" por - entre outras coisas - não ter nenhum programa (1992: 70). Para conhecer um comentário sobre pontos de vista objetivistas do relativismo que imaginam que os relativistas tentam descrever o mundo dos objetivistas sem os seus princípios, ver Herrnstein-Smith (1988: cap. 7).

68. Trecho extraído do *Planejamento Estratégico, de 1993-4 a 1997-8*, da Universidade de Cambridge.

69. Extraído do discurso, na Câmara Regente, do vice-chanceler, professor Sir David Williams (1993: 47; ênfase do autor). (A auditoria em questão foi realizada pela Unidade de Auditoria Acadêmica do antigo Comitê de Vice-Chanceleres e Diretores, atual Divisão de Auditoria de Qualidade do Conselho de Qualidade do Ensino Superior). "Uma das ironias da situação atual é que temos de apresentar o trabalho e os êxitos da universidade para o mundo exterior em termos que expliquem de forma satisfatória como nos deparamos com o sistema de valores subjacente às atuais filosofias administrativas e pedras de toque linguísticas, ainda que sem prejudicar ou negar a forma altamente produtiva com que a universidade é de fato organizada"; ele acrescenta que, embora o Conselho de Financiamento do Ensino Superior tenha se esforçado para ressaltar que não se trata de um conselho de financiamento, "somos cada vez mais requisitados a codificar e publicar as nossas estratégias de planejamento" (: 47-48).

deria ter permanecido uma perplexidade passageira se tornou a base de recomendações de políticas: a organização deve existir no abstrato – a universidade apenas tem de torná-la visível. Mas é claro que ela não pode explicitar aquilo que funciona justamente por estar implícito.[70] Em vez disso, ela opta por duplicar as abstrações – aprimorar a sistematização – e o que se torna visível e concreto tende a ser o que pode ser tecnologicamente incorporado em memorandos ou digitalizado. Em vez de estimulante, esse aprimoramento pode desviar energia de outro lugar. E pode fatalmente subestimar a organização que já está incorporada de modo concreto nas relações das pessoas entre si.

Nesse ponto podemos nos valer de minhas observações sobre as propriedades holográficas e complexas da Relação. Já se argumentou que "a dinâmica motriz à frente dos novos conhecimentos científicos é hoje o que poderia ser descrito como uma 'complexidade de múltiplos tipos' [...] Não só existe mais de uma 'disciplina' científica envolvida na solução de problemas, como também diferentes *tipos de conhecimento*, tanto explícitos como tácitos, por exemplo [no caso do conhecimento tácito], saber *como* conectar ideias de outros campos e discursos tangencialmente" (Hill 1994: 7).[71] Isso vem de uma palestra realizada não na Universidade de Cambridge e para além da antropologia, proferida na Coreia pelo diretor de um centro de políticas de pesquisa da Austrália. Ele chama a atenção para a publicação de pesquisas que cruzam fronteiras disciplinares. Uma série de dados australianos sugere que 65% das pesquisas dos departamentos de física e geociências foram publicadas "fora" desses domínios; as publicações de psicologia haviam sido distribuídas em 49 disciplinas. Cerca de 880 centros de pesquisa se multiplicaram em todo o sistema universitário australiano.

O que impulsiona essa criatividade são as novas relações de produção de conhecimento, cada vez mais dependentes de trocas realizadas ator a ator. "As redes pessoais e relações pessoais imediatas", cito, "parecem ser de importância crucial na vanguarda

---

70. A propósito do que ele chama de práticas de incorporação (em oposição a práticas de inscrição), Connerton (1989: 101) aponta que seu efeito de fundo e, portanto, implícito, é uma característica que define as próprias práticas, que "não podem ser bem realizadas sem uma diminuição da atenção consciente que se presta a elas".

71. Agradeço pela autorização para citá-lo que me foi concedida.

A Relação **251**

dos novos campos – que [...] surgem e se dissolvem em relações em rede, mais do que constituem 'sistemas que se auto-organizam'" (Hill 1994: 7).[72] E o que impulsiona o imediatismo específico dessas redes é um conhecimento não codificado – incluindo o conhecimento a respeito de como conduzir relações. "O que importa na década de 1990", disse ele, "é a transferência do conhecimento tecnológico incorporado – em máquinas, artefatos e assim por diante, *além* da transferência da capacidade não codificada – no conhecimento tácito das pessoas tanto a respeito das tecnologias quanto dos meios sociais pelos quais eles podem ser capturados" (Hill 1994: 9; ênfase do autor).[73]

Mas não precisamos falar de centros de pesquisa e inovações de ponta. Os sistemas de informação-produção extremamente disseminados com os quais os acadêmicos estão envolvidos atualmente só são viabilizados por interações entre seres sociais que mantêm múltiplas conexões entre si por meio do que consideram, de modo independente, suas relações. Em virtude dessas relações, as pessoas sustentam um fluxo de conhecimento (isto é, selecionam as informações adequadas) muito maior do que o que jamais poderá ser sistematizado. (O argumento do comércio é o de que, em face do excesso de informação, torna-se mais eficiente recorrer a pessoas-chave.)[74]

*Esse é o mundo real do acadêmico do final do século XX.* Portanto, assim como a organização, o conhecimento tem um segundo *locus,*

---

72. Um exemplo de uma operação desse tipo na escala comercial é um grupo baseado em Sydney, com um quadro de funcionários de duzentas pessoas, com volume de negócios de 43 milhões de dólares, divididos em 24 empresas que trabalham como um conglomerado. O argumento acerca da importância das relações pessoais, incluindo os estilos subjetivos das pessoas, é ampliado em Hill (1995).

73. Sobre o significado da diferença entre conhecimento proprietário, codificado e público e o conhecimento tácito "implícito na cultura profissional e institucional de uma empresa", ver Gibbons et al (1994: 25). Os autores sugerem que a "prevalência do conhecimento tácito sobre o conhecimento proprietário aproxima muito mais a cultura das empresas tecnologicamente avançadas das culturas acadêmicas do que geralmente se presume" (: 26). Entre os autores, Helga Nowotny tem interesse tanto nos sistemas de conhecimento como no fenômeno da auto-organização.

74. A eficiência bem pode estar relacionada à manutenção da informalidade das interações. Conversar com Stephen Hill a respeito disso foi bastante esclarecedor nesse contexto.

que não é concretizado apenas na tecnologia. O conhecimento também faz parte das relações das pessoas entre si e pode vinculá--las – assim como a substância do parentesco –, apesar de preferirmos não chamá-las de redes de parentesco, e elas podem se mostrar em uma grandeza semelhante à do parentesco.[75]

É possível que o prestígio atual da tecnologia das comunicações possa tornar visível o que estava escondido pelas convenções de escala que consideravam o interpessoal uma "pequena escala". Essas convenções não poderiam estar mais equivocadas. As redes podem assumir qualquer escala – ter o poder de atravessar diferentes níveis organizacionais – precisamente porque cada relação invoca um campo de conhecimento [social] incorporado sobre as relações. Assim, talvez essas relações sociais sobrevivam de qualquer maneira. Afinal, sempre existiram redes semelhantes junto ao aparato desincorporado encontrado em bibliotecas e em paradigmas. Além disso, ao me lembrar de Audrey Richards falando sobre o telefone que permitiu que os "aldeões" de Elmdon mantivessem contato com parentes distantes,[76] penso que elas pareceriam apenas facilitadas por dispositivos eletrônicos, como fax, máquinas de fotocópia e computadores pessoais. Ao mesmo tempo, esses artefatos são os próprios instrumentos de aceleração[77] da aquisição e transferência de informação que faz com que

---

75. Colegas da antropologia biológica chamaram minha atenção para Dunbar (1992).

76. A rede telefônica funciona aqui como substituta e potenciadora do contato face a face, contrastando com o ponto de vista *amish* de que apenas o contato face a face pode constituir uma comunidade – os telefones residenciais são proibidos por seus líderes desde 1909 (Zimmerman Umble 1992).

77. Sobre a velocidade da aquisição no contexto da necessidade constante de aumento de lucro do capital (o autoaprimoramento do capital), indico Brennan (1993: cap. 4). Harvey (1989: 291) reclama que Baudrillard atribui tendenciosamente um valor excessivo aos efeitos da velocidade e das soluções tecnológicas sobre sua imagem de uma sociedade em crise de lógica explicativa (o triunfo do efeito sobre a causa), e chama a atenção para a busca de uma maior rigidez como uma tendência compensatória. Mas se as pessoas, ao perceberem certo fluxo e velocidade, reagirem aumentando o conservadorismo, como – no exemplo de Harvey – protegendo-se cada vez mais do futuro, o argumento de Baudrillard sobre o efeito se mostra válido. Em outra ocasião, ao me referir a ideias euro-americanas do final do século XX acerca da família, argumentei que às vezes parece haver uma intensificação tanto da "tradição" quanto da "mudança" ao nosso redor.

agilizar a comunicação interpessoal seja uma necessidade urgente. Porém, mais do que isso, eles também são instrumentos da atividade contraprodutiva do aprimoramento da sistematização. E é nesse ponto que tenho alguns problemas com eles.

A procriação intelectual e as relações de criatividade introduzem a questão de para onde segue nossa energia. Como acadêmicos e administradores universitários, é de fato o caso de nos perguntarmos se fomos coniventes com um *éthos* de gestão imposto externamente que é não apenas antiquado,[78] mas às vezes antitético em relação à criatividade.[79] Não pretendo dizer que devemos

---

78. O que remonta a interpretações mais antigas da "organização" como um mecanismo regulatório que pode ser codificado em regras, protocolos ou procedimentos. É claro que formas "antigas" e "novas" coexistem lado a lado (Wright 1994: 2; Introdução). O contraste que ela estabelece entre um "Fordismo intensificado" e uma cultura empresarial "flexível" ecoa o existente entre os dois modos de organização do conhecimento presentes nos empreendimentos comerciais identificados em Gibbons et al (1994). Ambos, infelizmente, parecem estar imbuídos de declarações de objetivos.

79. Penso particularmente nos mecanismos de controle de qualidade do ensino superior e nos tipos de representação da "produção de qualidade" requeridos por eles. Com frequência eles presumem a demonstrabilidade de uma relação direta e icônica ou de uma congruência entre a qualidade e o que pode ser "visto" como produção. Pensemos, todavia, no caso inverso: a interpretação de evidências muitas vezes pressupõe uma relação indireta entre os dados visíveis e o que os produziu. A aula inaugural do professor da cátedra Disney de arqueologia foi precisamente sobre esse tópico (Renfrew 1982). Para um exemplo antropológico de congruência equivocada, ver Fowler (1927). De todo modo, a "correspondência" icônica entre desempenho e produtividade é ignorada nessas práticas de gestão que reconhecem o caráter oblíquo da criatividade. Certa vez, um gerente sênior me falou do *éthos* corrente, que influenciou a organização de seu próprio escritório: pequenos grupos de trabalho (ver n. 72), funcionários em horários flexíveis, esquema igualitário, seguindo convenções predominantemente não codificadas e cultivando relações interpessoais de formas não específicas, que não precisam ter nenhuma relevância para o trabalho executado no momento. Fiquei impressionada. Essas características seriam perfeitas para descrever um pequeno departamento acadêmico de duas décadas atrás! A (re)descoberta da eficácia da pessoa como um todo, relacional, vai contra tendências de des-qualificação e des-profissionalização nesses componentes mensuráveis de controle de qualidade que funcionam separando e isolando componentes de produtividade. Para conhecer uma abordagem consistente dos "criadores de redes" (expressão minha) *versus* os burocratas (expressão usada pelos "criadores de redes"), ver o que diz Edwards (1994: 199) sobre os profissionais de assistência à moradia.

deixar de lado a necessidade de prestar contas nem que não podemos aperfeiçoar a nossa forma de transmitir informações para os alunos. Além disso, definitivamente não acho que os estilos departamentais voltarão a ser como eram quarenta anos atrás. Minha questão é simplesmente a partir de quais tipos de atividades devemos extrair nossos critérios para estabelecer uma boa prática, e, da mesma forma, em quais deles devemos investir.

Uma coisa é a sistematização do conhecimento. Sem a abstração desincorporada de informações em livros ou documentos, não poderia existir a mesma acumulação de conhecimento ou dados. Além disso, por mais pesada que seja, a codificação institucional sempre foi importante como uma salvaguarda democrática contra o elitismo; quem está no poder tende a se apegar a práticas implícitas, um bom argumento feminista, para lembrarmos Henrietta Moore.[80] Ela serve de ajuda à transparência e à abertura governamental. Meu ceticismo não deve ser tomado como negação desses atributos. No entanto, compreendemos muito pouco os processos criativos que integram a produção de conhecimento. O conhecimento abstrato é um resultado final, o efeito do trabalho criativo, tenha sido ele realizado em um laboratório ou no Parque Nacional Lake District, assim como o resultado de processos que se dão em outros lugares e de outros modos. Um livro pode reproduzir um pouco da criatividade que participou de sua confecção ao gerar ideias no leitor. Trata-se precisamente disto: os leitores geram as próprias respostas a partir de tudo o que é trazido para a leitura – não costumamos ler um livro reescrevendo-o. Em suma, o que é produzido não pode ser medido em comparação com o que se investiu, pois cada um envolve atividades de escala diferente.

No entanto, o que vemos é uma sistematização descontrolada,[81] e ela se descontrolou em nome do aprimoramento do sistema. Em 1993, o desesperado presidente de um conselho acadêmico escre-

---

80. Expor e desmascarar as relações de poder incorporadas nas estruturas tradicionais é um dos projetos feministas (mas também ver a crítica de Moore 1988).

81. "Um trovão descontrolado". Foi assim que Ongka, um antigo *big man* dos Kawelka, habitantes da área do monte Hagen, na Papua-Nova Guiné, descreveu a primeira vez em que um avião passou sobre alguns membros do seu povo (ver A. Strathern 1979).

veu ao secretário de Estado da Educação dizendo que o diretor da sua instituição,[82] no decorrer de um único ano, tinha tido de fornecer informações sob as seguintes rubricas: Exercício de Avaliação de Pesquisa (UFC), Indicadores de Desempenho de Pesquisa para a Pesquisa Anual de Publicações (CVCP), Auditoria Acadêmica (CVCP), Avaliação da Qualidade (HEFCE), Orientação para boas práticas em matéria de procedimentos de sistemas de garantia de qualidade (HEQC), Revisão do Ano Acadêmico (Relatório Flowers) (CVCP), e assim por diante, além de planos estratégicos, operacionais e declarações de previsões financeiras, para não falar das mais de vinte circulares do Conselho de Financiamento da Educação Superior que já tinham sido recebidas naquele ano, somente até o mês de maio. Basta pensar em quantas atividades humanas passaram apenas pela máquina de fotocópia. O que já foi dito sobre os gráficos de caos poderia muito bem ser notado a respeito desses exercícios – desincorporados mas aprimorados de modo protético pelas tecnologias eletrônicas.[83]

Posso resumir esses pontos em uma observação sobre a escala. *As redes de pessoa a pessoa que se desenvolvem replicando as condições sob as quais as pessoas se relacionam entre si funcionam, assim como as relações, de modo holográfico.* A sua força reside no fato de que as relações interpessoais podem assumir qualquer escala, ser produtivas em qualquer ordem de encontro, seja em um pequeno departamento universitário ou ao redor do mundo. É equivocado pensar que podem ser medidas pelo tamanho. Mas elas de fato exigem tempo, energia e cultivo, e é isso que está em jogo. Seria igualmente equivocado deixar de reconhecer que a escala existe em outros lugares. Gostaria de chamar a atenção para *a importância de reconhecer diferentes escalas de esforço nos fundamentos da criatividade.* A reprodução do conhecimento é um *processo complexo, heterogêneo e não linear que envolve relações concretas e relações abstratas.* E não pode haver procedimentos para o sucesso; ou melhor, os procedimentos não são o sucesso. É nesse sentido que os objetivos declarados às vezes parecem ridículos. Na reprodu-

---

82. Sou muito grata ao professor Michael Kauffmann, diretor do Courtauld Institute of Art, por essas informações.

83. Citado por Biddick em *Research in Philosophy & Technology*, 13: 165-82. Agradeço a Sarah Franklin por chamar a minha atenção para isso.

ção humana, ninguém jamais se reproduz: as pessoas sempre se veem de outra forma.[84]

Creio que teorizar A Relação como um dispositivo e uma figura antes tão fundamentais no interesse da antropologia pelo parentesco pode nos trazer benefícios. No entanto, esses estudos do parentesco de meados do século não podem ser transformados em objetivos atuais: devemos estudá-los, não imitá-los. Se produziram conceitos aplicáveis a outras áreas de investigação, reescrever os livros que os divulgaram não colaboraria para o engrandecimento do efeito por eles suscitado.

Entre os oito artigos publicados na edição mais recente da revista do Royal Anthropological Institute,[85] três – de autores de Londres, Israel e Estados Unidos – chamaram a minha atenção. Eles recapitulam alguns dos temas dos quais trato. Adam Kuper defende o fomento de debates que terão ressonância para além dos nossos campos imediatos (1994: 537-54). Nurit Bird-David discute as relações sociais numa pequena população que habita uma floresta na Índia, colocando em questão o modo como podemos pensar em conexões "face a face" (1994: 583-603). Debbora Battaglia comenta piadas contadas por ilhéus trobriandeses que haviam migrado para a capital da Papua-Nova Guiné, Port Moresby, embora elas não sejam engraçadas como as de Frazer e não possam ser contadas mais de uma vez (1994: 631-44).[86] Essas piadas, no entanto,

---

84. Precisei dessa ideia para compreender várias práticas melanésias (ver M. Strathern [1988] 2006). A insistência na correspondência, na congruência entre desempenho e produção, em conseguir "ver" a qualidade (ver n. 79), enfatiza uma ideia de efeito imediato, podendo impedir que as pessoas se voltem para o futuro. Imagine um sistema educacional que incentivou professores e pesquisadores a enfatizarem o seu próprio desempenho às custas do que poderia de fato ser transmitido às outras pessoas. O problema é que o desempenho, na vida real, não necessariamente corresponde (reflete, expressa, evidencia) a produção. Embora existam, por exemplo, contextos em que é fundamental que os estudantes repliquem informações na forma como as recebem, a reprodutibilidade do conhecimento exige que o aluno processe informações de maneira que elas funcionem de modo concreto no seu tempo e nas suas circunstâncias. O que se aprende da melhor forma pode não necessariamente "parecer" o que se ensina da melhor forma.

85. *Man*, v. 29, set. 1994.

86. Era comum contar piadas contra os Bau, membros dos subclãs mais baixos dos trobriandeses (eles tinham a fama de ser feiticeiros poderosos). Um homem bau era o patrocinador de uma competição de inhame em particular. O tamanho

tratavam da inadequação do aprimoramento – as pessoas estavam planejando uma competição de inhame, mas a quantidade das herbáceas obtidas na safra urbana não seria, por si só, um índice de criatividade (o termo que Battaglia usa é "generatividade"), já que as relações sociais apropriadas não estavam colocadas ali.

Os artigos me chamaram a atenção por outro motivo: todos eles foram escritos por antigos alunos que desenvolveram pesquisas na Universidade de Cambridge. E há um quarto artigo, escrito por um aluno de um desses antigos alunos (Hirsch 1994: 689-91),[87] mas vou evitar falar de maneira jocosa sobre o assunto. Permitam-me tomar de empréstimo as expressões que explicitei. O que importa, é claro, é questionar de que outra maneira poderíamos celebrar a força motriz de um departamento senão pelas gerações de estudiosos que ele produz.

*Tradução Jamille Pinheiro*

---

do rendimento da safra devia ser medido e eram concedidos prêmios. Os Bau afirmavam ter uma criatividade (produtividade) trobriandesa típica, mas não conseguiam, por fim, instanciá-la. Não tinham relações apropriadas com os membros de outros subclãs trobriandeses. "Os padrões bau de conduta, combinados à fama de feiticeiros do grupo, impediram de antemão que qualquer atividade cultural dos Bau fosse considerada um modelo apenas de virtude [...] A ameaça do oposto da ação coletiva geradora era sempre encoberta de modo imperceptível pela presença bau em [qualquer] cena que representasse a generatividade" (: 3).
87. Eric Hirsch foi aluno de Alfred Gell na Escola de Economia e Ciência Política de Londres.

# 9. CORTANDO A REDE

Novas tecnologias estimularam a retomada de velhos debates sobre o que é recente e o que é antigo nas descrições da vida social. Este artigo trata de alguns dos usos atuais dos conceitos de "híbridos" e de "redes". Pode-se dizer que segue o chamado de Bruno Latour por uma antropologia simétrica que reúna formas modernas e não modernas de conhecimento. Nesse processo, o artigo reflete sobre o poder das narrativas analíticas de se estenderem infinitamente e sobre o interessante lugar ocupado pelas posses de propriedade num mundo que às vezes parece ilimitado.[1]

O detentor da licença de distribuição dos combustíveis Shell para Camarões ocidental passa parte do ano em Londres, tem filhos estudando na Grã-Bretanha, na França e nos Estados Unidos, e mantém casas na capital e no interior do país (Rowlands 1995). A extensão de sua rede se exibe num estilo de vida suntuoso, e o negócio que a fundamenta é operado segundo princípios hierár-

---

1. Artigo em memória de Jeffrey Clark, e de seu relato (1991) sobre conchas de pérolas que fluem e conchas de pérolas que crescem. Alan Mcfarlane contribuiu com inestimáveis comentários sobre ideias de propriedade, e sou ainda mais grata aos vários comentários do seminário ESRC de Tecnologia como Prática Especializada, convocado por Penny Harvey, na Universidade de Manchester, onde apresentei uma versão deste artigo. Os comentários de Annelise Riles, Simon Harrison e dos revisores anônimos desta revista ajudaram muito a melhorá-lo. Agradeço ainda àqueles que me deram permissão de citar seus trabalhos ainda não publicados: Peter Fitzpatrick, Iris Jean-Klein, Christopher Taylor, Nicholas Thomas. Publicado originalmente no *JRAI*, 1996.

quicos; jovens solteiros são encaminhados para trabalhar com ele, na esperança de que os ajude a se estabelecerem. Rowlands encontra uma descrição adequada para esse homem de negócios numa imagem dos Bamileque oferecida a Jean-Pierre Warnier: "O notável [chefe de família] é um cofre vivo para todo o grupo de descendência: nele está contida a plenitude do sangue recebido desde a criação, através de uma cadeia de ancestrais" (traduzido para o inglês por Rowlands 1995: 33, apud Warnier 1993: 126). O sangue é metonímia de uma essência vital transmissível, mas apenas quando canalizado através daqueles que assumem o título de "pai", garantindo que os conteúdos do banco não se dissipem. O herdeiro passa por uma "cerimônia de posse [que] transforma seu corpo no cofre do grupo de descendência, contendo seu sangue e seu sêmen, que, junto ao sândalo e ao combustível, também de posse sua, formam o patrimônio coletivo da linhagem" (Rowlands 1995: 33). Ele deve vigiar esse continente. O homem de negócios enfatiza a importância da contenção em suas operações comerciais, pois esta lhe permite ao mesmo tempo recusar os pedidos de parentes próximos e manter o seu apoio, do qual fluirá a prosperidade futura. Observe-se a declaração ponderada de Michael Rowlands: é o corpo do homem que é transformado no cofre.

Quando os Hagen das terras altas da Papua-Nova Guiné afirmavam que as mulheres eram como armazéns comerciais (M. Strathern 1972: 99, 120), a analogia se fazia com o fluxo de dinheiro que passa pelo armazém: como repositório de criação [*nurture*] de sua parentela, por ela contida, a noiva também é um "armazém" ou "cofre" dos bens devidos de volta a seus parentes. Em outros lugares, os melanésios traduzem termos que se referem à riqueza da noiva para o idioma inglês de compra e venda (cf. Thomas 1991: 194-96). De fato, as metáforas monetárias parecem fluir como o próprio dinheiro e, como ele, agem como símbolos condensados do poder. As pessoas imaginadas como repositórios – e nisso o homem de negócios camaronês se assemelha à noiva hagen – parecem reciprocamente carregar *e interromper* o fluxo;[2] isto é, elas o detêm em si.

---

2. Taylor (s. d.) enfoca o "fluxo" e o "bloqueio" em certos entendimentos dos canais de potência nas Áfricas Central e Oriental. Annette Weiner (1992) e Maurice Godelier (1995) comentaram questões similares, com diferentes fins teóricos, como também fez James Weiner (1995a; 1995b).

O idioma monetário através do qual os melanésios falam de transações como as que dizem respeito à riqueza da noiva é muitas vezes tomado como sinal de relações baseadas em mercadorias, sejam elas consideradas nativas (Gell 1992) ou efeitos da exposição ao trabalho assalariado e à economia mundial (Carrier 1995: 95). É a qualidade das relações, e não a compra e a venda como tais, que se encontra no cerne do entendimento antropológico sobre a mercantilização. O esposo hagen que fala de sua esposa como uma compra e como uma coisa num armazém comercial conquista novas liberdades. No entanto, em algumas formulações a noiva é também o próprio armazém. Nesse caso, ela é um armazém de bens para os outros, que se beneficiam de suas relações através dela, e parece ser a *pessoa* da noiva que, assim como o notável camaronês, contém a possibilidade de converter a essência fértil de nutrição [*nurture*] dos outros em riqueza. Os euro-americanos do século XX,[3] em contrapartida, não gostam de se imaginar mercantilizando pessoas e, ao menos na língua inglesa, não falam de corpos como cofres. As pessoas podem ter propriedades, podem ser abastadas, mas não são elas mesmas propriedade. Pelo contrário, reconhecer a agência do proprietário[4] e, assim, manter as "pessoas" separadas do que pode ser possuído como "propriedade" foi um projeto duramente conquistado de seu modernismo. Quer dizer, isso até pouco tempo atrás.

Algumas das transações em que se trocam pessoas, características das sociedades da Papua-Nova Guiné, oferecem recursos teóricos interessantes para pensar experimentos euro-americanos recentes envolvendo relações. Uma questão é a incursão das mercadorias, em especial do dinheiro, nas relações de parentesco, como se vê na ansiedade expressada em torno da comercialização de cessões temporárias de útero (ver, por exemplo, Wolfram 1989; Ragoné 1994: 124). O inverso também é pertinente, embora eu não vá desenvolvê-lo aqui. Os debates euro-americanos sobre as transações que envolvem

---

3. Personifico aqui um discurso para maior conveniência expositiva.

4. Um dos revisores deste artigo comentou o papel do pensamento jurídico em tais separações. De fato, pode-se considerar o desenvolvimento do direito como sendo historicamente decisivo para o lugar-comum modernista da distinção entre sujeito e objeto. Se o desenvolvimento das leis de *copyright* no século XVIII, por exemplo, fundou-se na afirmação da paternidade dos autores em relação aos produtos, através do conceito de lucro comercial ele também tornou os trabalhos dos autores separáveis de suas pessoas.

tecidos humanos (ver, por exemplo, Nuffield Council on Bioethics 1995) oferecem instrumentos teóricos interessantes para pensar os experimentos melanésios recentes com mercadorias. Nos anos 1960 e 1970, os habitantes das terras altas da Nova Guiné sempre falavam de dinheiro. Segundo todos os relatos, o "dinheiro" (valores em conchas) existia ali havia muito tempo, mas nesse período o "dinheiro" (em libras e dólares) também se apresentava como uma coisa nova, um objeto de especulação pública sobre a mudança social, o presságio de uma nova era. Os forasteiros também se preocupavam com a entrada do parentesco nas relações baseadas em mercadorias, com o modo pelo qual esses armazéns comerciais seriam de fato operados, pois supunham que noções de obrigação para com a parentela interfeririam no desenvolvimento do comércio.

As comparações não devem ir longe demais. O cofre camaronês e a noiva-armazém sugerem misturas de pessoa e propriedade consideradas inaceitáveis pelos euro-americanos e, na verdade, os antropólogos tradicionalmente têm dissipado imagens fortes como essas falando em pacotes de direitos, ou referindo-se à "riqueza da noiva" em vez de ao "preço da noiva", e analisando a posse de pessoas em termos de governança. Foi assim que Melissa Llewelyn-Davies (1981) traduziu o sistema de autoridade dos Maasai do Quênia, deixando perfeitamente claro, contudo, que a propriedade maasai também envolvia direitos de alienação exercidos sobre recursos humanos e não humanos, sendo portanto adequada para referir-se à propriedade sobre mulheres. Margaret Jolly (1994) relata que, no sul da ilha de Pentecostes, em Vanuatu, as mulheres têm um "preço" (designado por um termo nativo), do mesmo modo que os produtos nos armazéns comerciais; hoje em dia os homens preferem pagá-lo em dinheiro em vez de usar os bens de valor tradicionais, que reservam às transações entre si (como a compra de títulos hierárquicos).

Ora, há ainda outro tema de ansiedade e especulação euro-americanas que se soma aos benefícios e malefícios do dinheiro (Bloch & Parry 1989): a tecnologia. Segundo todos os relatos, a "tecnologia" (a era das máquinas) existe ali há muito tempo, mas, nos anos 1980 e 1990, a (alta e micro) "tecnologia" parece impressionar de uma nova maneira. Ela é ubíqua, ameaçadora, potencializadora, empoderadora, o presságio de uma nova era. E, se o anseio hagen dizia respeito ao modo de *controlar o fluxo* do dinheiro (A. Strathern 1979a), o anseio euro-americano dizia respeito a onde *fixar limite às* invenções tecnológicas que prometem acabar com todas as velhas divisões categóricas (Warnock 1985). Entre estas está a divisão entre humano e não humano, comumente sustentada (tornada durável) por muitas outras distinções, incluindo as distinções entre pessoa e propriedade, e entre parentesco e comércio.[5] Em diversas áreas da vida,[6] elas parecem ameaçar se dobrar umas sobre as outras, e as noções de humanidade e visões do desenvolvimento tecnológico ameaçam interferir umas nas outras de novas maneiras.

Essa interferência mútua é mais interessante do que pode parecer; creio que ela pode ser comparada à reunião, interrupção ou contenção de fluxos de bens ou de fertilidade. De modo geral, se a atenção crescente ao papel da tecnologia nas questões humanas liga de novas maneiras os fenômenos humanos aos não humanos, será que ela não nos convida a repensar os tipos de fluxos de pessoas e de coisas que os antropólogos descreveram alhures?

# I

## Narrativas misturadas

Ao mesmo tempo que os antropólogos tornam explícita a natureza artificial ou etnocêntrica de muitas de suas divisões analíticas, eles se veem num mundo cultural cada vez mais tolerante às narrativas que apresentam uma natureza mista. Refiro-me à combinação de fenômenos humanos e não humanos que, nos anos 1980 e

---

5. Distinções que não evitam, mas tornam mais poderoso o vínculo das pessoas com sua propriedade. A propriedade é evidentemente fundamental à vida familiar, sem falar da herança e dos negócios familiares.

6. Há inúmeros pares desse tipo na língua inglesa (humano e não humano, cultura e natureza, lei e sociedade, pessoa e propriedade, e assim por diante). Tais conexões merográficas são uma fonte de flexibilidade para as conceitualizações euro-americanas, pois conferem inflexões particulares às "camadas de redundância" esperadas na vida cultural (Battaglia 1993: 439). Sendo construtos similares, mas não idênticos, tais pares sustentam um ao outro. Na verdade, o fato de nenhum deles ser idêntico ao outro faz parte de seu poder retórico, uma vez que em muitos campos discretos (todos ligeiramente diferentes entre si) parecem se manter contrastes semelhantes. Assim, pode-se falar de um embrião como humano, mas não como uma pessoa, fazendo discriminações morais entre humano e não humano, pessoa e propriedade.

Cortando a rede **263**

no início dos 1990, produziu o imaginário de ciborgues e híbridos. Tal imaginário foi alimentado pela descoberta euro-americana, no fim do século xx, da ciência como fonte de discurso cultural (Franklin 1995). A cultura e a ciência não são exteriores entre si.

No caso do híbrido, essas combinações foram forçadas para uso interpretativo *ad nauseam*. Kirin Narayan (1993: 29) foi levada a identificar nos escritos antropológicos uma "promulgação da hibridez", citando nove trabalhos que saíram entre 1987 e 1992, e o que vale para a antropologia vale também para fora dela. As culturas são, em toda parte, interpretadas como amálgamas híbridos, sejam eles nativos, sejam efeitos da exposição entre culturas: "Quase toda discussão sobre identidade cultural é, hoje, uma evocação do estado híbrido" (Papastergiadis 1995: 9). A biografia do homem de negócios camaronês parece ser outro exemplo disso. No entanto, Warnier, a fonte de Rowlands sobre os Bamileque, atenta para um tipo muito particular de objeto híbrido, usando o termo "híbrido" no sentido de Bruno Latour [1991], ao qual voltarei mais adiante. Esse objeto é o saber heterogêneo criado por uma equipe de pesquisa que investigava as redes dos negócios de uma empresa (Warnier 1995: 107). Essa equipe abrangia uma rede de diferentes competências e seu saber, uma mistura de técnica e relacionamento social, podia ser usado para iluminar operações de negócios reais, embora Warnier tenha duvidado de sua legitimidade aos olhos dos especialistas, que tendiam a se comportar como proprietários de certos componentes desse conhecimento cuja forma pura podiam alegar constituírem "aspectos puramente técnicos".

O comentário de Warnier compreende as tensões entre formas puras e híbridas como parte da construção de afirmações e reivindicações entre diferentes especialistas. A interpretação das culturas tem levado a competições similares; nas mãos dos hibridizantes, contudo, o próprio conceito de híbrido assinala uma crítica das separações, das divisões categóricas, abrangendo-a entre o puro e o próprio híbrido. A "hibridez" é evocada como uma força no mundo. Isso se aplica ao mundo criado por certas formas de narrativa crítica nas quais o alvo é a interpretação em si e o conceito de híbrido, um movimento político que visa tornar impossíveis alguns tipos de representação (Bhabha 1994). Ora, imaginar a impossibilidade de representação muitas vezes se concretiza por meio do desgaste das fronteiras (divisores artificiais) ou da celebração das margens (espaços desterritorializados e descentralizados). Tais conceitualizações foram, por sua vez, criticadas por restabelecerem as antigas inversões de um divisor entre "nós" e "eles", quando se deveria observar processos de tradução mútua (Papastergiadis 1995: 15; Purdom 1995). A vasta investida crítica contra como se pensar a maneira pela qual as diferentes "identidades" impactam umas às outras gerou uma multidão de conceitos hibridizantes, tais como amalgamação, cooptação e conjuntura.

No entanto, e apesar da fartura de termos, é constante a invocação daquilo que este ou aquele autor deixa de fora, mais frequentemente, as relações de poder. É como se a política existente na imagem da hibridez não fizesse trabalho analítico suficiente – a política é recriada como se também estivesse "fora" da análise das representações. Daí, também, o frequente recurso a categorias como raça e gênero, apresentadas sem inflexão, antes mesmo do trabalho que se espera que o conceito de híbrido faça para enfraquecê-las ("o poder deve ser pensado na hibridez da raça e da sexualidade" [Bhabha 1994: 251]). O fato de a linguagem das fronteiras e da tradução cultural[7] gerar expectativas inadequadas em relação à análise social pode ser uma razão para isso. Expectativas como essas são tão supérfluas quanto insuficientes: a complexidade das interações das pessoas, tal como elas podem ser sociologicamente apreendidas, não encontra um substituto simples na sutileza com que se pode repensar as fronteiras das categorias. O conceito de fronteira é, para começar, um dos menos sutis no repertório das ciências sociais.

É interessante, portanto, considerar uma abordagem sociológica recente que hibridiza suas ferramentas de análise social e delineia um novo termo: "rede". Este, claro, é um termo antigo infletido de modo novo. As "redes" (a análise de redes convencional) existem há

---

7. Nikos Papastergiadis (1995: 14-15) oferece o exemplo da "semiosfera" de Yuri Lotman (1991). "Para Lotman, a semiosfera está em constante estado de hibridez. Ela sempre oscila entre a identidade e a alteridade, e essa tensão é ainda mais evidente em suas fronteiras." As fronteiras estão contidas nas formas em primeira pessoa que diferenciam o eu do outro. De acordo com Lotman (1991: 131), "toda cultura começa dividindo o mundo em 'seu próprio' espaço interno e o espaço externo 'deles'". É desse perigoso contrassenso que se forma a xenofobia europeia (Stolcke 1995). Ficará claro que não faço mais que pincelar superficialmente as críticas culturais recentes; para um comentário antropológico a esse respeito, ver os ensaios organizados por Fardon 1995.

muito tempo, mas agora temos uma nova espécie de "redes" (na teoria do ator-rede). Valho-me dela para me referir à mistura de competências técnicas e sociais na equipe de pesquisa de Warnier, que se aproxima do uso antigo no que se refere ao alcance dos contatos da empresa. Mas o que as novas redes transmitem sobre os híbridos?

Os teóricos do ator-rede organizam campos narrativos para mostrar como se produzem efeitos a partir de alianças entre entidades humanas e não humanas. O corpo como "rede" de materiais é uma dessas narrativas, pois emite sinais diversos, revelando perícia, carisma e patologia (Law 1994: 183).[8] Assim, a descoberta do micróbio do antraz por Pasteur dependeu de toda uma série de fatores estatísticos, retóricos e operacionais que tiveram de se manter unidos para sustentar, numa rede contínua de efeitos, as ligações demonstrativas fundamentais entre bacilo, doença, laboratório, experimento de campo e a vida e a morte de animais individuais (Latour 1988: 84-92). O conceito de rede convoca os rendilhados de elementos heterogêneos que constituem objetos, eventos ou séries de circunstâncias como esses, unidos pelas interações sociais: é, em suma, um híbrido imaginado em estado socialmente estendido. Latour ([1991] 1994: 16) é explícito quanto à vantagem analítica do conceito de rede sobre essas interações: o entrelaçamento das interpretações que conectam "numa cadeia contínua" as representações, as políticas e o mundo da descoberta científica cria narrativas mistas. As interpretações do estudioso fazem parte da rede tanto quanto qualquer outra combinação de elementos.

Para Latour, o poder retórico do híbrido reside em sua crítica da forma pura, cujo arquétipo é a crítica da separação entre tecnologia e sociedade, cultura e natureza, e humano e não humano. Trata-se, de fato, de crítica: segundo ele, o trabalho de "tradução" depende do trabalho de purificação, e vice-versa. Ao mesmo tempo, a forma hibridizada se vale de uma realidade que as formas puras ocultariam. Os euro-americanos sempre misturaram suas categorias: foram as disciplinas acadêmicas (modernistas) que tentaram simular outra

---

8. Quando John Law (1994: 18-19) define rede, ele nota que essa definição não tem muito a ver com o uso sociológico comum, como na tradição dos estudos de parentesco. Sugiro, pelo contrário, que o parentesco inglês oferece um modelo interessante de redes que dizem respeito a ligações não apenas entre pessoas, mas entre entidades humanas e não humanas. Tocarei nesse assunto ao fim do artigo.

coisa, e Latour desaprova a antropologia por ela estar condenada a territórios, sendo incapaz de seguir redes ([1991] 1994: 114). Ora, os antropólogos são perfeitamente capazes de acompanhar tais redes, isto é, de se movimentar entre os Achuar e os Arapesh (exemplos dele) e, na organização do conhecimento, entre a ciência e a tecnologia.[9] De fato, no mesmo espírito de seu relato (de que os euro-americanos sempre tiveram híbridos), os antropólogos sempre o fizeram em suas "traduções" de "outras culturas". Embora realizem pesquisas comparativas, contudo, eles não necessariamente chegam a uma crítica das mesmas formas puras que incomodam os euro--americanos, tais como a tecnologia e a sociedade. Isto é, não necessariamente seus relatos se parecerão com nada que possa ser aplicado à análise social da ciência e da tecnologia. Na verdade, sabemos que os antropólogos são muitas vezes desviados pelo parentesco, transferindo sua atenção a questões como o fluxo da substância e a aplicação das regras de casamento.

Ao antropologizar alguns desses problemas, contudo, não recorro a outras realidades culturais simplesmente por querer descartar o poder dos conceitos euro-americanos de híbrido e de rede. A questão é, antes, estendê-los em imaginação social, o que inclui ver como são postos em operação em seu contexto nativo, além de como poderiam trabalhar num contexto exógeno.[10] Inclui também a atenção à maneira pela qual esses conceitos são operacionalizados como artefatos manipuláveis ou passíveis de uso quando as pessoas buscam seus interesses e constroem relações. Na cultura de origem, parte de seu poder residirá em seu efeito analógico, em sua ressonância em outros conceitos e outros usos das pessoas; fora dessa cultura de origem, os antropólogos devem tomar suas próprias decisões interpretativas quanto à sua utilidade. Proponho utilizar uma característica do híbrido, a sua aparente ubiquidade, e considerar de que modo ela é suplementada pelo conceito de rede.

---

9. Os instrumentos de sua disciplina incluem métodos de classificação e comparação que podem ser considerados como efeitos da mesma imaginação científica euro-americana que eles combatem em toda descrição etnográfica.

10. Enquanto as breves referências à Melanésia que se seguem destilam uma extensa pesquisa etnográfica, as referências aos incidentes euro-americanos são etnograficamente anedóticas, isto é, não mais do que exemplos do culturalmente possível. Seu valor se assenta em sua condensação da reflexão sobre modelos analíticos internos à disciplina.

Cortando a rede **267**

## As redes podem ter comprimento?

Latour refere-se à proliferação moderna dos híbridos como um *resultado* da prática de purificação. Quanto mais os híbridos são suprimidos – quanto mais se fazem divisões categóricas – mais eles se reproduzem em segredo. Sua visibilidade presente é exatamente isto: o resultado da atual consciência desse processo. No entanto, a capacidade de proliferação dos híbridos também está contida neles mesmos, pois o próprio conceito de híbrido se presta a infindáveis narrativas de (sobre, contendo) mistura, incluindo o constante entrelaçamento dos dados culturais àquilo que um geneticista poderia chamar de culturologia recombinante. Na verdade, o conceito de híbrido pode se ligar a qualquer coisa, em ubiquidade consoante com a ubiquidade atribuída à própria cultura. Vejo o temor do excesso, portanto, como um momento de pausa interpretativa. A interpretação deve manter os objetos da reflexão estáveis durante tempo suficiente para que eles sejam úteis. Essa manutenção da estabilidade pode ser imaginada como uma interrupção de um fluxo ou um corte numa expansão, e talvez algo da inquietação expressa pelos euro-americanos quanto aos limites reopere a questão de Jacques Derrida sobre como "parar" a interpretação. Como faremos para frear as narrativas expansíveis, sem falar da infinita produção de sentidos culturais pelo antropólogo cultural (Munro manusc.)? "Cortar" é uma metáfora usada pelo próprio Derrida (1992, apud Fitzpatrick manusc.) para o modo como um fenômeno interrompe o fluxo de outros. Assim, a força da "lei" corta uma extensão ilimitada de "justiça", reduzindo-a e tornando-a exprimível, e criando, no julgamento legal, um objeto manipulável de uso; a justiça é operacionalizada de modo a produzir efeitos sociais.

Se vejo na rede de alguns teóricos do ator-rede um híbrido socialmente expandido, é porque eles capturaram um conceito dotado de propriedades similares de autoilimitação; isto é, um conceito que opera como metáfora nativa da extensão e do entrelaçamento infinitos dos fenômenos.

A rede é uma imagem adequada para descrever a maneira pela qual se pode ligar ou enumerar entidades díspares sem fazer suposições sobre níveis ou hierarquia. Os pontos numa narrativa podem ser de qualquer material ou forma, e a rede parece ser uma frase neutra para a sua interconexão. A visão simétrica de Latour reúne no ordenamento da vida social não só o humano e o não humano, mas também o entendimento das sociedades modernas e das pré-modernas; é esse o propósito de sua negativa democratizante, *Jamais fomos modernos* [1991]. Os modernos separam sociedade e tecnologia, cultura e natureza, humano e não humano, só que não separam nada – os modernos euro-americanos são como quaisquer outros nos híbridos que fazem, muito embora raramente sejam igualmente explícitos a esse respeito. Antes de censurar a antropologia por não ir longe o suficiente, Latour elogia a disciplina por criar relatos híbridos (misturando em suas etnografias natural e sobrenatural, política e economia, demônios e ecologia) *e* por desvelar o pensamento daqueles que tornam explícitos esses híbridos (demorando-se neles, diz, tais pessoas na verdade os mantêm sob controle). Os divisores do pensamento dos modernos não correspondem aos métodos que eles empregam de fato, e é isso que os papuásios podem lhes dizer. Latour sugere semelhanças na maneira pela qual todos aproximam os híbridos: "A bomba de vácuo de Boyle por acaso é menos estranha do que a casa dos espíritos arapesh?" (Tuzin 1980 apud Latour [1991] 1994: 113).

O desenvolvimento tecnológico oferece aos euro-americanos uma visão das formas mistas envolvidas na técnica (materiais não humanos modificados pela engenhosidade humana ou pela disposição humana moldada por instrumentos). O imaginário da rede dá a ver uma análise social que tratará igualmente itens sociais e tecnológicos; todo ente ou matéria pode ser digno de atenção. Assim, em vez de questionarmos a relação entre "ciência" e "sociedade" no desenvolvimento da vacina de antraz por Louis Pasteur, Latour (1988) sugere que sigamos o que Pasteur fez e aquilo de que dependeu sua invenção. O poder de tais redes analíticas, contudo, é também seu problema:[11] teoricamente, elas não têm limites. Se elementos *diversos* compõem uma descrição, eles parecem tão extensíveis ou intrincados quanto é extensível ou intrincada a própria análise. A análise se mostra capaz de levar em consideração, e assim criar, tantas quantas sejam as novas formas. E podem-se sempre descobrir redes dentro de redes; é esta a lógica fractal que faz de qualquer comprimento um

---

11. E elas não são inocentes (Riles 1994). A prática contrarretórica do observador ou escritor na desconstrução de narrativas de unidade contém sua própria política (Jean-Klein s. d.), do mesmo modo que a assimilação fácil entre conjuntura e o conceito de hibridez (Thomas 1996).

múltiplo de outros comprimentos ou de um elo numa cadeia uma cadeia de outros elos. E no entanto a análise, assim como a interpretação, deve ter um fim; deve se realizar como lugar de parada.

Ora, se as redes tivessem comprimento, elas parariam a si mesmas. Latour imagina um tipo de comprimento: as redes em ação são mais compridas quanto mais poderosos forem os "aliados" ou mediadores tecnológicos que podem ser atraídos para dentro delas. (A tecnologia tem o efeito de aumentar o comprimento e, de seu ponto de vista, os pré-modernos tendem a ter redes limitadas.) Podemos também dizer que uma rede é tão comprida quanto puderem ser enumerados seus diferentes elementos. Isso supõe uma adição, isto é, que a enumeração chegue a uma pausa num objeto identificável (a soma). Ao chegar à pausa, a rede seria "cortada" num ponto, sua extensão sucessiva "interrompida" ou "parada". Como isso pode ser feito? Vale a pena consultar alguns dos atores que põem tais imagens em uso nos arranjos que fazem entre si.

## Cortando redes

Os teóricos do ator-rede e seus aliados e críticos estão interessados nas diversas escoras, para usar a expressão de Law (1994), que sustentam as ações das pessoas e na maneira pela qual essas escoras são mantidas no lugar por tempo suficiente para isso. As redes que dependem das interações entre as pessoas acabam tendo uma temporalidade frágil. Elas não duram para sempre; pelo contrário, a questão passa a ser o modo como são sustentadas e se tornam duráveis. Elas parecem depender de continuidades de identidade (isto é, da homogeneidade), mas as redes heterogêneas também têm seus limites. Defendo que, se tomarmos certas espécies de redes como híbridos socialmente expandidos, então também podemos tomar os híbridos como redes condensadas. Essa condensação funciona como soma ou como parada. O híbrido euro-americano como imagem de fronteiras dissolvidas na verdade desloca a imagem da fronteira quando assume seu lugar.

Apresento aqui duas breves ilustrações disso, a primeira delas, um exemplo em que os atores envolvidos podem muito bem ter se reconhecido como uma rede no sentido social convencional, e a segunda, um caso em que o cientista social poderá pensar na cadeia de elementos como uma "rede" no sentido de Latour e no artefato resultante como um híbrido. A rede perceptível, no primeiro caso, e o híbrido analítico, no segundo, levam ambos à parada de potenciais extensões. Nos dois casos, essas imagens de rede ou de híbrido servem de apoio a alegações de posse.

Em 1987, uma empresa norte-americana descobriu o vírus da hepatite C.[12] Duas formas de conhecimento euro-americano estão envolvidas aqui. O vírus foi uma descoberta, pois trouxe à luz novos conhecimentos sobre o mundo natural. Mas os meios de detectar o vírus implicaram uma invenção: o desenvolvimento de um exame de sangue. Graças a ele, a empresa pôde registrar uma patente. A ideia de licenciamento é antiga, e pelo menos desde o século XVIII – mais uma vez – tem sido aplicada às invenções (ver, no entanto, Brush 1993). Esse teste atendeu todos os critérios modernos para justificar um registro de patente: tratava-se de algo novo, produzido pela intervenção humana e – servindo ao mesmo tempo à proteção e promoção da concorrência – suscetível de aplicação industrial.[13] A patente foi um sucesso comercial: uma taxa de duas libras passou a ser cobrada do British National Health Service [Serviço de Saúde Nacional britânico] a cada teste da hepatite C administrado, totalizando quase 3 milhões de libras ao ano.[14] O que havia de novo nessa solicitação de registro de patente era o fato de o invento incluir a sequência genética do vírus; a própria identificação do DNA relevante era parte integrante do teste.

Antes de o vírus ser isolado, a hepatite C já vinha sendo pesquisada havia doze anos. Os advogados da empresa que desenvolveu o teste parecem ter dito: "Não afirmamos ter feito toda a pesquisa, mas fizemos a pesquisa que resolveu o problema" (*The Indepen-*

---

12. Usei esse exemplo em outro trabalho (1998c, cap. 10, *infra*) do ponto de vista do elemento "acrescentado" pela iniciativa humana. Os detalhes são apresentados tal como relatados pelo jornal *The Independent* (1º/12/1994), após uma decisão da Suprema Corte britânica que determinou a patente no Reino Unido.

13. Críticos notaram que apenas um conjunto de sequências de DNA pode ser identificado no genoma humano e que nenhuma alegação de identificação poderia ser contestada por novas invenções; a patente estaria protegendo a empresa da competição, em vez de promover a competição.

14. A ocasião da reportagem do jornal foi uma decisão tomada pelo Tribunal Superior em novembro de 1994, que determinou que a empresa estava autorizada a exercer um monopólio legal sobre os equipamentos utilizados nos testes. Os testes atuais custam cerca de cinquenta centavos de libra cada um [nota acrescentada em 1998].

*dent*, 1º/12/1994). Uma invenção só é tornada possível pelo campo de conhecimento que circunscreve uma comunidade científica. As redes sociais, aqui, são longas; e as patentes as truncam. Assim, é muito importante saber sobre *qual* segmento ou fragmento de uma rede podem ser exercidos direitos de propriedade. Em outro caso, quarenta nomes de autores de um artigo científico passaram a seis nomes num pedido de patente; o resto não entrou. A longa rede de cientistas que antes auxiliava o conhecimento é apressadamente cortada. A propriedade restringe, assim, as relações entre as pessoas; os proprietários excluem os não pertencentes.

Os cientistas, que trabalham referindo-se uns aos outros, sem dúvida se reconheceriam como uma rede social, segundo as linhas da análise social convencional (a "análise de rede"). Nesse sentido, os interesses que ligam os vários pesquisadores do vírus eram compatíveis: inicialmente, qualquer um deles era um potencial candidato à patente. A rede, como filamento de obrigações, cadeia de colegas, história de cooperação, seria sustentada pelas continuidades de identidade. Por mais diversos que fossem seus papéis, os participantes se assemelhavam no fato de sua participação.[15] A patente introduziu a questão referente à área sobre a qual a rede se espalhou, isto é, a quem participou do esforço decisivo.

A extensão de uma rede homogênea como essa parece confinada pela definição de quem pertence a ela. No entanto, o divisor entre aqueles que pertenciam e aqueles que não pertenciam, criado para os fins do pedido da patente, não foi estabelecido por uma cessação do fluxo de continuidade, mas por um fator exterior: o potencial comercial do trabalho que transformou uma descoberta numa invenção patenteável. Poderíamos dizer que a expectativa da propriedade cortou a rede. A afirmação de ter feito a pesquisa que resolveu "o problema" justificou um ato deliberado de hibridização: fosse ele cooperativo, fosse competitivo, o trabalho anterior dos cientistas podia agora ser avaliado por critérios de um mundo inteiramente diferente: o mundo do comércio.

---

15. Stephen Hill e Tim Turpin (1995: 145) citam a seguinte observação do vice-presidente de Ciência e Tecnologia da IBM, feita em 1991: "As licenças da maioria das grandes empresas no mundo estão cruzadas umas com as outras. As licenças exclusivas são quase inexistentes. A chave não é a propriedade, mas sim o acesso". É claro que a chave é a propriedade, mas a propriedade sobre uma rede, ou segmentos dela, ao longo da qual o "acesso", como o dinheiro, flui.

Ora, embora possamos esperar que nossos (não exatamente hipotéticos) cientistas falem de redes, ficaríamos surpresos se eles falassem de híbridos. Um teórico do ator-rede, contudo, pode muito bem observar que o ato da hibridização foi duplamente alcançado nesse exemplo, pois ele também envolveu uma forma clássica do híbrido latouriano: a invenção. Uma invenção implica, por definição, que à natureza foi acrescentada cultura. Considera-se que a engenhosidade do inventor muda o caráter de uma entidade; a atividade intelectual confere a propriedade sobre ela, assim como a aplicação de perícia ou trabalho confere às pessoas (a possibilidade da) propriedade sobre produtos.[16] Dessa forma, a pessoa de quem vem o tecido humano original encontra dificuldade em alegar a posse de linhagens celulares produzidas mais tarde em laboratório. Não se podem reivindicar direitos de propriedade sobre uma natureza inalterada; eles só são aplicáveis a uma natureza alterada. A alegação do inventor é a de que o tecido humano foi demonstravelmente modificado por engenhosidade, o que inclui a engenhosidade corporificada no processo tecnológico. Um comentário americano sobre as linhagens imortais de células, isto é, as células infinitamente reproduzíveis em laboratório, é explícito a esse respeito: "Muitas células humanas já receberam patentes nos Estados Unidos sob o argumento de que elas não existiriam senão com a intervenção do 'inventor' que as extraiu e manipulou" (*New Scientist*, 12/01/1991).

No famoso caso Moore,[17] o homem que tentou reivindicar direitos de propriedade sobre células desenvolvidas a partir de tecido retirado de seu corpo durante uma operação perdeu a disputa. Venceu a reivindicação do híbrido heterogêneo, de que essas célu-

---

16. "Nenhuma perícia ou trabalho foram exercidos sobre ele; e não houve mudança em seu caráter": de um juiz dissidente que refutou alegações de propriedade sobre um cadáver, citado em Nuffield Council on Bioethics (1995: 80). Tais princípios estão, claro, abertos à contestação no que se refere ao modo como são aplicados em casos específicos; nem tenho de acrescentar que *quais* pessoas reivindicam a propriedade é algo que depende das relações de produção.

17. *Moore v. Regents of the University of California*, 1990, é considerado um *locus classicus* do debate sobre tecidos humanos incrementados como base para produtos comerciais (Nuffield Council on Bioethics 1995: 72). A redação deste parágrafo é minha. O tribunal estava buscando uma decisão liminar quanto a se uma pessoa tinha direito de propriedade sobre tecidos retirados de seu corpo (Nuffield Council on Bioethics, 1995, inclui um resumo do julgamento). Rabinow (1992) oferece um comentário antropológico completo e fascinante desse caso.

Cortando a rede **273**

las teriam sido imortalizadas pela engenhosidade humana. De fato, John Moore foi admoestado por um juiz (ver Rabinow 1992) por *suas* motivações comerciais, indecorosas em relação ao próprio corpo, mas adequadas para aqueles que desenvolvem a tecnologia tendo em mente a aplicação comercial. Entre Moore e seus oponentes seriam construídas reivindicações de ordens diferentes; um deles reivindicava uma parte de seu corpo como parte de sua pessoa e o outro, um produto intelectual como resultado de determinadas atividades. O objeto híbrido, a célula modificada, reunia portanto uma rede em si mesmo, isto é, condensava num só item elementos diversos da tecnologia, da ciência e da sociedade, enumerados como uma invenção e disponíveis à posse como propriedade. Na verdade, é possível ver a propriedade em si mesma como um artefato hibridizante, embora eu não desenvolva esse argumento aqui.

A posse corta tanto as redes homogêneas como as heterogêneas. Em primeiro lugar, ela é capaz de truncar uma cadeia de numerosos solicitantes, em outras circunstâncias identificáveis através de suas relações sociais entre si, separando os que pertencem dos que não pertencem. O pertencimento recebe, portanto, uma delimitação. Em segundo lugar, a propriedade é capaz de reunir uma rede de elementos díspares, somados num artefato (por exemplo, uma invenção) que os detém ou contém a todos. Se é a adição da iniciativa humana percebida, o elemento humano acrescentado ao não humano, que confere o direito de propriedade, então a comprovação dessa hibridez restringe outros interesses. Sendo ao mesmo tempo a coisa que se tornou o objeto de um direito, e o direito de uma só pessoa sobre ela, a propriedade é, por assim dizer, uma rede sob forma manipulável.

A estrutura dessas vinculações e restrições interessa além das aplicações específicas aqui descritas. É preciso, portanto, esmiuçar a existência de uma predisposição cultural dos euro-americanos a imaginar que as relações sociais se referem ao compartilhamento da identidade antes de se referirem à diferença, e que a heterogeneidade é inevitável na combinação do humano ao não humano. Volto-me agora às redes que são homogêneas por pressuporem uma continuidade de identidades entre formas humanas e não humanas, e heterogêneas na medida em que as pessoas são distinguidas umas das outras por suas relações sociais.

## II

## Parando o fluxo

O trabalho de Daniel de Coppet sobre os 'Are'are das ilhas Salomão mostra o poder de fazer objetos que podem ser manipulados. Os 'Are'are dividem as criaturas vivas em três espécies. As plantas cultivadas têm corpo, os animais domésticos têm tanto corpo como respiração, enquanto os seres humanos detêm também um nome ou "imagem". Na morte, a pessoa antes viva é desagregada ou decomposta nesses diferentes elementos: o corpo, um produto da nutrição [nurture] recebida de outros, é comido como taro e outras comidas vegetais, a respiração é levada na respiração de porcos abatidos, e a imagem se torna um ancestral (Coppet 1994: 42, 53, referindo-se, ao que parece, principalmente aos homens). Essa imagem ancestral é revelada como entidade duradoura quando a pessoa é despojada do corpo, da respiração e das relações com todas as outras pessoas, exceto ancestrais e descendentes. As dívidas interpessoais são resolvidas (Coppet 1994: 53), uma vez que, como em outros lugares, a memória do finado é "encerrada" (Battaglia 1992).

O ser humano vivo parece, assim, ser um híbrido, mas estaríamos errados em ver a hibridez na "soma" da respiração ao corpo ou na "modificação" do corpo que respira pela imagem ancestral. Cada um dos três componentes tem sua própria manifestação e, se o ser humano amalgamado é uma pessoa, também podemos pensar cada componente como uma pessoa (uma pessoa é composta de pessoas), em continuidades facilitadas por fluxos de dinheiro. Uso o termo "pessoa" pois o ser humano é também concebido como uma agregação de relações; pode assumir a forma de um objeto disponível para consumo pelos outros que o compõem. Em tais atos de consumo, a pessoa é, por assim dizer, hibridizada, dispersa numa rede de outros.

Existem, portanto, substitutos não humanos para cada uma das formas que a pessoa humana assume (corpo, respiração e imagem). As pessoas são intercambiáveis com o taro e com os porcos, ambos seres vivos como elas, através do corpo e da respiração; no caso de sua imagem distintiva, contudo, elas se tornam intercambiáveis com coisas não vivas. A imagem ancestral aparece na forma de dinheiro, isto é, de cordões de contas de concha de comprimentos variáveis. Essa imagem é composta de fieiras apresentadas em banquetes fúnebres anteriores e destinadas aos futuros. O dinheiro na forma de conchas viaja de um estrado funerário a outro, reunindo e dispersando, como se pode imaginar que faça a multidão obscura dos ancestrais; Coppet nota que a fragmentação e a recombinação de diferentes fieiras nos arranjos da vida cotidiana antecipa o aparecimento do dinheiro como um todo na morte. Cada transação auxilia a circulação de fragmentos ou segmentos de uma imagem. Essa imagem é o morto, tornado presente como ancestral; pois o dinheiro em conchas é, na verdade, uma "imagem-ancestral" (1994: 42): imagem das pessoas de uma pessoa, por assim dizer, sob forma não humana.

O que é esse dinheiro? O dinheiro é divisível em porções padronizadas, medidas em braças contendo 24 unidades de cinquenta conchas. "Serve", assim, "como uma vara de medição, situando numa só escala eventos tão diferentes como a compra de dez taros ou de uma canoa, um casamento ou um assassinato, o valor de uma prestação fúnebre, o pagamento por um serviço ritual ou para um grupo de músicos" (Coppet 1994: 40). Marcar um evento em termos monetários lhe confere um selo oficial e aumenta a pessoa, tomada como compósito de transações passadas com diversas outras. E há, ainda, outra dimensão do dinheiro: esse estimulador de fluxos é capaz de interromper o fluxo. O dinheiro em conchas tem poder circulatório precisamente porque outras entidades, eventos e produtos podem ser convertidos nele: encontros e relações passadas circulam em seu "corpo" (metáfora minha) de forma condensada. Ora, há na morte uma sequência finalizadora de trocas na qual os dois outros componentes do ser vivo se tornam dinheiro: em uma sequência, o taro é convertido em dinheiro; em outra, os porcos (Coppet 1994: 53-54). A imagem-ancestral abrange a ambos, e nesse ponto as sequências se interrompem. O dinheiro se torna, assim, o repositório ou continente de trocas anteriores. O fato de o dinheiro ser capaz de interromper fluxos em outros momentos da vida é uma antecipação da cessação final do fluxo na morte e, de modo mais significativo, nos pagamentos de homicídios (Coppet 1994: 10-11). Onde houve uma série de mortes, o dinheiro por si só origina o fluxo de vinganças.

Os 'Are'are são explícitos quanto a essa sequência de encerramento: referem-se a ela como uma "parada" ou "pausa", imaginada como uma queda, como no pôr do sol, ou uma pedra que afunda.

Essas interrupções só podem ser efetuadas por meio do dinheiro em conchas. Em contrapartida, em outros tipos de troca o dinheiro é meramente um elemento contribuidor, como no caso das trocas vinculadas ("sucessão vinculada"), conectando eventos que levam inexoravelmente de um a outro, de modo que o repagamento de uma dívida pelo doador constitui uma nova dívida para o receptor. Toda prestação também é composta de "retornos", a menor sequência num ciclo de trocas; as trocas são, portanto, compostas de trocas. Juntas, essas atividades põem em movimento redes de diferentes comprimentos: os 'Are'are medem o comprimento de uma dívida numa série crescente de atos, do "retorno" à "sucessão vinculada" à "parada", esta última reunindo todos os fluxos precedentes em um só momento.[18] Como as fieiras do próprio dinheiro em conchas, esses fluxos são simultaneamente divisíveis e indivisíveis. As redes, em suma, são compostas tanto das entidades humanas como das não humanas; elas diferem na maneira como são absorvidas ou consumidas.

A cerimônia funerária que torna visíveis as redes do morto também bloqueia seu efeito futuro. Velhas redes são cortadas por sua reunião num ponto (no morto) cuja forma socialmente híbrida é dispersa e, assim, põe em jogo novas redes. As relações que antes sustentavam o morto ficam recombinadas nas pessoas de outros.

## Trazendo o fluxo de volta

Se a pessoa 'are'are emerge dessas transações como híbrida, então sua heterogeneidade vem do modo como as diferenças entre as relações sociais que a sustentam são elas mesmas sustentadas; o híbrido é um amálgama de relações sociais. Nesse caso melanésio, ele é visibilizado como uma rede por meio de prestações funerárias, da riqueza da noiva e outros similares, transações que dispõem a pessoa em termos das afirmações de outros diversos, e vice-versa: essas mesmas transações condensam afirmações em objetos de consumo socialmente manipuláveis (coisas). As formas – humanas e não hu-

---

18. Aqui, uma distinção entre os mortos por outras pessoas (morte por homicídio) e os mortos por ancestrais (morte por doença) altera as sequências. Devo acrescentar que inseri minha própria interpretação da análise de Coppet e que meu resumo não faz justiça à sua descrição fina e holística.

manas – assumidas por tais objetos de consumo (o corpo *é* o taro) é que são, por assim dizer, homogêneas e implicam continuidades de identidade. Ao tratar de transações similares entre os Tanga, Robert Foster (1995: 166 ss.) nos lembra ser uma ilusão imaginar que as diferenças de valor residam na natureza intrínseca das coisas: os valores resultam de práticas relacionais. Assim, produtos "idênticos" podem ter valores "diferentes" (cf. Piot 1991).

Coppet analisa as trocas tendo em vista uma hierarquia de abrangência: do mais minúsculo intercâmbio que acarreta uma expectativa de retorno à compulsão ritual pela qual as pessoas são ligadas por meio da realização de pagamentos que exigem novos pagamentos, e chegando à capacidade de reunir tais trocas numa prestação mortuária que excede a elas todas. Aqui as trocas são condensadas em dinheiro – este pode, por sua vez, ser espalhado e desagregado. O que vale para a morte de um homem vale também para o casamento de uma mulher: os doadores da noiva conferem à parentela do marido o potencial para o crescimento na pessoa de sua irmã, que eles fizeram crescer, e de volta recebem, e portanto consomem, a evidência do crescimento já alcançado na forma de bens de valor. Aqui há objetos de diferentes valores: bens reprodutivos (uma futura esposa) em troca de uma irmã não reprodutiva. Ora, diz-se que uma porção de dinheiro não retornável ("o dinheiro para parar a mulher") para a imagem da mulher; a identidade de seus parentes homens deixará de fluir através dela. Além disso, seus parentes recebem mais dinheiro, que devolvem ao lado do marido em lotes separados na forma de dinheiro, taro e porcos. Os parentes da mulher recriam assim, a partir da dádiva singular do dinheiro, o corpo, a respiração e a imagem da mulher como componentes separados.

O dinheiro-ancestral 'are'are constitui, portanto, uma objetificação condensada da pessoa que pode ser desagregada em várias manifestações das relações com outros. A rede (homogênea) dos elementos que fazem uma pessoa – humanos e não humanos – é também uma rede (heterogênea) de relações sociais. A pessoa, por sua vez, age como continente e como canal, bloqueando o fluxo e o corporificando mais adiante.

Os sistemas de parentesco, tais como os antropólogos os modelam, há muito fornecem analogias para esse tipo de processo. Pensemos nas restrições de reivindicações que acompanham a exoga-

**278**

mia, a troca de irmãs ou o casamento entre primos cruzados. Se imaginarmos esses protocolos como criadores de redes de comprimentos variáveis, então eles têm diferentes capacidades de sustentar o fluxo ou de interrompê-lo. Muitos sistemas de parentesco certamente pressupõem medições para traçar a extensão da substância e, de fato, isso pode ser tomado como diagnóstico de modos "lineares" de cálculo de parentesco. A extensividade das reivindicações pode ser estimada em relação à continuidade de identidade, como quando um grupo de descendência cujos membros compartilham uma substância comum trunca afirmações referentes a seus membros na fronteira exogâmica – encetar novas relações através do casamento interrompe o fluxo. Ou então, velhas relações podem ter de ser canceladas antes que se produzam outras novas. Ou ainda, o tipo de regra de casamento que convida as pessoas a pensarem que estão casando com primos ou trocando irmãos ou irmãs as leva a pensar que a substância se volta sobre si mesma. Aqui, as redes são interrompidas nas pessoas de parentes que se tornam o ponto de retorno para dirigir o fluxo da fertilidade no sentido da volta.[19]

No sul da ilha de Pentecostes, pouco depois do nascimento de uma criança, os Sa fazem um pagamento aos parentes da mãe pela perda de sangue (Jolly 1994: 145), chamado ali *lo sal*, "dentro da estrada ou do caminho" (1994: 109). Talvez esse pagamento em particular possa ser lido como sendo dado tanto pelo sangue derramado no sexo e no nascimento (a razão dada pelos Sa) quanto pelo sangue represado, que deixa de fluir com *sua* fertilidade; o sêmen do pai bloqueia o fluxo de sangue da mãe (Jolly 1994: 143). A criança corporifica o sangue materno, mas não pode passá-lo adiante; em vez disso, pagamentos vitalícios são devidos a seus parentes maternos. Quando o irmão da mãe recebe um varrão em reconhecimento pelo sangue que, embora tenha contribuído para fazer a criança, não tem efeito ulterior, ele está proibido de amarrá-lo. Esse papel é cumprido, em vez disso, pelo irmão da mãe da mãe, proibido, por

---

19. As exegeses de vários melanesianistas são relevantes aqui, mas truncarei essa cadeia de trabalho colaborativo tratando de apenas uma: James Weiner (1993b) invoca uma deliciosa sucessão de pontos de parada em sua descrição da captura da força vitalizadora dos pássaros em voo, sob forma endurecida, pela concha alada Foi, enquanto certas conchas postas de lado nas casas imobilizam a força vitalizadora das conchas em constante circulação.

sua vez, de comê-lo; ele já comeu porcos que lhe foram dados anteriormente pelo irmão da mãe (Jolly 1994: 111-12); é, assim, posto em cena, mas não pode se beneficiar do fluxo de fertilidade além de uma geração. A substância de uma irmã, portanto, não é passada a seus netos, mas interrompida em seus filhos. Os netos de irmãos de sexos diferentes, parceiros matrimoniais preferenciais, subsequentemente refazem o "caminho" (termo sa para "casamento"): o homem se casa na direção de onde veio a mãe de seu pai.

Se tais encadeamentos melanésios – das pessoas e dos bens que fluem com elas – seguem, até certa distância, para fora, em certos pontos-chave alguns deles podem fazer meia-volta e retornar. Isso pode ser obtido ao longo do tempo: as gerações anteriores renascem, com as pessoas engendrando outras pessoas. Quanto ao processo social, são produzidas socialidades alternantes, entre outros meios, pela diferença duradoura entre o fluxo que se espalha e o crescimento que reúne ou interrompe o fluxo.[20] Para energizar a substância procriativa, *seja* para a dispersão, *seja* para o retorno, esta deve ser diferenciada na maneira pela qual a rede é estendida. O dinheiro na riqueza da noiva 'are'are fixa a identidade ancestral da mulher, enquanto o taro e o porco efetuam a transferência de seu corpo e sua respiração entre grupos de parentesco. Cada lado retém, por assim dizer, sua própria versão da noiva.

Essas relações procriativas, acompanhadas ou não de regras de casamento, tendem a compartilhar uma característica geral: as transações constroem redes de comprimento restrito. As redes tornam-se mensuráveis, sendo medidas pelas dívidas das pessoas umas com as outras, através do fluxo de objetos humanos e não humanos; aqueles que dão ou recebem bens, ou as pessoas que eles representam, tornam-se elos numa cadeia especificável. As reivindicações podem ser conceitualizadas simultaneamente como resultado de ligações de substância corporal e de transações prévias. Assim, noivas ou ancestrais atuam como objetos que podem fluir com ou contra o fluxo de outros objetos (Wagner 1977). Os elos aparecem na cadeia quando se torna possível trocar objetos "diferentes" para o consumo social. Do mesmo modo, as cadeias entram em repouso nesses objetos, humanos ou não huma-

---

20. Em modo positivo; os modos negativos incluiriam o fluxo descontrolado ou o bloqueio improdutivo ou a obstrução (Taylor s. d.).

nos, no momento em que as ações podem ser levadas com eles. A riqueza da noiva define quem receberá no casamento de uma mulher e antecipa a próxima geração de transações no futuro casamento de sua filha.

James Weiner (1993a: 292) nota que, num mundo de base relacional, "a tarefa que se coloca aos humanos não é sustentar as relações humanas [...] [mas] estabelecer um limite na relação". Dar e receber valores em conchas no casamento controla o fluxo da relação entre grupos afínicos. O movimento de pessoas faz o mesmo. A herança paterna da noiva hagen termina nela; ela é como a mãe vanuatu, cujo sangue é bloqueado na gravidez, ou o ancestral 'are'are, em quem cessam todas as reciprocidades. No ponto em que as reivindicações terminam ou retornam, elas são truncadas por sua interseção com outras reivindicações, significadas por uma figura híbrida (ser humano ou item de riqueza ou substância ritual) que as reúne em si, de modo que se considera que elas são interrompidas nesta ou naquela pessoa.

## III

Uma classe dos sistemas de parentesco é famosa no repertório antropológico por não ter interrupções internas. O cálculo do parentesco bilateral ou cognático (não unilinear) permite que a substância flua e se revele em pessoas individuais, mas não para nelas, nem volta atrás. De fato, os próprios indígenas podem dizer que são todos aparentados – retrocedendo o bastante, todo mundo compartilha substância com todo mundo.[21] Em resposta a tais sistemas, houve, nos anos 1950 e 1960, muito debate antropológico em torno dos cortes nas redes, voltado ao problema das redes potencialmente infinitas, feitas de relações que aparentemente não cortavam a si próprias; era possível ir cada vez mais para fora. Donde o pressuposto de não haver medida possível além dos ditames da contingência: o parentesco bilateral não parecia embutir fronteiras próprias. Afirmava-se que, para criar grupos, por

---

21. Em contraste com universos de parentesco onde os afins já são consanguíneos (ver, por exemplo, Kapadia [1994] sobre o sul da Índia), contudo, para os euro-americanos essa possibilidade ou é retórica, ou pertence à classe dos fatos bizarros.

exemplo, os laços de parentesco que se ramificavam tinham de ser cortados por meio de outros princípios de organização social.

Eu diria que na análise da formação de grupos nessas sociedades foram aplicados os mesmos mecanismos que de fato conferem um caráter autolimitante às redes de parentesco bilateral do tipo inglês (Edwards & Strathern s.d.). Uma forma de cálculo nunca opera sozinha; *ela sempre opera em conjunção com* fatores de ordem diferente. Do ponto de vista comparativo do antropólogo, o "parentesco" tem de residir na combinação.

Temos aqui o híbrido euro-americano: não só uma expansão "cortada" por outros fenômenos, mas uma condensação específica de natureza e cultura. As relações sociais dependem de uma multidão de fatores que truncam o potencial das relações biológicas que se ramificam infinitamente. O aparentamento biológico – "laços de sangue" – pode assim ser cortado pelo fracasso em conferir reconhecimento social (alguém é esquecido), assim como as relações sociais podem ser cortadas pelo recurso aos princípios biológicos (dividindo os "verdadeiros" parentes dos outros), de modo que, na prática, não se traça as conexões indefinidamente e, reciprocamente, o grupo mais íntimo também está aberto a descobrir contatos que nunca soube existirem. Fatores de domínios diversos podem afetar o alcance de uma rede, que de outro modo seria considerada homogênea, baseada no "sangue" ou na "família".

O que é interessante no bilateralismo inglês, portanto, é que o fundamento sobre o qual todos podem dizer ser aparentados (conexões genéticas e biológicas) pode ser calculado separadamente do trânsito das relações sociais. Isso nos fornece tanto continuidades quanto descontinuidades de identidade. Na medida em que a biologia e a sociedade são tomadas como domínios distintos, podemos ver por que os usuários da cultura inglesa presumem uma identidade de interesses nas relações sociais e por que presumem a heterogeneidade nas misturas de humano e não humano. Em termos melanésios, eu poderia querer dizer que esses euro-americanos imaginam uma fronteira da pessoa que torna os fluxos internos de substância radicalmente diferentes dos externos (interações com os outros). Isso também confere tenacidade a suas ideias sobre raça e sexualidade: as continuidades são de certo modo internas, e as descontinuidades, de certo modo, externas.

Embora meus argumentos tenham sido expostos de modo muito amplo, assevero que essas generalizações residem "dentro" das especificidades da vida social, tanto quanto "fora" delas. Tomemos o caso de Steve, no relato de Bob Simpson sobre a "família imprecisa" constituída pelo divórcio parental.[22]

> A narração de Steve sobre sua "vida familiar" o situa no centro de uma rede de relações que carregam pesos diversos em termos de afeto e compromisso. Por exemplo, ele se vê como "pai" de seis crianças, mas a maneira pela qual a paternidade é expressa e experienciada por Steve em relação a cada um de seus filhos varia. O rótulo "pai" condensa e dissimula níveis variantes de compromisso financeiro e emocional, diferentes arranjos residenciais e quantidades variáveis de contato. [1994: 834]

Steve a um só tempo é um pai (singular) e contém em sua paternidade uma gama de elementos que compreendem conexões com pessoas, diferentes práticas sociais, recursos e materiais, elementos heterogêneos dos quais Simpson selecionou alguns nessa passagem.

Desagregada em seus componentes, pareceria que a figura do pai se expande de modo a abranger uma gama de pontos de referência; no entanto, ela também se contrai, na medida em que apenas um pequeno conjunto de componentes é isolado: o que Steve quer dizer com "pai" provavelmente abrange mais do que jamais poderia ser especificado.[23] Quando a especificação é reduzida a elemen-

---

22. As redes (no sentido de Latour) emergem como resultado da "tradução", isto é, da mobilização de reivindicações, alegações e interesses através dos quais as pessoas aplainam ou reúnem componentes de suas vidas. Embora Steve e sua atual esposa procurem "tratar" todos seus filhos igualmente, sua sogra corta a rede: ela ignora os filhos de casamentos anteriores de Steve e só mima os filhos de sua filha (Simpson 1994: 835).

23. Esta observação deriva da descrição de Roy Wagner (1986b) da contração e da expansão no processo de percepção. A figura do pai é uma única imagem "icônica", contendo em si possibilidades "simbólicas" especificáveis, que atuam como códigos ou pontos de referência para a imagem, mas sempre indexam apenas uma parcela do todo. Note-se que Wagner trata aqui do "fluxo" de imagens "interrompido" pela prática especificante da referência simbólica. Meu foco, aqui, volta-se para um outro aspecto desse processo: a capacidade infinita de criar cada vez mais pontos de referência, como numa narrativa, ou pôr cada vez mais elementos em jogo, que é "interrompida" pela singularidade da ima-

tos distinguíveis, como no caso de compromissos definidos como sendo tanto financeiros quanto emocionais, então podemos nos referir ao construto resultante, o pai que apresenta ambos, como um híbrido. Como membro de uma parentela, portanto, essa figura constitui uma imagem condensada cuja versão dispersa, em rede, é distribuída entre ordens separáveis de fatos (dinheiro, emoção).

Os sistemas bilaterais de parentesco ingleses, assim como outros sistemas euro-americanos, reúnem razões disparatadas para o aparentamento. Suas premissas residem na conservação da diferença ontológica entre domínios: em imaginar que as relações afetivas de parentesco são materialmente diferentes do fluxo da vida econômica, ou que a transmissão da substância opera segundo leis biológicas separadas das leis sociais, ou que pessoas individuais são seres naturais modificados pela sociedade. Os exemplos de invenção apresentados anteriormente têm um argumento particular em minha narrativa. O inventor é um tipo de agente intensificado. Todos os agentes humanos são inventores (criadores) num sentido moderno, euro-americano: a pessoa é a substância, mais a autoinventividade animadora da agência – uma combinação de elementos distintos. Esses elementos podem ser vistos como "somados", "modificando" um ao outro, do mesmo modo que a cultura modifica a natureza. Se, em termos melanésios, os euro-americanos às vezes buscam manter uma diferença entre os fluxos internos e externos (corpo e intelecto versus biologia e cultura, e assim por diante), é porque cada um deles pode ser apresentado como sendo dotado de ímpeto ou lógica próprios, pois podem ser aplicados separadamente, tanto quanto em conjunção, como indiquei com respeito aos conceitos de posse. O pertencimento marca relações baseadas em continuidades de identidade e, com isso, a separação de formas puras, enquanto a propriedade pressupõe a descontinuidade e a conjunção da iniciativa humana com recursos não humanos.

Misturei propositalmente o velho e o novo – as velhas redes da análise de rede e da teoria do parentesco e as novas da teoria do

---

gem como um objeto particular e *utilizável*. Law (s. d.) observa que a teoria do ator-rede cria conexões no próprio processo de criação de objetos de estudo. O "objeto de estudo", assim, corta redes potenciais ao atrair as coisas para um dado ponto ou imagem abrangente.

ator-rede. Isso me levou a pensar sobre um mecanismo nativo euro-americano para o corte: a "posse". A posse é poderosa devido a seu efeito duplo, como questão simultaneamente de pertencimento e de propriedade. Os euro-americanos não terão de olhar muito longe para determinar o comprimento da rede; eles sempre souberam que o pertencimento divide e a propriedade repele. Assim, onde a tecnologia pode aumentar as redes, o estabelecimento de uma condição de proprietário garante que elas sejam cortadas no tamanho certo.

Talvez nisso a noção 'are'are de "interrupção" como prestação que é ponto de repouso, repositório ou meia-volta possa ser comparada, embora de modo nenhum assimilada, às noções de posse que esbocei aqui. Tais noções desafiam a possibilidade interpretativa da ilimitação: os tipos de interesses, sociais ou pessoais, que convidam à extensão também a truncam, e os híbridos que parecem capazes de misturar qualquer coisa podem servir de fronteiras para reivindicações.

*Tradução Luísa Valentini*

Escolhendo penas para fazer um cocar. Hagen, 1967.

Homens dançando com adornos cobertos de penas de ave-do-paraíso-rei-da-Saxônia (Pteridophora alberti). Hagen, 1967.

# 10. AS NOVAS MODERNIDADES

James Clifford (1988: 148) cita a resposta cubista de Picasso a uma máscara africana e, em seguida, o filme *Trobriand Cricket*, de Jerry Leach e Gary Kildea, como dois exemplos da formação de identidades no século xx.[1] "O filme nos transporta para um turbilhão de corpos, bolas e bastões pintados, adornados com plumas. Em meio a tudo isso, sentado em uma cadeira, fica o árbitro. Ele aparece mastigando nozes-de-areca, que retira de uma bolsa de plástico azul brilhante da Adidas. É lindo." Em seguida, Clifford acrescenta que talvez seja possível pensar na bolsa de plástico da Adidas como "parte do mesmo tipo de processo inventivo" das máscaras de aparência africana que surgiram de repente nos quadros de Picasso. Ele propõe que algo surpreendente foi inventado tendo como base o jogo dos missionários, mas a partir de elementos da tradição, o que torna a etnografia surrealista. O momento surrealista, argumenta ele, é aquele em que "a possibilidade da comparação fica em tensão direta com a absoluta incongruidade" (1988: 146). Esses "elementos da etnografia moderna tendem a passar despercebidos por uma ciência comprometida com a redução de incongruências [...]. Mas não seria todo etnógrafo [...] um *reinventor* e 'recombinador' de realidades?" (1988: 147; ênfase minha).

---

1. Publicado originalmente em *Common Worlds and Single Lives*, volume organizado por Verena Keck, 1998. Este artigo foi escrito para acompanhar "Cortando a rede" [cap. 9, *supra*], publicado dois anos antes. Nesta edição brasileira, que os reúne pela primeira vez, foram feitos ajustes de texto em relação à versão original de modo a evitar repetições. [N. E.]

Comparação e incongruência: Latour ([1991] 1994: 16) diria que ambas são viabilizadas por duas práticas modernistas de conhecimento. Por um lado, as duas são práticas de separação ("purificação") que criam zonas distintas mas comparáveis, cujo exemplo principal seria a distinção entre mundos humanos e não humanos; por outro lado, elas são também práticas de mediação ("tradução"), que misturam tipos de ser, sobretudo "híbridos de natureza e cultura". Tais misturas se multiplicam, extraoficialmente por assim dizer, como um subproduto da purificação dessas distinções – de fato, ele argumenta que "quanto mais nos proibimos de pensar os híbridos, mais seu cruzamento se torna possível" (id. ibid.: 16-17). Latour argumenta que os modernos toleram ambas as práticas, desde que elas permaneçam separadas. Contudo, "a partir do momento em que desviamos nossa atenção *simultaneamente* para o trabalho de purificação *e* o de hibridização, deixamos instantaneamente de ser modernos" (id. ibid.: 16; ênfase minha). E isso acontece porque nós – "nós" parece significar nós, modernos, que somos euro-americanos – veríamos nossas relações com os outros de forma diferente.

Nesse contexto, Latour enaltece a antropologia como a disciplina que aborda tudo isso de uma só vez: "Qualquer etnólogo é capaz de escrever, na mesma monografia, a definição das forças presentes, a repartição dos poderes entre humanos, deuses e não humanos, os procedimentos de consensualização, os laços entre a religião e o poder, os ancestrais, a cosmologia, o direito à propriedade" (id. ibid.: 20). Ele se refere tanto à abordagem holística da descrição da vida social adotada pelos antropólogos como às misturas apresentadas pelos sujeitos que pesquisa. Desse modo, a antropologia explicita práticas do modernismo normalmente suprimidas no esforço de purificação e racionalização ("constitucionalização") dedicado ao estabelecimento de distinções entre as descrições, digamos, dos mundos natural e social. Latour argumenta que sempre houve híbridos: nunca existiu um modernismo apenas desse tipo, exclusivamente racionalista. Sempre fomos não modernos. Seu modelo de não moderno inclui partes de mundos que ele deliberadamente chama de pré-modernos, convocando, entre outros, povos da Papua-Nova Guiné. Ele poderia, por exemplo, ter citado os habitantes das ilhas Trobriand.

Ora, Latour não tem intenção de abordar o mundo pré-moderno como um todo; quer apenas tomar emprestado partes dele. Afinal, argumenta ele, a qualidade de explicitação que os pré-modernos atribuem aos híbridos (misturando elementos humanos e não humanos) tem um papel tão restritivo quanto o exercido pela separação dogmática praticada pelos modernos. Na verdade, ao tornar os híbridos um foco de prática cultural, os pré-modernos não conseguem perceber o potencial de experimentação aberto pelos modernos ao ignorá-los oficialmente.[2] Pré-modernos e modernos são igualmente unilaterais no que diz respeito a suas orientações explícitas; Latour espera que os modernos possam restabelecer o(s) (vários) equilíbrio(s) em questão. Que novos papéis, portanto, as descrições dos antropólogos da Papua-Nova Guiné devem exercer nesses movimentos democratizantes? Os euro-americanos estão sendo convidados a se tornarem conscientes de suas continuidades com os outros: "Como coletivos, somos todos irmãos" ([1991] 1994: 112). Os pré-modernos mostram aos modernos uma parte desse panorama: como ser explícito quanto aos híbridos.

Enquanto Latour se mostra interessado na separação e na mistura entre natureza e cultura, Clifford realiza a mesma operação intelectual sobre a separação e a mistura de culturas. Desse modo, se a antropologia científica corroborou que cada cultura tem um caráter que a distingue, ele pode também apontar para o poder do que é implícito – no caso, o lado não oficial da etnografia, que sempre foi justapositivo, surrealista (Clifford 1988: 147) – em resposta ao caráter híbrido da própria cultura. Os dois fazem declarações semelhantes acerca da simetria, tendo como base as formas híbridas que detectam: a simetria estabelecida por Latour entre sociedades modernas e pré-modernas ressoa na simetria de inventividade mútua que Clifford encontra no modo como as culturas tomam de empréstimo elementos umas das outras. Como discordar de uma elaboração assim?

---

2. Para situar as versões muito específicas de "hibridismo" discutidas aqui em uma história intelectual/cultural mais ampla, consultar Werbner & Modood 1997. Observo que os antropólogos sociais sempre tiveram suas purificações homólogas – não só endossando que a natureza e a cultura são zonas ontologicamente distintas, independentemente do que os outros povos pensam – mas de fato tratando as sociedades e as culturas como zonas distintas entre si. O lado científico da antropologia a que se refere Clifford (ver a seguir) é confirmado por suposições a respeito da condição natural das distinções culturais, e de congruência interna e diferença externa.

As novas modernidades **289**

## Uma nova invenção?

A ideia de "inventividade" tem muito a ver com o papel facilitador atribuído pelos antropólogos à consciência cultural. Eles ficam encantados quando veem povos transformando artefatos e ideias provenientes de outros lugares para atender a suas próprias finalidades – as infinitas possibilidades de reconfiguração (ver, por exemplo, Wilk 1995) – especialmente quando esses outros lugares correspondem à própria cultura do antropólogo. A cultura, segundo Turner (1993: 423), parece ser "o *gozo* do sujeito consumista do capitalismo tardio que brinca com as arrebatadoras oportunidades de autocriação que um mundo cada vez maior de mercadorias parece proporcionar". Tenho interesse pelas considerações de Latour porque ele não apenas tenta introduzir certa simetria entre formações sociais (modernas e pré-modernas) – como faz Clifford no caso das culturas – mas também estende essa simetria aos tipos de mistura entre entidades humanas e não humanas com os quais os papuásios familiarizam os antropólogos. O primeiro tipo de simetria é uma forma evoluída de relativismo cultural. A segunda simetria apresenta um ponto de vista acerca da substância do conhecimento melanésio (meus exemplos são provenientes da Papua-Nova Guiné).

Latour argumenta que a separação entre cultura e sociedade conferiu aos cientistas sociais um campo distintivo, mas ao mesmo tempo os encurralou nele. Assim, mesmo exaltando a antropologia por combinar tecnologia, religião, mundo natural e relações sociais, ele a critica por privilegiar o social. Existe entre os antropólogos uma tendência a sugerir que a sociedade é a única entidade que os povos pré-modernos não têm como perceber por conta própria. Uma vez que esses povos não sabem distinguir o conhecimento da sociedade, diz ele ([1991] 1994: 99), os antropólogos têm de salientar essa construção social. Além disso, a antropologia fracassa até mesmo ao tentar fazê-lo em seu próprio território. Latour a acusa de se concentrar em áreas da vida que são discerníveis como "sociais" (rituais misteriosos ou comunidades remotas), ignorando a ciência natural, entre outras coisas. Também aqui os antropólogos deveriam considerar as redes, as misturas de artefato e ideia e pessoa que compõem a vida. De acordo com Latour, as "redes" se tornam visíveis como efeitos da mediação ("tradução") –

isto é, como ligações entre o que os (não)-modernos percebem como diferentes ordens de conhecimento.[3]

O ato de revelar a constituição híbrida de um artefato parece ser um gesto democratizante justamente porque sua configuração de significados (sua rede) se manifesta como a criação (a rede) de muitos actantes. Uma máscara africana é, ao mesmo tempo, o trabalho de indivíduos, a apresentação de planos e superfícies e um objeto sob o olhar de um artista. Humanos e não humanos se associam na pintura criada por Picasso. Picasso possui a pintura, mas não tudo que entrou em sua composição, nem mesmo as imagens que outros inferem a partir dela. Ele pode vendê-la; nesse caso, ela adquire uma alienabilidade que passa a ser possuída por outro alguém.

Isso tem a ver com a descoberta de que as culturas nunca foram puras. Clifford faz o possível para demonstrar a impureza das culturas. E ele a associa, especialmente no caso da terra indígena Mashpee, a problemas de identidade, especialmente quando se considera que a identidade depende de continuidades únicas estabelecidas entre forma (cultura) e substância (pessoas). Sob determinado ponto de vista, os Mashpee eram indígenas; sob outro, não eram (1988: 289). (Interrogatório feito aos Mashpee a fim de obter um depoimento sobre a identidade mashpee: "Você não costuma comer comida indígena, costuma?". "Só às vezes." "Você é atendido por médicos comuns, não é?" "Sim, e também uso ervas" [1988: 286].) A intenção política de Clifford é tanto celebrar o híbrido como uma forma em si quanto insistir que todas as culturas são híbridas, algo que resulta da inventividade das pessoas. Assim, o que constitui uma dificuldade para o índio mashpee é esclarecedor para o comentarista cultural. Não é possível fixar um híbrido, pois suas características não residem em uma única parte isolada, e sim no modo como as partes funcionam em conjunto. Isso constitui, portanto, um tropo perfeito da cultura como uma forma de combinação lúdica, da mesma maneira que "rede", para Latour, é um tropo do caráter extensivo, itinerante e nômade de qualquer investigação que busca conexões. Em uma cadeia contí-

---

3. Essa "rede" não deve ser confundida com aquela que é comumente mencionada no âmbito sociológico padrão. Ver a discussão de Law sobre as redes na teoria do ator-rede, que ele caracteriza como uma "visão de muitos sistemas semióticos, muitas ordenações, competindo para gerar o social" (1994: 18).

nua, segundo Latour, é possível perceber entidades tão incomensuráveis quanto a química, uma estratégia global e celebridades na composição (por exemplo) de um relatório sobre a poluição atmosférica. Na medida em que a identidade híbrida (do relatório) está distribuída entre diversos componentes, e na medida em que ninguém pode afirmar ter percorrido uma rede idêntica à atravessada por outra pessoa, aquele que embarca em uma investigação itinerante desse tipo, por sua vez, tem ele próprio licença para ser culturalmente criativo.

Gostaria de refletir sobre o modo como o conhecimento antropológico adentra as redes de outros povos, contribuindo com a formação de seus híbridos. Ele não pode abrir mão de ter um propósito crítico, pois a linguagem do hibridismo arrisca fazer com que os observadores da cultura se acomodem com uma falsa sensação de liberdade. A inventividade humana parece não ter fim: se tudo é negociado, precisamos prestar atenção apenas nas negociações. Podemos descrever o tráfego de um lado para o outro ou as redes nas quais as coisas, enquanto se deslocam, mudam de forma e de utilidade, como a bolsa de plástico que se torna um recipiente de nozes-de-areca – e a palmeira-areca também embarca em suas próprias viagens (cf. Hirsch 1990). As simetrias, no entanto, podem não ser exatamente o que parecem.

Clifford e Latour concedem diferentes papéis à *inventividade*. Clifford vê a cultura como uma fonte de criatividade; existe uma simetria na capacidade que as culturas têm de absorver e produzir híbridos uma a partir da outra. Para Latour, apenas os híbridos suprimidos do modernismo têm uma inventividade vigorosa:

> Não desejamos, contudo, voltar a ser pré-modernos. A não separabilidade das naturezas e das sociedades possuía o inconveniente de impossibilitar a experimentação em grande escala, uma vez que toda transformação da natureza devia estar de acordo, ponto a ponto, com uma transformação social [...]. Queremos conservar a maior inovação dos modernos: a separabilidade de uma natureza que ninguém construiu [...] e a liberdade de manobra de uma sociedade que é nossa obra. [(1991) 1994: 138]

A liberdade, assim como uma forma superior de inventividade, pertence aos modernos.

Por trás dos conceitos democratizantes de culturas impuras e redes híbridas, há outras assimetrias; estas ativam suposições euro-americanas sobre a identidade e a propriedade: onde "nós" nos vemos e o que "nós" queremos para a cultura euro-americana. Essas assimetrias deveriam motivar o antropólogo a colocar novas perguntas sobre antigos temas modernistas, como a propriedade e a posse. Tais perguntas, contudo, não teriam de endossar o aspecto de "purificação" do modernismo, e tampouco tratariam das delimitações entre as culturas e da manutenção da separação dos componentes de nossas narrativas. Hoje os antropólogos sabem que não devem fazer perguntas desse tipo. Elas tratariam, sim, da extensão das redes. Uma nova série de reivindicações de posse já se anuncia (tão nova quanto se conscientizar da "tradução" modernista é algo novo). Elas decorrem *a partir da* própria percepção dos híbridos, de misturas de técnicas e pessoas, de combinações de humanos e não humanos, do entrelaçamento de diferentes práticas culturais; não são socialmente inocentes, nem se apresentam sem trazer consigo os efeitos prováveis que lhe são próprios, pressagiando novos projetos para a modernidade.

O novo significado encontrado pelos euro-americanos em seu conceito de direitos de propriedade intelectual me intriga. Esses direitos condicionam à propriedade o processo criativo pelo qual novas formas passam a existir. Podemos dizer que o modo inovador como alguns procedimentos atuais de registro de patentes combinam partes de humanos e não humanos é uma forma de híbrido nova. Deveríamos ter cautela diante dos enormes interesses financeiros que dão poder político aos detentores de patentes. Permitam-me voltar à Papua-Nova Guiné para ponderar por que isso pode ser interessante no que diz respeito à forma como os etnógrafos pensam seus materiais.

## Culturas impuras e redes híbridas

A bolsa da Adidas citada por Clifford deve ser pensada com cuidado. Algo surpreendente, disse ele, fora inventado a partir do críquete dos missionários – jogo que havia, ao longo do processo, sido "descartado".[4] A bolsa da Adidas também teria sido descarta-

---

4. Segundo o comentário de um nativo das ilhas Trobriand que aparece no filme.

da. As estéticas não são simétricas: Picasso confere um novo valor à máscara africana, elevando-a à condição de alta cultura, mas uma bolsa de plástico retirada do seu elegante meio esportivo passa a ser vista como lixo. Caberia lembrar o fato de que os nativos das ilhas Trobriand apreciam que as coisas tenham superfícies brilhantes – motivo pelo qual têm preferência pelos telhados de lata em detrimento dos de palha, como certa vez me explicaram – a fim de privar o epíteto "plástico" de suas conotações de mau gosto.

Há outra assimetria em questão. Embora Clifford indique um estado de inventividade mútua entre o artista europeu e o nativo do Pacífico, *ambos* os exemplos ilustram o alcance da cultura euro-americana. A máscara africana e a bolsa da Adidas aterrissaram em contextos desconhecidos pelo *mesmo* processo de viagem e difusão. A cultura euro-americana parece ter um alcance maior, chegar a todos os lugares, de modo que "nós" podemos, simultaneamente, nos reconhecer tanto naquilo de que nos apropriamos e que é dos outros quanto naquilo que é nosso e de que os outros se apropriam. Nós não estamos só aqui; também estamos lá, nos traços de nós mesmos que chegaram à ilha do Pacífico. A invenção, assim, pode se mostrar tanto na inventividade de maneiras novas de utilizar bens como na invenção dos bens utilizados por outros. Afirmar que a bolsa da Adidas é intrusiva ou incongruente em um ambiente trobriandês é a técnica utilizada por Clifford para minar o conceito de pureza cultural; no entanto, a bolsa é intrusiva apenas na medida em que se afirma como excessivamente euro-americana.

Latour formaliza esse fenômeno ao se referir ao comprimento das redes. É crucial a diferença de escala que há entre as sociedades modernas e pré-modernas. "É preciso que a antropologia comparada meça exatamente estes efeitos de tamanho" (id. ibid.: 112). Com isso, ele quer dizer que "o tamanho relativo dos coletivos irá se modificar profundamente através do envolvimento de um tipo particular de não humanos" (id. ibid.: 107). O exemplo trazido por Latour diz respeito a uma invenção tecnológica – a polia de Arquimedes, que possibilitou que o rei de Siracusa construísse uma força militar dotada de uma dimensão de poder completamente nova. Ora, Latour não considera a questão do tamanho algo óbvio. Eventos de grandes proporções podem ser motivados por causas mínimas, assim como as grandes empresas são sustentadas por inúmeros projetos pequenos – o próprio tamanho de um estado totalitário se concretiza apenas mediante uma rede de estatísticas, cálculos, secretarias e inquéritos. No entanto, é a qualidade maciça das máquinas e o poder dos dispositivos não humanos que, na visão de Latour, separam os (não) modernos dos pré-modernos,[5] assim como "a inovação das redes ampliadas" (id. ibid.: 123).

Agora que os modernos já não estão apartados dos pré-modernos, Latour pergunta o que podemos preservar do melhor de cada um deles.

> O que iremos guardar dos modernos? [...] Sua grandeza vem de terem feito proliferar os híbridos, expandido um tipo de rede, acelerado a produção dos vestígios [...] Sua audácia, sua pesquisa, sua inovação, sua bricolagem, sua sandice juvenil, a escala sempre mais ampla de sua ação [...], é isso que queremos manter. [id. ibid.: 131]

Em suma, o moderno como *inventor*.

O que qualifica a inclusão de algo em uma rede? Só pode ser o entendimento de que as coisas estão conectadas por algum empreendimento contínuo. A fragilidade de entendimentos desse tipo é descrita por Mol e Law (1994) por meio do notável exemplo dos exames sanguíneos de anemia que reúnem diferentes conjuntos de "fatos naturais" ao transitar entre laboratórios, hospitais, clínicas e estações remotas tropicais. Isso nos faz pensar que o recipiente de nozes-de-areca ser uma bolsa da Adidas é *o comprimento da rede* que presumimos existir: os artefatos circulam e sua origem, ainda assim, permanece reconhecidamente euro-americana (cf. Thomas 1994: 40). O que os torna híbridos é a multiplicidade de fatores pelos quais o antropólogo constrói a identidade cultural: um artefato euro-americano "encontrado" e direcionado a um novo uso pela inventividade cultural nativa. Esses melanésios – vejam vocês – são como nós, mesmo tendo redes mais curtas.

O interesse de Latour na questão da escala implica certa matemática. Ele sugere que um conceito dos pré-modernos que merece

---

5. Dos modernos, assim como são listados por Latour (ibid.: 135), seria desejável manter a separação entre sociedade livre e natureza objetiva; dos pré-modernos, a separabilidade entre signos e coisas; dos pós-modernos, a desnaturalização. Entretanto, dos modernos, também poderiam ser conservadas as "redes longas", a "escala" e a "experimentação", enquanto os "limites de escala" pré-modernos poderiam ser descartados.

ser salvo é o da multiplicação de não humanos, como podemos imaginar acerca do universo superpovado dos Manambu (Harrison 1990), com seus milhares de entidades nomeadas, pessoas não necessariamente humanas. Mas será que essas enumerações indicam uma multiplicação de seres? É possível também imaginar um universo de clãs dividido em numerosas manifestações de si mesmo (Mimica 1988). Os melanésios, poderíamos argumentar, vivem em um mundo já globalizado, de escala já ampliada (Wagner 1991). O que pode ser infinitamente dividido é o poder que eles têm. Essa é certamente a lógica da geração de corpos, seja no caso do corpo de um clã (por exemplo), seja no caso do corpo de uma pessoa. Em contrapartida, os corpos são sempre capazes de revelar sua composição, seu caráter misto. Em toda a Melanésia, as pessoas dividem-se por laços de parentesco e emprestam fontes de nutrição [nurture] e fertilidade umas das outras, assim como um clã é formado e nutrido por afins. Tais redes se encaminham por meio de pessoas, sendo transportadas pelo tráfego humano e não humano de cônjuges, terra e riqueza, e são mais compridas ou mais curtas conforme o caso. Na verdade, podemos medir o comprimento de algumas redes ao observar o retorno imediato ou tardio de parceiros conjugais (Damon 1983): a disposição de dívidas (pedidos de indenização) indica quem habita as redes ou partes delas. Talvez as redes melanésias sejam antes mensuráveis do que "mais curtas".

## Híbridos papuásios

Latour não dá muitos exemplos de híbridos pré-modernos. Devo, portanto, procurar alguns. Seria possível encontrar objetos de conhecimento em uma mistura de elementos da qual participam tanto humanos como não humanos? E quanto à forma como as pessoas relacionam as coisas? Godelier (1978; 1986a) cita um exemplo proveniente do "sistema combinado" dos direitos de propriedade que prevalece em sociedades como a Siane das terras altas do leste da Papua-Nova Guiné.

Ao relembrar a descrição de Salisbury (1962), Godelier se refere às regras dos Siane sobre a propriedade material e imaterial como compreendendo dois tipos: os homens exercem direitos inalienáveis sobre a linhagem da terra, as flautas sagradas e o conhecimento ritual, e direitos pessoais sobre as roupas, os porcos e as árvores plantadas. No entanto, se do ponto de vista econômico o sistema parece misto, a prática cotidiana funciona muito mais como uma estratégia de purificação que separa o sagrado do profano. Os protocolos relativos às reivindicações das pessoas em relação a esses dois tipos de propriedade sugerem que os Siane têm de se certificar de que essas categorias de coisas estão separadas. Ao mesmo tempo, diferentes aspectos da pessoa são mantidos à parte pela diferença entre o que um euro-americano poderia chamar de mundo humano (mundano) e não humano (dos espíritos). Por um lado, a pessoa é membro de um clã ou de uma linhagem, vinculado a seus ancestrais e descendentes (e nesse caso devo de fato dizer "seus" em vez de "suas"); por outro lado, é individuada por meio de suas próprias ações e reivindicações. Podemos dizer que as pessoas surgem como híbridos do humano e não humano a partir dessa composição de elementos distintos. Em contrapartida, se os bens sagrados "'pertencem' *simultaneamente* aos ancestrais mortos, aos vivos e aos descendentes que ainda vão nascer" (1978; 1986a: 79; ênfase de Godelier), todos estes são, por assim dizer, uma pessoa (a linhagem) interessada na propriedade – a linhagem sendo composta ou dividida entre os vivos, os mortos e os que ainda vão nascer.

Divisões semelhantes são encontradas no porco doméstico,[6] que para os euro-americanos é uma entidade não humana, que é também produto do trabalho dos humanos, uma forma de tecnologia que tem exercido diversos papéis na evolução das sociedades das terras altas (Lemonnier 1993). Os porcos siane são considerados uma propriedade pessoal alienável pelos homens, embora esses direitos de alienação sejam qualificados por outros interesses, não menos importantes, sobretudo das mulheres (ver, por exemplo, Sexton 1986). Nessa combinação, podemos reconhecer interesses separados que são mantidos simultaneamente em conjunto. Godelier oferece uma contribuição importante ao conhecimento acerca dos Baruya, que vivem nas fronteiras das terras altas do leste. Somente

---

6. Não existe uma entidade única designada como "porco doméstico"; o papel que os porcos exercem na circulação de valores varia enormemente. A crítica de Law à ideia de "móveis imutáveis" de Latour – isto é, materiais facilmente transportados que mantêm sua forma – é pertinente. A mobilidade e a durabilidade, Law argumenta, são também efeitos relacionais. Um material "é durável ou não em função da sua localização nas redes do social" (1994: 102).

As novas modernidades **297**

o homem transmite seus direitos sobre a terra do pai a seus filhos, e possui os objetos sagrados utilizados na iniciação para reproduzir a força dos guerreiros masculinos. As mulheres não podem fazer nada disso. Contudo, diz ele, as mulheres transmitem a suas filhas as fórmulas mágicas que lhes permitirão criar porcos, junto aos nomes dos porcos (1982; 1986b: 81). A criatividade, desse modo, é distribuída entre os homens e as mulheres. Certamente se evidencia um sentido de procriação no vínculo que as mulheres gimi, também das terras altas do leste, mostram ter com seus porcos.

> As mulheres gimi carregam os filhotes pelas roças como se eles fossem bebês, dentro de bolsas de malha [...] Quando um dos porcos [de uma mulher] é morto e começa a ser repartido para uma festa, ela fica chorando ao lado da pilha de placas carbonizadas, espantando moscas, usando o rabo do porco no pescoço e gritando seu nome.
> [Gillison 1993: 43]

Como um filho não humano, o porco tem uma identidade divisível, pois pertence tanto aos homens quanto às mulheres. Além disso, as placas para preparar a carne podem ser um pagamento pela "cabeça" de seu próprio filho, que seu pai deve oferecer a um parente paterno da mulher e a um parente materno seu (cf. Gillison 1991: 187). Como um porco humano, a criança é híbrida tanto em termos de gênero quanto em termos de relação, contendo elementos do sexo masculino e do feminino em sua composição, reconhecidos apenas nessas separações entre os parentes maternos e os parentes paternos.

Nesses breves exemplos, encontramos redes dotadas de características distintas. Se essas misturas de seres mortos e vivos, humanos e suínos, surgem de modo a criar pessoas "híbridas", é porque as pessoas criam relações, dividindo-se a partir de outras pessoas, assim como elas podem separar euro-americanos de melanésios considerando-os irmãos mais velhos e mais jovens uns dos outros.[7] As relações produzem uma diferença entre as pessoas. Os interesses distintos de homens e mulheres repartem a criança

---

7. Conforme Burridge 1960; meus agradecimentos a Melissa Demian por me lembrar dessa divisão. Os comentários recentes de Andrew Strathern (1994b) sobre a forma como os grupos locais tratam uma empresa multinacional ou até mesmo "o governo" como um "clã rival" podem ser entendidos da mesma forma.

ou o porco em uma entidade composta de diferentes entidades. Assim, Wassman (1994) descreve como os membros do corpo dos Yupno podem ser calibrados para surtir diferentes efeitos – como um machado massim (Battaglia 1983) – com um dos lados do corpo agindo como um suporte para a energia de procriação do outro. Esses não são exatamente os híbridos do discurso de Latour.

Não esperaríamos que esses híbridos fossem comparáveis a uma divisão entre natureza e cultura, dado que essa é uma invenção euro-americana moderna. Mas há mais fatores em jogo além da diferença entre os modernos, que negociam abstrações como natureza e cultura, e os pré-modernos, que personificam tudo. Como não é possível conceber a natureza separadamente, argumenta Latour, os pré-modernos não podem fazer experiências com a escala moderna.[8] Suas tecnologias, seus parceiros não humanos têm menos poder. Isso põe limites aos efeitos de sua inventividade. Que tipo de conhecimento, portanto, reside nos poderes da procriação e da criatividade atribuída aos rituais dos homens e ao apego íntimo das mulheres a seus porcos? É o conhecimento a respeito dos (inerente aos) relacionamentos, pois eles têm uma dimensão interessante: tais poderes são expressos tendo em vista reivindicações entre as pessoas e direitos a pagamentos em forma de indenização. As pessoas, nesse sentido, são a propriedade composta de outros.

A combinação de direitos à qual Godelier se refere é bastante recorrente em outras formulações melanésias. As pessoas vivas são conhecidas apenas como combinações desse tipo, e as combinações são um corolário do fato de os direitos serem divididos ou repartidos entre as pessoas. A substância compósita das pessoas se torna de conhecimento público (é decomposta) por meio de ceri-

---

8. A escala e os limites, no entanto, também são *definidos* pelo campo dos efeitos. Lemonnier (1993) demonstra como diferentes regimes de produção e de troca papuásios mobilizam o porco doméstico para diferentes fins. Seu papel aparentemente essencial em algumas sociedades é exercido por seres humanos (mulheres) ou por substâncias vitais (sal); em contrapartida, o animal pode assumir as características de pessoas ou de materiais inanimados. Como consequência, o porco funciona como uma polia ou alavanca das relações humanas, o que traz resultados muito imprevisíveis. Não parece existir uma relação única entre a pecuária, a horticultura e o sistema político-econômico: desprovidas de valores sociais específicos e de desenvolvimentos tecnológicos determinantes, as experimentações das pessoas resultam em "escolhas técnicas inesperadas" (1993: 146). Podemos nos perguntar quão "amplos" são os campos dos efeitos nesse caso.

mônias mortuárias, por exemplo, que distinguem os interesses de outras pessoas – que podem, por sua vez, ser desagregados por trocas (compensatórias) (Mosko 1983). É a própria pessoa, "propriedade" de outros múltiplos, que reúne esses interesses e pessoas diversos. Se formos nos utilizar da linguagem da propriedade, podemos dizer que cada um desses outros é dono de uma parte; nenhum deles possui o híbrido. O que me intriga em certas formulações euro-americanas é precisamente a forma como o único objeto possível da propriedade acaba por se revelar um híbrido.

No entanto, não se pode simplesmente reafirmar a diferença cultural, descrevendo as práticas melanésias em contraste com as euro-americanas. É preciso demonstrar que distinções desse tipo são importantes. Procurarei ser cautelosa abordando brevemente algumas das consequências que os modelos antropológicos já trouxeram, assim como as tentativas de dissipá-los; tais tentativas podem trazer à tona itens de conhecimento já atuantes em outros domínios e, portanto, longe de serem inocentes em suas implicações. Isso nos levará de volta à mesma questão referente à propriedade, uma vez que ela lida com aquela outra parte do híbrido moderno de Latour, a saber, a cultura, a partir da perspectiva de culturas compósitas de Clifford.

## O novo culturalismo

Na primeira carta que enviou para casa, endereçada ao seu orientador, Reed fala dos tipos de relação que os carcereiros e os detentos do complexo prisional de Bomana gaol, em Port Moresby, parecem ter – muito diferentes do que ele esperava. Um grupo de carcereiros discorreu sobre o assunto, contrastando Bomana com prisões do "Ocidente". Eles disseram ao estudante de antropologia que a diferença era "cultural".[9]

Os carcereiros indicaram práticas que consideravam melanésias: o célebre sistema *wantok*, por meio do qual a língua compartilhada, a região ou o parentesco fornecem a base da identidade e do interesse pela solidariedade. Invariavelmente, os carcereiros

---

9. Sou grata a Adam Reed (1997), que na época realizava um estudo sobre a disciplina e a punição com a colaboração do Serviço de Instituições Corretivas, por me permitir citar sua carta (24/10/1994). Ver Sahlins 1993: 3-4.

mantinham *wantoks* entre os detentos, o que garantia sua segurança. Ao emprestarem o conceito de "cultura", as pessoas parecem fazer o que se faz em toda parte: fixar-se a certos "costumes" como um diagnóstico de seu modo de vida. De fato, em áreas da Melanésia, particularmente em Vanuatu, o conceito de *kastom* se tornou um tropo que organiza a forma como as pessoas apresentam suas diferenças em relação aos euro-americanos (Jolly 1992). Se o antropólogo fica tentado a entender esse conceito como "cultura", cabe dizer que essa leitura também é revertida ao antropólogo.[10] Contudo, independentemente da ideia à qual cultura/*kastom* possa se referir, o termo também é usado para exprimir a existência de uma diferença.

Os melanésios têm suas próprias práticas explícitas de diferenciação. Seja por gênero, filiação a grupos, defesa territorial – isso para não falar da divisão das relações das pessoas entre parentes diversos –, a diferença se traduz invariavelmente nas diferenças entre as pessoas. As pessoas se dividem umas das outras por meio de suas conexões, em termos, por exemplo, da terra de cuja comida eles se alimentam ou dos antepassados que lhes mantêm com saúde, ou então em relação àqueles que falam sua língua. Que diferença faria para nós imaginar essas diferenças como "culturais"? Talvez nenhuma, exceto o fato de que a identidade cultural se tornou um signo das novas modernidades. Baseando-se em uma pessoa/entidade híbrida há muito estabelecida no pensamento euro-americano (que a antropologia social ajudou a fomentar), a identidade cultural confere especial atenção a uma forma de criatividade que pode ser chamada de inventividade.

Em primeiro lugar, os elementos humanos e não humanos que tornam a pessoa euro-americana híbrida combinam elementos radicalmente distintos dos domínios da natureza e da cultura. A ideia de que as pessoas são criaturas duais, que são ao mesmo tempo elas mesmas e seus papéis sociais – evidenciando, em suas ações individuais, a cultura coletiva de que fazem parte – foi uma das contribuições da antropologia social às concepções modernas do mundo. A força da antropologia tem consistido em identificar o componente cultural da vida das pessoas, assim como em apontar as diferenças entre elas que não são inatas nem dadas, mas que surgem de

---

10. Lissant Bolton (1994) apresentou várias ressalvas quanto a essa equação.

suas sociedades, da língua que falam e dos estilos de vida que levam. Na verdade, essa compreensão específica da cultura é uma das exportações da antropologia.[11] Os autores se veem – ou veem versões de si mesmos – nos locais para os quais ela é exportada. Entre as discussões sobre os costumes de Vanuatu, surgem discussões sobre até que ponto os antropólogos euro-americanos podem reconhecer "seu" conceito de cultura no *kastom* de Ni-Vanuatu.

A promoção da ideia moderna de cultura com o objetivo de explicar diferenças antes associadas a identidades de tipo racial (ou seja, confinadas à herança e à disposição física das pessoas) sempre foi considerada um ato de esclarecimento. "Os demônios da raça e da eugenia pareciam ter sido politicamente [...] exorcizados [...] em defesa da igualdade humana na diversidade cultural" (Stolcke 1995: 2). Stolcke se refere ao trabalho da Unesco, após a Segunda Guerra Mundial, que defendeu a identidade e o caráter distintivo das culturas à luz da tradição boasiana. Desde então, essas ideias, que "pareciam ser uma obsessão peculiar apenas de antropólogos, passaram a ocupar um lugar central no modo como posições e políticas contra a imigração estão sendo racionalizadas" (id. ibid.). Quando pensamos nelas de modo superficial, parece vigorar uma nova simetria. Todos podem alegar ter identidade cultural, mas quando se atribui uma pátria às culturas e estas passam a ser identificadas a territórios ou países em particular, a diferença cultural pode surtir um efeito de exclusão ou assimetria.[12]

---

11. Por exemplo, M. Strathern 1995. Turner (1993) defende a tese oposta. Ele sugere que as definições antropológicas de cultura foram deixadas para trás no novo movimento do multiculturalismo, que tem como objetivo uma democratização da diferença cultural. Desafiando a hegemonia cultural, esse movimento "defende um reconhecimento igualitário das expressões culturais de grupos não hegemônicos" (1993: 412).

12. Turner faz uma distinção entre o multiculturalismo crítico, que procura (no âmbito da educação) usar a diversidade cultural como base para relativizar tanto suposições minoritárias como majoritárias, e o multiculturalismo da diferença, que reduz a cultura "a uma etiqueta de identidade étnica, dando vazão ao separatismo político e intelectual" (1993: 414). Ele associa o multiculturalismo da diferença ao neoconservadorismo. Porém, por mais útil que seja a introdução de tais distinções, elas também ignoram a "tradução": significados diferentes interferem uns nos outros. O "multiculturalismo crítico" e o "multiculturalismo da diferença" só se mantêm separados momentaneamente, como deixa claro seu comentário de uma distinção semelhante, bastante flexível, operada pela política feminista.

Stolcke resume a curiosa e generalizada exaltação da diferença cultural nos últimos anos no que ela chama de "fundamentalismo cultural".[13] O que está em jogo é o modo como uma Europa não contaminada pela estrangeiridade define a cultura. No entanto, a ideia de uma cultura europeia não se resume a uma nova roupagem do racismo – e P. Werbner (1997: 6) observa a ironia dessa equivalência para os antropólogos. Observa-se, pelo contrário, uma mudança perceptível nas retóricas da exclusão, como Stolcke as chama. Na linguagem jurídica de oposição à imigração, a ênfase não recai tanto nos diferentes dons das raças humanas, mas nas suas profundas diferenças de patrimônio cultural. Essa separação moderna entre a cultura e outras formas de identidade se junta a elas novamente na ideia de que as pessoas são naturalmente xenofóbicas.[14] Um argumento que defende que as pessoas preferem viver entre seus semelhantes. "O fundamentalismo cultural contemporâneo se baseia, assim, em duas suposições interligadas: culturas diferentes são incomensuráveis e, como os seres humanos são inerentemente etnocêntricos, as relações entre as culturas são 'naturalmente' hostis" (Stolcke 1995: 6). Stolcke observa que é a combinação particular da reivindicação de princípios universais abstratos (todos buscam a identidade) e das exigências do nacionalismo (cidadania), juntamente com as ideias europeias sobre a natureza humana (as disposições inatas), que leva aos conceitos análogos de "herança cultural" e "estrangeiro cultural".[15] Esses dois conceitos situam o híbrido moderno como pessoas (estrangeiros) que levam a cultura (patrimônio) nas costas. Sob esse ponto de vista, a cultura faz diferença entre as pessoas.

Os antropólogos sociais podem hoje se sentir compelidos a indicar a falácia modernista da reificação de culturas, como se elas

---

13. Compare-se a crítica de Josephides (1992: 159) ao "funcionalismo cultural" por parte dos antropólogos.

14. O fundamentalismo cultural baseia sua argumentação em traços supostamente compartilhados de maneira universal por todas as pessoas em toda parte (identidade cultural, xenofobia). Esse embasamento pode justificar a exigência de que os imigrantes sejam culturalmente assimilados no mundo à sua volta ou funcionar como uma ideologia de exclusão coletiva.

15. Thatcher (então primeira-ministra da Grã-Bretanha) afirmou em 1978 que "as pessoas têm realmente um pouco de medo de que o país possa ser inundado por pessoas de uma cultura diferente" (citada por Fitzpatrick 1987). Stolcke observa diferenças entre as versões britânicas e francesas, entre outras.

fossem limitadas como territórios, e não a criatura impura e híbrida que eles, os antropólogos, sabem que elas são. No entanto, a antropologia não apenas inventou as culturas como entidades discretas. Lembremo-nos do surrealismo sombrio de Clifford: ele celebra a diversidade entre as culturas na ideia adicional de que a cultura reside na própria inventividade com a qual as pessoas situaram suas diferenças em relação umas às outras (Boon 1982). Não obstante, a "cultura" inventada pela antropologia representa hoje um constrangimento. Se é possível reivindicar uma invenção, será possível também renegá-la?[16] Ou será preciso voltar ao zero para se inventar?

Turner considera que a especificação das propriedades essenciais da cultura não é mais uma questão acadêmica, pois se tornou uma questão política. Que "propriedade essencial" da cultura poderia então um antropólogo contemporâneo identificar? Turner responde a sua própria pergunta fazendo referência ao movimento euro-americano do multiculturalismo com sua afirmação inédita de que as "culturas" (como tais) são todas dignas de receber o mesmo apoio e proteção do Estado. Em sua opinião, há atualmente apenas um fundamento que sustenta a cultura como uma "nova categoria de direitos humanos coletivos [...], um objetivo legítimo da luta política pela igualdade de representação no domínio público" (Turner 1993: 425). Esse fundamento reside "no fortalecimento da capacidade humana básica da autocriação" (1993: 427). A cultura, segundo Turner, é o sentido ativo da autoprodução coletiva; as culturas *são* a maneira como as próprias pessoas se criaram. Se a cultura gera a capacidade de se ter cultura, sua característica essencial parece ser a inventividade.

Isso não se dá de maneira tão desembaraçada quanto parece. Essa versão recém-cunhada da cultura, que a princípio pode passar a impressão de ser uma novidade positiva, revela ser apenas algo que já existia – uma invenção emprestada de outros. O próprio Turner afirma algo próximo disso. As novas conjunturas so-

---

16. Latour repudiaria segmentos da modernidade ao compor seu amálgama de esperança de um mundo não moderno a partir de regimes pré-modernos, modernos e pós-modernos. É mais fácil repudiar as invenções quando elas caem nas mãos de estrangeiros – quando o ato criativo de apropriação implica que eles (os estrangeiros) tenham "seus próprios" usos das invenções (ver Thomas 1991).

ciais vigentes no mundo do capitalismo tardio, observa ele, favorecem o desenvolvimento e o reconhecimento político das identidades culturais: "uma rede metacultural de forças, instituições, valores e políticas que promove e reforça a proliferação de grupos culturais" (1993: 427). Seria ela uma nova modernidade, portanto? Eu acrescentaria a nova proliferação de reivindicações que têm como justificativa a própria redução da proliferação[17] por meio de esforços para limitar reivindicações (concorrentes). O capitalismo tardio ajudou a consolidar a ideia de propriedade, entre outras coisas, da inventividade em si.

## Os novos proprietários

O termo "híbrido", que veio do latim, costumava designar um cruzamento entre um javali selvagem e uma porca mansa. Ele ressurgiu no final do século XVIII como uma nova definição para o cruzamento entre espécies. Ao mesmo tempo, foi posto ao serviço metafórico de qualquer coisa derivada de fontes heterogêneas ou incongruentes. Na linguagem parlamentar britânica, as contas públicas que afetam direitos privados podem ser referidas como híbridas. No entanto, para Latour, entre todas as fontes incongruentes que criam o caráter híbrido das redes, a junção de natureza e cultura é paradigmática.

O exemplo da empresa californiana que descobriu o vírus da hepatite C e desenvolveu e patenteou um exame de sangue que o detecta (ver *supra*, p. 271) também é pertinente aqui. Ao solicitar o registro de patente do teste, incluiu-se no invento a sequência genética do vírus, ou seja, a própria identificação do DNA relevante era parte integrante do teste. É possível alegar que as sequências de genes têm "aplicabilidade" sob a premissa de que os genes são em si a tecnologia da medicina do futuro. Um crítico veemente[18] observou que há apenas um conjunto de sequências de DNA a ser identificado no genoma humano; após a identificação desse conjunto, seria inviável contrariá-la com mais invenções/descober-

---

17. Latour expressou a necessidade de desacelerar e regular a proliferação de híbridos da modernidade ([1991] 1994: 17), mas fazendo com que eles passem a integrar sua nova democracia, e não os controlando mediante novas formas de posse!

18. O geneticista Bobrow Martin, que deu entrevista à BBC Radio 4 (03/12/1994).

tas, pois a patente protege a empresa da concorrência, e não o contrário. Na prática, essa empresa específica estava reivindicando a "propriedade" do vírus e de suas variantes genéticas.

O que torna essa solicitação de registro de patente plausível é o fator da intervenção humana sobre a produção de uma forma de vida. Passemos a um comentário americano sobre as linhagens celulares "imortais", ou seja, células que se reproduzem indefinidamente em laboratório. Argumentos semelhantes foram defendidos no Parlamento europeu (M. Strathern 1996a).

> Vários registros de patente de células humanas já foram concedidos nos Estados Unidos sob a alegação de que elas *não existiriam se não fosse pela intervenção de um "inventor"*, que as extraiu e manipulou a fim de reproduzi-las indefinidamente. A secretaria de patentes do país já declarou que não pretende permitir que sejam concedidas patentes sobre seres humanos, referindo-se a emendas constitucionais relacionadas à escravidão que proíbem a propriedade de seres humanos. Mas a secretaria não deixou claro como pretende fazer uma distinção entre células humanas e seres humanos. Cientistas, universidades e empresas poderão chegar, por fim, a ter o poder de projetar a composição genética de um feto. Será que conseguirão patentear o DNA que lhes permite conferir certas características à criança? [*New Scientist* 12/01/1991; ênfase minha]

Os antropólogos observaram que o que faz essas células humanas serem objeto de propriedade é seu estatuto híbrido – híbrido no sentido de Latour. Por ser uma parte identificável do DNA, a sequência do gene pode ser simultaneamente vista como cultural e natural. Não é possível separar as células da técnica. O inventor adquire direitos somente *sobre o híbrido*, isto é, a sequência de DNA que isolou, pois a "invenção" consiste na maneira como *se acrescentou* cultura à natureza.

As instituições modernas sempre consideraram que as pessoas têm componentes disponíveis à inventividade dos outros, principalmente o trabalho, passível de ser comprado e vendido como mercadoria. Da mesma forma que a pessoa euro-americana já existe como um híbrido – sendo de uma só vez um organismo vivo biológico e alguém que leva em si mesmo a cultura e a sociedade –, suas energias podem ser distribuídas entre a criatividade que é indício de sua própria vida humana e a criatividade que pode ser apropriada no mercado. O capital utiliza o trabalho para atender seus objetivos, de uma maneira que não é possível para o proprietário original. Do mesmo modo, se o tipo de conhecimento que a ciência adquire do mundo natural por meio da sua criatividade é reconhecido por uma patente, é porque são criados novos contextos e usos que transformam o item original em outra coisa. As patentes são reivindicações de invenções, ou seja, de expressões concretas de uma inventividade que outros tecnicamente poderiam – se não estivessem proibidos de fazê-lo – utilizar como invenções. Daí o fato de a pessoa de quem provêm as células genéticas modificadas não poder reivindicar a "propriedade" do DNA produzido em laboratório.

A ideia de que qualquer invenção/descoberta só se viabiliza por conta de todo o campo de conhecimento que define a comunidade científica configura uma objeção à ideia de as empresas solicitarem o registro de certas patentes na medicina genética. Isso faz com que longas redes sejam truncadas pelo patenteamento: enquanto quarenta nomes assinam um artigo científico, seis nomes solicitam o registro de uma patente.[19] Desse modo, é muito importante saber sobre que extensão da rede os direitos de propriedade podem ser exercidos. A hepatite C ficou sob investigação por doze anos antes de o vírus ser isolado. Eis o que declarou o conselho de patenteamento da empresa que desenvolveu o teste: "Não afirmamos ter feito toda a pesquisa, mas fizemos a pesquisa que resolveu o problema" (*The Independent* 1º/12/1994). A longa rede que antes sustentava o conhecimento foi reduzida abruptamente.

## Conclusão

Existem vários contextos de criatividade nas sociedades da Papua-Nova Guiné. A execução de um trabalho é uma coisa; o papel da inteligência na invenção é outra (cf. A. Strathern 1994a). Este capítulo abordou a criatividade do corpo na produção de pessoas, levando em conta o que ele sugere em relação ao comprimento das redes.

Se o que faz com que os modernos valorizem tanto a inventividade (cultura) é o entrelaçamento entre natureza e cultura, é pos-

---

19. Pertinente ao câncer de mama (caso citado na BBC Radio 4).

sível dizer que eles se veem como a natureza acrescida de cultura. As pessoas incorporam a capacidade de invenção. O único fator que limita a inventividade, por assim dizer, é a capacidade tecnológica de concretizá-la. A natureza híbrida da pessoa melanésia leva a um efeito social bastante diferente. Contra Latour, podemos observar que os povos (melanésios) têm uma capacidade ilimitada de inventar, inovar e desenvolver o que imaginam para si mesmos ou emprestam dos outros. Com ele, podemos concordar que a extensão das redes é um fator limitante. Precisamos, entretanto, entender a natureza desse limite.

A limitação não é exatamente quantitativa – pois qualquer entidade ou artefato é infinitamente divisível –, mas qualitativa. Uma vez que as *relações sociais* são mensuráveis, as redes também podem ser. As pessoas são os produtos das redes – misturas híbridas de dívidas, terras e riquezas – que demarcam os tipos de reivindicação que fazem em relação às outras pessoas. Por isso, a inventividade pessoal está menos sujeita ao controle dos outros do que a extensão ou escala das reivindicações das pessoas. Isso vale tanto para os casos das obrigações junto aos antepassados, as dívidas contraídas com afins, as regras que separam metades que se casam entre si, como para a compulsão com que cada presente exige ser trocado por outros presentes. As pessoas estão sujeitas a relações distributivas que motivam reivindicações com base na capacidade de representar os efeitos da criatividade em uma forma corpórea. (Os esforços do criador, incluindo a criação [*nurture*], são concretizados no corpo daqueles que são criados por ele.) Em princípio, é possível conhecer a extensão dessas reivindicações com antecedência por meio dos protocolos dos pagamentos compensatórios.

Há uma razão pela qual apresentei a linguagem da propriedade.[20] A política cultural do fim do século XX faz com que seja impossível separar questões de identidade de reivindicações pela propriedade de recursos. Trata-se de um campo com o qual os an-

---

20. Além do fato de que interpretações recentes da etnografia da Melanésia têm defendido que a posse é uma condição natural, a crítica de Battaglia (1994: 640) inclui alguns comentários pertinentes sobre a ideia de propriedade. Para se familiarizar com esclarecimentos importantes acerca da maneira como pessoas reconhecem suas fontes em outras pessoas, ver Errington e Gewertz (1987).

tropólogos melanesistas têm familiaridade há muito tempo. Os antropólogos têm se mostrado sensíveis às implicações da propriedade no que diz respeito aos direitos sobre a terra, às explorações subterrâneas ou à pesca realizada junto aos recifes. Isso se estende à propriedade de direitos sobre personagens e identidades, cujos nomes certos grupos de parentes afirmam ser seus, ou sobre conhecimentos clandestinos que constituem prerrogativas rituais. No entanto, de modo geral, os antropólogos que trabalharam na Oceania não tiveram de lidar com a propriedade das pessoas, em relação, por exemplo, ao trabalho infantil ou a formas de servidão que sugerem comparações com a escravidão, nem mesmo com expressões de propriedade que caracterizam determinados sistemas de autoridade africanos. Pelo contrário, além da questão do debate sobre a exploração do trabalho, a "propriedade" dos direitos sobre as pessoas tende a vir à tona no contexto de reivindicações do dote da noiva e outras prestações referentes à vida. O fato de que alguém reconhece suas fontes em outras pessoas já dá conta da criatividade. Essas outras pessoas tanto criam o híbrido como garantem que o híbrido, como tal, não possa ser objeto de propriedade. As redes de compensação que mantêm esses interesses vivos, as relações que sustentam a durabilidade desse ponto de vista, podem ser mais importantes do que pensamos. Em contrapartida, é estranho que a secretaria de patentes dos Estados Unidos *tenha de frisar* que os seres humanos não podem ser patenteados. É plausível até mesmo que se prefira viver em um mundo onde essas reivindicações sobre as pessoas já tenham sido esclarecidas e tenham acarretado obrigações, como o antropólogo pode de fato pensar a respeito dos pagamentos referentes à vida que caracterizam os sistemas de troca na Papua-Nova Guiné. Os *wantok* não exemplificam apenas os costumes, mas também pessoas divididas, distribuídas entre muitas sem pertencerem a ninguém.

Devemos aqui distinguir os híbridos das redes. As redes melanésias de relações são, por assim dizer, formadas por pessoas literalmente definidas em toda a sua extensão, medidas por suas numerosas relações, cada segmento tendo também sua própria medida; a pessoa híbrida é o produto figurativo e condensado dessas relações, um compósito cujos segmentos não são passíveis de propriedade. Ora, o fato de não terem uma medida preexistente se deve tanto à força como à fragilidade das redes imaginadas por

Latour. Aparentemente ilimitadas, elas podem ser imaginadas sem que ninguém tenha de decidir que segmento pertence a quem, ou mesmo se alguém pode ter a propriedade de alguma parte da rede. Se o modelo de Latour corresponde aos tipos de cadeia evidentes na forma como os euro-americanos reconhecem seus próprios artefatos independentemente do circuito que os sustenta – assim como na criação do teste da hepatite C –, essas redes correspondem então a cadeias passíveis, assim como a natureza, de apropriação. Seria possível reivindicar produtos híbridos a qualquer momento, por assim dizer. E quando se reivindica a propriedade sobre os híbridos, os segmentos das redes são cortados para que essa reivindicação se sustente.

Atualmente, ninguém reivindicaria a propriedade de uma ideia ou artefato em razão de uma identidade única; o antropólogo social, no entanto, também não pode se refugiar na ideia de híbridos, redes e culturas inventadas, pois ela não indica, por conta própria, uma moralidade simétrica e partilhada. Esta tampouco é a plataforma resistente e transgressora que pode aparentar ser – nem a assembleia revitalizada ou o "parlamento das coisas" que Latour se sente à vontade para imaginar –, pois nem uma natureza mista nem um caráter impuro garantem imunidade à apropriação. Pelo contrário, as novas modernidades inventaram novos projetos que previnem elucubrações desse tipo. Hoje podemos facilmente imaginar monopólios sobre híbridos, assim como reivindicações de propriedade sobre segmentos de rede.

*Tradução Jamille Pinheiro*

# 11. O EFEITO ETNOGRÁFICO

## PARTE I

Se no final do século XX uma pessoa buscasse inventar um método de investigação por meio do qual se apreendesse a complexidade da vida social, talvez desejasse inventar algo parecido com a prática etnográfica do antropólogo social.[1]

Essa prática ocorreu sempre em dois lugares, tanto naquilo que, já há um século, chamamos tradicionalmente de "campo" como no gabinete, na escrivaninha ou no próprio colo. Nos anos 1990, raramente era necessário acrescentar que não importa onde se localiza geograficamente o "campo" do(a) pesquisador(a) de campo, nem a quantos lugares ele se estende, e nem mesmo se esses lugares podem ser acessados por meio de um computador portátil. De fato, o tempo, mais que o espaço, se tornou o eixo principal de isolamento ou separação. Considero relevante que o momento etnográfico seja um momento de imersão; mas é um momento de imersão ao mesmo tempo total e parcial, uma atividade totalizante que não é a única em que a pessoa está envolvida.

Na medida em que os locais em que atua o(a) etnógrafo(a) podem ser vistos como alternantes, cada um deles oferece uma pers-

---

1. Este texto foi publicado originalmente como o capítulo 1 ("The Ethnographic Effect I", aqui "parte I") e a conclusão ("The Ethnographic Effect II", aqui "parte II") do livro *Property, Substance and Effect – Anthropological Essays on Persons and Things*, uma coletânea de textos de Marilyn Strathern de 1999, reunindo parte de sua produção dos anos 1990. Os capítulos 10 e 14 deste livro também foram publicados nesse volume. [N. E.]

pectiva sobre o outro. Um dos elementos que torna o trabalho de campo desafiador é ele ser realizado tendo em mente uma atividade muito diferente: a escrita. E o fato de o estudo que se segue acabar sendo muito mais do que uma questão de escrevê-lo o torna igualmente desafiador – pois, como descobre o pesquisador, a escrita só funciona se ela for uma recriação imaginativa de alguns dos efeitos da própria pesquisa de campo. Enquanto um aspirante a autor constata que sua descrição vai se abarrotando de palavras de outros autores, de volta para casa o(a) pesquisador(a) de campo vê seus companheiros se sentarem lado a lado com uma sociedade de pessoas inteiramente outra. Ao mesmo tempo, as ideias e as narrativas que conferiam sentido à experiência de campo cotidiana têm de ser rearranjadas para fazer sentido no contexto dos argumentos e das análises dirigidos a outro público. Em vez de ser uma atividade derivada ou residual, como se pode pensar de um relatório ou reportagem, a escrita etnográfica cria um segundo campo. A relação entre esses dois campos, portanto, pode ser descrita como "complexa", no sentido de que cada um deles constitui uma ordem de envolvimento que habita ou toca parcialmente, mas não abrange a outra. Na verdade, cada um dos campos parece girar em sua própria órbita. Cada ponto de envolvimento constitui, assim, um reposicionamento ou reordenação de elementos localizados em um campo totalmente separado de atividade e observação, e o sentido de perda ou de incompletude que acompanha isso, a compreensão de que nenhum deles jamais estará em conformidade com o outro, é uma experiência antropológica comum. Assim, torna-se uma espécie de premonição talvez levar a perda consigo. Os membros da Expedição Antropológica de Cambridge de 1898 ao estreito de Torres levavam com eles um grande sentido de perda, embora de seu ponto de vista os melanésios é que estavam sofrendo perdas, perdas populacionais e perdas culturais. Eles certamente estavam ansiosos por registrar, da forma mais completa possível, atividades que acreditavam estar fadadas a minguar. Seu organizador, Alfred Haddon, leva o crédito por emprestar da história natural a própria expressão "trabalho de campo".

Certo tipo de complexidade reside, portanto, na relação entre os campos duplicados da etnografia: cada um deles cria o outro, mas tem também sua própria dinâmica ou trajetória. O(a) etnógrafo(a) de campo muitas vezes aprende o efeito da trajetória do modo mais difícil. Aquilo que em casa fazia sentido como projeto de pesquisa em campo pode perder força motivadora; assumem o comando as preocupações das pessoas aqui e agora. E, no entanto, por diversos motivos, elas não podem assumir o comando completamente. O(a) pesquisador(a) de campo tem de administrar, e portanto habitar os dois campos ao mesmo tempo: recordar as condições teóricas sob as quais a pesquisa foi proposta, e com isso a razão de estar ali, cedendo ao mesmo tempo ao fluxo de eventos e às ideias que se apresentam. "Voltar do campo" significa inverter essas orientações.

Tudo isso é muito familiar aos antropólogos sociais, como também o é o escrutínio crítico da prática. Algumas das implicações de se deslocar entre campos têm sido tematizadas num debate inflamado na última década, se não há mais tempo, que tratou da política da escrita antropológica e especificamente das apresentações literárias da experiência de campo. Os antropólogos sociais se tornaram sensíveis à imagem do movimento, tanto porque ele imita o tipo de viagem muitas vezes, embora não invariavelmente, implicado no trabalho de campo e no retorno, como por suas conotações politicamente inquietantes de intrusão e das liberdades tomadas às custas de outras pessoas. Por outro lado, o fato de a viagem intelectual tradicionalmente exigir imersão total se tornou lugar-comum ou motivo de vergonha. Apesar disso, é em contraste com a expectativa do viajante pela novidade que a imersão fornece o que muitas vezes não foi procurado: justamente a *facilidade, e portanto um método* para "encontrar" o que não foi procurado. Isso deve ser de grande interesse para os estudiosos dos fenômenos complexos.

## Imprevisibilidade

A justaposição de diferentes ordens de fenômenos, a vinculação de trajetórias, como ocorre entre a observação e a análise, contribui para uma complexidade similar à esboçada por Lévi-Strauss na ideia de estruturas complexas de parentesco (ao contrário de outras formas de arranjos abrangentes que concatenam o parentesco ao casamento, as estruturas complexas definem os consanguíneos, mas deixam a definição de quem deve se casar com quem em aberto para critérios completamente diferentes). Essas estruturas contêm diferentes ordens ou dimensões de existência, e qualquer conjunto de arranjos humanos pode, nesse sentido, ser visto como complexo. Justapor diferentes ordens de dados como parte desse modo aberto de coletar e analisar a informação apenas torna o caso do método etnográfico mais visível. Quando se considera que as diferentes partes do sistema social têm trajetórias próprias, vê-se que o sistema vai mudar ao longo do tempo de maneira desigual e imprevisível. Temos aqui outra conotação do termo "complexidade". No mesmo período em que a antropologia social enfrentou os efeitos "complexos" da escrita sobre o conhecimento de novas percepções da relação entre a escrita e o trabalho de campo, ideias de fora da antropologia sobre sistemas complexos – derivadas antes de mais nada da matemática, da biologia e das ciências sociais – foram aplicadas ao estudo das organizações humanas. Uma consequência significativa desse fato no contexto atual é que se renova o persistente desafio à própria ideia de coleta de dados.

## O momento etnográfico

Ora, de vários pontos de vista, a ideia da coleta de dados se tornou suspeita – tanto a coleta (por suas conotações políticas) como os dados (por suas conotações epistemológicas). A primeira parece se apropriar das posses das pessoas, enquanto a segunda mistifica o efeito social como fato. Na verdade, esse par de termos contém ressonâncias colonizantes que não necessariamente se quer deixar de lado; as críticas fazem um trabalho importante ao utilizar os pontos de vista euro-americanos sobre o que é apropriado nas relações entre as pessoas no que diz respeito às coisas (isto é, as relações de propriedade). No entanto, não são esses os desafios que tenho em mente. O desafio aqui se refere, antes, à definição de que amplitude de informação se pode desejar. Num mundo que se pensa como impulsionado pela informação, há sempre dados de mais e de menos, pois onde parece haver cada vez mais dados em circulação, e em múltiplos formatos, é preciso fazer, ainda uma vez e repetidamente, velhas perguntas sobre procedência. Estas podem se transformar em perguntas sobre autoria ou propriedade, ou sobre formas de posse ou de vinculação que não necessariamente implicam a propriedade, como no caso do controle sobre quem pode dispor de embriões fecundados *in vitro*. Certamente existem problemas no que se refere a distribuição e acesso. Existem também, e bem separadas disso, as questões em torno da responsabilidade. Assumir a responsabilidade pela circulação de dados já os transforma em informação (sobre sua procedência) para seus usuários, o que leva à questão do conteúdo. Deve-se também assumir a responsabilidade pelo objeto de estudo, o que, no caso dos antropólogos, consiste em elucidar e descrever os contornos da vida social. Mais que isso, a antropologia social está comprometida com determinado ponto de vista, segundo o qual a vida social é complexa: ela é um fenômeno relacional e, sendo essa sua natureza, não pode ser reduzida a princípios ou axiomas elementares. Essa sempre foi uma problemática no ato da descrição. O desafio se coloca, de fato, no que diz respeito à amplitude de informação desejada, e se renova nos desafios colocados pelas novas percepções sobre a complexidade.

Toda organização social pode ser pensada como um sistema complexo em evolução, na medida em que gera comportamentos imprevisíveis, não lineares e capazes de produzir resultados múltiplos. Por conta da sobreposição e concatenação dos múltiplos fatores que agem uns sobre os outros, os sistemas demonstram, em geral, sensibilidade a suas condições iniciais. Os eventos não se desenrolam regularmente, e pequenas mudanças podem produzir grandes resultados de modo imprevisível. Se traduzirmos isso na necessidade de gerar informação (sobre os resultados), teremos que as condições podem ser desconsideradas por serem pequenas demais, ou simplesmente por não serem reconhecidas como condições iniciais. O desafio é evidente: como fazer um arrazoado que tenha como ponto de partida um evento imprevisto, um resultado imprevisível, remontando às circunstâncias de seu desenvolvimento?

Embora os modelos de sistemas complexos tenham interesse para práticas administrativas, que têm de ser capazes de prever resultados, ou para formas de buscar a inovação num arcabouço institucional, eles também têm um interesse óbvio para o estudo de mudanças sociais ou da evolução do comportamento humano. No entanto, observar a inovação ou o desenvolvimento confere uma dinâmica secundária e supérflua à atividade principal de descrever os processos sociais: a própria atividade de descrição tem um dinamismo intrínseco. Quando se trata de construir *conhecimento* sobre qualquer sistema de organização complexo, com seus resultados diversos, são as condições iniciais que emergem como imprevisíveis – elas são imprevisíveis do ponto de vista do observador ou de quem quer que se empenhe em descrever os processos sociais em questão. Afinal, o que deve ser levado em conta é o que foi negligenciado. O investigador não conhece de saída toda a série de fatores relevantes na análise final, nem, de fato, toda a série de análises relevantes para a compreensão do material que já ocupa suas notas e textos.

Uma estratégia das ciências sociais é a seleção deliberada por meio do pareamento entre métodos específicos e a expectativa de tipos específicos de dados, mas, uma vez que as influências e os efeitos de determinados fatores iniciais são imprevisíveis, ou apenas entram em operação mais tarde, quando emergem outras condições, como incorporar esses fatores deliberadamente? Uma resposta é que sempre podemos tentar trabalhar com nossas arqueologias de trás para a frente. Temos mais à mão, contudo, o quebra-cabeça oferecido pelo trabalho de campo realizado num período isolado de tempo. Não foi sempre um problema buscar a abrangência, guardando materiais que não podem ser tratados num determinado momento, e muito menos especificados de antemão, mas que podem muito bem ser úteis mais tarde? Se o método etnográfico do antropólogo e suas estratégias de imersão não existissem, poderíamos ter de inventá-los. Como veremos, a imersão é, em si, um fenômeno complexo.

É significativo que a imersão em campo se repita no estudo subsequente, longe do campo. Os etnógrafos se colocam a tarefa de não só compreender o efeito de certas práticas e artefatos na vida das pessoas, mas também recriar alguns desses efeitos no contexto da escrita sobre eles. É claro que a análise (a "escrita") começa "em campo", assim como os anfitriões do(a) etnógrafo(a) continuam a exercer, muito depois, uma tração sobre a direção de suas energias. Ora, a divisão entre os dois campos cria dois tipos de relação (inter-relacionados). Um deles é a consciência aguda da tração exercida por trilhas divergentes de conhecimento, e o antropólogo pode considerar que uma dessas trajetórias pertence à observação e a outra, à análise; o outro é o efeito de envolver juntamente os dois campos, o que podemos chamar de *momento etnográfico*. O momento etnográfico é uma relação, assim como um signo linguístico pode ser pensado como uma relação (ao juntar significante e significado). Poderíamos dizer que o momento etnográfico funciona como exemplo de uma relação que junta o que é entendido (que é analisado no momento da observação) à necessidade de entender (o que é observado no momento da análise). É claro que a relação entre o que já foi apreendido e o que parece exigir apreensão é infinitamente regressiva, isto é, ela desliza por todos os tipos de escala (e, mesmo na escala mais mínima, a observação e a análise contêm, em cada uma delas, a relação entre as duas). Todo momento etnográfico, que é um momento de conhecimento ou de discernimento, denota uma relação entre a imersão e o movimento.[2]

Não posso evitar uma nota pessoal sobre um entendimento particular do meu primeiro trabalho de campo, entre os Hagen das terras altas da Papua-Nova Guiné. Não me refiro aos produtos do discurso, ao intercâmbio dialógico ou à autoria mútua, por mais importantes que eles possam se tornar, seja para as relações com as pessoas, seja para a escrita antropológica. Tampouco me refiro ao leitor por cima de meus ombros, isto é, ao fato de que, embora eu possa pensar que estou organizando minha descrição das coisas que os Hagen faziam, eles também estão organizando minha escrita dessa descrição. Quero, em vez disso, encontrar um modo de reconhecer o fato de que minha atenção foi petrificada em certos momentos (etnográficos) dos quais nunca pude – ou nunca quis – me livrar.

---

2. Este não é, em si, um simples movimento entre "níveis"; os dois elementos são homólogos. Compare-se à análise de Annelise Riles (manusc. b) de certo tipo de documento (inspirado por ONGs), em que a linguagem do documento gradualmente sela as negociações concretas que produzem cada frase, até que todo o material entre parênteses (debatido) desaparece. Ela escreve: "A forma fixa e autocontida da análise de negociações internacionais priva o observador e o leitor acadêmicos da viagem etnográfica familiarizada através das transformações do significado, das apreensões concretas de fatos à análise abstrata". Uma apresentação desfamiliarizada como a que busco aqui pode levar um aspecto da antropologia acadêmica para mais perto do que se poderia esperar da estética que ela descreve. Pois a elegante expressão de Riles, "uma figura vista duas vezes", encapsula o momento etnográfico. Tanto a observação como a análise, tanto a imersão como o movimento podem parecer ocupar todo o campo de atenção. O que faz o momento etnográfico é o modo como se aprende que essas atividades ocupam o mesmo espaço (conceitual).

## Ser deslumbrado

O movimento entre os campos é apenas parte da flexibilidade do método etnográfico – o paradoxo é que há certa flexibilidade também no estado de imersão, tanto na natureza totalizante como na natureza parcial do comprometimento. Ao se render às preocupações dos outros, o(a) pesquisador(a) de campo entra em relação com pessoas para as quais não há imaginação ou especulação suficientes que sirvam de preparação prévia. Não se trata apenas de o trabalho de campo, ou a escrita que a ele se refere, ser cheio de surpresas, mas há nesse(s) duplo(s) campo(s) um aspecto do método que é crucial para o trabalho de campo. Para comentar um aspecto óbvio disso: as pessoas são mais que entrevistados que respondem a perguntas; são informantes no sentido mais completo do termo, pois têm controle sobre a informação que oferecem. Digo isso no sentido de que o(a) etnógrafo(a) é muitas vezes levado a receber as respostas como informação, isto é, como dados que se tornaram significativos, ao colocá-los no contexto do conhecimento mais geral sobre a vida e a situação dessas pessoas e, com isso, no contexto de sua produção. O que, por sua vez, encoraja e até força o(a) etnógrafo(a) a assumir a posição de coletar dados que ainda não são informação e cuja relevância para qualquer coisa, portanto, pode não ser de modo algum imediatamente óbvia.

Haddon e seus colegas trabalharam no estreito de Torres sob o preceito de reunir o máximo possível de material. O sentido de urgência que o acompanhava devia-se em parte à sua visita como biólogo marinho, sozinho, dez anos antes. Haddon não havia sido preparado para o impacto que os ilhéus tiveram sobre ele, e voltara com todo tipo de observação sobre o que vira como sendo efeito do governo colonial sobre eles.

Mas como pode o imperativo de reunir material se sustentar além da reação inicial de salvamento, diante do que pareciam então, cem anos atrás, ser culturas em via de desaparição e sociedades que se desintegravam (e sabemos hoje que elas se recusaram a desaparecer)?[3] Coletar dados antes que eles se tornassem informação tinha de se tornar, por si só, algo interessante a fazer. Aqui,

---

3. Valho-me aqui das pesquisas de Jude Philp sobre o estreito de Torres e de Sandra Rouse sobre Haddon; ver também Herle & Rouse (1998).

a prática reflexiva (a "escrita") tinha seu papel. Uma das motivações que estimulou boa parte da antropologia social britânica do século xx foi conhecida pelo atalho analítico de "holismo", que tinha múltiplas referências – trazendo toda e qualquer coisa interessante ao foco da investigação, independentemente da escala; enraizando-se na suposição de que as sociedades e as culturas tinham uma coerência interna, de modo que no final tudo se conectaria; desenvolvendo-se numa teoria das inter-relações funcionais dos fenômenos sociais, ao menos de modo que diferentes partes dos dados pudessem servir como contexto para entender outras partes; e manifestando essa coerência e interconexão num arsenal de construtos como "organização", "ordem", "estrutura" e "padrão". Pouco importa que comentadores tardios tenham argumentado que a coerência era em grande medida um artefato da própria escrita antropológica, que todas as metáforas da ordem social deram lugar a metáforas processuais e que a estrutura, a coerência e a interconexão passaram a ser consideradas instrumentos retóricos suspeitos. O holismo foi um projeto que imaginou um campo social abrangente, em que todo aspecto da vida social contribuiria, por mais aparentemente "pequeno" que fosse. Esse projeto também imaginou que toda informação pode ser relevante para uma descrição mais ampla. Como axioma metodológico para o trabalho de campo, queria dizer, portanto, que uma descrição maior estava sempre, e necessariamente, esperando futura elucidação. Tornou-se uma questão insignificante se tal abrangência seria ou não atingível.

Afinal, é evidente que não fazia sentido imaginar que se podia reunir tudo: os itens de conhecimento se multiplicam e se dividem sob nossos próprios olhos. Então, o empreendimento da antropologia de campo modesta e escandalosamente endossava a possibilidade de reunir *qualquer coisa*. Talvez isso levasse o(a) pesquisador(a) de campo a se resignar a seguir nas direções às quais seus anfitriões o guiassem – permitia ao menos a curiosidade e seguir caminhos que de início simplesmente não tinham como entrar no mapa.

De minha parte, jamais esquecerei minha primeira visão das conchas amontoadas no monte Hagen, em 1964, pesando sobre as placas de resina penduradas como porcos numa vara e carregadas por dois homens que caminhavam apressados por causa do peso;

O efeito etnográfico **319**

era algum tipo de dádiva. Vi isso apenas de relance, pois os homens praticamente corriam e seu caminho estava quase fora do meu campo de visão, mas faz parte de um conjunto de imagens que desde então me hipnotizam. Nos primeiros dias, o tempo se dividia entre andar no meio de roças, tentar ter uma ideia do padrão de assentamento, fazer genealogias rudimentares e apreender o sentido das relações entre os grupos políticos (os clãs e, como na época ainda dizia a literatura emergente sobre as terras altas, as tribos). A proposta original de investigar o efeito da ordem dos irmãos no processo de comercialização dos produtos agrícolas, estimulada por relatos recentes das atividades de empreendedorismo nas terras altas, ficou em suspenso. Talvez hoje minha orientadora, Esther Goody, gostasse de ver que, embora a questão do ordenamento dos irmãos não tenha se mostrado muito interessante, o efeito da agricultura comercial e das relações de propriedade que ela havia introduzido com certeza era – embora tenha levado trinta anos até que eu voltasse a esse problema, através da mesma exposição visual que me tirou do caminho.

Era impossível antecipar o papel que as prestações assumiriam em meu entendimento da vida social das terras altas da Papua-Nova Guiné, como também era impossível antecipar a significância que eu atribuiria à dimensão do gênero nesse evento (nunca se veriam mulheres carregando conchas daquele jeito). Não saber o que se vai descobrir é, evidentemente, uma verdade da descoberta. Mas tampouco se sabe o que em retrospecto vai se mostrar significativo, pelo fato de que a significância é adquirida na escrita posterior, na composição da etnografia como uma descrição feita depois do evento.

O exercício da pesquisa de campo é, portanto, antecipatório, na medida em que é aberto ao que virá depois. No meio-tempo, o aspirante a etnógrafo reúne material cujo uso não pode ser previsto, fatos e questões coletados com pouco conhecimento de suas conexões. O resultado é um "campo" de informação ao qual é possível retornar, do ponto de vista intelectual, para fazer novas perguntas sobre desenvolvimentos posteriores cuja trajetória de início não era evidente. Estes podem se dar na compreensão do antropólogo, sendo gerados pelo processo da escrita, ou podem ser mudanças sociais e históricas na vida social que está sendo estudada. Um modo de garantir que ao menos alguns recursos ficarão à mão se apoia num velho axioma, ligado ao preceito do holismo, de que os dados têm de ser coletados "por terem valor em si mesmos". E uma maneira de o(a) pesquisador(a) de campo fazer isso é se comprometer com as relações sociais que as pessoas desejam estabelecer com ele(ela) – pois, se assim desejarem, o(a) pesquisador(a) de campo se torna parte dessas relações. Imaginar que isso pode ou deve ser realizado para coligir dados melhores é pensar de trás para a frente. As relações devem ser valorizadas em si mesmas; qualquer informação resultante é um produto residual e muitas vezes inicialmente desconhecido. É isso que imersão quer dizer.

Espera-se que o(a) etnógrafo(a) reúna bastante informação tendo em mente intenções específicas. Ao mesmo tempo, contudo, saber que não é possível saber de modo completo o que será pertinente às reorganizações posteriores do material exigidas no processo de escrita pode ter um efeito próprio, como o de criar uma expectativa de surpresa; busca-se o que é mais refratário, as pequenas revelações. A expectativa de surpresa reaparece no texto etnográfico como um tipo diferente de revelação. Os modos diversos como os antropólogos "atribuem sentido" a materiais bizarros, ou situam os eventos num contexto mais amplo, ou revelam uma ideologia, ou demonstram – o que por algum tempo foi uma preocupação analítica – a existência de uma relação entre o real e o ideal a ser explorada: todos esses são movimentos analíticos que transmitem o efeito de surpresa. Como já se notou muitas vezes, o material é administrado de modo a separar o menos evidente do mais evidente e, assim, destacar o trabalho de elucidação. Às vezes se pressupõe que o antropólogo afirma saber "mais" que aqueles com quem trabalha, embora nenhum dos praticantes da pesquisa de campo que conheço jamais tenha se expressado dessa forma. Mas dissimular isso, dizendo que, na verdade, o antropólogo sabe de modo diferente, a meu ver, deixa passar um ponto importante. O antropólogo também está tentando saber do *mesmo* modo – isto é, recuperar algo da antecipação do trabalho de campo, algo das revelações vindas de relações pessoais ali estabelecidas, talvez até algumas das surpresas que as pessoas reservam para trocarem entre si.

De fato, há uma forma de conhecimento revelatório contida nas antinomias pelas quais tem procedido boa parte da antropologia na segunda metade do século XX: a norma e o desvio, a ideologia e a prática, o sistema e o agente, a representação e a evocação. Cada uma delas cria a possibilidade de escapar da outra e, assim, conta com que sua trajetória esteja amarrada a outra em certo ponto, de modo a enfatizar sua própria trajetória de voo. Sua contrapartida permanece oculta (pela metade). A expectativa da surpresa fica ainda mais rotineira no provérbio que diz que quando alguém nunca se contenta com o q7ue está na superfície, olha por trás ou por baixo, ou busca ver além do óbvio.

Talvez, então, seja para conservar algo do efeito original de surpresa que os etnógrafos estão sendo levados às arenas da vida social onde as pessoas parecem refletir sobre suas práticas e muitas vezes parecem "revelar" a si mesmas fatos sobre si mesmas que nem sempre aparecem de modo imediato. Isso pode levar a uma ênfase na interpretação de cerimônias e mitos, ou de outros materiais esotéricos, o que, por sua vez, suscita os problemas do conhecimento especial apontados de forma consistente e relevante por Maurice Bloch. Vale a pena notar, contudo, que o conhecimento especial inerente, digamos, às especialidades teológicas ou científicas nunca assumiu nas descrições antropológicas exatamente o lugar de materiais que parecem esotéricos *porque* exigem revelação (implorando interpretação imediata). Uma surpresa inicial se torna uma suspensão, um deslumbramento, e certos tipos de "conhecimento especial" se tornam mais propensos que outros a deslumbrar. É como se se estivesse no limiar do entendimento. Referia-me antes a ter ficado hipnotizada, e é ao efeito de deslumbramento de certas práticas revelatórias que me dedico aqui.

## Reificações

Por que há mais de três décadas as terras altas da Papua-Nova Guiné têm dominado as formas analíticas mais influentes na antropologia social da Melanésia? Embora essa saliência seja periodicamente contestada, substituir um ponto de vista regional por outro não parece ser uma solução para o problema. Podemos, em vez disso, falar dessa influência por meio de algumas das formas assumidas pelo conhecimento na região. Eu diria que tem havido uma fusão poderosa entre as práticas "expositivas" dos antropólogos e as práticas de "exibição" de certos habitantes das terras altas. Ambas têm efeitos revelatórios.

## Um comentário sobre práticas reguladoras

O impacto das exibições das terras altas em exposições antropológicas sobre as dinâmicas de grupo é bem conhecido. Os homens em geral, e os *big men* em particular, parecem organizar as pessoas em torno de si, do mesmo modo que o antropólogo gostaria de organizar sua descrição. No entanto, esse impacto é maior que a questão das formas sociais dominantes e a visibilidade pública dos negócios dos homens (em contraste com os das mulheres), que foram matéria de meticulosa atenção teórica. Penso que parte do fascínio reside no modo como o desenrolar dessas mesmas práticas imita o tipo de descoberta que os etnógrafos fazem por meio da análise; elas convidam a refletir sobre o que está oculto e encoberto nos atos de revelação. (Será em parte por causa desse mesmo convite que esses atos podem ser intitulados "cerimoniais" ou "rituais", como em "troca cerimonial" ou "rituais de iniciação"?) Tanto os homens como as mulheres das terras altas dão suas próprias respostas ao que pode ou não ser visto nos eventos cerimoniais e rituais. No entanto, quando o que está encoberto se mostra ao(à) etnógrafo(a), ele ou ela pode muito bem concluir, entre outras coisas, que está lidando com práticas de conhecimento e com os diferentes tipos de conhecimento que são apropriados em diferentes ocasiões. Assim, pode parecer que as pessoas estão administrando elas mesmas o que será conhecido, por quem e quando.

Para o antropólogo, esse conhecimento será distribuído entre o trabalho de observação (o que já foi entendido) e o trabalho de análise (o que exige entendimento). Creio estar falando não apenas por mim, embora sem dúvida esteja falando por mim. Vim a compreender[4] quão duradouro foi o efeito, sobre minha antropologia, de certas práticas hagen, entre as quais os gestos e as práticas das trocas cerimoniais por meio das quais os homens, como doadores e receptores, alternam suas perspectivas um sobre o outro. Revelam-se à plateia, na ocasião da troca, os signos das capacidades – as propriedades das pessoas e das coisas, a substância

---

4. E Alfred Gell enfatizou esse aspecto com muito mais força (e elegância) do que se encontra em meu trabalho (ver *infra*, p. 375, n. 44). Noto que se pode argumentar de maneira semelhante também no que se refere à linguagem, à exegese verbal e à retórica.

O efeito etnográfico **323**

do corpo e da mente – reivindicadas pelas pessoas; e se revela simultaneamente (a quem estiver prestando atenção) o fato já conhecido da origem dessas capacidades em outras pessoas.

Na época, isso era deslumbrante. A troca envolvia todo um nexo de atividades que incluíam a criação de uma vida pública, arranjos em torno da cessão e da recepção de itens de riqueza, assim como interações e performances visíveis, e acompanhava eventos críticos da vida como as ocasiões de transmissão da riqueza da noiva e os funerais, sintetizados no que veio a ser conhecido na bibliografia como trocas cerimoniais (*moka*), sobre as quais tanto escreveu Andrew Strathern. O efeito de deslumbramento (para mim) perdurou no trabalho analítico realizado mais tarde. O momento etnográfico, portanto, era necessariamente também um artefato da análise e da escrita. Era, em parte, um resultado desses eventos, criando o evento adicional de haver dimensões da vida bastante diferentes a ser reveladas. Assim, o que estava por ser revelado eram os processos de produção por trás dessas transações, a vida das mulheres que parecia encoberta pela vida pública dos homens, e as relações entre sexos diferentes que dispunham obliquamente essas relações de mesmo sexo.

Cada momento etnográfico pertencerá a um campo de momentos como esses e é, por sua vez, composto de outros. Ao descrever os Hagen em relação a outras sociedades e outros materiais, me vi voltar repetidamente a esse "momento" em particular, ao modo pelo qual doadores e receptores alternam suas perspectivas um sobre o outro, de modo a alavancar uma explicação não só do caráter dos Hagen, mas da socialidade melanésia. (O que começou com as performances dos homens não acabou ali, claro.) As conchas amontoadas que vi pela primeira vez quase sumindo na curva de uma colina, pois o caminho levava os homens para fora de meu campo de visão, ainda estavam em circulação geral quando a pesquisa antropológica começava nas terras altas da Papua-Nova Guiné. Nem sua ausência histórica desde então (as conchas saíram de circulação), nem a argumentação e a contra-argumentação teóricas parecem ter diminuído sua presença em meu trabalho. Pelo contrário, fui levada de volta a elas de tanto que reapareceram nestes ensaios. É como se tivessem sido convocadas pelo caráter das mudanças e dos desenvolvimentos – e não só na Papua-Nova Guiné – também tocados por esses textos.

## Conhecimento relacional

O argumento pode ser apresentado de outro modo. Deve ficar evidente que esse momento etnográfico específico se tornou para mim um paradigma, um ponto de passagem teórico que mobiliza problemas diversos: em suma, tornou-se uma categoria de conhecimento. O momento objetifica uma observação (a dádiva da riqueza) e a análise que a acompanha (a troca de perspectivas). Recuperando termos que receberam determinada ênfase analítica no contexto do material melanésio,[5] o objeto (de conhecimento) é aqui reificado. Com reificação pretendo apenas indicar a maneira pela qual entidades são tornadas objetos, quando se considera que assumem uma forma particular ("dádiva", "troca"). Essa forma, por sua vez, indica as propriedades pelas quais são conhecidas e, ao serem apresentadas como cognoscíveis ou apreensíveis por meio de tais propriedades, as entidades aparecem (no idioma euro-americano) como "coisas". E há um processo paralelo de objetificação no que precisei chamar, no contexto melanésio, de personificação. A noção euro-americana de humanizar entidades não humanas é um caso específico disso, que significa mais amplamente o modo pelo qual as entidades são tornadas objetos por meio das relações que as pessoas têm umas com as outras.

Esses termos derivam de uma elucidação anterior de materiais, que não é necessário repetir aqui (ver n. 5). É necessário, contudo, dizer algo mais sobre a reificação.

O foco na forma vem do que tem parecido ser um contraste útil entre os pressupostos euro-americanos sobre a naturalidade ou o caráter de "dado" das propriedades das coisas e o modo como os melanésios às vezes pensam a si mesmos como tendo de trabalhar para fazê-las aparecer com aspecto apropriado. Um clã de homens e mulheres só aparece como "clã", ou uma criança humana como

---

5. Em *O gênero da dádiva*, onde se pode encontrar uma descrição mais completa, e que fornece também as razões para o feitio que conferi às definições do parágrafo anterior. Eu não pretendia revisitar esse material de modo tão direto e preferiria, especialmente, ter deixado descansar a linguagem das "pessoas" e das "coisas". Contudo, a maneira pela qual diversas tecnologias e invenções entraram na imaginação euro-americana nos últimos anos sugere que ela pode exigir ser inteiramente rediscutida. Ver, por exemplo, o ensaio principal de Frow (1997).

"humana", em vez de espírito, se os contornos, as formas, estiverem certos. Antigamente, fazer a forma certa aparecer incluía ter de garantir um crescimento adequado – de pessoas, plantas, porcos, daí a aplicação ansiosa da magia como parte dos esforços das pessoas. Ora, os euro-americanos tomam as formas de muitas coisas de seu mundo como dadas. É quando se aplica sobre elas um esforço intelectual óbvio – como na decisão teórica sobre o que será considerado um clã, ou, hoje em dia, sobre quão humano é um embrião humano – que o papel do trabalho intelectual das pessoas (os euro-americanos) na construção de tais "coisas" se torna evidente para elas. Na academia, o trabalho intelectual tem um lugar especial, assim como o trabalho necessário para entender esse lugar e, consequentemente, a autoconsciência epistemológica sobre os modos de conhecer. Não devemos perder de vista, portanto, o fato de que o esforço de "conhecer" empenhado em fazer "aparecer" uma análise ou modelo do mundo numa descrição escrita é um processo que envolve reificação. E conta como curiosidade cultural o fato de a reificação ser, é claro, atacada frequentemente por suas propriedades – por ser um edifício de conhecimento e, portanto, de óbvio artifício.

Há na antropologia social muitas reificações já estabelecidas, e, portanto, convencionais, sendo as mais poderosas, nos últimos tempos, os conceitos de "cultura" e "sociedade". Essas coisas, que demonstram consistentemente não serem de modo algum coisas, ao mesmo tempo que se comportam sempre como se o fossem nos escritos das pessoas, condensam espectros inteiros de relações em imagens concretas. Apresentam-se, assim, como categorias (analíticas) de conhecimento: um universo de dados é, num só golpe, reunido nesses termos e é por eles organizado de modo a aparecer sob a forma de determinados tipos de informação, podendo-se, consequentemente, interrogar tais categorias e usá-las para interrogar outras categorias. Em quais momentos é apropriado, por exemplo, rotular eventos como sociais ou culturais? A questão, porém, não se restringe a essas categorias. Em geral, os modelos antropológicos organizam o conhecimento sobre os assuntos humanos tendo em vista relações sociais e as complexidades da vida social e do pensamento. Eles determinam os contornos do que pode ser reconhecido como relacional nas condutas das pessoas umas com as outras.

Esses contornos podem ser "vistos" em certas imagens recorrentes. Quando escrevo sobre a troca de perspectivas, por exemplo, tenho em mente a imagem de um homem hagen entregando um item (conchas, porcos, dinheiro) com a expectativa de que se faça uma dádiva de volta e, portanto, do contrafluxo contido no próprio gesto.[6] Há também meu entendimento de um evento como esse, mas a forma assumida por esse gesto é durável: ele me lembra que resta um momento a ser entendido, a despeito da análise prévia. O que reifico aqui, claro, é um entendimento sobre a socialidade, e especificamente sobre um conjunto de relações sociais muito singular, e bastante sensível às distinções de gênero. O que vejo no gesto, volto a ver nos próprios itens de riqueza. Essas dádivas tiveram ainda outro efeito sobre esta etnógrafa, o de incitação, pois eles pareciam incitar respostas nas pessoas que as viam. Eram geralmente entregues a receptores críticos e condenadores num contexto público, diante de uma plateia crítica e condenadora. O escrutínio da forma ressaltava que, *ipso facto*, uma forma só pode aparecer com suas propriedades apropriadas – ou então ela não aparece. Uma dádiva de retribuição não retribuirá caso haja muito poucos itens ou caso eles sejam pobres; o prestígio não emerge de uma exibição quando essa exibição fracassa. Tais entidades têm, nesse sentido, um efeito estético. E também nesse sentido elas detêm algo do estatuto dos "objetos de arte" na cultura euro-americana, no mínimo porque a questão sobre se um artefato é ou não considerado arte é um debate que trata precisamente do caráter apropriado da forma.

Ora, esse ato particular de reificação como artefato de observação/análise me inquieta, porque é também como desejo descrever esse gesto de uma perspectiva hagen. Seria um erro, no entanto, concluir rapidamente que para os Hagen as conchas e os porcos são essas reificações (coisas) por serem objetos. Em vez disso, eles se tornam objetos, no sentido de se tornar objeto de atenção ou do olhar das pessoas, ao serem compreendidos ou apreendidos como coisas. O fato de eu falar dessa maneira deve ser entendido em sua

---

6. Não é necessária nenhuma "entrega" literal, nem gesto algum das mãos que seja presenciado; de fato, o que visualizo são itens de valor e riqueza coletados ou enfileirados na expectativa de serem dados. O gestual corporal das coisas fica momentaneamente destacado de uma pessoa e destina-se a ser ligado a outra.

relação com o segundo modo de fazer objetos, que também nos oferece a entidade genérica hagen que é (por assim dizer) o objeto da objetificação: as relações sociais. Os objetos também podem ser compreendidos ou apreendidos como pessoas.

Os itens de riqueza (entre outras coisas dos Hagen) objetificam relações ao lhes dar a forma de coisas. Podem também objetificar relações ao fazer pessoas, quer dizer, ao fazer as posições a partir das quais as pessoas percebem umas às outras, pois esses itens as separam. É por meio da separação das pessoas umas das outras que se criam relações específicas, e é por meio das relações que elas são definidas umas em referência às outras. A relação entre doador e receptor é meu paradigma aqui, pois cada vez que um homem se distingue de seu parceiro – de modo a assegurar a transação – a relação entre eles se torna visível. Cada um deles age tendo em mente o outro. Note-se, no entanto, que as relações são assim personificadas na separação de pessoas na medida em que elas continuam desse modo a ter efeito umas sobre as outras. Esses efeitos também têm de ser transmitidos, e os itens de riqueza podem transmiti-los. Podemos agora voltar à reificação.

As relações fenecem ou florescem de acordo com as propriedades que se considera fluírem junto a elas. A *efetividade* das relações depende, assim, da forma como certos objetos aparecem. Pode-se dizer que são aptidões e poderes, isto é, relações, que são reificados, dotados de efeito, antecipando – ou comemorando – serem ativadas. Se as pessoas hagen pensassem tudo isso desse modo, elas poderiam se exprimir da seguinte maneira. Os itens de riqueza, as dádivas, não reificam a sociedade ou a cultura, que são objeto da análise antropológica das relações sociais; eles reificam capacidades contidas nas pessoas/relações. Baseiam-se, assim, na atividade, e a direção do fluxo indica a fonte imediata da agência.[7] Em suma, as relações sociais são tornadas manifestas através da ação.

---

7. Em outros trabalhos (por exemplo, M. Strathern 1988b: 272-73) considerei analiticamente útil separar as "pessoas" em "pessoas" pensadas como objetos aos olhos de outros e como "agentes" que agem. Cada um desses aspectos cria uma perspectiva da qual se pode ver o outro, e cada um deles é, consequentemente, uma figura vista de uma ou outra dessas perspectivas. A pessoa é revelada nas relações; o agente, nas ações. Como diz Gell em termos de agentes e pacientes, uma pessoa é um agente em potencial, e vice-versa.

Se esta etnógrafa foi mais minuciosa que o necessário nessas definições, é porque o deslumbramento do momento impõe a ela, ou para fora dela/de mim, certas conceitualizações que procuro manter constantes com esses termos. Os termos em si pertencem a um campo muito mais amplo do discurso – há outros usos antropológicos que se lhes sobrepõem.

Alfred Gell deu um exemplo maravilhoso disso. A frase "as relações sociais são tornadas manifestas por meio da ação" vem de seu livro *Art and Agency* (1998).[8] Quando Gell planejou delinear uma teoria antropológica da arte, era para essa teoria ser semelhante às outras existentes na antropologia social, isto é, ela (a teoria) teria como matéria o funcionamento das relações sociais. Não era para ser uma descrição da arte como representação, ou um tratado do significado cultural, ou o exercício de pôr as produções artísticas num "contexto social". Era para teorizar a arte como algo que opera no interior de um nexo de agência. O agente faz os eventos acontecerem. A arte, segundo ele, pode ser ator ou pode sofrer ação, ser agente ou paciente, num campo de agentes e pacientes que assumem formas diversas e têm efeitos diversos uns sobre os outros. Desse modo, no que concerne à eficácia sobre os outros, pode-se ver um objeto de arte do mesmo modo que se vê uma pessoa. Ele corporifica capacidades. Os euro-americanos frequentemente pensam a agência de modo inapropriado, como sendo personificada quando é aplicada a entidades inanimadas, mas isso porque ligam a agência à vontade ou à intenção. Gell, de modo magnífico, deixa tudo isso de lado. No que diz respeito aos efeitos das entidades umas sobre as outras, é a análise do efeito relacional que, em sua opinião, torna uma análise antropológica, "coisas" e "pessoas" podem ser copresenças num campo de atores dotados de efeito.

De sua perspectiva sobre a arte, Gell tem seu próprio arsenal de termos; além de "agente", que assinala a força efetiva de um ato, ele usa o termo "índice" de modo bastante similar ao modo como uso o termo "reificação" (uma coisa), e "paciente" se sobrepõe à minha "pessoa" como objeto (personificado) do olhar das pessoas. Evidentemente são os conceitos que importam, e não os termos

---

8. Agradeço calorosamente a Simeran Gell e a Nicholas Thomas por me deixarem ver o manuscrito desse livro. Ofereço aqui meus comentários à guisa de tributo a uma mente incomparável e incomparavelmente envolvente.

O efeito etnográfico **329**

em si. Embora aqui eu não persista muito nisso, a vantagem de seu vocabulário é que ele deixa livres dois outros construtos, coisa e pessoa, que de outro modo seriam problemáticos, por conta de sua apreensão fenomênica no sentido da linguagem cotidiana.

A agência social se manifesta e se realiza nos efeitos das ações. Um agente requer, assim, uma contraparte relacional, aquela que mostra o efeito da agência de um outro, daí o uso por Gell do termo "paciente". Ele defende que agentes e pacientes primários proliferam na forma secundária de artefatos. Os artefatos podem, em suas palavras, ser pessoas, coisas, animais. Isso interessa aos sociólogos da teoria do ator-rede (apresentada sucintamente no cap. 12) oriundos do ramo teórico bastante diferente dos estudos da ciência e da tecnologia. A teoria do ator-rede atenta para o modo como relações sociais, e sua manifestação autoempoderadora nas habilidades humanas, convocam as propriedades, e assim reconhecem a efetividade de artefatos e técnicas independentemente de estes serem (no sentido da linguagem comum euro-americana) pessoas, coisas, animais ou mesmo eventos.

A formulação de Gell também tem interesse para a análise das relações de propriedade. A propriedade entendida como relação é há muito um tema central da teorização antropológica, referindo-se ela ou não a teorias de política econômica e à persistente crítica nativa euro-americana de que as formas da propriedade contêm ou encobrem relações sociais. Na verdade, as relações de propriedade poderiam ter constituído um modelo secundário para a análise da arte feita por Gell. Assim como a "arte", a propriedade é uma forma cultural específica cujas contrapartidas em outros lugares podem ser demonstradas ou negadas pelos antropólogos sociais. (Eles podem ou considerar a propriedade como resposta a uma disposição humana inata à posse, ou considerar que ela emergiu sob condições sociais determinadas e localizadas.) Quando estão sendo euro-americanos, os antropólogos podem considerar que a arte e a propriedade se ligam a pessoas de modo razoavelmente comparável (mas não necessariamente similar). A arte já parece ser (tem a forma fenomênica do) trabalho de pessoas, de modo que os produtos desse trabalho aparecem como uma reificação de suas capacidades. Assim, a arte para os euro-americanos tem propriedades visuais ou acústicas, enquanto não há nada de necessariamente visual ou acústico na propriedade; onde as coisas já parecem existir no mundo, estabelecer a "propriedade" é uma questão de criar reivindicações pessoais sobre elas. Por trás da coisa, a análise poderá revelar relações sociais, por exemplo – na verdade especialmente – a natureza social da produção, seja como item manufaturado ou como parte do mundo natural tornada conhecida pelo esforço intelectual e rotinizada no entendimento da propriedade como pacote de direitos. Os direitos de propriedade aparecem como posses de pessoas e ao mesmo tempo separando, nesse ato, as pessoas umas das outras.

É claro que o desdobramento da compreensão é feito de momentos. Para os euro-americanos, a aplicação do conhecimento (a análise, a escrita de uma descrição explicativa) traz uma compreensão maior, recursiva, dessas entidades. Quando a coisa que se torna propriedade através das reivindicações feitas sobre ela passa a ser percebida como sendo antes de mais nada produto de relações sociais, essa percepção renovada pode ser ela mesma percebida como produto de esforço social, pois requer e constitui conhecimento. O conhecimento, por sua vez, pode ser matéria de direitos de propriedade, isto é, desde que assuma uma forma apropriada.

## A reificação das relações sociais

A linguagem pode trabalhar contra quem a usa. Um dos problemas da linguagem de extração euro-americana de que se valem os antropólogos para fazer os fenômenos aparecerem em suas descrições é que ela faz outras coisas, indesejadas, aparecerem também: há ressonâncias valorativas imiscuídas a muitos termos-chave do vocabulário analítico. Entende-se muitas vezes que a socialidade envolve a sociabilidade, a reciprocidade envolve o altruísmo e a relação, solidariedade, sem falar das ações econômicas entendidas como motivação economicista. Esses termos podem conter até mesmo conotações ofensivas, como acontece frequentemente com "objeto" e "objetificação".[9] Assim, pode-se considerar que a reificação torna as coisas abstratas, artificiais e

---

9. Miller (1987: parte 1), cuja introdução antropológica ao conceito de "objetificação", de extração hegeliana, nos é muito pertinente, elucida as origens dessas avaliações e exatamente o que se perde na análise crítica ao tratá-las de modo superficial.

despersonalizadas, e que a personificação é absurdamente fetichista ou mística. Quanto ao meu momento etnográfico, o gesto recapitulado e recursivo da troca, ele pode soar ou materialista demais, ou sentimental demais. O deslumbramento, por outro lado, tende a conotar a fascinação de um encantamento.

Para despir o efeito de deslumbramento de algumas de suas ressonâncias positivas, faço referência à inquietude de episódios difíceis de pensar. A caça de cabeças não parece nem mais nem menos bárbara que muitas outras atividades humanas; mas a imagem da criança-bruxa tem um efeito diferente (sobre mim), mais semelhante a alguns dos problemas morais levantados pelas intervenções euro-americanas na reprodução humana, e particularmente na disponibilidade técnica de opções que redundam na ideia de ser possível selecionar um filho buscando características específicas. Embora no caso da Papua-Nova Guiné tanto os homens como as mulheres cacem as bruxas, foram as ações da mãe que me fizeram hesitar. Esse caso se refere diretamente ao que as pessoas desejam tornar visível em si mesmas.

Quando os homens hagen exibem conchas e porcos (não cabeças), eles apresentam uma versão de si mesmos como gostariam de ser vistos. As mulheres hagen não se apresentam do mesmo modo. Se tiver de pensar numa contrapartida dos dois homens com suas conchas, penso nas mulheres que eu visitava no início da noite, que haviam voltado das roças e lavado suas batatas-doces num riacho a caminho de casa. Ou em outro encontro, em 1995, com uma companheira agora idosa. Ela permanece em minha memória retirando-se apressada para sua casa, carregada com uma bolsa de malha cheia de tubérculos e com o bastão de cavar preso na cabeça, tendo à frente um caminho íngreme. Essa não era uma exibição, como tampouco os homens desejam ser vistos quando estão trabalhando em suas roças. Esse é um momento etnográfico, mas dos que desaparecem naquilo que (erroneamente, como depois descobri) parece já ter sido entendido.

Se fossem questionados sobre o que está acontecendo, talvez focalizassem os aspectos evidentes do trabalho, do ritmo cotidiano, das obrigações. Não surpreende o fato de existir, do outro lado da troca cerimonial, o trabalho das mulheres e dos homens em suas roças e a labuta diária da alimentação de pessoas e porcos. E por que não surpreende? Talvez porque essa imagem tenha sido confiscada pelo contraefeito de certas práticas de conhecimento euro-americanas, que têm muitas componentes, mas também compartilham um aspecto crucial em termos de substância e conteúdo. Talvez seja possível chamá-lo de autodeslumbramento.[10] O conhecimento envolve criatividade, esforço, produção; gosta de revelar criatividade, esforço e produção! E revela, especificamente, o esforço aplicado a um mundo dado (seja esse mundo social ou natural), de modo que ele (o esforço) possa ser tornado visível separadamente de sua origem e de seu resultado. Como o caminho íngreme da senhora hagen, a arduidade da produção das necessidades da vida parece uma evidência por demais evidente. E o fato de ela, nesse caso, envolver o cuidado com a roça e, assim, funcionar aos olhos euro-americanos de modo semelhante à atividade produtiva tende a invocar ainda outras noções euro-americanas sobre a realidade subjacente à intervenção humana nos processos naturais ou biológicos. Além disso, tal realidade está aberta a descobertas e redescobertas constantes; quase vejo na revelação da "realidade" da intervenção humana nesses processos uma contrapartida de deslumbramento para as práticas revelatórias da troca cerimonial, onde o que se revela é a origem da dádiva de uma pessoa em outra pessoa.

A reificação euro-americana do esforço ou da produtividade assume formas variadas. A "propriedade" já ocupou o lugar de demonstração autoevidente/mistificadora do esforço humano despendido na apropriação da natureza. Em fins do século xx, parece que a "tecnologia" se tornou um novo espécime do empreendimento humano. A tecnologia acrescenta, ainda, o elemento crucial do "conhecimento", pois corporifica não só a modificação de realidades naturais e o reconhecimento da feitura humana despendida nelas, mas também a evidência de que se sabe como fazê-la.

O papel cultural assumido pela tecnologia nas percepções euro-americanas de seu lugar no mundo, por sua vez, deu ímpeto ao conceito de propriedade intelectual. Os direitos de propriedade intelectual (DPI) apresentam um espelho ao deslumbramento da criatividade, na medida em que "propriedade intelectual" indica

---

10. Uso "deslumbramento" [*dazzle*] com as conotações de Gell (1992: 46, 51): os objetos deslumbram como exibições de talento artístico ou de virtuosidade técnica, e a atitude do espectador é condicionada por sua apreensão da agência mágica ou tecnológica por trás dele.

O efeito etnográfico **333**

ao mesmo tempo um item ou técnica disponibilizado ao conhecimento, autorizando seu uso e circulação, e o conhecimento que fez dele um item ou uma técnica sobre o qual são feitas reivindicações e afirmações. O conhecimento incorporado na tecnologia já foi produtivo do mesmo modo que o trabalho é produtivo, enquanto o conhecimento apresentado como matéria de direitos de propriedade pode ser posto numa circulação produtiva, assim como se faz com as mercadorias. Os "direitos de propriedade intelectual" assumem seu lugar como parte da linguagem internacional corrente, seja do comércio, seja dos direitos humanos.

Em seu encalço vem todo tipo de crítica nativa (euro-americana), incluindo a crítica direta à importância da propriedade como resposta legal esmagadora a afirmações que poderiam ser conceitualizadas de outras maneiras (como os direitos de uso, as cessões e as licenças). Essa crítica chama a atenção para o fato de nos últimos vinte ou trinta anos ter-se testemunhado um desenvolvimento sem precedentes não só de novas coisas a possuir, mas de coisas que sugerem que os euro-americanos precisam arquitetar novas maneiras de fazer afirmações. As novas tecnologias reprodutivas (NTR) são uma das áreas de interesse: questões em torno das relações baseadas na substância e relações baseadas na intenção ou na concepção mental, questões que não se podiam prever vinte anos atrás, vêm influenciar os tipos de afirmação que os parentes fazem uns sobre os outros. Assim, as ideias euro-americanas sobre a inter-relação dos diferentes componentes do processo de procriação, o lugar da biologia e a natureza das "substâncias" (re) produtivas passaram a ser problematizados por reivindicações (possibilitadas por tecnologias de concepção assistida) originadas do trabalho e da invenção intelectuais ou conceituais, que conferiram nova complexidade às relações. Na verdade, pode-se identificar uma dupla trajetória, onde cada um gira na própria órbita mas mantém repetido contato com o outro. Isso acontece porque, nos debates em torno das NTR, e das ideias de pessoa nelas envolvidas, os euro-americanos testemunham, por um lado, uma ênfase crescente na corporalização (biologia) e, por outro, a valorização crescente do esforço conceitual ou mental. Assim, as constantemente (re)criadas realidades subjacentes à constituição genética são contrabalanceadas pelo assentimento concedido à invenção humana.

Se o mundo está encolhendo em termos de recursos, os novos candidatos à posse estão se expandindo; há novos tipos de entidade sendo criados e novos fundamentos para alegações de propriedade – entre outros tipos de alegação de posse. Independentemente de se viver na Papua-Nova Guiné ou na Grã-Bretanha, as categorias culturais estão sendo dissolvidas e re-formadas num ritmo que pede reflexão e, acrescento, o tipo de reflexão lateral propiciado pelo *insight* etnográfico.

Nesta última porção do século XX, os antropólogos são tão conscientes do aparecimento e do desaparecimento das formas sociais quanto o eram em seu início. Esta é uma das razões para eu não pedir desculpas pelos movimentos comparativos que fiz aqui (ajustando a exposição conjunta da Papua-Nova Guiné e da Grã-Bretanha ou, mais precisamente, da Melanésia e da Euro-América concebidas pela etnografia). Quando se está disposto a contemplar diferenças entre épocas cronológicas diversas, é útil ser lembrado das diferenças entre épocas culturais. Em alguns trechos de meus escritos, sugiro que algumas maneiras pelas quais os "melanésios" objetificam as relações sociais poderiam enriquecer o repertório conceitual empobrecido com o qual os "euro-americanos" parecem claudicar, mas nisso há tanto deleite como advertência.

Três mudanças aconteceram nos últimos vinte anos, entre muitas outras, no modo como se pede que os euro-americanos pensem sobre as relações entre agentes e pacientes (para usar os termos de Gell) ou imaginem pessoas e coisas como igualmente actantes. A primeira é a (re)adoção da tecnologia que, no início desse período, produziu a literatura dos ciborgues, imagens entrelaçadas de aptidões humanas e mecânicas. Mais ou menos ao mesmo tempo, as novas tecnologias reprodutivas e genéticas, como se dizia então, assinalavam intervenções sem precedentes nos processos procriativos e generativos. A segunda foi a ascensão dos mercados personalizados, para não falar do dinheiro personalizado, possibilitado pelas tecnologias de comunicação, e uma pretensa cultura do fluxo intensificado de informação. Finalmente, as empresas e corporações, assim como os organizadores de novas iniciativas em tecnologia, começaram a prestar uma atenção cada vez maior ao que sempre se conhecera, mas que passou a ser articulado de novas maneiras, isto é, ao fato de que o conhecimento técnico (e social) está incutido nas pessoas e nas relações entre elas. Quando as aptidões das pessoas e das relações são identificadas como habilidades, e as habilidades são consideradas transferíveis, elas também são mercantilizáveis. O conceito de habilidade funciona como uma espécie de contrapartida humana do conceito de tecnologia.

A mercadoria parece mais visível que nunca e, no entanto, as trajetórias são complexas, podendo haver aqui um paralelo com a dupla ênfase sobre a corporalização e o esforço conceitual notada em relação à tecnologia reprodutiva. Numa direção, tudo parece estar sendo reificado e cada coisa encontra seu equivalente em outra coisa: não parece haver nada que não possa ser comprado ou vendido. Em outra direção, o esforço humano entendido como sendo tanto intelectual como material significa que não há nada que não pareça conter conotações de identidade social: não parece haver nada que não possa ser atribuído à autoria de alguém. No mínimo, considera-se que as formas de conhecimento têm origem social e, não por acaso, o construcionismo social foi por duas décadas um paradigma dominante das ciências sociais. Ao mesmo tempo, portanto, que as possibilidades de mercantilização alcançam áreas da vida e da criatividade humanas que nunca antes haviam sido abertas ao mercado, também as mercadorias estão sendo personificadas, isto é, no sentido euro-americano. Com isso, quero dizer que são identificadas por sua ligação a pessoas, de maneiras que vão além de simples noções de posse; ao mesmo tempo, atributos ligados a identidades podem estar adquirindo um novo valor transacionável (às vezes comercial). A propriedade cultural é um bom exemplo disso. Evidentemente, muitos antropólogos argumentaram que a mercadoria nunca foi o produto puro que seu prestígio de categoria analítica a faz parecer ser. Não creio que ela tenha sempre sido apenas mal descrita. Prefiro as trajetórias complexas aos gêneros borrados, pois elas nos concedem maior vantagem marginal para lidar com o imprevisível.

O pensamento lateral poderia se atracar com a complexidade e a força dessas mudanças; o pensamento crítico poderia tracionar o próprio conceito de "mudança", que ameaça constantemente escapar para uma órbita própria, aparentemente abundante de recursos, e talvez "puxá-lo" de volta ao mundo real dos problemas que persistem e às populações carentes de recursos. Juntos, eles apontam para um tipo de resposta da parte do cientista social que pode não ser nem o acúmulo de antecedentes teóricos nem a saída para onde ninguém jamais esteve. Eu diria, antes, que precisamos ir exatamente aonde já estivemos, de volta ao aqui e agora imediato do qual criamos nosso conhecimento presente do mundo. Isso quer dizer construir um modo de indagação que permitirá um retorno a campos do conhecimento e da atividade considerando em retrospecto os resultados imprevistos, e permitirá, portanto, a recuperação do material que os pesquisadores não percebiam estar coletando. Ao demandar insistentemente a imersão, o método etnográfico, tal como foi desenvolvido pelos antropólogos sociais, começa a parecer extremamente promissor.

## PARTE II

Vamos retomar agora algumas das observações feitas no início deste capítulo. Meu retorno constante ao gesto hagen da troca cerimonial me causa surpresa. Os riscos que isso coloca para a credibilidade da autora são evidentes. Na forma canônica da *moka*, esses tipos particulares de performance desaparecem rapidamente, e a lembrança corre o risco de se tornar nostalgia. Há também o problema da perpetuação de imagens de corpos exóticos, ao passo que seu contexto, na aparência totalmente masculino, desafia as credenciais feministas. Acima de tudo, esse momento reforça um tipo de economicismo que cheguei a exagerar na ficção heurística da "economia da dádiva" (1988; 1999: cap. 5). Na verdade, o modelo economicista pode sofrer o mesmo tipo de crítica feito por Stuart Kirch não apenas às empresas que exploram recursos naturais na Papua-Nova Guiné (1999: cap. 9), mas a muitos escritos sobre as negociações dos papuásios com essas empresas – tomar as compensações como foco torna triviais outras dimensões extremamente importantes. Reconheço a força dessa crítica e quero sugerir que olhar para as implicações da troca que cativou minha escrita sobre o monte Hagen mais de perto – e não menos – oferece também uma perspectiva sobre uma série de outros temas que não ficaram no passado, entre os quais estão, além de outras coisas, as relações de gênero.[11] Ao mesmo tempo, quero in-

---

11. Não quero comentar aqui os problemas de promover "imagens de corpos exóticos" (cf. Kirsch 1996), a não ser para acrescentar que é precisamente porque a auto-ornamentação é entendida erroneamente como roupagem ou ornamento

O efeito etnográfico **337**

dicar de que modo esse momento etnográfico em particular esconde seu próprio ponto cego "invisível".

A crítica de Kirsch (1997) é pertinente. Ele descreve como o estereótipo disseminado de que os papuásios são proprietários de terra gananciosos, que querem lucrar a qualquer custo, também é familiar entre eles – as plateias papuásias adoram piadas sobre o inescrupuloso que venderia qualquer coisa em troca de dinheiro. E os antropólogos podem indagar sobre quem está sendo ganancioso[12] de fato sem deixar de considerar as motivações econômicas como dadas. Kirsch afirma ainda, sobre os Yonggom, que vivem junto aos rios Ok Tedi e Fly: o problema mais premente para eles não é o que podem obter em troca do uso de sua terra, incluindo seu sistema fluvial, mas sua degradação e poluição.

Este é, arrisco dizer, um dos momentos etnográficos de Kirsch, e para ele a questão que se coloca diz respeito à responsabilidade moral. Quem é o responsável? Os Yonggom conseguem apontar de forma bastante precisa os efeitos de uma mina de cobre e ouro a céu aberto: seus refugos, despejados no rio Ok Tedi, criaram um corredor de quarenta quilômetros de terra desmatada, enterraram brejos de sagu – seu principal alimento – sob bancos de areia, mataram os peixes e fizeram as pessoas se perguntarem para onde foram as tartarugas e os crocodilos; elas sabem que os sedimentos que cobrem o que já foram solos aluviais produtivos são resíduos da mina. O idioma mais próximo de que dispõem para fazer acusações é a feitiçaria, e é nisso que Kirsch parece basear seus *insights* sobre a responsabilidade moral. Um homem disse que as pessoas agora "vivem com medo" de substâncias químicas perigosas, e é essa expressão que eles usavam para gritar depois de uma morte por feitiço (1997: 146). Considera-se que a mina é dotada de poderes com todo tipo de efeito visível, como os poderes de um feiticeiro. No arcabouço da feitiçaria, é importante lembrar, o registro desses efeitos é o que acontece *às pessoas*, e essas pessoas podem ser identificadas. (Um euro-americano diria que o re-

---

que o tipo de correção mais comum (fornecer, em vez disso, imagens de pessoas usando roupas globais/"ocidentais") é enganoso.

12. Christopher Gregory (comunicação pessoal). Para uma discussão mais geral, ver Errington & Gewertz (1994).

gistro é "o ambiente" ou "a sociedade".) Portanto, como observa Kirsch, embora estes não sejam processos idênticos, todo tipo de evento que no passado teria sido atribuído à feitiçaria é agora atribuído à mina. A mina tem sido culpada por todos estes infortúnios: alguém envenenado por um bagre, atingido pela queda de uma árvore, afogado por ter virado a canoa. Quando estimuladas, as pessoas apontam para o ambiente em que esses eventos ocorreram: a água do rio que contém substâncias químicas, os acúmulos no leito do rio que dificultaram o desvio de obstáculos, a velocidade com que corre o rio, agora raso. Kirsch diz (1997: 149): "Alegações contra a mina de Ok Tedi pareiam seu impacto ambiental destrutivo a casos específicos de infortúnio. Elas representam asserções morais sobre como a mina afetou suas vidas e procuram responsabilizar a mina".

Kirsch afirma enfaticamente que, usando o idioma da feitiçaria, os Yonggom "rejeitam a ideia de que a responsabilidade da mina seja limitada a aspectos materiais. Em vez disso, eles remodelam o discurso sobre a mina como uma questão moral" (1997: 150). Esse é um problema que envolve agentes e pacientes (1999: 17), isto é, divide as pessoas conforme a posição social que ocupam no que diz respeito à terra, com seus peixes de gosto ruim, sua coloração tóxica e seus acidentes de canoa. Em suma, a relação (entre o infortúnio e suas causas) é simultaneamente transformada em objeto de atenção em termos pessoais (uma relação entre atores sociais) e reificada pela aparência da própria terra. As alterações ambientais provocadas pela mina – e alguns Yonggom sustentam que todo o ambiente mudou, dos animais que partiram à chuva venenosa e o sol nocivo – tornam manifesta a forma de um mundo que contém tanto os moradores das aldeias quanto uma empresa mineradora e seus trabalhadores. Será que não se pode, afinal, escrever sobre um problema de responsabilidade "moral" justamente porque esses efeitos são aspectos visíveis do que é percebido como uma relação social (entre essas pessoas e a mina – seus donos)?

A terra sempre se colocou entre as pessoas. Antigamente ela lhes dava sua biografia, imaginada em termos espaciais como eventos ligados a determinados lugares nomeados (Kirsch 1996). Assim, elas viam sua vida como um conjunto de movimentos pela terra, que era também paisagem (Hirsch O'Hanlon 1995). Para os Yonggom, contudo, parece que o tempo se tornou um novo eixo desde então, e as vidas são medidas com base em uma cronologia da época em que os missionários vieram, a mina foi aberta, o rio mudou. Isso ecoa o tipo de diferença apocalíptica que outros povos da Papua-Nova Guiné veem no "novo tempo" que caiu sobre eles (1999: cap. 5).

Embora os Duna descritos por Gabriele Stürzenhofecker (1994) estejam mais distantes da mina de Ok Tedi, eles foram sobrevoados por helicópteros em voos de prospecção e suas florestas foram trilhadas por picadas abertas por agrimensores. Aqui os benefícios já são esperados e seu limite é o apocalipse, pois os Duna estão confiantes de que a mudança virá e será total. Quando um homem dizia que seu lago secaria e as montanhas seriam aplainadas em busca de ouro, sua visão ecoava outras previsões, às vezes ávidas, como a fantasia do empreendimento rural para vender água a Port Moresby. O futuro virá de dentro do chão.[13] Os Duna sabem das prospecções que acontecem em outros lugares e "as atividades das empresas que buscam riqueza furando o 'chão' podem ser vistas como uma nova forma de luta entre eles e as agências de dentro do 'chão'. Essas agências-espíritos não revelam facilmente seus segredos". Ela prossegue: "As transformações observadas no 'chão' preocupam principalmente os homens, que tentam deduzir significados por meio de uma 'leitura' da superfície ou da pele do 'chão' [...] assim como a pele das pessoas é considerada um indicador de doenças" (1994: 39-40). Os homens comentam, por exemplo, os novos tipos de capim que invadem a região. A superfície do chão ganha forma, assim, através da relva, das plantas e das frutas que crescem sobre ela; o chão era, antes, uma evidência do estado das relações entre pessoas e espíritos.

Os espíritos dessa paisagem sagrada não viviam sob ela, mas traçavam seus próprios caminhos sobre ela e exigiam sacrifícios de tempos em tempos para manter a fertilidade do chão (1994: 36). Certos espíritos também eram vistos como fontes de porcos e de riqueza em forma de conchas. Stürzenhofecker argumenta, de fato, que a terra dessacralizada pelos ensinamentos dos missionários foi ressacralizada pelo testemunho dos Duna sobre a explora-

---

13. Embora um dos principais referentes do "chão" seja a terra, Stürzenhofecker (1994: 43) utiliza o termo especificamente para indicar uma dobra cósmica entre o que está acima e o que está abaixo de sua superfície.

ção de minérios e suas próprias esperanças de que uma nova riqueza saísse do chão em lugares associados às antigas atividades dos espíritos. A tecnologia fará o chão produzir o que no passado se obtinha por meio de rituais. "A mudança negativa na superfície do 'chão' exibida pelos padrões alterados da vida vegetal é contrabalançada pelas mudanças positivas que se considera obter pela exploração das profundezas do 'chão' quando sua riqueza é trazida para a superfície" (1994: 42). O sacrifício exigido pelos espíritos duna mantinha a separação entre eles e os homens.[14] Pode-se dizer que havia um fluxo de efeitos de mão dupla. No entanto, quando um dos lados rouba do outro (1999: cap. 3), o resultado pode ser letal. Stürzenhofecker descreve a abertura de uma mina numa província vizinha (em Porgera, mencionada brevemente em M. Strathern 1999: cap. 10, n. 44) e a coloração avermelhada adquirida pelos rios; lembrando a descrição dos Yonggom feita por Kirsch, ela diz que as mortes atribuídas à agência de bruxas passaram a ser atribuídas à mina de Porgera.

As duas paisagens imaginadas aqui, Yonggom e Duna, registram o impacto das pessoas umas sobre as outras.[15] Os Yonggom estão mergulhados num ciclo de malevolência, e os Duna, à época da escrita de Stürzenhofecker, ainda esperavam um futuro produtivo. Eles se valiam de técnicas de inspeção, observando a superfície da terra do mesmo modo que um homem observa uma touca de plumas em busca das qualidades que ela aponta (1994: cap. 2) para "ver" as relações que indica. Os Duna foram levados às relações com pessoas-espíritos (cf. Biersack 1982): o estado da terra mostrava o impacto das pessoas – espíritos ou humanos – sobre elas mesmas.

Devido à aparência dos itens de "riqueza" entre os Duna, a olhos euro-americanos, o modo como os antropólogos escrevem esses relatos começa a parecer economicista. Contudo, como sugeri em outros exemplos neste ensaio, também entre os Yonggom suspeito estarmos a apenas um passo da troca cerimonial do tipo hagen. Defendo que a visão apocalíptica desses dois povos de um mundo totalmente transformado é uma versão cósmica da trans-

---

14. Stürzenhofecker traça analogias com preocupações rituais anteriores e afirma que essas preocupações são principalmente dos homens. Os homens tinham visões muito mais ativas do "desenvolvimento" que as mulheres.

15. Devo citar aqui o trabalho de James Leach (1997).

formação das posições sociais em que os parceiros de troca se põem um ao outro, muito embora o potencial de reversibilidade dessas posições seja diferente. Talvez possamos comparar o aspecto cambiante da superfície da terra às conchas e aos porcos com que os homens hagen dizem estar sobre a pele dos homens. Não se vê (nem se ouve) o movimento, a paisagem atravessada, a não ser no momento em que os porcos são levados aos guinchos pelos caminhos entre assentamentos ou as conchas desaparecem no horizonte, penduradas entre dois pares de ombros. A paisagem hagen é menos reunida nos itens de riqueza do que transformada por eles: sua passagem faz com que os lugares para onde vão e de onde vêm mudem de posição.

Nem tudo que é economia tem de ser economicista. Aqui nos tornamos novamente conscientes do efeito da escrita (análise), na medida em que ela cria um contexto em que os fenômenos podem assumir propriedades particulares. Lembro ao leitor que o momento etnográfico, tal como o descrevi, é questão tanto de análise como de observação, envolvendo tanto o escritor como o pesquisador de campo. Sem querer elaborar excessivamente o argumento ou repetir o que já foi repetido à exaustão e soa estranho em seu eco de si mesmo, volto a uma tentativa anterior (1992) de situar a troca cerimonial em um contexto que pode livrar a economia de algo de seu economicismo. Este trabalho foi escrito em resposta a um convite para tratar da "ciência da escrita".[16]

## Escrevendo sociedades e pessoas

"Uma vez que os iconógrafos já estão comprometidos com a 'leitura' de imagens como textos e as histórias sociais da arte, com seu

---

16. A rubrica era a seguinte: "Uma ciência da escrita – a *gramatologia* – dá sinais de se libertar em todo o mundo [...] no entanto [...] essa ciência da escrita corre o risco de jamais se estabelecer como tal, nem com esse nome. De nunca ser capaz de definir a unidade de seu projeto ou de seu objeto [...] [nem, tampouco] de seu discurso do método. [...] A ideia de ciência e a ideia de escrita – e, portanto, também a ciência da escrita – só tem significado para nós em termos de uma origem e no interior de um mundo para o qual determinado conceito do signo [...] e determinado conceito das relações entre discurso e escrita *já* foram atribuídos" (1992: 4). O texto (: 231-43) vem reproduzido em sua forma original, tendo sido omitidas algumas de suas referências.

tratamento como artefatos culturais, o que é realmente inovador é olhar para essas imagens criticamente" (Starn 1989: 206). As imagens em questão são afrescos do século xv do castelo da família nobre dos Gonzaga, em Mântua. Ler essas pinturas simplesmente reduziria "pinturas brilhantemente afirmativas e exigentes [a] ilustrações passivas de temas prescritos" (1989: 209). Starn está mais interessado em como essas pinturas representam – os tipos de exigência que posicionam o observador em relação a elas – do que em determinar o que elas representam.

As teorias renascentistas da perspectiva mapeavam as pinturas como coordenadas da capacidade de ver do observador, e o que o observador vê por meio delas é o poder principesco. Assim, os motivos clássicos no teto mascaram os privilégios da riqueza e do poder ao apresentá-los como prêmios do estudo e da erudição. Afinal, conhecer os eventos e as figuras a que aludem torna o observador – e aqui Starn pensa no príncipe – consciente de seu próprio conhecimento. "Como deve andar pela sala para compreender o teto, o príncipe se torna um participante ativo e um instrumento do projeto, e o que ele vê no teto – figuras emblemáticas que trazem à mente todo tipo de saber e de erudição sobre os mitos e a história – convida a uma participação ainda maior" (1989: 231). A pessoa que vê é, em suma, pintada no interior da pintura. Exemplo literal disso são três figuras que, do teto, olham para baixo: "A função do acenar *exige* a resposta que finge apenas solicitar, pois, ao postular uma resposta contingente, o pintor reconhece a necessidade de um observador" (1989: 211; ênfase do autor). De fato, a presença do observador completa a sala, na medida em que sem ele (ou ela) a perspectiva deixa de ter efeito; a pessoa também é tornada completa em sua qualidade de observadora ao ser apresentada ao (e tornada presente pelo) alcance de suas extensões visuais. O que a interpretação de Starn (por meio da escrita) não pode fazer, contudo, é provocar esse efeito. Em vez disso, ele comenta a ineficácia de seu próprio esforço, a falta de uma conclusão, pois "muitas pontas soltas e elos perdidos permanecem por ser considerados [...] há muito mais a ser dito": "não poderia fingir ter feito uma descrição completa" (1989: 232).

Será então que esse crítico do século xx pretendia eliciar um sentido de completude? Ele insinua isso ao considerar certos modos da interpretação como "destinados a abrir caminho para uma

O efeito etnográfico **343**

[...] série completa de respostas às exigências formais da arte" (1989: 232). Mas essas exigências são apresentadas de modo bem diferente daquelas solicitadas pelo pintor do século XV. O pintor especifica que o olho do observador as encontrará (pintadas) no teto da sala desse castelo. Starn evoca respostas que poderiam ser oferecidas a qualquer pessoa, em qualquer lugar. Imagina-se o que seria essa série completa de respostas – talvez tantas quantas forem possíveis. Nesse caso, a completude seria subvertida pelo ilimitado. O número de visadas possíveis é infinito. Na verdade, quando a interpretação é imaginada como a assunção de um ponto de vista, a incompletude é tornada manifesta pelo próprio exercício interpretativo. Gostaria de assumir esse ponto de vista específico como ponto de origem da suposição a seguir.

O papel da interpretação de responder o que e como as pessoas fazem e agem é um modo de interpelar a escrita como uma ciência humana (cf. Smith 1988: 44). Ora, uma condição muito limitante rege o tipo de resposta almejado pelo cientista social, pois os cientistas sociais sabem que as interpretações são sempre de um mundo já ocupado por "sociedades". As sociedades, como as culturas, estão por assim dizer já escritas e ao mesmo tempo continuam sempre por ser escritas. Elas são contextos que são, evidentemente, textos. E a interpretação reescreve. Poderíamos dizer que isso vale para todo lugar, mas, como antropóloga, eu gostaria de acrescentar a possibilidade de que a perspectiva – a inclusão das técnicas por meio das quais as pessoas assumem um ponto de vista sobre outras pessoas – faz diferença. Apresentarei sucintamente uma oposição entre mundos infinitos e mundos finitos. Se as ciências (humanas/sociais) pressupõem um tipo particular de infinidade, esta é, por sua vez, pressuposta por uma sociedade de tipo específico, diga-se, que pensa ser constituída na consciência das pessoas como coletiva e plural ao mesmo tempo.

## Deslocamento

Jacques Derrida é claramente a origem de uma conceitualização decisiva da "escrita", mas, como ele mesmo notou, não é (e nem pode ser) a origem da escrita. Talvez a metáfora de Derrida funcione na medida em que suplementa outras conceitualizações euro-americanas no que diz respeito à extensão do empreendimento humano. Desse modo, quando se entende que esse empreendimento estendido é a sociedade em sentido mais amplo, a sociedade parece contribuir para uma metafísica da presença: ela parece falar. Sugiro, na verdade, que para os modernos do século XX a sociedade teve uma presença semelhante à da pessoa entendida como sujeito individual. É certo que as ciências sociais interpretativas (cf. Rabinow & Sullivan 1987) têm se preocupado com a dialética que se supõe haver entre elas.

Os antropólogos investem profissionalmente na presença da sociedade quando veem a organização social como origem não só de suas próprias relações e estrutura, mas de maneiras de agir e de modos da consciência. O autor da organização social, contudo, é conhecido somente através de suas produções. Com isso, em seus esforços para descrever a realidade social, os antropólogos devem lançar mão de sua "escrita" de modo que ela possa ser lida como texto, assim como os ilhéus de Sabarl (Battaglia 1990: 6-7)[17] gostam de ler seus entornos imediatos como lembretes da ação social passada. Além disso, uma vez que a diferença entre as sociedades é pressuposta em sua análise, os antropólogos tanto trabalham com o que já está lá quanto, ao se moverem de caso em caso, descobrem que cada um deles simultaneamente desloca e contribui para o conhecimento sobre os casos anteriores. A comparação entre as sociedades contém "suplementações" ao extremo. Eis, então, uma diferença.

As pessoas em Sabarl contam histórias, atividade que ao mesmo tempo fixa eventos e os abre à disputa; mas é no corpo das pessoas que são deixados vestígios manifestos. Podemos dizer que, desse modo, eles escrevem as pessoas: o corpo de uma pessoa é um "mapa das relações e dos processos fundamentais da vida sabarl" (Battaglia 1990: 53). Ora, ao marcar esta ou aquela relação (como na decoração corporal), as pessoas encobrem outras. A nutrição [nurture] vinda dos parentes paternos, por exemplo, ao mesmo tempo pressupõe e desloca ("mascara") a que vem dos parentes maternos. Em poucas palavras, as pessoas são completadas, suple-

---

17. Este artigo deve muito à monografia de Debbora Battaglia (1990); sou grata também pelas conversas com Iris Jean-Klein, então na Universidade de Manchester, que aproveito aqui extensamente, por seus comentários a este texto e pelo estímulo de James Weiner.

mentadas, e assim se tornam parentes, relativas e relacionadas[18] a outras pessoas.

Porém, escrever a sociedade, como fazem os antropólogos, é outra questão. As pessoas estão envolvidas, mas o que as completa parece ser a própria sociedade, seja através da "socialização", seja através da estratégia analítica de pôr os atos e os artefatos das pessoas em seu "contexto social". Quando são suplementadas pela sociedade, as pessoas estão sendo suplementadas por uma entidade de outra ordem de abstração, dotada de propriedades e presença próprias, entre as quais a necessidade de que as pessoas representem a sociedade para si mesmas, o que gera uma incompletude específica: uma exigência de interpretação. A visão euro-americana da sociedade supõe, ainda, uma pluralidade de pessoas; na medida em que suas interpretações são consideradas relativas umas às outras, assim também as interpretações da sociedade podem parecer suplementar e relativizar umas às outras.

Comentadores de "Derrida" nos convidam a imaginar uma diferença entre o encerramento ou finitude do sentido, suposto pela metafísica da presença, e o encerramento adiado que a crítica desconstrutiva revela continuamente. No entanto, o paradoxo do encerramento parcial sugere que, em vez de uma diferença entre o finito e o infinito, bem poderíamos imaginá-los como dois tipos de infinidade. A possibilidade logocêntrica de as coisas terem características finitas engendra a ideia de que o mundo está repleto de coisas (individuadas). O resultado é uma espécie de aritmética: as coisas são contáveis/incontáveis na medida em que se pode sempre começar a contar, ainda que seja impossível terminar. Esta passa a ser uma infinidade alternativa ao entendimento gramatológico de equações recorrentes: uma constante substituição de funções, de modo que os termos simultaneamente expressam e deslocam os termos anteriores, num processo teoricamente infinito. A pessoa como sujeito confronta um universo pluralista de sujeitos; a pessoa como texto habita um texto anônimo que é, ele mesmo, contínuo.

Sugeri que a sociedade, em seu sentido euro-americano do século XX, já é a evidência de tais conceitualizações da infinidade. Em primeiro lugar, considera-se que a sociedade contém em si

---

18. Como no caso do termo "*relation*" (ver M. Strathern 1999: cap. 9), a autora usa aqui "*relative*", tirando partido da polissemia do termo. [N. T.]

uma diversidade – a ser composta de diferentes sujeitos contáveis/incontáveis, cada qual com seu próprio ponto de vista – sejam esses sujeitos instituições, grupos, categorias ou pessoas individuais. Em segundo lugar, ela é vista como um conjunto de técnicas pelas quais os indivíduos se comunicam, por meio de relações, estruturas, normas, e assim por diante. Nisso, a sociedade pode parecer a origem tanto da organização social como das ideias a seu respeito; em vez de enxergar a origem das ideias em pessoas específicas, podemos ver essas pessoas como os vários porta-vozes da sociedade. Cada sujeito individual se arranja com o que "já está lá" no repertório cultural e, na medida em que a intervenção subjetiva da própria pessoa é assim deslocada, é como se ela estivesse meramente inscrita, já escrita no interior de um texto. O efeito disso é imaginar que a pessoa tem de ser completada pela sociedade. O que é acrescentado também funciona como deslocamento. Uma presença (o sujeito individual) é deslocada por outra (a sociedade) que evoca em si tanto a ilimitabilidade da interpretação como a inevitabilidade do que já está escrito.

O sujeito que interpreta se mostra, portanto, sempre posicionado de modo a agir com base em um ponto de vista, a assumir uma perspectiva sobre os eventos que nunca é exatamente permutável por outra. Ao mesmo tempo se considera que a sociedade é feita de inúmeros pontos de vista e que ela fornece ao sujeito individual uma tecnologia de comunicação. O sujeito recebe, assim, certas interpretações, não só dos outros, mas da sociedade como um todo, o que revela a própria "extensão" desse sujeito – pois nenhuma perspectiva de um sujeito individual pode se equiparar à da sociedade.

Ora, nessa visão de mundo não importa se a decisão interpretativa pressupõe significados fixos ou demonstra as estratégias de adiamento, na medida em que, de qualquer ponto de vista, o *ato* de interpretação "se soma" aos anteriores. No mínimo, supõe-se que o sujeito que interpreta é incrementado por seu entendimento renovado, precisamente quando a sociedade se enriquece com a atividade coletiva de mentes ativas. Esse pressuposto de enriquecimento convida a ideias sobre a completude da compreensão. O duplo sentido da suplementação (excedente e deslocamento) é assim constantemente reduzido pela possibilidade de quantificação, por questões – como no caso de Starn – de quantos

O efeito etnográfico **347**

e quanto. Mesmo quando se perde tudo que se ganhou e se criam ausências ao presentificar, a medida da resposta continua a ser o percurso interpretativo do sujeito individual; e considera-se que tal empreendimento é perpetuamente acrescentado, estendido, por seu próprio exercício. Esse percurso não tem fim, pois a sociedade diz ao indivíduo que ele ou ela nunca alcançará todas as possibilidades que ela (a sociedade) abarca.

## Perspectiva

À primeira vista, pode parecer que o sujeito individual e a sociedade como um todo fornecem cada um deles uma perspectiva sobre o outro. Mas não há mutualidade ou reciprocidade entre essas perspectivas. Eles não são abstrações análogas: um não tem as dimensões nem as proporções do outro, e os modernos os tratam como ordens diferentes de fenômenos.

Isso pode ser contrastado com a perspectiva recursiva a que se refere Starn, na qual as dimensões do sujeito são devolvidas a ele (ou a ela). O esquema renascentista impõe, observa ele (1989: 220), "uma disciplina visual estrita em troca da imagem de um mundo finito dominado pelo observador e proporcionado aos olhos do observador". Entendo disso que o observador, completado ao ver as dimensões de sua visão, está sendo completado por uma estrutura que também personifica o poder principesco. No entanto, se esse poder depende de seu reconhecimento pelo outro, um observador não principesco nunca poderá corporificá-lo. Gostaria de tratar de um tipo diferente de perspectiva recursiva que se apoia diretamente numa mutualidade de corporificações e que, portanto, aciona modos bem específicos de interpretação. É encontrado nas sociedades da Melanésia, como entre os Sabarl, nas quais a interação tem a forma paradigmática da "troca de dádivas". Quero dizer com isso que "o outro" é sempre outra pessoa. As pessoas são separadas umas das outras por suas relações: a mãe do filho, o doador do receptor, e assim por diante. Essas relações são ao mesmo tempo a causa e o resultado de sua atuação, de modo que cada ato exige que se assuma uma perspectiva sobre outra pessoa. Ao trocar presentes umas com as outras, as pessoas trocam perspectivas, não só como conhecimento de suas posições relativas, mas como partes do outro que cada uma delas incorpora.

O conceito de "escrita" evita a suposição de que um texto é autenticado por sua origem em um falante; o problema passa a ser o da eficácia do texto. O falante, em contraposição, é o arquétipo de um agente intencional, um sujeito que se supõe constituir a origem do significado. Se desse modo a metafísica euro-americana da presença por convenção atribui consciência ao sujeito que fala, uma prática desconstrutiva também euro-americana prefere considerar que nem mesmo os falantes estão presentes em suas palavras. Essa conjunção confere interesse ao ponto de vista melanésio. Ali, por convenção, as pessoas são significativamente presentes, mas como objetos de interpretação. Ali a presença deixa de ser uma garantia de autenticidade. Em vez de a pessoa ser vista como causa de sua própria atuação ou fala, e de os sentidos serem depositados sobre elas, a causa é responsabilidade daqueles que – presentes ou ausentes – eliciaram a resposta dessa pessoa.

A mesma convenção exige que o objeto de interpretação – seja ele humano ou não – passe a ser entendido como outra pessoa; na verdade, o próprio ato da interpretação pressupõe a condição de pessoa do que está sendo interpretado. Uma resposta melanésia a uma configuração de plantas ou ao declive de uma paisagem tende a se referir às intenções de outros – que podem ser espíritos, inimigos ou parentes. O que se encontra ao fazer interpretações são sempre contrainterpretações: pensar que um chefe está contendo as chuvas que devem cair nas roças ou que numa colheita abundante está se revelando a potência ancestral da terra passa a ser ao mesmo tempo a interpretação do sentido de certos eventos e a evidência de ser também objeto de atenção do chefe ou dos ancestrais. A evidência vem na forma dos próprios efeitos sobre outras pessoas.

Essas suposições melanésias têm uma dimensão matemática. A interpretação e a contrainterpretação produzem a pluralidade, não da adição, mas da divisão – não se trata de acrescentar ao mundo, mas sim de dividi-lo. Seria um erro, portanto, ver esses movimentos como uma repetição da dialética euro-americana entre o "eu" e o "outro"; o que está sendo distribuído entre as pessoas são suas relações. E, acima de tudo, o conhecimento do mundo não é reescrito como autoconhecimento dos sujeitos (cf. Weedon 1987: 84); em vez disso, o conhecimento de si é distribuído entre todos aqueles que interagem consigo, que também são seus donos e mantenedores.

Isso suscita certa ilimitabilidade: o conhecimento é sempre relativo ao que uma pessoa sabe dos outros e eles dela e só pode ser estimado a partir de como as pessoas agem. Deve-se, portanto, submeter os atos das pessoas a um escrutínio constante, pois cada ação gera novas possibilidades e incertezas a serem testadas pela contra-ação. As ações de uma pessoa, por sua vez, oferecem as interpretações dessa pessoa sobre esses outros. Um ato é, assim, um momento crítico[19] que instancia uma decisão sobre a causa dos eventos e ao mesmo tempo desloca atos anteriores e demonstra a efetividade crítica da pessoa (o que se faz os outros fazerem). E, no entanto, o mundo nunca está incompleto: todo ato é também um fim, pois ele também revelará de que modo alguém se relaciona com os outros, e esse alguém jamais é destituído de relações.

As sequências de iniciação melanésias se caracterizam por se basearem no conhecimento que está sendo estabelecido em determinado momento, de modo a serem removidas e substituídas (e assim deslocadas) pelo novo conhecimento em outro momento. Elas explicitam um estado geral de coisas. O objetivo de estabelecer uma interpretação a cada momento é agir; a ação "é" a interpretação, e através dela as pessoas analisam as outras e se revelam ao encontrar seus esforços corporificados pelos outros. Se o resultado (efeito) de seus atos é de responsabilidade de outras pessoas, o mesmo acontece com as causas e, portanto, com a origem de seu estar no mundo. Gostaria de enfatizar uma consequência de interesse neste contexto. Diferentes "pontos de vista" não podem se somar ao que já existe quando o que já existe está corporificado em outras pessoas. O doador de uma dádiva não descobre o receptor; o receptor está presente como noção, constituindo a causa da dívida que compele à dádiva.

A realização de dádivas oferece um modelo melanésio simples da troca de perspectivas, mas há outros dispositivos pelos quais as dimensões de uma pessoa são medidas por ou em outra pessoa. Cito um caso que também mostra como as pessoas podem controlar a atividade de interpretação, exemplificando não só um mundo já feito, mas um mundo já completado.

---

19. Esta referência acompanha o comentário de Smith (1988: 45) sobre a "decisão crítica" derridiana, que estipula limites ao processo teoricamente infinito de interpretação.

## Números

Como seria a interpretação em uma sociedade que não considera que o mundo oferece extensões ilimitadas às perspectivas? Os Iqwaye (Yagwoia)da Papua-Nova Guiné, por exemplo (Mimica 1988), imaginam um universo infinitamente dividido, o que produz uma multiplicidade de diferenciais; porém, o que é dividido é sempre "um".[20] A diferença é gerativa: trata-se de um modelo reprodutivo, em que cada dois geram outro um. Ao mesmo tempo, a diferença é contida: a ideia de uma entidade unificadora máxima recebe um nome, Omalyce, um ser andrógino que é a origem única de toda a diferenciação. Na verdade, Omalyce corporifica todos os números.

A enumeração iqwaye se baseia literalmente no corpo; vinte (dígitos) somam um (uma pessoa). Jadran Mimica observa que ela permite um número muito maior de permutações abstratas do que é normalmente solicitado na pragmática da contagem. O autor sugere que a possibilidade gerativa desse sistema deriva do fato de o universo inteiro ser visto como a abertura do corpo primordial em suas partes recombinatórias. A duplicação e a divisão de entidades são, portanto, aspectos de um só processo ontológico. Quatrocentos não é "mais" que um: é um em forma de um corpo de tantas pessoas (vinte) quantos são os dígitos de uma pessoa (vinte). Resulta disso que cada pessoa é tanto uma instância de Omalyce e, portanto, do todo, como um produto dividual da capacidade de diferenciação de Omalyce; tanto um homólogo da totalidade como uma recorporificação de sua partibilidade e divisibilidade. Cada pessoa demonstra o efeito do poder gerativo de Omalyce. Wagner (1991: 168) sublinha a observação ulterior de Mimica de que, por melhor que seja o instru-

---

20. Mimica discute conceitualizações matemáticas da infinidade que vão além do escopo deste artigo. Aquilo a que me refiro como o sentido de infinidade conferido pelo ponto de vista euro-americano sobre a sociedade, considerada como sendo composta de uma pluralidade de pessoas, corresponderia ao pressuposto do século XIX de que o infinito estava presente "como um horizonte mais ou menos tácito de números" (1988: 107). É esse o potencial, em oposição ao infinito real e absoluto, que existe como totalidade dada por inteiro de um só golpe. No argumento do próprio Mimica, o "um" iqwaye, que está presente como todo finito, *também* fornece aos Iqwaye a sugestão de uma infinidade neste último sentido. Pois o um (dígito) apresenta a possibilidade de compreender de uma só vez um sentido de tudo no cosmos.

O efeito etnográfico **351**

mento estatístico, não se poderá nunca contar toda a população iqwaye, pois ela consiste em todos aqueles já nascidos e por nascer, e qualquer número menor que o total (um) seria incompleto.

Outra sociedade papua elaborou essas suposições de modo muito fino: todos que já viveram ou que viverão já foram nomeados. Sigo a descrição feita por Simon Harrison (1990) dos Manambu de Avatip, vizinhos dos Iatmul estudados por Gregory Bateson. As pessoas de Avatip supõem haver no mundo um conjunto finito de nomes próprios que designam pessoas. De fato, esses nomes próprios abrangem todas as manifestações do universo – incluindo o que os euro-americanos chamariam de objetos naturais, aspectos da paisagem e configurações astronômicas –, pois, em seus aspectos invisíveis, eles também são "na verdade homens e mulheres" (1990: 56). O mundo inteiro é dividido ou distribuído entre grupos que reivindicam uma relação totêmica com refrações dele. Desse modo, os grupos são distinguidos por sua posse sobre nomes, incluindo versões secretas de coisas também nomeadas por outros. É a versão (a "pessoa") que eles reivindicam, não a coisa (1990: 52). O mesmo vale para os seres humanos: todos os subclãs produzem crianças, mas cada um deles protege ciosamente os nomes únicos que só eles podem lhes dar. No entanto, a extensão das posses de um grupo está constantemente aberta a interpretações.

Cada subclã possui entre mil e 2 mil nomes pessoais, uma totalidade percebida de todas as suas partes, humanas e não humanas, passadas, presentes e futuras, e a comunidade inteira mobiliza talvez cerca de 32 mil nomes.[21] Esses nomes têm, contudo, de ser reivindicados ativamente. Um subclã pode assumir um nome desocupado por outro grupo, e os subclãs podem roubar nomes secretos. Somente através do debate público um grupo poderá demonstrar que manteve seus segredos intactos. E este não é um problema pequeno, pois cada segredo é acompanhado pelo poder mágico investido no ancestral de alguém, pela origem da identidade de alguém, bem como, em muitos casos, por prerrogativas rituais.

---

21. O clássico ensaio de Mauss sobre a noção de pessoa tornou famoso o caso da onomástica dos Zuñi Pueblo, que delimita o número das posições (papéis) possíveis de poder que os membros dos clãs podem assumir. Concebe-se ali que cada clã é composto de certo número de personagens, de modo que cada pessoa encena "a totalidade prefigurada da vida do clã" (1985: 5).

A rivalidade entre subclãs avatip aparentados é periodicamente encenada pelos homens no que podemos chamar de torneios de interpretação. Os competidores se dispõem em dois lados. Um homem de um lado caminha até o cipó que divide os dois lados e sussurra um nome secreto ao ouvido de seu oponente, que reconhece ou nega sua justeza, resposta que é feita sob juramento. Esse nome não pertence ao falante; o objetivo é mostrar que ele conhece os nomes secretos do *outro* lado. Se um subclã de fato revela conhecer os nomes dos outros, ele mostra já deter uma ordem abrangente de conhecimento, e se apropriou do que os outros afirmam ser suas origens.

A identidade de cada subclã reside, portanto, em seus nomes, e essa identidade é também seu poder. Uma vez que se considera que o número dos nomes é finito, posto no mundo já em seu início, o conjunto de nomes possuído por um subclã para seus membros é uma divisão de uma totalidade composta dos nomes possuídos por todos os subclãs. O universo de nomes marca o fato de que tudo já existe. Do mesmo modo, todos os inhames que jamais poderão ser cultivados existem nos poderes rituais necessários para retirá-los do tempo mítico (Harrison 1990: 63). As coisas não estão sendo acrescentadas a esse mundo: em vez disso, os grupos competem entre si pelo poder da posse. A "suplementação" funciona, por assim dizer, por extração, pelo deslocamento da posse, de modo que aquilo que os grupos medem e testam é a extensão de seu poder – e, uma vez que o fazem constantemente, sempre introduzem incerteza em suas negociações uns com os outros. Assim, os homens nunca sabem se seus nomes não foram roubados até que um debate o prove e, do mesmo modo, apenas protegem seu estoque de nomes de membros reagindo quando ouvem falar de uma usurpação. Portanto, as reivindicações só são validadas pela refutação de contrarreivindicações: para se saber que ainda se possui os nomes é necessário um oponente que desafie o próprio conhecimento.

"O mundo social dos Avatip está dividido de modo que a ideia de que os grupos precisam uns dos outros se aproxima de uma espécie de verdade necessária [...] Supõe-se um sistema fechado de categorias que formam certa totalidade orgânica, anterior a todos os grupos sociais reais" (1990: 65). As reivindicações relativas das pessoas umas às outras são, portanto, constantemente ajustadas. Uma vez que os grupos competitivos são auxiliados por seus aliados, que detêm segredos em seu nome, o trabalho de debate como um todo ativa a interdependência de todos os grupos, que devem colaborar para "manter a ordem total do mundo" (1990: 3). E, uma vez que os nomes são propriedades objetivas do mundo, não sendo nem criados pelos seres humanos nem dependentes deles (1990: 72-73), não se debate se existe o poder que o acompanha, mas simplesmente qual grupo o corporifica.

Os subclãs adquirem prerrogativas tomando-as de outro lugar; o que é específico dessa versão melanésia do pensamento dos bens limitados é como se medem o esgotamento e a adição. O esgotamento e a adição são iguais na medida em que são corporificados pelas reivindicações relativas de grupos (pessoas) coevos. O debate avatip é literalmente um duelo, uma arena onde se encontra alguém com quem se medir, dando-se a dimensão de um homem em outro homem. A medida ou extensão existe no conhecimento de outra parte, e só pode ser conhecida através do conhecimento revelado pelo outro.

Harrison compara esse controle sobre o conhecimento aos valores dos objetos de riqueza que circulam nas instituições de troca de outras sociedades melanésias. De fato, a postura de debate ecoa a corporificação mútua de uma relação de troca: cada parte se põe no lugar da outra ao tentar imaginar seus nomes secretos, mas essa mutualidade tem vida curta, pois imaginar corretamente é "roubar" o nome. Se o torneio de nomes é uma atividade interpretativa, os objetos de interpretação são outras pessoas. E, uma vez que através de seus nomes o subclã corporifica os poderes de seus ancestrais de origem, o efeito é uma redistribuição e recorporificação de poderes. Na verdade, a interpretação implica ter um efeito – ela é o decreto decisivo do que se considera agora já ter acontecido.

Na distribuição ou divisão de poder entre os grupos, em que cada ganho é a perda de outro, podemos ver também a divisão do trabalho interpretativo. Exige-se que cada grupo se envolva com as tentativas do outro de determinar o estado de coisas. O trabalho de interpretação não é compartilhado, mas distribuído entre eles.[22]

---

22. Uma espécie de diálogo implodido – não se trata de um diálogo que leva à polifonia ou à multivocalidade. Isso não quer dizer, no entanto, que não se possa aplicar uma análise dialógica: R. Werbner (1991) relembra esse ponto. No interior do "compartilhamento como perda" dos nomes avatip, devo acrescentar que, na condição de caso especial, os subclãs aliados (ligados por intercasamento) "compartilham" o conhecimento um do outro, diferentemente dos clãs adversários (agnáticos) (Harrison 1990: 58).

## Escrita

Sugeri em outro trabalho (M. Strathern 1991a: 198) que a contrapartida melanésia da "análise social" ocidental é a maneira como as pessoas se decompõem ao revelar as relações (pessoas) que corporificam. Nos debates avatip, o objetivo do debate não é criar novas distinções perceptivas – não é interpretar o que se conhece, mas descobrir quem conhece. O poder não pode ser medido até que seja testado e então conhecido por seus efeitos. Apesar da divisibilidade do mundo numa multiplicidade de nomes, portanto, o conhecimento dos nomes sempre volta ao poder como "o único" resultado (cf. Gillison 1987). No entanto, tudo que um subclã/pessoa pode demonstrar a qualquer momento é que o poder também é relativo. Se um subclã perde um nome, é porque outro o ganhou, mesmo que assim uma pessoa seja deslocada por outra. Consequentemente, as pessoas não são garantia de "presença", isto é, mesmo que determinado homem esteja ali, o que está *em debate* é se esse homem origina algo ou não. Ele pode conhecer ou não os nomes relevantes – o que tem de ser presentificado é o poder de conhecer. O originador não é concebido como um sujeito individual no sentido euro-americano. Um falante é um porta-voz – não da sociedade, mas das pessoas: ele fala em nome do subclã e, portanto, de uma versão ampliada de si mesmo.

Se as pessoas não garantem presença, presença não garante autenticidade. Nesse sentido, os debates não são "falas". Os nomes não são autenticados por seus originadores, mas na divisão do conhecimento entre quem faz a reivindicação e seu rival, de modo que é a intervenção ativa de outras pessoas que delimita o que um sujeito sabe. A elocução do nome de alguém pelo rival é ao mesmo tempo roubo e recuperação, reivindicação de uma origem que veio de outro lugar. Serão os debates, então, "escrita"?

Battaglia (por exemplo, 1990: 195) comenta o modo como a cerimônia funerária dos Sabarl opera para dramatizar pessoas; isto é, as relações e as capacidades de uma pessoa são encenadas, distribuídas no conhecimento daqueles em torno dela, de modo a permitir a geração de novas relações e capacidades. A autora chama a cerimônia (atividade) de escrita de modo a capturar tanto o momento crítico e decisivo em que o(a) morto(a) é apresentado(a) de forma resumida, como o efeito de deslocamento produzido ao marcá-lo(a) como ausente a partir de então. Esse efeito é objeto de atividade explícita, e sua encenação emite, diz ela, novas histórias como rebentos de crescimento. Ora, os ritos funerários sabarl trabalham para tornar o morto ausente, ao passo que os debates avatip trabalham, poderíamos dizer, para tornar os vivos presentes, isto é, para garantir que as pessoas corporifiquem o poder.[23] Como nota Harrison, em virtude de o poder dever ser sempre eficaz, deve-se demonstrar constantemente que o poder está com o poderoso. Uma maior manipulação ou interpretação do momento é impedida ou bloqueada na medida em que a todo momento se escreve a ausência, no primeiro caso, e a presença, no segundo. O resultado é que se cria uma identidade novamente utilizável (Battaglia 1990: 194).

Podemos considerar essas formas melanésias de interpretação como análogas às preocupações de uma ciência social; porém, aqui não se pressupõe nem a "sociedade" (o texto sem autor) nem o indivíduo (o sujeito que fala). As pessoas interpretam os atos de entidades sociais já existentes, relacionadas a elas através de suas contrainterpretações. É essa divisão de interesses que cria um mundo finito. Para os modernos euro-americanos, que vivem em um mundo em proliferação, essas possibilidades parecem apenas se somar aos infinitos mundos sociais a que podem dirigir suas próprias interpretações, mas nossas interpretações também abrangem a descrição de ambos. Podemos pensar ser capazes de imaginar tanto mundos finitos quanto mundos infinitos. Para "nós mesmos", portanto, é nosso próprio mundo que tem de ser finito, em conceitos, perspectivas – e matemáticas – específicos que ele nos fornece.

## Perspectivas e pontos cegos

O malogro de Starn em alcançar a completude em seu empreendimento como escritor é um lembrete de que o antropólogo não está sozinho nessas compreensões, ainda que as premissas que levam ao empreendimento etnográfico sejam muitas vezes específicas. Em M. Strathern (1999: cap. 1), mencionei que Haddon & cia. imaginavam estar registrando uma cultura incompleta. Parte dessa

---

23. O que é evidenciado em seus vizinhos Chambri (ver Errington & Gewertz 1987) através do repagamento do que eles chamam de "dívidas ontológicas" das pessoas pela vida.

sensação de incompletude vem da visão holista que sugeri ser um motor para descobrir o imprevisto. (Nunca poderemos descrever a sociedade como um todo!) Outra parte vem da justaposição entre campo e escrita, observação e análise. No entanto, o sentido de incompletude gerado por essas justaposições também tem uma fonte mais geral nas práticas de conhecimento euro-americanas.

## Um comentário merográfico

É esta a incompletude das perspectivas alternantes, e os antropólogos euro-americanos a colocam no coração da escrita analítica sempre que evocam o método comparativo (Parkin 1987). Comparar entidades implica que cada entidade revela outras, fornecendo assim uma perspectiva que, por sua vez, pode sempre ser tornada incompleta por elas. Ela sugere um número possível ilimitado: Hagen, Yonggom, Avatip... Sugere tomar partes específicas de um trabalho e usá-las num contexto identificavelmente diferente, embora sempre com a cláusula de retorno (à fonte etnográfica). As descrições de uma sociedade se alojam em outra sociedade, como se a substância dos casos etnográficos específicos fluísse entre os textos. Essa última alusão a certa troca é, contudo, fantasiosa. Estamos falando da organização da escrita, e por mais mútua ou reciprocamente que se construam as comparações, e por mais igualadora que seja a tentativa de imparcialidade, o efeito de ir de uma localização analítica a outra produz o que já intitulei de conexão merográfica.

Essa expressão indica certas práticas de conhecimento que supõem um número ilimitado de perspectivas. Cada novo ângulo ou perspectiva eclipsa o outro; tudo pode ser parte de outra coisa – no mínimo parte de uma descrição no ato de descrevê-la. Desse ponto de vista, na verdade, nada é apenas parte de um todo, porque outro ponto de vista, outra perspectiva ou domínio pode redescrevê-lo como "parte de outra coisa" (M. Strathern 1992: 73). Podemos imaginar duas pessoas, cada uma delas habitando o campo visual da outra. A conexão merográfica funciona, assim, deixando-se determinado ponto de vista de lado para ver as coisas de "toda" uma nova perspectiva. Conhecer os Avatip através do conhecimento sobre os Hagen: se o que se tem de saber é o ponto de vista a partir do qual o autor ou a autora escreve, a coisa mais importante é saber precisamente "o ponto de vista a partir do qual" sua perspectiva é organizada. Cada perspectiva, ao incluir outro ponto de vista como parte de si mesma, deve excluir a outra *como perspectiva*.

A reificação e a personificação fornecem, aos olhos euro-americanos, duas perspectivas radicalmente diferentes sobre o modo como as pessoas associam coisas a si mesmas e entre si. Elas nos apresentam o problema já familiar da mercantilização, quando os objetos parecem ter mais valor do que os sujeitos, e as pessoas parecem subordinadas às coisas. Uma maneira disponível e articulada de lidar com essa problemática se baseia exatamente na ideia de que cada perspectiva é um momento radical e individual.

A recente investida de Margaret Radin (1966) sobre o tópico da mercantilização primeiro separa duas perspectivas, para então encontrar uma espécie de solução na noção de – a frase é dela – "mercantilização incompleta". Para essa jurista e adepta do pragmatismo filosófico, essa noção constitui uma resposta epistemológica a questões de valor numa arena de debate moral na sociedade americana e europeia, também tratada em meus ensaios. Tal arena é criada por uma crescente capacidade tecnológica de destacar e transferir partes do corpo, acompanhada de acordos, entre os quais os de sub-rogação, efetuados por meio da medicina reprodutiva. Tudo isso recontextualizou práticas milenares como a prostituição e a "venda de bebês". As controvérsias se referem ao que é ou não adequadamente destacado do corpo ou da pessoa, mercantilizado e, em última análise, posto à venda no mercado. O problema com a mercantilização nessa esfera é que, de fato, ela parece transformar sujeitos em objetos, e isso entra em choque com a visão euro-americana das pessoas como agentes subjetivos (que não pode concordar com isso). Mas Radin deseja evitar o impasse entre supervalorizar e subvalorizar a mercantilização – entre conceder-lhe poder demais (vendo em toda parte sua mão sinistra)[24] e não lhe conceder poder suficiente (ao tentar remover dela setores inteiros da vida).[25] Esse impasse, tal como ela o anali-

---

24. Ela cita, por exemplo, as críticas humanistas marxistas da mercadoria que veem o terror na reificação e uma divisão do mundo em sujeitos e objetos como resultado pernicioso da própria mercantilização (Radin 1996: 81-83).

25. A "teoria da proibição" enfatiza a insídia da mercantilização por conta de sua alienação e degradação da pessoa, enquanto outras teorias enfatizam a importância de manter áreas não mercantilizadas da vida para a saúde da sociedade (Radin 1996: 96).

sa e com o qual é impossível deixar de concordar, se deve parcialmente a noções grosseiras de pessoa e comunidade (indivíduo e sociedade), que não levam em conta que as relações de mercado são relações não só entre pessoas e coisas, mas entre as próprias pessoas. Ela sugere que, se concebermos a pessoa em sua relação com outras pessoas e a comunidade como fundada na interdependência humana, "pode-se relacionar essa mudança na conceitualização das ideias de pessoa e comunidade à mercantilização incompleta, tomada como expressão de uma ordem não mercantil que coexiste com uma ordem mercantil" (1996: 113). Desse ponto de vista, o comercialismo não tem de ser crasso, e pode-se imaginar a mercantilização como uma gradação.[26]

O que Radin quer dizer é que certos aspectos das transações envolvendo pessoas e o que elas destacam de si mesmas podem conter valores não mercantis, e que não se deve temer tanto o comércio a ponto de não reconhecer a adequação dos valores mercantis em outros aspectos. Assim, ela define a prática (euro-americana) de indenização por lesões como um modo de reparação que pode assumir forma monetária, mas que não implica uma compensação proporcional, isto é, o ferimento não é totalmente medido pelo dinheiro. "As concepções mercantilizadas e não mercantilizadas estão bem cristalizadas e coexistem" (1996: 189).[27]

Meu propósito, ao introduzir neste ponto as formulações de Radin, é esclarecer a descrição de conexão merográfica. Ela mesma não poderia estabelecê-la de modo mais claro: os conceitos[28] mercantilizados e não mercantilizados formam ordens distintas de interpretação da experiência, no duplo sentido de serem ao mesmo tempo separadas e muito claras, mas ainda assim coexistirem: essas duas perspectivas podem ser conectadas e, na verdade,

---

26. Assim como o "individualismo" (M. Strathern 1992a: 73).

27. Expandindo aqui seu parágrafo: "Há uma concepção central e mercantilizada, de que a indenização por lesões é como comprar uma mercadoria, e uma concepção menos mercantilizada, de que os danos são 'custos' que devem ser medidos em comparação com os custos de sua prevenção. Há também uma concepção central e não mercantilizada, de que o pagamento provê uma compensação, mas não restituição ou retificação, e uma concepção menos central e também não mercantilizada, de que o pagamento compensa certas desvantagens sociais" (Radin 1996: 189).

28. Do mesmo modo que a reificação e a personificação para os euro-americanos.

O efeito etnográfico **359**

formam um par. Assim, pode-se pensar em concepções mercantilizadas e não mercantilizadas, na linguagem de Radin, como as economias de mercado e as que não o são, unidas como opostos ou complementaridades. Ao mesmo tempo, essa junção não produz uma relação recíproca ou mutuamente definidora. Pelo contrário, embora os valores possam ser alinhados como aspectos positivos ou negativos um do outro, cada concepção traz simultaneamente seu próprio universo de conotações, aplicações e significados. Cada um deles está conectado a uma série única de fenômenos, no sentido de que ela é autorreferente, e que lhes confere caráter próprio: um difere do outro na medida em que também faz parte de um contexto de ação bem diferente. Em suma, o que define a mercantilização não é o que define seu oposto.[29] Ou seja, cada um deles fornece uma perspectiva sobre o outro e se podem descrever processos de ambos os pontos de vista (tal como estes foram descritos na n. 27). Na fórmula de Radin, os valores de mercadoria e de não mercadoria estão em "disputa". Do ponto de vista merográfico, seu epíteto está absolutamente correto. O resultado dessa coexistência é um processo mais "incompleto" do que contraditório, diádico ou bivalente.

Esse é mais do que só um exemplo – creio que ele constitui um euro-americanismo característico. Assim, para repetir uma pergunta anterior, como se apresentaria a interpretação numa sociedade que, diferente desse caso, *não* imagina que as perspectivas sejam autorreferenciadas, contextos "únicos" para a ação e, portanto, assume que elas podem coexistir e se sobrepor a números ilimitados de outros "únicos"? Não creio que a resposta possa ser alcançada com o tipo de escrita que deve ser feito por Radin, ou na qual este livro foi escrito. Mas uma escrita incapaz de exemplificar o fenômeno pode, ainda assim, indicá-lo. Deve-se apenas estar preparado para o imprevisível, o que inclui distribuições diferentes do que as pessoas consideram ser finito ou infinito nas circunstâncias em que se encontram.

---

29. E os argumentos em seu livro partem sempre de uma perspectiva da mercadoria: não é feito um exame de como seria um domínio de concepções não mercantilizadas como contrapartida. Fazem-se apenas referências incidentais a noções de pessoa, a relações, à democracia, e assim por diante.

## Perspectivismo

Suponhamos que as perspectivas fossem finitas, mas não à moda renascentista. Suponhamos, em vez de uma imaginação renascentista que procurou às vezes fazer do mundo inteiro o objeto singular da visão do observador, que ter uma perspectiva fosse considerado uma capacidade dos seres animados. O que o observador "veria" seriam outras formas de vida. O que seria finito? Talvez a maneira pela qual alguém teria sua perspectiva devolvida a si mesmo? Isto é, o encerramento residiria no fato de conservar a própria perspectiva e receber a perspectiva de um outro simultaneamente. Ou, antes, o momento em que o observador estivesse consciente de ter uma perspectiva sobre as coisas seria o momento em que ele ou ela alcançaria, por assim dizer, as perspectivas recíprocas de outras formas de vida. Cada uma delas incluiria, assim, a perspectiva do outro *como uma perspectiva*. Foi exatamente isso que Eduardo Viveiros de Castro (1996; 1998) descreveu a partir de vários relatos antropológicos sobre o "perspectivismo" amazônico.

Ele escreve sobre uma ontologia complexa de mundos múltiplos, onde a experiência é em certo sentido radicalmente dividida e, em outro sentido, constantemente duplicada ou acompanhada de sua própria sombra (1992). São esses os mundos amazônicos dos Araweté e de outros povos, que se baseiam na suposição de uma continuidade entre todos os seres animados; as pessoas compartilham com os animais os mesmos tipos de alma e, portanto, as mesmas identidades e construtos mentais. O que os diferencia são seus corpos. São os corpos que veem e que determinam o que é visto. A partir de seu corpo humano, os seres humanos só podem "ver" os animais como não humanos. Mas, quando o ponto de vista dos animais é imaginado, essas criaturas não veem os seres humanos como seres humanos – para elas, as pessoas aparecem como animais e os animais aparecem como pessoas uns para os outros. O corpo é, por sua vez, criado pela visão. Aqueles que têm certo ponto de vista (assumem determinada perspectiva) aparecem uns para os outros como humanos, como pessoas. Ser capaz de ver define um agente: as pessoas sabem que são pessoas porque o resto do mundo animado aparece como não humano. Mas isso – ser capaz de ver – não diz nada sobre a identidade de outras criaturas,

O efeito etnográfico **361**

apenas sobre como elas se mostram ao observador. O que determina a forma, isto é, o que determina o que pode ser visto, é o estado espiritual. Há certos momentos em que as pessoas podem ver os animais assim como veem a si mesmas (elas veem os animais como pessoas), a saber, quando elas têm acesso a outros mundos através do transe xamânico. Os espíritos compreendem ainda outro eixo aqui, junto a outras entidades não humanas. O modo como o ser humano vê as coisas é, portanto, o modo de perceber de qualquer outra criatura, e todos os seres animados são, nesse sentido, iguais aos seres humanos: eles compartilham o mesmo tipo de alma. Certos animais significativos exemplificam esses princípios de forma particular.

Como diz Viveiros de Castro (1996), ver é uma questão de perceptos, não de conceitos. O que se vê não é o que se sabe. Só se consegue "ver" a forma ou corpo manifesto que se encontra disponível à visão porque é antes de tudo com o corpo que se vê. Em circunstâncias especiais, pode-se adquirir outros tipos de visão (isto é, outros corpos) e "ver" todo tipo de entidade sob formas diferentes. Tais alternâncias amazônicas da visão confirmam uma consequência dessas operações, que é a de que uma perspectiva é, por assim dizer, completada ou tornada finita por sua perspectiva recíproca. Se, por um lado, um ser humano que vê um animal vê um humano vendo um animal, então, por outro lado, o humano sabe que aos olhos do outro tem a forma de um animal.

Como ser capaz de ver é uma condição de humanidade, pode-se dizer que entre os animais e os espíritos se encontram antigos seres humanos, mas não o contrário. Os animais são ex-humanos; não são os humanos que são ex-animais (ele cita, entre outros, Descola 1986: 120). Repito, então, os contornos dessa complexa ontologia. Ser humano consiste, nesse sentido, em ver, e ver confere uma forma particular ao mundo. Quando as pessoas perdem o corpo, como na morte, elas deixam de aparecer às outras como seres humanos (não podem mais ver e ser vistas no mesmo mundo). Resumindo, o corpo é um agente de percepção. Assim, embora os animais/espíritos percebam exatamente do mesmo modo que as pessoas viventes, pois todos têm almas de tipo semelhante, elas percebem coisas diferentes porque não têm o mesmo corpo. Quando as antas se tornam pessoas, elas veem do mesmo modo que as pessoas, mas os corpos que veem não são os corpos que as pessoas veem: elas veem versões-anta de seres humanos. E isso acontece porque não se trata simplesmente de uma questão de conhecimento, de alternar perspectivas no sentido de se colocar mentalmente no lugar do outro, mas porque a visão opera diferentes mundos ou ordens do ser. Há, portanto, uma separação entre os mundos, "conhecida" pela viagem que ela exige – são necessários xamãs para atravessá-la. Os xamãs ativam diferentes corpos.

Isso não é relativismo. A evocação da ontologia nesse caso é deliberada, pois o que está por trás dessa descrição é o interesse de Viveiros de Castro no fundamento ontológico primitivo sobre o qual, em contraste, se faz muita exegese antropológica. A epistemologia se tornou fonte de uma complexidade sem fim, e a antropologia social não é apenas a disciplina que transformou a obsessão intelectual euro-americana com a forma como se pode conhecer e descrever coisas no problema de como representá-las. Afinal, o que concebemos como objeto de estudo deve ser mediado pelo que fazemos do nosso conhecimento do mundo! Também uso deliberadamente o termo "mundo": essa epistemologia constrói como seu objeto um mundo "inteiro", pois a vida aparece separada no mundo (real), de um lado, e no modo como os seres humanos conhecem e representam o mundo, de outro. Na verdade, na academia do fim do século XX, um ponto de vista "perspectivista" tornou-se condição quase *sine qua non* da ideia de que todos detemos modos diferentes de conhecer o mundo e diferentes pontos de vista de onde se vê o mundo. A consequência disso, diria Viveiros de Castro, é que todas as perguntas interessantes parecem tratar de como nós (sujeitos) conhecemos o mundo (objeto) – um fantástico edifício epistemológico sustentado por uma ontologia simplória.[30]

Mas o que têm a dizer os euro-americanos sobre o modo como as pessoas têm pontos de vista umas sobre as outras? Pode haver uma consideração mútua entre as pessoas, pois cada uma delas sabe que o outro tem uma perspectiva sobre si mesmo, embora somente em determinadas condições isso funcione como uma rela-

---

30. Ele argumenta que os euro-americanos afirmam que os seres humanos são semelhantes em suas necessidades e desejos e diferenciados apenas por costumes, tecnologias, sociedades e culturas; daí o truísmo: o que distingue os seres humanos do resto da natureza e distingue os seres humanos uns dos outros são seus construtos mentais. Radin (1996: 82) cita a formulação de György Lukács de que "a mercantilização implica o fundacionalismo e o realismo metafísico".

O efeito etnográfico **363**

ção finita. Em vez disso, essas situações normalmente assumem a forma de uma conexão merográfica: a perspectiva do outro é abarcada pela própria perspectiva, pois a perspectiva do outro existe para si, deste ponto de vista euro-americano, *como um elemento de conhecimento*. Isso quer dizer estar conscientemente atento ao fato de que o que é verdadeiro sobre si mesmo (ter uma perspectiva sobre os eventos) deve ser igualmente verdadeiro sobre outra pessoa. Isso produz a posição reflexiva familiar de se ver através dos outros, e seu companheiro antropológico, o interesse pela representação dos outros. Nessa ordem das coisas, simplesmente "conhecer" outras perspectivas pode também ser visto como um fim respeitável em si.

O perspectivismo amazônico, ao contrário, faz do conhecimento mais que um fim, um meio. Viveiros de Castro (1996) afirma de modo vigoroso que o ponto de vista não cria o objeto, como na ontologia euro-americana; o ponto de vista cria o sujeito. Uma perspectiva no sentido amazônico não pode, portanto, ser uma representação (de um objeto). E o mundo que é visto não pode ser realizado por uma mudança de orientação mental – ou por uma construção social alternativa –, mas somente pela condição corporal. A atenção à condição corporal permeia o ser das pessoas no mundo. O parentesco, por exemplo, tal como o enfrentamos rapidamente alhures (M. Strathern 1999: cap. 4), torna-se um processo de assimilação ativa de relações por meio da absorção de substância e memória; as pessoas constituem os corpos umas das outras como corpos humanos por meio da interação.

Creio que isso fornece um acesso novo e útil para o material melanésio. Oferece-nos um vocabulário adicional para a significância da forma. Se tomarmos a visão amazônica como uma espécie de tráfico entre os seres animados, a evidência desse tráfico reside nas formas desses seres (um ser humano ver outro ser humano como animal). Observa-se, por assim dizer, o efeito da relação. Na Melanésia, a aparência da terra, o estado dos corpos das pessoas e os recursos de que elas dispõem são sinais de tráfico. Esse tráfico pode ser conceitualizado como ocorrendo entre seres humanos e espíritos, como é o caso dos Avatip ou dos Duna, ou de modo variado entre humanos e animais, e quando as pessoas ainda pensam em fantasmas ancestrais em Hagen. Sugiro, contudo, que a humanidade, e portanto uma divisão entre os humanos e os outros,[31] não constitui o eixo ontológico principal. Não penso que a diferença entre "espírito" ou "animal" e "humano" tenha sido o arquétipo do tráfico perspectivista, no sentido amazônico. São as pessoas que oferecem perspectivas umas sobre as outras. Com isso, quero dizer que as linhas significativas são internas, entre os seres humanos como entidades sociais distintivas, isto é, entre tipos ou espécies[32] distinguidos por suas relações uns com os outros. É por isso que o gênero, como meio de reificação, ao conferir uma forma às pessoas, figura de modo tão proeminente na antropologia melanésia. É exatamente esse o argumento comparativo de Descola (1996). O eixo ontológico é a possibilidade de divisão entre as "pessoas" (sociais).

Essa divisão não é só uma questão de conhecer, mas de ser. É por isso que a diferença de gênero não é trivial. Tal como a descrevi para o passado no monte Hagen, ao menos, a diferença crucial estava entre as relações entre pessoas do mesmo sexo e as relações entre pessoas de sexos diferentes. Uma pessoa em determinada posição age para com outra numa posição que lhe serve de contraparte, e cada uma delas define a outra. Uma pessoa é de mesmo sexo que o irmão ou irmã de mesmo sexo, digamos, e de sexo diferente do irmão ou irmã de sexo diferente. Esses são modos fundamentalmente diferentes de estar relacionado. De maneira similar, nos sistemas de linhagem, a diferenciação entre parentesco de tipo materno e paterno, ou agnático e cognático, aponta para um estado do ser que é fundamental para a pessoa assim conectada; ser filho não é o mesmo que ser filho da irmã. Esses não são pontos de vista relativos – são consequências ontológicas de ser filho

---

31. Este é um modo bastante enganador de apresentar o perspectivismo amazônico. Todos os seres animados são humanos a seus próprios olhos. A separação é consequência de ter uma espécie de corpo e não outra. (Os seres humanos são separados ou destacados uns dos outros pela condição de seus corpos.)

32. Novamente uso o termo "espécies" tendo em vista o uso por Astuti (esp. 1995: 154-55). Os Vezo austronésios do Madagascar exageram a divisão (há um verbo em vezo para "divisor") entre os vivos e os mortos a ponto de os Vezo vivos considerarem que os mortos nem mesmo são vezo, pois seu corpo não pode assumir os sinais de uma "vezoidade" viva. Além disso, de modo bem diferente dos vivos, os mortos são seres separados em grupos de descendência diferentes e, assim, compostos de diferentes "espécies". Para os vivos, a evidência dessa condição são os túmulos separados em que eles colocam e, assim, de fato dividem os mortos.

O efeito etnográfico **365**

dessas pessoas e filho da irmã daquelas, ou de ser consanguíneo, em oposição com ser afim. São ao mesmo tempo condições corporais e orientações sociais, e deve-se considerar que as relações melanésias com os espíritos compõem uma configuração similar. Todas essas conexões podem funcionar como díades: o ponto de vista de uma menina trobriandesa sobre os seus (parentes) é devolvido por eles a ela na forma de suas parentes (mulheres) matrilineares. As perspectivas são, enquanto perspectivas, pareadas, embora possa haver muitos pares.

São os sujeitos – no meu vocabulário, "pessoas" – que detêm as perspectivas de uns em relação aos outros. O que cria uma perspectiva finita? As perspectivas ligadas pelo que passa entre elas? Tendo vindo de Hagen, já usei uma palavra derivada da troca, "tráfico", e escrevi em geral em termos de "fluxo" onde outros poderiam pensar ver ou, no caso, pensar em partículas de luz. Mas é a evidência que é visível; o que transpira entre as pessoas fica reificado, apreensível, "sobre suas peles", seja a pele da terra, do corpo ou do clã com seu universo de nomes. A troca cerimonial inicialmente parece uma versão literal desse tráfico: ela cristaliza o fluxo entre as pessoas, transforma-o num objeto estético ao fazer dele o motivo da troca entre parceiros que são, e do modo mais evidente possível, parceiros para fins de troca. As visões não operam, e não são necessários xamãs. Mas – e aqui empresto algo de Stephen Hugh-Jones (1994; 1996) – há uma contrapartida das viagens do xamã: a viagem da riqueza. O xamã "amazônico" torna visível o tráfico da visão. Nas transações melanésias de troca, o ponto de vista é criado quando se detém a dádiva.

As relações entre doador e receptor fundamentam-se no fato de que a qualquer momento um deles está em uma posição ou em outra em relação a sua contraparte (um doador para um receptor). Sendo possível ocupar qualquer das posições, a troca de dádivas congela essa situação, o que constitui uma condição da própria troca: ser um doador é ser ou ter sido um receptor. A antecipação dessa reversão está sempre presente. E não se trata de visão, como no caso amazônico, mas do tipo de efeito que as pessoas têm umas sobre as outras. Ao trocar perspectivas, por exemplo, as pessoas trocam a capacidade de cada lado de se aumentar. Em Hagen, isso se manifestava numa obsessão ou ansiedade característica da parte dos homens. Era sempre problemático decidir se a dádiva teria sido suficientemente aumentada – a quantidade de poder que ela demonstrava. Isso era medido com base no tamanho da prestação e em como ela aparecia em comparação com as prestações anteriores. Em contrapartida, a identidade não apresentava problemas. Nunca havia, em qualquer intercâmbio específico, nenhuma dúvida quanto a quem era o doador e quem era o receptor; isso estava indicado nos tipos de dádiva que eles seguravam. As dádivas à mão poderiam ser quase como os olhos amazônicos.[33] Se de determinado ponto de vista um doador que entrega dádivas a um receptor transforma-o em futuro doador, então, a partir de outro ponto de vista, o doador sabe ser o receptor, que deve receber dádivas de volta.

Os itens de riqueza são transformadores:[34] com base na direção de seu fluxo eles criam dois tipos de pessoa (doadores e receptores). No que diz respeito às mulheres nos sistemas patrilineares do tipo de Hagen, o crucial para elas é que a direção em que elas (as mulheres) se deslocam deve também criar diferentes tipos de pessoa (os parentes paternos de uma mulher tornam-se parentes ma-

---

33. Tal como entendi o trabalho de Viveiros de Castro, para os Araweté, os olhos são parte de uma capacidade corporal generalizada de ver; do mesmo modo, as dádivas são parte de uma capacidade generalizada de estender a si mesmo. A dádiva melanésia não tem de ser conceitualizada como riqueza. Para os Etoro, a quem aludo muito brevemente, as conchas vão para o irmão da mãe retribuindo (uma "dádiva" de) uma derrubada de árvores, que é compensada na geração seguinte por conchas retribuindo (uma "dádiva" de) uma inseminação.

34. Sigo Viveiros de Castro ao usar o termo "transformação", não no sentido de uma entidade que se torna ou cresce a partir de outra de modo produtivo (cf. a observação de Riles em M. Strathern 1999: cap. 1, n. 1), mas de se manifestar um estado ontológico alternativo já presente. Isso se aproxima mais, na verdade, do conceito de Riles de uma "figura vista duas vezes", a não ser por se tratar aqui de analogia (mesmo [tipo de] pessoa em lugares/corpos diferentes) em vez de homologia (diferentes entidades no mesmo lugar). A analogia pressupõe que as pessoas são semelhantes e que o que as diferencia são as posições (corpos, lugares) a partir das quais elas atuam (Wagner 1977). A troca alterna essas posições. No modelo "amazônico" de Viveiros de Castro, a produção está subsumida na troca, que se torna o arquétipo do esforço humano, e as origens aparecem como empréstimos e transferências, um deslocamento a partir de outro corpo. Seu modelo pode ser traduzido para a Melanésia na medida em que consideramos que tudo o que é produzido, que vem da terra, digamos, tem sua origem social em outro lugar, isto é, em outra pessoa; este é um eixo da lógica da compensação, encontrado em M. Strathern 1999: caps. 9 e 10. Gillison (1993), contudo, pediria cautela – imaginar que não há direcionalidade nesses empréstimos também pode ser produto de nossas fantasias.

ternos de seus filhos), e para isso elas exigem que as energias dos homens sejam convertidas em prestações baseadas no parentesco. Elas enredam os agentes masculinos numa rede de débitos e créditos, de modo que os homens passam a ser definidos pelo modo como encaram um ao outro como participantes de transações em relações de parentesco (cf. Van Baal 1975). Em todo evento, o fluxo de bens entre os homens força tanto os homens como as mulheres a assumirem perspectivas uns sobre os outros de forma intensificada e articulada – uma forma exteriorizada do "fluxo de relações" (Wagner 1977) que impõe perspectivas recíprocas a todos. Cada pessoa vê a si mesma do ponto de vista do outro. Aqui podemos voltar à descrição dos Etoro feita por Raymond Kelly em M. Strathern (1999: cap. 3, n. 5). Quando ele escreve (1993: 163) que um homem iniciado, agora visivelmente ligado ao pai e a seus agnatos ao compartilhar com eles ossos e cabelo, e aos parentes maternos pelo sangue, carne e pele, "corporifica, em sua constituição física e espiritual completa, todos os componentes relacionais que constituem o sistema social", ele também mostra como o sistema social retrabalha essas ligações como relações de troca. Em duas gerações, os parentes maternos passam de receptores dos valores em forma de conchas do iniciado a remetentes de valores de volta (na riqueza da noiva, segundo as regras de casamento). A pessoa que é *corporificada* de dois modos diferentes, por (sua relação com) seus parentes paternos e maternos, se torna o fundamento lógico para que dois conjuntos de pessoas (os dois lados) interajam de maneira que cada uma ocupe momentaneamente a posição da outra.

Ora, a ideia melanésia de que as pessoas trocam pontos de vista ou perspectivas umas com as outras incita a uma comparação com a reflexividade euro-americana da condição do eu, que vincula uma noção de identidade ao que pode ser visto: sei quem sou porque você pode ver quem sou. Nessa fórmula, o olhar de uma pessoa é refletido no de outra; a alma de uma pessoa está em seus olhos, e ver é saber. A interação euro-americana traz precisamente o conhecimento (que inclui o autoconhecimento), e a "reflexividade" é um estado do conhecer.

No entanto, a troca melanésia de perspectivas em que estou interessada impõe uma troca de "efeitos". As perspectivas podem ser abertamente pareadas, e as posições podem ser reversíveis, mas o olhar de uma pessoa não é devolvido como tal; o homem não vê a si mesmo, mas a si mesmo, transformado, em outro corpo. Resumindo, como uma mãe que dá comida a um filho, o doador dá a uma pessoa diferente de si mesmo (um doador entrega uma dádiva a outro doador tomado como recipiente). E que "pessoa" é essa? Tem de ser a pessoa envolvida na troca, e é portanto a possibilidade de troca das capacidades das pessoas que está em questão. Essa possibilidade de trocar é manifestada no corpo da pessoa, e a troca de dádivas é um momento em que esse truísmo se torna público. Em Hagen, como vimos, a troca de dádivas entre homens assume a forma de uma troca de substância: a riqueza que flui entre doador e receptor indica a destacabilidade dos bens do doador que vão, por sua vez, inchar o tamanho do corpo do recipiente. O corpo aumentado é tornado visível pela decoração, ao mesmo tempo que, quando a dádiva do doador é consumida (momentaneamente) por um outro, seu corpo depauperado é visibilizado por sua ausência. Do mesmo modo, uma mãe grávida e seu filho afetam um ao outro, pois ambos crescem juntos, assim como, mais tarde, o filho e seu clã fazem crescer um ao outro (o corpo do clã que é literalmente aumentado por seus próprios membros também os nutre com a comida retirada de sua terra). Em suma, os corpos têm efeitos sobre os corpos, e ser "efetivo", em oposição a ser "reflexivo", é um estado do ser, um estado relacional, circunscrito. Esses efeitos não são mediados pela necessidade de um conhecimento anterior do mundo; são o resultado de interações.

## Ponto cego

A questão do conhecimento serpenteia para dentro e para fora deste relato. Assim também, as práticas de revelação e encobrimento movem uma espécie particular de encanto. Quando comecei a pensar sobre por que eu era tão deslumbrada, na verdade, supus ter sido atraída pelas exibições por causa do que elas visibilizavam. Ao refletir, compreendo haver nelas muito mais do que isso: que se esconder uma vez mais exerce um efeito igualmente poderoso. Afinal, é possível esconder ideias nas próprias descrições de modo que nem todas elas fiquem evidentes a qualquer momento. Isso me conduz a meu ponto cego, e é claro que tenho de abordar esse ponto cego obliquamente; portanto, permitam-me voltar a Harrison.

O problema é novamente o da linguagem da descrição, que, como sabemos, envolve os vários dispositivos euro-americanos de justaposição, de invocação de um contexto particular e da perspectiva concebida de modo merográfico. Todos eles contribuem para o eixo de comparação criado pelo escritor. Ora, Harrison comparou o controle dos Avatip sobre o conhecimento a transações que envolvem objetos de riqueza como os que circulam nas ilhas Trobriand. O controle específico sobre o conhecimento que afeta os Avatip é a manifestação das pessoas em seus nomes, mas Harrison também fala de modo mais geral da criação e da circulação de ideias e da propriedade incorpórea, como os desenhos, os encantos e todo tipo de imagem e procedimentos rituais. A comparação com os itens de riqueza[35] é pertinente, pois sugiro que esse "conhecimento" não é como o tipo de conhecimento com o qual o escritor-antropólogo está preocupado[36] em primeiro lugar. Sublinho aqui o problema de um relato da Nova Irlanda. Robert Foster fornece uma narrativa sobre as transações de troca entre os Tanga que as retrata como "instâncias específicas de exibição revelatória por meio das quais os agentes constituem e comunicam o conhecimento"; nessa narrativa, as conchas, ao se moverem de um esconderijo a outro, movem-se entre pessoas. O conhecimento que as pessoas comunicam aos outros trata, para completar sua frase, "delas mesmas" (1995a: 208). A circulação, continua ele, assume a forma dialética do aparecimento e do desaparecimento. E ele acrescenta que "a apreensão ou o testemunho visuais [...] frequentemente acarretam uma relação de propriedade entre o observador e o objeto visto, de modo que o observador adquire certo domínio sobre o objeto observado" (1995a: 209). A percepção visual é a única fonte confiável de conhecimento, e ver, em sua análise, constitui não só conhecimento, mas controle, isto é, a de-

---

35. Que ele redefine como "bens de informação" dotados de papel semiótico, significando "relações sociais, especialmente políticas" (Harrison 1992: 237). Ele afirma (removendo suas ênfases): "a ação e a crença rituais são, na verdade, experienciadas do mesmo modo que os objetos nas economias melanésias, isto é, como uma dimensão do eu".

36. Na verdade, Harrison compara o controle sobre o conhecimento ritual à *propriedade* intelectual (ver M. Strathern 1999: cap. 8) – não a disciplinas intelectuais, discursos acadêmicos ou enciclopédias do mundo.

monstração de um efeito.[37] Podemos concluir que, assim como entre os Avatip, o objeto de conhecimento, como também o objeto de um efeito, não é alguma noção de um mundo inteiro, mas, de modo mais finito, são outras pessoas. O mundo inteiro – se eles assim imaginassem a terra, os assentamentos, o clima – simplesmente emite sinais relativos à efetividade desse tráfico. O fato de o conhecimento dizer respeito, antes de mais nada, às pessoas entre as quais ele é compartilhado parece-me ser uma qualificação muito significativa ao compararmos sua circulação a uma epistemologia euro-americana.

Em outros lugares da Papua-Nova Guiné há pessoas cuja reputação parece se construir sobre uma recalcitrância quase deliberada diante das práticas de conhecimento euro-americanas ou, dito de modo mais preciso, lugares onde os antropólogos euro-americanos tiveram problemas espetaculares para chegar a descrições adequadas (Crook manusc.). Mas não terá a prática aparentemente evidente e descritível da troca cerimonial, que alimenta a antropologia desde o *Ensaio sobre a dádiva* de Marcel Mauss, sido também ela uma obstrução ao conhecimento (antropológico)? Ou, para novamente dizer de modo mais preciso, por que eu deveria – e é claro que não estou sozinha nisso – fazer dela uma fonte de conhecimento? Terá sido porque, como euro-americana, fui treinada para equiparar o conhecer ao ver, quando o que vemos é *o mundo inteiro*? Eu não vejo uma pessoa, mas uma pessoa num contexto cultural; não vejo uma figura, mas uma figura numa paisagem; não vejo apenas conchas sendo arrebatadas, mas um vislumbre de um sistema social; não vejo uma dádiva, mas economia. A parte revelatória dessas práticas – a troca de dádivas – parecia ocupar-se muito obviamente de evidenciar fatos sociais e processos político-econômicos. Sua significância tinha de estar

---

37. Ele acrescenta: "A mesma dinâmica prática de encobrir e revelar sustenta tanto cerimônias funerárias elaboradas quanto pedidos cotidianos por uma folha de tabaco" (Foster 1995a: 210). Devo assinalar a efetividade de seu próprio argumento, que enfatiza a natureza coercitiva de dar e receber. Não só os receptores são "supridos à força", isto é, forçados a receber, como a narrativa dele apresenta uma transação de troca "como a tentativa agressiva de um agente de tornar públicos os bens de valor escondidos de outro", narrativa que usa a exposição sexual para acentuar essa ideia (1995: 208). A análise de O'Hanlons (1995) é pertinente nesse quesito.

no que revelavam ao antropólogo sobre a cultura, a sociedade e a economia.[38] E parecia muito óbvio pensar as relações das pessoas como exemplificações semelhantes de um mundo social. Tudo isso ainda é verdadeiro e profícuo, mas essas penetrações (euro--americanas) do processo social obscurecem certas propriedades das próprias relações.

Quando releio as passagens de *O gênero da dádiva* (M. Strathern 1988b: 180-82) que lidam diretamente com a reificação, fico perplexa com uma questão que na época me inquietava, mas que não permiti que aparecesse como questão: qual é o motivo subjacente para que relações sejam tornadas visíveis? Eu não tinha uma explicação (descrição) para a necessidade evidente que imputei a esses melanésios de tornar as relações *visíveis*. Não era necessário fazer essa pergunta, pois o desejo de saber parecia autossuficiente como contrapartida da análise dos antropólogos, como sugere o fim do livro (id. ibid.: 309). Tratava-se de um ponto cego, pois o fato de as pessoas explicitarem-se para si mesmas de diversas maneiras – fato para o qual a visibilidade constitui, em si, uma metáfora poderosa – parecia, de certo modo, um fato evidente da vida social e cultural. Era este o deslumbre: eles também são antropólogos! Era o deslumbre da simetria técnica, isto é, da simetria entre o talento artístico e a técnica, que exercia a mesma força que, antes dela, as noções de convenção e de norma exerceram sobre a percepção dos antropólogos da ordem social como uma questão de regras. Suspeito agora, contudo, que isso (a ideia de que as pessoas têm de se explicitar para si mesmas) provavelmente advém do tipo de visão produtivista da cultura e da sociedade que foi duramente criticado, entre outros, por Viveiros de Castro (1998). Essa visão sugeria que as pessoas tinham de se produzir e se criar como participantes de uma espécie de projeto social. É possível, porém, recuperar outra versão dessas mesmas poucas páginas; basta afastar a ligação euro-americana entre visibilidade e conhecimento do mundo.

---

38. Em suma, em tornar visíveis os sistemas sociais; para uma discussão dos antecedentes foucauldianos disso, ver Cooper (1997). A noção de "práticas" ou "pessoas" recortadas de dentro de uma sociedade abrangente pode ser comparada às noções de que o "lugar" é recortado de um espaço generalizado (Casey 1996) ou de que os "intervalos" e os "eventos" são recortados de uma expansão infinita de tempo (Greenhouse 1996).

Não há dúvida de que as pessoas em Hagen, como em outros lugares das terras altas da Papua-Nova Guiné, se esforçam para se tornarem efetivas umas em relação às outras. E, embora eu tenha enfocado aqui os negócios dos homens, estes só podem, é claro, ser completados pelas mulheres. As mulheres são efetivas, de todo modo, no sentido de terem sua presença reconhecida nas reivindicações que podem fazer com respeito a seus maridos e irmãos; elas desejam ter uma presença efetiva entre os grupos de parentesco. O que penso agora estar incorreto é a suposição axiomática de que a visibilidade de algum modo serve ao conhecimento e de que o conhecimento indica e portanto reúne informação sobre o mundo mais abrangente em que se vive.[39] No lugar disso, hoje eu apresentaria uma ênfase melanésia diferente. O que se vê é o que existe – apresenta-se – para ser visto; o que não se vê é o que não é para ser visto. Em Hagen, as mulheres em geral não são para "ser vistas" como são os homens. A recíproca, com sua negativa imperiosa (Munn 1986), só é concebível por conta da perspectiva finita assim implicada, de modo que não faria sentido falar de dentro de um mundo em aberto, infinito.

Isso quer dizer, no entanto, que um ponto de vista melanésio mantém as *relações* à vista. O que se vê não é uma representação do mundo: é a evidência da razão de se estar nele.[40] O que se vê está lá para ser visto porque o observador está na condição social apropriada para registrar o efeito.[41] E, em última análise, a causa do efeito é outra pessoa. Talvez testemunhá-las ambas ao mesmo

---

39. Embora eu não o tenha registrado ("visto") naquela altura, foi exatamente isso que me disse Monica Konrad em um conjunto de comentários muito perspicazes que não foram inteiramente aproveitados numa versão preliminar do cap. 4 de M. Strathern (1999).

40. Refiro-me novamente ao aforismo perspectivista de Viveiros de Castro (*supra*, p. 363): enquanto o lema do construcionista social é o de que "o ponto de vista cria o objeto", na fórmula perspectivista "o ponto de vista cria o sujeito". Como ele nota, objeto e sujeito não são conceitos da mesma ordem; eu acrescentaria que, enquanto a primeira fórmula cria um mundo apto a ser conhecido, a segunda, em vez disso, invoca sujeitos já semelhantes ao conhecedor. Vemos aqui a importância de sua insistência em que o perspectivismo (ontológico) não constitui um relativismo (epistemológico).

41. Daí a ênfase no "aprender a ver" ensinado aos iniciandos em muitas sociedades melanésias (cf. Forge 1970) e em pôr as pessoas numa condição de ser capazes de ver, isto é, de ativar relações de maneira apropriada.

tempo – a pessoa visível e a pessoa que "a" tornou visível – seja uma versão melanésia do momento etnográfico do antropólogo: duas trajetórias (duas pessoas distintas) aproximadas. Bastaria uma dádiva, uma concha de madrepérola.

Permitam-me agora escolher, dentre um número cada vez maior de críticas desse tipo,[42] o protesto de Douglas Dalton contra a obsessão antropológica com as relações. Sua justificativa é exatamente a de encontrar a descrição certa, e ele argumenta que os antropólogos que enfatizam a relacionalidade simplesmente redescrevem seu próprio projeto intelectual. Em certo sentido, isso deve ser verdade (cf. J. Weiner 1993). Ao mesmo tempo, ele aponta para aquilo que, no caso que descreve (os Rawa na província de Madang), invoca a ausência inapresentável ou as origens perdidas que suprem os objetivos humanos (D. Dalton 1996: 394). Ele afirma que o que os Rawa veem nas conchas, e de forma sublime, é ira, dor e ausência (1996: 409). Do ponto de vista do autor, elas invocam a inadequação ou incomensurabilidade que emerge entre, digamos, a perda de uma pessoa e a compensação oferecida em seu lugar. Sou um pouco cética, no entanto, quanto à incompletude transcendental e ao problema de uma "representação" adequada que ele atribui aos Rawa. Em vez disso, a remoção de pessoas invoca o que Merlan & Rumsey (1991: 235) chamam de "compensação pelo desequilíbrio" – uma pessoa que se desloca de um domínio a outro acaba perdida como receptora ou portadora de relações. Não será através da ira, da vergonha e da ausência que poderemos entender também o efeito das pessoas umas sobre as outras? Para que um corpo ou mente esteja em posição de eliciar um efeito de outro corpo ou mente, para que ele demonstre poder ou aptidão, ele deve manifestar a si mesmo de modo particular e concreto. Foster (1995a: 269, n. 20) traz à comparação o Tangan, que perversamente entesoura riqueza com bruxas de outros lugares. A retenção de bens "basicamente lhe nega o único meio culturalmente reconhecido de afixar as qualidades desses objetos a sua pessoa, isto é, a exibição" (no momento em que se passa o objeto adiante). A reciprocidade, acrescenta Foster, é a boa vontade em se tornar um instrumento para a autodefinição de outra pessoa. É necessário apenas fazer ou criar a si mesmo numa forma que possa ser consumida por outros.

---

42. Das quais a mais profunda é a de Gillian Gillison (1993).

Repito o argumento de que uma troca de perspectivas não deve ser confundida com o olhar europeu. Um olhar mútuo, ao modo americano contemporâneo, são duas perspectivas, cada uma delas tomada de um ponto de vista sobre o mundo.[43] Em meu modelo da Melanésia,[44] para o qual imaginei uma espécie de teoria visual, toda perspectiva elicia outra perspectiva. Não existiria um mundo visível para ver se o mundo não estivesse se tornando visível para o observador. É claro, porém, que "o mundo" aqui não é um objeto percebido – as pessoas é que são. Fazer-se visível, como faz o detentor da riqueza, oferece uma vista que é então reduplicada quando, no momento de entregá-la, os homens – e às vezes as mulheres – do lado do doador se decoram. Eles criam uma forma tal como ela deve aparecer a partir da perspectiva do observador (receptor), forma que é posta diante do observador, e portanto imposta a uma plateia (a metáfora coercitiva é apropriada) para que a plateia a confronte. Isso oferece, por sua vez, uma razão pela qual a autodecoração é um ponto de partida tão conveniente para a exposição do antropólogo e pela qual talvez tenha sido também a autodecoração dos dançarinos que acompanha a troca cerimonial o que tanto provocou esta etnógrafa. Os dançarinos decorados, nesse sentido, não veem a si mesmos. Essa não é a função deles: ver os dançarinos é tarefa do observador.[45] As decorações para a dança não querem dizer nada sem a absorção do observador, do observador participante, do efeito que a pessoa do dançarino provoca.

Há aqui um tipo de conhecimento que consiste em "ver" relações.[46] Contanto que possamos entendê-lo como conceito e tam-

---

43. Assim como o pai e a mãe da criança euro-americana: o individualismo duplicado.

44. Ver a exposição muito conveniente feita por Gell (1999).

45. Na Papua-Nova Guiné, quando as esculturas, as pinturas, as máscaras ou outros artefatos são revelados a observadores, isso acontece em circunstâncias muito selecionadas e restritas (o que inclui restrições impostas pelo conhecimento prévio) que arremedam a mesma situação: o artefato não pode ver a si mesmo.

46. Eu pretendia escrever este capítulo sem notas de rodapé, mas, como notou Hoskin (1995), a nota de subtexto faz parte do aparato técnico do indivíduo que examina a si mesmo. Como diz ele, as origens dessa espécie de autoexame remontam ao "eu partido" da Europa medieval: o eu gozava de uma unidade dotada de dois lados, que tanto atuava quanto examinava (seu conhecimento sobre) a ação. Foi, por sua vez, a visibilidade do conhecimento por meio dos precursores desse aparato que estabeleceu as bases para o perspectivismo

bém como percepto, esse aforismo pode servir tanto para o euro-
-americano do século XX, quanto para o melanésio do século XX.
Mas os construtos melanésios com os quais tenho lidado neste livro não acabam com as relações – eles começam com as relações.
Pode-se dizer, na verdade, que as relações são o que faz as pessoas
"verem", o que quer que elas vejam.

*Tradução Luísa Valentini*

---

renascentista e o poder subjetivador do "olhar". Evidentemente, as observações de Hoskin contribuem com uma imensa e fascinante bibliografia exterior
à antropologia social, que trata da mudança nas convenções da visão, do
oculo(centr)ismo e da invenção do sujeito como espectador. Um ponto de partida para acompanhar essas questões podem ser os ensaios em Brennan & Jay
(1996). Hoskin reitera a observação de que aqui (na Europa) o "campo" visual há
muito tem sido um campo epistemológico. E tem sido também um campo relacional de uma espécie particular; os tipos de coordenada que introduz parecem
extrínsecos aos indivíduos sobre os quais eles dispõem.

# 12. O QUE BUSCA A PROPRIEDADE INTELECTUAL?

*O que fizemos à "cultura" ao insistirmos em tratar todas as formas significantes como informação?*
ROSEMARY COOMBE (1996b)

Ao buscar ancoragem momentânea na teoria do ator-rede, fui capturada por sua contenda com a divisão entre tecnologia e sociedade.[1] Certamente, superar de forma bem-sucedida a resistência da descrição em lidar ao mesmo tempo com pessoas, coisas, artefatos e eventos lhe deu um novo fôlego. Talvez tenhamos aprendido a tratar esses fenômenos heterogêneos de modo mais equilibrado, mas novas divisões parecem estar sendo produzidas constantemente, e reinventar alguns dos princípios da teoria do ator-rede (cuja sigla inglesa mais conhecida é ANT [*actor network theory*]) poderá lhe render uma sobrevida ainda maior. É esclarecedor estudar uma situação cujas lições parecem ter sido apren-

---

1. A conferência para a qual este ensaio foi escrito intitulava-se *Actor Network Theory and After*, publicada em 1999 no livro de mesmo título organizado por John Law e John Hassard. Aos que buscam uma introdução à teoria do ator-rede, recomendo ler Latour (1991) e Law (1994), e as sugestões que eles fazem dessa literatura (Callon 1991, por exemplo). Assim como não é necessário que o leitor já conheça a antropologia da Melanésia para apreciar a maior parte do material da Papua-Nova Guiné, tampouco é necessário explicar essa teoria em detalhe para os propósitos deste texto. Espero, portanto, que se perdoem algumas alusões inexplicadas. Esta nota, no trabalho original, dizia: assim como as vieiras, o que queremos é cair nas redes certas. Não sei se as vieiras bretãs de Callon (1986) se comportariam como as dos Inuit (caso elas existissem). As vieiras inuit se oferecem diretamente aos pescadores (cf. Bodenhorn 1995: 187).

didas, mas, ao mesmo tempo, cuja simetria analítica continua a ser desafiada por novas diferenciações sociais. Quão imparciais pretendemos ser? Minha rede é um seminário sobre direitos de propriedade intelectual (DPI) organizado na cidade de Port Moresby, na Papua-Nova Guiné, no contexto de discussões de políticas para a proteção da biodiversidade. (Esse seminário ainda estava por acontecer quando este texto foi escrito; ver o Post-Scriptum.)

## O parlamento de irmãos

A ancoragem da ANT nos estudos sobre a ciência e a tecnologia tem enredado essa teoria numa divisão entre tecnologia e sociedade.[2] Sua insistência em tratar igualmente entidades humanas e não humanas endossou o potencial democrático desse programa. A humanidade nunca deveria ter sido construída em oposição a extensões de si mesma, diz um axioma que Bruno Latour estendeu a todo tipo de sociedade e circunstância: ao parlamento das coisas se segue um parlamento de irmãos (Latour [1991] 1993: 142-43). No entanto, algo semelhante a um divisor entre humano e não humano permanece em certas formulações sociais que evocam a dificuldade das autoridades do serviço colonial inglês ou australiano em *não* ver os povos sob sua jurisdição como espécies de seres humanos diferentes deles próprios. Na verdade, ter de banir qualquer vestígio desse divisor (ter de bani-lo porque ele ainda estava lá) era um limiar mínimo para o ingresso na comunidade internacional após a Segunda Guerra Mundial, referendado na Declaração dos Direitos Humanos das Nações Unidas. Disso decorre metade do argumento aqui apresentado. A outra metade se assenta numa espécie de corolário: como aplicar as ideias da ANT à heterogeneidade social na ausência de uma divisão significativa entre pessoas e coisas. Afinal, não queremos que a linguagem neutralizante e a análise imparcial da teoria do ator-rede dimi-

---

2. O lugar axiomático da teoria do ator-rede (ANT) no interior dos estudos da ciência e da tecnologia me impressiona. Callon (1986: 197) abre seu texto com a esperança de que a "sociologia da tradução" ofereça um quadro analítico para o estudo do "papel da ciência e da tecnologia na estruturação das relações de poder". Devo agradecer a Vivien Walsh por me suprir de muitos materiais relevantes nessa área.

nuam a capacidade do observador de perceber uma retórica carregada e negociações nada imparciais entre as pessoas.

Da perspectiva dos povos das terras altas da Papua-Nova Guiné, as continuidades de identidade entre pessoas e coisas podem ser dadas como certas. As pessoas imaginam umas às outras em termos do alimento que as sustenta ou dos bens por meio dos quais elas podem ser medidas. Ora, essa situação é bastante familiar a ouvidos euro-americanos. No entanto, como veremos, o que distingue essas ideias é o que elas levam as pessoas a fazerem com suas "coisas". Entrementes, chamo a atenção especialmente para a riqueza, pois no passado se considerava que a antiga moeda dos papuásios (assim como os valores em forma de conchas, de outro modo inanimados) compartilhava muitos atributos com as pessoas, em especial sua mobilidade, sua capacidade reprodutiva e seu caráter atrativo; as maquinações que as pessoas atribuíam umas às outras eram o que tornava essas coisas intratáveis e empedernidas. As descontinuidades entre as pessoas persistem como objeto das análises locais. Assim, embora os habitantes das terras altas personifiquem o mundo natural ao mesmo tempo que reificam uns aos outros, eles não necessariamente presumem que esses procedimentos sejam simétricos. Os efeitos são, acima de tudo, atribuídos às ações e intenções de pessoas de todas as espécies. Pode-se perguntar, por exemplo, qual ancestral foi responsável por impedir que um empreendimento comercial seguisse adiante ou quem foi responsável pela persuasão que levou uma campanha eleitoral a determinado resultado em vez de outro. Advém disso que as pessoas estão divididas, não tanto pelo que possuem, mas pelo que fazem com suas posses e atributos no que diz respeito aos outros.[3] Elas tiram partido do fato de que, ao olhar para um veículo motorizado, não é possível dizer a quem ele pertence, nem qual poder ele mobiliza. Essa impossibilidade é incessantemente elaborada pelos habitantes das terras altas da Papua-Nova Guiné.

---

3. Nem precisaria dizer que tenho em mente pessoas e práticas específicas: os habitantes das terras altas da região central da Papua-Nova Guiné e as transações assentadas na "troca de dádivas". Em meu caso paradigmático (o dos Hagen), nas relações de troca os homens entram de modo deliberado em relações assimétricas como doadores e receptores.

Imaginemos, portanto, que essas distinções radicais se mantêm entre as pessoas, e não entre as pessoas e as coisas;[4] se incluirmos aí o mundo dos espíritos, as pessoas podem ser tanto humanas quanto não humanas. Nesse caso, como são estabelecidas as distinções entre as pessoas? Elas efetuam divisões, muito simplesmente, por meio de relações. São divididas pelas posições que ocupam umas em relação às outras: macho e fêmea, doador e receptor, clãs desta e daquela linhagem. As relações distinguem as aptidões para a ação. Um orador tem a atenção de uma plateia em virtude do consentimento que ela lhe presta; eles criam entre si momentos de assimetria (social).

Ao constituírem a forma fenomênica das relações, os interesses separam as pessoas umas das outras. Na ANT, diferentes interesses são abordados pelo termo *"interressements"*, de Michel Callon (1986: 208),[5] que designa dispositivos por meio dos quais os atores dissociam alguém de outro lugar para associá-lo a si mesmos, sem falar na mobilização de aliados e nos pontos de passagem por meio dos quais suprimem a discórdia. A análise da ANT sugere, na verdade, que as pessoas estão sempre negociando suas relações com outros. Se insisto em me referir às pessoas como actantes é para argumentar, não em favor da agência humana (cf. Singleton & Michael 1993: 230-31), mas sim da diversidade das heterogeneidades sociais que as pessoas criam a partir de extensões de si mesmas. Tomemos a definição de Callon (1992: 80) de ator como um intermediário que se considera capaz de pôr outros intermediários em circulação. O exemplo que ele oferece, o das ideias euro-americanas sobre a propriedade intelectual – de um trabalho ser atribuído a um autor, ou de o direito de utilizar uma invenção ser atribuído ao salário pago a um inventor –, em certo sentido dá conta de tudo que eu poderia querer dizer sobre como os papuásios atribuem a aparência do mundo à intervenção pessoal. Mas é importante, também, o fato de a fórmula de Callon permitir controvérsias e conflitos de interesse; as outras simetrias

---

4. Para o aparentamento dos seres humanos, ver Astuti 1995.
5. "Interessar outros atores é construir dispositivos que possam ser situados entre eles e todas as outras entidades que querem definir suas identidades de outra maneira" (Callon 1986: 208 ss.). Esse corte desassocia os atores de suas associações anteriores.

nas quais a ANT está interessada me induzem a exagerar as divisões sociais nesta descrição.[6]

A situação que tenho em mente, ou ao menos metade dela, é o fato de se forçar as pessoas a engolir um conjunto de divisões conceituais há muito familiar à ANT. Os papuásios estão sendo iniciados nos mistérios do divisor entre tecnologia e sociedade. E como isso veio a acontecer? Isso veio a acontecer por um impulso democratizante de se apresentar os seres humanos como simétricos uns aos outros. Afinal, estão sendo introduzidos interesses globais na sustentação desse divisor, e com as melhores intenções, especificamente as de garantir uma distribuição equitativa de recursos e, assim, assegurar que as pessoas não sejam (excessivamente) separadas pelo que possuem. Assim como é no cenário internacional que se promulga a soberania nacional, ou no contexto da educação de massa que se recorre às formas sociais tradicionais, instrumentos que na verdade promovem a distinção entre a tecnologia e a sociedade são introduzidos numa situação em que essa distinção não existia, de modo a proteger a ordem indígena de alguns de seus efeitos (os efeitos dessa distinção). Um dos intermediários aqui é a própria categoria que Callon usou para seu exemplo dos direitos de propriedade intelectual (DPI). Tendo já constituído na figura do camponês agricultor (por exemplo, Brush 1993; Greaves 1994) o foco de controvérsias consideráveis no Terceiro Mundo, algumas passagens interessantes deverão ganhar forma mais adiante, segundo o modo particular como as sociedades da Papua-Nova Guiné lidam com as pessoas, seus atributos e seus efeitos e, consequentemente, também o modo como lidam com as coisas.

Talvez parte do motivo pelo qual a ANT ganhou um novo fôlego esteja em sua eficácia em nos fazer reconhecer esse tipo de confronto familiar. Ser capaz de ver como seu próprio demônio (a separação entre tecnologia e sociedade) reúne aliados para colonizar novos territórios poderá nos indicar por que sua análise

---

6. O recurso da ANT à simetria exige o engajamento do(a) próprio(a) observador(a) social como uma parte neutra. Aqui, contudo, não sendo de modo nenhum neutra, estou definitivamente exagerando várias posições analíticas e, especialmente no que diz respeito ao material da PNG, faço uma espécie de caricatura, de modo a reiterar meus próprios argumentos. Donna Haraway (1997) é o clássico contemporâneo no que diz respeito aos problemas da neutralidade acadêmica (testemunhas modestas).

continua sendo necessária. E como essa separação se combina com as separações concomitantes de humanos e não humanos e de coisas e pessoas? John Law (1994) se perguntou sobre a dificuldade ou, no caso, a facilidade com que os fenômenos persistem e adquirem durabilidade, e isso vale também para o caráter distintivo próprio dessas entidades. O seminário sobre direitos de propriedade intelectual de Port Moresby promete mobilizar todas elas. Seguindo esse eixo, prevejo dois pontos de passagem contrastantes para suas deliberações, que acrescentam dois aspectos ao meu comentário sobre a teoria do ator-rede. Já me referi ao primeiro deles, configurado por esse demônio: a dificuldade de alinhar interesses diferentes em recursos heterogêneos e, assim, arquitetar os procedimentos sociais apropriados para o desenvolvimento tecnológico. O segundo é a própria facilidade com que se pode fazer – na ausência de um divisor hegemônico entre pessoa e coisa – todo tipo de tradução de recursos em reivindicações sociais e o medo da proliferação que ela parece suscitar.

## Primeiro ponto de passagem: a Convenção sobre Biodiversidade

A Papua-Nova Guiné é signatária da Convenção sobre Diversidade Biológica de 1992 (CDB).[7] Entre os objetivos dessa convenção está "desenvolver estratégias ou programas nacionais para a conservação e o uso sustentável da biodiversidade" (artigo 6), em relação ao qual o princípio da conservação *in situ* acomoda uma série de recomendações (artigo 8),[8] entre elas, o acordo entre partes contratantes:

> Em conformidade com sua legislação nacional, respeitar, preservar e manter o conhecimento, inovações e práticas das comunidades locais e populações indígenas com estilos de vida tradicionais rele-

---

7. A Convenção sobre Diversidade Biológica foi um componente importante da Conferência das Nações Unidas sobre o Meio Ambiente e o Desenvolvimento (a "Cúpula da Terra", ou ECO-92), realizada no Rio de Janeiro em 1992. Ela também envolveu a realização de outros acordos, como a Declaração do Rio e a "Agenda 21", um plano de ação voltado à integração local de medidas ambientais por meio de diversas atividades.

8. O texto encontra-se em Posey 1996.

vantes à conservação e à utilização sustentável da diversidade biológica e incentivar sua mais ampla aplicação com a aprovação e a participação dos detentores desse conhecimento, inovações e práticas; e encorajar a repartição equitativa dos benefícios oriundos da utilização desse conhecimento, inovações e práticas. [8j]

A inclusão das comunidades indígenas como categoria é resultado, entre outras coisas, de uma década de campanhas de ONGs em defesa dos direitos dos povos indígenas, acompanhadas de vigorosos debates sobre o conhecimento indígena e sua proteção.[9] Em todo o mundo se deu muita atenção a esse duplo problema, exatamente no mesmo momento em que os euro-americanos falavam de suas sociedades como "sociedades da informação" e do "conhecimento" como capital industrial (cf. Coombe 1996a; Brush 1998), e os materiais genéticos e biológicos passaram a ser tratados como recursos informacionais (Parry 1997).

Os direitos de propriedade intelectual entraram em cena de maneiras diversas. Eles abrangem um instrumento já existente, que visa assegurar o reconhecimento internacional de direitos autorais e patentes. A Papua-Nova Guiné (PNG) também deu início ao processo de se tornar signatária da Organização Mundial da Propriedade Intelectual. O objetivo internacional é romper as divisões entre povos – proteger tanto as nações em desenvolvimento como as tecnologicamente avançadas, estendendo a todas elas não só os benefícios

---

9. Sou grata a Terence Hay-Edie por me fornecer diversos documentos usados aqui. O Programa para os Direitos aos Recursos Tradicionais da Universidade de Oxford também contribuiu em sua disseminação: ver Posey 1995; 1996 e Posey & Dutfield 1996. Posey (1996: tabela 1) resume a CNUMAD e outros acordos das Nações Unidas que tratam dos direitos de comunidades indígenas, tradicionais e locais. Entre os apêndices em Posey & Dutfield estão os textos dos seguintes acordos e projetos de acordo: a Declaração de Princípios do Conselho Mundial dos Povos Indígenas; o esboço da Declaração dos Direitos dos Povos Indígenas (1993 [aprovada em 2007 pela Assembleia Geral da ONU]); a Declaração da Kari-Oca e a Carta da Terra dos Povos Indígenas (1992); a Carta dos Povos Indígenas e Tribais das Florestas Tropicais (1992); a Declaração dos Direitos de Propriedade Cultural e Intelectual dos Povos Indígenas de Mataatua (1993); as Recomendações do Congresso Vozes da Terra (1993); a Consulta do PNUD sobre a Proteção e Conservação do Conhecimento Indígena (1995); a Consulta do PNUD sobre o Conhecimento e o Direito à Propriedade Intelectual dos Povos Indígenas (1995). (1993 foi proclamado pela ONU como o Ano Internacional dos Povos Indígenas do Mundo.)

O que busca a propriedade intelectual? **383**

da tecnologia, mas os benefícios processuais da proteção à tecnologia. De todo modo, a PNG precisa estabelecer procedimentos para encorajar empresas (estrangeiras) que buscam proteção para o desenvolvimento de seus produtos. Há também as novas obras de arte, a música e outros artefatos "papuásios" para exportação.

Há ainda o potencial conceitual aberto pelos regimes de DPI. A noção de que a criatividade pode ser objeto de proteção comercial dá novo alcance às reivindicações indígenas por recursos. Nesse aspecto, a Papua-Nova Guiné está conhecendo os esforços legislativos já experimentados em outros lugares em nome de povos indígenas: representantes do Peru e das Filipinas foram convidados ao seminário em Port Moresby (daqui em diante, "o seminário"). Após décadas de debates insatisfatórios sobre reivindicações de terra, surge um novo conjunto de formulações: a possibilidade de ser capaz de atribuir "autoria" a produtos do intelecto e, assim, mudar o foco dos direitos de propriedade do aspecto da posse ao da criação. A propriedade de conhecimento cultural ("propriedade cultural")[10] parece ser, subitamente, um construto realizável numa nova escala. Os DPI poderiam permitir às comunidades indígenas, portanto, dar voz a novos tipos de reivindicação – por exemplo, ao conhecimento etnobotânico (Greaves 1994) –,[11] habilitando o Terceiro Mundo, sempre assediado, a se afirmar no cenário internacional. O programa do seminário, sob o título *Direitos de propriedade intelectual, biológica e cultural*, incluía temas como "conhecimento, informação, invenções e técnicas", "informação e produtos genéticos" e "práticas e produção culturais".

---

10. O jovem estado independente da Papua-Nova Guiné promulgou uma Lei da Propriedade Cultural em 1976. Esta se referia à "propriedade cultural nacional" e visava evitar a exportação de propriedades de "particular importância para o patrimônio do país", incluindo objetos "ligados à vida cultural tradicional" das pessoas ("Introdução"). Seu alvo eram principalmente os itens de arte e artefatos dotados de valor em mercados internacionais. Agradeço a Mark Busse, do Museu Nacional da Papua-Nova Guiné, por contribuir com essas informações.
11. Ver Nabhan et al (1996: 190-91), que observam ser possível reivindicar os direitos tradicionais a variedades locais de plantas por meio da Lei de Proteção de Variedades Vegetais dos Estados Unidos, já em vigor, embora até agora nenhuma das "tribos" americanas tenha recorrido a esse mecanismo. Note-se que os papuásios conseguem equiparar os direitos *nacionais* aos direitos *indígenas* (perante a comunidade internacional) de modo inaudito nas Américas do Norte e do Sul; o conceito de tribo só é usado em situações muito específicas, como em "conflitos tribais".

Na superfície, pareceria que as lições da ANT sobre a simetria entre humano e não humano já foram aprendidas. A proteção aos direitos de propriedade intelectual promove o conhecimento humano a uma igualdade de condições com outros recursos. Mais que isso, a Convenção sobre Diversidade Biológica reconhece explicitamente que o conhecimento pode estar incorporado nas práticas das pessoas ("comunidades [...] com estilos de vida tradicionais relevantes à conservação"), e parece ter sido preparada para lidar com uma série de entidades de tipo tanto social como natural. Manifesta-se ali uma nova prontidão em aceitar fenômenos de todo tipo como relevantes aos acordos. Essa abrangência híbrida, contudo, implica – como era de se esperar – novas práticas de purificação (nos termos de Latour 1993). Os DPI buscam suas próprias diferenciações entre tecnologia e sociedade.

A diferenciação começa com a questão muito simples do lucro oriundo da utilização do conhecimento. A ideia de usar o conhecimento para obter conhecimento não seria qualificável à proteção dos DPI, mas usar o conhecimento para produzir uma mercadoria, sim, pois o problema está em como tornar o conhecimento socialmente eficaz, como torná-lo transacionável – o conhecimento deve ser transformado em outra coisa, dotada de valor independente. O processo de transformação pode ser atribuído a um autor de um trabalho já pronto para consumo (direitos autorais) ou, em vez disso, estar incorporado num instrumento que venha a fazer parte do capital necessário à exploração de outros recursos. Qualquer instrumento que se considera tornar o conhecimento útil adquire o atributo de "tecnologia": o termo aponta para os recursos humanos nele contidos. Quanto mais amplamente disponível se torna a tecnologia, mais evidente é a utilidade permanente do conhecimento: possuir a maquinaria necessária para derrubar uma floresta ajuda a criar o interesse em fazê-lo. No momento da invenção, portanto, dá-se um novo fôlego à aplicação do conhecimento (patente). As patentes são consideradas cruciais para o desenvolvimento tecnológico – pois a tecnologia, além de ser um produto, produz produtos e captura a imaginação das pessoas. Um dos estímulos para o seminário proposto é o propalado interesse internacional nos recursos locais; o empreendimento comercial estrangeiro é considerado capaz de mobilizar a base tecnológica necessária para explorá-los. A rubrica do seminário refere-se, assim, aos "planos de uma empresa australiana de biotecnologia de pesquisar e comercializar produtos derivados dos venenos de cobras e aranhas de espécies únicas da PNG".

Onde entra, então, a sociedade? Os direitos autorais e as patentes têm como premissa a necessidade específica de atribuir um efeito social secundário a "obras" e "tecnologias" que já são, em si, efeitos sociais. As pessoas primeiro são autoras ou inventam um dispositivo, e depois reivindicam a utilidade esperada. Elas têm de mobilizar a "sociedade" para fazer essas alegações. Segundo a convenção euro-americana, a sociedade nesse caso se encontra não só no comércio dessas obras e tecnologias, mas nos procedimentos que regem também seu acesso, como legislações e contratos.

É nesse momento que a sociedade encontra mais representantes do que pensava ter. Em seu nome têm sido feitas críticas vigorosas dos DPI como um dispositivo quase legislativo, estimuladas pelo próprio desafio da Convenção sobre Diversidade Biológica. O movimento pelos direitos aos recursos tradicionais é um caso a ser destacado (Posey 1995; 1996; e nota 9), sendo um de seus programas a disseminação de informação entre diferentes corpos não governamentais interessados nessas questões. Seus participantes se perguntam se os DPI realmente podem oferecer procedimentos adequados para alinhar os interesses sociais aos novos recursos. Muitos consideram que, em vez de liberar os direitos dos povos indígenas, os DPI apenas disseminam formas euro-americanas de propriedade que legitimarão os exploradores de recursos e tornarão a promoção das reivindicações desses povos mais difícil, e não mais fácil. Por mais útil que permaneça a noção de recurso intelectual, a formulação dos direitos de propriedade é extremamente contenciosa. A principal crítica que os porta-vozes indígenas parecem ter feito aos DPI é que eles se limitam à posse individual (ver as várias contribuições em Brush & Stabinsky 1996). ONGs internacionais, entre outros, ressaltam que os DPI são construídos em torno da figura do autor solitário ou da invenção corporativa, e isso tende a trabalhar contra os povos para quem "o conhecimento e a determinação dos recursos são coletivos e intergeracionais" (citado em Posey 1996: 13). Desse ponto de vista, introduzir o Estado não ajuda, pois a Convenção sobre Biodiversidade só aumenta a injustiça potencial ao afirmar a soberania do Estado às custas dos detentores de recursos locais. As "comunidades" indígenas e o fundamento coletivo do conhecimento são invocados, assim, contra o mercado e contra o Estado.

Velhas diferenças são renovadas. Mesmo essa nova polarização da sociedade é fabricada por interesses internacionais: as pessoas são divididas exatamente pelo debate que estipula os pontos-chave em discussão, pois o debate se constrói em torno de polaridades aparentemente axiomáticas (entre os candidatos mais frequentes estão transações mercantis *versus* compartilhamento, interesses individuais *versus* interesses coletivos, empresas *versus* comunidades, Estados-nações *versus* nações autóctones), o que, por sua vez, gera ainda outras separações. Estando-se de acordo quanto às reivindicações coletivas indígenas serem os termos iniciais do debate, a questão passa a ser como alocar direitos de propriedade específicos a determinadas identidades sociais (mais velhos *versus* mais novos, mulheres *versus* homens, clãs *versus* aldeias). Quem será designado a representar quem? A diferença social pode proliferar infinitamente.

É assim que o híbrido conduz a novas práticas de "purificação". O modo pelo qual o conhecimento se torna efetivo por meio da tecnologia está implicado no potencial que os DPI têm de estender a proteção a diversas formas de recursos, humanos e não humanos. Trazer procedimentos sociais de Estados e empresas ricos em tecnologia para apoiar os que são percebidos como Estados e empresas pobres em tecnologia perpetua as divisões entre os poderes mundiais/multinacionais e os povos indígenas/empreendimentos do Terceiro Mundo. Os dois lados podem atribuir aos primeiros uma competência tecnológica já socializada (eles sabem como lucrar com seu conhecimento), enquanto os últimos foram levados, primeiro, a ver que têm tecnologia (por exemplo, na maneira pela qual implementam seu conhecimento sobre produtos vegetais) e, então, a entender que têm de desenvolver instituições sociais para protegê-la. Pode ser que os papuásios sintam que devem ajustar seu internacionalismo com uma resposta especificamente indígena – uma resposta que referende um sentido específico de identidade nacional. Certamente já existe uma linguagem para isso quando as pessoas falam sobre "o jeito PNG" de fazer as coisas (cf. Foster 1995b); no entanto, a presença da tecnologia sem dúvida continuará sendo um ponto de referência e os papuásios, de sua parte, sem dúvida se pegarão imaginando uma resposta "indíge-

O que busca a propriedade intelectual? **387**

na" que evoque uma sociedade "tradicional" (que não seja movida pela tecnologia). Afinal, um dos efeitos das críticas internacionais é apresentar o Terceiro Mundo como se ele fosse dominado pelo "social" e por valores comunitários. Essas comunidades aparentemente estão voltadas para o passado, pois estão sendo invocadas relações sociais já existentes. O social e o antigo são combinados em evocações da tradição, e os "povos indígenas" em todo o mundo têm reagido aos DPI por seus ataques aos valores tradicionais.

Em suma, os DPI têm se tornado matéria de debate internacional pelo alistamento de dois conceitos quanto aos quais os dois lados – os que têm e os que não têm esperança neles – estão de acordo. O conhecimento de um mundo se torna efetivo por meio da "tecnologia"; a sociedade de outro mundo se torna efetiva por meio da "comunidade" (cf. Latour 1991).[12] O primeiro é movido pela necessidade material de produzir novas gerações de produtos, pois os tecnologicamente avançados de algum modo devem à natureza intrínseca das coisas que seu potencial seja explorado, enquanto o último, seja por uma questão de dignidade ou de interesse próprio, reivindica identidades sociais.

Mas quem e o que representará a ordem indígena que fundamenta as reivindicações feitas pela Papua-Nova Guiné no cenário internacional? Podemos procurar representantes em suas descrições de si mesmos, o que me leva à segunda metade do argumento.

---

12. Há tentativas de estabelecer uma base uniformizante para os dois. Assim, o artigo 40 da Carta dos Povos Indígenas e Tribais das Florestas Tropicais ("Programas relativos à biodiversidade devem respeitar os direitos coletivos de nossos povos à propriedade cultural e intelectual") é seguido pelo artigo 44: "Uma vez que valorizamos muito nossas tecnologias tradicionais e acreditamos que nossas biotecnologias podem oferecer contribuições importantes para a humanidade, incluindo os países 'desenvolvidos', exigimos a garantia dos nossos direitos à propriedade intelectual e o controle sobre o desenvolvimento e a manipulação desse conhecimento". No entanto, como acrescenta Françoise Barbira-Freedman (em comunicação pessoal), uma razão pela qual os atores não podem estar no mesmo nível de agência reside na história da mercantilização que precedeu em muito o debate sobre os DPI e já criou um tipo particular de "valor agregado" aos produtos, que não encontra correspondente em concepções não mercantis de produto e de trabalho.

388

## Segundo ponto de passagem: a compensação

A Papua-Nova Guiné já tem um representante de sua própria ordem indígena (por assim dizer) no conceito de "direito costumeiro" ["*customary law*"], que constitui formalmente uma parte do "direito fundamental" ["*underlying law*"] do país (Law Reform Comission 1977).[13] Esse conceito está ali (como pretende o seminário) para ser praticado na tradução dos acordos internacionais, visando sua aplicação local. Um campo geralmente atribuído ao "costume", e que tem sido muito praticado na implementação das recentes reivindicações de recursos, diz respeito ao modo pelo qual essas reivindicações são negociadas – com procedimentos. Tenho indicado haver interesses divididos no que se refere à adaptabilidade dos DPI. Como traduzir a posse comunitária ou coletiva numa prática internacionalmente válida é uma questão que envolve alguns problemas fundamentais e, de fato, estes são imaginados exatamente como problemas de tradução. O que deve ser negociado? A propriedade intelectual serve às necessidades locais? Será possível encontrar mecanismos apropriados? Volto-me agora ao problema oposto e, com ele, ao temor de que a propriedade intelectual possa servir bem demais a práticas já existentes de negociação e tradução. Os mecanismos não precisam ser encontrados! Por mais heterogênea que essa mistura de recursos possa parecer, reivindicações e grupos sociais, o procedimento em questão servirá a quase todas as contingências. A heterogeneidade na combinação entre os meios tecnológicos e os meios sociais não é um problema; o problema é o modo pelo qual o próprio procedimento exagera a heterogeneidade social.[14]

Qual é, então, esse tradutor universal? Ele é conhecido pela palavra pidgin/inglesa *kompensesen/compensation* [compensação].[15]

---

13. Já se atribuiu ao direito costumeiro da Papua-Nova Guiné uma uniformidade mais processual que substantiva.

14. Para uma crítica vigorosa, ver o trabalho de Rosemary Coombe (1996b), cuja leitura deveria ser obrigatória aos antropólogos interessados nessas questões.

15. Com "universal", quero dizer que em determinadas circunstâncias ela pode traduzir qualquer coisa em bens, e não que constitua um traço universal das sociedades da Papua-Nova Guiné. Estou simplificando um caso da região do monte Hagen que poderia ser discutido em detalhe, embora não seja difícil reconhecê-lo em outras partes do país. Esse tradutor tampouco é necessaria-

Essa palavra traduz pessoas e coisas em detentores de poder dotados de uma competência especial: ambas adquirem a capacidade de efetuar novas traduções.

A "compensação", tal como geralmente é entendida na Papua-Nova Guiné, faz tudo que um falante do inglês pode imaginar, e mais. Ela se refere tanto ao pagamento devido a pessoas como aos procedimentos pelos quais se negociam pagamentos. Pode assim recobrir a recompensa devida a parentes pela criação [nurture] dada por eles, como no caso da riqueza da noiva, assim como danos, no caso de reparações para compensar roubos ou ferimentos. Pode substituir uma vida, na compensação de homicídios, ou a perda de recursos. Acidentes de carro, reparações de guerra, royalties de mineração: tudo isso pode cair sob sua rubrica, embora, uma vez que é de conhecimento geral que as pessoas frequentemente fazem demandas exorbitantes, a compensação é vista como amiga ou como inimiga das cerimônias de pacificação e da exploração comercial. (Pode-se perguntar, seguindo Latour, quão "exorbitante" é o "exorbitante": ver M. Strathern 1999: cap. 10.) O resultado disso – de um ponto de vista euro-americano – é híbrido, pois consiste numa tradução fácil, seja de pessoas em coisas, seja de coisas em pessoas. E sua aptidão processual é de uma simplicidade absoluta. Em se tratando dos problemas envolvidos na própria compensação, os riscos e as reivindicações são definidos segundo as posições assumidas pelas partes em suas relações umas com as outras. Voltarei a isso.

Faz pouco tempo que o conceito de compensação se disseminou pela Papua-Nova Guiné, a partir do que se considera ser sua origem no centro das terras altas (Filer 1997). Não só ele nem sempre foi generalizado, como as diferentes regiões se caracterizavam por diferentes práticas; a análise comparativa de algumas das diferenças culturais e sociais nas possibilidades de substitui-

---

mente aceito em toda parte (ver M. Strathern 1999: cap. 10) e, de todo modo, as barreiras "tradicionais" à possibilidade de substituir certas classes de itens uns pelos outros há muito constituem matéria de interesse antropológico (por exemplo, em Godelier 1986b). Acrescentaria que, embora a síntese que se segue não esteja fora de lugar do ponto de vista da nova situação genérica das práticas de compensação, ela (a síntese) evidentemente não se passa por uma explicação histórica do modo como se desenvolveram essas ideias (ver, por exemplo, os textos reunidos em Toft 1997).

ção entre itens, por exemplo, pode ser encontrada em trabalho de Pierre Lemonnier (1991). Onde reside, então, a capacidade que o estilo de "compensação" das terras altas tem de ser propagar? Apresento a seguir uma síntese de uma perspectiva das terras altas e, em maior detalhe, especificamente hagen, que sugere como resposta duas de suas características principais.

Em primeiro lugar, a compensação implica uma retórica do gasto corporal,[16] que recobre tanto a exerção física quanto a mental, fundadas na imagem do processo corporal entendido como emissão e recepção de recursos. A energia com que as pessoas agem é incorporada nos artefatos e nos corpos na forma de substância (ver M. Strathern 1999: 52). Se a fertilidade da terra reside no interior da pessoa até ser extraída em transações com outros, então tudo que a terra oferece – petróleo, madeira, ouro – pode ser tomado como evidência dos recursos internos de seu proprietário. Ao observar iniciativas estrangeiras de mineração e exploração madeireira, a expectativa dos lucros das empresas induz os nativos a inferir a contraideia da recompensa. A lógica do atual interesse na terra como objeto de investimento exige um preço, pois a substância (os lucros das empresas) extraída da terra pode ser tomada como evidência da substância (fertilidade ancestral) nela despendida.[17] Segundo essa lógica, políticos e empresários locais podem persuadir as grandes empresas a entrarem em transações recíprocas sob o argumento de que está em jogo o bem-estar social. Os papuásios vocalizam em termos de "compensação" o que um economista poderia chamar de custo de oportunidade da perda da produção de subsistência, na forma de indenizações que eles podem investir para desenvolvimentos futuros. Os pagamentos pela perda de benefícios futuros podem ser comparados à compensação por lesões corporais em guerras ou aos pagamentos pessoais pela criação [nurture]. Não é por menos que alguns consultores de políticas públicas ficam apreensivos com o que poderá fazer a ideia de propriedade intelectual num regime como esse: o conceito

---

16. Colin Filer (1997) contesta essa conexão, esforçando-se em distinguir a história político-econômica recente da compensação de recursos do campo da compensação pelo corpo.

17. O que não constitui, de modo algum, o único tipo de equação possível; ver, por exemplo, Leach (1998) para ideias de lugar.

de que o conhecimento é também um recurso interno, potencialmente dotado de preço, entraria numa mistura já atordoante.

Em segundo lugar, e esse é o ponto que analiso aqui, a compensação se propaga com seus próprios meios de avaliação. Sendo uma transação que transforma energias humanas em outros valores, ela oferece a promessa de aproveitar todo material que possa concretizá-las – um insulto custa o equivalente ao pagamento por uma semana de trabalho, a colaboração numa guerra é medida em vinte porcos adultos, o leite materno leva a reivindicações sobre uma porção de terra. Na verdade, eu diria que o potencial da compensação, como um mecanismo que já invoca uma ordem indígena modernizada, reside no próprio modo pelo qual se estabelecem as equivalências entre pessoas e coisas. Hoje em dia, há regimes nas terras altas em que é possível pagar por praticamente qualquer coisa, pelo fato de a transação em si não exigir que se semeie a discórdia entre diferentes fenômenos.[18] Os atos mais íntimos entre as pessoas podem ser materializados em transações e uma vasta gama de efeitos materiais pode recair sobre as pessoas. Além do mais, a aplicabilidade desses procedimentos é muito facilitada pelo dinheiro, que confere um alcance infinito à inserção de novos bens nas facilitações e relações já existentes. Isso quer dizer que arrastar toda espécie de produto intelectual – a criatividade, a inovação, o trabalho intencionalmente executado, enfim, tudo que possa ser apresentado em termos de consumo de energia – para dentro da arena das práticas de compensação não necessariamente constitui um problema. Essa energia pode ser armazenada para o futuro, em vez de estar imediatamente disponível (como ocorre em muitas práticas de propriedade fundiária na Papua-Nova Guiné), ou ser destacada das pessoas pelo próprio processo de substituição (isto é, de compensação). O fato é que não há uma descontinuidade predeterminada entre as pessoas e os produtos de seus esforços (cf. Gudeman 1996) e, como corolário disso, quase tudo pode ser atribuído ao trabalho das pessoas, isto é, de alguém em algum lugar e, caso essa fonte não esteja em pessoas humanas conhecidas, ela pode estar em ancestrais,

---

18. Com a mesma advertência da nota 15; outros *tipos* de transação ("esferas de troca") podem, sob determinadas condições, fazer exatamente isso, por meio do estabelecimento de restrições à circulação.

espíritos ou heróis, o que será provado por uma mitologia de invenções e intervenções. De todo modo, sendo em última análise tantas as coisas que resultam dessas intervenções, há pouco que não se possa fazer para exibir a marca da exerção, incluindo a exerção do pensamento e da intenção.

Note-se, ainda uma vez, a simplicidade desse procedimento. O próprio processo da compensação define o que é transacionável (compensável), e não se trata de tautologia, pois a compensação exige que as relações entre as pessoas se tornem visíveis por meio do fluxo de pagamentos e, novamente, refeitas. Os veículos da compensação (em geral concebidos como algum tipo de bens) são assim forçados ao trabalho de criar, limitar e expandir as relações sociais. As relações estão infinitamente abertas à redefinição e à reiteração; sua capacidade definitiva é absorver novos momentos transacionais. Os DPI expandiriam imensamente o número de itens que podem entrar na categoria dos objetos com os quais os papuásios podem transacionar, pois eles alistariam pessoas vistas à luz de novos recursos, e, portanto, novas categorias de atores sociais e novos fundamentos para a criação de relações.

Diferentemente das reivindicações que as pessoas fazem umas às outras com referência a dimensões territoriais ou ao pertencimento a grupos, considerados como conjuntos predeterminantes de atributos, a própria compensação funciona como uma espécie de organização social. Ela pode criar novas unidades sociais, pois pode ser dada ou recebida por qualquer ordem de entidade social – um indivíduo, um clã ou um distrito. Isso, porém, é pensar na direção errada: as coletividades, na verdade, diferenciam, identificam e, em suma, *descrevem a si mesmas por seu papel na compensação*, numa espécie de heterogeneidade funcional. A compensação faz parte do campo mais amplo das transações em que a troca constitui o meio de definição das unidades sociais.[19] Assim, por exemplo, a identidade do clã ou do subclã pode ser reivindicada com base na ação conjunta das pessoas como doadores/receptores

---

19. Essa formulação clássica é de Roy Wagner (1967). Os grupos vêm a existir por meio do papel que assumem em relação à troca de bens ou de pessoas, e existem na forma de doadores ou de receptores de tipos específicos de itens. Há uma influência recíproca entre o que já foi atribuído (o resultado de interações e performances passadas) e o que está sendo criado durante novas interações e performances.

da riqueza da noiva. Se as entidades sociais justificam a si mesmas pelo próprio ato de dar/receber compensações, as coletividades, por sua vez, passam a ser infinitamente divisíveis, e toda ordem de agrupamento social pode ser unida ou dividida por seu procedimento. As transações atuam como fonte, seja da continuidade social (os atores se reúnem para certo propósito), seja da descontinuidade social (os atores são separados entre contribuintes ou receptores de pagamentos).[20] Em suma, elas fazem com que as unidades sociais existam e, desse modo, oferecem um modo indígena de comunicação por meio do qual as pessoas descrevem a si mesmas.

Resta acrescentar que, em seu aspecto atual, a compensação se tornou um novo ponto de passagem, seja nas relações dos papuásios entre si, seja em suas relações com os de fora. Stuart Kirsch (1997: 142) defende que explicações "econômicas" de conflitos entre os donos de terras e as empresas do setor primário permitem que "essas empresas continuem seus negócios como de costume, a despeito das queixas de impactos ambientais feitas pelos donos de terras, redefinidas como demandas [exorbitantes] por compensações crescentes". Tais explicações permitem igualmente que essas empresas limitem seus compromissos às reivindicações materiais e evitem outras questões no que diz respeito à responsabilidade. A compensação também é nova de outro ponto de vista: embora ela funcione como um intermediário ao qual os atores atribuem o valor da tradição, esse status de "tradição" é questionável. Colin Filer (ver também A. Strathern 1993) se recusa a concordar com a equação entre compensação e tradição que se faz no atacado, deixando de lado o problema de sua ubiquidade. Ele argumenta que, apesar de se referir a velhas práticas de compensação pelo corpo, o novo fenômeno da compensação de recursos diz respeito a uma história recente de relações com o setor primário e com o Estado. Em todo caso, atributos tradicionais não prendem as pessoas a comportamentos "tradicionais". Por essa razão, Filer

---

20. Uma retórica fluida acompanha esses "coletivos" fluidos. "[Pois,] quando procuramos investigar ou conceitualizar a substância de sua conduta mútua, podemos descobrir já não estarmos lidando com um padrão real de relações entre indivíduos reais em cenários sociais concretos, mas apenas com fragmentos de retórica aplicados ao 'discurso do desenvolvimento' em determinado tipo de fórum público, como no caso da oposição abstrata entre 'donos de terras' e 'setor primário'" (Filer 1997: 174).

(1997: 175) observa que as empresas vindas de fora do país podem organizar suas relações com donos de terras locais sob a forma de acordos de compensação "tradicionais", que servem para indicar suas obrigações mútuas, enquanto os donos de terras nativos buscam seus próprios meios privados para destituir a relação de elementos de equilíbrio – por um lado, exigindo favores e, por outro, recorrendo à coerção.

## Combinações e divisões

A interessante conclusão deste esboço da Papua-Nova Guiné não é que as pessoas fazem uma fusão de tecnologia e sociedade, ou de coisas e pessoas, mas que, sem que qualquer dessas duas divisões se faça ideologicamente necessária, as divisões que prevalecem ali (como nos leva a ver a ANT) estão em outro lugar: as pessoas dividem pessoas. Isso quer dizer que as divisões sociais antigas são usadas para criar divisões novas, e também que o próprio trabalho de divisão (segundo Hetherington & Munro 1997) cria distinções sociais. Trata-se aqui tanto da tecnologia quanto da estética, do mundo dos espíritos, da comida, da saúde e do poder reprodutivo. Afinal, os papuásios não têm de demonstrar que a diferença é inerente a ou entre esses tipos de fenômenos. A diferença é constantemente criada na conduta da vida social. O fato de os habitantes das terras altas da Papua-Nova Guiné (entre outros) despenderem tanta energia na troca de coisas iguais, de conchas por conchas, de porcos por porcos – ou, neste caso, de dinheiro por dinheiro –, constitui desde sempre um quebra-cabeça para os economistas. A diferença entre os itens que vêm e vão entre pessoas, a significação de sua materialidade, é justamente uma questão de origem social e destinação social. Os itens ou procedem ou estão destinados a conjuntos específicos de pessoas. De modo semelhante, a razão pela qual alguns têm sorte e outros têm poder, ou pela qual se tem um bom solo, ou sua tecnologia é ou não avançada, pode ser atribuída a relações anteriores. E, no sentido inverso, tudo que pode ser forçado a servir à diferenciação das pessoas é transacionável (segundo Sahlins 1976). Talvez isso faça das "pessoas" espécies diferentes de actantes em relação às pessoas do pensamento euro-americano da propriedade, que se digladiam, como personagens de um cartum, com a intratabilidade e a peculiaridade das coisas.

Talvez algo semelhante a isso também se manifeste quando se critica os DPI por introduzirem formas estrangeiras de propriedade em comunidades indígenas em que as relações com as pessoas são o fundamento das reivindicações. Alguém tem um direito por ser primo ou vizinho e, ao reivindicar esse direito, dá substância ao que é ser, por vezes até mesmo passando a ser, primo ou vizinho. Ora, embora possamos estender a metáfora da Papua-Nova Guiné e falar dos euro-americanos que usam pessoas para separar pessoas, por exemplo, por meio das heranças, a ANT sabe que estes têm à disposição o que, para eles, constitui um conjunto muito mais articulado de mediadores nativos: justamente as propriedades das "coisas". Câmeras Kodak, chaves de hotel: percebidas como "coisas" dotadas de propriedades próprias, essas entidades exigem que as pessoas façam alguma coisa com elas.

Consideremos o bem conhecido produto derivado do teixo americano, o Taxol, tal como foi descrito por Jordan Goodman e Vivien Walsh (1997; cf. Walsh & Goodman s.d.). Após anos de um desenvolvimento realizado em sua maior parte nos Estados Unidos, com recursos públicos, o Taxol surgiu como uma droga testada em humanos no tratamento para o câncer, tendo sido depois registrada como marca do laboratório Bristol Myers Squibb. Ao longo do tempo, das primeiras análises nos anos 1960 até um período entre 1982 e 1994, quando foram iniciados os testes clínicos e publicados quase 3 mil artigos sobre essa droga, ela adquiriu várias identidades, que correspondiam aos vários conjuntos de pessoas que nela tinham interesses especializados distintos. Parafraseando os autores, a substância passou sucessivamente de uma propriedade antes desconhecida e não identificada do teixo americano a um líquido de cor carmim, que se pensou ser um extrato da casca e que poderia ser utilizado em testes para detectar uma potencial atividade anticancerígena, a uma amostra de cristais brancos, que constituía, segundo os químicos, um "composto puro", a uma fórmula química, revisada mais tarde numa segunda fórmula química. Esses diversos atributos são invocados por diversos interesses (especializados), embora os atributos ou propriedades aos quais esses interesses correspondem, em especial os químicos e os biológicos, sejam considerados inerentes ou naturais a tudo o que possa ser classificado como substância orgânica.

Esse é um excelente exemplo do que John Law (1994: 102) chama de materialidade relacional. Se as pessoas não fossem separadas em diferentes espécies de especialistas, não teríamos uma descrição especializada da substância assim dividida. Além do mais, como os especialistas se alçam a posições permanentes de competência, como autoridades nesse ou naquele aspecto, eles pressupõem não haver substância que não possa ser assim dividida: toda substância orgânica pode ser objeto de uma análise bioquímica. Se é ou não desejável fazer essa análise, isso depende de outros interesses, mas as propriedades atribuídas à coisa convocarão seus próprios especialistas e, assim, justificarão as divisões entre as pessoas; desse modo, as coisas acabam por parecer intrinsecamente heterogêneas. Assim, como no caso da descrição genética, que dispensa a entediante coleta de históricos médicos (Wexler 1992: 227), a coisa em si irá identificar que pessoas têm de ser mobilizadas. É o que a ANT nos diz o tempo todo da heterogeneidade (euro-americana). Não necessariamente se quer reabrir todas as negociações. Não se reinventam as convenções do comércio com estrangeiros a cada vez que se lida com dinheiro: está tudo lá no papel-moeda. As coisas espontaneamente fetichizam as decisões passadas das pessoas. O modo como as pessoas se rearranjam de novas formas em torno das coisas passa então a ser uma questão de surpresa, ou de descoberta – a balbúrdia em torno da apropriação do Taxol pela iniciativa privada se assemelha à dificuldade em encontrar a constelação social certa, os procedimentos de proteção adequados, para os recursos indígenas.

Nos DPI, tais como são seguidos internacionalmente, uma separação entre coisas e pessoas se torna precondição *necessária* da implementação – ao menos quando se considera que os atributos estão à espera de descoberta ou utilização. O que é atribuído à coisa em questão (concepção, invenção, recurso) será usado para traçar divisões entre as pessoas (autores ou detentores de recursos, contra o resto do mundo). Pois, embora um autor possa reivindicar direitos autorais sobre um trabalho, *o próprio trabalho* deve demonstrar, em sua confecção, que ele teve uma autoria (cf. Callon 1986: 80). Os pedidos de patente se baseiam na demonstração de que porção da natureza, ou que porção de um instrumento ou dispositivo previamente existente, foi modificada, seja pela tecnologia, seja pela nova invenção. À diferença de outras formas de

O que busca a propriedade intelectual? **397**

propriedade, os DPI se assentam de modo crucial na evidência fornecida pelo próprio artefato.

Isso pode ser imaginado de diversas maneiras. Permitam-me voltar às observações de Alan Macfarlane (em M. Strathern 1999: cap. 7), como se as divisões entre os dois sistemas que ele descreve fossem também internas a um só sistema.[21] O direito romano enfatizava a divisibilidade das coisas materiais entre pessoas (as pessoas dividem as coisas [em diferentes porções]), enquanto o direito feudal e o direito consuetudinário inglês enfatizavam a divisibilidade das pessoas em múltiplos "pacotes de direitos", realizados em entidades, elas sim, indivisíveis (as coisas dividem as pessoas [em diferentes detentores de direitos]). Poderíamos dizer que a classificação científica (como projeto que divide pela inspeção, isto é, pela partição virtual ou intelectual, sem ter de dividir a entidade) transpõe "pacotes de atributos" às coisas, como no caso da análise componencial. Se os DPI se assentam na evidência apresentada pelo próprio artefato, então eles desconsideram outras possibilidades euro-americanas de estabelecimento de posse. As pessoas se apropriam de coisas de todo tipo, por meio da compra, da doação, da herança e assim por diante; esses direitos de propriedade (para usar a fórmula de Macfarlane) usam as pessoas para dividir as coisas; em suma, os direitos sobre cada entidade são repartidos entre as pessoas que os reivindicam, então elas são feitas de tantas partes quantas forem as pessoas que têm direitos, como uma quantia em dinheiro dividida entre vários requerentes. Em contrapartida, em certo sentido os DPI usam as coisas para dividir as pessoas, uma vez que a reivindicação se refere especificamente à atividade (intelectual) incorporada no produto. Afinal, os DPI só se aplicam a coisas (artefatos humanos) já teoricamente divididas em componentes, de modo que determinada peça indica o potencial comercial do conhecimento ou, então, se considera que a criatividade se encontra entre os componentes diversos do todo. É como se o próprio dinheiro indicasse qual pedaço se destina a comprar itens de subsistência e qual se destina aos gastos de luxo.

Sugeriu-se que, se do ponto de vista da "comunidade internacional" os DPI deveriam ser estendidos a reivindicações de recur-

---

21. Valho-me aqui de um enigma analítico observado em outros trabalhos (por exemplo, M. Strathern 1991a).

sos feitas por grupos indígenas, isso recriaria, numa canetada, a divisão entre tecnologia e sociedade (reconhecer seu potencial técnico e agir socialmente), e entre o Primeiro e o Terceiro mundos (mostrar às novas nações os novos procedimentos para dar conta de seu potencial comercial; os direitos biológicos e culturais podem demandar instrumentos diferentes). Podemos agora acrescentar a esse conjunto de visadas uma divisão entre coisas e pessoas (a natureza inerente dos recursos como coisas indica a pertinência da reivindicação social: isto é um espécime biológico, aquilo é um monumento cultural). É provável que as relações sociais internas dos povos indígenas só tenham importância na medida em que afetem o ponto de passagem da sua relação com atores internacionais; isso sem dúvida será traduzido na "coisa" em que se considera que ambas as partes têm interesse.

## Sustentando a simetria

Os responsáveis pela implementação das diretrizes da Convenção sobre Diversidade Biológica podem buscar paralelos e comparações entre acordos "locais" e "tradicionais" para lidar com os novos imperativos internacionais, assim como fazem os que resistem à extensão do conceito de propriedade intelectual. Os costumes são apresentados como uma contrapartida do direito consuetudinário [common law]. Será que o observador da ANT não deveria se juntar a esse movimento? Existe interesse teórico na atividade antropológica tradicional da comparação? Como poderíamos, por exemplo, comparar redes? A comparação, partindo de uma presunção de diferença, forçaria o observador a encontrar paralelos e equivalências, a tratar seus casos de modo simétrico. Ora, buscar paralelos na manipulação de pessoas e de coisas apenas reforçará uma ideia de diferença, e isso só para ficarmos nos termos, por assim dizer, já purificados. Inspirando-nos num híbrido conceitual, a compensação, e buscando outros paralelos na prática euro-americana, podemos encontrar um candidato dotado de capacidade igualmente ilimitada de tradução, que traduz o conhecimento num detentor de poder de uma espécie agora familiar, uma competência que adquire a capacidade de efetuar novas traduções. Refiro-me ao pendor euro-americano para a autodescrição.

A autodescrição é um instrumento que, como o procedimento da compensação, encoraja as entidades sociais a proliferarem. Também como a compensação, que define a unidade capaz de reivindicá-la, essa descrição cria unidades radicalmente distintas entre si. Por mais semelhantes que essas unidades se mostrem ao observador externo, a autodescrição estabelece a singularidade de cada uma delas por meio da inscrição de uma separação radical entre o eu e o outro. Vemos isso, por exemplo, no efeito em cascata das reivindicações de identidade étnica. Os observadores que tentam fazer descrições de um ponto de vista exterior às vezes ficam confusos com a composição híbrida dos grupos étnicos, como se sua constituição mista fosse um impedimento à identidade coletiva; tudo que ela exige, contudo, são os instrumentos de *auto*descrição.[22]

O seminário da Papua-Nova Guiné sobre direitos de propriedade intelectual, biológica e cultural é uma espécie de híbrido, ao menos no que diz respeito a suas orientações sociais (tendo sido convocado por uma nova organização não governamental, em associação a um corpo governamental regulador). No entanto, seu próprio mandato as reúne na descrição de seus fins e intenções. Por um lado, o resumo executivo afirma seu interesse em "promover a conservação e a gestão sustentável de recursos naturais no nível local na Papua-Nova Guiné", dirigindo-se assim a níveis organizacionais exteriores ao aparato estatal. Por outro lado, indica sua própria capacidade de articular esse interesse, especialmente no contexto do estabelecimento de redes com organizações similares no Pacífico, o que faria dele uma voz no contexto de qualquer movimento legislativo que o governo possa fazer. Aqui, não é "o eu e o outro" que constitui a motivação da autodescrição, mas a definição de uma competência, a descrição do poder ou efetividade particular que se é capaz de proporcionar, o que pode capacitar os outros a fazer.

Desde os primeiros tempos da colonização, a administração da Papua-Nova Guiné dependeu de organizações prestadoras de serviço independentes, especialmente de diferentes igrejas, para aju-

---

22. O poder analítico da combinação e da recombinação que produzem a "hibridez cultural" (P. Werbner 1997) não põe fim aos fundamentalismos na identidade quando esta invoca uma divisão entre o eu e o outro (cf. Yuval-Davis 1997).

dar a implementar suas políticas. Essa aliança para a capacitação também faz parte de um fenômeno global do fim do século XX.[23] Ela constitui um microcosmo do tráfego entre organizações de grupos de interesse e o Estado identificado por Helmut Willke. Este afirma que, em contraste "com o formato liberal da influência e do modelo dos grupos de pressão [...] [muitos] países estão indo em direção a uma colaboração oficialmente organizada entre o Estado e grandes organizações de grupos de interesse na constituição das políticas públicas" (Willke 1990: 235). Essas organizações são ágeis e autodeterminadas, e o Estado acaba dependendo delas para ter informação detalhada e especializada, sem poder deixar de reconhecer seu efeito descentralizador. Elas atuam como subsistemas societais ("corporados"). Willke argumenta que o Estado transfere suas atribuições no estabelecimento de políticas públicas em troca do acesso ao conhecimento e às habilidades que estão à disposição dessas organizações; elas, por sua vez, sujeitam-se às políticas do Estado, ganhando ao mesmo tempo a oportunidade de se reproduzirem em numerosos campos de especialidade.

Sua capacidade de reprodução é imensa. Quando Darrell Posey reuniu documentos para seu livro sobre direitos a recursos tradicionais, ele contou com uma série de organizações, das Nações Unidas aos variados corpos envolvidos no campo florescente da "*soft law*",[24] chegando aos grupos de interesse locais. Não se trata, contudo, de uma coleção aleatória de entidades sociais: esses grupos são mutuamente reconhecíveis, produzem documentos similares, falam uma língua comum e, assim, comunicam-se

---

23. As ONGs tornaram-se um fenômeno de interesse em si mesmas; para uma descrição delas no contexto da ajuda humanitária, ver Benthall 1993.

24. Darrell Posey e Graham Dutfield (1996: 120) chamam a atenção para o desenvolvimento da chamada *soft law*, ou instrumentos jurídicos quase legais: "No sentido estrito, não se trata absolutamente de leis. Na prática, o termo '*soft law*' se refere a uma grande variedade de instrumentos: declarações de princípios, códigos de conduta, recomendações, diretrizes, padrões, cartas, resoluções etc. Embora falte status legal a todos esses tipos de documentos (que do ponto de vista jurídico não são vinculantes), é grande a expectativa de que suas cláusulas sejam respeitadas e seguidas pela comunidade internacional". Eles acrescentam que a evolução do "direito costumeiro internacional" pode ser acelerada pela inclusão de princípios costumeiros em acordos quase legais e em declarações não governamentais, que se fortalecem com seu uso e aceitação em nível internacional.

entre si.[25] Todos eles são especialistas. O que faz com que se multipliquem é, entre outras coisas, *a linguagem gerativa da autodescrição* num campo constituído por entidades que comunicam suas descrições umas às outras. A autodescrição é uma forma de autorreferência. A autodescrição que a Papua-Nova Guiné produz de si mesma ("o jeito PNG", concretizado no direito costumeiro) é uma descrição feita para um campo de descrições semelhantes, que circulam na comunidade internacional. Cada uma delas evoca competências particulares, ou fontes de capacitação. É esse o paralelo a ser estabelecido com a natureza autoconstitutiva dos procedimentos de compensação.

Willke defende que as sociedades modernas alcançaram um nível de complexidade organizacional que ultrapassa a capacidade intelectual dos atores individuais. Ninguém se pergunta, observa ele (1990: 238), como inserir o tumulto da atividade de gerenciamento no processo democrático – departamentos de avaliação de riscos, ações planejadas, conferências sobre a segurança das usinas nucleares, diretrizes para o trabalho experimental com retrovírus, acordos internacionais de comércio e assim por diante, para não acrescentar à lista a própria Conferência sobre Diversidade Biológica. Cada um estabelece sua pauta, cada um desenvolve seus próprios fundamentos e objetivos, e o Estado está no limite de seu poder de governar. Willke chama isso de diferenciação funcional (na definição de Niklas Luhmann).[26] Podemos chamá-la também de proliferação social.

---

25. Tanto em termos de sua participação na atividade culturalmente reconhecível da produção de documentos, como no que diz respeito às relações entre conjuntos específicos de organizações entre os quais os documentos produzidos por alguém podem ser elaborados de modo a abranger os documentos de outros (ver Riles 1996, 1998). Françoise Barbira-Freedman (em comunicação pessoal) nota o caráter virtual das reivindicações e contrarreivindicações (como entre donos de terras e o setor primário), que talvez sejam inerentemente incapazes de se atar às constelações sociais exigidas pela prática dos DPI. Finalmente, Sheila Jasanoff (1997) aponta para o papel da especialização tecnológica por meio da qual as ONGs estabelecem sua credibilidade e para as "redes epistêmicas" que elas criam. Agradeço a Charis Cussins por essa referência.
26. Luhmann (por exemplo, 1990: 100) descreve a sistemática da sociedade como uma "rede de comunicação". No interior desse sistema, as sociedades euro-americanas investem enormemente em subsistemas comunicativos cuja função é descrever (comunicar informação sobre) a sociedade.

Sendo prestadoras de serviço que informam o Estado, essas organizações quase governamentais compreendem em si o ímpeto para a sua própria reprodução. Elas impulsionam a divisão social. O que foi escrito, por exemplo, na CDB, dirigida pelas Nações Unidas, é referendado nas organizações de grupos de interesse que brotam para informar aos estados como eles devem tomar conta da heterogeneidade social. Como diz Posey, em seu sumário executivo em nome da International Union for the Conservation of Nature (IUCN [União Internacional para a Conservação da Natureza]) (1996: xiii), a intenção é orientar o desenvolvimento de sistemas *sui generis*, isto é, mecanismos localmente apropriados de proteção e conservação dos quais se exige apenas que sejam eficazes. Isso traz à tona, como já vimos no caso da Papua-Nova Guiné, os esforços de autorreferência que tenho notado: os sistemas têm de comunicar a outros sua singularidade, e o direito costumeiro constitui um exemplo conveniente, pois os "costumes" são axiomaticamente únicos em virtude das identidades sociais a que estão vinculados. Willke, defendendo que a autorreferencialidade é necessária para que um sistema lide com sua própria complexidade, observa que desse modo os sistemas controlam suas fronteiras, decidindo, numa miríade de operações contingentes, quais delas se encaixam em seus próprios procedimentos, e produzindo assim um encerramento operacional que constitui, ele próprio, uma condição da heterogeneidade.

Valho-me aqui de alguns dos conceitos associados a modelos de sistemas complexos visando sublinhar a natureza autoimpulsionada da heterogeneidade social em regimes internacionais. Afinal, embora se possa dizer que as organizações que proliferam são todas iguais, elas promovem, sim, uma diferenciação funcional, isto é, têm modelos de si mesmas segundo os quais oferecem competências distintas e singulares, que podem ser combinadas umas às outras, mas que são diferentes entre si, pois atribuem a si mesmas um fechamento organizacional (operacional). Ora, Willke parece tomar por certo que os "sistemas" tendem a conservar a diferença. A ANT questionaria esse axioma da diferença, na medida em que problematiza a atribuição de atributos (por exemplo, Law 1994: 23). Uma resposta seria lembrar que muitos artefatos, coisas e eventos são utilizados para facilitar a autodescrição de cada organização, mas não constituem, em si, a fonte da heteroge-

O que busca a propriedade intelectual? **403**

neidade – cada uma delas imita outras organizações em suas declarações de missão, bases de dados e sumários executivos. No entanto, ao divulgar conhecimento sobre si mesmas, cada uma delas também torna assimétricas suas alegações de especialização em relação às outras organizações.[27] Em suma, a incorporação da autodescrição à atividade operacional das organizações, que ao mesmo tempo é parte de seu conhecimento sobre como funcionam e moeda de troca por meio da qual se comunicam com as outras organizações, passa a constituir uma precondição de novas divisões. Descrever a si mesma é o primeiro movimento feito por uma organização nova (é isso que torna a heterogeneidade funcional). A heterogeneidade pode, portanto, ser comunicada por meios de comunicação compartilhados e por documentos aparentemente idênticos, exatamente do mesmo modo que os pagamentos compensatórios das terras altas mobilizam itens similares de riqueza numa rodada infinita de reciprocidade: em ambos os casos, o foco substantivo das transações é a singularidade social de cada actante participante.

O êxito da ANT foi ter superado a resistência descritiva às divisões entre a tecnologia e a sociedade, e todas as suas consequências no que diz respeito a coisas e pessoas. Na teoria do ator-rede, tudo que é mobilizado no curso da ação é um ator/actante: todos eles são agentes em potencial. Poderíamos dizer que uma década de esforço empreendido pelas ONGs, entre outros, superou a resistência descritiva em se falar ao mesmo tempo dos governos, das multinacionais e dos povos indígenas. Nessa linguagem, todos esses corpos têm direitos; na verdade, todos eles têm, potencialmente, especialidades, competências próprias e, sobretudo, capacidade organizacional. As pessoas, contudo, podem ser divididas tanto pelo que compartilham como pelo que não compartilham. Podemos concordar que toda pessoa tem conhecimento corporificado em suas práticas: a questão passa a ser o quão (comercial-

---

27. O argumento de Willke é que não há fundamento comum (ou transcendental) para a troca entre sistemas: qualquer troca envolve uma intervenção de outros corpos em organizações que, de outro modo, seriam autônomas, e isso vale especialmente para o caso do Estado: "A função básica tradicional de governo do Estado fica severamente limitada, porque qualquer tipo de governo social significa, predominantemente, o autogoverno de atores capazes e organizados" (1990: 248; ênfases removidas).

mente) útil ele é. Se as reivindicações de acesso ao conhecimento levam à diferenciação social funcional, acabamos por constatar que sua utilidade, como a de qualquer outro recurso, está distribuída em quantidades desiguais entre as pessoas. Quando alguém sugere que a tecnologia – ou procedimentos para a proteção à tecnologia – poderia liberar a utilidade do conhecimento para unidades sociais particulares, é reintroduzida a distinção entre sociedade e tecnologia que sustenta o novo programa internacional. A localização da ANT no interior dos estudos da ciência e da tecnologia nos lembra disso constantemente.

Em vários momentos me referi a divisões sociais emergentes cujos exemplos principais têm sido os modos como o debate internacional polariza os pontos de vista das pessoas (*supra*, p. 387) ou como os procedimentos de compensação definem a extensão do agrupamento das partes que transacionam (*supra*, p. 393). Aqui se faz pertinente o conceito duplo de diversidade de Daniel Miller, desenvolvido para práticas de consumo. Em vez de considerar que o consumo de massa encobre tradições indígenas distintas e separadas, isto é, a diversidade *a priori*, ele defende que, pelo contrário, deve-se atentar para "a diversidade sem precedentes criada pelo consumo diferencial do que já se pensou serem instituições globais e homogeneizantes" (Miller 1995: 3). Trata-se de uma diversidade *a posteriori*, criada no curso da participação das pessoas em práticas aparentemente compartilhadas. É essa a diversidade que emerge como efeito da linguagem internacional e dos pagamentos compensatórios. Podemos optar entre abraçar esse efeito e desejar tratá-lo com alguma cautela. De todo modo, ele aponta para novas configurações sociais de grande interesse para o cientista social.

Todo preconceito primitivista passível de florescer junto à retórica da propriedade intelectual pode estar apenas aprofundando uma diversidade *a priori*, isto é, a ideia de que o mundo é desde sempre culturalmente diferente: a propriedade intelectual "deles" é a tradição cultural, inventada muito tempo atrás; "nossa" propriedade intelectual é uma inventividade ainda produtiva, progressiva, irresistível e tecnológica. Ao mesmo tempo, a linguagem universalizante que contrasta os tecnologicamente favorecidos com os prejudicados introduz novas divisões. Talvez seja aqui, e sobretudo nas práticas de remuneração (a maneira como as demandas por "compensação" são enquadradas e atendidas), que se possam encontrar novas razões para uma diversidade (*a posteriori*). As transações que acompanham a exploração de recursos primários criam novas distinções sociais entre as pessoas, novos pontos de referência para o que as pessoas podem obter em troca do que transferiram ou entregaram, do que lhes foi tomado ou que de algum modo perderam. Pode se tratar de uma ideia ou de uma concepção (e nesse caso a inventividade é reconhecida como propriedade intelectual), ou pode se tratar do usufruto desses recursos enquanto tais, incluindo o direito de explorá-los por conta própria e a visão dos benefícios futuros que os acompanham. O fato é que a possibilidade de recompensa tem seus próprios efeitos sociais.

A defesa das reparações na Convenção sobre Biodiversidade visava alcançar um novo ponto de equilíbrio entre os pobres em tecnologia e os ricos em tecnologia. O texto convidava a imaginar quais formas de remuneração seriam possíveis para a nova série de recursos invocados pela utilização (por exemplo) do conhecimento indígena (art. 8) e sugeria procedimentos para a proteção dos recursos primários. Sua parceira, a "Agenda 21", recomenda que os governos adotem políticas para "proteger a propriedade intelectual e cultural indígena e o direito de preservar sistemas e práticas consuetudinários e administrativos" (cap. 26). Juntas, ambas criaram um campo de expectativas ao qual os DPI contribuem com sua própria ideia, e uma ideia particularmente potente (a da propriedade sobre produtos intelectuais). Trata-se de expectativas com relação ao que pode ser convertido em ativo econômico. Assim, de certa maneira, a Convenção sobre Biodiversidade e os instrumentos a ela associados transformaram o conceito de propriedade, afetando as diversas formas de remuneração que ele estimula e, portanto, as várias relações transacionais que podemos esperar como resultado.

Miller acolheu de bom grado a diversidade *a posteriori*, conferindo-lhe a estatura de uma ética. Para ele, a coprodução da diversidade por meio do consumo faz parte de um problema muito mais amplo, o da compreensão de quão "pouco do que possuímos é feito por nós mesmos, antes de mais nada [...] ser um consumidor é possuir a consciência de estar vivendo através de objetos e imagens, e não de sua própria produção" (1995: 1).

A vida através dos outros *poderia* ser evidenciada por meio das explicações econômicas em relação às quais Kirsch (ver *supra*, p. 394), sob outros aspectos, tem tantas dúvidas – e com razão. Cada transação que devolve uma parte da energia ou do esforço de alguém é uma forma de vida processada através de outra pessoa. Pode ser que aquilo que Miller tão corajosamente disse a respeito do consumo venha a ser dito no futuro sobre algumas das formas emergentes de transação que a exploração de recursos primários trouxe consigo.

## Post-scriptum, 1998

Minhas "previsões" sobre os dois pontos de passagem (*supra*, p. 381) não se confirmaram no seminário de Port Moresby[28] exatamente como as imaginei em 1997. Esses dois pontos já haviam sido traduzidos para a linguagem internacional da "proteção" de recursos, por um lado, e da "posse" de propriedade, por outro. A premência da proteção foi tratada como algo evidente, e a afirmação da posse (nacional/indígena) era, para muitos participantes, seu óbvio corolário. No entanto, a noção de propriedade intelectual em particular e a questão de como dar início à proteção do "conhecimento" suscitaram uma resposta inventiva. Uma das questões apresentadas para a discussão em pequenos grupos indagava que tipos de proteção à propriedade intelectual deveriam ser implementados na Papua-Nova Guiné, se fosse o caso, e que tipos de informação deveriam ser protegidos. Alguns dos argumentos ali expostos tomaram como ponto de partida – o que é interessante – o quadro teórico da proteção à propriedade enquanto tal.

É claro que a proteção à propriedade, tomada em seu sentido de conservação (cf. Brown 1998), é um subproduto da pauta dos DPI: os DPI estimulam o fluxo de ideias independentemente de se lucrar com elas (são os direitos ao lucro que estão sendo protegidos). (Assim, com as patentes, se for possível proteger os interesses do autor, não é preciso esconder o conhecimento.) Algo nessa linha parecia estar contido no recurso à tradição, embora ele se fizesse de modo muito genérico.

---

28. Convocado por Meg Taylor e Caroll Poyep e organizado por Leslie Harroun, advogada especializada em recursos naturais. Ver Whimp & Busse 2013.

Os participantes do seminário defendiam que o fluxo de informações entre os grupos da Papua-Nova Guiné era uma característica da cultura local e que, em consequência disso, o que deveria ser protegido eram os canais tradicionais de troca de informação. Na verdade, não era a "posse" de informação, no sentido de se agarrar a ela, que emergia como problema relevante na discussão, mas quais tipos de mecanismos e regulamentações *promoveriam melhor a troca* de informação. Os participantes papuásios apresentaram três argumentos nesse sentido (e aqui cito em parte um resumo preparado por Nick Araho).[29] Em primeiro lugar, a cultura muda constantemente e não poderia ser preservada como entidade estática; não seria desejável interromper a troca – se há ameaças, elas residem nas informações inexatas, assim como na incompreensão e na má interpretação de práticas e crenças. Em segundo lugar, no que diz respeito aos recursos biológicos, a proteção seria necessária para que as gerações e os agricultores futuros possam usufruir deles; os participantes incluíam, nessa categoria, os futuros pesquisadores, isto é, aqueles que produziriam mais informações. Finalmente, a reciprocidade não deveria ser traduzida apenas em termos monetários, mas em termos de fluxo de conhecimento: o que as pessoas queriam em troca da informação era informação – os resultados de pesquisas e estudos. Com isso, eles pareciam se referir, não à tecnologia ou às habilidades de pesquisa, mas à substância, ao conteúdo detalhado e aos fatos que os pesquisadores poderiam trazer à tona. E o valor da informação aumentaria, eles concluíam, "porque ela terá valor para as comunidades locais e sua troca recíproca criará o potencial para iniciativas em parceria". Por fim, nas palavras do resumo de Araho, foi dito que a definição da propriedade em tratados e convenções internacionais era um conceito ocidental e que "era vital descobrir quais são as características da propriedade na PNG e trabalhar no interior de nosso arcabouço cultural particular".

É pertinente a crítica de Michael Brown (1998) ao que ele chama de alquimia moral, por meio da qual múltiplos interesses e questões diversas sobre o uso justo e a expressão justa são convertidos em disputas acirradas por mercadorias. Com essa expressão, ele

---

29. Do Museu e Galeria Nacional de Arte da Papua-Nova Guiné, em Port Moresby.

ataca o modo pelo qual o discurso da propriedade suplanta o que deveria ser uma discussão sobre as implicações morais (digamos) de sujeitar as pessoas a escrutínio injustificado ou de confiscar informações de domínio público, ou ainda do modo como se submergem problemas éticos complexos em favor de reivindicações muito amplas de posse. Brown está absolutamente certo em apontar o excesso e os absurdos de algumas das "expansões radicais da propriedade intelectual dos povos nativos" (1998: 23). No entanto, se partirmos do mundo das iniquidades sociais já existentes (*a priori*), os DPI são também uma força a aproveitar. Justamente porque põem tanta coisa num só pacote, justamente por serem retoricamente dotados de potencial inflacionário, e justamente por invocarem a propriedade, eles constituem um slogan político do poder (internacional). Vou mais além: seria uma pena, na verdade, se as objeções euro-americanas às transações mercantis obscurecessem o potencial de algumas das inovações (*a posteriori*) transacionais mencionadas neste capítulo. Do lado papuásio, elas emanam de diferentes retóricas do poder, da eliciação e do envolvimento das pessoas nas vidas umas das outras, dos quais conceitos como os de propriedade e mercadoria não estão nem perto de dar conta. O cuidado a tomar é o de não confundir nenhum desses potenciais fundamentos do poder com a análise social.

*Tradução Luísa Valentini*

Espectadores em cerimônia de pagamento de indenização por morte. Hagen, 1964.

# 13. AMBIENTES INTERNOS: UM COMENTÁRIO ETNOGRÁFICO SOBRE A QUESTÃO DA ESCALA

A antropologia social fundamenta sua prática no que podemos chamar de imprevisibilidade das condições iniciais: imprevisíveis, entenda-se, do ponto de vista do observador.[1] A etnografia, tipo abrangente de descrição que congrega tudo em si, promove a ideia de que não se pode prever, no início de uma investigação, o rumo que ela irá tomar ou o que irá se revelar significativo para a exposição. Ela também incita o observador a não especificar totalmente de antemão onde procurar pelos correlatos e condições dos resultados que observa, e, assim, a confrontar as imprevisibilidades da vida social.

No passado, os antropólogos sociais produziram todo tipo de justificativa para se referir ao que a etnografia deveria compreender, por exemplo, a ideia de sociedades holísticas que devem ser descritas em todos os seus aspectos. Entretanto, embora hoje as justificativas pareçam frágeis teoricamente, a prática se faz mais importante do que nunca. E ela é particularmente importante no estudo das questões referentes ao ambiente. O desenvolvimento de trocas complexas "entre" cultura e ambiente faz com que o observador esteja constantemente ciente da "imprevisibilidade das condições iniciais": fatores que talvez tenham um impacto significativo podem parecer mínimos ou obscuros até que esse impacto se faça conhecer. Pesquisas realizadas recentemente na Papua-Nova Guiné fornecem uma ilustração interessante disso. À guisa de exercício, parto de um ponto que pode parecer, de início, pouco calcado em questões ambientais em si.

---

1. Publicado originalmente em *Culture, Landscape, and the Environment*, organizado por Kate Flint e Howard Morphy, 2000. [N.E.]

## A importância da escala

O homem que aparece na fotografia da página 410, feita há mais de trinta anos, é da região do monte Hagen, nas terras altas da Papua-Nova Guiné. Na imagem,[2] ele observa o que ficou conhecido como inflação: termo utilizado pelos antropólogos para designar as consequências de um enorme influxo de conchas na economia local, que se seguiu à pacificação australiana da região. Desde o espaço cerimonial da casa dos homens, estende-se uma profusão de conchas de pérolas, seguindo em direção à cabeça do homem.

Garimpeiros, autoridades administrativas e, mais tarde, missionários de diversas crenças aterrissaram na região em aviões carregados de conchas de todos os tipos, com as quais adquiriam tubérculos ou porcos para se alimentar.[3] As ostras de lábios dourados, que antes costumavam circular em fragmentos e já eram bastante apreciadas, passaram a se espalhar como peças inteiras, em grande número, e a integrar as transações feitas pelas pessoas. Os efeitos disso foram tanto políticos como econômicos, tendo ocasionado um aumento proporcional na frequência de eventos como o ilustrado na figura 1, bem como de demonstrações clânicas de riqueza no contexto de pagamentos de indenizações relacionadas a guerras, oferecidas a aliados como recompensa por sua ajuda, e tanto para aliados quanto para inimigos como indenização por perdas.[4] Tais pagamentos adquiriram uma relevância intrínseca, transformando-se em trocas recíprocas entre grupos que procuravam se sobrepor uns aos outros. Os doadores desafiavam os donatários a tirar o maior proveito possível da riqueza. Se isso se prestou à pacificação política do governo australiano nos anos 1950 e 1960, também serviu à manutenção de determinações clânicas, expressa por meio da

---

2. A mesma fotografia é descrita de um ponto de vista bastante diferente em M. Strathern 1993; as figuras 1 e 3 aparecem no capítulo 10 de M. Strathern 1999. Este ensaio reitera e complementa os capítulos 9 e 10 do referido livro.

3. As ostras de lábios dourados, particularmente estimadas em Hagen, constavam de dotes e pagamentos mortuários, bem como de indenizações por homicídio, contextos em que porcos também eram negociados; inicialmente, eram o único bem que os estrangeiros podiam usar para "adquirir" carne (porcos vivos). A cauri e outros tipos de conchas eram aceitos em troca de vegetais e trabalho.

4. A autoridade nesse tipo de pagamento de indenização, documentado por mais de trinta anos, é A. Strathern (por exemplo, 1971; 1993; 1994).

celebração das perdas sofridas e das lesões infligidas durante as batalhas que hoje certamente já pertencem ao passado. *O aumento da frequência desses eventos está bem documentado.*

Duvido, entretanto, que esse homem esteja pensando na inflação. Talvez ele esteja, no entanto, refletindo sobre a força coletiva, aqui evidenciada na capacidade de coletar as conchas e voltar a espalhá-las, o que mobiliza numerosas conexões entre as pessoas. Se ele for um donatário, pode estar contando as conchas; mas seu aspecto visível, sua "pele",[5] pode ser verificado por qualquer um. Essas conchas são também usadas sobre a pele do doador; este usa no peito uma vara de bambu que é marca de sua proeza na realização de transações, cada sarrafo indicando uma situação em que um conjunto de oito (ou dez) conchas foi dado. Era possível ainda trocar porcos por conchas. Nos anos 1960, as pessoas passaram a se interessar pelo que podemos chamar de taxas de câmbio, rememorando os dias em que uma concha tinha o mesmo valor de um porco. No entanto, em vez de lamentar a desvalorização de cada item, elas tendiam a se considerar mais afortunadas que seus ancestrais. Não sentiam, de forma alguma, que eram menos importantes. Os homens, pelo contrário, tornaram-se mais exigentes em relação à quantidade e à qualidade das peças; seu juízo crítico se manteve à altura das novas oportunidades. As conchas *mantiveram* seu sentido de poder e riqueza, o que perdurou até o fim dos anos 1960, quando o valor das conchas foi superado pelo influxo de um segundo símbolo de riqueza: o dinheiro.

Observemos esse duplo processo. Houve uma época em que os habitantes das terras altas extraíam conchas de todos os tipos à taxa de meio milhão por mês[6] da minúscula população de estrangeiros, de modo que a escala de riqueza vertida nas terras altas da Nova Guiné naqueles primeiros anos teve repercussões em muitos aspectos da vida econômica e política. Nenhum balanço histórico da região pode ignorar a dimensão dessas mudanças. Ao mesmo tempo, as conchas tiveram um impacto precisamente por conta do que se mantinha

---

5. Küchler (1993: 94) explora a conceitualização de "pele" da Nova Irlanda (no contexto da paisagem) não como superfície, mas como algo que é revestido e "construído em termos de padrões interiorizados, escondidos".

6. Descrito em Hughes (1978: 315).

Ambientes internos **413**

constante: o valor atribuído à riqueza como um signo de poder e a capacidade revelada por essa riqueza. Para os homens ambiciosos de Hagen, isso consistia sobretudo na capacidade de dispensar ou distribuir os recursos de riqueza por meio da troca cerimonial, que por sua vez indicava uma habilidade proporcional à obtenção ou extração de recursos de outros. Cada item continuou a receber um cuidado e uma atenção específicos; a única diferença era o fato de que mais conchas haviam passado a circular mais rápido entre mais pessoas.[7] Sem essa constância, portanto, não teríamos como completar a descrição dos efeitos do aumento da frequência. Cada pessoa, de seu ponto de vista, tinha a impressão de que seu poder tinha se dilatado, pois havia mais pessoas ao seu redor. No entanto, a distinção que esse poder tinha proporcionado no passado era agora conquistada a preços mais altos por uma ou duas pessoas que comandavam as trocas. A manutenção da proporção entre riqueza e distinção ou riqueza e poder passou a demandar a detenção de mais recursos, o que significou não só conseguir mais riqueza para tanto, aumentando com isso a escala de diversas iniciativas, mas também manter inalterados os valores atribuídos à extração de riqueza como um indicativo de influência, conservando assim a equação entre os dois.[8]

Isso sem dúvida soa bastante familiar, mas introduz também uma questão. Quando a escala é relevante em nossas descrições da vida social? Quando ela é irrelevante? Mais exatamente, podemos tirar algum proveito de pensar na relação entre os efeitos sistêmi-

---

7. A presença da inflação em uma "economia de *commodities*", baseada no consumo produtivo, implica um reajuste na relação entre os bens e o dinheiro. Como seria a inflação em uma "economia da dádiva" (cf. Gregory 1982: 31), baseada em uma produção consuntiva? Ela provavelmente acarretaria mudanças nas taxas por meio das quais as relações se reproduzem. Em uma economia da dádiva, a inflação pode ser definida como um aumento na quantidade de itens, bens ou dinheiro, e como o aumento da capacidade que as relações têm de absorvê-las (em outras palavras, reproduzi-las por meio delas próprias). Em suma, as relações se expandem para acompanhar o aumento da circulação dos itens. O resultado não é necessariamente um aumento numérico de "relações" – mas uma evocação mais frequente, e em mais alto nível de demanda interna, da premissa subjacente de reciprocidade ou dever nas relações. Assim, o que tende a aumentar é a frequência dos eventos em que as relações são ativadas.
8. Os *big men* conseguiram isso ao tentar controlar o fluxo de riqueza, guardando as moedas consigo e certificando-se, desse modo, de que elas sairiam de circulação (por meio da compra de caminhões e outros).

cos da mudança de escala, por um lado, e a capacidade que os sistemas têm de reter suas características em diferentes ordens de escala, por outro? Existe um motivo para colocar essa questão.

Minha breve descrição dos anos 1960 apresenta uma conjuntura há muito suplantada por outros eventos. A inflação impôs seu efeito derradeiro; não existem mais conchas em circulação atualmente. Apesar disso, aquele período deve continuar sendo de interesse, pois consiste em um dos passados dos quais o presente se origina. As condições do presente estão lá; a questão é como identificá-las. Pode-se procurar e identificar conjecturas a partir das quais se contribui para a imprevisibilidade? Talvez tenhamos um caso exemplar aqui. Quando partes de um sistema são atraídas por um vórtice (as mudanças de escala introduzidas por meio do influxo de conchas repercutem de maneira própria) e uma parte essencial do mesmo sistema global se comporta de modo bastante diferente, levando outros elementos a ser atraídos por seu próprio vórtice (mantendo uma estabilidade de valores que é insensível à escala), será que não começamos a descrever um tipo específico de bifurcação? Se assim for, a maneira como o sistema se desenvolve não dependerá nem de autonomia de dois sentidos separados nem de uma relação dialética entre eles, mas de uma dimensão que de alguma forma reside entre eles – nas condições que fazem com que cada um seja o ponto de partida da forma adquirida pelo outro. É dessa maneira que tenho descrito a inflação. Se a inflação aponta para processos que são ao mesmo tempo sensíveis e insensíveis à escala, é impossível prever o modo como essa combinação se desenvolverá. Permitam-me abordar o período inflacionário nas terras altas nos anos 1960 como um conjunto de condições iniciais que levou à conjuntura atual. Trataremos da definição dessa conjuntura quando oportuno.

Nesse ínterim, coloco a seguinte questão: quando a escala importa e quando não importa?[9] Algumas das diferenças entre so-

---

9. Neste exemplo, a questão se refere ao influxo de conchas e à estabilidade de sua importância; ela pode obviamente ser remetida a modelos de análise. Consideremos, por exemplo, o argumento de Arizpe segundo o qual os antropólogos se concentram "na dinâmica da interculturalidade em diferentes níveis de magnitude: local, nacional, regional e global" (1996: 97), o que remete à questão da escala. Ao considerar conotações globais, entretanto, Arizpe sugere uma obliteração da escala: "a nova 'globalidade' é, de fato, uma nova '*localidade*'" (1996: 89-90). Muitos antropólogos concordariam com essas suas observações.

ciedades da Papua-Nova Guiné são pertinentes ao meu argumento, embora este não seja o momento de fazer comparações detalhadas e minha pretensão não seja propriamente um relato etnográfico. No geral, essas sociedades são tipicamente descritas como de "pequena escala", sem políticas centralizadas, cujas tecnologias se baseiam na horticultura de tubérculos, com maior ou menor atribuição de importância a pesca, caça e moagem de sagu. As perspectivas das pessoas são frequentemente enviesadas em função do gênero; quando assinalei que quem observava as conchas era um homem, não o fiz sem indicar uma inflexão de gênero.

## Paisagens culturais

Visualizemos as seguintes paisagens:[10] para além do litoral e das ilhas da Papua-Nova Guiné, existe uma grande diversidade na própria ilha principal. Mesmo o conceito pictórico de paisagem parece na verdade ser inapropriado para nos referirmos a algumas regiões. A floresta e o mato podem direcionar o povoamento humano para uma extensão de terra da qual é impossível ter uma visão do todo – onde simplesmente não existe ponto de observação em parte alguma. Em outras regiões, em contrapartida, encontram-se clareiras de onde é possível enxergar quilômetros de áreas de pastagem vazias preparadas pelo homem ou intensamente povoadas e cultivadas.[11] As variações locais também significam que um lugar como o monte Hagen, no centro das terras altas, pode conter algumas das diferenças encontradas em uma escala mais ampla, como é de esperar em um regime tecnológico de cultivo intensivo que abre continuamente roças em áreas florestais também estimuladas a se regenerar.

---

10. A esse respeito há um recente florescimento do interesse antropológico pelo assunto das paisagens (por exemplo, Bender 1993; Tilley 1994; Hirsch e O'Hanlon 1995; Feld e Basso 1996). A expressão "paisagem cultural" vem do geógrafo americano Sauer, citado por Hirsch e O'Hanlon (1995: 9).

11. Hirsch (1995c: 9-10) evoca um contraste entre duas posturas eminentemente diferentes com relação à visibilidade da paisagem. Os Zafimanary, que vivem no Madagascar (Bloch 1995), sentem saudades da vista panorâmica da aldeia estabelecida antes de ser povoada por eles; quando xamãs Piro da Amazônia (Gow 1995) têm uma visão da paisagem em sonhos ou outros estados alterados, conceitualizam as árvores e os rios como casas cheias de gente.

Nem todas as sociedades da Papua-Nova Guiné possuem essa diferença intrínseca. Alfred Gell fala do efeito implacável de viver em um lugar onde não existe um ponto de observação, sempre cercado pela "escuridão tátil e perfumada da floresta".[12] A diferença entre as áreas de clareira e as áreas em que há vegetação era restrita à aldeia e à roça, raramente proporcionando uma paisagem visual para além de alguns metros de distância. Gell observa o efeito que condições similares encontradas em outros lugares na Papua-Nova Guiné têm sobre a iconicidade na linguagem, de tal modo que os estímulos auditivos se sobrepõem aos visuais e os sons produzidos pelas pessoas ecoam uma paisagem repleta de ruídos.[13] Isso traz outras consequências. As danças costumam acontecer à noite ou dentro das casas, e as apresentações são cobertas, como se estivessem acontecendo em uma câmara sonora. Os próprios dançarinos podem estar parcialmente escondidos ou ser apenas entrevistos sob a luz do fogo ou das tochas.[14] Os espectadores, por sua vez, são atraídos pela luz irradiada pelo fogo ou têm de se amontoar dentro da casa em que a performance acontece, algo que contrasta radicalmente com as apresentações encenadas por esses habitantes das terras altas ao sol do meio-dia, ao ar livre, nos espaços cerimoniais preparados com esse propósito. Apenas o tamanho do espaço destinado à dança limita o número de presentes. Nele pode haver bolsões de escuridão, assim como nos adornos que ocultam a identidade do dançarino e as folhas da floresta que o tornam "escuro", mas o efeito global é um panorama, e os dançarinos costumam formar uma linha reta precisamente para que se veja quantos estão presentes e a extensão que ocupam.

Nesses detalhes, percebemos o modo como as paisagens compreendem ambientes da atividade humana. Seus atributos passam a integrar as práticas das pessoas, assim como os regimes de exploração econômica. Os antropólogos sociais que se dedicam à

---

12. Gell (1995; 1975), escrevendo sobre os Umeda, da província Sandaun, Papua-Nova Guiné.

13. Especialmente os Kaluli (Schieffelin 1976; Feld 1982); Foi (Weiner 1991). Todos esses regimes mostraram ser de "baixa produção" (ver a seguir), nos quais a moagem de sagu tem um papel econômico importante. Não quero tirar grandes conclusões de tais dimensões, no entanto.

14. Ver o desenho que Gell fez do dançarino de Umeda (1975: 181), além da fotografia que Feld fez do dançarino kaluli entrevisto.

Ambientes internos **417**

Papua-Nova Guiné há muito se interessam pelo "desenvolvimento" de algumas paisagens relativamente a outras, em particular estimulado pela abertura das terras altas nos anos 1930 e pela descoberta de sua grande densidade populacional. Nos anos 1960 e 1970, esse processo motivou uma centralização da perspectiva etnográfica nas terras altas da ilha, o que tem incitado reclamações de colegas desde então. Como veremos, entretanto, esse centrismo não se restringe aos antropólogos.

Estamos lidando com diferenças óbvias entre regiões na escala da atividade humana medida em termos de uso da terra, impacto nos regimes de vegetação, e assim por diante. Dentro de regiões distintas, encontramos microgradações dessas mesmas diferenças na combinação entre caça/coleta e moagem de sagu e cultivo de tubérculos, frequentemente marcadas no tamanho dos povoamentos.[15] A densidade populacional é uma escala desse tipo.[16] A alimentação à base de sagu, em muitos casos, sustenta até cinco ou seis pessoas – às vezes apenas uma – por quilômetro quadrado. Em outros lugares, uma dieta que mistura taro e batata-doce pode sustentar populações que chegam de oito a dezesseis pessoas por quilômetro quadrado. Nas terras altas meridionais, o cultivo intensivo de batata doce fornece alimento a muito mais de cem pessoas por quilômetro quadrado em algumas regiões. Acompanhando essa escala de perto, os porcos domésticos costumam ser mais numerosos e adquirir mais importância.[17] Pode-se aqui observar gradientes nos níveis de exploração e transformação de recursos.

Eis um dos possíveis entendimentos antropológicos do conceito de cultura: o funcionamento da atividade humana como tal. Quer se fale de iniciativa econômica, relações rituais ou técnicas de horticultura, tanto faz: a cultura registra os empreendimentos humanos. Os efeitos desses empreendimentos variam. Se dissermos que as consequências são mensuráveis "no" ambiente, queremos dizer que o que chamamos de "ambiente" se torna a medida – isto é, pro-

---

15. Essas distinções podem ser repetidas em outras escalas; assim, entre os grupos na área de Bosavi-Strickland, foram observadas microdiferenças entre regimes alimentares baseados em uma maior ou menor dependência de sagu, da caça, e assim por diante.

16. Para exemplos de trabalhos comparativos sobre densidade populacional, ver Modjeska (1982: 53), Hyndman e Morren (1990: 17), Kelly (1993: 33).

17. As relações causais não são, entretanto, simples. Ver Lemonnier (1993).

porciona uma espécie de escala – da extensão da atividade. Nesses exemplos da Papua-Nova Guiné, a escala se evidencia nos contrastes entre regimes produtivos altos e baixos, nas mudanças observadas nos terrenos cultivados ou na população que eles podem sustentar – aspectos que se tornam observáveis de uma visão global de todo o país. Além disso, ao ser ampliada e contraposta a paisagens restritas, a "escala" pode se tornar visível de modo local ou "cultural". Nesse sentido, a terra existe como um ambiente culturalmente marcante para o povo de Hagen, isto é, um ambiente em cujos termos eles próprios constroem escalas. Como veremos, por meio de seus produtos, a terra fornece uma medida de sua própria extensão e fertilidade. Os produtos, por sua vez, são a medição da escala do empreendimento de um indivíduo, como quando as pessoas enfileiram os porcos que criaram (a figura 1 mostra porcos em prontidão). Isso, contudo, introduz um segundo sentido atribuído pelos antropólogos ao conceito de cultura.

Nesse sentido, a cultura reside no valor que as pessoas atribuem às coisas e nos conceitos mediante os quais elas expressam esse valor. Isso envolve a facilidade de imaginar as próprias condições de vida de alguém. As escalas são artefatos culturais, independentemente de quem as constrói. Ao mesmo tempo, o observador não associaria nenhuma escala à facilidade em si: a cultura reside na repetição ou na replicação de ideias, e o que faz com que uma cultura seja intrinsecamente rica são as diferentes conjunturas em que valores específicos são repetidos e, portanto, reconhecidos ou encontrados a toda hora. É nesse sentido que as culturas se comportam como sistemas autorreferenciais.

Por toda a Papua-Nova Guiné, por exemplo, ideias sobre energia e vitalidade são frequentemente associadas a alternâncias nos estados corporais ao longo do tempo ou no padrão de eventos. O corpo indica a expansão relativa e a contração relativa da atividade. Essa expansão e contração ocorrem em todos os tipos de contextos, que, por sua vez, não são nem grandes nem pequenos. A vitalidade ou fertilidade das plantas e da vida animal pode ser renovada periodicamente por meio de rituais que reúnem pessoas que, caso contrário, estariam espalhadas pela paisagem.[18] As pessoas podem

---

18. Ver especialmente Hirsch (1995b) sobre os Fuyuge das terras altas papuásias. Seu argumento sobre os modos alternativos de descrição que os Fuyuge

também demonstrar sua capacidade de concentrar energia dentro de si e então dispersá-la de novo, como quando um clã celebra a maturidade física e sexual de suas filhas antes de encaminhá-las para o casamento. Para efetuar essa exibição, o período precedente de crescimento e acumulação será marcado por atividades realizadas nos bastidores; a casa fechada ou a cerca que circunda a roça são imagens muito recorrentes de fechamento. Só cresce aquilo que fica escondido. O processo de "iniciação" que marca a passagem para a maturidade em muitas sociedades (não em Hagen) envolve invariavelmente algum tipo de isolamento e sigilo. Isso motiva uma inferência (culturalmente) notável: o que se vê em público ou na superfície da pele é o efeito de um crescimento que ocorreu em outro lugar.[19] A "exibição" é o momento revelador em que esse crescimento é comunicado ou transmitido aos outros.

Em Hagen, esse momento é apreendido no desenterrar cotidiano dos tubérculos pelas mulheres, que o fazem a fim de alimentar as pessoas – que acompanham as mulheres em seu pensamento, por assim dizer –, ou ao se abrir um forno iglu na terra. Para ter êxito, essas ocasiões em que as pessoas se reúnem dependem tanto de uma apreensão local de um efeito de escala – em que quanto mais pessoas estiverem reunidas maior será a vitalidade exibida pelos anfitriões – como da manutenção de uma analogia – entre segredo e revelação, entre crescimento e fluxo – que não dependa da escala. E essa analogia pode ser replicada inúmeras vezes. Portanto, a casa dos homens que atrai pessoas para o espaço cerimonial é também a fonte conceitual da riqueza vertida a partir dela, do mesmo modo que a cabeça do homem é entendida como a fonte de suas proezas interiores e ocultas. A cabeça pode se tornar foco de uma expansão: um objeto a ser adornado, funcionando como centro entre a plumagem colocada sobre ele e o avental vestido, uma posição algumas vezes repetida em adornos que possuem uma peça central própria.[20] No passado, a relação entre revelação e

---

utilizam para recontar a atividade ritual (ao mesmo tempo específica e autossuficiente *e* generalizada e atemporal) atribui uma estrutura temporal ao contraste entre sensibilidade e insensibilidade à escala.

19. A formulação original de Biersack (1982) foi fundamentada em vários outros contextos desde então (por exemplo, O'Hanlon 1989).

20. Ver a fotografia da placa cheia de plumas sendo inspecionada (M. Strathern 1997a).

exibição também se repetia entre os sexos; os homens se "exibiam" e as mulheres, salvo em ocasiões especiais, ficavam de fora. A roça cercada, dentro da qual uma mulher se envolve com a produção doméstica, é um domínio de afazeres privado e isolado, resguardado dos olhares públicos, do mesmo modo que conchas são escondidas na casa dos homens para uso privado após uma exibição.

Podemos dizer que as analogias possuem autossimilaridade em uma série de associações desse tipo. Mesmo que as relações entre crescimento e fluxo, ocultação e exibição, concentração e dispersão e centro e periferia se desenrolem em diferentes transformações em toda a Papua-Nova Guiné, existem também notáveis continuidades (cf. Hirsch 1995a: 65). Muitos papuásios reconheceriam a imagem de vitalidade e crescimento no símile hagen de pessoas aglomeradas em um espaço cerimonial comparadas a pássaros agrupados em uma árvore frutífera, ou, ainda, às plumas que formam um cocar. As analogias nas quais essa imagética se baseia perpassam diferentes contextos. Mas para onde foi o ambiente?

Sugeri que os antropólogos sociais consideram o conceito de cultura de duas maneiras. A primeira se refere à atividade humana, à organização da vida e da subsistência, cujas consequências têm um efeito de escala. Ela é sensível à escala. Podemos imaginar aqui o ambiente simplesmente da mesma forma como as paisagens foram imaginadas: expondo os impactos ou limitações da iniciativa humana, atribuindo a ele possibilidades e restrições.[21] Nesse sentido, o ambiente está definitivamente "do lado de fora" ou "em interação com" a atividade humana; mais exatamente, ele é tudo que registra o efeito, e, portanto, a extensão ou o grau daquela atividade.[22] Da segunda, que no passado os antropólogos explicavam com termos como "visão de mundo", "*éthos*" ou "teias de significados", tomo a extensibilidade da imaginação. Concentrei-me em uma característica: o fato de que a imaginação das pessoas não observa escala alguma. Ela é insensível à escala. As analogias e os valores retêm as relações que estabeleceram – equações ou proporções entre diversos elementos –, e, portanto, sua impor-

---

21. Um ponto de vista que Tilley (1994) e os que contribuem com Bender (1993) e Hirsch e O'Hanlon (1995) convocam de diferentes maneiras.

22. Registrando inclusive um "efeito nulo", como ocorre com a visão de restrições naturais imutáveis.

tância se estende por diferentes domínios da vida, indiferente às dimensões de um evento. O sentido de um ambiente externo pode aqui desaparecer completamente.

Sugeri que os povos de Hagen partilham de ambos esses entendimentos, ao menos até certo ponto. Contudo, a fim de fazer jus culturalmente a esses entendimentos hagen – e de assim lidar com eles segundo seus próprios termos –, precisamos abordá-los à luz de outros materiais. Para tanto, apresento materiais acerca de outros locais na Papua-Nova Guiné.

## Ambientes internos e externos

É quase tautológico dizer que a cultura vista como funcionamento da atividade humana, primeiro sentido que apresentei, faz com que sejam necessárias trocas com o ambiente: uma circulação de recursos em toda a comunidade humana e no próprio ambiente.[23] Trata-se de uma condição de sobrevivência.

A disposição da aldeia dos Mekeo, que vivem ao longo do rio Biaru, nas terras baixas da Papua-Nova Guiné, constitui um maravilhoso diagrama desse processo (ver acima).[24] Os espaços de convivência dos chefes clânicos em exercício são construídos nas extremidades, enquanto os domicílios e outras estruturas foram erguidos em linhas paralelas. No centro há uma área que não possui atribuições permanentes. A aldeia é separada do mato além dela. "Aldeia" e "mato" são na verdade conceitualizadas como domínios distintos de atividades e forças, e uma cerca-viva bem definida delimita a periferia da aldeia. O mato fornece uma série de recursos, incluindo alimentos provenientes da roça e produtos de caça. O que é externo à aldeia, assim, é trazido para dentro dela para consumo, e os restos são jogados de volta no mato. Os Mekeo, porém, não estabelecem uma simples diferença entre aldeia e mato: cada um é subdividido, criando uma série de zonas que determinam as atividades cotidianas. O alimento é trazido do mato distante para a aldeia, não para o centro, mas para os domicílios

---

23. Para uma excelente análise, ver Ellen (1982).
24. Os chamados "Mekeo do Mato", da Província Central. Baseio-me aqui principalmente na etnografia original de Mark Mosko (1985) que se refere à década de 1970.

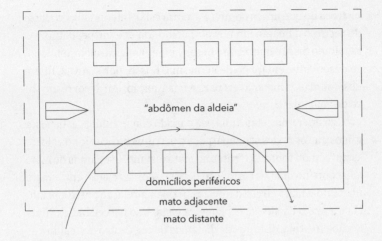

Planta esquemática da disposição de uma aldeia dos Mekeo do Mato (Mosko 1985: 26, fig. 2.1)

periféricos onde é consumido à noite, enquanto as regras de descarte dos restos ordenam que cada aldeão deve ir até o mato no começo da manhã – não o mato distante, mas o mato periférico, pouco além da cerca – para esvaziar o abdômen. Ao retornar, eles limpam a aldeia, varrendo o lixo até a praça central. A sujeira é amontoada no centro, antes de ser carregada para os limites da aldeia e despejada no mesmo local onde os seres humanos evacuaram. É como se o abdômen da aldeia também estivesse sendo limpo. Na verdade, é exatamente assim que a praça central é chamada: "abdômen da aldeia". O que podemos entender como a atividade de extração e consumo de materiais do meio ambiente é, portanto, visualizado pelos Mekeo como um trânsito perpétuo entre mato e aldeia, no qual a aldeia tanto consome alimento quanto se livra dos restos, exatamente como faz o corpo humano. O mato, por sua vez, fornece frutos e recebe o lixo. A aldeia modela, podemos dizer (os Mekeo já o disseram em outros termos), a "cultura" como o funcionamento da atividade humana, e divide o mundo além da cerca do mesmo modo que a habitação humana é dividida.

Mas o que, afinal, os Mekeo podem imaginar como ambiente aqui? Não existe medida da atividade humana além da atividade em si, pois essas pessoas, por assim dizer, concentraram-se antes na troca do que nos produtos. Parecem estar interessadas no *fluxo* de recursos, imaginado por elas como um ir e vir perpétuo.[25] O resultado disso é que o que o observador chama de meio ambiente se desenvolve em torno de si mesmo. E isso, por sua vez, libera possibilidades incontáveis para a imaginação. Daí decorre um fluxo de analogias.

Consideremos mais uma vez o modo como a aldeia é disposta. Vimos que os restos são separados dos frutos no interior da aldeia, assim como a fonte dos frutos no mato distante é separada do mato adjacente no qual os restos são depositados: a relação entre mato imediato e mato circundante é repetida na relação entre a periferia e a praça da aldeia. À primeira vista, isso parece indicar uma noção de escala, de graus de distância de um centro que calibra as atividades humanas. É certo dizer que a praça central é usada para festejos e outros eventos, quando convidados são trazidos para a aldeia. Todavia, os Mekeo não concebem isso como o centro de um centro ou como a parte mais interna do interior. Essas zonas, pelo contrário, desenvolvem-se em torno de si próprias de modo interessante.

A relação entre mato e aldeia não é exatamente a que observadores "euro-americanos"[26] podem imaginar: na verdade, em termos categóricos, é o mato que está "dentro" e é a aldeia que está "fora". É como se o ambiente fosse interno. Para tornar essa imagem inteligível, temos de pensar em termos de pessoas e de suas identidades sociais.

Imaginemos o mato como o território fechado da tribo, uma unidade endógama composta de pessoas que são todas parentes umas das outras. As divisões internas da tribo (dentro dos clãs) significam que pessoas, em virtude da afiliação de clã, também se diferenciam entre si. Cada aldeia tem membros de pelo menos dois clãs, sendo, nesse sentido, socialmente heterogênea. Além disso, todas as aldeias repletas de pessoas são abertas a pessoas de outros lugares, com quem fazem negócios e estabelecem comér-

---

25. Uma observação oportuna de Hirsch (1995a: 65) chama a atenção para os Fuyuge, vizinhos distantes dos Mekeo; ver a discussão em Feld e Basso (1996).

26. Uso essa expressão para me referir a um discurso amplamente derivado das culturas norte-americanas e norte-europeias do século XX às quais pertence a linguagem da análise (na qual este ensaio foi escrito).

cios de vários tipos. Sendo um espaço onde as pessoas se encontram, se divertem e visitam outras, a aldeia, em termos sociais, é um microcosmo de um mundo "exterior" heterogêneo. Pensemos agora no trato digestivo que traz para dentro a comida que vem de fora do corpo, como diriam os euro-americanos, e faz com que ela retorne ao exterior, como se as câmaras internas do corpo fossem expostas do lado de fora.[27] Viremos essa imagética do avesso, e pensemos, em vez disso, que a comida que vem do território tribal se origina de um lugar socialmente homogêneo, interno, sendo trazida para o exterior, para a aldeia socialmente heterogênea, antes de ser devolvida na forma de restos ao interior do mato. Quando os Mekeo se referem à praça central como o abdômen da aldeia, consideram-na um lugar "de dentro" homólogo ao território externo à aldeia. Como a aldeia como um todo é um lugar "de fora", o centro (o "abdômen") tem de ser o dentro do fora (Mosko usa a expressão "fora invertido", 1985: 27). E se o abdômen da aldeia é uma inversão do espaço "de fora" (a aldeia), a área além da cerca é, de forma correspondente, uma eversão – reviramento de dentro para fora – do espaço "de dentro" (o mato).[28] Assim, o mato junto à aldeia se distingue do mais distante como um tipo de região evertida ("um dentro evertido"). A relação entre dentro e fora mostra cada uma como uma versão da outra.

Essa atenção que os Mekeo concentram no fluxo de recursos por diferentes zonas não indica um modelo ecológico de troca entre seres humanos e meio ambiente. A troca se dá entre "lugares"

---

27. Os Mekeo também pensam haver graus de abertura que eles monitoram por meio de mudanças na forma do corpo: tanto homens como mulheres estão sujeitos a regimes de engorda e jejum, indo de estados menos abertos a estados mais abertos. De acordo com Mosko (1983), o modo como eles percebem o corpo como aberto ou fechado para o mundo exterior replica o modo como as pessoas se abrem ou fecham à influência dos outros. Assim, os corpos registram suas interações com pessoas de outros clãs e aldeias.

28. "Em virtude das transferências diárias de objetos entre aldeia e mata", escreve Mosko (1985: 25), "os domínios de fora e de dentro são bisseccionados por uma reversão ou inversão de cada um deles, de modo que a aldeia externa tem um lugar interno próprio (em outras palavras, um fora invertido) e a mata interna tem um lugar externo próprio (em outras palavras, um fora evertido)." Utilizo esse exemplo em uma discussão mais aprofundada acerca de lugares internos e externos (M. Strathern 1998a).

dotados de identidades sociais distintas.[29] Mais do que imaginar um "ambiente" que registra a atividade humana, os Mekeo nos convidam a imaginar uma paisagem de diferentes zonas ("lugares") que suscitam diferentes ações nas pessoas. Na verdade, as dualidades bisseccionadas são os princípios espaciais de uma série complexa de operações conceituais pelas quais os Mekeo visualizam a natureza de entrelaçamento das relações sociais.[30] As zonas em si não apontam para uma escala baseada na distância, como um euro-americano poderia concluir a partir das noções de dentro e fora. Ao contrário, elas são a base de uma série de analogias que desconsideram a questão da escala. Não surpreende a informação de que o corpo dos Mekeo é bisseccionado duas vezes, dividido em quatro regiões, de modo que sua própria ingestão e evacuação segue um padrão similar ao da aldeia, assim como toda a tribo Mekeo. Os clãs aos quais me referi compõem quatro segmentos específicos da tribo, entre eles há regras específicas para fluxos de transferências transgeracionais e casamentos intrageracionais.

## Calibragens

Ao comentar a bifurcação nos dois sentidos atribuídos pelos antropólogos ao conceito de cultura – um sensível e outro insensível à escala –, imaginei a analogia como um tipo de contrapartida da própria escala. Ambos os construtos oferecem possibilidades de medição: a escala oferece a dimensão; a analogia, a comparação.[31] É perdoável que alguém os imagine como pertencentes a tradições separadas de conhecimento. A perspectiva euro-americana tem interesse no registro do escopo das realizações humanas – o que parece basicamente a visão de alguém que está de fora –, en-

---

29. Uso aqui "lugar" com as conotações que Casey (1996) conferiu ao termo.

30. Elas dizem respeito a parentesco e relações afins, reprodução e casamento, poderes sobrenaturais, chefia, e assim por diante. O diagrama espacial quádruplo de dualidades bisseccionadas evidente na relação entre aldeia e mata é replicado infinitas vezes nas involuções das relações sociais.

31. Ver, por exemplo, Donald (1991: 335 ss.) sobre "modelos análogos" de tempo e espaço; a analogia mede uma dimensão da realidade nos termos de outra, assim como a temperatura pode ser registrada (medida) por uma coluna de mercúrio. Pode-se também pensar nas relações entre valores que se mantêm estáveis como uma equação ou razão.

quanto os Mekeo e outros povos constroem o que parece, para quem está de fora, um universo simbólico repleto de interiores e exteriores, de fluxos entre pessoas e coisas. Ainda assim, tal como os euro-americanos usam muitos dispositivos analógicos ao fazerem quantificações, como no caso de um mostrador ou termômetro, a dimensão também integra o modo como os melanésios fazem comparações.[32] Há povos que fazem cálculos extremamente criteriosos sobre o número e o tamanho dos itens que têm à disposição, medições que ficam evidentes na troca de uma coisa por outra, baseadas em noções finamente depuradas de *equivalência*. Há também o cálculo de *valores compensatórios*: a ideia, por exemplo, de que um item (uma pessoa) se desenvolve à custa de outro.[33]

Em algumas áreas da Papua-Nova Guiné,[34] demonstrações de vitalidade podem se manifestar na forma de uma ideologia masculina da virtude que classifica as atividades dos homens na produção e troca como um sacrifício – uma questão de despender as suas energias nos outros – de modo que um homem pode esperar por um gradual esgotamento de sua força vital à medida que ela vai sendo transmitida para a geração seguinte, sendo que um corpo cresce enquanto outro encolhe. Há uma espécie de medição aqui. Conforme os homens envelhecem, sua força vital flui para outros, de modo que a vitalidade declinante dos mais velhos seja medida pela vitalidade crescente dos mais novos. Quanto mais vigorosos os jovens, mais os homens evidenciam sua virtude ao passar adiante sua vitalidade. Trata-se de um cálculo analógico entre estados imaginados como o inverso um do outro; um fluxo de sentido único que atravessa gerações, indicando que os mais velhos estão se esvaziando, por assim dizer, enquanto os mais jovens estão sendo preenchidos. Podemos observar uma calibragem analógica similar nas trocas recíprocas do monte Hagen, embora, em vez de o processo se passar ao longo de uma vida, ele se dê em intervalos muito menores, nos quais os homens se colocam alternadamente na posição de doadores e de donatários.[35] Enquanto de um ponto

---

32. Uso "melanésio" em vez de (neste caso) papuásio como contrapartida ao discurso "euro-americano".

33. Algo que Biersack (1995) argumentou com elegância.

34. A descrição a seguir é bastante baseada nos Etoro (Kelly 1993).

35. O que Kelly (1993: 146; ênfases minhas) diz dos processos do ciclo vital em Etoro poderia também ser dito da troca entre os Hagen: "Os processos do ciclo da vida,

de vista cada um é uma versão alternativa do outro, estando apenas em momentos temporais diferentes, ao mesmo tempo cada um é também a medida do outro. Quanto mais o donatário recebe, mais ele é intimado a dar da próxima vez, e esse acontecimento se torna retrospectivamente a medida de seu primeiro êxito. A contrapartida disso é a capacidade de se esvaziar por meio de lesões.

Ora, considerando que um corpo pode proporcionar uma medida visível de outro corpo, a medição, no caso hagen, também reside na riqueza transmitida entre as pessoas. Nesse caso, o corpo receptor, por assim dizer, adquire o tamanho da dádiva que recebe. É sob essas condições que as concepções locais de escala se tornam significativas. Em termos sociais, é possível medir a notoriedade de um homem pela extensão de sua rede de contatos, e as dádivas fazem com que as redes de contatos se expandam. As pessoas passam a tirar maior proveito de seus cálculos de tamanho e número, pois eles não medem o crescimento das pessoas apenas de acordo com a quantidade de recursos; também medem certos recursos uns em relação aos outros – quantas conchas de pérolas por quantos porcos. Se a terra contém determinada quantidade de porcos e roça, isso significa que as duas quantidades refletem uma a outra. O tamanho da roça é planejado em relação às demandas futuras do rebanho de porcos. Esse é um dos modos pelos quais a escala se torna visível: a terra dá a medida de sua própria extensão e fertilidade em seus produtos (ver figura 3).

Contudo, essas medições por escala dependem de medições analógicas similares às que acabo de descrever. Gostaria de desenvolver esse ponto. Os etnógrafos das áreas centrais das terras altas da Papua-Nova Guiné tendem a não falar na questão da força vital; falam de uma "fertilidade" incorporada nas pessoas, nos porcos e na terra. É como se a terra se tornasse fértil não apenas por meio dos corpos decompostos e dos fluidos corporais de seus ancestrais enterrados (Harrison 1988, citado por Tilley 1994: 58), mas também pelas forças vitais que passam a fazer parte do solo. Em todo caso, a terra começa a ser pensada como uma fonte de fer-

---

concepção, crescimento, maturação, senescência e morte são atribuídos à aquisição, aumento, esvaziamento e perda de força vital nessas transações [como a relação sexual]. Em cada caso, o *crescimento de um donatário ocasiona o esvaziamento de um doador*, de tal forma que um indivíduo floresce enquanto outro declina".

tilidade. As evidências disso, por sua vez, revelam-se no que a terra produz – e acredita-se que a terra, ela própria, produz pessoas, porcos e plantas. Todos se tornam portadores da terra, manifestações portáteis da terra, de modo que, quando se vê um porco, vê-se o alimento que a terra produziu. Essas são medições analógicas. Há outras. Pode-se avaliar a qualidade do solo pelo crescimento das árvores; as árvores altas também são análogas à potência masculina e ao auxílio dos ancestrais, enquanto rendimentos elevados de colheitas e porcos gordos são, em si mesmos, indicativos do favorecimento ancestral. À fertilidade, assim, é atribuída um espécie de medida. Isso motiva determinadas ações: as pessoas que fazem uma estimativa de quais tipos de roça devem plantar – tendo em vista as expectativas de mudanças na população de porcos – tornam-se conscientes do que a terra pode oferecer. Isso, por sua vez, repercute na medição de pessoas. A quantidade de riqueza que um homem atrai se torna parte da sua própria capacidade de troca, e, portanto, da avaliação que outros fazem dele; os clãs medem a si mesmos, de modo competitivo, pelo tamanho dos ressarcimentos por guerras que conseguem reunir e pela quantidade de recursos que indicam. Estamos de volta às medições por escala.

Na década de 1990, os nativos de Hagen costumavam falar de um (recente) crescimento populacional. Consideravam a paisagem – a vista que contemplavam – superlotada. Reclamavam que havia muitas casas, visíveis demais, todas de uma só vez. Em contrapartida, eu ouvia dizer que os espíritos selvagens que antes habitavam lugares desolados estavam agora frustrados por não terem nenhum lugar onde se esconder. Mas a terra também é insuficiente, pois é uma medida de recursos; graças ao plantio com vistas ao comércio e à venda de vegetais, a terra se tornou uma fonte de dinheiro. Uma localidade perto da cidade de Hagen demonstra isso com clareza.[36] Nela a fertilidade do solo fica visível na abundância de vegetais frescos que ele produz, e, assim, na receita que gera. Isso, por sua vez, provocou um impacto direto na população, uma vez que os membros do clã e diversos parentes de outras partes afluíram em bandos para construir suas casas e roças no

---

36. Visitado em 1995; sou grata à Academia Britânica pela bolsa de pesquisa que possibilitou essa visita. Essas observações são ampliadas em alguns ensaios em M. Strathern (1999).

local, uma pressão que os habitantes relacionam diretamente à fertilidade do solo. Eles ficam contentes por terem atraído tantas pessoas para perto de si. Enquanto uma relação analógica entre fertilidade humana e não humana se mantém assim constante, os recursos também são comparados uns com os outros e uma relação direta é percebida entre a escala do influxo de pessoas e a escassez de terra. Assim, as pessoas se esforçam para fazer a terra render mais. Algumas roças antigas eram preparadas novamente para o plantio de batatas, que seriam vendidas para a loja que comercializava peixe com fritas na cidade de Hagen. Quando o solo de turfa negra, de ótima qualidade, revelou-se enfraquecido, o proprietário despejou muitos sacos de fertilizante químico branco para assegurar uma colheita realmente lucrativa. Quanto mais dinheiro se gastasse na terra, mais ela deveria render.

## Compensação

O que pensar do fato de que a Papua-Nova Guiné se tornou aparentemente uma nação de latifundiários? O termo "latifundiário" (*landowner*, em inglês; *landona*, em pidgin) é usado por nativos na negociação de *royalties* de minérios ou madeira extraídos da terra. Alguns, porém, vão ainda mais longe, estendendo generosamente suas alegações à perda de acesso a todos os tipos de recurso como o usufruto de um desenvolvimento futuro. Podemos pensar que isso reflete um valor espiritual ou primordial ligado à própria terra; ou talvez, no confronto dos nativos com as mineradoras e outros interesses estrangeiros, perceber a fina compreensão que os políticos da Papua-Nova Guiné têm do ambiente mais amplo dos mercados mundiais de concorrência. Embora os nativos evoquem frequentemente a tradição ("costume"), recorrendo às profundas relações que têm com a terra, eles também se denominam "latifundiários" em uma linguagem internacional que lhes dá poder de negociação. Parece que o termo "latifundiário" tem apenas cerca de dez anos, e surgiu com um novo conceito de compensação na forma de recursos.

Em 1994, a Comissão de Reforma Legislativa da Papua-Nova Guiné embarcou em um estudo sobre compensação e recursos relativos à terra; eu me baseio em uma das contribuições trazidas por ele. Trata-se de um dos textos mais incisivos que conheço dedicados ao tema do desenvolvimento contemporâneo dessa área. Nele Colin Filer descreve o breve percurso do conceito de latifundiário.[37]

O contexto em que isso se deu é simples. Ao testemunhar avanços dos empreendimentos comerciais estrangeiros, dos quais os mais visíveis são a mineração e as madeireiras, o lucro das empresas instiga as pessoas a defenderem a ideia de recompensa[38] como contrapartida. Ao clamar direitos sobre a terra por meio de uma expressão de propriedade, políticos e empresários locais conseguem às vezes convencer empresas de que elas deveriam assumir algum tipo de transação recíproca com eles. Eles podem argumentar que o que está em jogo é nada menos que o bem-estar social. Embora um economista possa chamar isso de custo de oportunidade pela perda de uma produção de subsistência, os nativos enunciam suas reivindicações como a "compensação" que assegurará seu desenvolvimento e segurança no futuro.[39] As pessoas insinuam que perder benefícios futuros é como reconhecer a perda de pagamentos por indenização das terras altas, venham estes para compensar lesões coletivas sofridas na guerra ou pagamentos pessoais efetuados para fins de *nurture*. *Landona* – uma apropriação cultural bem ajustada, como um antropólogo poderia dizer – é um termo híbrido, adequado para o fim do século xx. Produzida tanto pelas novas demandas da economia pós-colonial como pelas tentativas de preservar comunidades locais, é uma expressão que apela, entre outras coisas, à reciprocidade nos relacionamentos. Os valores tradicionais se encontram com o capitalismo mundial.

Colin Filter não estaria muito de acordo com isso. Ele afirma de modo categórico que a divisão promovida localmente entre os princípios econômicos nativos e os que governam os empreendimentos capitalistas modernos obscurece uma ligação crucial. O uso corrente de "compensação" como um "conceito presente na política de resistência nacional à economia mundial" está atrelado à "crescente dependência da economia nacional da forma específica de com-

---

37. De acordo com Filer (1997), existiu um circunlóquio mais antigo (*papa bilong graun*) que não tinha as mesmas ressonâncias.

38. Ordenei os fatos assim deliberadamente: a evidência do que outros atraíram para si (lucro) parece provocar a recompensa como contrapartida. Filer observa como a ideia de latifundiários consuetudinários gerou também a ideia de que o grupo social proeminente tem de ser sempre o "clã", seja onde for.

39. Filer cita aqui a Associação de Latifundiários da Área de Mineração Lihir.

pensação que os economistas chamam de 'aluguel de recursos'". Ele considera que a falta de realismo nos pedidos de compensação

> não nos deve levar a supor que eles se fundam em uma avaliação incorreta das forças que [atualmente] conduzem a economia,[40] pois a percepção popular [papuásia] do "desenvolvimento" como uma coleta de aluguéis de recursos reflete a tendência histórica real de que uma proporção crescente da renda nacional será obtida dessa forma [de empresas estrangeiras]. [Filer 1997: 172]

Colin Filer se recusa, portanto, a concordar com a equação, comum aos atores – e não só aos atores locais –, entre compensação e tradição. Os empreendedores estrangeiros podem estar fazendo tudo ao seu alcance para apresentar suas relações com os latifundiários sob formas de cuidado e reciprocidade, incluindo acordos "tradicionais" de compensação com a pretensa função de sinalizar suas obrigações mútuas, enquanto, acrescenta Filer, os latifundiários nativos buscam suas próprias maneiras e meios privados para afastar o que daria equilíbrio às relações – seja pedindo favores, seja recorrendo a hostilidades coercivas!

Levando isso em conta, e entendendo que sempre foram feitos pagamentos em caso de danos infligidos aos corpos no contexto de pagamentos reprodutivos, ele argumenta que na verdade não existiu um precursor para que "costumeiramente" se trate a terra desse modo. Apesar de recorrer à compensação coletiva, a compensação de recursos é nova. Além disso, quando analisamos as demandas, as alegações de integração social parecem evaporar. As demandas, negociações e pagamentos estão contidos em uma matriz de relações entre latifundiários e incorporadores que é difícil de fixar:

---

40. Ele aponta para a incapacidade das pessoas (empreendedores ou latifundiários) de se referir à questão do poder: "Os papuásios podem atribuir grande valor à posse e à circulação de dinheiro, mas ainda negam que o dinheiro e o poder possam ser usados apropriadamente um na busca do outro. E essa negação, eu argumentaria, deve-se ao fato de que o 'poder' não é (ainda) concebido ao modo ocidental, como algo que, como o dinheiro, pode ser uma forma legítima de propriedade pessoal, mas da forma 'costumeira', como algo que é propriamente evitado, dissipado, multiplicado ou neutralizado pela eficácia dos agentes morais" (1997: 181).

[Pois] quando nós tentamos investigar ou conceitualizar a substância de sua conduta mútua, podemos descobrir que não estamos mais lidando com nenhum padrão verdadeiro de relação entre indivíduos reais em contextos sociais concretos, mas apenas com fragmentos de retórica que, assim como a oposição abstrata entre "latifundiários" e "incorporadores", são usados no "discurso do desenvolvimento" em certo tipo de fórum público. [Filer 1997: 174]

Se apenas nos resta a retórica, onde reside, portanto, o seu poder?

A crítica de Filer depende agora do reconhecimento da escala. Ele leva em conta, por exemplo, os relacionamentos sociais "reais" para comprovar as alegações papuásias quanto às relações sociais, um exercício que requer que diversas ordens de fatos sejam discriminadas. Aí reside, na verdade, o poder de seu relato: uma crítica sensível à escala contra a forma como as pessoas juntam coisas diversas de modo insensível, ignorando a diferença entre acordos interpessoais e interinstitucionais e não observando escala alguma ao traduzir – como traduzem – terras sagradas em terras lucrativas. Ainda assim, é nesse contexto que compreendemos por que a ideia de compensação tem efeitos tão descontrolados.

Os pedidos se baseiam tanto na dimensão como na comparação. Por um lado, as somas pedidas parecem exorbitantes para os incorporadores, e talvez apenas sejam limitadas pelo que os nativos imaginam que estes possam pagar; por outro lado, ambas as partes se enredam em uma espiral de construtos ou imagens já que os nativos se utilizam de todo tipo de comparação para mostrar que têm razão. O próprio conceito de compensação passou por uma espécie de inflação. É necessário não apenas obter a mesma satisfação a um custo crescente, como também mais se satisfazer e mais haver razões para que se busque esse objetivo.

Por isso é possível falar que existe uma inflação na gama de atividades à qual o conceito de compensação se aplica. Não é apenas na relação com quem vem de fora que os papuásios fazem com que as noções de recompensa na forma de pagamentos coletivos passem a abranger também o aluguel de recursos. O mesmo acontece internamente. Para retornarmos aos Hagen: o termo pidgin (neomelanésio) *"kompensen"* compreende uma série de pagamentos maior do que qualquer categoria nativa veio a encerrar.[41] Os Hagen vinculavam a recompensa por danos coletivos ao reconhecimento da energia e do trabalho dispendidos na *nurture*. Não se trata apenas de uma categoria implícita que se tornou explícita; ela se expandiu de modo a incluir interações de todos os tipos. Onde antes termos separados distinguiam diferentes pagamentos e formas diversas de desencargo de obrigações, o novo modo revela uma tendência genérica. Ele tem potencial para compreender quase todas as negociações de responsabilidade relacional simplesmente porque a ideia fundamental de recompensa pelo esforço coletivo pode ser aplicada de forma muito ampla. O que deve se manter constante é a referência ao corpo e ao dispêndio de recursos. A expansão dessas ideias é facilitada pelo dinheiro; e atualmente, entre os Hagen, numerosas transações relacionais podem ser conduzidas por expressões que se referem ao pagamento em dinheiro. Quanto aos recursos – e em situações onde a quantidade se torna uma dimensão do valor – isso leva a um resultado muito simples. Os fatores que justificam um preço – sejam lá quais forem – também catalisam um cálculo analógico. Há um interesse renovado na terra que a considera um objeto de investimento que justifica um preço, pois a riqueza (os lucros das empresas) extraída dela pode ser tomada como evidência da "riqueza" (fertilidade ancestral) nela depositada.

Existe inflação também no modo como o conceito de compensação se disseminou pela Papua-Nova Guiné. O leitor se recordará das paisagens limitadas que evoquei no começo: sociedades em que não havia nada equivalente ao alcance das transações políticas das terras altas (como entre os Hagen) e onde a terra não é objetificada da mesma forma no que diz respeito aos seus produtos.[42] Nessa região, entretanto, como em outras partes do país, acredita-se que o corpo humano revela formas de recursos interiores em suas atividades. Essa noção acompanha noções de despesa de modo constante. Em suma, a ideia característica dos Hagen de que extrair riqueza dos outros faz com que se obtenha um equilíbrio em relação ao que foi tomado de si ressoa em outros regimes de crescimento/esgotamento focados no corpo. A importância da recom-

---

41. A. Strathern (1993) fala das diferenças entre os usos dos Hagen e dos Duna (às quais me refiro brevemente abaixo). Ver também Modjeska (1982: 55).

42. O que Gell (1992) argumentou de modo vigoroso.

pensa (em outras palavras, de tomar e dar) continua a vigorar. Em contrapartida, o que se aplica à vitalidade das pessoas também se aplica à fertilidade da terra; já que a fertilidade, assim como a vitalidade, só deixa de ser uma quantidade oculta ao se revelar, decorre que tudo que a terra proporciona – petróleo, madeira, ouro – pode ser considerado uma evidência de seus recursos internos.

Colin Filer refere-se a uma área[43] onde as pessoas "misturam noções que adquiriram acerca de espíritos poderosos a rumores a respeito da descoberta de recursos petrolíferos, de modo a passar da imagem de uma terra sagrada, cuja fertilidade deve ser preservada para o futuro, para a imagem de uma terra passível de exploração, disponível para ser manipulada por uma empresa" (1997: 172). Percebemos aqui o poder da formação de analogias que não levam em conta a escala, pois esses saltos e extrapolações não são apenas uma retórica vaga: o que faz com que as pessoas queiram assumir coisas "novas" é a capacidade de alternar entre uma escala e outra. Quais podem ter sido, portanto, as condições que deram início a essa situação onipresente?

O tipo de inflação que caracterizou os Hagen dos anos 1960 era tanto sensível quanto insensível a escalas. Cá estamos trinta anos depois. O que hoje observamos é uma possível decorrência daquela época: a bifurcação que Filer descreve nas posturas papuásias ante a compensação de recursos. Por um lado, são *insensíveis à escala*: os latifundiários tentam extrair recompensas dos interesses externos apelando ao bem-estar da comunidade em geral, mantendo constante a proporção entre riqueza e força.[44] Por outro lado, são na verdade bastante *sensíveis à escala*: os papuásios concorrem com seus pares com relação à quantidade de recursos que manipulam, baseando-se em um racionamento cuidadosamente economicista de seu próprio tempo, dinheiro e patronato. Conforme diz Filer, os "'latifundiários' buscam se libertar da mesma rede de obrigações sociais que serve para justificar e mobilizar o apoio às reinvindicações de 'compensação'" (1997: 156).

---

43. Os Duna; a citação é de Stürzenhofecker (1994: 27). Os Duna são uma sociedade na fronteira das terras altas que têm práticas de jardinagem de trabalho intensivo, mas também um regime econômico de produção relativamente baixo nos termos de Modjeska (1982).

44. Minimizei o papel dos sentimentos e emoções como fatores que satisfazem a compensação.

Alguns talvez pensem que fui particularmente negligente ao fazer com que a região onde fiz trabalho de campo, Hagen, ocupe o centro dessa descrição. As terras altas – muito menos Hagen – não correspondem à totalidade da Papua-Nova Guiné. Filer, na verdade, afirma que há poucos indícios de que a "compensação" seja uma forma tradicional de transação material em outras partes da Papua-Nova Guiné. Pelo contrário: os nativos podem hoje se referir às terras altas como a origem da atual categoria que abrange toda a ilha.[45] Esse ponto é crucial. Se o estilo de compensação característico das terras altas foi no passado uma versão particular de um fenômeno mais geral – um modelo reprodutivo de desgaste do corpo –, ele acabou por se tornar uma espécie de norma. Ao mesmo tempo, a imagem básica dos processos corporais como um incessante dar e receber de recursos foi muito difundida. Essas não eram apenas ideias tradicionais à espera da modernidade. Graças à configuração criativa proporcionada por elas, as pessoas podiam transitar por dois sentidos diferentes ao mesmo tempo – tornando a escala para o tamanho das coisas ora relevante, ora irrelevante –, pois esse modelo reprodutivo, ao abarcar todas as formas de atividade corporal, pôde atravessar escalas, isto é, ser replicado em qualquer tipo de contexto. Talvez essa insensibilidade à escala tenha na verdade sido, em determinados sistemas, a porta de entrada para o seu oposto, a sensibilidade à escala, expressa nos cálculos de ganho e lucro característicos das terras altas.

Isso pode ter ocorrido em determinados sistemas. Mas foquei apenas em um. O interesse hagen na questão do tamanho adquiriu uma forma transacional específica. As pessoas mediam o que depositavam à luz do que havia sido retirado; seu próprio poder de extrair riqueza era medido de acordo com o poder dos que lhes tomaram a riqueza anteriormente. Tais medições da atividade humana eram "externas" no caso de certos indivíduos em virtude das identidades sociais distintas de cada um: como vimos, o reconhecimento do desgaste de um corpo parte de outro corpo, de

---

45. O próprio Filer chama a atenção para dois impulsos históricos do estado colonial; um deles foi o pagamento de indenizações por danos sofridos em batalhas depois da Segunda Guerra Mundial em muitas áreas costeiras, enquanto o segundo foi o apoio do governo aos pagamentos de compensação por guerras das terras altas com vistas a motivar a pacificação entre os grupos anteriormente em conflito que descrevi aqui.

modo que o conceito de "compensação" que acompanha essa noção implica a posterior calibragem de recursos de acordo com outros recursos. E a ideia particular de recompensa poderia vir a traduzir a percepção de possibilidades novas e sem precedentes na tão difundida linguagem corporal da vitalidade, do crescimento e do esvaziamento. Não surpreende que a nação de latifundiários não estabeleça seus preços de acordo com algum valor preconcebido atribuído à terra, mas opte por aumentar sua demanda de acordo com a capacidade de pagamento do incorporador.

## Conclusão

Este não é o momento oportuno para refletirmos sobre os componentes inflacionários do construto duplo dos antropólogos, a "cultura", pois sua atual onipresença não carece de maiores comentários. Resta acrescentar que, se o duplo sentido desse construto sugere um dualismo, esse par (os dois sentidos do conceito de cultura) não é binário, dicotômico nem dialético. Ao contrário: cada elemento tem um sentido complexo próprio. Para os fins do presente tópico, caracterizei esses dois sentidos como sensibilidade e insensibilidade a mudanças de escala, pois procuro referir-me aos dois ao mesmo tempo. Ambos são bastante óbvios, mas merecem ser reiterados. Para um deles, a escala é relevante: perceber os efeitos da atividade humana em um mundo imaginado como um ambiente externo ou circundante significa assumir responsabilidade por tais atividades. Verifica-se um processo idêntico, por outro lado, quando a escala não é relevante: imaginar as dimensões dessa responsabilidade é que delineia, por assim dizer, um ambiente dentro de nós mesmos, o que é também uma condição prévia para delinear, dentro de nosso alcance, sociedades como as papuásias, que de modo algum são de "pequena escala" no que diz respeito aos critérios analógicos que fornecem.

Gostaria de condensar esse argumento em duas imagens finais e retornar à questão da imprevisibilidade. Por que o estilo de compensação característico dos Hagen (terras altas) veio a se tornar, tal como ocorreu nos últimos anos, uma espécie de norma papuásia? Se podemos remontar a origem da "compensação" à "inflação", quais foram, portanto, as condições iniciais que motivaram esse quadro?

A bolsa de corda ou "bolsa de malha" usada para transportar a colheita das roças que alimentam tanto humanos quanto porcos fazia parte da antiga tecnologia de produção (ainda em uso). Bolsas de trabalho similares àquelas retratadas em Hagen (ver figura 3) foram encontradas em muitas áreas, incluindo entre os Telefolmin descritos por Maureen Mackenzie.[46] As duas áreas apresentam diferentes paisagens e regimes de horticultura, alimentação à base de taro entre os Telefolmin e de batata-doce entre os Hagen. O taro geralmente sustenta uma população menor do que a batata-doce; um grupo linguístico telefolmin inteiro pode ter o mesmo tamanho de uma das muitas unidades políticas internas hagen.[47] Ao mesmo tempo, o espectro de valores contido nessas bolsas de corda se assemelha bastante. As mulheres telefolmin carregam de tudo nas bolsas, de bebês a taro; as plantas de taro são comparadas a crianças que tiveram de ser persuadidas a crescer, do mesmo modo que as mudas de batata-doce selecionadas para realizar mais plantios alertam para o fato de que as pessoas são cultivadas nos territórios do clã. As bolsas que são levadas vazias às roças retornam cheias diariamente. As mulheres hagen, portanto, levam nas costas tanto o produto da terra como o instrumento por meio do qual esse produto contribui para o delineamento dos contornos corporais.[48]

Há aqui um segundo conjunto de condições iniciais. Em nenhuma das áreas os homens utilizam bolsas do mesmo modo que as mulheres, assim como tampouco exercem as várias atividades empreendidas pelas mulheres. Contudo, não se pode concluir, a partir desses dados, o modo como os homens se distinguem efetivamente

---

46. O material telefolmin provém do estudo de Mackenzie (1991) sobre povos da região da montanha Ok da Papua-Nova Guiné, mediado pela atenção particular que ela dá às bolsas de corda confeccionadas pelas mulheres.

47. Na região da montanha Ok, a população inteira não passa de 30 mil habitantes. Há variações internas quanto à dependência de taro e da batata-doce, levando em conta o papel que a caça e a coleta de alimento podem ter, a qualidade do solo e o ciclo de pousio, assim como a densidade das populações sustentadas. A área da montanha Ok pode na verdade ser dividida em regiões internas de acordo com diferentes regimes de horticultura em uma base local – e possui inclusive suas próprias "terras altas", como ficaram conhecidas na literatura (Hyndman e Morren 1990). A variação entre as regiões internas da montanha Ok repete em pequena escala, portanto, o tipo de variação que se encontra entre a área como um todo e outras partes da Papua-Nova Guiné.

48. Sobre a forma inchada da barriga/bolsa, ver Mackenzie (1991: 143).

das mulheres – ou, como efeito disso, a forma que essa distinção adquire. Antes, vemos outra conjuntura interessante de sentidos no modo como os homens tanto separam a si mesmos das mulheres como fazem comparações constantes com seus respectivos poderes. As duas conjunturas se comportam diferentemente nas duas áreas; podemos supor que elas tomaram diferentes direções.

Os homens telefolmin usam bolsas esportivas, mas levam-nas na nuca ou nos ombros. Eles as utilizam principalmente para carregar carne de caça e posses pessoais, e enquanto as mulheres se empenham em confeccioná-las (produzem tanto as usadas pelos homens quanto as usadas por elas), os homens se concentram nos modos de decorar o que então se transforma em adornos especificamente masculinos. Uma espécie de pluma afixada pelos homens pelo lado de fora marca os níveis do culto masculino de iniciação telefolmin. Já os homens hagen não usam bolsas de corda de modo algum.[49] Talvez uma analogia possível com o caso dos homens telefolmin sejam as plumas que os homens hagen colocam em suas perucas, frequentemente cobertas por eles com um revestimento de corda que tem o mesmo nome das bolsas de corda usadas pelas mulheres. Aqui nos deparamos com uma importante divergência. A bolsa de iniciação coberta de plumas dos Telefolmin assinala um compromisso com o que ela leva em seu interior. Assim como os adornos de cabeça dos Hagen, ela é uma forma de ostentação, mas indica, ao mesmo tempo, a restrição de segredos. Mas os homens hagen também objetificam o que possuem dentro de si, *além disso*, como a riqueza exterior das suas casas e o tamanho de seu rebanho de porcos. Eles não sentem necessidade de vestir recipientes. Em termos metafóricos, nada limita, portanto, o que eles podem "conter".

Entre esses dois modos de distinção masculina,[50] somente o último parece ter funcionado como base para as ideias atuais a respeito da recompensa e da "compensação". Esses modos não são equivalentes. Os homens telefolmin mantêm uma analogia entre a capacidade reprodutiva das mulheres (as bolsas de corda) e a vita-

---

49. Desconsiderando-se as pequenas bolsas ou cartucheiras de tabaco como itens pessoais, assim como as bolsas carregadas em ocasiões especiais no contexto de rituais exclusivamente masculinos.

50. Sintetizado no contraste regional entre vitalidade e fertilidade, ou entre cultos de iniciação e trocas cerimoniais, não desenvolvido aqui; para um esboço, ver M. Strathern (1988b).

lidade dos homens (as plumas); os homens hagen continuam a fazer uma analogia similar, transformada em uma relação na qual a quantidade também exerce um papel. O homem hagen na figura 1 não se torna completo por conta própria: ele se faz pleno por meio da quantidade de conchas, porcos ou dinheiro sobre a qual tem domínio, em suma, graças à escala de seus recursos. Essa medida externa é efetuada por meio de um conceito de compensação que parece, ao longo dos últimos sessenta anos, ter se desenvolvido com um grande potencial criativo.

*Tradução Jamille Pinheiro*

# 14. DANDO APENAS UMA FORÇA À NATUREZA? A CESSÃO TEMPORÁRIA DE ÚTERO: UM DEBATE SOBRE TECNOLOGIA E SOCIEDADE

## Os últimos cinco anos

Desenvolvimentos diversos marcam os cinco anos passados desde a primeira apresentação deste trabalho.[1] Um deles foi a emergência, entre os não cientistas, de comentários sobre a multiplicação de comitês e protocolos de ética em toda a Europa, acompanhando as aplicações da ciência recente, especialmente as da medicina. É como se de repente tivéssemos percebido que a análise das intervenções em contextos médicos (comitês de ética como os encontrados nos hospitais) se tornou um paradigma para diversas apreciações multidisciplinares das reações públicas à ciência (comissões de inquérito, comitês governamentais, consultas especializadas).[2]

---

1. Esta é uma versão de "Reproducing the future", palestra realizada em novembro de 1998 na Science and Society Lecture Series do European Molecular Biology Laboratory, em Heidelberg, que suscitou a publicação de um artigo no mesmo ano (M. Strathern 1998). Este artigo oferece um contexto bastante diferente do primeiro, e reapresenta materiais ali encontrados. (Ali são considerados dados americanos, mas, com pequenas exceções, meus comentários aqui se restringem aos desenvolvimentos britânicos. Quando me refiro a euro-americanos, quero dizer que minhas observações se aplicam a continuidades culturais amplamente identificáveis na Europa e na América do Norte.) Publicado originalmente no *Journal Molecular Biology*, 2002.

2. Por exemplo, Siegler 1999. Para um contexto mais amplo no Reino Unido, ver Rose 1999. Para um olhar antropológico, ver M. Strathern 2000. Os comitês de ética médica não são os únicos antecedentes disso. Os relatórios Warnock e Glover (Warnock 1985; Glover 1989) são exemplos clássicos oriundos de procedimentos parlamentares e similares.

441

Tudo isso faz parte de um fenômeno mais amplo de responsabilização da ciência (Nowotny, Scott & Gibbons 2001). Para alguns, no entanto, a constatação de que essas formas de governança constituem uma força de direito próprio levou algum tempo para vir à tona, embora as situações e os corpos envolvidos na "aplicação científica" proliferem já há muitos anos.

Diz um truísmo das preocupações atuais com a inovação tecnológica que a ciência e a tecnologia avançam sempre para a frente, deixando para trás a sociedade e seus pontos de vista, incapazes de alcançá-las. Podemos lembrar de muitos casos em que isso é verdade, mas num sentido profundo não é: para o cientista social, e especialmente para o antropólogo, a ciência e a tecnologia fazem parte da sociedade moderna e os pontos de vista sociais já estão inseridos ou sedimentados nelas. Tampouco se pode dizer que a ciência é um caso especial, como mostra o exemplo que acabo de dar. Meu comentário tratava da interpretação de atividades extracientíficas, da proliferação de comitês de ética em fóruns onde os cientistas encontram não cientistas. O terreno ético no interior do qual a ciência opera tem mudado continuamente, e de repente é como se nos encontrássemos num "novo" mapa social que demanda interpretação: já estamos lá, a inovação social já aconteceu; é o comentário que está atrasado.

É importante considerarmos o comentário tendo em vista a atividade que ele constitui. Seja em encontros de especialistas, seja mais amplamente em "fóruns híbridos" (Callon 1998) ou na ágora a que se referem Nowotny, Scott e Gibbons,[3] a comunicação de descobertas e questões deve envolver diferentes segmentos da sociedade. Está implicado aqui um processo de tradução entre domínios do conhecimento: a sociedade interroga a si mesma. O exercício que faço neste artigo e a série de palestras sobre a qual ele se baseia são bons exemplos disso. Normalmente não estamos atentos às inovações sociais até que elas entrem no foco de comentários como esse – na mídia ou em outros âmbitos – de modo que a inovação que já ocorreu se torna inovação como tema de discussão. Não é possível "ver" esse processo anterior de mudança de modo independente, mas em certos momen-

---

3. O termo de origem grega *ágora* descreve "o novo espaço público onde ciência e sociedade, mercado e política, se misturam" (Nowotny, Scott & Gibbons 2001: 203): os participantes que os autores têm em mente são em grande medida os produtos articulados de um sistema educacional iluminista.

tos podemos vislumbrá-lo, como nos momentos em que a discussão pública enfrenta questões que já pareciam resolvidas e, recusando-se a ser postas de lado, assinalam mudanças que já aconteceram.

Gostaria de recuar para uma discussão passada e acompanhar um processo desse tipo. Embora eu já tenha falado disso cinco anos atrás, essa discussão oferece um exemplo salutar para entender os comentários futuros sobre os terrenos éticos talvez inesperados que a ciência poderá vir a atravessar. E, por acaso, ao tratar do papel da interpretação na vida social, ele evidencia e ao mesmo tempo aponta diretamente para o processo do comentário.

Há ainda outra razão para revisitar esse material. Quando os cientistas sociais contribuem em debates de interesse público sobre as novas tecnologias, eles ajudam a "esquentar" situações já "quentes" (Callon 1998: 260-61), o que pode ser desejável ou não. Alguns argumentam que o trabalho do acadêmico é negociar e, assim, agitam ainda mais o "tumulto epistemológico" (Barnett 2000). Mas a ciência social tem também seus próprios interesses e inquietações. Suponhamos que o objeto de interesse seja, não a tecnologia, mas a sociedade. As novas tecnologias podem ser abordadas pela luz que lançam sobre formações sociais mais gerais.

## Descrição e interpretação

Em 1995, o chefe do Conselho de Pesquisa em Ciências Naturais da Noruega, um professor de lógica matemática, debruçou-se sobre o tema da relação entre as ciências sociais e as naturais, tomando como ciências sociais paradigmáticas a economia e a antropologia. Segundo ele, as ciências naturais e as sociais têm em comum a busca pela estrutura e pela explicação. Ele observou a respeito da antropologia, contudo, que,

> quando se descreve a dinâmica de um processo, é preciso ter em mente que um ato pode ser tanto *descrito* (observável externamente) como *entendido* (conter uma intenção ou sentido). Essas dimensões não se reduzem uma à outra. [Fenstad 1995; ênfases minhas]

Acrescentaria apenas que um ato pode ser entendido no sentido de conter uma intencionalidade ou significação *comunicada aos outros*, isto é, de que ele entra num discurso compartilhado pelo ator e por outras pessoas de seu campo social. E, se nenhuma dessas dimensões pode ser reduzida à outra, cada uma delas implica a outra. O comentador ao mesmo tempo descreve (observa) o ato e entende (interpreta) a intenção. E o inverso também é verdadeiro: os antropólogos procuram entender o ato no contexto de outros atos e observar como os atores entendem o que estão fazendo. Eles se interessam pelas interpretações das próprias pessoas. Jens Erik Fenstad vai mais adiante, dizendo que um ato pode ter consequências materiais independentes da intenção ou dos sentidos para o ator. É nesse ponto que o antropólogo falará em contornos sociais ou culturais do discurso. O discurso oferece uma linguagem que as pessoas, por sua vez, usam para fazer suas próprias interpretações.

É desnecessário lembrar que a linguagem tende a ser editada. Isso é particularmente notável no caso dos dois pais biológicos tratado em reportagem do *Los Angeles Times* em 1998. Sob o título "Alta tecnologia dá uma força aos pais gays", diz:

> Graças à tecnologia *in vitro*, um casal de West Hollywood deverá ter a primeira criança do mundo com dois pais homens. [O clínico] afirma que a criança de uma mãe e dois pais será totalmente saudável [...] "Fizemos todos os testes necessários em animais. Funciona nos camundongos, funciona nos macacos rhesus, e está funcionando agora [com a criança]. Cada novo avanço assusta algumas pessoas, mas vejam os benefícios. Esse casal jamais poderia ter um filho se não fosse assim." [Os dois homens] concordaram. "Os casais gays sempre quiseram ser pais – pais biológicos de verdade."

Nesse contexto, as ideias já estão em seus lugares: os aspirantes a pais recorrem a uma analogia com os casais heterossexuais que têm filhos naturais – mesmo vocabulário, mesmos sentimentos –, de modo a criar uma imagem de verdadeiros pais biológicos. No entanto, a imagem dos pais biológicos impressiona no que deixa de fora de sua edição, ignorando a lógica original da junção, segundo a qual a cópula heterossexual é a junção de opostos,[4] e ig-

---

4. No breve furor em torno das "mães virgens" (Silman 1993), as mulheres que buscavam a fertilização fora do contexto de qualquer espécie de relação sexual com homens foram repreendidas não apenas por querer criar crianças sem pai, mas também por ignorar o simbolismo da união entre os sexos.

nora o fato de que a necessidade de dois óvulos, a serem fertilizados separadamente antes de serem fundidos, faz da contribuição
da mãe uma espécie de gemelaridade invertida.[5]

Seria banal dizer que as novas tecnologias estimulam novos
fenômenos sociais e vice-versa – a criança com uma mãe genética
(de dois óvulos maternos) e dois pais genéticos (combinados num
remate de cromossomos) acompanha o evidente desejo do casal
gay de ser pais. Mas o grau de novidade se mede em contraste com
o que se deixa passar como inalterado. Discute-se muito pouco sobre o que é antigo nesse caso, que é continuar usando o termo "pai"
para o genitor masculino. A inovação é revelada exatamente porque foi feita uma nova versão (o pai gay) de um velho fenômeno (o
pai). O fenômeno completamente novo (o processo de divisão e
fusão parentais) não entra na imagem do que deverá significar ser
pai. Relegado à "tecnologia", ele deixa intacta a noção de "biologia".

Na interpretação desse evento está contida uma visão das possibilidades futuras. Uma vantagem que temos sobre o futuro é poder
ver como as pessoas lidaram no passado com as novas possibilidades e as novas tecnologias, e como o que já foi novo *teve* impacto. Re-
trocedo, assim, a eventos ocorridos no fim dos anos 1980 e no início
dos anos 1990 – e que foram particularmente significativos no Reino
Unido no momento do debate público sobre a Lei de Fertilização Humana e Embriologia de 1990 (Morgan & Lee 1991), que estabeleceu o
tom da regulamentação desse campo, tornando-se de certa forma
um modelo para a legislação de outros países da Europa (Forvargue,
Brazier & Fox 2001). Esses eventos envolviam a possibilidade de que
os óvulos fertilizados ("embriões") vivendo fora do útero levassem a
procedimentos de implantação aprimorados de modo que o zigoto
pudesse ser implantado em outra mulher, além da que o havia ovu-
lado. A cessão temporária de útero emergiu como um "novo" arranjo[6] que tirava partido desse tipo de inovação tecnológica, e há algo
que podemos aprender com sua recepção naquele contexto.

---

5. Vários óvulos foram obtidos da mulher que gestaria a criança e fertilizados
com esperma dos dois homens. Dois embriões femininos, cada um deles "en-
gendrado" por um dos homens, foram então fundidos, formando um "embrião
combinado, no qual se misturavam as células engendradas pelos dois homens"
(*Los Angeles Times* 1º/04/1998).
6. Um "velho" conceito (uma mulher tendo um filho para outra) renovado por
meio da tecnologia.

Dando apenas uma força à natureza? **445**

Mas eu gostaria de tirar outra lição desse caso. Uso a cessão temporária de útero como modelo nativo para o papel do próprio comentário, que retrata forçosamente uma relação entre dois tipos de fatores – os evidentemente dependentes de outros e os que parecem ter trajetórias próprias e autônomas. A diferença está entre o que demanda entendimento, e portanto interpretação, e o que parece autoevidente, e portanto constitui matéria de observação ou descrição.[7] Aos olhos de quem define as políticas públicas isso se torna a diferença entre o que exige regulamentação e o que deve ser considerado um fato da vida, pois os dois lados do ato de Fenstad também podem ser vistos como dois lados do mundo fenomênico. É o que nos mostra uma parte do debate em torno da cessão temporária de útero.[8]

## A cessão temporária de útero: quinze anos de debate

As primeiras técnicas de concepção assistida, procedimentos como fertilização *in vitro* e transferência de embriões, tornaram possível separar a procriação de um embrião da sua gestação. Isso proporcionou possibilidades diversas aos casais inférteis, incluindo a de encontrar substitutos para o material genético parental e para o útero. O nó dos acordos de sub-rogação, como as cessões de útero vieram a ser chamadas nos países de língua inglesa, era a intenção de uma mulher grávida de um embrião ou feto de entregar a criança já nascida a outras pessoas, de preferência um casal. O casal pleiteante, em geral, eram os aspirantes a pais da futura criança.

---

7. Uso o termo "descrição" no sentido geral pretendido por Fenstad; ele pode, é claro, conter em si o mesmo contraste. A distinção (entre descrição e interpretação) é ela mesma parte de um modelo euro-americano de conhecimento, mas, em vez de desmontá-la, prefiro trabalhar com ela. (O mesmo poderia obviamente ser dito das distinções e elisões entre natureza/tecnologia/biologia/sociedade.)

8. Devo esclarecer que digo quase tudo aqui à guisa de comentário cultural. Isso pode exigir que eu fale como se estivesse dando uma opinião ou estabelecendo uma norma, mas o falante não sou eu – estou descrevendo opiniões e normas que emergem nas discussões euro-americanas sobre as técnicas de reprodução assistida. Parte do trabalho do antropólogo está em descrever os contextos ou domínios nos quais as ideias vicejam (a "cultura"); cultura que podemos considerar como um campo no qual ideias, conceitos, práticas e valores são reconhecíveis e, por isso, replicados em diferentes domínios. Quando eles se tornam irreconhecíveis uns aos outros, estamos num novo campo cultural.

Durante certo período houve uma fluidez terminológica considerável em torno das designações das diversas partes e diferenças na linguagem usada por britânicos e norte-americanos. Logo de início se estabeleceu um contraste entre sub-rogação total e parcial, isto é, entre a mulher grávida da criança fornecer apenas o útero, ou fornecer o útero e o óvulo.[9] Nos Estados Unidos, a primeira delas foi chamada sub-rogação da "hospedeira" ou "gestacional", e a segunda, "sub-rogação tradicional".[10] Com os avanços tecnológicos e a demanda crescente, a sub-rogação gestacional se difundiu e essas designações se tornaram comuns na língua inglesa.[11] Tratarei aqui do arranjo da sub-rogação gestacional, mas de uma parte diferente do tumulto epistemológico.

Não surpreende o fato de o *New Dictionary of Medical Ethics* (Boyd, Higgs & Pinching 1997) assim definir a mãe sub-rogada: "o uso de uma terceira parte para assistir um casal na concepção e na gestação de um filho quando a mulher pleiteante é destituída de útero ou incapaz de usar seu próprio útero por razões médicas". Contudo, se retrocedermos a quando a cessão temporária de útero estava em debate no Parlamento britânico, sendo apenas uma de um emaranhado de questões "quentes" da época, encontramos um especialista em legislação sanitária dando uma definição exatamente oposta:

> Por sub-rogação [...] quero dizer um entendimento ou acordo pelo qual uma mulher – a mãe sub-rogada – concorda em gestar um filho para outra pessoa ou casal. Evidentemente, *esse entendimento popular* imediatamente encontra a objeção de que é a pessoa [...] que assume e cria a criança que é, a bem dizer, a sub-rogada em vez daquela que dá à luz. A mulher que dá à luz é a mãe [ênfase minha; as ênfases do autor foram removidas]. [Morgan 1989]

---

9. A "sub-rogação total" não queria dizer que a mãe que deu à luz era mais mãe, mas que ela era mais sub-rogada. Haimes (1992) escandiu as permutações relacionais que – no início dos anos 1990 – podiam ser derivadas da maternidade gestacional e da maternidade genética.

10. Cf. Ragone (1994: 73), que aplica retrospectivamente o termo "sub-rogada gestacional" tanto ao relatório Warnock (1985) quanto ao relatório à Comissão Europeia para Tecnologias Reprodutivas (1989), embora nenhum deles usasse esse vocabulário na época (ver n. 2).

11. Para um panorama atualizado e multidisciplinar, ver Cook & Sclater 2003.

A objeção veio daqueles que desejavam defender o entendimento legal de que a mãe de uma criança é a mulher que lhe dá à luz. Na legislação inglesa da época, a mulher que gestou era a mãe legal da criança, e seu marido, o pai legal da criança. (Os aspirantes a pais poderiam entrar com um processo de adoção caso, entre outras condições, a criança fosse geneticamente aparentada a pelo menos um deles.) A objeção era a de que, no entendimento popular, a maternidade passou a ser definida como "genética" e a ignorar a autenticidade da mãe gestacional e, portanto, de nascimento. As definições contemporâneas do dicionário Oxford do termo "mãe" (mulher que deu à luz) e "sub-rogado" (aquele que age em nome de outro) apoiavam a queixa. A sub-rogada seria a mãe que subsequentemente obtém o filho nascido de outra mulher. Mas a visão inversa, codificada pelo dicionário, era o uso popular já entrincheirado, pois o uso popular estava determinado a fazer do outro jeito. Foi o termo "sub-rogada" que se tornou irrevogável e teimosamente ligado à mãe que, nessas circunstâncias, dá à luz a criança. Sugiro que, além da questão genética, havia outras razões interessantes para essa teimosia. A classificação já havia ocorrido e, já sedimentado no discurso público, o uso público demonstrava abertura às novas possibilidades muito *antes* de elas serem debatidas publicamente.

## A interpretação em contexto

As razões pelas quais o termo "sub-rogada" continuará a ser usado para a mulher que gesta a criança em nome de outra estão além desses debates mais imediatos. Seu rendimento cultural não é diretamente afetado pelo rumo dos debates; em poucas palavras, o termo chama a atenção para o papel da interpretação nas explicações da vida humana.

São centrais aqui duas dimensões do contexto mais amplo, euro-americanas em termos culturais, iluministas em seu referencial histórico e próprias da época moderna. Relaciono-as aqui como axiomas.

1) A Sociedade é construída sobre e após os fatos da Natureza: ela num só golpe explora, molda e imita a Natureza. Ao mesmo tempo:
1.1) a Natureza tem sua própria trajetória autorreguladora, e a So-

ciedade, portanto, tanto regula quanto é regulada por circunstâncias além dela própria; 1.2) os sistemas de comunicação da Sociedade são para ela mesma autorreguladores e "naturais".
2) Tais bifurcações levam a percepções de ordens diferentes de realidade. 2.1) A interpretação exige a habilidade de ver relações entre ordens de realidade, de modo que se possa relacionar um conjunto de fenômenos a outro. 2.2) A percepção existe, ela mesma, em relação dialética com o que se aceita como uma condição autossignificante, que não exige nem permite interpretação.

Expandindo isso, investe-se muito na busca do contexto e das razões das instituições sociais. Seja no domínio dos assuntos "naturais", seja no dos "sociais", as pessoas têm por objetivo tornar explícitas suas condições de existência. Se os euro-americanos pressupõem, assim, que a atividade humana inclui os esforços para interpretar e consequentemente representar o mundo, então a linguagem, o simbolismo e o modo pelo qual as pessoas se expressam criam ordens de realidade construídas sobre e após outras ordens de realidade. De fato, considera-se que o significado proporciona possibilidades infinitas na relação ulterior que ele cria entre o que é dado e o que está sujeito à intervenção humana. Desse modo, os euro-americanos criam significação dividindo os fenômenos entre aqueles cuja significação é autoevidente ou autossignificante e aqueles cujo sentido tem de ser explicitado em referência ao que está sendo significado, e aqui eles se tornam conscientes do próprio ato da interpretação.

A figura da mãe sub-rogada (nos acordos de sub-rogação gestacional) torna explícita a relação entre a gestação e os outros fatores envolvidos no parto. O sentido da sub-rogação, portanto, é estabelecido *em referência* a esses outros fatores e às circunstâncias nas quais a gestação faz parte de uma maternidade autoevidente. A sub-rogação é – entre outras coisas – um ato de significação. Ora, a gestação pela mãe que deu à luz pode, a depender do contexto, ser interpretada como "mais" ou "menos" biológica e como "mais" ou "menos" indicativa de uma maternidade autêntica. Ela não é em si um diagnóstico de sub-rogação. O problema, no que diz respeito a esse diagnóstico, é que se considera que uma mulher está gestando

Dando apenas uma força à natureza? **449**

uma criança *para outra mulher*[12] – e essa é uma estratégia representacional específica. Ao agir em nome de outra mulher, ela representa uma faceta da maternidade, mas não é a mãe em seus outros aspectos. Ela é um dublê que ocupa o lugar da mãe por algum tempo, cumprindo uma função importante, mas sempre em referência a outra pessoa que, por dedução, será a mãe. Ela é a sub-rogada exatamente porque assume o lugar desse elemento que em outros casos define a maternidade. O uso popular do termo em língua inglesa foi imediatamente claro a esse respeito.

É esse, em suma, o modelo popular. Ele toma algo emprestado do direito na medida em que os acordos dependem da concordância da mãe sub-rogada em gestar a criança para o casal pleiteante, e não da concordância do casal pleiteante em criar a criança para a mãe que deu à luz. Para uma pessoa comum, as intenções subjacentes a essa relação estão claras. A contestação só surge quando se rompe *a relação* entre a sub-rogada e a mãe em cujo nome ela está gestando a criança (e me refiro aqui ao fato e não à conduta da relação). A relação em questão é ao mesmo tempo social, entre as pessoas, e conceitual, entre as diferentes significações do que as pessoas estão fazendo. Quando se afirma que a gestação é definidora da maternidade, a sub-rogada deixa de ser sub-rogada.

Essa é, contudo, minha interpretação do modelo popular, e não o modo como as pessoas geralmente falam da cessão temporária de útero. Elas atravessam o potencial tumulto com um dispositivo muito simples: uma distinção entre as mães. A sub-rogada não é, por definição, a mãe "verdadeira". O debate sobre quem é "realmente" a mãe parece ter sido ganho antes mesmo de ser debatido; e isso, por

---

12. O relatório Glover (1989: 67) captura bem isso: "O termo 'sub-rogada' subentende que uma mulher faz as vezes de outra em seu papel como mãe", muito embora, como veremos, exista uma diferença crítica entre dois modos de "fazer as vezes". Note-se ainda que o relatório Warnock (1985: 42) também era claro ("A sub-rogação é a prática por meio da qual uma mulher gesta um filho para outra com a intenção de entregar a criança após o parto"), até ter emergido a possibilidade de a mãe gestante não ser a mãe genética. Isso podia conduzir à discussão sobre "se a mãe genética ou a mãe gestante deveria ser considerada a verdadeira mãe da criança" (Warnock 1985: 44; ênfases minhas). O ponto de vista popular apoiava a definição adotada na Lei de Acordos de Sub-rogação de 1985, que bania a sub-rogação comercial ("O termo 'mãe sub-rogada' quer dizer a mulher que gesta uma criança em conformidade com um acordo" [S1]), o único texto legal derivado diretamente desse relatório.

causa de sua contrapartida: *era indiscutível que a sub-rogada não poderia ser a mãe verdadeira*. Essa pílula de sabedoria popular instantânea não seria facilmente abandonada, tendo permanecido como um ponto de clareza em meio a todas as questões que continuaram a ser postas sobre a aparente duplicação da contribuição materna.

## O enigma do real

Tudo que se refere à "realidade", incluindo suas próprias imagens reverberantes de concretude, sugeriria que o sub-rogado é um subproduto do que conhecemos de antemão como real ou verdadeiro. O observador/intérprete (antropólogo) faria, como já vimos, o contrário. Nos termos das categorizações populares dessas questões, o papel do sub-rogado é bastante claro: uma pessoa entra no lugar de outra. A designação aponta ou significa o fato de que a mãe verdadeira deve ser outra pessoa. Mas quais os fundamentos para a outra pessoa ser mãe? *O papel enigmático acaba sendo o da mãe "de verdade"*. Isto é, quando é preciso explicar e interpretar o que é o real, o autossignificante é aberto para significação. O que se abre à dúvida é como determinar o que é o real.

Esse enigma já existia numa objeção construída por Derek Morgan. A sub-rogação não parece suscitar um escrutínio torturante do que leva uma mulher a querer atuar em nome de outra; mas a questão de quem será realmente a mãe pode levar a isso. A definição da sub-rogação pertence ao mundo de acordos e contratos entre pessoas;[13] a mãe real, ao contrário, é estabelecida recorrendo-se a uma característica inerente, por exemplo, o desejo, a intenção ou a "pulsão biológica" de ser mãe. Em suma, a objeção notada por Morgan não emergiu da ambiguidade em torno da definição da sub-rogada, mas da ambiguidade no que se refere à mãe real ou natural.

Isso se manifestou no caso das disputas legais, muito divulgadas,[14] no momento em que uma mulher que havia concordado em agir como sub-rogada gestacional decidia reivindicar o

---

13. Ver Dolgin (1997) para uma perspectiva americana dos contratos e dos estatutos das partes na maternidade sub-rogada.

14. Principalmente no período que antecedeu a lei de 1990, ver, por exemplo, Morgan (1989); ver também Wolfram (1989). Esse comentário continuou a circular, vindo dos Estados Unidos, e casos particulares foram amplamente relatados na imprensa britânica (ver, por exemplo, os casos detalhados por Dolgin 1997).

Dando apenas uma força à natureza? **451**

filho para si, isto é, alegava ser a verdadeira mãe. Em outras palavras, o dublê afirma não ser um dublê. Uma alegação de realidade *substitui* a outra.

E o que quero dizer aqui com substituir? Podemos afirmar que o mundo real criado pelas possibilidades da nova tecnologia reprodutiva inevitavelmente substitui um mundo real cujas possibilidades se ligavam a outros meios. Do mesmo modo, novos saberes substituem os velhos: eles constituem uma ordem de realidade de direito próprio. Esse "tomar o lugar" de outro é diferente de "fazer as vezes" de outro. Trata-se da diferença entre o imperativo de uma interpretação em referência a outra pessoa ou ordem de realidade (sub-rogação) e a superação de uma pela outra (substituição). No caso da sub-rogação, há sempre um movimento interpretativo (uma mãe faz sentido em referência à outra), enquanto no caso da substituição não se exigem novas interpretações. A diferença está simplesmente na *visibilidade da relação entre elas* (as duas mulheres). A "mãe sub-rogada" é sub-rogada na medida em que sua relação com a "outra" mãe está intacta; caso afirme que a criança é "sua", ela passa a substituir a outra mulher, pois se considera geralmente que desejar ser mãe não exige justificativa ou interpretação.

Substituições concomitantes apoiam essa lógica. Compare-se o altruísmo da sub-rogação ao da doação de óvulos. Ao fazer uma dádiva, a doadora aliena seu direito aos óvulos; os óvulos podem ainda ser portadores de sua identidade, mas daí em diante ela não poderá dispor deles e, no jargão popular, nem o doador nem o receptor é um sub-rogado. Em vez disso, os óvulos doados substituem os óvulos da mãe pleiteante.[15] E, nas culturas euro-americanas, a doação de uma dádiva é um ato completo, que não exige novas interpretações. O ato de dar – culturalmente entendido como altruísmo – é autossignificante: ele indica a si mesmo. Quando a sub-rogada substitui seu próprio impulso materno (de ter um filho) pelo altruísmo (de ter um filho para outra) isso é

---

15. Tanto no uso britânico como no americano, quando o que está em questão é a doação dos óvulos, a mãe gestacional é considerada a mãe natural do filho que dá à luz. Assim, uma mãe pleiteante que recebe óvulos doados não é chamada de sub-rogada, como tampouco o é a doadora dos óvulos. (O relatório Warnock recomendava que a mãe que desse à luz tendo usado um óvulo doado fosse reconhecida por lei.)

compreensível; a generosidade tem aprovação geral. A mãe é sub-rogada, mas é "realmente" altruísta.

Contudo, encontramos a mesma lógica autossignificante, isto é, a da ação que não exige interpretação, em outro domínio social, agora trazendo consigo repreensão severa.[16] Aqui, o sentido real de suas ações pode ser posto em dúvida, afinal, a própria vontade de agir como sub-rogada pode já implicar uma possibilidade substitutiva de outra espécie: no lugar do desejo de ajudar pode haver o desejo pelo dinheiro. Quando a mãe sub-rogada substitui o impulso comercial pelo impulso maternal, isso também é compreensível, mas é invariavelmente apresentado sob uma luz negativa, pois não há nada de sub-rogante no comércio. Considera-se que o lucro tem uma lógica própria: agir para o lucro e pelo lucro não exige interpretação. De fato, o mercado é tanto um fim como um meio, porque ele é visto como um regulador político de direito próprio. Suspeito que as equivocações em torno das possibilidades comerciais dos acordos de sub-rogação giram em parte em torno do efeito de substituição e, portanto, de deslocamento introduzido pelo dinheiro. A mãe sub-rogada é "uma verdadeira" aproveitadora.

A Lei de Fertilização Humana e Embriologia (1990) do Reino Unido tinha o objetivo de estabelecer, como o fez, uma autoridade responsável pela concessão de licenças para a realização de determinados tratamentos de infertilidade e das pesquisas embrionárias a eles associadas. Embora a posição do governo fosse a de que pesquisa e tratamento deviam ser encorajados tendo em vista seus múltiplos benefícios, ele recuou em permitir que o mercado interviesse como mecanismo regulador de sua oferta e demanda. Uma cláusula explícita da lei impediu os doadores de gametas de terem ganhos com a doação (S12[e]), e as pessoas que solicitassem ser consideradas pais de um filho de gametas doados ou por meio de um acordo de sub-rogação não poderiam fazê-lo caso houvesse circulação de dinheiro envolvida (S30[7]). A comercialização da sub-rogação por terceiros envolvia em si uma contravenção.

---

16. Estabeleço aqui essas atribuições por razões expositivas. O mesmo ato pode, claro, ser tomado ora em modo autossignificante (figurativo), ora em modo referencial ou interpretativo (literal). O interesse está no modo pelo qual o uso popular do termo "sub-rogada" estabilizou essa dialética no que diz respeito à sub-rogação gestacional.

Dando apenas uma força à natureza? **453**

Quaisquer que fossem as necessidades em questão, as possibilidades definidas pelo mercado foram rejeitadas, e só se permitiram os acordos de sub-rogação de caráter privado. Por trás disso estava a ideia de que apenas nesse contexto se sustentaria o valor do altruísmo que torna socialmente aceitável o acordo entre a mãe sub-rogada e a mãe pleiteante. Se a mãe sub-rogada procurasse obter dinheiro, se presumiria, é claro, que ela estaria interessada principalmente no dinheiro, e não na relação com a outra mãe.

Parecia, assim, que o altruísmo (ainda que apenas o altruísmo selado em contrato), que em outros casos justificaria a sub-rogação, poderia ser deslocado por outras ordens de fenômenos que apareceriam então como "reais". Estas poderiam ser tanto a maternidade quanto o comércio.

## Fundamentos

Mas, se o impulso à maternidade parece não exigir interpretação, por que é que a mãe "real" aparece como a mais enigmática das duas mães? A maternidade não é enigmática em si, mas, precisamente pelo fato de seu fundamento lógico ser normalmente subentendido, tomado como um dado, a maternidade parece problemática quando sujeita a questionamento. Quando emergem disputas em torno de quem é "realmente" a mãe, essa categoria é aberta a interpretações potencialmente infinitas. Em tais circunstâncias, recorre-se frequentemente a ainda outros dados, isto é, a outros fundamentos tácitos e inquestionados para proteger os fundamentos antes inquestionados, agora sujeitos a contestação. Os primeiros podem aparecer como fundamentos dos últimos.

No dizer popular, a maternidade "real" está fundamentada tanto na biologia como no reconhecimento social da biologia, de modo que a mãe verdadeira sempre tem a seu lado ou a natureza ou a sociedade; assim também, quando uma "sub-rogada" atua em nome de uma mãe verdadeira, é porque as alegações da mãe verdadeira a antecedem. Assim, uma mãe pleiteante pode ser considerada uma mãe verdadeira, seja pela natureza (pois algumas partes pleiteantes podem também alegar um vínculo genético com a criança; e todas elas afirmam o desejo natural de serem pais), seja pela sociedade (buscando apoio legal para suas alegações ou demonstrando que podem oferecer à criança tudo o que define um bom desempenho como pais). Onde está, então, o enigma? O enigma reside na própria necessidade de conservar os fundamentos sobre os quais se estabelece o que é real. Os fundamentos concorrentes perdem seu próprio status de axioma (e portanto de fundamento). Nesse caso, os fundamentos que estão sendo erguidos são a autoridade da sociedade e a da natureza.

Tocarei em duas estratégias para se fazer essa conservação,[17] a primeira delas ligada aos indícios que a natureza produz de si e sobre si mesma, e a segunda, ao papel regulador da sociedade. Já sugeri que os euro-americanos consideram um fundamento autoevidente da sociedade sua capacidade de organizar e regular o mundo social, do mesmo modo que a natureza é conhecida por suas propriedades autorreguladoras. Parte dessa atividade reguladora envolve explicitar a relação entre diferentes ordens de realidade.

Quanto aos indícios que a natureza produz de si e sobre si mesma: existe, é claro, uma história a ser acompanhada na sequência que transformou a "natureza" em "biologia" e a "biologia" em "genética". O que é enigmático é como entender (interpretar) o que é real. As disputas em torno da maternidade pela concepção e pelo parto revelam o momento em que a biologia deixa de ser o fundamento axiomático da maternidade – e não porque a maternidade "social" se oponha à "biológica", mas porque *aquilo que é biológico na maternidade biológica* tem de ser explicitado. É isso que torna enigmáticas as alegações da mãe verdadeira. Como se apresentará o verdadeiro? Sobre o que se fundamentará? Trata-se ainda de biologia, e o que queremos dizer com isso? Será o desejo de ter um filho uma função biológica tanto quanto o é a capacidade de concebê-lo? A capacidade de dar à luz terá o mesmo sentido da procriação? Se a ligação genética é considerada o fundamento do parentesco biogenético, a invocação da biologia pode ser entendida como uma invocação da conexão genética. O fundamento de toda a vida nos genes não parece exigir novas interpretações e, de fato, se o uso popular é resistente na questão de quem é a sub-rogada, ele também é resistente no que se refere à significância dos genes. O relatório britânico Clothier (1992), que acompanhou de perto a Lei de Fertilização Huma-

---

17. E elas também são conservadoras: os aspectos do fundacionalismo que persistem nos modelos populares são os mesmos que são descartados por análises e interpretações das ciências humanas e sociais.

na e Embriologia, iniciava-se com a seguinte afirmação: "Os genes são a essência da vida: eles contêm as mensagens codificadas, armazenadas em todas as células vivas, que lhes dizem como funcionar e se multiplicar, e quando fazê-lo" (1.1).

Num sentido importante, a tecnologia é autossignificante: quando opera como processo que abre possibilidades. Quando nos perguntamos de que maneira ela é mantida como autossignificante, então – como no caso da maternidade – começamos a buscar e, portanto, a examinar a lógica de seus fundamentos. Já voltarei a isso. Noto aqui que ela pode permitir outro processo autossignificante. Os procedimentos que assistem a sub-rogação gestacional permitem que o casal pleiteante destituído de útero reivindique o valor evidente do vínculo genético. Uma década atrás, Sir David Weatherall (1991: 29) conjeturou uma nova questão. Os problemas éticos já podiam ser divisados no horizonte: "conforme ficamos mais eficientes na previsão da composição genética dos indivíduos, quão justificável é oferecer aos pais o direito de escolha?". Os pais podem, ele indaga, escolher pôr ou não no mundo uma criança imperfeita? Essa escolha está, claro, subsumida na escolha anterior, de que a maternidade e a paternidade são afirmadas, antes de mais nada, pelo argumento genético. Vislumbramos aqui uma dimensão que começa a tornar enigmática a ligação genética? Na medida em que o vínculo genético (biológico) assume a precedência apenas na medida em que é ativamente buscado, ele deixa de ser um dado da ascendência; foi selecionado como uma entre outras rotas possíveis. O caso dos dois pais corrobora isso.

Note-se que a advertência de longo prazo feita por Weatherall, de que os desenvolvimentos futuros na biologia molecular poderão levantar questões éticas fundamentalmente novas, já reuniu fatores científicos e não científicos ("éticos"). Isso nos leva a tomar a sociedade como um objeto cujos fundamentos também devem ser conservados, e nos remete à segunda estratégia.

Quando os casos de sub-rogação são debatidos tendo em vista um contraste entre o vínculo genético e o vínculo gestacional, admite-se uma assimetria, na medida em que um deles deve ter precedência. De fato, se a sub-rogação sempre implica tal assimetria (apontando para a "coisa" que está em outro lugar), isso vale também para relações entre tecnologia e biologia nas quais a tecnologia simplesmente auxilia o processo biológico. Ao mesmo tempo, considera-se que a tecnologia tem uma relação fraca com a sociedade. A tecnologia é vista como construída e derivada dos mesmos materiais utilizados pela natureza (ela auxilia a biologia), mas com a colaboração adicional da engenhosidade humana e das intenções humanas em relação a ela, que estão engrenadas aos propósitos sociais – e, aqui, a lógica de sua fundamentação pertence à sociedade.

Afinal, do ponto de vista euro-americano (e modernista), enquanto as finalidades sociais permanecerem estáveis, a inovação tecnológica não quer dizer inovação social. Pelo contrário, como na promoção da família nuclear, novos procedimentos podem preencher antigos objetivos: considera-se que a aplicação da tecnologia está assentada em valores sociais nos quais ela não interfere. É certo que, numa sociedade que valoriza o bem-estar individual, é considerado moralmente adequado que a tecnologia se volte à assistência médica. É esse, em grande medida, o argumento que justificou o desenvolvimento da terapia genética, por exemplo. Nos anos 1990, época em que se debatia na Grã-Bretanha a legitimidade dos acordos de sub-rogação, a terapia genética assinalou novas possibilidades de aplicação do conhecimento sobre os genes. Na medida em que os (velhos) fundamentos sociais permanecessem estáveis, contudo, a tecnologia genética podia continuar sua (nova) trajetória.

A advertência de Weatherall saiu na *Science and Public Affairs*, publicação conjunta da British Association for the Advancement of Science e da Royal Society. Em 1991, essa revista publicou uma discussão multidisciplinar,[18] destinada a mitigar as ansiedades esclarecendo equívocos em torno do tema. O texto de abertura lembrava ser difícil prever resultados de longo prazo, e foi esse o contexto da advertência; no curto prazo, todavia, a posição parecia clara:

A recém-descoberta capacidade de manipular nossos genes tem gerado certa inquietação pública. Na verdade, a aplicação da tecnologia de DNA humano recombinante não levanta nenhuma questão ética fundamentalmente nova, ao menos não ainda. [...] Já faz muitos anos que o mapeamento genético e o diagnóstico pré-natal são procedimentos bem-aceitos; a nova tecnologia simplesmente au-

---

18. Num encontro organizado pela Royal Society sob o título "Os embriões e a ética", um exemplo em pequena escala dos "fóruns híbridos" cada vez mais comuns (ver acima).

mentará o número de doenças que podem ser evitadas por esse meio. [...] O transplante de órgãos já é aceitável; a reposição de genes defeituosos não é diferente, em essência, da reposição de órgãos inteiros. [Weatherall 1991: 28; ênfase minha]

Novas tecnologias, então, mas velhas práticas. Novas possibilidades para a saúde humana, mas não novas questões éticas, pois os tipos de decisão apresentados aos indivíduos já foram enfrentados na medicina clínica. O novo campo simplesmente ilumina questões já existentes. Estavam presentes à discussão membros do Comitê de Ética de Terapia Genética, que no ano seguinte apresentaram um relatório ao Parlamento britânico (Clothier 1992).

O relatório em questão foi solicitado precisamente porque, entre outras coisas, reconheceu-se que a terapia genética poderia "introduzir questões éticas novas e possivelmente de longo alcance, que ainda não foram examinadas" (1.11). O relatório supunha, portanto, que antes de ser introduzida na prática médica a terapia genética deveria ser eticamente aceitável – por exemplo, ela deve passar por testes de "segurança e eficácia em comparação a outros tratamentos" (1.12). Contudo, sua conclusão geral foi a de que já existia a base para uma fundamentação ética, oferecendo o ponto de vista experimental de que a terapia genética deveria ser tratada, inicialmente, como pesquisa com humanos (8.3). A terapia genética de células somáticas dirigia-se a um indivíduo específico, portador de uma doença, e as condições dessa aplicação do conhecimento genético eram satisfeitas por diretrizes já estabelecidas para pesquisas com pacientes médicos (como o respeito aos direitos do sujeito de pesquisa e o respeito ao seu bem-estar na realização dos procedimentos).

A terapia genética de células somáticas será um novo tipo de tratamento, mas não representa um grande afastamento da prática médica já estabelecida e nem apresenta, de nosso ponto de vista, problemas éticos novos. [8.8]

Foi mantido o status fundamental da capacidade reguladora da Sociedade.[19]

---

19. Evidentemente, o que aparece como uma fundamentação inequívoca pode ser aberto a dúvidas. Os processos de regulação podem eles mesmos precisar

O que me faz voltar a um argumento feito no início do texto. Presume-se que a ética médica atual forneceu o fundamento para a ética na área da terapia genética porque ela já corporificava os valores da sociedade, examinados em muitas deliberações e discussões precedentes. Desse modo, foi com base na prática já estabelecida que não se encontraram novas questões éticas. Assim como o uso popular do termo "sub-rogada", talvez vislumbremos aqui outra absorção de novas ideias numa forma ("não há novas questões éticas") já sedimentada em discurso.

## A tecnologia e a sociedade

No campo da reprodução assistida, a relação entre a tecnologia e a natureza – ou a biologia – aparece em todo o mundo como os dois componentes da maternidade que entraram no jargão popular, o social e o biológico, o que se assemelha, por sua vez, aos dois componentes da maternidade biológica, o genético e o gestacional, explicitados na sub-rogação.

Considera-se que as tecnologias reprodutivas facilitam o processo biológico, sobretudo ao "assistirem" a concepção[20] (elas não assistem a nutrição [*nurture*] ou os processos pós-parto que alguns consideram ser de natureza igualmente biológica). Na medida em que as técnicas se concentram na concepção, elas enfocam a união fértil de gametas masculinos e femininos e a viabilidade do embrião. Nisso, a inseminação artificial, a fertilização in vitro e outras práticas como a GIFT[21] (transferência intrafalopiana de gametas) simplesmente entram no lugar, como diz sua justificativa, de processos corporais naturais. Não sendo eles mesmos naturais, compensam incapacidades naturais, do mesmo modo que a mulher que assume a maternidade em nome de outra é considerada sub-rogada na sua capacidade de gerar um filho. Assim, poderíamos considerar esses processos como sub-rogados.

---

de regulação. Assim, se reconhece (3.8) que diferentes códigos da prática médica e diferentes meios de regulamentação evoluíram de modo a incluir áreas diferentes que os tratamentos podem forçar a reunir.

20. Ver, por exemplo, Franklin ([1993] 1999).

21. A sigla para o nome da técnica em inglês produz a palavra *gift*, correspondente a "dádiva" ou "presente", conceito antropológico ao qual a autora devota espcial atenção. A mesma sigla é utilizada na medicina brasileira. [N. T.]

Dando apenas uma força à natureza? **459**

O que torna a mãe sub-rogada semelhante a uma mãe, sem fazer dela realmente uma mãe, é o fato de que ela assiste a mãe verdadeira na superação de uma incapacidade específica. Embora sua gestação da criança substitua completamente o papel de gestante da mãe pleiteante, por si só ela é um ato incompleto, que só faz sentido (interpretativo) quando visto como parte do processo social total em que se cria a mãe verdadeira (caso não houvesse mãe "verdadeira" para receber a criança, seu ato não teria sentido em si mesmo). Da mesma maneira, a tecnologia médica é como os processos naturais que assiste, mas não é em si o processo natural. Novamente, a intervenção tecnológica ajuda numa parte específica da sequência completa de desenvolvimento que gera uma criança; no entanto, cada ato de assistência só adquire sentido a partir de um resultado bem-sucedido que é ao mesmo tempo natural – um óvulo é fertilizado, uma criança nasce. (Se não houvesse "processos naturais" mais abrangentes, as intervenções não teriam resultado.)

Esse comentário sobre as duas estratégias de conservação nos faz perceber algo interessante. Não se trata apenas de a tecnologia poder aparecer ora como auxiliar da natureza, ora como auxiliar da sociedade, mas do fato de que assistir a natureza é também assistir a sociedade. No momento de que falo aqui, cada uma delas poderia aparecer como fundamento da outra.[22]

O modelo popular da sub-rogação nos permite esclarecer certos aspectos do debate sobre ciência e sociedade tal como ele se apresentou no passado recente. Tracei um paralelo com a maneira pela qual a tecnologia dá à luz, com o tipo de mãe que ela é. A sub-rogação oferece uma representação de uma relação entre fatores que evidentemente dependem de outros fatores, e fatores dotados de trajetória própria. A sub-rogada que mantém sua palavra é uma sub-rogada inconteste, e assim também é a tecnologia. Enquanto a tecnologia estiver simplesmente "dando uma força à natureza" (Hirsch 1999 [1993]), ela se apresentará como aparenta-

---

22. (Mas um modelo fundacional separa, novamente, a Natureza da Sociedade.) Este argumento pode ser seguido em M. Strathern 1992a. A compreensão é um performativo ou obviação analítica (Wagner 1986b). Essas quimeras (Natureza, Sociedade etc.) têm interesse hoje pelas lições que podem conter para as atuais conceitualizações de um mundo biossocial.

da dos recursos naturais que podem ser usados para o bem da sociedade. Como disse um palestrante nos debates em torno da aprovação da Lei de Fertilização Humana e Embriologia: "a pesquisa e a experimentação são parte natural do desenvolvimento da condição humana" (citado em Franklin 1999: 145). Mas esse discurso encara os dois lados. Além do mais, a tecnologia (e, pari passu, a ciência) parece dar combustível a um mundo em fuga quando seus objetivos são apresentados como substitutos dos objetivos da sociedade, e essa parece ser a única coisa verdadeira.

*Tradução Luísa Valentini*

# 15. A PESSOA COMO UM TODO E SEUS ARTEFATOS

A escala prega todo tipo de peça. O que pode ser considerado informação suficiente, por exemplo? Essa pergunta pode ser respondida em seus próprios termos: precisa-se de tanta informação quanto for relevante para o propósito em questão – seja para provar um argumento, sair de um impasse ou explorar um conceito. A informação é a substância dessa prova, solução ou reflexão. Mas, quando se escreve sobre o processo, expõe-se um argumento, a questão passa a ser o que o leitor precisa saber. O contexto não pode ser dado como certo: é necessário explicitar agora o que estava implícito como razão inicial para eleger um caminho particular. Assim, devem-se acrescentar informações às informações, uma posição que traga para o primeiro plano a escolha do modo expositivo.

Valho-me de dois temas – o corpo como superfície pública e as novas tecnologias de comunicação – para demorar-me em alguns momentos persistentes da antropologia social ao longo do século passado. Forneço também exemplos de alguns dos truques do ofício para lidar com as informações a favor de minha exposição. Os materiais que retratam esses momentos particulares (eles vêm de Londres do início do século XX, da Papua-Nova Guiné de meados do século e da biomedicina transnacional da virada do século) inspiraram-se em uma nova mostra permanente da Wellcome Trust Gallery no British Museum, chamada "Viver e Morrer".[1]

---

1. Publicado originalmente no *Annual Review of Anthropology*, 2004. Uma versão anterior deste texto, de título "Medicines and Medicines: the Whole Person and its Artefacts" [Medicinas e medicamentos: a pessoa como um todo e seus

A exposição emprega o vasto material etnográfico do museu para enfocar a maneira como as pessoas respondem aos desafios da vida e promovem sua saúde e bem-estar. O bem-estar não é um tema que eu normalmente abordaria, mas sempre reunir "mais" informações do que se espera é um truque do ofício antropológico – estar aberto ao imprevisível. Devo trazer o suficiente na mochila para dar alguma contribuição. Não estou dizendo que os antropólogos podem escrever sobre qualquer coisa, mas que as disciplinas oferecem recursos que podem ser usados em situações imprevisíveis. Há uma diferença entre valer-se de sua disciplina e ser um especialista, papel que considero bastante problemático nesses tempos de interdisciplinaridade.

A transformação da informação em moeda foi um efeito da economia do conhecimento autorreconhecido. O valor de uso parece depender do valor de troca. Essa visão do conhecimento acadêmico é certamente muito comum. As pessoas afirmam abertamente não haver sentido em deter conhecimento acadêmico se não for possível comunicá-lo, e com isso querem dizer comunicá-lo da mesma forma, ou seja, como conhecimento (pode-se argumentar que o "conhecimento" é comunicado como "informação", mas, na medida em que ele deve acrescentar algo ao conhecimento de outra pessoa, os dois termos podem ser conjugados). O fato de que o conhecimento pode ter contribuído para uma solução ou reflexão não importa – ele é invisível, ou mesmo inútil, a não ser que possa circular na forma de conhecimento-informação. O especialista torna-se a fonte social de conhecimento-informação (passível de circulação, de consumo). É claro que nos tempos modernos existe uma grande história por trás da formação do especialista, assim como do profissional. Ofereço um diminuto vislumbre etnográfico a esse respeito na primeira parte do texto. A mesma pessoa pode ser ambas as coisas, mas os papéis tornam-se cada vez mais independentes à medida que (ao menos no Reino Unido) as profissões perdem status e os especialistas em conhecimento-informação alimentam o apetite das políticas públicas por evidências.

---

artefatos], foi apresentada por ocasião da aula magna William Fagg Memorial Lecture em 2003, na inauguração da Wellcome Trust Gallery no British Museum. A Wellcome Trust é uma das principais agências financiadoras de pesquisa médica no Reino Unido.

Fornecemos aqui respostas distintas para a questão sobre a informação suficiente. O especialista é como o desenhista industrial: tudo que está envolvido em uma situação, qualquer tipo de material, tem de ser ajustado para que possa servir de evidência. Se alguém fornecer informações sobre a migração interna com o objetivo de compreender o movimento populacional, quão suficientes são as informações será uma função da precisão com que a origem do migrante, sua posição econômica, suas aspirações e outras variáveis possam ser especificadas. Esses valores devem ser inequívocos. Uma vez mais, no que diz respeito aos acordos matrimoniais na ausência de procedimentos de registro, decidir sobre um modelo específico para calcular a taxa de divórcios, que contém um núcleo de decisões anteriores sobre o que, para começar, constitui o casamento, significa que há de fato apenas um caminho para reunir dados. A antropologia do desenvolvimento tem sido há muito uma arena em que o antropólogo é formado como especialista, o que também também é um papel difícil. Escolhi os moradores de Londres para evocar os sujeitos de boa parte do desenvolvimento do Terceiro Mundo sem tipificar essas pessoas como moradores dos trópicos, da floresta ou do interior (o leitor poderá deparar-se também com um eco da emergência do "sistema" como objeto teórico do estrutural-funcionalismo).

Em contrapartida, espera-se do profissional, mais próximo dos praticantes de disciplinas acadêmicas, que lance mão de cada vez mais treinamento e experiência. Uma disciplina fornece formas de pensar para justificar a escolha de caminhos particulares. Os materiais consistem em modelos e teorias, e a suficiência refere-se ao grau de adequação entre um problema e um procedimento analítico. Consideremos o método comparativo na antropologia social, um truque paradigmático do ofício. A comparação implica pensar através dos contextos, justapor valores. Ao saber o que acontece alhures, pode-se perguntar que tipo de visão do migrante é apropriada quando se tomam como foco as aspirações econômicas ou se investiga a relevância de uma taxa de divórcio para as preocupações masculinas ou femininas. Os modelos para pensar, digamos, sobre a economia ou o parentesco também seguem suas próprias trajetórias. A suficiência reside em quanto é necessário saber para satisfazer os critérios que os dados tornam reconhecíveis, e pode haver mais de um caminho a ser explorado. As definições condensam debates inteiros: "Podemos referir-nos a um sistema judicial então"; "Não falemos em compra de mulheres, mas na transferência de direitos por seu intermédio" e (em uma versão com cortes de David Schneider para Meyer Fortes) "Ah, entendi! *Você* quer dizer que a união conjugal é *pra valer!*". Talvez essa condensação de posições opostas seja o motivo pelo qual a antropologia simbólica e sua relação ambivalente com o estruturalismo permanecem tão influentes. A segunda parte do texto, que inclui seleções de materiais da Papua-Nova Guiné já muito analisados, depende de certas tradições disciplinares de interpretação.

A antropologia é abençoada pela riqueza de materiais que tantas pessoas lhe legaram. Não sou uma especialista em bem-estar; contudo, a disciplina me permite abordar questões relacionadas ao tema. As sugestões da mostra no museu e a familiaridade com contextos cambiantes sugerem um exercício comparativo. A comparação amplia materialmente as possibilidades da própria exposição por meio de analogias ditas e não ditas (nem sempre importa se a comunicação é desequilibrada). De qualquer modo, e de forma inadvertida, o tópico do bem-estar levou-me a explorar os temas do volume em que este artigo foi publicado originalmente.[2] As duas primeiras partes do texto se dedicam ao que pode ser lido a partir dos corpos e das superfícies corporais, e assim marcadamente no caso papuásio, quando os regimentos corporais aqui descritos incluem uma tecnologia da comunicação. A última parte do texto está deliberadamente deslocada e trata de um dos problemas da informação genética, em que as preocupações éticas têm como foco o que deveria ser conhecido e o que pode ser comunicado a respeito do corpo.

## Londres do início do século XX

É uma coincidência que o ano de 1914, que testemunhou a última grande expansão do British Museum antes da década atual, tenha visto outra empresa mudar de instalações. Não há comparação com a Nursery School and Baby Camp [Escola de Educação Infantil e Acampamento Diurno para Bebês] que foi aberta em Dept-

---

2. A autora se refere aos temas especiais abordados no volume 33 da *Annual Review of Anthropology*: The Body as a Public Surface [O Corpo como Superfície Pública] e New Technologies of Communication [Novas Tecnologias da Comunicação]. [N.E.]

ford (sul de Londres), a menos, talvez, pela percepção de que somente mudanças de escala poderiam dar conta das necessidades contemporâneas.

> As professoras ficam um pouco chocadas. Essa história de criar [*nurture*] as crianças é ótima, mas não é da conta delas. Não é da conta delas! Então, nenhuma das grandes coisas – combater a doença, o vício e a ignorância – é da conta delas! Então elas não vão nos conduzir, mas apenas encontrar uma forma simplificada de ensinar a grafia? [...] A professora que ensina crianças pequenas não dá aula apenas. Ela ajuda as crianças na formação de seu cérebro e sistema nervoso, e esse trabalho [...] determinará tudo que virá depois [...]. *Ela* modificará ou determinará a estrutura dos centros cerebrais. [McMillan 1919: 175, citado em Bradburn 1976: 111]

Margaret McMillan vinha fazendo campanha em prol da reforma no treinamento das professoras do ensino fundamental e da educação infantil desde 1897. Em Deptford, ela fez um experimento com uma escola a céu aberto para crianças em idade de ir para a escola.[3] A necessidade era óbvia. Entre as 87 primeiras crianças a serem admitidas no acampamento, todas supostamente saudáveis, verificou-se que apenas nove não tinham nenhum problema de saúde (Stevinson 1927: 55). Algumas das razões para tanto eram claras. Eis um fragmento do diálogo relatado, seguido do comentário geral da autora (id. ibid.: 12):

> "A senhora não insistiria em dar banho neles, não é?"
> "Não seria correto."
> "Mas, senhora Ruffle... nós sempre damos banho nos bebês. Eles adoram. Veja só!"
> "Ah, moça", respondeu a avó com sabedoria, "nós muitas vezes gostamos do que não é bom e nos faz mal."

---

3. "Para Margaret, seu jardim de infância deveria proporcionar um ambiente em que o talento seria salvaguardado e as crianças, incentivadas a desenvolver suas capacidades em todo seu potencial. Assim, o jardim de infância de Deptford poderia ser descrito como um experimento de manipulação do ambiente" (Bradburn 1976: 55).

"Muitas mães de alunos agasalham demais seus filhos. É difícil fazê-las perceber como isso é pouco saudável. [...] Nós recebemos um menininho que tinha problemas no peito. Descobrimos que ele estava envolto em várias camadas de jornal embebido em óleo canforado. Prefiro nem pensar em quanto tempo o menino passou empacotado assim."

A visão de McMillan ia além do remédio imediato. "A criação de uma raça humana mais nobre, em uma ordem social mais nobre" era seu objetivo final; mas, como afirma sua biógrafa (Bradburn 1976: 50), ela percebeu que as crianças esperavam ansiosamente pela nova ordem mundial. Algo tinha de ser feito imediatamente. Elas eram pobres, não eram saudáveis e tinham pouca educação: muitas privações andavam juntas. Suas admoestações às professoras vinham da convicção de que as crianças precisavam de um ambiente em que fossem nutridas [*nurture*] em todos os sentidos na escola.[4] Ela apresentava as crianças pequenas ao ritmo de um dia bem organizado, reservava-lhes períodos de tranquilidade e proporcionava espaço, ar fresco (durante o ano todo), alimentação saudável e abrigo em construções do tamanho de uma classe, que conformavam uma aldeia de grupos familiares. E por que ela se preocupava em imbuir as professoras de profissionalismo? As professoras do jardim de infância tinham que pertencer a uma classe social mais alta do que as outras professoras, para que as crianças pudessem estar "rodeadas de mulheres jovens de bom gosto e mente cultivada" (Bradburn 1976: 113). As professoras do jardim de infância estavam sempre lidando "com um cérebro e uma alma", mesmo quando pareciam estar cuidando das partes externas do corpo, como "um nariz e um lábio". De qualquer forma, dos 80% novos alunos que sofriam de raquitismo, nenhum deles apresentava o problema um ano depois; na epidemia de gripe de 1921, muitos adultos e crianças morreram na região, mas nenhum aluno morreu nessa escola.

Uma visão da privação está associada a uma visão do bem-estar. McMillan só pode criar seu sistema escolar ao considerar vários problemas de forma integrada. Deptford era uma região de Lon-

---

4. "O verdadeiro objeto de nosso trabalho é 'NUTRIR'", dizia ela, "a educação orgânica e natural que deveria preceder todo o ensino fundamental, sem a qual o trabalho das escolas é em grande parte perdido" (Bradburn 1976: 55).

dres onde a combinação de pobreza, sujeira e ignorância fazia com que fosse quase impossível ter boa saúde, e sem saúde as crianças (muitas das quais chegavam à escola mal sendo capazes de articular palavras)[5] não conseguiam aprender. A escola deveria ser um estabelecimento tão social quanto educativo. Aos sete anos, idade-limite da escola, as crianças eram apresentadas a *Sonho de uma noite de verão* e à possibilidade de escrever uma peça de teatro.

Há um século, Londres estava em outro tempo, em outra cultura; mas serve tão bem de exemplo quanto qualquer preocupação com o bem-estar que se divida em duas partes. A análise de McMillan tinha vários componentes distintos. As deficiências requeriam atenção especializada: se a escola tinha de fornecer educação, saúde e nutrição, cada um desses elementos exigia uma tecnologia e artefatos específicos. Para que as crianças pudessem descansar, era necessário haver camas e colchões; para que elas pudessem trabalhar ao ar livre no inverno, eram necessários casacos e refeições quentes. Em contrapartida, todas essas diferentes medidas convergiam na criança: para a criança de três ou quatro anos, essas várias experiências seriam vivenciadas juntas – e era essa a ideia. As coisas não podiam ser feitas de forma fragmentada. Na linguagem daquele tempo, nutrir [*nurturing*] a criança significava cuidar de todos os seus aspectos. A criança era tratada, por assim dizer, como um todo.

Se a primeira abordagem é analítica, a segunda é sintética: o experimento escolar imagina ser necessário todo um regime (de correções, de reformas) para enfocar a pessoa como um todo. O regime do sistema é, claro, um regimento para o indivíduo. Deve-se acrescentar que a maior parte das crianças que foram levadas à escola infantil já estava recebendo cuidados a seu próprio modo. Seus pais aplicavam-lhes tanto tratamentos específicos (o peito envolto em jornal) como regras gerais (o cuidado em evitar o contato entre a superfície do corpo e a água).

---

5. Isso não se devia apenas ao desleixo na criação, mas também ao excesso de respeitabilidade. Melia e Bella foram levadas à escola muito bem-vestidas, com cabelos sedosos e bem penteados, praticamente mudas, totalmente passivas: "Em uma manhã, após lhes dar banho, coloquei Melia sentada em uma cadeira e Bella em outra e elas assim permaneceram sentadas, sem se mover. Elas são boas meninas. [...] Não dizem uma palavra e sentam-se comportadas onde forem colocadas" (Stevinson 1927: 18).

A pessoa como um todo e seus artefatos **469**

As várias filosofias da época a respeito de abordagens holistas da saúde ou da educação, cuja ideia principal era que o todo é maior que a soma das partes, tiveram ressonâncias óbvias nas ciências sociais. O holismo também tem sua própria história na antropologia e continua sendo requisitado quando se evoca o contexto social. A mostra na Wellcome Gallery convida-nos a considerar como o todo é tornado aparente – que ele ofereça uma mostra de artefatos e questões médicas é extremamente pertinente. Vemos tanto uma coleção de itens muito específicos quanto os valores e poderes para os quais eles apontam, itens que são simultaneamente significativos em sua especificidade e dão acesso a entendimentos mais amplos. Essa bifurcação é semelhante à forma como as pessoas se percebem como simultaneamente uma e muitas, e essa dualidade tem, por sua vez, um impacto importante sobre como a eficácia da medicina é comunicada.

A medicina, assim como a tecnologia, só é reconhecida quando é eficaz (não existe medicina falha, isto é, medicina falha não é medicina). Ela funciona quando obtém resultados. E esses resultados variam, é claro, de forma tão ampla quanto o objeto do tratamento, que pode ser um nariz quebrado, um choro noturno, ou fazer parte de uma população com insuficiência de vitamina D ou de uma sociedade em que a criança reserva metade de sua porção de pão para a família em casa. Os tratamentos devem ter um foco específico. Implicam todos os tipos de aparatos, artefatos e tecnologias especializadas, como os que podem ser reunidos em um museu. Os medicamentos – pílulas, amuletos – são artefatos desse tipo, medidas particulares para reverter males particulares. Embora sejam frequentemente visíveis e tangíveis como objetos, há itens que não são tão passíveis de exibição, como rezas ou encantamentos, embora estes também assumam uma forma específica. Vários aspectos do sofrimento são identificados com base no tratamento singular que requerem. De fato, "específico" foi, durante muito tempo, uma maneira coloquial de referir-se a um tratamento exclusivo.

Hoje os museus etnográficos têm plena consciência da natureza do que é específico, isto é, das qualidades tangíveis dos objetos que lhes conferem sua forma singular. Contudo, em muitos casos, o curador ou etnógrafo sabe muito mais sobre esses objetos do que o que pode ser exibido. Os etnógrafos têm consciência de quão interconectadas são as coisas. Basta mostrar um machado de pedra e a maior parte das pessoas terá alguma ideia de como ele foi usado; mas, se forem exibidos o tambor de um xamã ou uma figura de argila, o visitante poderá não estabelecer uma conexão imediata entre esses artefatos e seu uso. O que o etnógrafo do museu deverá fazer? Uma possibilidade é mostrar como esse item específico faz parte de um todo mais amplo.

Nos últimos anos, pesquisadores realizaram várias tentativas notáveis de comunicar todo o regime, de transmitir algo do contexto como um todo – a sociedade, a cultura –, ao qual os artefatos pertencem. Essas tentativas são comparáveis ao programa escolar holista da sra. McMillan. Argumenta-se que, visto que há um propósito educacional em uma mostra de museu, as pessoas deveriam em alguma medida estar expostas a toda a combinação de circunstâncias em que um objeto é produzido e utilizado. O objeto exibido torna-se parte de toda uma sociedade. Contudo, ele só pode transformar-se em uma parte (isto é, em parte de um todo) se tudo que se sabe sobre suas circunstâncias for explicitado – uma tarefa impossível. Essa exegese deve ser feita por outros meios que não o próprio objeto – explicações verbais, videoclipes –, e a informação passível de ser acrescentada é ilimitada. Isso deu ensejo a muitos debates nos museus etnográficos e exigiu soluções engenhosas. A nova Wellcome Gallery sugere outra forma de fazer as coisas.[6] Ela oferece uma abordagem alternativa ao objetivo aberto, que nunca será de fato completado, de "situar as coisas em seu contexto" (Hirsch & Schlecker 2001).

Como a galeria lida com as percepções das pessoas sobre um mundo que as alimenta e aflige – os efeitos que os eventos e os males têm sobre sua vida, como os corpos vivem e morrem –, ela pode, do ponto de vista museológico, mobilizar um recurso extremamente significativo, ou seja, as ideias das próprias pessoas sobre o que seria um tratamento "completo".[7] Essas ideias podem inspirar-se em um conceito da pessoa como um todo, embora em muitas sociedades isso fosse uma tradução pobre dos efeitos de

---

6. Penso também no trabalho de Kuechler, Miller e Pinney (University College London), O'Hanlon (Oxford) e Henare e Herle (Cambridge).

7. Assim como em muitos desses exemplos, "parte" e "todo" são concepções relativas, situadas. Portanto, a identidade específica "como um todo" que se reivindica também pode ser elaborada merograficamente, como "parte" de um conjunto mais amplo de identidades.

completude e totalização que as pessoas buscam alcançar. O que de fato encontramos com muita frequência é algo semelhante à bifurcação encontrada anteriormente nesta discussão. Um tratamento específico para condições específicas ocorre em ocasiões em que as pessoas expandem seu sentido de si mesmas e atentam para seu bem-estar por meio de técnicas que percebem como englobantes ou abrangentes. Embora eu utilize o termo "holismo" como um atalho, reconhecendo que o holismo em si não tem escala e dificilmente dá conta do caráter de práticas totalizantes distintas, os modos de holismo também podem bifurcar-se.

Por um lado, encontramos em todo o mundo sistemas que ressoam o tipo de esquema programático divulgado por McMillan, nos quais vários itens distintos e específicos são reunidos com base na ideia de que apenas a enumeração total será suficiente. Por outro lado, as pessoas podem valer-se das especificidades enquanto tais para evocar uma visão mais ampla de si mesmas. Essa ideia confere outro tipo de acesso à totalidade: um artefato seria suficiente para apontar para o todo.

Nessa evocação há mais do que metonímia, a convenção de partes que representam todos. Um item pode continuar sendo particular e no entanto ser animado como uma entidade completa, maior do que aparenta ser. Não há nada de misterioso nessa ideia (um velho caderno de exercícios pode simultaneamente relembrar tentativas de escrever um romance e toda uma época de aspirações e esperanças). Trata-se de uma figura vista duas vezes (Riles 2000: 166-70). As pessoas compreendem que um objeto pode tanto ser um item específico quanto conter o mundo em si; ele condensa ou miniaturiza um contexto mais amplo. Assim, um objeto pode presentificar poderes ou forças que afetam a vida de uma pessoa, sejam eles imaginados como o ambiente, o cosmos ou a comunidade. O resultado museológico é que os itens específicos exibidos não precisam ser acompanhados de inúmeros outros objetos ou meios para esclarecer a questão do contexto. A habilidade consiste em que eles indiquem o conceito de totalidade. Nem todos os objetos ou temas se adequariam a essa abordagem; por acaso, é o que acontece com o bem-estar.

Em resumo, se a relação entre o item individual e todo o mundo para o qual ele aponta é genérico nas mostras de museus, o tema da Wellcome Gallery traz essa relação para casa em virtude de seu foco no bem-estar e, assim, no sentido que as próprias pessoas atribuem ao contexto mais amplo de sua saúde. Sugeri que o tratamento com remédios pode bifurcar-se. Enquanto alguns tratamentos parecem ser ministrados apenas a partes do corpo ou sofrimentos específicos, outros tratamentos evocam uma apreciação totalizante do que requer solução. Aqui encontramos outra bifurcação: entre a totalidade imaginada como a soma das partes e a totalidade evocada em um item individual. Mas o que é parte e o que é todo depende de onde o(a) ator(a) está, da cultura à qual ele(ela) pertence e de qual período da história se trata! Os tratamentos para o sofrimento humano também dependem do conceito de pessoa evocado.

## A Papua de meados do século XX

Se as ideias sobre saúde e bem-estar apontam para formas segundo as quais as pessoas podem ser imaginadas em um sentido totalizante, como isso se torna conhecido? Passadas algumas gerações e inúmeras guerras desde 1914, um bom exemplo é o atual debate sobre o National Health Service [Serviço de Saúde Nacional do Reino Unido].

Deptford, da forma como era, não existe mais. Parece que o desejo por um serviço de saúde completo venceu. Contudo, acusações de que o atendimento de saúde sofre de fragmentação podem ser ouvidas de todos os lados. Nunca conseguimos dar conta das demandas para oferecer um serviço completo. O que está sendo fragmentado agora? A mesma coisa – a queixa refere-se à incapacidade de tratar o paciente como um todo. Isso não ocorre porque a pessoa pensa que cada aspecto de seu bem-estar deve ser medicalizado; antes, a questão é que, além de seu mal ou sofrimento, a própria pessoa permanece. Um artefato tornou-se símbolo da própria ideia de atentar para a pessoa como um todo; consiste em um dispositivo específico: a comunicação com o especialista. A conversa fugaz entre o médico e o paciente, necessária para transmitir informações, pode bastar para que o paciente se sinta atendido como um tipo de ser integrado.

Segundo uma história assustadora da velha Deptford, uma garotinha foi levada ao hospital por um vizinho para tomar pontos no rosto. Assim que a viu retirando os pontos, sua mãe reagiu aos berros (Stevinson 1927: 4). O que foi então atribuído à ignorância da paciente seria, hoje, visto como uma falha de comunicação por parte do hospital. Mas há aqui mais do que medicina prática. Atualmente a comunicação é valorizada por si só, pois reconhece o paciente além de seus males. Os pacientes podem considerar a si mesmos como um repositório de conhecimentos (eles fornecem relatos ao médico) e, como alguém que fornece conhecimento e deve recebê-lo, esperam ser tratados de forma não só humana, mas também inteligente. É aqui que a pessoa como um todo aparece como agente. Em resumo, um ato bastante específico – compartilhar informações – invoca algo muito mais abrangente: o respeito pela pessoa como sujeito, e não objeto. E esse respeito, por sua vez, ativa a pessoa como um todo (ao menos no que concerne aos euro-americanos).

Se os "medicamentos" dependem da análise das condições específicas, pergunto-me se podemos usar o termo "medicina",[8] no singular, para nos referir à síntese, à ideia de que o tratamento será bem-sucedido a longo prazo se também mobilizar procedimentos relacionados à saúde da pessoa como um todo. O poder da medicina é diferente do poder dos medicamentos. De maneira geral, ficamos felizes se as pessoas podem transitar entre ambos, como quando o médico passa do receituário para a maneira de atender o paciente – essa pequena técnica reconhece a pessoa no paciente.

No que diz respeito às informações transmitidas, o paciente soma-as ao conhecimento preexistente. Ao dizer o que é um artefato, o que o museu faz é somar conhecimento. Assim como itens podem tornar-se objetos culturais ou significantes sociais por meio da informação que é vinculada a eles, os medicamentos podem tornar-se medicina quando uma pequena parcela de conhecimento é compartilhada. De fato, de forma mais geral, muitos procedimentos exigem que se some conhecimento, ainda que condensado, para que eles se tornem efetivos em grande escala. Mas esse acréscimo de conhecimento pode tomar várias formas. Basta praticar um encantamento, demonstrar que se tem relação com alguém, mostrar que você é o proprietário de direito para

---

8. A contraposição entre singular e plural aqui refere-se ao mesmo termo em inglês, "medicine", que optamos por traduzir por dois termos distintos em português ("medicina" para *medicine*, no singular, e "medicamentos" para *medicines*, no plural) para manter o sentido do original. [N. T.]

que a pessoa surja com reconhecimento social total. Assim, o conhecimento pode ser evidenciado na informação que é passada entre as pessoas, ou em sua retenção por quem detém a informação e os direitos de uso ou concessão. Para que a arte aborígine australiana seja bem-sucedida do ponto de vista estético, ela requer a autoridade da propriedade; em contrapartida, as pessoas com pretensões intelectuais e espirituais são as que usufruem da eficácia da forma artística e lucram com ela (Barron 1998). Conexões desse tipo podem ser externalizadas em narrativas ou canções, mas essa posse específica do conhecimento será suficiente para sinalizar identidade. Pode-se, pois, acrescentar conhecimento implícito a um artefato. Os exemplos são muitos. De fato, uma exposição anterior do British Museum sobre arte e memória nas culturas do mundo (Mack 2003) mostrou como os objetos condensam, codificam e conservam conhecimentos de todo tipo. O conhecimento também pode ser incorporado em pequenos procedimentos, como regras e protocolos. As crianças sob os cuidados de McMillan não precisavam saber por que tinham de lavar as mãos ou eram incentivadas a brincar com água. Tudo que precisavam saber era que, além de suas atividades, havia regras a seguir. Um regime é transformado em um regimento.

Se adotarmos o termo "medicina" (em contraposição a "medicamentos") para conotar que o bem-estar requer uma abordagem totalizante (sem especificar o que essa totalidade poderia ser), eu gostaria que o termo englobasse as duas técnicas do holismo: criar um contexto mais amplo a partir de várias coisas e fazer com que uma coisa evoque um contexto mais amplo. Podemos pensar nas duas técnicas como a diferença entre um regime a ser encenado por meio de várias regras, sendo que todas devem ser cumpridas, e uma regra que, ao ser cumprida, ativa a compulsão de todo o regime.

Para corroborar meu argumento, apresento os Mekeo do norte da Papua, estudados por Mosko (especialmente 1985) durante os últimos trinta anos. Os Mekeo veem o bem-estar como um resultado direto da gestão correta do corpo.[9] Eles de certo modo

---

9. Relato de forma truncada um esquema elaborado com requinte que existiu em muitas dimensões em meados do século xx. Sigo a releitura "declaradamente estruturalista" feita por Mosko (1985) desse esquema no presente etnográfico.

levam essa ideia ao extremo e estendem-na a qualquer tipo de atividade. Todo um regimento de comportamentos invoca uma cosmologia sistemática e algo análogo à pessoa como um todo (com ressalvas importantes), ao passo que o conhecimento na forma de regras e protocolos significa que qualquer regra específica pode encenar o poder do regime como um todo.

Os Mekeo setentrionais têm ideias muito claras sobre a diferença entre o bem-estar e sua antítese. De fato, eles atribuem qualidades ativas e passivas aos dois estados: ser "quente" ou ser capaz de lidar com coisas "quentes" significa estar na posição vantajosa de poder afetar os estados dos outros, de forma produtiva ou malevolente, ao passo que ser "frio" expõe a pessoa às maquinações dos outros. Eles dividem o mundo em entidades que transmitem influências quentes e entidades que deixam a pessoa fria. O esquema envolve também outras oposições: entre o que é doce e o que não é, o que é sujo e o que é limpo, o dentro e o fora. Essas oposições não são simples. Onde localizar a superfície do corpo é um ótimo exemplo. O interior do corpo de um Mekeo inclui ou engloba o exterior. O trato digestivo e o abdômen não são considerados a parte mais interna de uma pessoa; ao contrário, são uma passagem que conecta a pessoa ao mundo externo, tornando-a um repositório de alimento adequado. O trato digestivo faz parte do exterior que é interno ao corpo. Em contrapartida, os resíduos internos do corpo acumulam-se no abdômen e são considerados o interior do corpo extrudado de modo a aparecer no exterior. Se esse é o corpo mekeo, quais são os signos de saúde e de doença? E o que é necessário para contemplar a pessoa como um todo? É aqui que o regimento se torna importante.

O corpo está constantemente suscetível de ser afetado pelo mundo externo que flui por seu intermédio. Quando em um estado quente e saudável, o corpo interior (sangue e carne) processa a comida doce e cozida, eliminando do abdômen o que permanece de frio e sujo. Mas uma pessoa doente excreta resíduos quentes – que podem contaminar os outros, pois a sujeira quente é venenosa –, e o alimento permanece frio e sujo no interior do corpo (Mosko 1985: 54-55). Os preparados feitos de plantas como gengibre e pimenta-malagueta geralmente são frios, mas, quando dados como medicamento para alguém que está doente, tornam-se doces e quentes e restauram o funcionamento normal do corpo. O alimento não é quente ou doce em si. O que confere essas qualidades ao alimento comum é o trabalho quente necessário para seu cultivo e preparo. O alimento não só requer trabalho; ele requer trabalho (id. ibid.: 48, 356) enquanto atividade corporal quente que torna comestíveis plantas não comestíveis. Ademais, o que vale para o alimento vale também para outros recursos: artefatos como armas, encantamentos, cerâmicas, habitações e canoas tornam-se todos quentes e disponíveis para serem usados pelo trabalho, pelo calor do corpo. O trabalho dos homens tem aqui particular importância.

Mosko (ibid.: 46) descreve o que acontece quando uma casa começa a ser dilapidada, torna-se fria e deixa de ser doce para seu proprietário:

> A ideia de uma bela casa nova torna-se então correspondentemente doce. [...] [As pessoas] reúnem materiais de construção na floresta: madeira para as estacas e a estrutura, palmeira ou bambu para o piso, galhos de saguzeiro partidos para as paredes. [...] Essas coisas da floresta não são doces no início. Recolhê-las, transportá-las, cortá-las, ajustá-las e amarrá-las são habilidades distintas. Em virtude de sua combinação planejada, os esforços corporais quentes transformam os materiais não doces da floresta em um recurso doce da aldeia: a moradia completa. As ferramentas e os outros implementos que os construtores de casas empregam em seu trabalho são também recursos doces da aldeia que foram transformados pelas habilidades de trabalho corporal em sua fabricação.[10]

Temos aqui tanto análise quanto síntese. As habilidades específicas são como medicamentos: cada uma adequada a sua tarefa. Assim, um machado de pedra é quente para cortar uma árvore (e frio para cozinhar alimento), ainda que o fogo seja quente para cozinhar alimento (e frio para cortar uma árvore) (Mosko 2002: 98). Cada artefato realiza seu próprio tipo de transformação e tem, assim, sua própria agência. Ao mesmo tempo, a medicina é mobilizada na combinação do esforço – conhecimento incorporado na

---

10. A título de comentário final sobre como se garante esse estado de bem-estar, Mosko acrescenta: "Assim, os produtos doces do trabalho mantêm o corpo ativo quente e são eles mesmos quentes porque transformam os outros recursos não doces da floresta em recursos doces da aldeia" (1985: 46).

A pessoa como um todo e seus artefatos **477**

coordenação das atividades – que produz a casa como objeto totalizante. E a medicina continua funcionando depois de a casa ter sido construída. É esse o caráter duplo da perspectiva que considera o todo uma reunião de partes. A casa das pessoas permanece um monumento singular a seus esforços agora invisíveis e é, de fato, "considerada uma extensão de seu corpo e de sua pessoa" (id. ibid.: 100). A construção de casas, um processo específico, encena a capacidade mais ampla que as pessoas têm de estenderem a si mesmas. O artefato específico – a construção – rememora isso.

O esforço humano tem um efeito cosmológico, e assim como o trabalho torna o alimento comestível as ferramentas devem ser tornadas úteis. Afinal, talvez o visitante do museu ao qual me referi acima não pudesse ter deduzido imediatamente qual era a finalidade do machado de pedra: se virmos um machado mekeo agora, com esse acréscimo de conhecimento, saberemos que ele faz parte de um ciclo que sustém o bem-estar humano. O machado só pode ser usado em certos momentos por pessoas em certos estados;[11] sua eficácia evidencia a realização de um esforço e o cumprimento de regras. Um elemento desse regime bastará para invocar o conceito no futuro. De fato, em qualquer lugar para onde os Mekeo olharem, eles verão coisas, ocasiões e atividades que fornecem evidências tangíveis de suas aspirações mais amplas ao bem-estar. Uma regra sobre um desses elementos diz sobre todos os outros.

Mas, embora uma regra diga tudo, nenhuma regra aparece isoladamente. O mesmo vale para as pessoas, que só podem aparecer como parte de um nexo de relações. Note-se que coordenar a construção de uma casa envolve várias pessoas, de modo que uma combinação de habilidades é também uma combinação de pessoas. Mas não se trata de uma miscelânea. Os Mekeo têm noções precisas sobre a forma como as pessoas afetam umas às outras – pode-se procurar aqui pela pessoa como um todo. Assim como em muitas sociedades da Papua-Nova Guiné, a saúde depende não só do que um sujeito faz com seu corpo, mas também de protocolos que determinam o tipo de objeto que essa pessoa é para os outros. As

---

11. Mekeo não é a única área da Papua-Nova Guiné onde, nos tempos dos machados de pedra, as ferramentas perdiam o fio e a capacidade de corte se utilizadas pelas pessoas erradas.

pessoas podem afetar umas às outras pela forma como cuidam de seu próprio corpo, o que ocorre amplamente na Melanésia por meio do cumprimento de regras para mitigar (ou aumentar) estados de poluição ou perigo. O bem-estar, em contrapartida, implica interações benéficas adequadas entre as pessoas. O análogo da pessoa euro-americana como um todo é, pode-se dizer, completado por relações com os outros. Embora haja tantos tipos de completude quanto há relações, isso se manifesta de forma canônica nas interações entre os cônjuges.

O que é medicina, então? Para os Mekeo ela reside na gestão de um corpo que é, em sua constituição, tão aberto quanto fechado para os outros, a depender da fase em que estiver. Na situação e no gênero corretos, tanto a abertura quanto o fechamento podem ser saudáveis ou ameaçar a vida. Os homens submetem-se aos mais severos regimes de semi-inanição de modo a tornar seu corpo impenetrável aos ataques dos outros. O que eles temem é um ataque virtual: feitiçaria. Enquanto um corpo quente e aberto tem o poder de entrar no corpo dos outros e recebê-los, um corpo leve, seco e fechado esfria a feitiçaria dos inimigos.[12] Quando os homens estão nesse segundo estado, o alimento comum deixa de ser doce e eles evitam sua família para protegê-la; expurgam-se com medicamentos e orgulham-se de exibir sua cintura fina, apertando o corpo com cintos, em um estado de supermasculinidade (Mosko 1985: 86, 91). As regras de comportamento e a estética da autoapresentação andam juntas. Contudo, os homens precisam de uma alternância entre esses estados porque sua fertilidade, assim como sua capaci-

---

12. O inverso da fertilidade aberta é a exposição a todos os tipos de outras pessoas do ponto de vista de um homem, inclusive seus inimigos. Ao fechar seu corpo, os homens esperam esfriar a feitiçaria dos outros e torná-la ineficiente, ao passo que sua própria feitiçaria se torna quente para aqueles cujos corpos estão abertos e vulneráveis. Contudo, ao voltar a manter relações sexuais, eles esperam engravidar a esposa o mais rápido possível (1985: 86-88). Uma vez que sua esposa tenha engravidado e as relações sexuais tenham sido interrompidas, um homem leva cerca de seis meses para "retesar" seu corpo; durante esse período, ele realiza o máximo de trabalho agrícola e deixa que sua mulher dê continuidade ao trabalho quando se torna "frio" demais para trabalhar. O presente etnográfico refere-se à década de 1970 e ao período precedente; muitas coisas mudaram desde então. Em publicações recentes, Mosko (por exemplo, 2001) mostra como o poder desse pensamento opera hoje em dia por meio do dinheiro e do cristianismo carismático.

dade para o trabalho, depende da abertura de seu corpo. As mulheres submetem-se a um regimento igualmente desconfortável, mas de proporções inversas. Em busca da concepção e além dela, e em nome da saúde de seu(sua) filho(a), elas precisam empanturrar-se e manter seu corpo aberto durante muito mais tempo que os homens e fazer com que a criança cresça por meio da transmissão de substância. A mãe só se torna relativamente abstêmia e fechada quando a criança é desmamada. O processo corporal é dividido em fases distintas, e o ajuste mútuo entre a forma corpórea do esposo e da esposa comunica seu bem-estar atual.

Os Mekeo tornam-se produtivos ou perigosos uns para os outros e para si mesmos; eles buscam, na mesma medida, estabelecer interações proveitosas e utilizar remédios para superar os perigos.[13] Por trás de suas estratégias de tratamento está a ideia de que os danos e adversidades podem advir tanto de outras pessoas quanto de qualquer lugar. O conhecimento jamais é suficiente – as próprias ações e as ações dos outros devem ser constantemente monitoradas.

O lugar em que as pessoas situam seu senso de bem-estar é, pois, profundamente relevante para a eficácia que atribuem ao tratamento. Diversos tipos de pessoa nos são apresentados nesses poucos exemplos (que são ilustrativos, não exaustivos), e a natureza da pessoa indica o que é necessário para garantir o bem-estar e remediar o sofrimento de qualquer forma totalizante. Depois a) das crianças de McMillan, que podem ser moldadas por seu ambiente social e econômico, voltei-me para a pessoa como um todo revelada por meio b) do reconhecimento do conhecimento-propriedade que dá ao artista australiano acesso legítimo à criatividade intelectual e espiritual e por meio c) do reconhecimento da agência nas práticas de comunicação clínica. Enfim, d) os Mekeo fornecem-nos exemplos de pessoas que assumem formas corpóreas alternativas que as conduzem através de um ciclo de vida de interações com outras pessoas.

Ora, o que é distribuído por meio desses exemplos pode, em alguma medida, ser encontrado em todos eles. Concluo com um único campo de práticas que fornece delineamentos distintos da pessoa.

---

13. O corpo aberto é também o corpo "partível" (cf. Mosko 2001; 2002). As pessoas crescem, exercem influência e mantêm seu próprio bem-estar ao destacar partes de si dos outros e fixar partes de si nos outros.

## Biomedicina da virada do século

Criei algo como um contexto para tratar agora de um procedimento atual que pertenceu primeiro ao mundo da medicina e então, de forma mais geral, à ciência e à tecnologia que são hoje ubíquas e brotaram durante a última geração. Em vez de regras, esse procedimento oferece sua própria especificidade: princípios. Qualquer princípio específico pode invocar o regime todo, e a natureza do regime é tal que, se alguém observar qualquer um de seus princípios, estará considerando toda a situação. Mais do que isso, o próprio campo age como algo específico em relação ao que equivale a uma vasta área de atividade médica e tecnológica. Refiro-me à bioética.

A bioética acabou por ocupar um lugar especial na governança (euro-americana) do século XXI. Aqui as pessoas falam prontamente da pessoa como um todo. Um dos poderes da bioética é a forma como consegue representar simultaneamente a pessoa como um todo e a sociedade como um todo. Dois conjuntos de materiais de pesquisa, que por acaso foi financiada pelo Wellcome Trust, pertencem aos debates predominantes sobre o bem-estar. Um deles tem origem em um estudo sobre as abordagens da biomedicina no Sri Lanka (Simpson 2003); o outro é uma investigação sobre a farmacogenética (Corrigan 2004; comunicação pessoal).

Nos últimos trinta anos, dada uma mudança no sentido da desregulamentação, de uma economia de mercado aberta e do desenvolvimento da prática privada, para não falar do aumento acelerado da amplitude e da diversidade dos tratamentos médicos, a profissão médica no Sri Lanka aponta agora para duas direções. De um lado estão os que defendem a tradição médica de base ocidental em que foram formados; de outro lado, os que pensam ser necessário dar mais espaço às práticas médicas nativas. A ética médica dramatiza essa cisão: a tradição hipocrática e sua tradução via princípios culturais neoliberais sobre o que constitui o bem-estar *versus* as tentativas de introduzir práticas religiosas e filosóficas asiáticas. Segundo o retrato feito por Simpson dessa situação mutável e contenciosa, a questão é como a sociedade pode ser levada em conta. As pessoas podem considerar a própria ação de levantar questões bioéticas como um índice para ampliar o contexto em que submeter práticas particulares a escrutínio. Assim,

A pessoa como um todo e seus artefatos **481**

o Relatório Nuffield (feito pelo Nuffield Council on Bioethics, com sede no Reino Unido) sobre pesquisas realizadas em países em desenvolvimento com financiamento externo insere a prática de pesquisa médica no contexto da economia, da política e das condições de atendimento primário relativas ao mundo em desenvolvimento. Um dos quatro princípios éticos que fornecem um quadro de referência para o Relatório é "o dever de ser sensível às diferenças culturais" (Nuffield Council 2002: xv). O relatório não pode considerar cada aspecto dessas sociedades, mas o mero fato de levantar questões sociais e culturais faz com que a sociedade esteja presente como um ponto de referência significativo.[14] Essa é uma forma segundo a qual a bioética funciona como algo específico em relação à sociedade como um todo.

É claro que o Sri Lanka não é o único lugar em que o pluralismo social coloca como questão óbvia a quem pertence a sociedade.[15] Mas os debates ali realizados de fato indicam que o valor e o bem-estar são passíveis de definição local, e pode haver diversos locais em qualquer lugar (Clark 2002, 2003). Em primeiro lugar, então, um tipo de pessoa sujeito a considerações bioéticas é conhecido por seu ambiente socioeconômico e pelas inclinações culturais e valores que são significativos para sua própria dignidade e autorrespeito. As especificidades são os detalhes desses valores, e a pessoa como um todo é reconhecida precisamente na medida em que os valores que lhe são caros são por sua vez valorizados pelos outros.

---

14. "Os indivíduos vivem em sociedades particulares, cujas suposições e práticas culturais moldam seu entendimento de si mesmos e dos outros. [...] Mesmo quando se revoltam com sua formação cultural, os indivíduos com frequência pensam sobre si mesmos à luz de conceitos e entendimentos que adquiriram em sua sociedade, o que inclui seu entendimento da saúde e da doença. [...] O resultado é que o dever geral de respeito implica um dever de considerar as outras culturas de forma sensível" (Nuffield Council 2002: seções 4.14 e 4.25, 51).
15. Segundo Simpson (2003: 15), "em um momento em que a ética biomédica parece ter começado a levar em consideração a significância das diferenças interculturais, é pertinente chamar a atenção para a importância das diferenças intraculturais. Para a maioria dos habitantes do Sri Lanka, [...] o lugar lógico de construção de uma resposta com bases locais à ética biomédica ocidental seria a partir da própria tradição budista de análise ética consequencialista, com base na virtude. Contudo, há outras tradições – hindu, cristã e muçulmana – e outras posições – secular, humanista e racionalista – que fazem com que a 'cultura' [ou seja, a sociedade] esteja longe de ser homogênea [...]".

Em outra arena, espera-se que a pessoa seja capaz de aproveitar as especificidades das condições e dos tratamentos precisamente por meio de uma consideração da pessoa como um todo. O foco dirige-se para a diversidade dos indivíduos e, a partir daí, também para seu caráter único. A ciência oferece uma forma particularmente poderosa de imaginar a unicidade: a pessoa como definida pelo corpo genético. O corpo genético pertence à pessoa como indivíduo (basta dar ou tomar alguns parentes), e aqui a ética ocidental sente-se em casa, determinando os princípios para a boa conduta pessoal e em relação a outros indivíduos. A responsabilidade pelo próprio bem-estar passa a ser considerada.

A vantagem conferida pela especificidade pertence acima de tudo à farmacogenética, que é uma solução potencial para a capacidade de proliferação do que é específico. No que diz respeito aos medicamentos, males particulares requerem, uma vez mais, remédios particulares; e quanto mais específico for o remédio mais eficaz será o tratamento. Contudo, conforme nossa capacidade para fabricar medicamentos aumenta, o que é específico prolifera, mas nunca parece ser específico o suficiente. Existem pílulas demais para condições diversas demais; contudo, nunca há pílulas suficientes porque as permutações do sofrimento não têm fim. A medicina geneticamente sob medida surge com a promessa de controle que funciona em um nível ultraespecífico. Ela se refere à diversidade de respostas individuais à medicação ao tomá-la como foco. Resumidamente, a farmacogenética é a aplicação de conhecimentos sobre a variação genética individual à produção e à administração de medicamentos. O controle deriva da capacidade de especificar as necessidades do paciente individual como conhecido por meio de sua constituição genética. Essa é uma segunda forma de pensar a pessoa. Quando se atenta para o genoma do indivíduo, invoca-se de certa forma uma pessoa como um todo, pois o genoma é imaginado como uma descrição totalizante ou holista da pessoa como sujeito da hereditariedade, e considera-se que as pessoas são elas mesmas proprietárias dessas descrições.[16]

---

16. A pessoa é, aqui, tornada única por seu corpo geneticamente especificável. O que é passível de totalização é todo o repertório genético da pessoa (isso não equivale a dizer que a genética fornece uma descrição completa da pessoa em outras dimensões).

A promessa da farmacogenética é pôr fim aos riscos da prescrição de medicamentos. Em lugar do conhecimento coligido por meio da amostragem de populações, "um simples e decisivo teste genético indicaria ao médico qual seria o medicamento ótimo para *o paciente específico* sentado à sua frente" (Melzer et al. 2003; ênfases minhas). Contudo, Melzer continua, os altos níveis de precisão que supostamente acompanhariam a informação genética podem ser seriamente questionados. O acesso a todo o genoma em si não fornece informações sobre o paciente como um todo, dados todos os fatores externos (ambiente) que influenciam as respostas aos fármacos.

Quando o ambiente é imaginado não só como físico, mas também como social (B. Williams-Jones & O. Corrigan: comunicação pessoal), encontra-se um terceiro tipo de pessoa como um todo imaginada pela bioética, o que traz à lembrança o paciente do National Health Service com suas queixas sobre a fragmentação do tratamento. Nesse caso, a queixa significativa é que a pessoa não está sendo informada sobre o que está acontecendo. Na farmacogenética, coloca-se uma questão crucial sobre a transmissão de informações muito antes da possibilidade do tratamento. O tratamento pode nem ser uma perspectiva de longo prazo para a pessoa. É essa a questão quando se tem de fazer julgamentos para estabelecer uma equivalência entre um remédio farmacêutico e uma dotação genética. Com a noção de que testar as pessoas geneticamente auxilia no estudo da dotação genética, podem-se colocar questões em nome do sujeito, ou seja, a pessoa já vem construída como alguém que precisa ser protegido de intrusões. Surgem questões éticas de ordem geral no que diz respeito à gestão das informações genéticas que pertencem ao indivíduo e à posse de conhecimento em termos de privacidade e divulgação. Mas a farmacogenética coloca questões específicas sobre o consentimento para pesquisa médica, o tipo de aconselhamento necessário aos indivíduos que realizarão exames e a retransmissão de informações para o sujeito da pesquisa, que pode também ser um paciente (Nuffield Council 2003: 5, caps. 3, 5).

Corrigan (2004) mostra exatamente qual construção englobante da pessoa está em questão. Ela é tipificada no princípio do consentimento informado, marca da abordagem ética contemporânea e o princípio que representa muitos outros. O consentimento informado ativa a pessoa como um todo como sujeito ou agente.

O contexto de Corrigan são as origens da bioética estimulada pelo Código de Nuremberg pós-guerra. Trata-se de uma visão nobre:

> O consentimento voluntário do ser humano é absolutamente essencial. [...] A exigência do consentimento informado [foi] declarada um direito humano universal, fundamentado na dignidade e no valor fundamental de cada indivíduo e garantido pelo respeito pela liberdade e segurança da pessoa. [2004]

A liberdade, por sua vez, inclui o livre-arbítrio, força de proporções cosmológicas no pensamento ocidental. De forma mais mundana, os direitos e as obrigações vinculam-se uns aos outros:

> O direito à autonomia vem acompanhado de uma obrigação concomitante de realizar uma escolha racional em relação ao consentimento. [...] E há uma obrigação paralela, por parte dos pesquisadores, de fornecer informações suficientes aos sujeitos para que tomem uma decisão informada. [2004]

Assim como no caso de atentar para as sensibilidades culturais, não há nada mais total do que a dignidade humana que obriga à ação ética. Mas a forma como os testes criam sujeitos de pesquisa remete-nos a omissões significativas. Corrigan também nos mostra os esboços de um quarto tipo de pessoa como um todo: o cidadão que aspira à autoatualização e que, no caso do sujeito de pesquisa, contribui intencionalmente para o bem-estar público, para o bem geral. Por todos esses motivos, ela argumenta, no campo da farmacogenética, construir sujeitos como cidadãos biológicos é uma definição muito estreita das pessoas e de seu ambiente social. Pode-se dizer que isso não é suficientemente holista. Ao fornecerem mão de obra e material corpóreo, por exemplo, as pessoas que participam das pesquisas são coprodutoras de um tipo particular: "A representação dos pacientes que dão seu consentimento como 'participantes ativos' não consegue reconhecer até que ponto eles permanecem um objeto no processo de pesquisa" (2004). Quase se pode dizer que eles são ora sujeito, ora objeto, ou passam por esses estados alternadamente.

Essas considerações bioéticas contêm ideias sobre a pessoa em diversos modos. Esbocei quatro deles. A prática da bioética é aqui um artefato. Como campo de reflexão e questionamento, a bioética é uma ferramenta de uma busca mais ampla que procura pela medicina além dos efeitos demonstráveis dos medicamentos.

## Nota pessoal

Concluo com um comentário explícito a respeito da escala. Em seu estudo das ilhas Trobriand, Weiner (1976) encontrou um dispositivo brilhante para ao mesmo tempo incluir e descartar os incômodos trabalhos de Malinowski (ela incluiu citações adequadas dos textos dele em caixas de texto paralelamente a seu próprio texto: Malinowski estava e não estava presente, por assim dizer, no texto dela). Sem querer sugerir um paralelo mais amplo, tomo emprestado esse dispositivo e evito fazer referência direta a meu próprio trabalho. Em vez disso, trago exemplos de outros lugares, de uma maneira que alguns melanésios reconheceriam como a criação de um corpo compósito. A substância vem, pois, de outros estudos; ao mesmo tempo, a forma é necessariamente moldada por minhas próprias preocupações disciplinares. Essas preocupações são, em sua superfície, uma questão de comunicação (assim espero) com quem as compartilha. Mas talvez essa figura também seja equivalente ao que um antigo aluno (Crook 2004: epílogo) denominaria uma "pessoa textual". Se assim for, trata-se de uma totalidade com todos os limites do modo expositivo que elegi.

Ao final deste capítulo, a questão é que tipo de evidência seria suficiente para responder ao generoso convite da *Annual Review* para que eu apresentasse "reflexões pessoais sobre a disciplina" e, assim, algo de mim. Minha solução foi valer-me de um artefato: este texto (a não ser por sua abertura e conclusão) baseia-se em algo que eu já havia escrito para um público leitor específico sem ter a presente tarefa em mente. Ademais, trata-se de um artefato que emprega certo volume de informações-conhecimentos sem apresentá-lo como tal. Para acrescentar essas informações agora, evidenciar que este capítulo se baseia em meu trabalho anterior e, dessa forma, no texto que eu sou, a pessoa poderia ser delineada como se segue.

Em resumo, a abertura do capítulo aborda alguns conceitos duradouros enunciados em *Partial Connections* (1991, escala) e na coletânea *Audit Cultures* (2000, especialização). Faço também alusão a uma pesquisa de campo anterior sobre o divórcio em Hagen, Papua-Nova Guiné, em *Women in between* (1972), e a um estudo sobre os migrantes hagen em Port Moresby (1975). O exemplo de Deptford traz à memória a análise de classe de *Kinship at the Core* (1981) e contém, para mim, o tipo de associações pessoais que informam *After Nature* (1992; a irmã de minha mãe, Greta Marin, foi uma das professoras da sra. McMillan). As questões feministas aparecem de forma muito pouco marcada neste texto, mas esse exemplo de fato coloca uma mulher no papel de especialista. A Melanésia tem sido uma fonte constante de inspiração intelectual. As várias contribuições a *O gênero da dádiva* (1988) são marcadas por um penetrante trabalho sobre os Mekeo no qual não me inspirei abertamente à época, embora isso pudesse ter me poupado muita complicação; outros leitores reconhecerão que o capítulo é perpassado pela construção figurativa/literal que parcialmente fundamenta *O gênero da dádiva*. Recebi ainda mais inspiração de muitos conhecidos da Papua-Nova Guiné, entre outros, e o caso do Sri Lanka representa, na última parte, tudo que as trocas intelectuais proporcionam (recentemente esboçado em *Property, Substance and Effect* [Strathern 1999] e no volume conjunto [Hirsch & Strathern 2004]). Incluir o Nuffield Council of Bioethics é um gesto em direção a outros tipos de espaço público (sou membro do Conselho); esses interesses vêm de *Reproducing the Future* (1992) e do trabalho conjunto *Technologies of Procreation* (Edwards et al. 1993). No que tange aos artefatos, o trabalho também conjunto *Self-Decoration in Mt Hagen* (A. Strathern & M. Strathern 1971) foi uma incursão anterior. Quanto aos museus, iniciei minha carreira como curadora assistente do Museu de Arqueologia e Antropologia da Universidade de Cambridge.

*Tradução Iracema Dulley*

# BIBLIOGRAFIA GERAL

ALBERT, Steven M.
1986. "Completely by Accident I Discovered Its Meaning: The Iconography of New Ireland *Malangan*". *The Journal of the Polynesian Society*, n. 95, pp. 239-52.

ANDERSON, Robert J. & Wesley W. SHARROCK
1982. "Sociological Work: Some Procedures Sociologists Use for Organizing Phenomena". *Social Analysis*, n. 11, pp. 79-93.

ARCHER, John
1976. "Biological Explanations of Psychological Sex Differences", in B. Lloyd & J. Archer (orgs.). *Exploring Sex Differences*. London: Academic Press.

ARDENER, Edwin
1971. "The New Anthropology and Its Critics". *Man*, n. 6, pp. 449-67.
1972. "Belief and the Problem of Women", in J. S. La Fontaine (org.). *The Interpretation of Ritual*. London: Tavistock.
1977. "The 'Problem' Revisited", in S. Ardener (org.). *Perceiving Women*. London: Dent.
1985. "Social Anthropology and the Decline of Modernism", in Joanna Overing (org.). *Reason and Morality*. ASA Monograph 24. London: Tavistock.

ARDENER, Shirley
1975a. "Introduction", in S. Ardener (org.). *Perceiving Women*. London: Dent.
[1973] 1975b. "Sexual Insult and Female Militancy", in S. Ardener (org.). *Perceiving Women*. London: Dent.
1977. "Introduction", in *Perceiving Women*. London: Dent.
1978. "Introduction: The Nature of Women in Society", in S. Ardener (org.). *Defining Females*. London: Croom Helm.

ARENS, William
1983. "Evans-Pritchard and the Prophets: Comments on an Ethnographic Enigma". *Anthropos*, n. 87, pp. 1-16.

ARIZPE, Lourdes
1996. "Scale and Interaction in Cultural Processes: Towards an Anthropological Perspective of Global Change", in L. Arizpe (org.). *The Cultural Dimensions of Global Change: Anthropological Approach*. Paris: Unesco Publishing.

ASAD, Talal
1973. "Introduction", in *Anthropology and the Colonial Encounter*. London: Ithaca Press.
1979. "Anthropology and the Analysis of Ideology". *Man*, n. 14, pp. 607-27.

ASTUTI, Rita

1995. *People of the Sea; Identity and Descent among the Vezo of Madagascar*. Cambridge: Cambridge University Press.

BARNES, John

1979. *Who Should Know What? Social Science. Privacy and Ethics*. Harmondsworth: Penguin.

BARNETT, Ronald

2000. *Realizing the University in an Age of Supercomplexity*. Buckingham: Society for Research into Higher Education/Open University Press.

BARNETT, Steve & Martin G. SILVERMAN

1979. *Ideology and Everyday Life. Anthropology. Neomarxist Thought, and the Problem of Ideology and the Social Whole*. Ann Arbor, MI: University of Michigan Press.

BARRON, Anne

1998. "No Other Law? Authority, Property and Aboriginal Art", in L. Bently & S. Maniatis (orgs.). *Intellectual Property and Ethics*. London: Sweet & Maxwell, pp. 39-87.

BARTH, Fredrik

1975. *Ritual and Knowledge among the Baktaman of New Guinea*. Yale: Yale University Press.

BATESON, Gregory

[1936] 1958. *Naven: A Survey of the Problems Suggested by a Composite Picture of the Culture of a New Guinea Tribe Drawn from Three Points of View*, 2ª ed. Stanford: California UP [ed. bras.: *Naven*, trad. Magda Lopes. São Paulo: Edusp, 2008].

BATTAGLIA, Debbora

1983. "Projecting Personhood in Melanesia: The Dialectics of Artefact Symbolism on Sabarl Island". *Man*, n. 18, pp. 289-304.

1990. *On the Bones of the Serpent: Person, Memory, and Mortality in Sabarl Island Society*. Chicago: University of Chicago Press.

1992. "The Body in the Gift: Memory and Forgetting in Sabarl Mortuary Exchange". *American Ethnologist*, n. 9, pp. 3-18.

1993. "At Play in the Fields (and Borders) of the Imaginary: Melanesian Transformations of Forgetting". *Cultural Anthropology*, n. 8, pp. 430-42.

1994. "Retaining Reality: Some Practical Problems with Objects as Property". *Man*, n. 29, pp. 631-44.

BEAUVOIR, Simone de

[1949] 1972. *The Second Sex*. London: Penguin [ed. bras.: *O segundo sexo*, 2ª ed., trad. Sérgio Milliet. Rio de Janeiro: Nova Fronteira, 2009].

BEER, Gillian

1983. *Darwin's Plots: Evolutionary Narrative in Darwin, George Eliot, and Nineteenth-Century Fiction*. London: Routledge & Kegan Paul.

1986. "'The Face of Nature': Anthropomorphic Elements in the Language of *The Origin of Species*", in L. J. Jordanova (org.). *Languages of Nature*. London: Free Association Books.

BENDER, Barbara (org.)

1993. *Landscape: Politics and Perspectives*. Oxford: Berg.

BENOIST, Jean Marie

[1975] 1978. *The Structural Revolution*. London: Weidenfeld & Nicolson.

BENTHALL, Jonathan

1993. *Disasters, Relief and the Media*. London: IB Tauris & Co.

BHABHA, Homi K.

1994. *The Location of Culture*. London: Routledge [ed. bras.: *O local da cultura*, 2ª ed., trad. Myriam Ávila et al. Belo Horizonte: UFMG, 2007].

BIDDICK, Kathleen

1993. "Stranded Histories: Feminist Allegories of Artificial Life". *Research in Philosophy & Technology*, n. 13, pp. 165-82.

BIERSACK, Aletta

1982. "Ginger Gardens for the Ginger Women: Rites and Passages in a Melanesian Society". *Man*, n. 17, pp. 239-58.

1995. "Heterosexual Meanings: Society, the Body, and the Economy among Ipilis", in A. Biersack (org.). *Papuan Borderlands: Huli, Duna, and Ipili Perspectives on the Papua New Guinea Highlands*. Ann Arbor: University of Michigan Press.

BIRD-DAVID, Nurit

1994. "Sociality and Immediacy: or, Past and Present Conversations on Bands". *Man*, n. 29, pp. 583-603.

BLOCH, Maurice

1975. "Property and the End of Affinity", in Maurice Bloch (org.). *Marxist Analysis in Social Anthropology*. London: Malaby Press.

1986. *From Blessing to Violence: History and Ideology in the Circumcision Ritual of the Merina of Madagascar*. Cambridge: Cambridge University Press.

1992. "What Goes without Saying", in Adam Kuper (org.). *Conceptualizing Society*. London: Routledge, p. 128.

1995. "People into Places: Zafimanary Concepts of Clarity", in E. Hirsch & M. O'Hanlon (orgs.). *The Anthropology of Landscape: Perspectives on Place and Space*. Oxford: Clarendon Press.

BLOCH, Maurice & Jean H.

1980. "Women and the Dialectics of Nature in Eighteenth-Century French thought", in MacCormack & Strathern 1980.

BLOCH, Maurice & Jonathan PARRY (orgs.)

1989. *Money and the Morality of Exchange*. Cambridge: Cambridge University Press.

BODENHORN, Barbara

1995. "Gendered Spaces, Public Places: Public and Private Revisited on the North Slope of Alaska", in B. Bender (org.). *Landscape: Politics and Perspectives*. Oxford: Berg.

BOLTON, Lissant

1994. "Dancing in Mats: Extending *kastom* to Women in Vanuatu". Tese de doutorado, Universidade de Manchester.

BOON, James A.

1982. *Other Tribes, Other Scribes: Symbolic Anthropology in the Comparative Study of Cultures, Histories, Religions, and Texts*. Cambridge: Cambridge University Press.

1983. "Functionalists Write, too: Frazer/Malinowski and the Semiotics of the Monograph". *Semiotica*, n. 46, pp. 131-49.

1990. *Affinities and Extremes*. Chicago: University of Chicago Press.

BOUQUET, Mary

1993. *Reclaiming English Kinship: Portuguese Refractions of British Kinship Theory*. Manchester: Manchester University Press.

s. d. *Pedigree: Reclaiming English Kinship*. Manchester: Manchester University Press.

BOYD, Kenneth; R. HIGGS & A. PINCHING

1997. *The New Dictionary of Medical Ethics*. London: BMJ Publishing Group.

BRADBURN, Elizabeth

1976. *Margaret McMillan: Framework and Expansion of Nursery Education*. Redhill, UK: Denholm House Press. Natl. Christ. Educ. Counc.

BRADLEY, Tony & Philip LOWE
1984. "Introduction", in *Locality and Rurality: Economy and Society in Rural Regions*. Norwich: Geo Books.

BRENNAN, Teresa
1993. *History after Lacan*. London: Routledge.

BRENNAN, Teresa & Martin JAY
1996. *Vision in Context: Historical and Contemporary Perspectives on Sight*. New York: Routledge.

BROWN, David J. J.
1980. "The Structuring of Polopa Kinship and Affinity". *Oceania*, v. 50, n. 4, jun., pp. 297-331.
1988. "Unity in Opposition in the New Guinea Highlands". *Social Analysis*, n. 23, pp. 89-105.

BROWN, Michael
1998. "Can Culture be Copyrighted?". *Cultural Anthropology*, n. 39, pp. 193-222.

BROWN, Paula
1970. "Mingge-money: Economic Change in the New Guinea Highlands". *Southwestern Journal of Anthropology*, v. 216, n. 3, pp. 242-60.
1978. *Highland Peoples of New Guinea*. Cambridge: Cambridge University Press.

BRUSH, Stephen B.
1993. "Indigenous Knowledge of Biological Resources and Intellectual Property Rights: The Role of Anthropology". *American Anthropologist*, n. 95, pp. 653-86.
1998. "Bioprospecting in the Public Domain". Paper apresentado no "Colloquium on Environments and Development Debates". Center for Latin American Studies, Chicago University.

BRUSH, Stephen B. & D. STABINSKY
1996. *Valuing Local Knowledge: Indigenous Peoples and Intellec-tual Property Rights*. Washington: Island Press.

BUCHBINDER, Georgeda & A. Roy Rappaport
1976. "Fertility and Death among the Maring", in P. Brown & G. Buchbinder (orgs.). *Man and Woman in the New Guinea Highlands*. Publ. esp. *Amer. Anthr. Assoc.*, n. 8.

BUJRA, Janet M.
1978. "Female Solidarity and the Sexual Division of Labour", in P. Caplan & J. M. Bujra (orgs.). *Women United, Women Divided*. London: Tavistock Publications.

BULMER, Ralph N. H.
1967. "Why is the Cassowary not a Bird? A Problem of Zoological Taxonomy among the Karam of the New Guinea Highlands". *Man*, n. 2, pp. 5-25.

BURRIDGE, Kenelm
1960. *Mambu: A Melanesian Millennium*. London: Methuen.
1973. *Encountering Aborigines*. London: Pergamon Press.
1979. *Someone, No One. An Essay on Individuality*. Princeton: Princeton University Press.

CALLON, Michel
1986. "Some Elements of a Sociology of Translation: Domestication of the Scallops and the Fishermen of St Brieuc Bay", in J. Law (org.). *Power, Action and Belief: a New Sociology of Knowledge*. Sociological Review Monograph 32. London: Routledge.
1992. "The Dynamics of Techno--economic Networks", in R. Coombs, P. Saviotti & V. Walsh (orgs.). *Technological Change and Company Strategies: Economic and Sociological Perspectives*. London: Academic Press.
1998. "An Essay on Framing and

Overflowing: Economic Externalities Revisited by Sociology", in M. Callon (org.). *The Laws of the Market; The Sociological Review*. Oxford: Blackwell Publishers.

CAPLAN, Patricia & Janet M. BUJRA (orgs.)
1978. *Women United, Women Divided*. London: Tavistock Publications.

CARRIER, James
1995. "Maussian Occidentalism: Gift and Commodity Systems", in J. Carrier (org.). *Occidentalism: Images of the West*. Oxford: Clarendon Press.
s. d. "Cultural Content and Practical Meaning: the Construction of Symbols in Formal American Culture".

CARRITHERS, Michael
1992. *Why Humans Have Cultures: Explaining Anthropology and Social Diversity*. Oxford: Oxford UP.

CASEY, Edward S.
1996. "How to Get from Space to Place in a Fairly Short Stretch of Time: Phenomenological Prolegomena", in S. Feld & K. Basso (orgs.). *Senses of Place*. Santa Fe: School of American Research Press.

CHOWNING, Ann
1989. "Death and Kinship in Molima", in F. Damon & R. Wagner (orgs.). *Death Rituals and Life in the Societies of the Kula Ring*. De Kalb: Northern Illinois University Press.

CLARK, David
2002. "Development Ethics: a Research Agenda". *Int. J. Soc. Econ.*, n. 29, pp. 830-48.
2003. "Concepts and Perception of Human Well-being: Some Evidence from South Africa". *Oxford Dev. Stud.*, n. 31, pp. 173-96.

CLARK, Jeffrey
1986. "Sons of the Female Spirit, Men of Steel: Close Encounters in Pangia, Southern Highlands Province". Australian Anthropological Society Conference, Queensland.
1991. "Pearlshell Symbolism in Highlands Papua New Guinea, with Particular Reference to the Wiru People of Southern Highlands Province". *Oceania*, n. 61, pp. 309-39.

CLARKE, Adam
[1681] 1805. *The Manners of the Ancient Israelites*, 2ª ed., trad. Claude Fleury, ampl. e rev. Manchester/London: S. Russell/Baynes.

CLAY, Brenda
1977. *Pinikindu: Maternal Nurture, Paternal Substance*. Chicago: Chicago University Press.

CLIFFORD, James
1980. "Fieldwork, Reciprocity, and the Making of Ethnographic Texts: The Example of Maurice Leenhardt". *Man*, n. 15, pp. 518-32.
1982. *Person and Myth: Maurice Leenhardt in the Melanesian World*. Berkeley: University of California Press.
1983. "On Ethnographic Authority". *Representations*, n. 1, pp. 118-46.
1985a. "Histories of the Tribal and Modern". *Art in America*, abr., pp. 164-77, 215.
1985b. "Objects and Selves – An Afterword", in Geo Stocking (org.). *Objects and Others*. Wisconsin.
1986. "On Ethnographic Self-fashioning: Conrad and Malinowski", in T. Heller, D. Wellburg & M. Sosna (orgs.). *Reconstructing Individualism*. Stanford: Stanford University Press.
1988. *The Predicament of Culture: Twentieth-Century Ethnography, Literature, and Art*. Cambridge: Harvard University Press.

CLIFFORD, James & George E. MARCUS (orgs.)

1986. *Writing Culture*. Berkeley/Los Angeles: University of California Press.

CLOTHIER, Cecil M.

1992. *Report of the Committee on the Ethics of Gene Therapy*. London: HMSO.

COHEN, Anthony P.

1978. "Oil and the Cultural Account: Reflections on a Shetland Community". *Scottish Journal of Sociology*, n. 3, pp. 129-41.

1982. [org.] *Belonging: Identity and Social Organisation in British Rural Cultures*. Manchester: Manchester University Press.

CONDRY, Edward

1983. *Scottish Ethnography*. Monograph 1. Edimburgo: Association for Scottish Ethnography.

CONNERTON, Paul

1989. *How Societies Remember*. Cambridge: Cambridge University Press.

CONNOLLY, Bob & Robin ANDERSON

1984. *First Contact* (film, 1983). Canberra.

COOK, Rachel & S. Day SCLATER

2003. *Surrogate Motherhood: International Perspectives*. Cambridge: Cambridge University Press. Reed. Oxford: Hart Publishing.

COOMBE, Rosemary J.

1996a. "Embodied Trademarks: Mimesis and Alterity on American Commercial Frontiers". *Cultural Anthropology*, n. 11, pp. 202-24.

1996b. "Left Out on the Information Highway". *Oregon Law Review*, n. 75, pp. 237-47.

COOPER, Robert

1997. "The Visibility of Social Systems", in K. Hetherington & R. Munro (orgs.). *Ideas of Difference: Social Spaces over the Labour of Division*. Oxford: Blackwell.

CORRIGAN, Oonagh

2004. "Informed Consent: the Contradictory Ethical Safeguards in Pharmacogenetics", in R. Tutton & O. Corrigan (orgs.). *Donating and Exploiting DNA: Social and Ethical Aspects of Public Participation in Genetic Databases*. New York: Routledge.

CRAPANZANO, Vincent

1979. Preface, in *Do Kamo*, trad. M. Leenhardt. Chicago: University of Chicago Press.

1980. *Tuhami: Portrait of a Moroccan*. Chicago: University of Chicago Press.

CRICK, Malcolm

1982. "Anthropological Field Research, Meaning Creation, and Knowledge Construction", in D. Parkin (org.). *Semantic Anthropology*. London: Academic Press.

1985. "'Tracing' the Anthropological Self: Quizzical Reflections on Fieldwork, Tourism, and the Ludic". *Social Analysis*, n. 17, pp. 71-92.

CROOK, Tony

2004. *Kim Kurukuru: An Anthropological Exchange with Bolivip, Papua New Guinea*. London: British Academy.

[Manusc.] 1999. "Growing Knowledge in Bolivip, Papua New Guinea". *Cambridge Anthropology*. Reed. in *Oceania*, v. 69, n. 4, pp. 225-42.

DALTON, Douglas M.

1996. "The Aesthetic of the Sublime: An Interpretation of Rawa Shell Valuable Symbolism". *American Ethnologist*, n. 23, pp. 393-415.

DAMON, Frederick H.

1980. "The Kula and Generalized Exchange: Considering Some Unconsidered Aspects of *The Elementary Structures of Kinship*".

*Man*, n. 15, pp. 267-92.

1989. "The Muyuw *lo'un* and the End of Marriage", in F. Damon & R. Wagner (orgs.). *Death Rituals and Life in the Societies of the Kula Ring*. De Kalb: Northern Illinois University Press.

DAMON, Frederick H.

1983. "Muyuw Kinship and Metamorphosis of Gender Labour". *Man*, n. 18, pp. 305-26.

DE COPPET, Daniel

1981. "The Life-giving Death", in S. C. Humphreys & H. King (orgs.). *Mortality and Immortality: The Anthropology and Archaeology of Death*. London: Academic Press.

1985. "Land Owns People", in R. H. Barnes, D. de Coppet & R. J. Parkin (orgs.). *Contexts and Levels: Anthropological Essays on Hierarchy*. Oxford: JASO.

1994. "Are'are", in C. Barraud, D. de Coppet, A. Iteanu & R. Jamous (orgs.). *Of Relations and the Dead: Four Societies Viewed from the Angle of their Exchanges*, trad. S. Suffern. Oxford: Berg.

DE HEUSCH, Luc

1985. *Sacrifice in Africa*. Manchester: Manchester University Press.

DELEUZE, Gilles & Félix GUATTARI

1987. *A Thousand Plateaus: Capitalism and Schizophrenia*. Minneapolis: Minnesota University [ed. bras.: *Mil platôs*, trad. Ana Lúcia de Oliveira et al. São Paulo: Editora 34, 1995-97, 5 v.]

DERRIDA, Jacques

1992. "Force of Law: 'The Mystical Foundations of Authority'", in C. Drucilla et al. (orgs.). *Deconstruction and the Possibility of Justice*. New York: Routledge.

DESCOLA, Philippe

1986. *La Nature Domestique: Symbolisme et Praxis dans l'Écologie des Achuar*. Paris: Maison des Sciences de l'Homme.

1996. "The Genres of Gender: Local Morals and Global Paradigms in the Comparison Of Amazonian And Melanesia". Paper de Wenner--Gren Symposium sobre "Amazonia and Melanesia: Gender and Anthropological Comparison".

DOLGIN, Janet L.

1997. *Defining the Family: Law, Technology and Reproduction in An Uneasy Age*. New York: New York University Press.

Manusc. "The 'Intent' of Reproduction: Reproductive Technology and the Parent-Child Bond". *Univ. Connecticut Law Review*.

DONALD, Merlin

1991. *Origins of the Modem Mind: Three Stages in the Evolution of Culture and Cognition*. Cambridge: Harvard University Press.

DOWNIE, Robert A.

1970. *Frazer and* The Golden Bough. London: Victor Gollancz.

DUMONT, Louis

1977. *From Mandeville to Marx*. Chicago: Chicago University Press.

DUNBAR, Robin

1992. "Co-evolution of Neo-cortex Size, Group Size and Language in Humans". *Behavioral and Brain Sciences*.

EDWARDS, Jeanette

1994. "Idioms and Bureaucracy and Informality in a Local Housing Aid Office", in Susan Wright (org.). *Anthropology of Organisations*. London: Routledge, pp. 192-205.

EDWARDS, Jeanette & Marilyn STRATHERN

2000. "Including our Own", in J. Carsten (org.). *Cultures of Relatedness: New Approaches to the Study of Kinship.* Cambridge: Cambridge University Press.

EDWARDS, Jeanette; Sarah FRANKLIN; Eric HIRSCH; Frances PRICE & Marilyn STRATHERN
1993. *Technologies of Procreation. Kinship in the Age of Assisted Conception.* Manchester, UK: Manchester University Press.

ELLEN, Roy
1982. *Environment, Subsistence and System: The Ecology of Small-scale Social Formations.* Cambridge: Cambridge University Press.

ERRINGTON, Frederick Karl
1974. *Karavar: Masks and Power in a Melanesian Ritual.* Ithaca: Cornell University Press.

ERRINGTON, Frederick & Deborah GEWERTZ
1987. *Cultural Alternatives and a Feminist Anthropology: An Analysis of Culturally Constructed Gender Interests in Papua New Guinea.* Cambridge: Cambridge University Press.
1994. "From Darkness to Light in the George Brown Jubilee: The Invention of Non Tradition and the Inscription of a National History in West New Britain". *American Ethnologist*, n. 21, pp. 104-22.

ESCOBAR, Arturo
1994. "'Welcome to Cyberia': Notes on the Anthropology of Cyberculture". *Current Anthropology*, n. 35, pp. 211-31.

EVANS-PRITCHARD, Edward Evan
1951. *Social Anthropology.* London: Cohen & West.

FABIAN, Johannes
1983. *Time and the Other: How Anthropology Makes Its Object.* New York: Columbia University Press.

FARDON, Richard (org.)
1995. *Counterworks: Managing the Diversity of Knowledge.* ASA Decennial Conference Series. London: Routledge.

FAVRET-SAADA, Jeanne
1980. *Deadly Words. Witchcraft in the Bocage.* Cambridge: Cambridge University Press.

FEBVRE, Lucien
1982. *The Problem of Unbelief in the Sixteenth Century.* Cambridge, MA: Harvard University Press.

FEELEY-HARNIK, Gillian
1985. "Issues in Divine Kingship". *Annual Review of Anthropology*, n. 14, pp. 273-313.

FEIL, Daryl K.
1980. "When a Group of Women Takes a Wife: Generalized Exchange and Restricted Marriage in the New Guinea Highlands". *Mankind*, v. 12, n. 4, dez., pp. 286-99.
1981. "The Bride in Bridewealth: A Case from the New Guinea Highlands". *Ethnology*, v. 20, n. 1, jan., pp. 63-75.

FELD, Steven
1982. *Sound and Sentiment: Birds, Weeping, Poetics and Song in Kaluli Expression.* Filadélfia: University of Philadelphia Press.

FELD, Steven & Keith BASSO (orgs.)
1996. *Senses of Place.* Santa Fe: School of American Research Press.

FENSTEAD, J. E.
1995. "Relationships between the Social and Natural Sciences". *Eur. Rev.*, n. 3, 63.

FILER, Colin
1997. "Compensation, Rent and Power in Papua New Guinea", in S. Toft (org.). *Compensation and Resource Development.* Port Moresby/Canberra: Papua New Guinea Law Reform Commission, Monograph 6/Australian National University, National Centre for Development Studies, Policy Paper 24.

FINNEY, Ben R.

1973. *Big-men and Business: Entrepreneurship and Economic Growth in the New Guinea Highlands*. Canberra: Australian University Press.

FIRESTONE, Shulamith

1972. *The Dialectic of Sex*. London: Paladin.

FIRTH, Raymond

1957. "The Place of Malinowski in the History of Economic Anthropology", in R. Firth (org.). *Man and Culture*. London: Routledge & Kegan Paul.

1985. "Degrees of Intelligibility", in J. Overing (org.). *Reason and Morality*. ASA Monograph 24. London: Tavistock.

FIRTH, Raymond; Jane HUBERT & Anthony FORGE

1969. *Families and Their Relatives: Kinship in a Middle-Class Sector of London*. London: Routledge & Kegan Paul.

FISCHER, Michael M. J.

1986. "Ethnicity and the Postmodern Arts of Memory", in J. Clifford & G. E. Marcus (orgs.). *Writing Culture*. Berkeley: University of California Press, pp. 194-233.

FITZPATRICK, Peter

1987. "Racism and the Innocence of Law", in P. Fitzpatrick & A. Hunt (orgs.). *Critical Legal Studies*. Oxford: Blackwell, pp. 119-32.
Manusc. "Governmentality and the Force of Law". *Teoria Sociologica*. Ed. esp. "Regulation, Constraints, Alternation, Governmentality".

FLINT, Kate & Howard MORPHY

2000. *Culture, Landscape, and the Environment*. Oxford: Oxford University Press.

FOLEY, Robert

1995. "Causes and Consequences in Human Evolution". *JRAI* [antes *Man*], s. d., n. 30, v. 1-20. pp. 17-18.

FOLEY, Robert & Phyllis LEE

1989. "Finite Social Space, Evolutionary Pathways, and Reconstructing Hominid Behavior". *Science*, n. 243, pp. 901-06.

FORGE, Anthony

1966. "Art and Environment in the Sepik". *Proc. R. anthrop. Inst.*, 1965, pp. 23-31.

1970. "Learning to see", in P. Mayer. *Socialisation*. London: Tavistock.

FORTES, Meyer

1953. *Social Anthropology at Cambridge since 1900*. Cambridge: Cambridge University Press.

1957. "Malinowski and the Study of Kinship", in R. Firth (org.). *Man and Culture*. London: Routledge & Kegan Paul.

1958. "Introduction", in J. Goody (org.). *The Developmental Cycle in Domestic Groups*. Cambridge: Cambridge University Press.

1969. *Kinship and the Social Order: the Legacy of Lewis Henry Morgan*. Chicago: Aldine.

1970. *Time and Social Structure, and Other Essays*. London: Athlone Press.

1984. "Foreword", in Peter Lawrence (org.). *The Garia*. Melbourne: Melbourne University Press.

FORTUNE, Reo

[1932] 1963. *Sorcerers of Dobu: The Social Anthropology of the Dobu Islanders of the Western Pacific*, 2ª ed. London: Routledge & Kegan Paul.

FORVARGUE, S.; M. BRAZIER & M. FOX

2001. *Reproductive Choice and Control of Fertility*. Report to European Commission, DG XII Concerted Action Programme on Biomedical Ethics. Centre for Social Ethics and Policy. Manchester: Manchester University.

FOSTER, Hal (org.)

[1983] 1985. *Postmodern Culture.* London: Pluto Press.

FOSTER, Robert J.

1995a. "Print Advertisements and Nation-making in Metropolitan Papua New Guinea", in R. J. Foster (org.). *Nation Making: Emergent Identities in Postcolonial Melanesia.* Ann Arbour: University of Michigan Press.

1995b. *Social Reproduction and History in Melanesia: Mortuary Ritual, Gift Exchange and Custom in the Tanga Islands.* Cambridge: Cambridge University Press.

FOUCAULT, Michel

1970. *The Order of Things.* London: Routledge.

FOWLER, Henry W.

1927. *A Dictionary of Modern English Usage.* Oxford: Clarendon Press.

FOX, Robin

1967. *Kinship and Marriage: An Anthropological Perspective.* Harmondsworth: Penguin.

FRANKLIN, Sarah

1993. *Technologies of Procreation: Kinship in the Age of Assisted Conception.* Manchester: Manchester University Press, p. 110.

1995. "Science as Culture, Cultures of Science". *Ann. Rev. Anthrop.*, 24, pp. 163-84.

[1993] 1999. "Making Representations: the Parliamentary Debate on the Human Fertilisation and Embryology Act", in J. Edwards et al (orgs.). *Technologies of Procreation: Kinship in the Age of Assisted Conception*, 2ª ed. London: Routledge, pp. 135-36.

FRAZER, James George

[1890] 1900. *The Golden Bough: A Study in Magic and Religion*, 2ª ed. London: Macmillan, 3 v.

1911-15. *The Golden Bough: A Study in Magic and Religion*, 3ª ed. London: Macmillan, 13 v.

1918. *Folk-lore in the Old Testament: Studies in Comparative Religion, Legend, and Law.* London: Macmillan, 3 v.

1922. Preface, in B. Malinowski. *Argonauts of the Western Pacific.* London: Routledge & Kegan Paul.

FREEMAN, Derek

1961. "On the Concept of the Kindred". *Journal of Royal Anthropological Institute*, n. 91, pp. 192-220.

FROW, John

1997. *Time and Commodity Culture: Essays in Cultural Theory and Postmodernity.* Oxford: Clarendon Press.

GEERTZ, Clifford

1968. "Thinking as a Moral Act: Ethical Dimensions of Anthropological Fieldwork in the New States". *Antioch Review*, n. 28, pp. 139-58.

1976. "From the Native's Point of View", in K. H. Basso & H. A. Selby (orgs.). *Meaning in Anthropology.* Novo México: University Press.

1983. *Local Knowledge: Further Essays in Interpretive Anthropology.* New York: Basic Books [ed. bras.: *O saber local*, trad. Vera Mello Joscelyne. Petrópolis: Vozes, 2013].

1984. "Anti Anti-relativism". *American Anthropologist*, n. 86, pp. 263-78.

1985. "Waddling in". *Times Literary Supplement*, 7 jun., pp. 623-24.

GELL, Alfred

1975. *Metamorphosis of the Cassowaries: Umeda Society, Language and Ritual.* London: The Athlone Press.

1980. "The Gods at Play: Vertigo and Possession in Muria Religion". *Man*, n. 15, pp. 219-48.

1992a. "Intertribal Commodity Barter and Reproductive Gift Exchange in Old Melanesia", in C. Humphrey & S. Hugh-Jones (orgs.). *Barter, Exchange and Value: an Anthropological Approach*. Cambridge: Cambridge University Press.

1992b. "The Technology of Enchantment and the Enchantment of Technology", in J. Coote & A. Shelton (orgs.). *Anthropology, Art and Aesthetics*. Oxford: Clarendon.

1995. "The Language of the Forest: Landscape and Phonological Iconism in Umeda", in E. Hirsch & M. O'Hanlon (orgs.). *The Anthropology of Landscape: Perspectives on Place and Space*. Oxford: Clarendon Press.

1998. *Art and Agency: Towards a New Anthropological Theory*. Oxford: Clarendon.

1999. "Strathernograms: or, the Semiotics of Mixed Metaphors", in Eric Hirsch & Simeran Gell (orgs.). *The Art of Anthropology: Essays and Diagrams by Alfred Gell*. LSE Monographs. London: Athlone Press.

GELLNER, Ernest

1974. *Legitimation of Belief*. Cambridge: Cambridge University Press.

1985a. "Malinowski and the Dialectic of Past and Present". *Times Literary Supplement*, 7 jun., pp. 645-46.

1985b. *Relativism and the Social Sciences*. Cambridge: Cambridge University Press.

1986. "Original sin". *Times Higher Education Supplement*, 10 out., p. 13.

1992a. *Postmodernism, Reason and Religion*. London: Routledge [ed. port.: *Pós-modernismo, razão e religião*. Lisboa: Instituto Piaget, 1992].

1992b. *Reason and Culture: The Historic Role of Rationality and Rationalism*. Oxford: Blackwell.

1992c. *The Uniqueness of Truth*. London: King's College.

GIBBONS, Michael et al.

1994. *The New Producton of Knowledge: the Dynamics of Science and Research in Contemporary Societies*. London: Sage.

GIDDENS, Anthony

1971. *Capitalism and Modern Social Theory*. Cambridge: Cambridge University Press [ed. port.: *Capitalismo e moderna teoria social*, 7ª ed. Lisboa: Presença, 2000].

1984. "The Constitution of Society". *Outline of the Theory of Structuration*. Cambridge: Polity Press [ed. bras.: *A constituição da sociedade*, 3ª ed. São Paulo: WWF Martins Fontes, 2009].

1991. *Modernity and Self-Identity: Self and Society in the Late Modern Age*. Oxford: Polity Press.

GILLISON, Gillian

1980. "Images of Nature in Gimi Thought", in C. P. MacCormack & M. Strathern (orgs.). *Nature, Culture and Gender*. Cambridge: Cambridge University Press.

1987. "Incest and the Atom of Kinship: the Role of the Mother's Brother in a New Guinea Highlands Society". *Ethos*, n. 15, pp. 166-202.

1991. "The Flute Myth and the Law of Equivalence: Origins of a Principle of Exchange", in M. Godelier & M. Strathern (orgs.). *Big Men and Great Men: Personifications of Power in Melanesia*. Cambridge: Cambridge University Press.

1993. *Between Culture and Fantasy: a New Guinea Highlands Mythology*. Chicago: University of Chicago Press.

s. d."Cannibalism Among Women in the Eastern Highlands of Papua New Guinea", trabalho apresentado no 79º encontro da American Anthropological Association (1980).

GLENNON, Lynda M.

1979. *Women and Dualism: A Sociology of Knowledge Analysis.* London/New York: Longman.

GLOVER, Jonathan

1989. *Fertility and the Family, The Glover Report to the European Commission on Reproductive Technologies.* London: Fourth Estate.

GODELIER, Maurice

1972. *Rationality and Irrationality in Economics,* trad. B. Pearce. London: New Left Books.

1976. "Les Baruya de Nouvelle-Guinée: le problème des formes et des fondements de la domination masculine". *Cah. Cent. Etud. Rech. Marx.,* n. 128, pp. 1-44.

[1973] 1977. *Perspectives in Marxist Anthropology,* trad. R. Brain. Cambridge: Cambridge University Press.

1978. "Infrastructure, Societies and History". *Current Anthropology,* n. 19, pp. 763-71.

1986a. *Generation and Comprehension of Human Relationships and the Evolution of Society.* Oxford: Herbert Spencer Lecture, mimeo.

[1982] 1986b. *The Making of Great Men,* trad. R. Swyer. Cambridge: Cambridge University Press.

[1978] 1986c. "Territory and Property in some Precapitalist Societies", in M. Godelier (org.). *The Mental and the Material: Thought, Economy and Society.* London: Verso.

1995. "L'Énigme du don, 1 & 2". *Social anthrop.,* n. 3, pp. 15-47, 95-114 [ed. bras.: *O enigma do dom,* trad. Eliana Aguilar. Rio de Janeiro: Civilização Brasileira, 2001].

GODELIER, Maurice & Marilyn Strathern (orgs.)

1991. *Big Men and Great Men: Personifications of Power in Melanesia.* Cambridge: Cambridge University Press.

GOLDMAN, Laurence

1983. *Talk Never Dies: The Language of Huli Disputes.* London: Tavistock Publications.

GOOD, A.

1982. "The Actor and the Act: Categories of Prestation in South India". *Man,* v. 17, n. 1.

GOODALE, Jane C.

1971. *Tiwi Wives.* Seattle: University of Washington Press.

1978. "Saying it with Shells in Southwest New Britain", paper apresentado a *American Anthropological Association.*

GOODENOUGH, Ward H.

1970. *Description and Comparison in Cultural Anthropology.* Cambridge: Cambridge University Press.

GOODY, Jack R.

1971. *Technology. Tradition and the State in Africa.* London: Oxford University Press for the Int. African Inst.

1977a. *The Domestication of the Savage Mind.* Cambridge: Cambridge University Press.

1977b. *Production and Reproduction.* Cambridge: Cambridge University Press.

GOW, Peter

1995. "Land, People and Paper in Western Amazonia", in E. Hirsch & M. O'Hanlon (orgs.). *The Anthropology of Landscape: Perspectives on Place and Space.* Oxford: Clarendon Press.

GREAVES, Tom C. (org.).

1994. *Intellectual Property Rights for Indigenous Peoples: a Source-*

*book*. Oklahoma City, OK: Society for Applied Anthropology.

GREENHOUSE, Carol J.

1996. *A Moment's Notice: Time Policies Across Cultures*. Ithaca: Cornell University Press.

GREGORY, Christopher

1979. "The Emergence of Commodity Production in Papua New Guinea". *Journal of Contemporary Asia*, pp. 389-409.

1980. "Gift to Men and Gifts to God: Gift Exchange and Capital Accumulation in Contemporary Papua". *Man*, v. 15, n. 4, pp. 626-52.

1982. *Gifts and Commodities*. London: Academic Press.

GUDEMAN, Stephen

1986. *Economics as Culture: Models and Metaphors*. London: Routledge & Kegan Paul.

1996. "Sketches, Qualms and other Thoughts on Intellectual Property Rights", in S. Brush & D. Stabinsky (orgs.). *Valuing Local Knowledge: Indigenous Peoples and Intellectual Property Rights*. Washington, DC: Island Press.

GUDEMAN, Stephen & Mischa PENN

1982. "Models, Meaning and Reflexivity", in D. Parkin (org.). *Semantic Anthropology*. ASA Monographs 22. London: Academic Press.

HAIMES, Erica

1992. "Gamete Donation and the Social Management of Genetic Origins", in M. Stecey (org.). *Changing Human Reproduction: Social Science Perspective*. London: Sage, pp. 120-22.

HALLPIKE, Christopher Robert

1977. *Bloodshed and Vengeance in the Papuan Mountains*. Oxford: Oxford University Press.

HANDLER, Richard & Daniel SEGAL

1990. *Jane Austen and the Fiction of Culture: an Essay on the Narration of Social Realities*. Tucson: University of Arizona Press.

HANNERZ, Ulf

1988. "American Culture: Creolized, Creolizing", in Erik Asard (org.). *American Culture: Creolized, Creolizing, and Other Lectures from the NAAS Biennial Conference in Uppsala*, 28-31 maio 1987. Uppsala: Swedish Institute for North American Studies.

1990. "Cosmopolitans and Locals in World Culture". *Theory, Culture, and Society*, n. 7, pp. 211-25.

HARAWAY, Donna

1983. "Reply to Arditti and Minden (Correspondence)". *Signs. Journal of Women in Culture and Society*, n. 9, pp. 332-33.

1991. *Simians, Cyborgs, and Women: The Reinvention of Nature*. London: Free Association Books.

1997. *Modest_Witness@Second_Millennium.FemaleMan©_Meets_OncoMouse™: Feminism & Technoscience*. New York: Routledge.

HARRIS, Christopher Charles

1990. *Kinship*. Milton Keynes: Open University Press.

HARRISON, Simon

1985. "Ritual Hierarchy and Secular Equality in a Sepik River Village". *American Ethnologist*, n. 12, pp. 413-26.

1988. "Magical Exchange of the Preconditions of Production in a Sepik River Village". *Man*, n. 23, pp. 319-33.

1990. *Stealing People's Names: History and Politics in a Sepik River Cosmology*. Cambridge: Cambridge University Press.

1992. "Ritual as Intellectual Property". *Man*, n. 27, pp. 225-44.

HARVEY, David

1989. *The Condition of Postmodernity: An Enquiry into the Origins of Cultural Change*. Oxford: Blackwell.

HARVEY, Penny

1999. "Culture and Context: the Effects of Visibility", in R. Dilley (org.). *Context and Interpretation*. Oxford: Oxford University Press.

HASTRUP, Kirsten

1978a. "The Post-structuralist Position of Social Anthropology", in E. Schwimmer (org.). *The Yearbook of Symbolic Anthropology*. London: Hurst.

1978b. "The Semantics of Biology: Virginity", in S. Ardener (org.). *Defining Females*. London: Croom Helm.

HAWTHORN, Geoffrey

1991. *Plausible Worlds: Possibility and Understanding in History and the Social Sciences*. Cambridge: Cambridge University Press.

HERDT, Gilbert H.

1980. *Guardians of the Flutes: Idioms of Masculinity*. Stanford: Stanford University Press.

1994. "Introduction", in *Third Sex. Third Gender: Beyond Sexual Dimorphism in Culture and History*. New York: Zone Books.

HERLE, Anita & Sandra ROUSE (orgs.)

1998. *Cambridge and the Torres Strait Centenary Essays on the 1898 Anthropological Expedition*. Cambridge: Cambridge University Press.

HERRNSTEIN-SMITH, Barbara

1988. *Contingencies of Value: Alternative Perspectives for Critical Theory*. Cambridge: Harvard University Press, cap. 7.

HETHERINGTON, Kevin & Rolland MUNRO (orgs.)

1997. *Ideas of Difference: Social Spaces and the Labour of Division*. Oxford: Basil Blackwell.

HILL, Jane H.

1986. "The Refiguration of the Anthropology of Language (Review Essay on Bakhtin's Problems of Dostoevsky's Poetics)". *Cultural Anthropology*, n. 1, pp. 89-102.

HILL, Stephen

1994. "The New Globalism: Implications for ASEAN Technological Policies", para ASEAN-Republic of Korea Workshop, "Korean-ASEAN S&T Cooperation and Establishment of S&T Policy in the ASEAN Nations". Seoul, p. 7.

HILL, Stephen & Tim TURPIN

1995. "Cultures in Collision: the Emergence of a New Localism in Academic Research", in M. Strathern (org.). *Transformations in Anthropological Knowledge*. ASA Decennial Conference Series. London: Routledge.

HIRSCH, Eric

1990. "From Bones to Betelnuts: Processes of Ritual Transformation and the Development of a 'National Culture' in Papua New Guinea". *Man*, n. 25, pp. 18-34.

1994. "Between Mission and Market: Events and Images in a Melanesian Society". *Man*, n. 29, pp. 689-91.

1995a. "Introduction", in E. Hirsch & M. O'Hanlon (orgs.). *The Anthropology of Landscape: Perspectives on Place and Space*. Oxford: Clarendon Press.

1995b. "The Coercive Strategies of Aesthetics: Reflections on Wealth, Ritual and Landscape In Melanesia". J. Weiner (org.). "Too Many Meanings". *Social Analysis*, ed. esp., n. 38, pp. 61-70.

1995c. "The 'Holding Together' of Ritual: Ancestrality and Achievement in the Papuan Highlands", in D. de Coppet & A. Iteanu (orgs.). *Society and Cosmos: Their Inter-*

*relation or Their Coalescence in Melanesia*. Oxford: Berg.

[1993] 1999. "Negotiated Limits: Interviews in Southeast England", J. Edwards et al (orgs.). *Technologies of Procreation: Kinship in the Age of Assisted Conception*, 2ª ed. London: Routledge.

HIRSCH, Eric & Michael O'HANLON (orgs.)

1995. *The Anthropology of Landscape: Perspectives on Place and Space*. Oxford: Clarendon Press.

HIRSCHON, Renée (org.)

1984. *Women and Property-Women as Property*. Kent: Croom Helm.

HOLY, Ladislau & Milan STUCHLIK

1981. "The Structure of Folk Models", in L. Holy & M. Stuchlik (orgs.). *The Structure of Folk Models*. London: Academic Press.

1983. *Actions. Norms and Representations, Foundations of Anthropological Inquiry*. Cambridge: Cambridge University Press.

HOSKIN, Keith

1995. "The Viewing Self and the World We View: Beyond the Perspectival Illusion". *Organization*, n. 2, pp. 141-62.

HUGHES, Ian

1978. "Good Money and Bad: Inflation and Evaluation in the Colonial Process", in J. Specht & J. P. White (orgs.). *Trade and Exchange in Oceania and Australia, Mankind*. Ed. esp., n. 11.

HUGH-JONES, Stephen

1994. "Shamans, Prophets, Priests and Pastors", in N. Thomas & C. Humphrey (orgs.). *Shamanism, History and the State*. Ann Arbor, MI: University of Michigan Press.

1996. "The Gender of Some Amazonian Gifts: an Experiment with an Experiment". Wenner Gren Symposium, in Don Tuzin e Tom Gregor (orgs.). *Amazonia and Melanesia: Gender and Comparison*.

HUIZER Gerrit & Bruce Mannheim (orgs.).

1979. *The Politics of Anthropology*. The Hague: Mouton.

HUNTSMAN, Judith & Antony HOOPER

1975. "Male and Female in Tokelau Culture". *Journal of the Polynesian Society*, n. 84, pp. 415-30.

HUTT, Corinne

1972. *Males and Females*. New York: Penguin.

HYMES, Dell

1974. "The Use of Anthropology: Critical. Political. Personal", in D. Hymes (org.). *Reinventing Anthropology*. New York: Vintage Books.

HYNDMAN, David & George MORREN

1990. "The Human Ecology of the Mountain-Ok of Central New Guinea: a Regional and Inter-regional Comparison", in B. Craig & D. Hyndman (orgs.). *Children of Afek: Tradition and Change among the Mountain-Ok of Central New Guinea*. Sydney: Oceania Monograph 40.

INGOLD, Tim

1986. *Evolution and social life*. Cambridge: Cambridge University Press.

1990. "An Anthropologist Looks at Biology". *Man*, n. 25, pp. 208-29.

INGOLD, Tim (org.)

1996. *Key Debates in Anthropology*. Routledge.

ITEANU, André

1990. "The Concept of the Person and the Ritual System: an Orokaiva View". *Man*, n. 25, pp. 35-53.

JACKSON, Anthony (org.)

1987. *Anthropology at Home*. London: Tavistock.

JAMES, Wendy

1978. "Matrifocus on African Women", in S. Ardener (org.). *Defining Females: The Nature of*

*Women in Society*. London: Croom Helm.

JAMESON, Fredric

1985. "Postmodernism and Consumer Society", in H. Foster (org.). *Postmodern culture*. London: Pluto Press.

JARVIE, Ian Charles

1964. *The Revolution in Anthropology*. London: Routledge & Kegan Paul.

1984. *Rationality and Relativism: In Search of a Philosophy and History of Anthropology*. London: Routledge & Kegan Paul.

1986. "Anthropology as Science and the Anthropology of Science and of Anthropology", in Peter D. Asquith & Philip Kitcher. PSA. East Lansing: Philosophy of Science Association, 1984, pp. 745-63.

JASANOFF, Sheila

1997. "NGOs and the Environment: from Knowledge to Action". *Third World Quarterly*, n. 18, pp. 579-94.

JEAN-KLEIN, Iris

s. d. "The 'National Community', Constructionism and Deconstruction – the Rhetorical Enactment of the Suspended Community in the West Bank Territories During the *Intifada*". University of Edinburgh.

JOLLY, Margaret

1992. "Custom and the Way of the Land: Past and Present in Vanuatu and Fiji". *Oceania*, n. 62, pp. 330-54.

1994. *Women of the Place: Kastom, Colonialism and Gender in Vanuatu*. Chur: Harwood Academic.

JONES, Robert Alun

1984. "Robertson Smith and James Frazer on Religion: Two Traditions in British Social Anthropology", in G. W. Stocking (org.). *Functionalism Historicized*. History of Anthropology 2. Madison: University of Wisconsin Press.

JORION, Paul

1983. "Emic and Etic: Two Anthropological Ways of Spilling Ink". *Cambridge Anthropology*, n. 8, pp. 41-68.

JOSEPHIDES, Lisette

1985. *The Production of Inequality. Gender and Exchange Among the Kewa*. London: Tavistock Publications.

1992. "Metaphors, Metathemes, and the Construction of Sociality: A Critique of the New Melanesian Ethnography". *Man*, n. 26, pp. 145-61.

KABERRY, Phyllis M.

1939. *Aboriginal Woman, Sacred and Profane*. London: Routledge & Sons.

1957. "Malinowski's Fieldwork Methods", in R. Firth (org.). *Man and Culture*. London: Routledge & Kegan Paul.

KAPADIA, Karin

1994. "'Kinship Burns!': Kinship Discourses and Gender in Tamil South India". *Social Anthrop.*, n. 2, pp. 281-97.

KAPFERER, Bruce

1984. "Postscript to *The Power of the Ritual: Transition, Transformation and Transcendence in Ritual Practice*". *Social Analysis*. Ed. esp.

KARDINER, Abram & Edward PREBLE

1961. *They Studied Man*. London: Seeker & Warburg.

KASAIPWALOVA, John

1975. *Sopi; The Adaptation of a Traditional Aesthetic Concept for the Creation of a Modern Arts School on Kiriwina*. Discussão Paper 5. Port Moresby: Institute of Papua New Guinea Studies.

KECK, Verena. *Common Worlds and Single Lives: Constituting Knowledge in Pacific Societies*. Oxford: Berg.

KELLER, Evelyn Fox

1992. "The Language of Reproductive Autonomy", in *Secrets of Life, Secrets of Death: Essays on Language, Gender, and Science*. New York: Routledge.

KELLY, Raymond

1974. *Etoro Social Structure: A Study in Structural Contradiction*. Ann Arbor, MI: University of Michigan Press.

1993. *Constructing Inequality: The Fabrication of a Hierarchy of Virtue Among the Etoro*. Ann Arbor: University of Michigan Press.

KEESING, Roger M.

1987. "Anthropology as an Interpretive Quest". *Current Anthropology*, n. 28, pp. 161-76.

KIRSCH, Stuart

1996. "Return to Ok Tedi". *Meanjin*, n. 55, pp. 657-66.

1997. "Indigenous Response to Environmental Impact along the Ok Tedi", in S. Toft (org.). *Compensation and Resource Development*. Port Moresby/Canberra: Papua New Guinea Law Reform Commission, Monograph 6/Australian National University National Centre for Development Studies, Policy Paper 24.

KÜCHLER, Susanne

1993. "Landscape as Memory: the Mapping of Process and Its Representation in a Melanesian Society", in B. Bender (org.). *Landscape: Politics and Perspectives*. Oxford: Berg.

KUKLICK, Henrika

1991. *The Savage Within: The Social History of British Social Anthropology*, 1885-1945. Cambridge: Cambridge University Press, cap. 2.

KUPER, Adam

1973. *Anthropologists and Anthropology: The British School 1922-1972*. London: Allen Lane.

1980. "The Man in the Study and the Man in the Field: Ethnography Theory and Comparison in Social Anthropology". *European Journal of Sociology*, n. 21, pp. 14-39.

1982. "Lineage Theory: A Critical Retrospect". *Annual Review of Anthropology*, n. 11, pp. 71-95.

1988. *The Invention of Primitive Society: Transformations of an Illusion*. London: Routledge.

1994. "Culture, Identity and the Project of Cosmopolitan Anthropology". *Man*, n. 29, pp. 537-54.

KUPER, Adam (org.)

1992. *Conceptualizing Society*. London: Routledge.

LANGHAM, Ian

1981. *The Building of British Social Anthropology: W. H. R. Rivers and his Cambridge Disciples in the Development of Kinship Studies, 1898-1931*. Dordrecht: D. Reidel.

LANGNESS, Lewis L.

1976. *Discussion in Man and Woman in the New Guinea Highlands*. P. Brown & G. Buchbinder (orgs.). *Amer. Anthr. Assoc.*, n. 8. Publ. esp.

LATOUR, Bruno

1988. *The Pasteurization of France*, trad. A. Sheridan e J. Law. Cambridge: Harvard University Press.

1991. "Society is Technology Made Durable", in J. Law (org.). *A Sociology of Monsters: Essays on Power, Technology and Domination*. London: Routledge.

[1991]1993. *We Have Never Been Modern*, trad. C. Porter. London: Harvester Wheatsheaf [ed. bras.: *Jamais fomos modernos*, trad. Carlos Irineu da Costa. São Paulo: Editora 34, 1994].

LAW, John

1994. *Organizing Modernity*. Oxford: Blackwell.

s. d. "Traduction/trahison: notes

on ANT". Trabalho apresentado no workshop "Social theory and social studies of science". Bielefeld, 1995.

LAW, John & John HASSARD (org.)
1999. *Actor Network Theory and after*. Oxford: Blackwell/Sociological Review.

LAW REFORM COMMISSION (Papua New Guinea)
1977. *The Role of Customary Law in the Legal System*. Port Moresby: LRC, Report 7.

LAWRENCE, Peter
1964. *Road Belong Cargo*. Melbourne.
1969. "The State versus Stateless Societies in Papua New Guinea", in B. J. Brown (org.). *Fashion of Law in New Guinea*. Sydney: Butterworths.
1971. "The Garia of the Madang District", in R. M. Berndt & P. Lawrence (orgs.). *Politics in New Guinea*. Nedlands: University of Western Australia Press.
1984. *The Garia: An Ethnography of a Traditional Cosmic System in Papua New Guinea*. Melbourne: Melbourne University Press.

LEACH, Edmund Ronald
1957. "The Epistemological Background to Malinowski's Empiricism", in R. Firth (org.). *Man and Culture*. London: Routledge & Kegan Paul.
1961a. *Pul Eliya: a Village in Ceylon. A Study of Land Tenure and Kinship*. Cambridge: Cambridge University Press.
[1951] 1961b. "The Structural Implications of Matrilateral Cross-cousin Marriage", in *Rethinking Anthropology*. London: Athlone [ed. bras.: *Repensando a antropologia*, trad. José Luís dos Santos. 2ª ed. São Paulo: Perspectiva, 2001].

1966. "On the 'Founding fathers'". *Current Anthropology*, n. 7, pp. 560-67.
1976a. *Communication and culture*. Cambridge: Cambridge University Press.
1976b. *Social Anthropology: A Natural Science of Society. Academy Proceedings*, v. LXII. The British Academy's Radcliffe-Brown Lecture.
1982. *Social Anthropology*. London: Fontana Paperbacks.
1983. "Anthropological Approaches to the Study of the Bible During the Twentieth Century", in E. R. Leach & D. A. Aycock (orgs.). *Structuralist Interpretations of Biblical Myth*. Cambridge: Cambridge University Press for the Royal Anthropological Institute.
1984. "Glimpses of the Unmentionable in the History of British Social Anthropology". *Annual Review of Anthropology*, n. 13, pp. 1-23.

LEACH, James
1997. "The Creative Land: Kinship and Landscape in Madang Province, Papua New Guinea". Tese de doutorado, Universidade de Manchester.
1998. "Where does creativity reside: Imagining places on the Rai coast of Papua New Guinea". *Cambridge Anthropology*, n. 20, pp. 16-21.

LEACOCK, Eleanor Burke
1979. "Women, Development, and Anthropological Facts and Fictions", in G. Huizer & B. Mannheim (orgs.). *The Politics of Anthropology*. The Hague: Mouton.

LEDERMAN, Rena
1986. "The Return of Red Woman: Field Work in Highland New Gui-

nea", in P. Golde (org.). *Women in the Field*. Berkeley.

LEENHARDT, Maurice
[1947] 1979. *Do Kamo: Person and Myth in the Melanesian World*, trad. B. M. Gulati. Chicago: Chicago University Press.

LEEUW, Sander van der
1993. "Social and Natural Aspects of Degradation". Paper para "Desertification in a European context". Alicante, Espanha.

LEMONNIER, Pierre
1991. "From Great Men to Big Men: Peace, Substitution and Competition in the Highlands of New Guinea", in M. Godelier & M. Strathern (orgs.). *Big Men and Great Men: Personifications of Power in Melanesia*. Cambridge: Cambridge University Press.
1993. "Pigs as Ordinary Wealth: Technical Logic, Exchange and Leadership in New Guinea", in P. Lemonnier (org.). *Technological Choices: Transformation in Material Cultures Since the Neolithic*. London: Routledge, pp. 126-56.

LEROY, John
1979a. "The Ceremonial Pig Kill of the South Kewa". *Oceania*, n. 49, pp. 179-209.
1979b. "Competitive Exchange in Kewa". *Journal of Polynesian Society*, v. 88, n. 1, pp. 9-35.

LÉVI-STRAUSS, Claude
1955. *Tristes Tropiques*. Paris: Plon [ed. bras.: *Tristes trópicos*, trad. Rosa Freire D'Aguiar. São Paulo: Companhia das Letras, 1996].
[1962] 1966. *The Savage Mind*. London: Weidenfeld and Nicolson [ed. bras.: *O pensamento selvagem*, trad. Tânia Pellegrini. Campinas: Papirus, 1997].
[1949] 1969. *The Elementary Structures of Kinship*. London: Eyre and Spottiswood [ed. bras.: *As estruturas elementares do parentesco*, trad. Mariano Ferreira. Petrópolis: Vozes, 1982].

LEWIS, Gilbert
1975. *Knowledge of Illness in a Sepik Society*. London: Athlone Press.

LIENHARDT, Godfrey
1966. *Social Anthropology*, 2ª ed. London: Oxford University Press.

LINDENBAUM, Shirley
1976. "A Wife is the Hand of Man", in P. Brown & G. Buchbinder. *Man and Woman in the New Guinea Highlands*. Publ. esp. *Amer. Anthr. Assoc.*, n. 8.

LINDGREN, M.
1978. "Agnation and the Devaluation of Women's Labour – a New Guinea Example". *Working Papers*, Department of Social Anthropology, University of Gothenburg.

LLEWELYN-DAVIES, M.
1981. "Women, Warriors and Patriarchs", in S. Ortner & H. Whitehead (orgs.). *Sexual Meanings: the Cultural Construction of Gender and Sexuality*. Cambridge: Cambridge University Press.

LLOYD, Barbara B.
1976. "Social Responsibility and Research on Sex Differences", in B. Lloyd & J. Archer (orgs.). *Exploring Sex Differences*. London: Academic Press.

LOCKE, John
1690. *An Essay Concerning Human Understanding*. London.

LOTMAN, Yuri
1991. *The Universe of the Mind*, trad. A. Shukman. London: Tauris.

LOWENTHAL, David
1985. *The Past is a Foreign Country*. Cambridge: Cambridge University Press.

LUBBOCK, John
1875a. "Modern Savages", in *Science Lectures: Delivered in Manchester, 1873-34. Science Lectures for the People*. Manchester: John Heywood.
1875b. *The Origin of Civilization and the Primitive Condition of Man: Mental and Social Condition of Savages*, 3ª ed. London: Longmans, Green.

LUHMANN, Niklas
1990. *Essays on Self-Reference*. New York: Columbia University Press.

MABBUTT, Ellaine
1991. "Hans Breilmann Gife a Barty", in *Man and a Half.*

MACCORMACK, Carol P. & Marilyn Strathern (orgs.)
1980. *Nature, Culture and Gender*. Cambridge: Cambridge University Press.

MACK, John
2003. *The Museum of the Mind. Art and Memory in World Cultures*. London: British Museum.

MACKENZIE, Maureen
1991. *Androgynous Objects: String Bags and Gender in Central New Guinea*. Chur: Harwood Academic Publishers.

MCMILLAN, Margaret
1919. *The Nursery School*. London: Dent.

MACOBY, Eleanor (org.).
1967. *The Development of Sex Differences*. London: Tavistock.

MAJNCP, Saem & Ralph BULMER
1977. *Birds of My Kalam [Karam] Country*. Auckland: Auckland University Press.

MALINOWSKI, Bronislaw
1922. *Argonauts of the Western Pacific*. London: Routledge & Kegan Paul.
1926. *Crime and Custom in Savage Society*. London: Routledge & Kegan Paul.
1929. *The Sexual Life of Savages*. London: Routledge & Kegan Paul.
[1925] 1932. "Myth in Primitive Psychology", in *The Frazer Lectures*, 1922-32. London: Macmillan.
1935. *Coral Gardens and their Magic*. London: Geo. Allen & Unwin, 2 v.
[1944] 1960. *A Scientific Theory of Culture*. New York: Oxford University Press.
1962. *Sex, Culture, and Myth*. London: Rupert Hart-Davies.
1967. *A Diary in the Strict Sense of the Term*, trad. N. Guterman. London: Routledge & Kegan Paul.

MALKKI, Liisa
1992. "National Geographic: the Rooting of Peoples and the Territorialization of National Identity among Scholars and Refugees". *Cultural Anthropology*, n. 7, pp. 24-44.

MARCUS, George E.
1986. "Contemporary Problems of Ethnography in the Modern World System", in J. Clifford & G. E. Marcus (orgs.). *Writing Culture*. Berkeley/Los Angeles: University of California Press.

MARCUS, George E. & D. CUSHMAN
1982. "Ethnographies as Texts". *Annual Review of Anthropology*, n. 11, pp. 25-69.

MARETT, Robert Ranulph
1920. *Psychology and Folk-lore*. London: Methuen.

MARX, Karl
[1877] 1973. *Capital: A Critical Analysis of Capitalist Production*. Moscou: Progress Publishers.

MATHIEU, Nicole-Claude
1978a. *Ignored by Some, Denied by Others. Explorations in feminism*, n. 2, trad. Leonard Barker. London: Women's Research and Resources Centre.
[1973] 1978b. "Man-culture and

Woman-nature?". *Women's Studies*, n. 1, pp. 55-65.

MAUSS, Marcel

[1925] 2017. "Ensaio sobre a dádiva", in *Sociologia e antropologia*, trad. Paulo Neves. São Paulo: Ubu Editora.

[1938] 2017. "Uma categoria do espírito humano: a noção de pessoa, a de 'eu'", in *Sociologia e antropologia*, trad. Paulo Neves. São Paulo: Ubu Editora.

MEGGITT, Mervyn J.

1964. "Male-female Relationships in the Highlands of Australian New Guinea", Publ. esp. *Amer. Anthr.*, n. 66, pp. 204-24.

1976. "A duplicity of demons", in *Man and Woman in the New Guinea Highlands*. Publ. esp. *Amer. Anthr. Assoc.*, n. 8.

MEIGS, Anna S.

1976. "Male Pregnancy and the Reduction of Sexual Opposition in a New Guinea Highlands Society". *Ethnology*, n. 15, pp. 393-407.

MELZER, David; Ann RAVEN; Don DETMER; Tom LING; Ron ZIMMERN & D. JILLIONS

2003. *My Very Own Medicine: What Must I Know? Information Policy for Pharmacogenetics*. Cambridge: Cambridge University, Dept. Public Health Primary Care.

MERLAN, Francesca & Alan RUMSEY

1991. *Ku Waru. Language and Segmentary Politics in the Western Nebilyer Valey, Papua New Guinea*. Cambridge: Cambridge University Press.

MIKLOUHO-MACKLAY, Nikolai

1975. *New Guinea Diaries 1871-1883*, trad. CL Sentinella. Madang.

1982. *Travels to New Guinea. Diaries – Letters – Documents*. Moscou: Progress Publishers.

MILLER, David

1987. *Material Culture and Mass Consumption*. Oxford.

1995. "Introduction: Anthropology, Modernity and Consumption", in D. Miller (org.). *Worlds Apart: Modernity Through the Prism of the Local*. ASA Decennial Conference Series. London: Routledge.

MILTON, Kay

1979. "Male Bias in Anthropology?". *Man*, n. 14, pp. 40-54.

MIMICA, Jadran

1988. *Intimations of Infinity: The Cultural Meanings of the Iqwaye Counting System and Number*. Oxford: Berg.

MODJESKA, Nicholas

1982. "Production and Inequality: Perspectives from Central New Guinea", in A. Strathern (org.). *Inequality in New Guinea Highlands Societies*. Cambridge: Cambridge University Press.

MOL, Annemarie & John LAW

1994. "Regions, Networks and Fluids: Anaemia and Social Topology". *Social Studies of Science*, n. 24, pp. 641-71.

MOORE, Henrietta

1988. *Feminism and Anthropology*. Oxford: Polity Press.

MORGAN, Derek

1989. "Surrogacy: an Introductory Essay", in R. Lee & D. Morgan. *Birthrights: Law and Ethics at the Beginnings of Life*. London: Routledge.

1994. "A Surrogacy Issue: Who Is the Other Mother?". *International Journal of Law and the Family*, n. 8, pp. 386-412.

MORGAN, Derek & Robert G. LEE

1991. *Blackstone's Guide to the Human Fertilisation and Embryology Act, 1990: Abortion and Embryo Research: The New Law*. London: Blackstone Press Ltd.

MOSKO, Mark

1983. "Conception, De-Conception and Social Structure in Bush Mekeo Culture", in D. Jorgensen (org.). *Concepts of Conception. Mankind.* Ed. esp., n. 14, v. 1, pp. 24-32.

1985. *Quadripartite Structures: Categories, Relations, and Homologies in Bush Mekeo Culture.* Cambridge: Cambridge University Press.

1989. "The Developmental Cycle among Public Groups". *Man*, n. 24, pp. 470–84.

2001. "Syncretic Persons: Sociality, Agency and Personhood in Recent Charismatic Ritual Practices among North Mekeo (PNG)". *Aust. J. Anthropol.*, n. 12, pp. 259-74.

2002. "Totem and Transaction: the Objectification of 'tradition' among North Mekeo". *Oceania*, n. 73, pp. 89-109.

MUNN, Nancy D.

1977. "The Spatiotemporal Transformations of Gawa Canoes". *Journal de la Société des océanistes*, v. 33, n. 54-55, pp. 39-53.

1986. *The Fame of Gawa. A Symbolic Study of Value Transformation in a Massim (Papua New Guinea) Society.* Cambridge: Cambridge University Press.

MUNRO, Rolland

Manusc. "The Disposal of the Meal", in D. Marshall (org.). *Food Choice and the Food Consumer.* London: Blackie.

NABHAN, Gary Paul; Angelo JOAQUIN JR.; Nancy LANEY & Kevin DAHL

1996. "Showing the Benefit of Plant Resources and Indigenous Scientific Knowledge", in S. B. Brush & D. Stabinsky (org.). *Valuing Local Knowledge: Indigenous Peoples and Intellectual Property Rights.* Washington, DC: Island Press.

NADEL, Sigmund F.

1957. "Malinowski on Magic and Religion", in R. Firth (org.). *Man and Culture.* London: Routledge & Kegan Paul.

NARAYAN, Kirin

1993. "How Native Is a 'Native' Anthropologist?". *Am. Anthrop.*, n. 95, pp. 19-34.

NASH, Jill

1981. "Sex, Money and the Status of Women in Aboriginal Southern Bougainville". *American Ethnologist*, v. 18, n. 1, pp. 107-26.

NEWMAN, Philip L.

1964. "'Wild Man' Behaviour in a New Guinea Highlands Community". *Amer. Anthr.*, n. 66, pp. 1-19.

NOWOTNY, H.; P. SCOTT & M. GIBBONS

2001. *Rethinking Science: Knowledge and the Public in an Age of Uncertainty.* Oxford: Polity.

NUFFIELD COUNCIL ON BIOETHICS

1995. *Human Tissue: Ethical and Legal Issues.* London: Nuffield Council Bioethics.

2002. *The Ethics of Research Related to Healthcare in Developing Countries.* London: Nuffield Council Bioethics.

2003. *Pharmacogenetics: Ethical Issues.* London: Nuffield Council Bioethics.

OAKLEY, Ann

1972. *Sex, Gender and Society.* London: Temple Smith.

O'HANLON, Michael

1983. "Handsome is as Handsome Does: Display and Betrayal in the Wahgi". *Oceania*, n. 53, pp. 317-33.

1989. *Reading the Skin: Adornment, Display and Society among the Wahgi.* London: British Museum Publications.

1995. "Modernity and the 'Graphicalization' of Meaning: New Guinea Highland Shield Design in Historical Perspective". *J. Roy. Anthropological Institute*, ed. esp., n. 1, pp. 469-93.

2005. "History Embodied: Authenticating the Past in the New Guinea Highlands", in Stanley Ulijaszek (org.). *Population, Reproduction and Fertility in Melanesia*. New York: Berghan Books.

OKELY, Judith

1984. "Fieldwork in the Home Counties". RAIN, n. 61, pp. 4-6.

O'LAUGHLIN, Bridget

1974. "Mediation of Contradictions: Why Mbum Women do not eat Chicken", in M. Z. Rosaldo & L. Lamphere (orgs.). *Women, Culture and Society*. Stanford: Stanford University Press.

OLLMAN, Bertell

1971. "The Philosophy of Internal Relations". *Alienation: Marx's Conception of Man in Capitalist Society*. Cambridge: Cambridge University Press.

OMVEDT, Gail

1979. "On the Participant Study of Women's Movements: Methodological, Definitional, and Action Considerations", in G. Huizer & B. Mannheim (orgs.). *The Politics of Anthropology*. The Hague: Mouton.

ORTNER, Sherry B.

1974. "Is Female to Male as Nature is to Culture?", in M. Z. Rosaldo & L. Lamphere (orgs.). *Woman, Culture and Society*. Stanford: Stanford University Press.

ORTNER, Sherry B. & Harriet WHITEHEAD (orgs.)

1981. *Sexual Meanings*. New York: Cambridge University Press.

OWENS, Craig

1985. "The Discourse of Others: Feminists and Postmodernism", in H. Foster (org.). *Postmodern Culture*. London: Pluto Press.

OYAMA, Susan

1985. *The Ontogeny of Information: Developmental Systems and Evolution*. Cambridge: Cambridge University Press.

PAPASTERGIADIS, N.

1995. "Restless Hybrids". *Third Text*, n. 32, pp. 9-18.

PARKIN, David

1987. "Comparison as the Search for Continuity", in L. Holy (org.). *Comparative Anthropology*. Oxford: Basil Blackwell.

PARRY, Jonathan

1980. "Ghosts, Greed and Sin: The Occupational Identity of the Benares Funeral Priests". *Man*, v. 15, n. 1, pp. 88-111.

1997. "Whose Booty Is It Anyway?". *New Scientist*, n. 21, jun., p. 50.

PEEL, John D. Y.

1987. "History, Culture and the Comparative Method: a West African Puzzle", in L. Holy (org.). *Comparative Anthropology*. Oxford: Blackwell.

PERELMAN, Chaim & Liliane OLBRECHTS-TYTECA

1958. *Traité de l'Argumentation*. Paris: Presses Universitaires de France.

PIOT, Charles D.

1991. "Of Persons and Things: Some Reflections on African Spheres of Exchange". *Man*, ed. esp., n. 26, pp. 405-24.

POOLE, Fitz John P.

1981. "'Sacred' and 'Polluting' Dimensions of Female Identity among Bimin-Kuskusmin", in S. Ortner & H. Whitehead (orgs.) 1981.

1981. "Transforming 'Natural' Woman: Female Ritual Leaders and Gender Ideology Among Bimin-Kuskusmin", in S. Ortner & H. Whitehead (orgs.)

POSEY, Darrel A.

1995. "Indigenous Peoples and Traditional Resource Rights, Conference Proceedings". Oxford: Green College Centre for Environmental Policy & Understanding.

1996. *Traditional Resource Rights: International Instruments for Protection and Compensation for Indigenous Peoples and Local Communities*. Gland, Suíça/Cambridge: International Union for the Conservation of Nature (IUCN).

POSEY, Darrel Addison & Graham DUTFIELD

1996. *Beyond Intellectual Property: Toward Traditional Resource Rights for Indigenous Peoples and Local Communities*. Ottawa: International Development Research Centre.

POUWER, Jan

1991. "The Kalam Cassowary Revisited", in Andrew Pawley (org.). *Man and a Half: Essays in Pacific Anthropology and Ethnobiology in Honour of Ralph Bulmer*. Auckland: The Polynesian Society.

PRIGOGINE, Ilya & Isabelle STENGERS

1984. *Order out of Chaos*. New York: Bantam Books.

PURDOM, Judy

1995. "Mapping Difference". *Third Text*, n. 32, pp. 19-32.

QUINN, Naomi

1977. "Anthropological Studies on Women's Status". *Annual Review of Anthropology*. Palo Alto: Annual Reviews Inc.

RABINOW, Paul

1977. *Reflections on Fieldwork in Morocco*. Berkeley/Califórnia: University of California Press.

1983. "'Facts are a Word of God': An Essay Review", in G. W. Stocking (org.). *Observers Observed. History of Anthropology* I. Wisconsin: University of Wisconsin Press.

1984. "Discourse and Power: On the Limits of Ethnographic Texts". Paper lido na conferência *The Making of Ethnographic Texts*, Santa Fe. Publicado em *Dialectical Anthropology*, 1985.

1986. "Representations Are Social Facts: Modernity and Postmodernity in Anthropology", in J. Clifford & G. E. Marcus (orgs.). *Writing Culture*. Berkeley/Los Angeles: University of California Press.

1992. "Severing the Ties: Fragmentation and Dignity in Late Modernity", in D. Hess & L. Layne (orgs.). *Knowledge and Society: the Anthropology of Science and Technology*, n. 9, pp. 169-87.

RABINOW, Paul & Willian M. SULLIVAN

[1979] 1987. *Interpretive Social Science: A Second Look*. Berkeley/Los Angeles: University of California Press.

RADCLIFFE-BROWN, Alfred Reginald

1950. "Introduction", in A. R. Radcliffe-Brown & D. Forde (orgs.). *African Systems of Kinship and Marriage*. London: Oxford University Press.

1952. *Structure and Function in Primitive Society*. London: Cohen & West.

RADCLIFFE-BROWN, Alfred Reginald & Cyril Dary FORDE (orgs.).

1950. *African Systems of Kinship and Marriage*. London: Oxford University Press.

RADIN, Margaret Jane

1996. *Contested Commodities: The Trouble with Trade in Sex, Children, Body Parts, and Other Things*. Cambridge: Harvard University Press.

RAGONÉ, Helena

1994. *Surrogate Motherhood: Conception in the Heart*. Boulder: Westview Press.

READ, Kenneth E.

1955. "Morality and the Concept of the Person among the Gahuku--Gama". *Oceania*, n. 25, pp. 233-82.

REED, Adam Douglas Evely

1997. "Anticipating Individuals: Contemporary Sociality in Papua New Guinea in the Practice of Imprisonment". Tese de doutorado, Universidade de Cambridge.

REITER, Rayna R. (org.).

1975. *Toward an Anthropology of Women*. New York: Monthly Review Press.

RENFREW, Colin

1982. *Towards an Archaeology of Mind*. Cambridge: Cambridge University Press.

RILES, Annelise

1994. "Representing In-between: Law, Anthropology and the Rhetoric of interdisciplinarity". *University of Illinois Law Review*, n. 1994, pp. 597-650.

1996. *The Actions of Fact: The Aesthetics of Global Institutional Knowledge*. Tese de doutorado, Universidade de Cambridge.

1998. "Infinity within the brackets". *American Ethnologist*, v. 25, pp. 378-98.

2000. *The Network Inside Out*. Ann Arbor: University of Michigan Press.

RIVERS, Willian Halse Rivers

1914. *Kinship and Social Organisation*. London: Constable.

ROGERS, Susan C.

1978. "Woman's Place: a Critical Review of Anthropological Theory", *Comparative Studies in Society and History*, n. 20, pp. 123-62.

ROHRLICH-LEAVITT, Ruby, Barbara SYKES & Elizabeth WEATHERFORD

1979. "Aboriginal Women: Male and Female Anthropological Perspectives", in G. Huizer & B.

Mannheim (orgs.). *The Politics of Anthropology*. The Hague: Mouton.

ROSALDO, Michelle Zimbalist & Jane Monnig ATKINSON

1975. "Man the Hunter and Woman: Metaphors for the Sexes in Ilongot Magical Spells", in R. Willis (org.). *The Interpretation of Symbolism*. ASA Studies 3. London: Malaby Press.

ROSE, Nikolas

1999. *Powers of Freedom: Reframing Political Thought*. Cambridge: Cambridge University Press.

ROYAL ANTHROPOLOGICAL INSTITUTE

1914. "Report of Conference on Anthropological Teaching in the Universities". *Man*, n. 35, pp. 1-16.

ROWLANDS, Michael

1995. "Prestige of Presence: Negotiating Modernisation Through Tradition", in D. Miller (org.). *Worlds Apart: Modernity Through the Prism of the Local*. ASA Decennial Conference Series. London: Routledge.

RUBEL, Paula G. & Abraham ROSMAN (orgs.)

1978. *Your Own Pigs You May Not Eat: A Comparative Study of New Guinea Societies*. Chicago: University of Chicago Press.

RUBIN, Gayle

[1975] 2017. *Políticas do sexo*, trad. Jamille Pinheiro Dias. São Paulo: Ubu Editora.

RUBINSTEIN, Robert L.

1981. "Knowledge and Political Process in Malo", in M. R. Allen (org.). *Vanualu, Politics, Economics and Ritual in Island Melanesia*. Sydney.

RUMSEY, Alan

1986. "Oratory and the Politics of Metaphor in the New Guinea Highlands", in T. Treadgold (org.). *Semiotics, Ideology, Language*. Sydney.

RUNCIMAN, Walter Garrison

1983. *A Treatise on Social Theory*. 1. *The Methodology of Social Theory*. Cambridge: Cambridge University Press.

SAHLINS, Marshall

1976. *Culture and Practical Reason*. Chicago: Chicago University Press [ed. bras.: *Cultura e razão prática*, trad. Sérgio Tadeu de Niemayer. Rio de Janeiro: Zahar, 2003].

1985. *Islands of History*. Chicago [ed. bras.: *Ilhas de história*. Rio de Janeiro: Zahar, 1990].

1993. "Goodbye to Tristes Tropes: Ethnography in the Context of Modern World History". *Journal of Modern History*, n. 65, p. 125.

SALISBURY, Richard F.

1962. *From Stone to Steel: Economic Consequences of a Technological Change in New Guinea*. Melbourne: Melbourne University Press.

SALMOND, Anne

1982. "Theoretical Landscapes. On a Cross-Cultural Conception of Knowledge", in D. Parkin (org.). *Semantic Anthropology*. ASA Monographs 22. London: Academic Press.

1983. "The Study of Traditional Maori Society: The State of the Art". *Journal of the Polynesian Society*, n. 92, pp. 309-31.

SCHAFFER, Simon

1994. *From Physics to Anthropology – and Back Again*. Prickly Pear Pamphlet n. 3. Cambridge.

SCHEFFLER, Harold W.

1985. "Filiation and Affiliation". *Man*, n. 20, pp. 1-21.

SCHIEFFELIN, Edward L.

1976. *The Sorrow of the Lonely and the Burning of the Dancers*. New York: St. Martin's Press.

1980. "Reciprocity and the Construction of Reality". *Man*, v. 15, n. 3, pp. 502-17.

1985. "Performance and the Cultural Construction of Reality". *American Ethnologist*, n. 12, pp. 707-24.

SCHNEIDER, David M.

1968. *American Kinship: A Cultural Account*. Englewood Cliffs, NJ: Prentice-Hall.

1984. *A Critique of the Study of Kinship*. Ann Arbor, MI: University of Michigan Press.

SCHOLTE, Bob

1974. "Toward a Reflexive and Critical Anthropology", in D. Hymes (org.). *Reinventing Anthropology*. New York: Vintage Books.

SCHRIJVERS, Joke

[1975] 1979. "Viricentrism and Anthropology", in G. Huizer & B. Mannheim (orgs.). *The Politics of Anthropology*. The Hague: Mouton.

SCHWIMMER, Erik

1973. *Exchange in the Social Structure of the Orokaiva*. London: C. Hurst.

1974. "Objects of Mediation: Myth and Praxis", in I. Rossi (org.). *The Unconscious in culture*. New York: Dutton.

1979. "The Self and the Product: Concepts of Work in Comparative Perspective", in S. Wallman (org.). *Social Anthropology of Work*. London: Academic Press.

1984. "Male Couples in New Guinea", in G. H. Herdt (org.). *Ritualised Homosexuality in Melanesia*. Berkeley/Los Angeles.

SEXTON, Lorraine D.

1982. "Wok Meri: A Women's Savings and Exchange System in Highland Papua New Guinea". *Oceania*, v. 52, n. 3, pp. 167-98.

1984. "From Pigs and Pearlshells to Coffee and Cash", in D. O'Brien & S. Tiffany (orgs.). *Rethinking*

*Women's Roles: Perspectives from the Pacific.* Califórnia: University of California Press.

1986. *Mothers of Money, Daughters of Coffee.* Ann Arbor, MI: University of Michigan Press.

SHAMSUL, Amri Baharuddin

1982. "The Superiority of Indigenous Scholars? Some Facts and Fallacies with Special Reference to Malay Anthropologists and Sociologists in Fieldwork". *Manusia dan Masyarakar (Man and Society)*, n. 3, pp. 24-33.

SHAPIRO, Judith

1979. "Cross-cultural Perspectives on Sexual Differentiation", in H. Katchadourian (org.). *Human Sexuality: A Comparative and Developmental Perspective.* Califórnia: University of California Press.

SIEGLER, Mark

1999. "Ethics Committees: Decisions by Bureaucracy", in H. Kuhse & P. Singer (orgs.). *Bioethics: An Anthology.* Oxford: Blackwell Publishers.

SIIKALA, Jukka

1982. *Cult and Conflict in Tropical Polynesia: A Study of Traditional Religion, Christianity and Nativistic Movements.* FF Communications 233. Helsinki.

SIIKALA, Jukka (org.)

1990. *Culture and History in the Pacific*, v. 27. Finnish Anthropological Society.

SILLITOE, Paul

1979. *Give and Take: Exchange in Wola Society.* Canberra: Australian National University Press.

SILMAN, R. (org.).

1993. *Virgin Birth*, Academic Unit of Obstetrics and Gynaecology, Whitechapel: WTF Press, London.

SIMPSON, Bob

1994. "Bringing the 'Unclear' Family into Focus: Divorce and Re-marriage in Contemporary Britain". *Man, ed. esp.*, n. 29, pp. 831-51.

2003. *Between Micro Realities and Macro Ethics: What Might an Anthropology of Contemporary Biomedical Ethics Look Like?* Apresentado na ASA Conf., Anthropol. Sci., Manchester

SINGLETON, Vick & Mike MICHAEL

1993. "Actor-networks and Ambivalence: General Practitioners in the UK Cervical Screening Programme". *Social Studies of Science*, n. 23, pp. 227-64.

SLOCUM, Sally

1975. "Woman the Gatherer: Male Bias in Anthropology", in R. Reiter (org.). *Toward an Anthropology of Women.* New York: The Monthly Review Press.

SMITH, George P.

1990. "The Case of Baby M: Love's Labor Lost", in L. Gostin (org.). *Surrogate Motherhood: Politics and Privacy.* Bloomington: Indiana University Press.

SMITH, Paul

1988. *Discerning the Subject.* Minneapolis: University of Minnesota Press.

SMITH, Robertson Willian

[1894] 1956. *The Religion of the Semites: The Fundamental Institutions*, 2ª ed. New York: Meridian Books.

SOUTHWOLD, Martin

1983. *Buddhism in Life. The Anthropological Study of Religion and the Sinhalese Practice of Buddhism.* Manchester: Manchester University Press.

SPALLONE, Pat

1996. "The Salutory Tale of the Pre-embryo", in N. Lykke & R. Braidotti (orgs.). *Between Monsters.*

*Goddesses and Cyborgs: Feminist Confrontations with Science, Medicine and Cyberspace.* London: Atlantic Highlands.

STARN, Randolph

1989. "Seeing Culture in a Room For A Renaissance Prince", in L. Hunt (org.). *The New Cultural History.* Berkeley/Los Angeles: University of California Press.

STEVINSON, Emma

1927. *The Open-Air Nursery School.* London/Toronto: Dent.

STOCKING, George W.

1983. "The Ethnographer's Magic: Fieldwork in British Anthropology from Tylor to Malinowski", in G. W. Stocking (org.). *Observers Observed. History of Anthropology* 1. Madison: University of Wisconsin Press.

1984. "Radcliffe-Brown and British Social Anthropology", in G. W. Stocking (org.). *Functionalism Historicized: Essays on British Social Anthropology. History of Anthropology* 2. Madison: University of Wisconsin Press.

1985. *Objects and Others: Essays on Museums and Material Culture.* HOA 3, Wisconsin.

STOLCKE, Verena

1995. "Talking Culture: New Boundaries, New Rhetorics of Exclusion in Europe". *Current Anthropology,* n. 36, pp. 1-24.

STOLER, Ann

1977. "Class Structure and Female Autonomy in Rural Java", in Wellesley Editorial Committee (org.). *Women and National Development: the Complexities of Change.* Chicago: University Press.

STRATHERN, Andrew

1968. "Sickness and Frustration: Variations in Two New Guinea Highlands societies". *Mankind,* n. 6, pp. 545-51.

1970. "The Female and Male Spirit Cults in Mount Hagen". *Man,* n. 5, pp. 571-85.

1971a. *The Rope of Moka, Big Men and Ceremonial Exchange in Mount Hagen.* Cambridge: Cambridge University Press.

1971b. "Wiru and Daribi Matrilateral Payments". *Journal of the Polynesian Society,* n. 80, pp. 449-62.

1972. *One Father, One Blood.* Canberra: ANU Press.

1973. "Kinship, Descent and Locality: Some New Guinea Examples", in J. R. Goody (org.). *The Character of Kinship.* Cambridge: Cambridge University Press.

1975. "Veiled Speech in Mount Hagen", in M. Bloch (org.). *Political Language and Oratory in Traditional Society.* London: Academic Press.

1977. "Melpa Foodnames as an Expression of Ideas on Identity and Substance". *Journal of the Polynesian Society,* n. 86, pp. 503-11.

1978. "Finance and Production Revisited: in Pursuit of a Comparison", in G. Dalton (org.). *Research in Economic Anthropology.* Greenwich, Conn.: JAI Press.

1979a. "Gender, Ideology and Money in Mount Hagen". *Man,* ed. esp., n. 14, pp. 530-48.

1979b. "Men's House, Women's House: the Efficacy of Opposition, Reversal and Pairing in the Melpa *Amb Kor* Cult". *Journal of the Polynesian Society,* n. 88, pp. 37-51.

1980a. "Reversals of Perspective in the Search for Legitimacy: History becomes Myth Again". *Camb. Anthrop.,* n. 5, pp. 47-53.

1980b. "The Central and the Contingent: Bridewealth among

the Melpa and the Wiru", in J. L. Comaroff (org.). *The Meaning of Marriage Payments*. London: Academic Press.

1981. "'Noman': Representations of Identity in Mount Hagen", in L. Holy & M. Stuchlik (orgs.). *The Structure of Folk Models*. London: Academic Press.

1982a. "Death as Exchange: Two Melanesian Cases", in S. C. Humpreys & H. King (orgs.). *Mortality and Imortality: The Anthropology and Archaeology of Death*. London: Academic Press.

1982b. "The Division of Labor and Processes of Social Change in Mount Hagen". *American Ethnologist*, 9, 2.

1993a. "Compensation: What Does It Mean?". *Taimlain*, pp. 57-62.

1993b. *Voices of Conflict*. Ethnology Monographs 14. Pittsburgh, PA: University of Pittsburgh.

1994a. "Crime and Compensation: Two Disputed Themes in Papua New Guinea's Recent History". *Political and Legal Anthropology Review*, n. 17, pp. 55-65.

1994b. "Keeping the Body in Mind". *Social Anthropology*, n. 2, pp. 43-53.

STRATHERN, Andrew (org.)

1979c. *Ongka: A Self-Account by a New Guinea Big Man*. Duckworth.

STRATHERN, Andrew & David LANCY

1981. "Making Twos: Pairing as an Alternative to the Taxonomic Mode of Representation". *American Anthropologist*, n. 83, pp. 773-95.

STRATHERN, Andrew & Marilyn STRATHERN

1968. "Marsupials and Magic: a Study of Spell Symbolism among the Mbowamb", in E. R. Leach (org.). *Dialectic in Practical Religion*. Cambridge: Cambridge University Press.

1971. *Self-decoration in Mount Hagen*. London: Duckworth.

STRATHERN, Marilyn

1968. "Popokl: the Question of Morality". *Mankind*, n. 6, pp. 553-61.

1969. "Why is the Pueraria a Sweet Potato?". *Ethnology*, n. 8, pp. 189-98.

1972. *Women in Between. Female Roles in a Male World*. London: Seminar (Academic) Press.

1975. *No Money on our Skins. Hagen Migrants in Port Moresby*. Canberra: New Guinea Res. Bull. 61.

1976. "An Anthropological Perspective", in B. Lloyd & J. Archer (orgs.). *Exploring Sex Differences*. London: Academic Press.

1978. "The Achievement of Sex: Paradoxes in Hagen Gender-thinking", in E. Schwimmer (org.). *The Yearbook of Symbolic Anthropology* I. London: Hurst.

1979. "The Self in Self-Decoration". *Oceania*, n. 49, pp. 241-57.

1980. "No Nature, No Culture: The Hagen Case", in C. MacCormack & M. Strathern (orgs.). *Nature, Culture and Gender*. Cambridge: Cambridge University Press. [cap. 1 deste volume]

1981a. *Kinship at the Core: An Anthropology of Elmdon, a village in north-west Essex in the nineteen-sixties*. Cambridge: Cambridge University Press.

1981b. "Self-interest and the Social Good: Some Implications of Hagen Gender Imagery", in S. Ortner & H. Whitehead (orgs.). *Sexual Meanings*. New York: Cambridge University Press.

1981c. "Culture in a Netbag: The Manufacture of a Subdiscipline in Anthropology". *Man*, New Series, v. 16, n. 4, pp. 665-88. [cap. 2 deste volume]

1984a. "Domesticity and the Deni-

Bibliografia geral **517**

gration of Women", in D. O'Brien & S. Tiffany (orgs.). *Rethinking Women's Role: Retrospectives from the Pacific*. Berkeley: University of California Press.

1984b. "Localism Displaced: A 'Vanishing Village' in Rural England". *Ethnos*, n. 49, pp. 43-60.

1985. "Dislodging a World View: Challenge and Counter-Challenge in the Relationship between Feminism and Anthropology". *Australian Feminist Studies*, n. 1, pp. 1-25.

1987. "Out of Context: The Persuasive Fictions of Anthropology". *Current Anthropology*, n. 28, pp. 251-81. [ed. bras.: *Fora de contexto: as ficções persuasivas da antropologia*. São Paulo: Terceiro Nome, 2013]

1988a. "Self-regulation: an Interpretation of Peter Lawrence's Writing on Social Control". *Oceania*, n. 59, pp. 3-6.

1988b. *The Gender of the Gift: Problems with Women and Problems with Society in Melanesia*. Berkeley/Los Angeles: California University Press.

1991a. "One Man and Many Men", in M. Godelier & M. Strathern (orgs.). *Big Men and Great Men: Personifications of Power in Melanesia*. Cambridge: Cambridge University Press.

1991b. *Partial Connections*. Pub. esp. ASAO 3. Savage, MD: Rowman and Littlefield.

1992a. *After Nature: English Kinship in the Late Twentieth Century*. Cambridge: Cambridge University Press.

1992b. *Reproducing the Future. Essays on Anthropology, Kinship and the New Reproductive Technologies*. Manchester: Manchester Univ. Press.

1993. "One-legged Gender". *Visual Anthropology Review*, n. 9, pp. 42-51.

1995. "The Nice Thing about Culture is That Everyone Has It", in M. Strathern (org.). *Shifting Contexts: Transformations in Anthropological Knowledge*. London: Routledge, pp 153-76.

1996a. "Cutting the Network". *Journal of the Royal Anthropological Institute*, ed. esp., n. 2, pp. 517-35. [cap. 9 deste volume]

1996b. "Potential Property: Intellectual Rights and Property in Persons". *Social Anthropology*, n. 4, pp. 17-32.

1997. "Pre-figured Features: A View from the Papua New Guinea Highlands", in J. Woodall (org.). *Critical Introductions to Art: Portraiture*. Manchester: Manchester University Press.

1998a. "Social Relations and the Idea of Externality", in C. Renfrew & C. Scarre (orgs.). *Cognition and Culture: The Archaeology of Symbolic Storage*. Cambridge: McDonald Institute for Archaeological Research.

1998b. "Surrogates and Substitutes: New Practices for Old?", in J. Good & I. Velody (orgs.). *The Politics of Postmodernity*. Cambridge: Cambridge University Press.

1998c. "The New Modernities". Conferência para a European Society for Oceanists, conferência "Knowing Oceania: constituting knowledge and identities". Basel 1994. Reeditado em Verena Keck (org.). *Common Worlds and Single Lives*. Oxford/Washington/New York: Berg, pp. 379-404. [cap. 10 deste volume]

1999. *Property, Substance and Effect*. London/New Brunswick: The Athlone Press.

STRATHERN, Marilyn (org.)

2000. *Audit Cultures: Anthropological Studies in Accountability, Ethics and the Academy.* London: Routledge.

1995. *Shifting Contexts: Transformations in Anthropological Knowledge.* London: Routledge.

STUCHLIK, Milan

1976. "Whose Knowledge?", in L. Holy (org.). *Knowledge and Behaviour.* Belfast: Queen's University Papers in Social Anthropology.

STÜRZENHOFECKER, Gabriele

1994. "Visions of a Landscape: Duna Premeditations on Ecological Change". *Canberra Anthropology*, n. 17, pp. 27-47.

TAMBIAH, Stanley Jeyaraja

1990. *Magic, Science, Religion, and the Scope of Rationality.* Cambridge: Cambridge University Press.

TAPPER, Nancy

1980. "ASA: a professional association?". *RAIN*, n. 36, p. 6.

TAYLOR, C. A.

s. d. "Fluids and fractals in Central Africa, for session, 'Order out of chaos: non-linear analogical thought and practice'". *AAA meetings*, San Francisco, 1992.

THOMAS, Nicholas

1991. *Entangled Objects: Exchange, Material Culture, and Colonialism in the Pacific.* Cambridge, MA: Harvard University Press.

1994. *Colonialism's Culture: Anthropology, Travel and Government.* Princeton: Princeton University Press.

1996. "Cold Fusion". *American Anthropology*, v. 98, pp. 9-16.

THORNTON, Richard

1983. "Narrative Ethnography in Africa, 1850-1920: The Creation and Capture of an Appropriate Domain for Anthropology". *Man*, n. 18, pp. 502-20.

1985. "'Imagine yourself set down...': Mach, Frazer, Conrad, Malinowski, and the Role of the Imagination in Ethnography". *Anthropology Today*, n. 1, v. 5, pp. 7-14.

1988. "The Rhetoric of Ethnographic Holism". *Cultural Anthropology*, n. 3, pp. 285-303.

1994. "Interactive Multimedia – yet another revolution for anthropology". *Anthropology in Action*, 1, p. 21. Ed. especial sobre cultura organizacional.

TIFFANY, Sharon W.

1978. "Models and the Social Anthropology of Women: a Preliminary Assessment". *Man*, n. 13, pp. 34-51.

TILLEY, Christopher

1994. *A Phenomenology of Landscape: Places, Paths and Monuments.* Oxford: Berg.

TOFT, Susan (org.).

1997. *Compensation and Resource Development.* Port Moresby/Canberra: Papua New Guinea, Law Reform Commission, Monograph 6/Australian National University, National Centre for Development Studies, Policy Paper 24.

TRAUTMANN, Thomas R.

1987. *Lewis Henry Morgan and the Invention of Kinship.* Berkeley/Los Angeles: University of California Press.

TURNER, Terence

1993. "Anthropology and Multiculturalism: What is Anthropology that Multiculturalists Should Be Mindful of It?". *Cultural Anthropology*, n. 8, pp. 411-29.

TUZIN, Donald F.

1980. *The Voice of the Tambaran. Truth and Illusion in the Iharita Arapesh religion.* Berkeley: University of California.

TYLER, Stephen A

1984. "The Poetic Turn in Postmodern Anthropology: The Poetry of Paul Friedrich". *American Anthropologist*, n. 86, pp. 328-35.

1986. "Postmodern Ethnography: From Document of the Occult to Occult Document", in J. Clifford & G. E. Marcus (orgs.). *Writing Culture*. Berkeley/Los Angeles: University of California Press.

TYLOR, Edward Burnett

1873. *Primitive Culture*. London: John Murray.

UMBLE, Diane Zimmerman

1992. "The Amish and the Telephone: Resistance and Reconstruction", in Roger Silverstone & Eric Hirsch (orgs.). *Consuming Technologies: Media and Information in Domestic Spaces*. London: Routledge.

URRY, James

1983. "Review of: *The Building of British Social Anthropology*, by I. Langham (Dordrecht: D. Reidel, 1981)". *Oceania*, n. 53, pp. 400-02.

VAN BAAL, Jan

1975. *Reciprocity and the Position of Women*. Amsterdã: Van Gorcum.

VICEDOM, Georg F.

1977. *Myths and Legends from Mount Hagen*, trad. A. Strathern. Port Moresby: Institute of Papua New Guinea Studies.

VICEDOM, Georg F. & Herbert TISCHNER

1943-48. *Die Mbowamb*. Hamburgo: Friederichsen, De Gruyter & Co., 3 v.

VIVEIROS DE CASTRO, Eduardo

1992. *From the Enemy's Point of View: Humanity and Divinity in an Amazonian Society*, trad. C. V. Howard. Chicago: University of Chicago Press [ed. bras.: *Araweté: os deuses canibais*. Rio de Janeiro: Jorge Zahar/Anpocs, 1986].

[1996] 2017. "Perspectivismo e multinaturalismo na América indígena", in *A inconstância da alma selvagem*. São Paulo: Ubu Editora.

1998. "Cosmological Perspectivism in Amazonia and Elsewhere", lectures given to the Department of Social Anthropology, University of Cambridge.

2004. "Perspectival anthropology and the method of controlled equivocation". *Tipití: Journal of the Society for the Anthropology of Lowland South America*, v. 2, n. 1: 1.

WAGNER, Roy

1967. *The Curse of Souw: Principles of Daribi clan definition and alliance*. Chicago: Chicago University Press.

[1975] 2017. *A invenção da cultura*, trad. Alexandre Morales et al. São Paulo: Ubu Editora.

1977a. "Analogic Kinship: a Daribi example". *Am. Ethnol.*, n. 4, pp. 623-42.

1977b. "Scientific and Indigenous Papuan Conceptualizations of the Innate: a Semiotic Critique of the Ecological Perspective", in T. P. Bayliss-Smith & R. G. Feachem (orgs.). *Subsistence and Survival*. London: Academic Press.

1978a. "Ideology and Theory: the Problem of Reification in Anthropology", in E. Schwimmer (org.). *The Yearbook of Symbolic Anthropology*. London: Hurst.

1978b. *Lethal Speech*. Ithaca: Cornell University Press.

1986. "The Theatre of Fact and Its Critics. Review of: *Writing culture*, edited by J. Clifford and G. E. Marcus (Berkeley: University of California Press, 1986)". *Anthropological Quarterly*, n. 59, pp. 97-99.

1986a. *Asiwinarong: Ethos, Image, and Social Power among the Usen Barok of New Ireland*. Princeton.

1986b. *Symbols that Stand for Themselves*. Chicago: Chicago University Press.

1991. "The Fractal Person", in M. Godelier & M. Strathern (orgs.). *Big Men and Great Men: Personifications of Power in Melanesia*. Cambridge: Cambridge University Press.

WALLMAN, Sandra

1978. "Epistemologies of Sex", in L. Tiger & Fowler (orgs.). *Female Hierarchies*. Chicago: BBS.

WALSH, Vivien & Jordan GOODMAN

s. d. "Cancer Chemotherapy, Biodiversity, Public and Private Property: The Case Of the Anticancer Drug Taxol". Manchester School of Management, UMIST, 1997.

WARNIER, Jean-Pierre

1993. *L'Esprit d'entreprise au Cameroun*. Paris: Karthala.

1995. "Around a Plantation: the Ethnography of Business in Cameroon", in D. Miller (org.). *Worlds Apart: Modernity Through the Prism of the Local*. ASA Decennial Conference Series. London: Routledge.

WARNOCK, Mary

1985. *A Question of Life: the Warnock Report on Human Fertilisation and Embryology*. Oxford: Blackwell.

WASSMANN, Jurg

1994. "The Yupno as PostNewtonian Scientists: The Question of What is 'Natural' in Spatial Description". *Man*, n. 29, pp. 645-66.

WEATHERALL, David

1991. "Manipulating Human Nature". *Science and Public Affairs*. London: The Royal Society, BAAS, pp. 25-31.

WEBSTER, Elsie May

1984. *The Moon Man. A Biography of Nikolai Miklouho-Maclay*. Berkeley/Los Angeles.

WEBSTER, Steven

1982. "Dialogue and Fiction in Ethnography". *Dialectical Anthropology*, n. 7, pp. 91-114.

WEEDON, Chris

1987. *Feminist Practice and Poststructuralist Theory*. Oxford: Basil Blackwell.

WEINER, Annette B.

1976. *Women of Value, Men of Renown*. Austin: University of Texas Press.

1978. "The Reproductive Model in Trobriand society". *Mankind*. Ed. esp. J. Specht & P. White (orgs.). *Trade and Exchange in Oceania and Australia*.

1979. "Trobriand Kinship from another View: the Reproductive Power of Women and Men". *Man*, n. 14, pp. 328-48.

1980. "Reproduction: A Replacement for Reciprocity". *American Ethnologist*, v. 7, n. 1, pp. 71-85.

1983. "'A World of Made Is Not a World of Born': Doing kula in Kiriwina", in J. W. Leach & E. R. Leach (orgs.). *The Kula: New Perspectives on Massim Exchange*. Cambridge: Cambridge University Press.

1992. *Inalienable Possessions: the Paradox of Keeping While Giving*. Berkeley/Los Angeles: University of California Press.

WEINER, James

1988. *The Heart of the Pearlshell: The Mythological Dimension of Foi Sociality*. Berkeley/Los Angeles: University of California Press.

1991. *The Empty Place: Poetry, Space and Being among the Foi of Papua New Guinea*. Bloomington: Indiana University Press.

1993a. "Anthropology *contra* Heidegger: Part II: The Limit of Relationship". *Critique of Anthropology*,

n. 13, pp. 285-301.

1993b. "To Be at Home with Others in an Empty Place: a Reply to Mimica". *Austral J. Anthropology*, n. 4, pp. 233-44.

1995a. "Beyond the Possession Principle: an Energetics of Massim Exchange [Review of A Weiner 1992]". *Pacif. Stud.*, n. 198, pp. 128-37.

1995b. *The Lost Drum: The Myth of Sexuality in Papua New Guinea and Beyond.* Madison: University of Wisconsin Press.

WERBNER, Pnina

1997. "Introduction: The Dialectics of Cultural Hybridity", in P. Werbner & T. Modood (orgs.). *Debating Cultural Hybridity: Multicultural Identity and Politics of AntiRacism.* London: Zed Books.

WERBNER, Pnina & Tariq MODOOD (orgs.).

1997. *Debating Cultural Hybridity: MultiCultural Identities and the Politics of AntiRacism.* London: Zed Books.

WERBNER, Richard P.

1991. "Contending narrators: personal discourse and the social biography of a family in western Zimbabwe". Paper given to Center for African Studies, Illinois.

1992. "Trickster and the Eternal Return: Self-reference in West Sepik World Renewal", in B. Juillerat (org.). *The Mother's Brother is the Breast: Ritual and Meaning in the West Sepik.* Washington, DC: Smithsonian Institution.

WEXLER, Nancy

1992. "Clairvoyance and Caution: Repercussions from the Human Genome Project", in D. J. Kevles & L. Hood (orgs.). *The Code of Codes: Scientific and Social Issues in the Human Genome Project.* Cambridge, MA: Harvard University Press.

WHIMP, Kathy & Mark BUSSE (orgs.)

2013. *Protection of Intellectual, Biological and Cultural Property in Papua New Guinea.* Canberra: Australian Natinal University E Press.

WHITE, Hayden

1973. *Metahistory: The Historical Imagination in Nineteenth-century Europe.* Baltimore: Johns Hopkins University Press.

WILDEN, Anthony

1972. *System and Structure.* London: Tavistock Publications.

WILK, Richard

1995. "Learning to be Local in Belize: Global Systems of Common Difference", in D. Miller (org.). *World's Apart: Modernity Through the Prism of the Local.* London: Routledge, pp. 110-33.

WILLKE, Helmut

1990. "Political Intervention: Operational Preconditions for Generalised Political Exchange", in B. Marin (org.). *Governance and Generalized Exchange.* Frankfurt: Boulder Co.

WILLIAMS, Elizabeth A.

1985. "Art and Artifact at the Trocadero: *Ars Americana* and the Primitivist Revolution", in Geo Stocking (org.). *Objects and Others.* Wisconsin.

WILLIS, Roy G.

1975. *Man and Beast.* London: Paladin.

WINSLOW, Deborah

1980. "Rituals of First Menstruation in Sri Lanka". *Man*, n. 15, pp. 603-25.

WOLF, Eric R.

1988. "Inventing Society". *American Ethnologist*, n. 15, pp. 752-61.

WOLFRAM, Sybil

1987. *In-laws and Outlaws: Kinship and Marriage in England*. London: Croom Helm.

1989. "Surrogacy in the United Kingdom", in L. M. Whiteford & M. L. Poland (orgs.). *New Approaches to Human Reproduction: Social and Ethical Dimensions*. London: Westview Press.

WRIGHT, Susan

1984. "Rural Communities and Decision Makers". *RAIN*, n. 63, pp. 9-13.

WRIGHT, Susan (org.)

1994. "Introduction", in *The Anthropology of Organizations*. London: Routledge, p. 2.

YEATMAN, Anna

1984. "Gender and the Differentiation of Social Life into Public and Domestic Domains", in A. Yeatman (org.). *Gender and Social Life. Social Analysis*, ed. esp., n. 15.

YOUNG, Michael W. (org.).

1979. *The Ethnography of Malinowski*. London: Routledge & Kegan Paul.

1983. "Review of: *Person and Myth: Maurice Leenhardt in the Melanesian World*, by J. Clifford (Berkeley: University of California Press, 1982)". *Oceania*, n. 54, pp. 169-70.

YUVAL-DAVIS, Nira

1997. "Ethnicity, Gender Relations and Multiculturalism", in P. Werbner & T. Modood (orgs.). *Debating Cultural Hybridity: Multi-Cultural Identities and the Politics of Anti-Racism*. London: Zed Books.

# SOBRE A AUTORA

MARILYN STRATHERN (nascida Ann Marilyn Evans) nasceu em North Wales, no Reino Unido, em 6 de março de 1941. Estudou arqueologia e antropologia no Girton College, da Universidade de Cambridge, concluindo o bacharelado (B. A.) em 1963. Entre 1964 e 1965 realizou dezesseis meses de pesquisa de campo no monte Hagen, na Papua-Nova Guiné, focada nas relações entre homens e mulheres. Casou-se em 1963 com o também antropólogo melanesista Andrew Strathern, com quem teve três filhos; divorciou-se em 1986. Em 1968 recebeu o título de PhD em antropologia social, publicando a monografia *Women in between* em 1972. Entre 1967 e 1972, somou dezesseis meses de estada nesse campo fixando residência em Port Moresby, PNG, de 1972 a 1976. Realizou sucessivas viagens ao longo de sua vida até 2006.

A partir da etnografia no monte Hagen e de sua experiência como antropóloga feminista, Marilyn desenvolveu reflexões originais sobre as relações de gênero, resultando na publicação de *O gênero da dádiva*, em 1988, sua obra fundamental, que influenciou e transformou a disciplina antropológica. Além de escrever artigos, livros e coletâneas sobre os mais variados e relevantes assuntos, em diálogo com outros campos do conhecimento como psicologia, biologia e direito, Strathern envolveu-se em projetos legislativos, sendo, por exemplo, consultora do Departamento de Direito da Papua-Nova Guiné para a reforma do Código Penal entre 1973 e 1974.

Strathern foi Oficial Fellow do Girton College, onde ministrou cursos de 1976 a 1983 e, um ano depois, Fellow e Lecturer no Trinity College, ambos na Universidade de Cambridge. Em 1985 tornou-se

Professor na Universidade de Manchester, onde atuou até 1993, quando assumiu a cátedra William Wyse Professor of Social Anthropology na Universidade de Cambridge, permanecendo nela até sua aposentadoria em 2008. Foi ainda Mistress (cargo de direção) do Girton College de 1998 a 2009. Em 2001, recebeu o título de Dame, da Coroa britânica, pelos serviços prestados à antropologia social.

**LIVROS**

*Self-decoration in Mount Hagen* [com Andrew Strathern]. London: Duckworth, 1971.

*Women in Between. Female Roles in a Male World: Mount Hagen, New Guinea.* London: Academic (Seminar) Press, 1972.

*Kinship at the Core: An Anthropology of Elmdon, Essex.* Cambridge: Cambridge University Press, 1981.

*The Gender of the Gift. Problems with Women and Problems with Society in Melanesia.* Berkeley/Los Angeles: University of California Press, 1988.

*Partial Connections.* Sabage, MD: Rowman and Littlefield, 1991.

*After Nature: English Kinship in the Late Twentieth Century.* Cambridge: Cambridge University Press, 1992.

*Reproducing the Future: Essays on Anthropology. Kinship and the New Reproductive Technologies.* Manchester Univesity Press /Routledge, 1992.

*Kinship and the New Genetic Technologies: An Assessment of Existing Anthropological Research* [com Sarah Franklin, autora principal]. Relatório de pesquisa para o E.C. Medical Research Division, Human Genome Analysis Programme, 1992.

*Technologies of Procreation: Kinship in the Age of Assisted Conception* [com Jeanette Edwards, Sarah Franklin, Eric Hirsch & Frances Price]. Manchester: Manchester Univesity Press, 1993.

*The Relation: Issues in Complexity and Scale.* Cambridge: Prickly Pear Press (Prickly Pear Pamphlet 6), 1995.

*Property, Substance and Effect: Anthropological Essays on Persons and Things.* London: Athlone Press [Essays, 1992-98], 1999.

*Kinship, Law and the Unexpected: Relatives are Often a Surprise.* Cambridge: Cambridge University Press, 2005.

*Learning to See in Melanesia. Four Lectures Given in the Department of Social Anthropology Cambridge University, 1993-2008* [com introdução de Giovanni da Col] HAV. Masterclass Series, v. 2, online.

**ORGANIZAÇÃO DE LIVROS**

*Nature, Culture and Gender* [com Carol MacCormack]. Cambridge: Cambridge University Press, 1980.

*Dealing with Inequality. Analysing Gender Relations in Melanesia and Beyond*. Cambridge: Cambridge University Press, 1987.

*Big Men and Great Men Personifications of Power in Melanesia* [com Maurice Godelier]. Cambridge: Cambridge University Press; Paris: MSH, 1991.

*Shifting Contexts: Transformations in Anthropological Knowledge* [ASA Decennial Conference series]. London: Routledge, 1995.

*Audit Cultures: Anthropological Studies in Accountability, Ethics and the Academy* [EASA series in Social Anthropology]. London: Routledge, 2000.

*Transactions and Creations: Property Debates and the Stimulus of Melanesia* [com Eric Hirsch]. Oxford: Berghahn, 2004.

#### ARTIGOS E ENSAIOS

"Minj open Electorate (PNG) First National Election" [com Andrew Strathern]. *Journal Polynesian Society*, n. 73, 1964.

"Axe Types and Quarries: a Note on the Classification of Stone Axe Blades from the Hagen Area, New Guinea". *Journal Polynesian Society*, n. 74, 1965.

"Dominant Kin Relationships and Dominant Ideas" [com Andrew Strathern]. *American Anthropologist*, n. 68, 1966.

"Note on Linguistic Boundaries and the Axe Quarries". *Proceedings of Prehistoric Society*, n. 32, 1966.

"Marsupials and Magic: A Study of Spell Symbolism among the Mbowamb" [com Andrew Strathern], in E. R. Leach (org.). *Dialectic in Practical Religion*. Papers in Social Anthropology, n. 5. Cambridge: Cambridge University Press, 1968.

"Popokl: the Question of Morality". *Mankind*, n. 6, 1968.

"Marriage in Melpa" [com Andrew Strathern], in R. Glasse & M Meggitt (orgs.). *Pigs, Pearlshells and Women*. Englewood Cliffs: Prentice-Hall, 1969.

"Stone Axes and Flake Tools. Evaluations from Two New Guinea Highlands Societies". *Proceedings of the Prehistoric Society*, n. 35, 1969.

"Why is the Pueraria a Sweet Potato?". *Ethnology*, n. 8, 1969.

"Absentee Businessmen: The Reaction at Home to Hageners Migrating to Port Moresby". *Oceania*, n. 43, 1972.

"Legality or Legitimacy: Hageners' Perception of the Judicial System". *Melanesian Law Journal*, n. 1, 1972.

"Crime and Correction: the Place of Prisons in Papua New Guinea". *Melanesian Law Journal*, n. 4, 1976.

"The Self in Self-Decoration". *Oceania*, n. 49, 1979.

"Sexual Offences and Criminal Codes". *Cambridge Anthropology*, n. 5, 1979.

"Culture in a Netbag: The Manufacture of a Subdiscipline in Anthropology". *Man* (NS), n. 16, 1981 [Malinowski Memorial Lecture].

"Localism Displaced: a 'Vanishing Village' in Rural England". *Ethnos*, n. 49, 1984.

"Marriage Exchanges: a Melanesian Comment". *Annual Review of Anthropology*, n. 13, 1984.

"Discovering 'Social Control'". *Journal of Law and Society*, n. 12, 1985.

"Dislodging a World View: Challenge and Counter-challenge in the Relationship Between Feminism and Anthropology". *Australian Feminist Studies*, n. 1, 1985.

"John Locke's Servant and the Hausboi from Hagen: Some Thoughts on Domestic Labour". *Critical Philosophy*, n. 2, 1985.

"Kinship and Economy: Constitutive Orders of a Provisional Kind". *American Ethnologist*, n. 12, 1985.

"An Awkward Relationship: the Case of Feminism and Anthropology. *Signs. Journal of Women in Culture and Society*, n. 12, 1987.

"Out of Context: the Persuasive Fictions of Anthropology". *Current Anthropology*, n. 28, 1987 [Frazer Lecture].

"The Study of Gender Relations: a Personal Context". *Anthropologie et Societés*, n. 11, 1987.

"Concrete Topographies". *Cultural Anthropology*, tema da edição: *Place and Voice in Anthropological Theory*, n. 3, 1988.

"Self-regulation: an Interpretation of Peter Lawrence's Writings on Social Control in Papua New Guinea". *Oceania*, n. 59, 1988.

"Between a Melanesianist and a Deconstructive Feminist". *Australian Feminist Studies*, n. 10, 1989.

"Stopping the World: Elmdon and the Reith Lectures". *Cambridge Anthropology*. [número especial, Sir Edmund Leach], n. 13, 1989.

"Enterprising Kinship: Consumer Choice and the New Reproductive Technologies". *Cambridge Anthropology*, n. 14, 1990.

"Disparities of Embodiment: Gender Models in the Context of the New Reproductive Technologies". *Cambridge Anthropology*, n. 15, 1991.

"Partners and Consumers: Making Relations Visible". *New Literary History*, n. 22, 1991.

"The Decomposition of an Event". *Cultural Anthropology*, n. 7, 1992.

"Writing Societies, Writing Persons". *History of the Human Sciences*, tema da edição: *Writing as a Human Science*, n. 5, 1992.

"One-Legged Gender". *Visual Anthropology Review*, n. 9, 1993.

"New Knowledge for Old? Reflections Following Fox's *Reproduction and Succession*". *Social Anthropology/Anthropologie Sociale*, n. 2, 1994.

"Cultural Diversity". *Bull. of Institute of Ethnology*, Academia Sinica, n. 78, 1994.

"Potential Property: Intellectual Rights and Property in Persons". *Social Anthropology/Anthropologie Sociale*, n. 4, 1996.

"Cutting the Network". *Journal of Royal Anthropological Inst.* (NS), n. 2, 1996,

"No Culture, no History". *Anthropological notebooks*, no especial, "Multiple Identities", B. Teíban (ed.), Ljubljana, Slovenia Anthropological Society, n. 11, 1996.

"A Return to the Native". *Social Analysis*, número especial, "Technology as Skilled Practice", P. Harvey (ed.), n. 41, 1997.

"From Improvement to Enhancement: an Anthropological Comment on the Audit Culture". *Cambridge Review*, n. 118, 1997 [Founders' Memorial Lecture, Girton College].

"Exploitable Knowledge Belongs to the Creators of it: a Debate" [com M. Carneiro da Cunha, P. Descola, C. Alberto & P. Harvey]. *Social Anthropology/Anthropologie Social*, n. 6, 1998.

"Abstraction and Decontextualisation: an Anthropological Comment [ESRC Conference 'Virtual Society? Get Real!']". *Cambridge Anthropology*, n. 22, 2000-01.

"Including our Own" [com Jeanette Edwards], in J. Carsten (org). *Cultures of Relatedness: New Approaches to the Study of Kinship*. Cambridge: Cambridge University Press, 2000.

"The Tyranny of Transparency". *British Education Research Journal*, n. 26, 2000.

"The Patent and the Malanggan". *Theory, Culture & Society*, n. 18, 2001.

"Externalities in Comparative Guise". *Economy & Society* (número especial) "The Technological Economy", A. Barry & D. Slater (eds.), n. 31, 2002.

"Still Giving Nature a Helping Hand? Surrogacy: a Debate about Technology and Society". *J. Molecular Biology*, n. 319, 2002.

"Laudable Aims and Problematic Consequences or: The 'flow' of Knowledge is Not Neutral". *Economy and Society* [número especial, J. Squires (ed.)], n. 33, 2004.

"Social Property: an Interdisciplinary Experiment". *PoLAR (Political and Legal Anthropology Review*, n. 27, 2004.

"Resistance, Refusal and Global Moralities". *Australian Feminist Studies*, n. 20, 2005.

"A Community of Critics? *Thoughts* on New Knowledge". *Journal of Royal Anthropological Institute* (NS), n. 12, 2006 [Huxley Memorial Lecture].

"Interdisciplinarity: Some Models from the Human Sciences". *Interdisciplinary Science Reviews*, n. 32, v. 2, 2007.

"Comparing Concerns: Some Issues in Organ and other Donations". *Suomen Antropologi: Journal of the Finnish Anthropological Society*, n. 34, v. 4, 2009, pp. 5-21.

"Binary License". *Common Knowledge*, n. 17, 2010, pp. 87-103.

"What Politics? A response". *Common Knowledge*, n. 17, 2010, pp. 123-27.

"Writing in Kind, spec. iss. on Geoffrey Lloyd's 'History and Human Nature". *Interdisciplinary Science Reviews*, n. 35, v. 3-4, 2010, pp. 291-301.

"An End and a Beginning for the Gift?". Número especial. D. Monmerie & P.

Lemmonier (eds.). Hommage à Bernard Juillerat, *Journal de la Société des Oceanistes*, n. 130-31, 2010, pp. 119-27.

"Gifts Money Cannot buy". Número especial. H. High (ed.). "The debt issue". *Social Anthropology*, n. 20, v. 4, 2012, pp. 397-410.

"Eating (and Feeding)". *Cambridge Anthropology*, n. 30, v. 2, 2012, pp. 1-14.

"Innovation or Replication? Crossing and Criss-crossing in Social Science". Arts *and Humanities in Higher Education*, n. 13, v. 1-2, 2014, pp. 62-76.

"Reading Relations Backwards". *JRAI*, n. 20, v. 1, 2014, pp. 3-19.

## CAPÍTULOS DE LIVROS

"Managing Information: the Problems of a Dispute-settler (Mount Hagen)", in A. L. Epstein (org.). *Contention and dispute*. Canberra: ANU Press, 1974.

"Sanctions and the Problems of Corruption in Village Courts", in J. Zorn & P. Bayne (orgs.). *Lo bilong ol manmeri*. Port Moresby: Univesity Papua New Guinea, 1975.

"An Anthropological Perspective", in B. Lloyd & J. Archer (orgs.). *Exploring Sex Differences*. London: Academic Press, 1976.

"The Disconcerting Tie. Attitudes of Hagen Migrants Towards Home", in R. May (org.). *Change and Movement. Readings on Internal Migration in Papua New Guinea*. Canberra: ANU Press, 1978.

"The Achievement of Sex: Paradoxes in Hagen Gender-Thinking", in E. Schwimmer (org.). *Yearbook of Symbolic Anthropology*, v. 1. London: Hurst, 1978.

"No Nature, No Culture: the Hagen Case", in C. MacCormack & M. Strathern (orgs.). *Nature, Culture and Gender*. Cambridge: CUP, 1980.

"Self-interest and the Social Good: Some Implications of Hagen Gender Imagery", in S. Ortner & H. Whitehead (orgs.). *Sexual Meanings. The Cultural Construction of Gender and Sexuality*. Cambridge: CUP, 1981.

"The Village as an Idea: Constructs Of Village-Ness in Elmdon, Essex", in A. P. Cohen (org.). *Belonging: Identity and Social Organisation in British Rural Cultures*. Manchester: MUP, 1982.

"The Place of Kinship: Kin, Class and Village Status in Elmdon, Essex", in A. P. Cohen (org.). *Belonging: Identity and Social Organisation in British Rural Cultures*. Manchester: MUP, 1982.

"Subject or Object? Women and the Circulation of Valuables in Highlands New Guinea", in R. Hirschon (org.). *Women and Property, Women as Property*. London: Croom Helm, 1984.

"Domesticity and the Denigration of Women", in D. O'Brien & S. W. Tiffany (orgs). *Rethinking Women's Roles: Perspectives from the Pacific*. Berkeley/Los Angeles: California University Press, 1984.

"The Social Meaning of Localism", in A. Bradley & P. Lowe (orgs.). *Locality and Rurality: Economy and Society in Rural Regions*. Norwich: Geo Books, 1984.

"Knowing Power and Being Equivocal: Three Melanesian Contexts", in R. Fardon (org.). *Power and Knowledge: Anthropological and Sociological Perspectives*. Edimburgo: Scottish Academic Press, 1985.

"Women's Studies in Social Anthropology", in A. Kuper & J. Kuper (org.). *The Social Science Encyclopaedia*. London: Routledge & Kegan Paul, 1985.

Introdução a *Domestic violence in Papua New Guinea*. Monograph n. 3. Port Moresby: Law Reform Commission of Papua New Guinea, 1985.

"The Limits of Auto-Anthropology", in A. Jackson (org.). *Anthropology at Home*, ASA Monograph n. 25. London: Tavistock, 1986.

"Relations Without Substance", in L. Lindstrom (org.). *Drugs in Western Pacific Societies*, ASAO monograph n. 11. Lanham: University Press of America, 1987.

"Producing Difference: Connections and Disconnections in two New Guinea Highland Kinship Systems", in J. Collier & S. Yanagisako (orgs.). *Gender and Kinship: Essays towards a Unified Analysis*. Stanford: Stanford University Press, 1987.

"Negative Strategies in Melanesia", in K. R. Fardon (org.). *Localizing Strategies: Regional Traditions of EthnographicWriting*. Edimburgo/ Washington: Scottish Academic Press/Smithsonian Institution, 1990.

"Artefacts of History: Events and the Interpretation of Images", in J. Siikala (org.). *Culture and History in the Pacific*. Helsinki: Finnish Anthropological Society, 1990.

"One Man and Many Men", in M. Godelier & M. Strathern (orgs.). *Big Men and Great Men. Personifications of Power in Melanesia*. Cambridge: CUP, 1991.

"Naming People", in A. Pawley (org.). *Man and a Half: Essays on Pacific Anthropology and Ethnobiology in Honour of Ralph Bulmer* [1991]. Auckland: The Polynesian Society, 1992.

"Artificial Life" [Introdução] e "A Partitioned Process" [cap. 7]. Manchester: MUP, 1992.

"Parts and Wholes: Refiguring Relationships in a Postplural World", in A. Kuper (org.). *Conceptualizing Society*. London: Routledge, 1992.

"Qualified Value: the Perspective of Gift Exchange", in C. Humphrey & S. Hugh-Jones (orgs.). *Barter. Exchange and Value*. Cambridge: Cambridge University Press, 1992.

"The Meaning of Assisted Kinship", in M. Stacey (org.). *Changing Human Reproduction: Social Science Perpectives*. London: Sage, 1992.

"Reproducing Anthropology", in S. Wallman (org.). *Contemporary futures*, ASA Monograph. London: Routledge, 1992.

"The Mirror of Technology", in R. Silverstone & E. Hirsch (orgs.). *Consuming Technologies: Media and Information in Domestic Spaces*. London: Routledge, 1992 [Prefácio].

"The Mother's Brother's Child", in B. Juillerat (org.). *Shooting the Sun. Ritual an Meaning in West Sepik*. Washington: Smithsonian Institution Press, 1992.

"Future Kinship and the Study of Culture", in A. Cohen & K. Fukui (orgs.). *Humanising the City? Social Contexts of Urban Life at the Turn of the Millennium*. Edimburgo: Edinburgh University Press, 1993.

"A Question of Context" [Introdução]; "Regulation, Substitution and Possibility" [cap. 5]; "A Relational View" [Posfácio], in J. Edwards et al. *Technologies of Procreation Kinship in the Age of Assisted Conception*. Manchester: MUP, 1993.

"Making incomplete", in V. Broch-Due, I. Rudie & T. Bleie (orgs). *Carved Flesh/Cast Selves: Gendered Symbols and Social Practices*. Oxford: Berg Publishing Ltd., 1993.

"Displacing Knowledge: Technology and its Consequences for Kinship", in I. Robinson (org.). *Life and Death under High Technology Medicine* [Fulbright Papers, n. 15]. Manchester: Manchester University Press, 1994.

"The Nice Thing About Culture is That Everyone Has it" [cap. 8]; "Shifting Contexts" [Prefácio] e "Relocations" [Posfácio], in M. Strathern (org.). *Shifting Contexts Transformations in Anthropological Knowledge*. London: Routledge, 1995.

"Bisogno di padri, bisogno di madri. Le 'madri vergini' in Inghilterra", in G. Fiume (org.). *Madri: storia di un ruolo sociale*. Veneza: Marsilio Editori, 1995.

"Gender: Division or Comparison?", in N. Charles & F. Hughes-Freeland (orgs.). *Practising Feminism: Identity, Difference, Power*. London: Routledge, 1995.

"Disembodied Choice", in L. Rosen (org.). *Other Intentions: Cultural Contexts an the Attribution of Inner States*. Santa Fé: School of American Research Press, 1995.

"Nostalgia and the New Genetics", in D. Battaglia (org.). *Rhetorics of self-making*. Berkeley/Los Angeles: California University Press, 1995.

"New Families for Old?", in C. Ulanowski (org.). *The Family in the Age of Biotechnology*. Aldershot: Avebury. 1995.

"The Concept of Society is Theoretically Obsolete" [1990], in T. Ingold (org.). *Key Debates in Anthropology*. London: Routledge, 1996.

"Double Standards", in H. Levine & A. Ploeg (orgs.). *Work in Progress: Essays in New Guinea Highlands Ethnography in Honour of Paula Brown Glick*. Frankfurt/Main: Peter Lang, 1996.

"Enabling Identity? Biology, Choice and the New Reproductive Technologies", in S. Hall & P. du Gay (orgs.). *Questions of Cultural Identity*. London: Sage, 1996.

"Pre-figured Features: A View from the Papua New Guinea Highlands", in J. Woodall (org.). *Portraiture: Facing the Subject*. Manchester: MUP, 1997.

"Divisions of Interest and Languages of Ownership", in C. Hann (org.). *Property Relations: Renewing the Anthropological Tradition*. Cambridge: CUP, 1998.

"Surrogates and Substitutes: New Practices for Old?", in J. M. M. Good & I. Velody (orgs.). *The Politics of Postmodernity*. Cambridge: CUP, 1998.

"The New Modernities", in V. Keck (org.). *Common Worlds and Single Lives: Constituting Knowledge in Pacific Societies*. Oxford: Berg, 1998.

"Social Relations and the Idea of Externality", in. L. C. Renfrew & C. Scarre (orgs.). *Cognition and Material Culture: the Archaeology of Symbolic Storage*. Cambridge: McDonald Institute Monographs, 1998.

"The Ethnographic Effect" [cap. 1]; "The Aesthetics of Substance" [cap. 3]; "Refusing Information" [cap. 4], in M. Strathern, *Property, Substance and Effect. Anthropological Essays on Persons and Things*. London: Athlone Press, 1999.

"What is Intellectual Property After?", in J. Law & J. Hassard (orgs.). *Actor Network Theory and After*. Oxford: Blackwells /Sociological Review monograph, 1999.

"Environments Within: an Ethnographic Commentary on Scale", in K. Flint & H. Morphy (orgs.). *Culture, Landscape, and the Environment: The Linacre Lectures 1997*. Oxford: Oxford University Press, 2000.

"Introduction: New Accountabilities; Afterword: Accountability and Ethnography", in M. Strathern (org.). *Audit Cultures. Anthropological Studies in Accountability, Ethics and the Academy* [EASA series in Social Anthropology]. London: Routledge, 2000.

"Rationales of Ownership" (Introdução) e "Global and Local Contexts", in L. Kalinoe & J. Leach (orgs.). *Rationales of Ownership: Ethnographic Studies of Transactions and Claims to Ownership in Contemporary Papua New Guinea*. Nova Delhi: UBS Publishers' Distributors Ltd., 2001.

"Same-sex and Cross-sex Relations: Some Internal Comparisons", in T. Gregor & D. Tuzin (orgs.). *Gender in Amazonia and Melanesia: An exploration of the Comparative Method*. Berkeley/Los Angeles: University of California Press, 2001.

"On Space and Depth", in J. Law & A.-M. Mol (orgs.). *Complexities: Social Studies of Knowledge Practices*. Durham: Duke University Press, 2002.

"Emergent Relations", in M. Biagioli & P. Galison (orgs.). *Scientific Authorship: Credit and Intellectual Property in Science*. New York: Routledge, 2003.

"Losing (out on) Intellectual Resources", in A. Pottage & M. Mundy (orgs.). *Law, Anthropology and the Constitution of the Social Making Persons and Things*. Cambridge: CUP, 2004.

"The Whole Person and its Artefacts". *Annual Review of Anthropology*, n. 33, 2004.

"Knowledge on its Travels: Dispersal and Convergence in the Make-up of Communities; Accountability across Disciplines", in M. Strathern.

*Commons and Borderlands.* Wantage: Sean Kingston Publishing, 2004.

"Transactions: an Analytical Foray", in E. Hirsch & M. Strathern (orgs.). *Transactions and Creations Property Debates and the Stimulus of Melanesia.* Oxford: Berghahn, 2004.

"Robust Knowledge and Fragile Futures", in A. Ong & S. Collier (orgs.). *Global Assemblages: Technology, Politics and Ethics as Anthropological Problems.* New York: Blackwell Publishing, 2005.

"Intellectual Property and Rights: an Anthropological Perspective", in C. Tilley, W. Keane, S. Küchler, M. Rowlands & P. Spyer (orgs.). *Handbook of Material Culture.* London: Sage Publications, 2006.

"Protecting Channels of Communication: Some Challenges from the Pacific", in L. F. Macmillan (org.). *New Directions in Copyright Law.* 2. Cheltenham: Edward Elgar, 2006.

"Bulletproofing. A Tale from the United Kingdom", in A. Riles (org.). *Documents: Artifacts of Modern Knowledge.* Michigan: University of Michigan Press, 2006.

"Knowledge Identities", in R. Barnett & R. di Napoli (orgs.). *Changing Identities in Higher Education Voicing Perspectives.* London: Routledge, 2007.

"Old and New Reflections", in L. Chua, C. High & T. Lau, *How do We Know? Evidence Ethnography and the Making of Anthropological Knowledge.* Newcastle: Cambridge Scholars Publishing, 2008.

"The Tangible and Intangible: a Holistic Analysis?", in A. Iteanu (org.). *Memorial Volume for Daniel de Coppet.* Paris: MSH, 2010.

"An Experiment in Interdisciplinary: Proposals and Promises", in C. Camic, N. Gross & M. Lamont (orgs.). *Social Knowledge in the Making.* Chicago: University of Chicago Press, 2011.

"Currencies of Collaboration", in M. Konrad (org.). *Collaborators Collaborating: Counterparts in Anthropological Knowledge and International Research Relations.* New York: Berghahn Books, 2012.

"Unexpected Consequences and an Unanticipated Outcome" [com Elena Khlinovskaya Rockhill], in G. Born & A. Barry (orgs;). *Interdisciplinarity: Reconfigurations of the Social And Natural Sciences.* London: Routledge, 2013.

"The Academic as Examiner", in L. Gornall, C. Cook, L. Daunton, J. Salisbury & B. Thomas (orgs.). *Academic Working Lives: Experience, Practice and Change.* London: Bloomsbury Academic, 2014, pp. 143-52.

"Questions for Answers", in S. Bamford, J. Robbins, J. Shaffner & J. Weiner (orgs.). *Roy Wagner: Symbolic Anthropology and the Fate of the New Melanesian Ethnography,* no prelo.

**EM PORTUGUÊS**

"Necessidade de pais, necessidade de mães". *Revista Estudos Feministas*, n. 3, Rio de Janeiro, 1995.

"Novas formas econômicas: um relato das terras altas de Papua-Nova Guiné". *Mana: Estudos de Antropologia Social*, n. 4, 1998.

"Melhorar a classificação: a avaliação no sistema universitário britânico" [1997]. *Novos Estudos*, n. 53, 1999.

*O gênero de dádiva: Problemas com as mulheres e problemas com a sociedade na Melanésia* [1988], trad. André Villalobos. Campinas: Editora da Unicamp, 2006.

"Cortando a rede" [1996], trad. Ana Letícia de Fiori. *Revista Ponto Urbe*, n. 8, São Paulo, 2012.

*Fora de contexto: as ficções persuasivas da antropologia* (seguido de comentários e resposta), trad. Tatiana Lotierzo e Luis Felipe Kojima Hirano. São Paulo: Terceiro Nome, 2013.

*Parentesco, direito e o inesperado: Parentes são sempre uma surpresa*. São Paulo: Editora Unesp, 2015.

**SOBRE A OBRA DE MARILYN STRATHERN**

GELL, Alfred. "Strathernograms, or the semiotics of mixed metaphors", in Alfred Gell & Eric Hirsch (orgs.). *The Art of Anthropology: essays and diagrams*. London: Athlone Press, 1999.

HOLBRAAD, Martin & Morten Axel PEDERSEN. "Planet M: The Intense Abstraction of Marilyn Strathern" *Anthropological Theory*, n. 9, v. 4, 2009.

GRÜNEWALD, Leif. "Marilyn Strathern, a abstração, as intensidades e as subversões". *Conexões Parciais: Revista Digital de Antropologia e Filosofia*, n.1, v. 1, 2011.

# ÍNDICE ONOMÁSTICO

Albert, Steven M. 183
Anderson, Robert J. 164, 177
Araho, Nick 408
Ardener, Edwin 26, 36-37, 40, 42-43, 52, 77, 86, 89, 91-92, 185
Ardener, Shirley 42
Arquimedes 294
Asad, Talal 87, 90, 149, 164
Asquith, Herbt Henry 226

Barbira-Freedman, Francoise 388, 402
Barnett, Ronald 443
Barnett, Steve 160, 164
Barron, Anne 475
Barth, Fredrik 23, 25-26, 58, 77
Barthes, Roland 157, 159
Bateson, Gregory 239, 352
Battaglia, Debbora 172, 177, 182, 202, 210, 240, 257-58, 263, 275, 299, 308, 345, 355
Beauvoir, Simone de 34
Beer, Gillian 229, 242
Benoist, Jean Marie 29
Bhabha, Homi K. 264-65
Biersack, Aletta 184, 341, 420, 427
Bird-david, Nurit 257
Bloch, Maurice 27-28, 30, 32, 124, 202, 245, 262, 322, 416
Bohm, David 240

Boon, James A. 304
Bouquet, Mary 242
Boyd, Kenneth 447
Bradburn, Elizabeth 467-68
Brazier, Margaret 445
Brown, David J. J. 131
Brown, Michael 194, 407-09
Brown, Paula 117, 119
Brush, Stephen B. 271, 381, 383, 386
Bujra, Janet M. 86, 94
Bulmer, Ralph N. H. 23, 71, 232
Burridge, Kenelm 28, 145, 164, 298
Busse, Mark 384, 407

Callon, Michel 17, 241, 377-78, 380-81, 397, 442-43
Caplan, Patricia 86
Carrier, James 212, 261
Clark, David 482
Clark, Jeffrey 178, 259
Clay, Brenda 53, 66
Clifford, James 147, 158, 165, 188, 219-21, 287, 289-94, 300, 304
Clothier, Cecil M. 455, 458
Connerton, Paul 239, 251
Connolly, Bob 177
Cook, Rachel 447
Coombe, Rosemary J. 377, 383, 389
Corrêa, Mariza 13-14
Corrigan, Oonagh 481, 484-85

Crapanzano, Vincent 147
Crook, Tony 371, 486
Cushman, Dick 145-46, 163

Dalton, Douglas M. 374
Damon, Frederick H. 128, 132, 134, 154, 177, 202, 296
Darwin, Charles 229, 234
Derrida, Jacques 268, 344, 346
Descola, Philippe 362, 365
Duckworth, Gerald 225
Dumont, Louis 76

Edwards, Jeanette 230, 254, 282, 487
Escobar, Arturo 244-45, 248

Fabian, Johannes 145, 148, 157, 159, 164
Favret-Saada, Jeanne 147, 155-58
Feil, Daryl K. 131
Fenstad, Jens Erik 443-44, 446
Filer, Colin 390-91, 394, 431-33, 435-36
Finney, Ben R. 117
Firth, Raymond 84, 149, 217, 231, 243
Fitzpatrick, Peter 259, 268, 303
Foley, Robert 244
Forge, Anthony 69, 97, 217, 231, 243, 373
Fortes, Meyer 83, 204-07, 209, 213-15, 226, 232-38, 241-42, 246, 466
Fortune, Reo 239
Forvargue, Sara 445
Foster, Robert J. 278, 370-71, 374, 387
Fowler, Henry Watson 228, 254
Fox, Marie 445
Franklin, Sarah 230, 256, 264, 459, 461
Frazer, James George 16, 83-84, 225-26, 257
Freeman, Derek 214

Gabriele, Stürzenhofecker 340-41, 435
Geertz, Clifford 82
Gell, Alfred 82, 178, 258, 261, 323, 328-30, 333, 335, 375, 417, 434

Gell, Simeran 329
Gellner, Ernest 249-50
Gibbons, Michael 252, 254, 442
Giddens, Anthony 124, 130, 145, 167, 229
Gillison, Gillian 26, 39, 59, 69-70, 109, 202, 233, 240, 298, 355, 367, 374
Glennon, Lynda M. 31, 88, 91
Godelier, Maurice 33, 57, 65, 97, 124, 127, 236, 260, 296-97, 299, 390
Goldman, Laurence 155, 187
Goodale, Jane C. 47, 69, 87-88, 135
Goodman, Jordan 396
Goody, Esther 320
Goody, Jack R. 28, 74, 232, 247
Greaves, Thomas C. 381, 384
Greenhouse, Carol J. 372
Gregory, Christopher 127-28, 130, 133, 239, 338, 414
Gudeman, Stephen 148, 239, 392

Haddon, Alfred C. 225, 312, 318, 356
Hallpike, Christopher Robert 64
Haraway, Donna 164, 249, 381
Harris, Christopher Charles 26, 34, 54, 243
Harrison, Jane 168
Harrison, Simon 259, 296, 352-55, 369-70, 428
Harroun, Leslie 407
Harvey, David 245, 253
Harvey, Penny 249, 259
Hastrup, Kirsten 27
Hawthorn, Geoffrey 244
Herdt, Gilbert H 131, 228
Herrnstein-Smith, Barbara 250
Herschel, William 229
Hetherington, Kevin 395
Higgs, Roger 447
Hill, Stephen 251-52, 272
Hirsch, Eric 17, 230, 258, 292, 339, 416, 419, 421, 424, 460, 471, 487
Holy, Ladislav 123, 156, 158
Hubert, Jane 217, 225, 231, 243
Hugh-jones, Stephen 366
Huizer, Gerrit 85

Ingold, Tim 169, 191, 193-94, 196, 248

Jarvie, Ian Charles 156, 168
Jean-Klein, Iris 259, 269, 345
Jolly, Margaret 262, 279-80, 301
Jordanova, Ludmilla J. 27-28, 35
Josephides, Lisette 153, 303

Kaberry, Phyllis Mary 87-88
Kapferer, Bruce 177
Kasaipwalova, John 165
Keesing, Roger M. 187
Kelly, Raymond 136, 368, 418, 427
Kildea, Gary 287
Kirch, Stuart 337
Kuper, Adam 83, 90, 158, 165, 167, 201, 203, 206, 257

Langham, Ian 234
Langness, Lewis L. 23-26, 58, 77
Latour, Bruno 17, 248, 264, 266-70, 283, 288-92, 294-97, 299-300, 304-06, 308, 310, 377-78, 385, 388, 390
Law, John 17, 246, 248, 266, 270, 284, 291, 295, 297, 377, 382, 397, 403
Lawrence, Peter 176, 178, 204-05, 208
Leach, Edmund Ronald 27, 87, 165, 192, 193, 197, 199, 237, 238, 391
Leach, James 341
Leach, Jerry 287
Leacock, Eleanor Burke 89
Lederman, Rena 172
Lee, Phyllis 244
Lee, Robert 445
Leenhardt, Maurice 240
Leeuw, Sander van der 244
Lemonnier, Pierre 297, 299, 391, 418
Lévi-Strauss, Claude 23, 26, 32-33, 40, 45, 127, 130, 220, 242, 313
Lewis, Gilbert 52, 235
Liep, John 179
Lindenbaum, Shirley 24-25, 76
Lindgren, Magnus 122-24
Llewelyn-Davies, Melissa 262
Locke, John 231

Lowenthal, David 173
Luhmann, Niklas 402

Macfarlane, Alan 259, 398
Mack, John 475
Mackenzie, Maureen 438
Malinowski, Bronislaw 81-90, 92-94, 113, 165, 486
Mannheim, Bruce 85
Marcus, George E. 145-46, 163
Marx, Karl 117, 124, 128, 242
Mathieu, Nicole-Claude 35-37, 75
Mauss, Marcel 128-29, 141, 352, 371
Melzer, David 484
Merlan, Francesca 374
Miller, Daniel 186, 331, 405-07, 471
Milton, Kay 86, 88, 89
Mimica, Jadran 296, 351
Mol, Annemarie 17, 295
Moore, Henrietta 255, 274
Moore, John 273-74
Morgan, Derek 227, 445, 447, 451
Morgan, Lewis Henry 235
Mosko, Mark 202, 210, 213, 300, 422-23, 425, 475-77, 479-80
Munn, Nancy D. 128, 134, 175, 202, 373
Munro, Rolland 268, 395

Nadel, Sigmund F. 84
Narayan, Kirin 264
Nash, Jill 137
Newman, Philip L. 23
Nowotny, Helga 252, 442

Okely, Judith 143
Omvedt, Gail 88
Ortner, Sherry 26, 35, 37-40, 54, 58, 77, 82

Papastergiadis, Nikos 264-65
Parkin, David 357
Parry, Jonathan 128, 262, 383
Pasteur, Louis 266, 269
Peel, John D. Y. 191, 194
Penn, Mischa 148

Índice onomástico **539**

Picasso, Pablo  287, 291, 294
Pinching, Anthony  447
Piot, Charles D.  278
Poole, Fitz John P.  69, 140
Posey, Darrell Addison  382-83, 386, 401, 403
Poyep, Caroll  407
Purdom, Judy  265

Quinn, Naomi  86, 88

Rabinow, Paul  147, 157, 159, 169, 273-74, 345
Radcliffe-Brown, Alfred  205-06, 212, 234, 238
Radin, Margaret Jane  358-60, 363
Ragoné, Helena  261
Reed, Adam  300
Reiter, Rayna R.  31, 90
Renfrew, Colin  254
Richards, Audrey  239, 253
Ridgeway, William  225
Rivers, William Halse  225, 234, 237
Rogers, Susan Carol  35, 88
Rosman, Abraham  125
Rowlands, Michael  259, 260, 264
Rubel, Paula G.  125
Rubin, Gayle  117, 127
Rumsey, Alan  187, 374

Sahlins, Marshall  28, 30, 33, 36, 65, 81, 87, 152, 165, 173, 174, 180, 225, 300, 395
Said, Edward  221
Salisbury, Richard Frank  128-29, 296
Salmond, Anne  164
Schaffer, Simon  248
Scheffler, Harold W.  206, 214
Schieffelin, Edward L.  128, 172, 179, 417
Schlecker, Markus  471
Schneider, David M.  29, 216, 244, 466
Scholte, Robert  146
Schrijvers, Joke  86-87, 89
Schwimmer, Erik  103, 110, 124, 127-28, 131, 178

Scott, Peter  442
Sexton, Lorraine D.  119-20, 123, 139, 140, 297
Shamsul, Amri Baharuddin  143, 166, 169
Shapiro, Judith  88-89
Sharrock, Wesley W.  164
Siikala, Jukka  171, 180
Sillitoe, Paul  131
Silverman, Martin G.  160, 164
Simpson, Robert  283, 481-82
Singleton, Vicky  380
Slocum, Sally  90, 114
Smith, George P.  227, 344, 350
Stabinsky, Doreen  386
Starn, Randolph  343, 347-48, 356
Stevinson, Emma  467, 469, 474
Stocking, George W.  188
Stolcke, Verena  265, 302-03
Stoler, Ann  86
Strathern, Andrew J.  23, 47, 50-51, 56, 70, 82, 97-99, 108, 110, 117, 124, 132, 134-35, 138-39, 177, 190, 255, 262, 298, 307, 394, 412, 434, 487
Stuchlik, Milan  86, 123, 156, 158
Sullivan, William M.  345

Tambiah, Stanley  246
Tapper, Nancy  82
Taylor, Meg  259-60, 280, 407
Thatcher, Margaret  197-98, 303
Thomas, Nicholas  259-60, 269, 295, 304, 329
Thornton, Richard  160, 197, 203
Tiffany, Sharon W.  82, 88
Tilley, Christopher  416, 421, 428
Toren, Christina  191, 199
Turner, Terence  290, 302, 304

Van Baal, Jan  125, 368
Vicedom, Georg F.  50, 64
Viveiros de Castro, Eduardo  12, 20, 361-64, 367, 372-73

Wagner, Roy  16, 27, 29, 36, 43-44, 46, 52, 78, 82, 90, 104, 108, 136, 163,

167-68, 175, 179, 181, 183, 185, 202,
240, 242, 280, 283, 296, 351, 367-68,
393, 460

Wallman, Sandra  82, 86, 89
Walsh, Vivien  378, 396
Warnier, Jean-Pierre  260, 264, 266
Warnock, Mary  263, 441, 447,
    450, 452
Wassman, Jiirg  299
Weatherall, David  456-58
Webster, Elsie May  176
Webster, Steven  148, 158
Weedon, Chris  349
Weiner, Annette B.  14, 81, 92-96, 112,
    114, 122, 128, 133, 209, 260, 417,
    486
Weiner, James  260, 279, 281, 345, 374
Werbner, Pnina  289, 303, 400
Werbner, Richard P.  222, 354
Wexler, Nancy  397
Whimp, Kathy  407
Wilden, Anthony  29, 127
Wilk, Richard  290
Williams, David  250
Williams, Elizabeth A.  188
Williams-Jones, Bryn  484
Willke, Helmut  401-04
Winslow, Deborah  92
Wolf, Eric  195
Wolfram, Sybil  261, 451

Young, Michael W.  82-83

# COLEÇÃO ARGONAUTAS

**Marcel Mauss**
Sociologia e antropologia

**Henri Hubert & Marcel Mauss**
Sobre o sacrifício

**Claude Lévi-Strauss**
Antropologia estrutural

**Claude Lévi-Strauss**
Antropologia estrutural dois

**Pierre Clastres**
A sociedade contra o Estado

**Roy Wagner**
A invenção da cultura

**Marilyn Strathern**
O efeito etnográfico

**Alfred Gell**
Arte e agência

**Gayle Rubin**
Políticas do sexo

**Manuela Carneiro da Cunha**
Cultura com aspas

**Eduardo Viveiros de Castro**
A inconstância da alma selvagem

**Mauro W. B. Almeida**
Caipora e outros conflitos ontológicos

© Ubu Editora, 2017
© Marilyn Strathern, 2014

Este livro foi originalmente publicado pela editora Cosac Naify em 2014.

COORDENAÇÃO EDITORIAL Florencia Ferrari
ASSISTENTE EDITORIAL Isabela Sanches
PREPARAÇÃO Maria Fernanda Alvares
REVISÃO Ana Cecília Agua de Melo, Gustavo Godoy e Carlos Alberto Inada
DESIGN Elaine Ramos
ASSISTENTE DE DESIGN Livia Takemura
COMPOSIÇÃO Jussara Fino

*Nesta edição, respeitou-se o novo Acordo Ortográfico da Língua Portuguesa.*

---

Dados Internacionais de Catalogação na Publicação (CIP)
(Câmara Brasileira do Livro, SP, Brasil)

---

Strathern, Ann Marilyn (1941–)
O efeito etnográfico e outros ensaios: Marilyn
Strathern
Tradução: Iracema Dulley, Jamille Pinheiro
e Luísa Valentini
São Paulo: Ubu Editora, 2017
544 pp., 8 ils.

ISBN 978 85 92886 36 3

1. Antropologia social 2. Teoria antropológica 3. Etnografia 4. Papua-Nova Guiné I. Título.

301.39(41) CDD 301.39

---

Índices para catálogo sistemático:
1. Antropologia social; etnografia 301.39

---

UBU EDITORA
Largo do Arouche 161 sobreloja 2
01219 011 São Paulo SP
(11) 3331 2275
ubueditora.com.br
professor@ubueditora.com.br
⬛ ⬜ /ubueditora

**FONTES** Avenir Next e More